Compagnons de lutte

Collection PASSAGES
Volume 64

Illustration de couverture
Equipo Realidad, *Entierro del estudiante de Orgaz* (L'enterrement de l'étudiant d'Orgaz), 1966, huile sur toile, 170 × 130 cm (détail de l'ill. 84, voir p. 259)

Édition originale en anglais
Paula Barreiro López, *Avant-garde Art and Criticism in Francoist Spain*, Liverpool, Liverpool University Press, 2017.
La traduction française est publiée en vertu d'un accord avec Liverpool University Press, l'éditeur de l'édition anglaise.

ISSN 2104-9777
ISBN 978-2-7351-2870-9

Paula Barreiro López

Compagnons de lutte

Avant-garde et critique d'art en Espagne
pendant le franquisme

Traduit de l'anglais par
Phoebe Hadjimarkos Clarke

DEUTSCHES FORUM
FÜR KUNSTGESCHICHTE
CENTRE ALLEMAND
D'HISTOIRE DE L'ART
PARIS

fondation
maison des
sciences
de l'homme

Sommaire

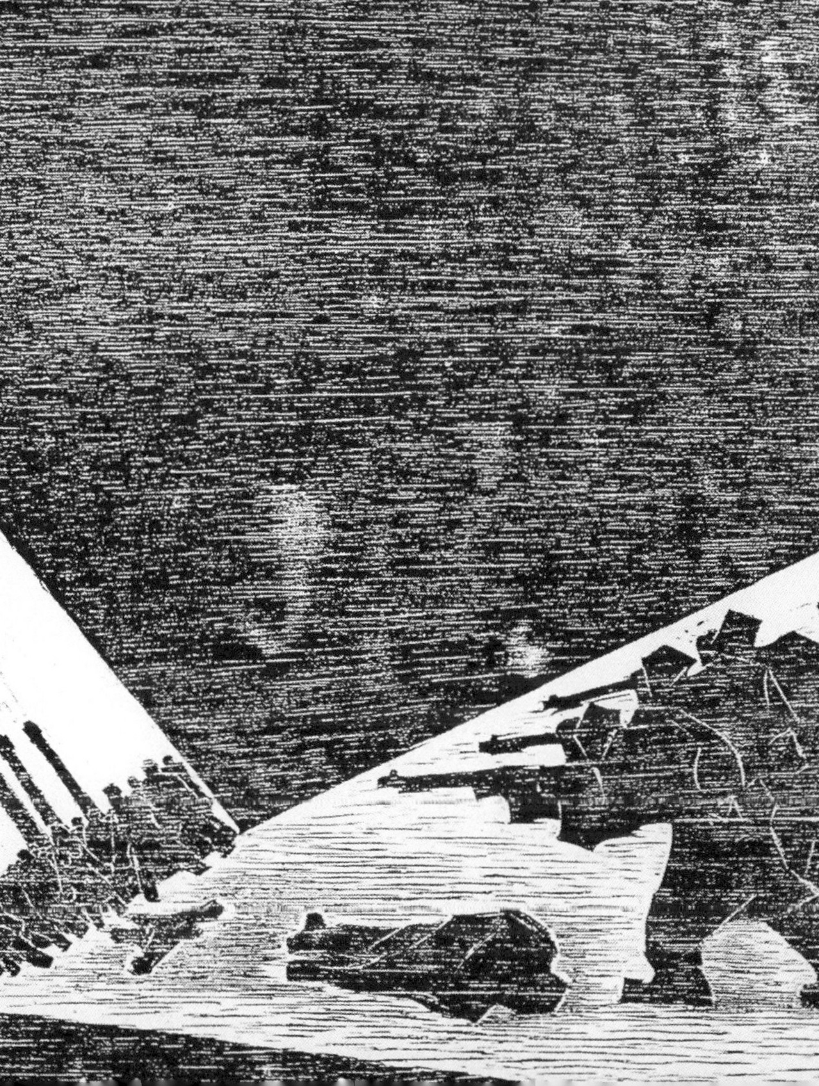

Critici ed artisti di tutto il mondo, convenuti a Venezia in occasione della XXXII Esposizione Biennale Internazionale d'Arte e dell'Assemblea generale dell'A.I.C.A., chiedono al Governo spagnolo la liberazione del critico d'arte Antonio G. PERICAS e del pittore Augustin IBARROLA, condannati a 9 e a 10 anni nel carcere di Burgos.

In attesa dell'auspicato provvedimento invitano lo stesso Governo a voler concedere loro la possibilità di poter svolgere, nel modo più largo, la professione di critici ed artisti.

Venezia, giugno 1964

Giulio Carlo Argan

Nello Ponente

Corrado Maltese

GETULIO ALVIANI

VERA HORVAT-PINTARIĆ

Sotirios Messinis

MASTROIANNI

Enrico Crispolti

Carlo Belloli

INTRODUCTION
Les discours esthétiques espagnols : modernité, idéologie et dictature

« Le contact avec n'importe quel compte rendu d'activités artistiques ne nous laisse d'autre choix que de nous confronter de manière interdisciplinaire à l'ensemble des problèmes concernant la société, les transformant en question politique[1]. »

Vicente Aguilera Cerni

« Aujourd'hui, on oublie facilement que, dans les années 1960, la rationalité s'obtenait comme une conquête [...] et que, pendant de longues années, dans le contexte social espagnol, il fallait de grands efforts pour ne pas perdre la raison (pour ceux qui l'avaient encore) ou pour la retrouver (pour ceux qui l'avaient perdue)[2]. »

Simón Marchán Fiz

« Le temps est venu de véritablement devenir des hommes publics[3]. »

Antonio Giménez Pericás

En 1962, Antonio Giménez Pericás, un critique valencien très impliqué dans les mouvements d'avant-garde espagnols, fut arrêté pour activisme politique en même temps que des membres du Parti communiste clandestin et des artistes comme Agustín Ibarrola ou María Dapena. Ils furent tous accusés de « rébellion militaire » et jugés en cour martiale le 21 septembre, selon les lois martiales imposées au pays par le général Francisco Franco lorsqu'il gagna la guerre civile en 1939. Au cours de ce procès militaire sommaire, le procureur, assez étonné de trouver un critique d'art parmi les détenus, demanda à Giménez Pericás : « Pourquoi outrepassez-vous les limites lorsque vous parlez de choses aussi vagues que l'art, un sujet dont on a pourtant le droit de discuter en Espagne[4] ? » La naïveté de cette question montre bien le profond divorce entre les champs artistique et socio-politique auquel les cercles intellectuels officiels avait consciencieusement œuvré.

À partir de la fin des années 1940, le programme et les objectifs de l'avant-garde furent radicalement dépolitisés, afin de faciliter l'introduction de l'art moderne dans le discours de la dictature. Ainsi, en 1962, lors de son procès, Pericás suscita l'incrédulité d'une salle d'audience remplie de militaires en répondant : « Pour moi, l'art a un sens politique, ce n'est pas une question éthérée[5]. » Il était alors déjà membre du Parti communiste clandestin et s'était engagé dans l'activisme politique antifranquiste depuis les années 1950. En opposition totale avec la conception de l'autonomie de l'art promue par le pouvoir, Pericás considérait l'éthique et la politique comme consubstantielles aux processus artistiques. Sa réponse franche est représentative de la position non seulement des membres du Parti communiste clandestin, mais aussi de bon nombre d'artistes, de critiques et d'intellectuels de l'époque. En fait, elle illustre l'enchevêtrement de l'art et de la politique qui se développa, durant les années 1960, au sein de l'avant-garde espagnole.

Le présent ouvrage tente de décrire la naissance et l'évolution de cette position, et d'analyser les inévitables processus de négociation qu'elle entraîna parmi les critiques, artistes et acteurs culturels sous le franquisme tardif (1959-1975). Cette période, caractérisée par une rapide modernisation, donna lieu à une réflexion sur la nature et le rôle de la culture dans une société en mutation. Dans le milieu artistique émergea un nouveau débat sur les liens entre art et idéologie (de gauche), et sur le rôle que l'avant-garde pouvait et devait jouer dans la sphère sociale. Ces sujets avaient déjà fait l'objet de discussions dans les années 1930, mais, après la guerre civile fratricide, celles-ci furent strictement interdites. La défaite de la République, à la suite du coup d'État militaire des 17 et 18 juillet 1936, puis de trois ans de guerre (1936-1939), déboucha sur l'instauration d'une dictature durable qui façonna l'évolution de la culture et sa relation au monde moderne. Franco établit un régime qui reposait sur une politique de représailles envers les républicains, mais aussi sur la promotion d'un retour aux valeurs espagnoles traditionnelles : catholicisme national, conservatisme, opposition radicale à l'avant-garde, élitisme social, loi martiale et, notamment en raison des conséquences de la Seconde Guerre mondiale, politique d'autarcie.

Au début des années 1950, les bouleversements géopolitiques dus à la guerre froide offrirent enfin à l'Espagne l'opportunité de rompre son isolement international en rejoignant le bloc de l'Ouest. À partir de 1953, alors que l'Espagne franquiste commençait à être acceptée par divers États et organisations internationales, le régime connut une modernisation qui marqua son entrée dans le système capitaliste et l'obligea à réexaminer sa relation à l'avant-garde. De nombreux cercles intellectuels et institutions culturelles initièrent une nouvelle stratégie consistant à introduire progressivement l'art moderne dans le discours officiel, selon la conception de l'autonomie de l'art favorisée par le bloc de l'Ouest pendant la guerre froide.

Ces évolutions s'accompagnaient d'une croissance économique qui fit entrer l'Espagne dans l'ère de la société de consommation et dans une phase de transformation sociale. Face à ces mutations, il devint difficile pour le régime de dissimuler sa nature contradictoire : d'un côté, il prouvait son extraordinaire faculté d'adaptation en ajustant au monde moderne son système aux racines conservatrices, voire fascistes ; de l'autre, il s'arc-boutait sur son attitude sclérosée face à une société insatisfaite qui revendiquait de plus en plus de libertés et de droits civiques. Ce mouvement de contestation croissant devait considérablement affecter le champ culturel. Dans les années 1960, les travailleurs, mais aussi un grand nombre d'intellectuels, de critiques d'art et d'artistes se mirent à prendre activement position dans les sphères sociales et politiques. Au fil de cette décennie, la liberté, la démocratie, les droits civiques, les identités régionales et l'engagement social marquèrent puissamment la culture espagnole. Ils devinrent essentiels pour comprendre l'art moderne et les voies singulières qu'empruntèrent les pratiques artistiques en Espagne.

La participation d'artistes et de critiques aux mouvements de protestation rouvrit le débat sur le rôle de l'art dans la société. Dès lors, un nouveau discours esthétique se développa au sein de la critique d'art, qui devait définir les objectifs de l'avant-garde sous le franquisme tardif. Les principaux acteurs en furent les critiques d'art, dont Antonio Giménez Pericás, Vicente Aguilera Cerni, José María Moreno Galván, Alexandre Cirici, Tomàs Llorens, Valeriano Bozal et Simón Marchán. En s'appropriant et en adaptant la *critica militante* – une forme de critique d'art qui faisait largement débat en Italie –, ils s'impliquèrent profondément dans la création, le développement et même la direction des tendances d'avant-garde qui connurent une croissance exponentielle au cours de cette période de l'histoire espagnole.

L'implication des critiques dans la scène artistique s'amorce avec l'*Informalismo* (art informel), que José María Moreno considérait comme la naissance de la « Seconde Avant-garde » en Espagne[6]. Certains avaient déjà entamé une pratique critique, mais, à partir de la seconde moitié des années 1950, ils commencèrent à bâtir collectivement un cadre théorique pour le travail des artistes. De plus, ils promurent de nouvelles tendances, sensibilisant le public aux derniers mouvements artistiques. En somme, ils devinrent les principaux théoriciens des mouvements d'avant-garde qui, dans une large mesure, façonnèrent la vie culturelle sous le franquisme tardif : art informel, abstraction géométrique, réalisme, nouvelle figuration, pop art, op art, art cinétique, ainsi que toute une série de mouvements d'art conceptuel.

Les changements théoriques que connut le champ artistique des années 1960 furent en grande partie initiés par ces critiques d'art. En opposition aux valeurs traditionnelles prônées par le régime, ils voulaient échapper à l'isolement intellectuel imposé par la dictature et contactèrent des collègues à l'étranger, créant de vastes réseaux internationaux. Ainsi les débats esthétiques en cours en Europe ou sur le continent américain purent-ils passer en Espagne, et la critique d'art intégra de nouvelles méthodologies, idées et concepts. De la fin des années 1950 à 1975, les critiques d'art se soumirent à une série de mises à jour théoriques, allant de l'existentialisme au structuralisme[7]. La portée de ces nouvelles méthodologies allait bien au-delà de l'exercice critique, transformant les bases mêmes de la Seconde Avant-garde ; le social, la sémantique des objets, des signes et des réseaux de communication devinrent, tour à tour, des vecteurs pour les mouvements artistiques. Ces transferts n'étaient ni isolés, ni liés aux seuls arts visuels : ils touchaient d'autres champs comme la littérature, le théâtre ou la philosophie, et ils eurent un impact déterminant en Espagne.

Les critiques et les artistes s'attelaient à une lourde tâche : articuler les particularités et les besoins d'une société en plein développement à des concepts, des valeurs et des théories fraîchement importés d'une part, et aux exigences de l'avant-garde de l'autre. Ils devaient adapter ces expériences internationales à leur identité, tout en affrontant les problèmes propres à leur pays, en proie à une dictature conservatrice et répressive. Ainsi leur conception du monde de l'art dépassait-elle largement l'esthétique, intégrant inévitablement les domaines sociaux et politiques.

Mais cette actualisation intellectuelle était loin d'être une simple transposition passive de théories et d'idées. Celles-ci étaient transformées pour s'adapter au contexte espagnol, créant un nouveau récit infléchi par ces influences étrangères sans pour autant leur être assujetti. En d'autres termes, on les fit correspondre aux besoins espagnols et à la situation spécifique de la dictature. Ces circonstances encouragèrent certains intellectuels engagés et non conformistes à se pencher sérieusement sur les questions urgentes qu'étouffaient les récits officiels propagés par l'État; ainsi leur position morale et critique put-elle survivre pendant le franquisme et garder sa force après l'arrivée de nouveaux outils théoriques engendrés par les expérimentations critiques et artistiques. Loin d'affaiblir l'engagement de l'avant-garde espagnole, ces nouveaux outils renforcèrent son caractère critique et idéologique.

En s'appuyant sur le travail, les activités, les rapports et le corpus théorique de ces critiques, le présent ouvrage analyse les processus de transfert culturel et de construction du discours esthétique tels qu'ils viennent d'être esquissés. Il examine le rôle que ces théories esthétiques ont joué pour les critiques dans leur volonté de conceptualiser l'avant-garde en lien avec l'éthique et la politique. Beaucoup d'importance est ainsi donnée aux usages, appropriations et transformations des concepts, des idées et des récits opérés par les critiques d'art et les artistes espagnols, afin d'étudier leur impact sur la culture artistique en prenant en compte le contexte historique, social et politique particulier du régime franquiste. Cette analyse permettra d'identifier les arguments exposés par la critique d'art espagnole depuis la fin des années 1950, et leur rôle dans l'élaboration de récits critiques dans l'Espagne de Franco.

La construction de ce discours ne fut pas une entreprise facile, car elle impliquait divers acteurs et différents processus de négociation autour de sens, de valeurs et d'interprétations issus du champ culturel. Les artistes et les critiques d'art n'étaient pas seuls à œuvrer à la création de mouvements d'avant-garde au sein du contexte socio-politique propre au régime totalitaire qu'était le franquisme : les institutions, les médias, ainsi que des acteurs culturels, politiques ou autres, y contribuèrent aussi. Ces groupes actifs forgèrent leurs propres discours, proposant ainsi une variété de lectures et de perspectives en concurrence les unes avec les autres sur la signification de l'art moderne en Espagne.

Certes, nous nous intéressons avant tout ici à la sphère théorique et critique où évoluait la Seconde Avant-garde; mais les pratiques artistiques et leurs résultats, toujours visibles aujourd'hui – les œuvres –, ne seront pas négligés. Le présent ouvrage offre une vue d'ensemble des mouvements artistiques du franquisme tardif, dont les principaux groupes (Grupo Parpalló, El Paso, Equipo 57, les groupes d'Estampa Popular, Equipo Crónica, Equipo Realidad, Grup de Treball) et artistes d'avant-garde (Antoni Tàpies, Eduardo Chillida, Ana Peters, Juan Genovés, Rafael Canogar, Eduardo Arroyo, Alberto Corazón et d'autres).

Cependant, si ce livre brosse un tableau détaillé de cette Seconde Avant-garde, il ne prétend ni écrire une histoire des tendances artistiques, ni embrasser dans sa totalité la critique d'art espagnole de cette époque. Il vise avant tout à décrire la création et le développement de conceptions esthétiques essentielles pour comprendre certaines facettes particulières de l'art moderne en Espagne sous le franquisme tardif, qui doivent beaucoup au discours national aussi bien qu'international. Par conséquent, nous nous pencherons en priorité sur le travail de sept critiques et historiens de l'art espagnols : Antonio Giménez Pericás, Vicente Aguilera Cerni, José María Moreno Galván, Alexandre Cirici, Tomàs Llorens, Valeriano Bozal et Simón Marchán. Il s'agit d'un corpus significatif tant de la critique active qui influença l'essor des tendances artistiques du franquisme tardif, que du contexte patriarcal de la scène de l'art et de la culture espagnole de l'époque[8]. Ces critiques seront l'axe autour duquel nous examinerons les mécanismes de négociation, de construction et de conceptualisation des avant-gardes, et leur imbrication dans les cadres culturels et socio-politiques. La voix des artistes ne sera pas pour autant oubliée. Leurs pratiques seront incorporées dans l'analyse du dialogue critique qui s'établit entre artistes et critiques, les seconds devenant pour les premiers de proches collaborateurs, des amis et des soutiens.

Jusqu'à présent, la critique d'art espagnole a principalement été étudiée en lien avec des mouvements artistiques spécifiques ou d'un point de vue biographique; ses acteurs n'ont que rarement été abordés en tant que producteurs de discours esthétiques et idéologiques pendant la dictature. Certes, Julián Díaz Sánchez a défendu cette dernière approche dans son ouvrage analysant les arguments et les origines de la critique d'art au cours des années 1940 et 1950[9]. Mais les écrits critiques des années 1960, lorsque l'Espagne redevint visible sur la scène internationale, ont pour le moment peu attiré l'attention des chercheurs. Les importants débats théoriques entamés par ces critiques, et surtout les origines méthodologiques de leurs discours, ne jouent – à quelques exceptions près – qu'un rôle mineur dans l'historiographie espagnole de la critique d'art et des arts visuels sous le régime de Franco[10]. L'historiographie non hispanophone en général a très peu étudié la production artistique après l'*apertura* (ouverture) de l'Espagne au monde occidental[11]. Cette période a suscité de l'intérêt pour la littérature ou la culture, mais rarement pour les arts visuels et la critique d'art[12]. Alors que les périodes de la guerre civile et du début de la dictature ont bénéficié des analyses rigoureuses de Jordana Mendelson, Robert Lubar et Miriam Basilio, par exemple, on n'a pour l'heure pas assez étudié la production critique, artistique et culturelle sous le franquisme tardif[13]. En France aussi, le bilan est maigre. Si l'hispanisme français a amplement exploré l'histoire et la culture pendant le franquisme (notamment la culture visuelle et le cinéma), les études sur l'art et la critique sont moins nombreuses[14]. Il faut toutefois signaler l'ouvrage pionnier de Ramón Tio Bellido sur les expositions et l'art sous le franquisme, qui inclut une précieuse anthologie de textes d'artistes et de critiques traduits en français, ainsi que les différentes expositions sur des artistes espagnols en France dont il a été le commissaire[15]. Michel Dalmace, avec un travail approfondi sur Equipo Crónica, et Michelle Vergniolle-Delalle ont contribué à l'étude de la peinture d'opposition pendant le franquisme, tandis que Béatrice Joyeux-Prunel a récemment intégré le cas espagnol dans une histoire transnationale des avant-gardes[16].

Ce livre vise à combler cette lacune. Le travail de ces critiques d'art offre un point de vue privilégié pour examiner la manière dont les avant-gardes opéraient sur les terrains culturels et socio-politiques. L'étroite participation des critiques aux événements artistiques, leurs analyses théoriques des principaux mouvements sous le franquisme tardif, leur intérêt pour les tendances internationales et leur actualisation progressive à l'aune de théories transnationales, leur rôle déterminant dans l'importation réussie de ces théories et de ces tendances, la portée de leurs actions dans le domaine artistique et social – tout cela constitue un panorama foisonnant qui nous permet de comprendre l'interaction entre les intellectuels et les artistes, l'imbrication de forces politiques et idéologiques derrière beaucoup de choix et de décisions, ainsi que leur rôle dans la création de concepts, d'idées, de valeurs et de positions.

Modernisme(s) et avant-garde(s). L'Espagne : un chapitre à part ?

Interroger les processus qui, sous le franquisme tardif, ont mené à la construction d'un récit d'avant-garde dans le discours critique soulève nécessairement la question de la pertinence de ces processus au sein des conceptions existantes du modernisme, ainsi que celle de leurs rapports conflictuels au récit hégémonique et formaliste de l'art moderne qui prévalait depuis longtemps[17]. Les divergences sont radicales entre les conceptions des critiques militants de l'avant-garde espagnole et l'analyse classique du modernisme et de son développement chez Clement Greenberg, par exemple. Bien que des parallèles aient pu être dressés entre l'approche du critique américain et les idées de certains intellectuels espagnols de l'immédiat après-guerre, comme José Ortega y Gasset (un penseur clé dans la conceptualisation d'une avant-garde autonome, formaliste et apolitique établie à partir de la fin des années 1940), la situation s'était profondément transformée à la fin des années 1950[18]. L'autonomie, le formalisme et l'autocritique (*self-criticism*) du médium – qui caractérisent la peinture moderne selon Greenberg (et selon la rhétorique officielle du régime après la première Biennale hispano-américaine en 1951) – furent vivement contestés par les critiques militants et les artistes d'avant-garde. Alors que Greenberg lançait en 1960 son manifeste sur la « peinture moderniste » *via* les organes de propagande américains et la station de radio *Voice of America*, un groupe de critiques et d'artistes défendait en Espagne la réintégration de l'avant-garde dans la praxis sociale[19].

Les divergences entre les deux modèles apparaissent dès leurs choix terminologiques. En Espagne, dans les années 1960, artistes, critiques et historiens de l'art remplacèrent le terme d'« art moderne » – qu'avaient souvent utilisé, au cours des deux décennies précédentes, des cercles intellectuels et des acteurs officiels chargés de réconcilier art moderne et dictature – par celui d'« avant-garde » ou, pour reprendre l'expression de Moreno Galván, de « Seconde Avant-garde »[20]. Ce terme véhiculait d'évidentes implications sociopolitiques, ce qui intéressait les critiques d'art, et il partageait un certain nombre de caractéristiques avec l'avant-garde telle que Peter Bürger la définit dans sa théorie sur les mouvements artistiques d'avant-guerre[21], notamment la valeur critique et l'objectif de se réinsérer dans la praxis vitale.

La réintroduction d'un programme socio-politique traditionnellement associé à l'avant-garde historique était loin d'être une exception : elle se développait en parallèle dans d'autres aires de l'axe transatlantique, en connectant les discours espagnols aux réseaux artistiques paneuropéens et latino-américains, ou à des intellectuels comme Giulio Carlo Argan et Umberto Eco en Italie, Adolfo Sánchez Vázquez au Mexique, ou encore Gérald Gassiot-Talabot, Julio Le Parc et le Salon de la Jeune Peinture en France. Leurs approches sensibilisaient l'opinion à la mission sociale des avant-gardes, à leur possible implication politique, à leur interaction avec le spectateur et, de façon plus générale, à leur importance pour une future émancipation sociale.

Malgré ces dialogues transatlantiques et les modèles esthétiques qu'ils proposaient, l'impact du récit hégémonique sur l'interprétation de l'art moderne jusqu'à une date récente a été si prégnant qu'il a, pendant de longues années, empêché de voir d'autres contextes ou phénomènes[22]. Les approches que nous avons citées plus haut eurent en réalité une forte influence sur l'interprétation de la culture dans de nombreux pays qui n'étaient pas considérés comme des centres hégémoniques européens ou, après la Seconde Guerre mondiale, nord-américains – et qui, de ce fait, passaient pour périphériques. Cette vieille interprétation fut contestée à partir de la fin des années 1980, quand de nouvelles perspectives historiographiques rendirent possibles des analyses et des lectures ne correspondant pas à l'étroite conception de l'histoire de l'art moderne qui avait cours jusque-là[23]. Les études post-coloniales et l'approche globale ont permis de justifier le pouvoir idéologique des pratiques artistiques et de la compréhension de la modernité, notamment en montrant les limites de l'analyse greenbergienne[24]. Cette méthodologie a ouvert la voie à des analyses multiculturelles et multifocales, où l'Autre (l'Est, l'Afrique, le Japon, l'Amérique latine) acquiert une voix, proposant ainsi de nouvelles lectures et visant à entrer, selon les termes de Kobena Mercer, « dans un rapport dynamique avec un éventail de traditions et de lignées artistiques dignes d'étude en tant que telles[25] ».

Cependant, au sein de ce que nous pouvons appeler l'Occident *périphérique*, il existe toujours des espaces, des pratiques et des discours qui, jusqu'à récemment, ont été très largement ignorés, comme l'Espagne de Franco ou les « autres proches » de l'Europe de l'Est[26]. Le post-colonialisme et l'histoire de l'art globale ont ouvert à la lecture de cultures différentes et de modernités divergentes, mais cela n'a pas suscité beaucoup d'intérêt ou de débat en ce qui concerne les pratiques artistiques et critiques espagnoles, même si des ouvrages de grande valeur ont vu le jour ces dernières années[27]. Cela est certainement dû à la position ambiguë de l'Espagne sous le règne de Franco. Dans les années 1940, le pays avait déjà perdu toute forme d'autorité sur ses anciennes colonies, mais conservait néanmoins les vestiges d'une puissance coloniale au long cours (l'Espagne maintenait une présence dans ses possessions coloniales de Guinée équatoriale et du Sahara espagnol) ; et pourtant, malgré les reliquats de sa grandeur passée en Europe – et même dans le monde –, l'Espagne de Franco avait une position marginale en Europe.

Le pays éprouvait manifestement des difficultés à se conformer aux exigences des démocraties occidentales, même si, dans le contexte politique de la guerre froide, il fut réintégré dans leurs rangs à partir des années 1950. Outre la politique, la production artistique espagnole figure rarement dans les analyses eurocentrées traditionnelles, et l'histoire de l'art moderne espagnol est encore aujourd'hui amplement négligée, à l'exception de cas individuels d'artistes internationalement célèbres (Picasso, Miró, Dalí, Tàpies). Et, lorsqu'elle est abordée, elle l'est généralement sous l'angle de la *spécificité*, c'est-à-dire à part du reste de l'Europe[28]. Ces présupposés, imposés de l'extérieur, ont également été acceptés, voire soutenus, par l'historiographie espagnole, qui a analysé de vastes pans de l'art, de l'histoire et de la culture du pays comme un « chapitre à part » de l'histoire européenne[29].

Afin de brosser une image plus juste, qui ne négligerait pas les divers liens avec la scène internationale contemporaine telle qu'elle a été brièvement décrite, le discours espagnol sur le développement de la Seconde Avant-garde sous le franquisme tardif doit être analysé dans une perspective reconnaissant les lectures alternatives du passé. En prenant ces dernières en compte dans le contexte du débat historiographique international sur le modernisme, et en intégrant le cas espagnol dans la révision de l'art d'après-guerre, l'introduction de nouveaux paramètres pourra aider à analyser ces complexités. Non seulement cet angle fournit un point de départ intéressant pour examiner et évaluer ces différents récits, mais il permet aussi de rendre visibles de nombreuses appropriations et réadaptations.

Les analyses du modernisme de Perry Anderson et Marshall Berman constituent une base utile pour appréhender le cas espagnol sous un autre angle. Ces deux auteurs ont montré comment la modernisation et le modernisme coexistent dans un rapport dialectique à travers le terme de « modernité » (n'étant « ni un processus économique ni une vision culturelle, mais une *expérience historique* médiatisant l'un vers l'autre[30] ») ; ils ont également exposé comment les deux concepts ont suivi des schémas spécifiques durant toute l'histoire occidentale moderne. Le rapport entre ces facteurs est complexe et continue à faire débat, mais il est fondamental pour comprendre le phénomène dans sa totalité ainsi que la pluralité de pratiques artistiques regroupées sous le terme de modernisme. La vision alternative « des origines et des aventures du modernisme » que propose Anderson est l'hypothèse selon laquelle « le modernisme sera le mieux défini comme un champ de force culturel triangulé par trois coordonnées décisives : un académisme extrêmement formalisé ; l'émergence des technologies clés pour la deuxième révolution industrielle ; la proximité de la révolution sociale ». Il décrit le modernisme comme un éventail de valeurs culturelles se posant en réaction à l'ordre établi, « émergeant à l'intersection entre une autorité semi-aristocratique, une économie capitaliste semi-industrialisée et un mouvement ouvrier semi-émergent ou semi-insurgé[31] ». Même si Anderson pense que ces coordonnées disparurent à la fin de la Seconde Guerre mondiale dans les pays occidentaux, il mentionne le(s) exception(s) du « tiers-monde » où elles pouvaient continuer à interagir[32].

L'analyse d'Anderson devient particulièrement fructueuse lorsqu'on se penche plus avant sur les arts et la critique au sein des dynamiques d'avant-garde sous la dictature franquiste. Le champ culturel espagnol pourrait être pareillement triangulé entre plusieurs coordonnées représentant les contradictions du franquisme tardif et partageant certains des traits suivants : la modernisation industrielle émergente qui coexiste avec des systèmes oligarchiques ; l'académisme prédominant qui se heurte aux langages de l'avant-garde ; les utopies révolutionnaires qui infusaient certaines aires du mouvement ouvrier et de la gauche dissidente (sans risque immédiat de révolution sociale cependant). L'étude des avant-gardes modernes dans un système politique antimoderne doit saisir leurs liens et leurs diverses imbrications dans l'apparition d'une société semi-capitaliste. Nous chercherons donc avant tout à cerner l'interaction entre les forces économiques, politiques et sociales, ainsi que les domaines esthétique et artistique, afin d'appréhender la relation dialectique entre ces deux termes – *modernisation* et *modernisme* – qui ont construit l'expérience de la modernité en Espagne.

Partis pris méthodologiques

Afin d'interpréter le discours artistique étudié ici au travers des dynamiques des forces socio-politiques et du champ de tension défini par les termes de modernisation, de modernisme et de modernité, nous avons privilégié une approche interdisciplinaire mêlant l'histoire de l'art, l'esthétique et les sciences sociales et politiques. La recherche rigoureuse d'archives a aussi été centrale pour cet ouvrage, notamment la lecture des journaux d'époque dans des institutions espagnoles, françaises et italiennes. Ces documents inédits et ces articles fournissent de riches informations sur les contextes culturels et socio-politiques, et sont extrêmement utiles pour comprendre les processus de construction et de négociation des récits et des œuvres de l'avant-garde. Les divers entretiens menés avec des critiques d'art (tels Tomàs Llorens ou Valeriano Bozal), des artistes (Agustín Ibarrola, Alberto Corazón et José María Yturralde) ainsi que des intellectuels, des politiques et des acteurs culturels (Francisco Fernández Buey, Ludolfo Paramio), qui participèrent activement à la création du récit de l'avant-garde sous le franquisme tardif, constituent également une facette majeure de la présente recherche.

En plus de ces sources, cet ouvrage se fonde sur l'historiographie de l'art, de la politique et de la culture sous le régime de Franco[33]. Un certain nombre d'études ont fourni une base intéressante pour l'analyse de(s) discours sur la culture. Il faut mentionner l'essai de Jordi Gracia sur le champ littéraire, ainsi que les travaux déjà cités de Julián Díaz Sánchez, Romàn de la Calle et Mónica Núñez sur la critique d'art et l'analyse critique développée par le projet de recherche Desacuerdos, précurseur dans l'interprétation des mouvements artistiques espagnols dans le contexte des tendances expérimentales internationales et par sa tentative de s'extraire de la marginalité imposée aux pratiques artistiques espagnoles[34].

Pour interpréter les sources inédites, écrites ou orales, nous avons utilisé des outils issus des études post-coloniales tels que les ont développés David Craven et Kobena Mercer dans leurs travaux[35]. Nous les avons associés à une lecture critique de la période d'après-guerre en termes d'interrelations entre art, politique et contre-culture[36]. Les approches analytiques élaborées par le champ de recherche interdisciplinaire du « transfert culturel » ont également fourni un précieux concours. Elles ont aidé à transformer l'idée plutôt statique de culture pour en faire un concept plus dynamique, pris ici en compte[37].

Ce livre cherche à retracer une histoire des idées au sein de la culture artistique hispanique, non point pour consolider une quelconque vérité, mais pour souligner des cohérences, des variations et des ruptures, et pour offrir une approche contextualisée de cette période décisive dans l'histoire de l'Espagne au XXe siècle. L'un de nos premiers objectifs est de montrer les critiques d'art en tant que médiateurs culturels à différents niveaux (local, national et international). Il s'agit d'esquisser une image intégrée de la réalité artistico-culturelle sous le franquisme tardif; or celle-ci n'est pas unidimensionnelle, mais s'attache aux différentes strates, acteurs, réseaux, échanges et moyens de la production artistique de cette époque. À cette fin, il faut embrasser la totalité de la situation artistique espagnole, en reliant ces agents non seulement au contexte intellectuel et socio-politique, mais aussi à leurs équivalents à l'étranger. Cependant, pour un pays comme l'Espagne où le compartimentage des régions et des identités a joué (et continue à jouer) un rôle déterminant dans la configuration de l'expérience culturelle, les points de vue régionaux et nationaux doivent également être pris en compte; sans oublier que des centres comme la Catalogne, Valence, Cordoue ou Madrid étaient connectés entre eux *via* des individus, des structures et des plates-formes. En exposant ces différentes scènes et leur contribution au débat artistique espagnol, sans trop mettre l'accent sur la dimension régionaliste qui prédomine souvent dans l'étude de l'art dans l'Espagne du XXe siècle, et en envisageant l'exemple espagnol comme un cas intégré, nous visons à mettre au jour les liens entre la production artistique et théorique espagnole et les contextes européen et américain de l'époque, sans pour autant omettre les perspectives nationales et régionales.

L'ouvrage se divise en cinq chapitres qui se concentrent sur la période allant de la fin des années 1950 à 1975, généralement appelée « franquisme tardif ». Cette période fut caractérisée par des mesures décisives en termes de libéralisme économique et de transformations politiques et sociales. Bien que les travaux d'histoire et de sciences politiques la fassent débuter avec le Plan de stabilisation économique de 1959, on peut la faire commencer plus tôt, dès 1957 – une année au cours de laquelle un certain nombre de grandes figures politiques furent remplacées par des représentants de l'Opus Dei, ce qui provoqua un glissement technocratique dans le gouvernement et un changement significatif dans les politiques économiques. L'année 1957 est également décisive pour cette recherche, car elle vit la création de groupes artistiques comme El Paso et Equipo 57, et l'attribution du Prix international à Jorge Oteiza à la Biennale de São Paulo. Tous ces événements et facteurs furent perçus par les critiques et les artistes comme la manifestation du renouveau artistique à l'origine de la Seconde Avant-garde. Ainsi l'année 1957, plutôt que 1959, a-t-elle été choisie comme point de départ du cadre chronologique de cet ouvrage (1957-1975).

Cependant, il nous a paru nécessaire de contextualiser davantage cette période, pour aider à comprendre les processus de transformation ainsi que les interactions du régime avec la culture. Aussi le chapitre 1 remonte-t-il plus loin dans le temps afin de proposer une perspective élargie des origines de la dictature, avec le coup d'État et la guerre civile qui en découla. L'objectif de ce premier chapitre est de montrer, en termes généraux, comment la culture, la société et la politique interagissaient dans un pays qui devait se reconstruire après le traumatisme de la guerre civile, et comment les initiatives d'avant-garde et la pensée progressiste purent survivre malgré une virulente politique de représailles. Le lecteur découvrira donc les caractéristiques et les valeurs de la dictature franquiste, et l'instrumentalisation dont la culture fut l'objet au cours de ses premières années.

Le chapitre 2 analyse les changements qui affectèrent la société et les structures du régime dans les années 1960 et la première moitié des années 1970. L'accent est mis sur l'ouverture politique et économique qui permit l'entrée de nouvelles idées et facilita le développement de positions dissidentes envers le système autocratique.

Ces deux premiers chapitres posent ainsi le cadre chronologique et familiarisent le lecteur avec la corrélation entre production artistique, société et idéologie sous le franquisme. Ils servent de base à l'analyse proposée dans cet ouvrage et visent à pallier l'insuffisance des recherches à ce sujet en langue française.

Les chapitres suivants montrent avant tout comment l'avant-garde poursuivit ses objectifs artistiques et expérimentaux en les reliant à l'éveil d'une conscience culturelle, puis idéologique. Au sein de ces processus, la collaboration entre les artistes et les critiques militants joua un rôle essentiel. Cependant, l'évaluation historique de la Seconde Avant-garde en Espagne devient difficile en raison du paradoxe qui émergea au moment de l'*apertura* (ouverture) du pays : un État dictatorial rejoignait le bloc de l'Ouest dans le contexte de la guerre froide, et il était accepté par les « pays du monde libre » ! Si la stabilisation du régime au début des années 1950 fit prévaloir une vision esthétisante des arts, les mouvements d'avant-garde réagirent ostensiblement à partir de 1957 en mettant au jour de nouveaux langages, tendances et expressions. Les artistes et les critiques militants s'attachèrent à développer une position sociale et politique au sein du champ artistique qui prit diverses formes, toutes plus sophistiquées les unes que les autres. Les chapitres 3 à 5 se penchent sur les discours des critiques d'art militants, leur(s) réseau(x) international(aux), les processus de transfert culturel, l'adoption de théories esthétiques étrangères et leur rôle dans la conceptualisation de l'avant-garde.

Le chapitre 3 étudie le réseau de connexions et d'échanges internationaux qui façonna la critique d'art espagnole, exposant les lieux et acteurs qui collaborèrent avec les critiques dans la constitution d'une culture contestataire. En se rattachant directement à ces exemples, ce chapitre présente le développement du modèle de la critique militante en Espagne. Il révèle ses origines dans les cercles européens auxquels participèrent les Espagnols et analyse la conceptualisation décisive du rôle du critique, non seulement comme interprète, mais aussi comme participant actif à la pratique socio-culturelle.

Le chapitre 4 se focalise sur l'apparition et l'influence grandissante des différentes écoles marxistes au sein de la critique militante et de l'intelligentsia de gauche en Espagne, en décrivant une mise à jour intellectuelle qui ne cessa de se renforcer au cours des années 1960. Sur la base des écrits des critiques militants, ce chapitre montre le rôle et l'implication de la pensée marxiste dans les cadres théoriques et l'activisme idéologique de ces critiques, mettant en évidence la manière dont ils devinrent des acteurs importants de la contestation de la dictature. Enfin, il évalue leur fonction déterminante en tant que médiateurs d'idées et de nouveaux concepts dans le champ culturel, et l'effet de ces impulsions sur le discours esthétique. Ainsi les adoptions, les adaptations et les réinterprétations d'idées et de concepts dans le contexte culturel espagnol gagneront-elles en visibilité.

Le chapitre 5 analyse les arguments et les méthodologies des critiques militants dans le cadre du tournant marxiste qui domina leurs discours à partir de la fin des années 1950. Vu le contexte socio-politique et les difficultés de la vie sous la dictature auxquelles étaient confrontés ces acteurs d'avant-garde, les critères artistiques internationaux devaient sans cesse être adaptés à la « situation espagnole ». C'est précisément pourquoi les critiques militants choisirent l'idéologie, plutôt que le langage artistique, lors des principaux événements culturels de l'antifranquisme. Ce choix était même soutenu par leurs collègues européens de gauche, qui continuaient à voir dans l'Espagne franquiste la défaite de la République, et l'échec d'une des dernières grandes causes de la gauche. Ce chapitre se penche également sur la collaboration des critiques avec les artistes et sur leur participation active aux processus artistiques, offrant un aperçu des pratiques artistiques développées sous le franquisme tardif, tout en soulignant leurs caractéristiques formelles et programmatiques. En se fondant sur la coopération intellectuelle et pratique entre critiques militants et artistes, le chapitre 5 se conclura en étudiant la transformation des notions et des objectifs de l'avant-garde.

Enfin, un épilogue aborde les échanges entre la dissidence et la dictature dans le conflit sur la définition du sens de l'art moderne. À travers le cas de l'exposition de 1976 intitulée *Spagna: Avanguardia artistica e realtà sociale, 1936-1976* (Espagne. Avant-garde artistique et réalité sociale), il examine la position des critiques qui tentaient de contre-attaquer le récit moderniste du régime. Ils exposèrent alors leur propre discours, qui résultait des développements culturels et idéologiques dont traite cet ouvrage. Notre but est de mettre en lumière les processus continuels de négociation qu'engendra l'État dictatorial, ainsi que les luttes médiatiques, conceptuelles et politiques autour de l'interprétation de l'art moderne qui se perpétuèrent jusqu'après la mort du dictateur.

Cet ouvrage vise à mettre en évidence la collaboration active et déterminante des forces culturelles dans la constitution d'une conscience intellectuelle, théorique et morale sur laquelle la démocratie put s'édifier à partir de 1976. Il est impératif de poursuivre les recherches sur le régime franquiste, afin non seulement de connaître ou de se souvenir de ce qui s'est déroulé il y a presque un demi-siècle, mais aussi de contribuer au processus, toujours en cours, de confrontation au passé. Celui-ci est malheureusement mis en cause, malgré les efforts et la bonne volonté d'une grande partie de la société espagnole pour discuter et comprendre les années de la dictature et de la transition démocratique. Vu la situation actuelle en Espagne, où l'expression de la *memoria histórica* (mémoire historique) continue à susciter des crispations idéologiques entre les partis, les classes et les individus, il nous semble nécessaire d'analyser rigoureusement cette période afin de rappeler au lecteur, de la manière la plus neutre possible, les processus de construction intellectuelle qui ont facilité l'avènement de la démocratie en Espagne. Nous vivons aujourd'hui une période cruciale, en pleine crise économique, sociale, écologique et sanitaire, où sont en jeu la morale, l'espoir, et toutes les valeurs, libertés et garanties sociales acquises par le sacrifice de tant d'Espagnols sous le franquisme.

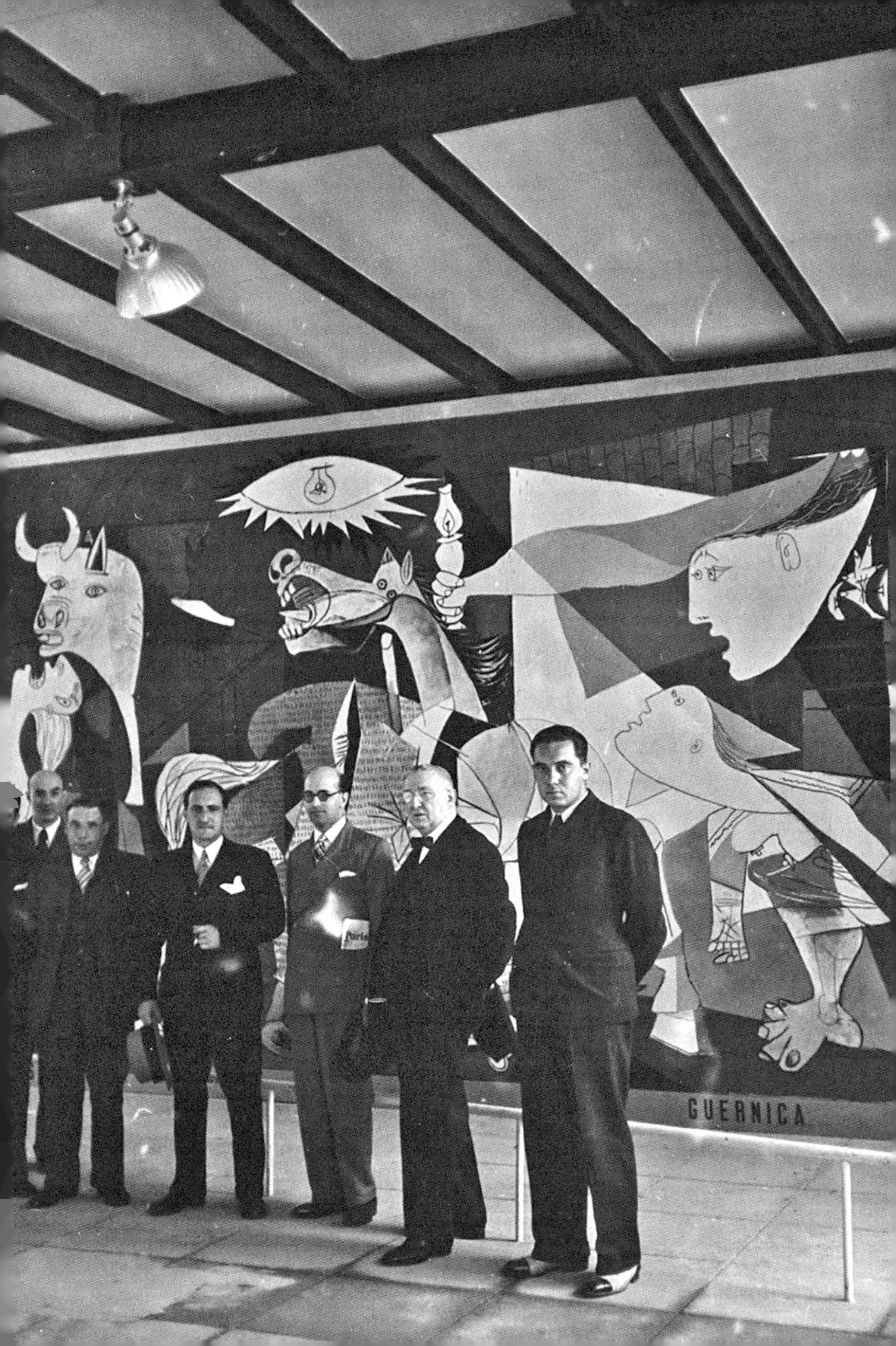
GUERNICA

CHAPITRE 1

De *Guernica* aux alliances internationales : culture, art et société

« Les dix premières années après la guerre éclipsèrent presque totalement la reconquête de la grande dynamique culturelle obtenue dans les années immédiatement avant la guerre civile[1]. »

Vicente Aguilera Cerni

« L'avant-garde et le nouvel ordre ne s'entendent pas. Il y a chez le premier un germe d'indépendance [...] que le deuxième ne peut tolérer[2]. »

Valeriano Bozal

Avec le coup d'État de juillet 1936, deux modèles fondamentalement différents de l'identité, de la souveraineté et de la culture se manifestèrent en Espagne. Du côté des républicains comme des franquistes, la culture devint un outil essentiel pour exacerber les valeurs et canaliser les idéologies. Les artistes, les critiques d'art, les écrivains et les intellectuels étaient d'éminents acteurs culturels, et leur choix de se joindre à l'un ou l'autre des camps participa, au sein de leurs médiums respectifs, à la lutte qui devait déterminer le destin de l'Espagne pour les dizaines d'années à venir.

Les républicains développèrent rapidement un appareil de propagande assez sophistiqué, où l'avant-garde artistique et intellectuelle jouait un grand rôle dans la lutte pour la liberté, le libéralisme et la démocratie. Le point culminant de cette alliance fut sans aucun doute le pavillon espagnol à l'Exposition internationale des arts et des techniques dans la vie moderne à Paris, en 1937, où des artistes de renommée internationale, comme Pablo Joan Miró, Julio González et Alexander Calder, exaltèrent l'héroïsme de la population civile et dénoncèrent les horreurs du militarisme fasciste.

Après la défaite de la République, le leader des vainqueurs, le général Francisco Franco (1892-1975), avait pour projet d'édifier un nouvel État en consolidant les valeurs traditionnelles et en soutenant de nouveau les anciennes élites établies qui avaient été combattues pendant l'« interrègne » républicain. Le *Generalísimo* autoproclamé chercha à reconstruire le pays pour en faire un empire national-catholique, où la culture devait renforcer les valeurs et souligner le lien avec le glorieux passé du Siècle d'or espagnol que le régime invoquait sur un mode nostalgique. Durant la période d'isolement international quasi total qu'avait entraîné le soutien des rebelles aux puissances de l'Axe au cours de la Seconde Guerre mondiale, ce nouveau modèle fut imposé à la population par la répression et la violence.

Les dynamiques de la guerre froide finirent cependant par offrir à la dictature la possibilité de rejoindre la communauté internationale de l'Ouest. Deux accords signés en 1953, l'un avec les États-Unis et l'autre avec le Vatican, permirent au régime de se légitimer à la fois économiquement et idéologiquement, de consolider son pouvoir et de se garantir un soutien financier qui stimulerait le développement économique du pays après de dures années marquées par la faim. Ces nouvelles alliances rendaient nécessaire de réviser les préférences esthétiques, et la rhétorique culturelle de la dictature s'achemina vers la réintroduction officielle de l'art moderne.

Les lignes de front culturelles de la guerre civile

À la fin du mois de décembre 1936, en pleine guerre civile, l'artiste Josep Renau, directeur de la Dirección General de Bellas Artes, se rendit en mission à Paris. Il y visita différents artistes et commanda des œuvres pour le pavillon espagnol à l'Exposition internationale (ill. 1) qui devait se tenir l'année suivante dans la capitale française[3]. Ce recrutement d'artistes en vue était un moyen de gagner des soutiens à la cause républicaine dans un pays en guerre.

En raison de sa popularité, Picasso était l'une des personnalités les plus recherchées par le gouvernement espagnol pour cette exposition. Quelques mois auparavant, à des fins clairement propagandistes, il avait déjà été nommé directeur honoraire du musée du Prado. La visite de Renau assura sa participation à la politique étrangère républicaine, transformant cet artiste mondialement célèbre en un allié respecté, qui offrit au gouvernement espagnol légitime un visage artistique et explicitement partisan avec son chef-d'œuvre *Guernica* (ill. 2). Installé dans le grand hall d'entrée du pavillon, juste à côté de la *Fontaine de mercure* d'Alexander Calder, ce tableau représentait avant tout l'horreur de la guerre et la souffrance d'innocents, mais dénonçait également, devant le public international, les atrocités commises par les rebelles et leurs alliés, les nazis et les fascistes italiens[4].

Lorsque Renau commanda cette œuvre, la situation des Espagnols qui résistaient au soulèvement militaire était devenue dramatique. En 1936, les rebelles, soutenus par les troupes marocaines et commandés par des officiers de carrière espagnols (aussi connus sous le nom d'*africanistas*, car ils étaient célèbres pour avoir servi lors des guerres au Maroc), s'emparèrent rapidement de larges zones rurales dans le sud et le nord-ouest de l'Espagne (des parties de l'Andalousie, de la Galice, de l'Estrémadure, de l'ancienne Castille-et-León, ainsi que le nord de la Navarre), tandis que la République gardait le contrôle des centres industriels (Madrid, la Catalogne et Bilbao), de la Manche et de la côte méditerranéenne. Les insurgés avancèrent peu à peu vers le nord-est. Après plusieurs tentatives ratées pour conquérir Madrid afin d'achever le coup d'État des 17-18 juillet, Franco commença en novembre à revoir sa stratégie dans ce qui

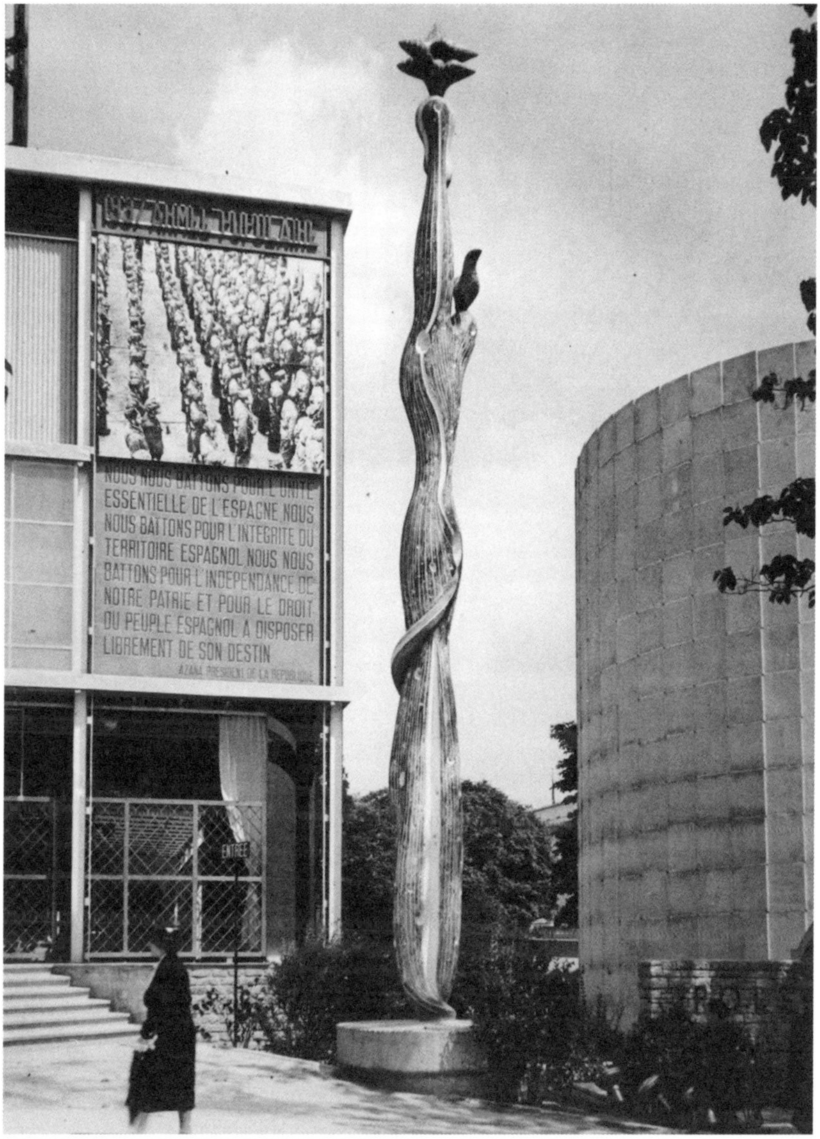

1 Vue extérieure du pavillon espagnol à l'Exposition internationale des arts et des techniques dans la vie moderne, Paris, 1937, avec des photomontages de Josep Renau et la sculpture *El pueblo español tiene un camino que conduce a una estrella* (Le peuple espagnol possède un chemin qui conduit à une étoile) d'Alberto Sánchez, photographie par Roness-Ruan

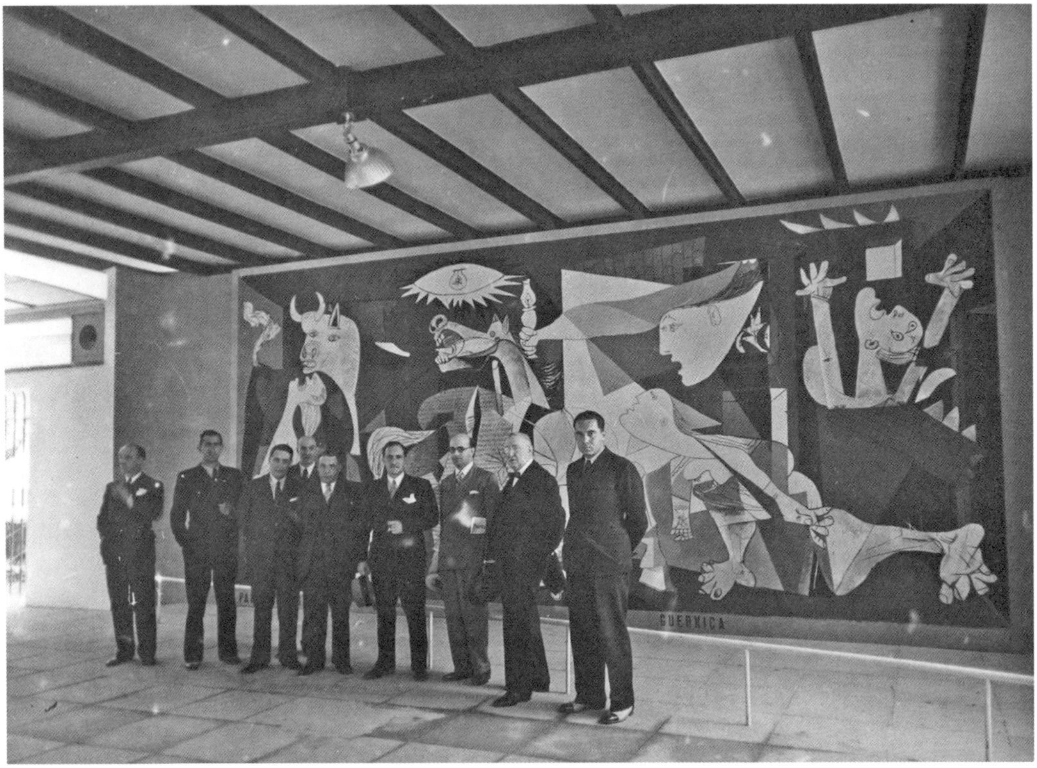

2 Le président basque José Antonio Aguirre et d'autres membres du gouvernement de la République espagnole en exil, devant le tableau *Guernica* de Picasso, dans le pavillon espagnol à l'Exposition internationale des arts et des techniques dans la vie moderne, Paris, 1937

était véritablement devenu une guerre civile. En se fondant sur son expérience des conflits coloniaux en Afrique du Nord, il opta pour une guerre d'usure. Ses troupes prenaient progressivement des territoires, menaient une campagne méthodique de guerre idéologique et physique, et réprimaient violemment toute opposition, qu'elle soit réelle ou supposée. Les idéologues de Franco cherchèrent à anéantir les valeurs libérales soutenues par les républicains[5]. Cette guerre fut l'un des chapitres les plus sombres de l'histoire de l'Espagne moderne.

Les deux camps commirent des atrocités ; mais, si celles imputables aux partisans républicains furent largement exploitées par la propagande des vainqueurs après la guerre, l'ampleur exacte des massacres et des assassinats perpétrés par les rebelles, ou avec leur accord explicite ou implicite, demeure encore à ce jour inconnue[6]. En zone républicaine, pendant les premiers mois de la guerre, la violence populaire – dirigée essentiellement contre des membres du clergé et d'autres représentants des classes privilégiées – était incontrôlable[7]. Cependant, la plupart de ces attaques cessèrent lorsque le gouvernement put réaffirmer son pouvoir en décembre 1936[8]. Sur le territoire occupé par le groupe appelé *bando nacional* (ou faction nationaliste), des massacres eurent lieu tout au long de la guerre avec le consentement tacite des dirigeants rebelles. Comme l'affirma le général Mola, les membres de ce groupe estimaient nécessaire d'éliminer « sans scrupule ou hésitation tous ceux qui ne pensent pas comme nous[9] ». La volonté de « nettoyer » ou de « purger » la société de l'« infection » de gauche, comme avaient coutume de dire les propagandistes de droite, mena à l'emprisonnement et à l'assassinat systématique d'enseignants, de francs-maçons, de médecins, d'avocats, d'intellectuels, d'artistes, d'écrivains, de syndicalistes, et de quiconque se trouvait soi-disant sous l'influence d'idéologies gauchistes, libérales ou favorables à la République[10].

Le soulèvement militaire rendit brutalement visible le clivage culturel et politique qui divisait le pays sous la République, en provoquant une confrontation armée entre les conservateurs et les antimodernistes d'un côté (l'armée, les propriétaires terriens, l'Église et le parti phalangiste fascisant), et de l'autre les défenseurs de la République démocratiquement élue (la coalition de gauche du Front populaire, les libéraux et les membres des classes populaires qui voyaient dans la guerre l'occasion de déclencher une révolution prolétarienne en Espagne)[11]. Pour se défendre, la République recourut aux forces armées qui lui étaient restées loyales, et par-dessus tout aux milices mises sur pied par les syndicats et les partis politiques. Avec eux, des volontaires de divers pays comme le Royaume-Uni, la France, les États-Unis, la Russie ou la Yougoslavie, coordonnés par divers collectifs de gauche et par le Parti communiste, formaient les Brigades internationales venues combattre pour la cause antifasciste aux côtés de la République[12].

Dans les premiers temps du soulèvement, la situation semblait favorable à la République, car elle gardait le contrôle des centres industriels et des réserves financières du pays ; mais la décision de plusieurs pays européens de ne pas intervenir dans la guerre civile, après avoir signé un pacte de non-intervention, réduisit vite à néant cet avantage[13]. Non seulement le gouvernement légitime, privé d'alliés influents, se trouvait dans une position extrêmement délicate, mais de plus il était freiné par l'embargo que les puissances « non intervenantes » lui avaient imposé, entravant sa capacité à s'armer contre ses agresseurs. En revanche, dès les premiers jours du coup d'État, les rebelles reçurent une aide financière et militaire de la part de l'Italie et de l'Allemagne sous la forme de prêts, de support logistique et d'armement moderne. Bien que les deux futures puissances de l'Axe aient elles aussi signé le pacte de non-intervention, l'assentiment du Royaume-Uni et de la France face aux violations allemande et italienne devait à terme sceller le sort de la République. La passivité des démocraties occidentales s'explique en partie par la peur que ne s'étende la révolution prolétarienne encouragée par un régime communiste implanté dans la zone stratégique de la péninsule Ibérique ; en partie aussi par l'inquiétude des élites britanniques et françaises – dont la mentalité de classe voyait dans les vieilles alliances politiques une garantie de sécurité – quant à la sécurité de leurs investissements en Espagne. Dans ce contexte défavorable dès le départ à la cause républicaine, les attaques de la gauche contre le clergé sapèrent encore sa crédibilité précisément au moment où elle avait le plus besoin de soutien international[14]. En fin de compte, seuls le Mexique et l'URSS assistèrent la République de manière significative en fournissant de l'équipement et des armes, qui furent payés par les réserves d'or espagnoles[15].

En quête d'un symbole fort de la cause antifasciste qui serait à même d'influencer les puissances démocratiques, le gouvernement républicain de Francisco Largo Caballero se tourna en 1937 vers l'art et la culture pour faire connaître la situation périlleuse où se trouvait la population espagnole – les résultats seraient exposés à l'Exposition universelle de Paris. Le pavillon espagnol, un bâtiment rationaliste conçu par José Luis Sert et Luis Lacasa, réunissait de grands artistes comme Picasso, Miró, Julio González, Renau, Calder et Alberto Sánchez. Il présentait divers styles et formes d'art : peinture, sculpture, photographie, cinéma, théâtre et danse[16]. Dans l'ensemble, le pavillon fut considéré comme une « exposition intellectuelle et morale [où] toutes les formes d'expression artistique, et tout particulièrement le spectacle, étaient appelées à figurer[17] », comme le souligna spécialement la presse française.

Le programme artistique de la contribution espagnole à l'Exposition universelle de 1937 se distinguait de celui des autres pays, car il plaidait pour la cause républicaine en jouant sur plusieurs niveaux et en présentant une image très différente de celle que donnait la propagande franquiste. Non seulement le pavillon espagnol marquait son engagement en faveur des langages esthétiques contemporains, mais il cherchait à réfuter les rumeurs de pillage et de destruction, notamment d'œuvres religieuses, par certains secteurs de la gauche radicale[18]. Pour ce faire, les organisateurs représentèrent la République comme une institution libérale et moderne, mais aussi soucieuse de préserver le passé et de défendre la culture espagnole traditionnelle[19].

Renau était spécialement chargé de la section des arts populaires. Elle présentait différentes régions d'Espagne, exposant des photographies des populations par José Ortiz Echagüe, et des éléments folkloriques tels que des

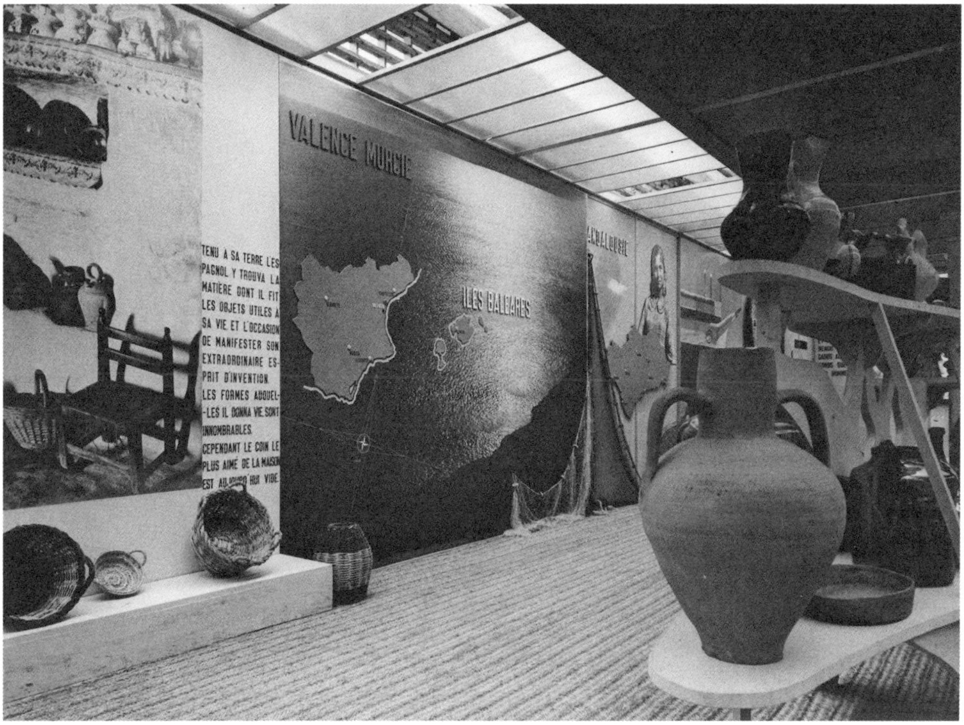

3 Vue de photomontages, de poteries et de vanneries dans la section des arts populaires au pavillon espagnol à l'Exposition internationale des arts et des techniques dans la vie moderne, Paris, 1937, photographie par Roness-Ruan

costumes, des tissus, des poteries ou des meubles (ill. 3)[20]. Ce panorama, qui comprenait aussi des danses régionales et de la musique, reflétait l'intérêt de la République pour la mise en valeur et la protection du patrimoine culturel du pays[21]. La contribution idéologique du traditionalisme aux côtés d'œuvres d'artistes d'avant-garde illustrait la juxtaposition dynamique de l'ancien et du nouveau, de la tradition et de la modernité, qui coexistaient dans la société espagnole sous la République. Les traditions populaires étaient également un motif récurrent de la propagande franquiste, par exemple à travers la glorification de danses et de chants traditionnels par les groupes Coros y Danzas de España ; mais, dans le cas du pavillon républicain, il s'agissait moins d'une célébration des valeurs traditionnelles que d'un « catalyseur potentiel de la résistance populaire[22] » au fascisme.

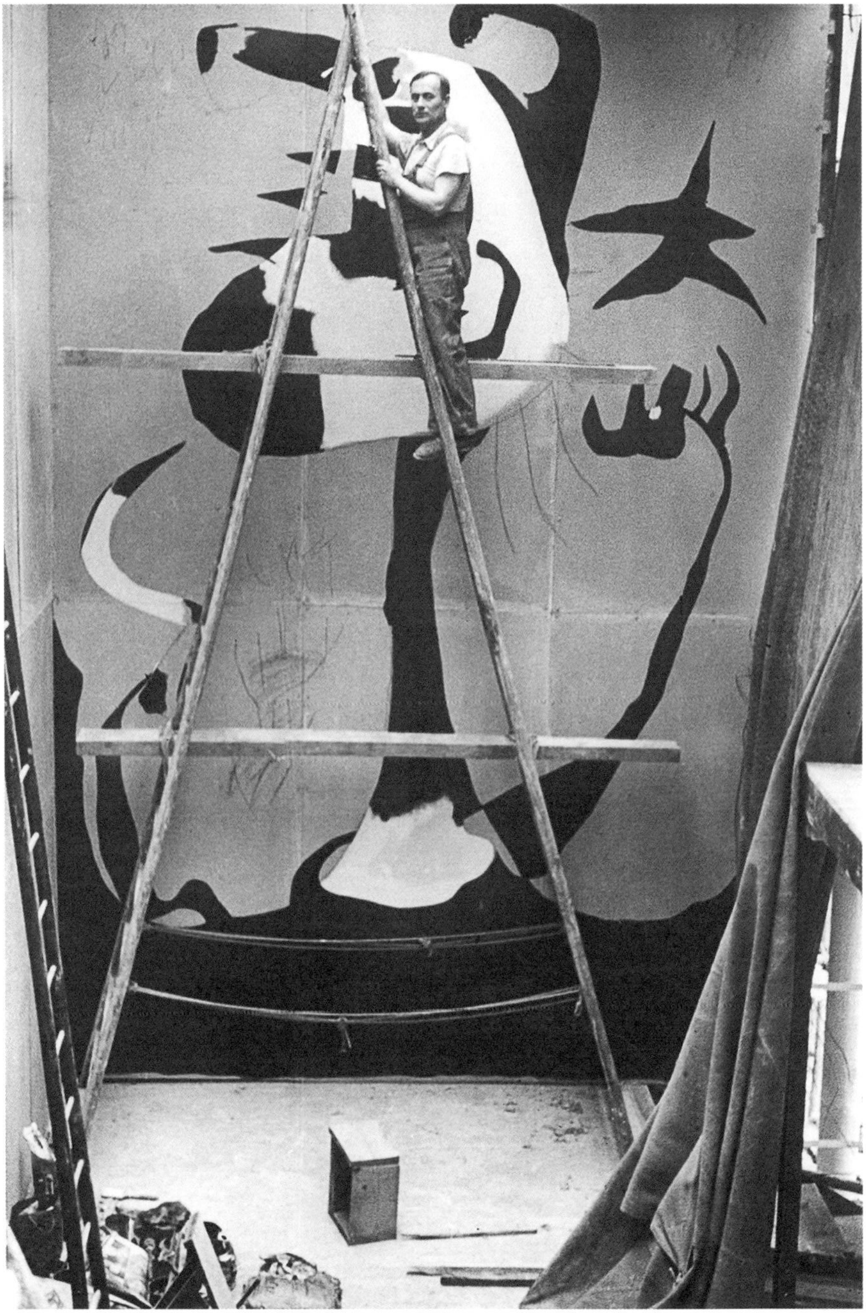

4 Joan Miró en train de peindre *Le Faucheur* au pavillon espagnol à l'Exposition internationale des arts et des techniques dans la vie moderne, Paris, 1937, photographie par Roness-Ruan

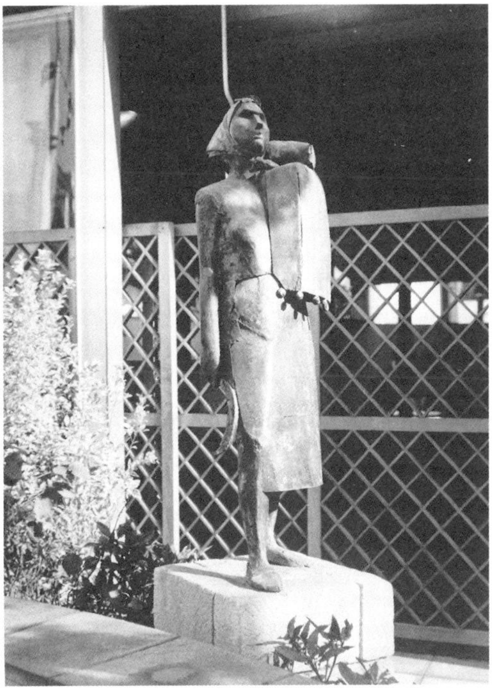

5 Julio González, *La Montserrat*, 1935-1937, bois et fer soudé et forgé (sculpture aujourd'hui conservée à Amsterdam, Stedelijk Museum, inv. BA109), à l'extérieur du pavillon espagnol à l'Exposition internationale des arts et des techniques dans la vie moderne, Paris, 1937, photographie par François Kollar

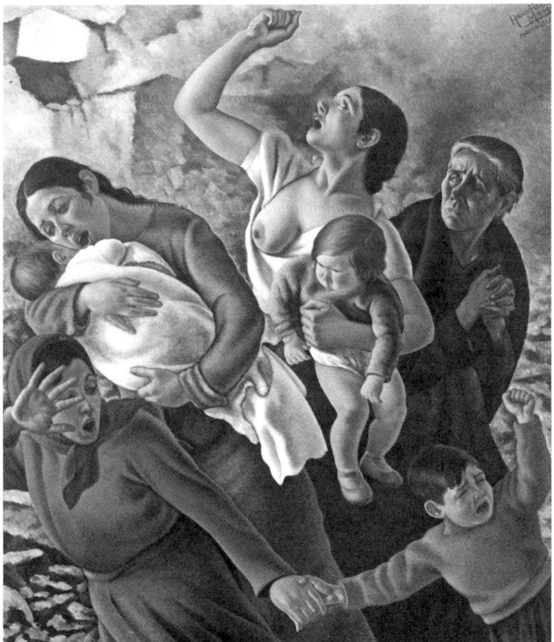

6 Horacio Ferrer, *Aviones negros* (Avions noirs), 1937, huile sur toile, 148 × 129 cm, Madrid, Museo Reina Sofía, inv. DE01147

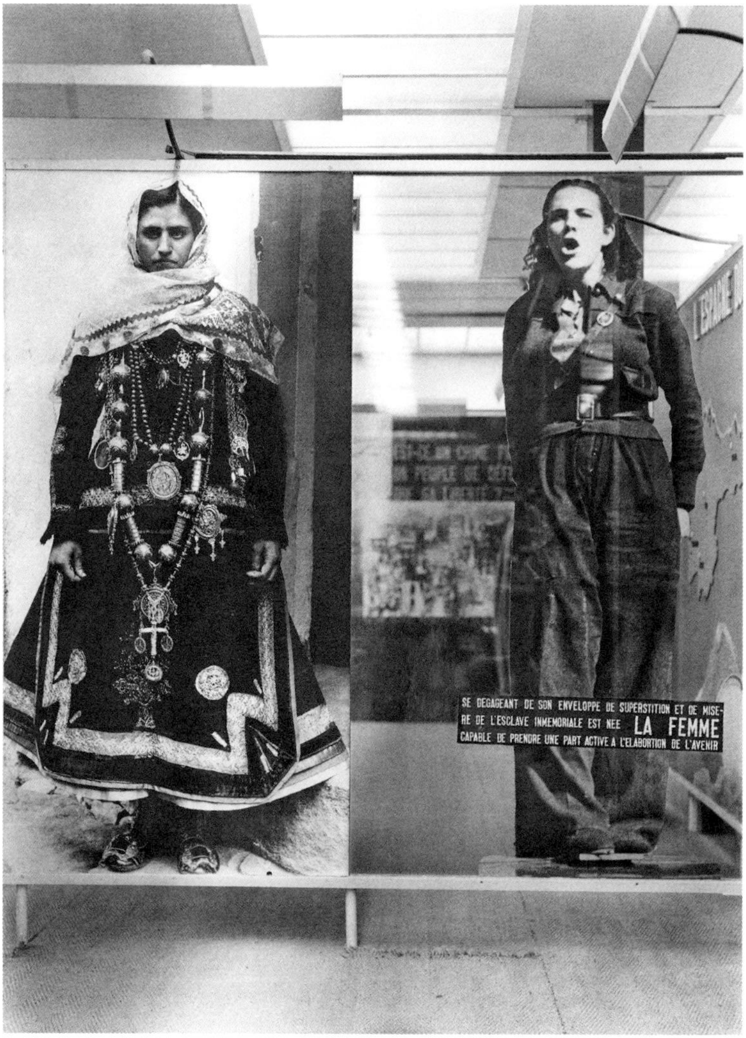

7 Vue du photomontage représentant deux types de femmes, l'« Albercana » habillée de façon traditionnelle et la « Miliciana », au deuxième étage du pavillon espagnol à l'Exposition internationale des arts et des techniques dans la vie moderne, Paris, 1937, photographie par François Kollar

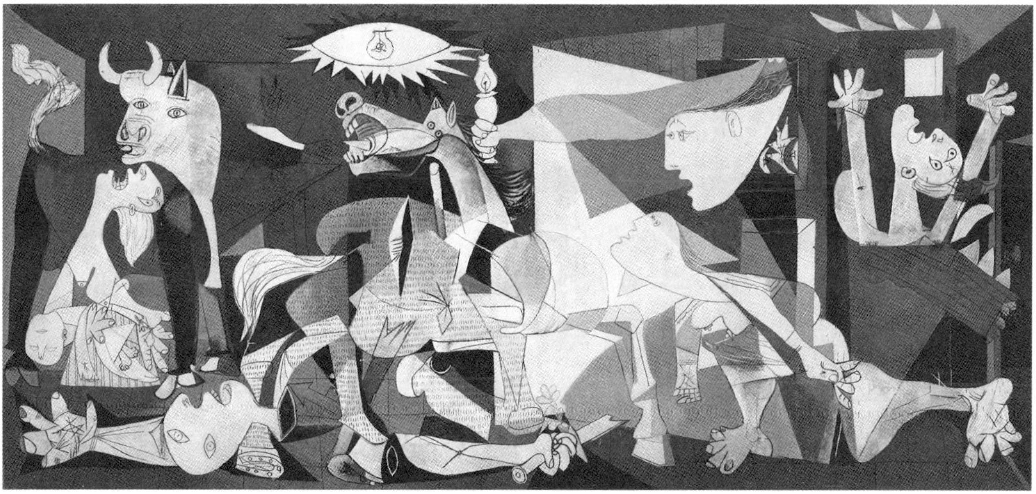

8 Pablo Picasso, *Guernica*, 1937, huile sur toile, 349 × 776 cm, Madrid, Museo Reina Sofía, inv. DE0050

Ce message était renforcé par les thématiques politiques abordées dans les œuvres. Joan Miró peignit *Le Faucheur* (ill. 4), un paysan catalan révolté qui dressait sa faucille en signe de défiance ; Julio González présenta *La Montserrat* (ill. 5), une paysanne catalane – une sculpture qui, tout comme la peinture de Horacio Ferrer, *Aviones negros* (Avions noirs, ill. 6), dénonçait les bombardements aériens des populations civiles, les premiers de l'histoire européenne. Renau exposa également des photomontages exaltant le courage du peuple et fustigeant les destructions provoquées par les assauts rebelles (ill. 7). Picasso, quant à lui, choisit de représenter le raid aérien du 26 avril 1937 contre la petite ville basque de Guernica, mené par la légion Condor de la Luftwaffe allemande avec l'aide de bombardiers italiens (ill. 8). Cette œuvre monumentale dominait le rez-de-chaussée ouvert du pavillon ; en raison de son caractère direct et de sa présence emblématique, elle devint l'éternel rappel des attaques contre les populations civiles. Encore aujourd'hui, elle est un témoignage artistique de l'alliance entre Franco et les puissances fascistes, et elle est devenue depuis une icône de la dissidence de gauche[23]. De plus, certains photomontages de Renau juxtaposant différentes images de la résistance espagnole aux usurpateurs couvraient l'extérieur du bâtiment, fonctionnant comme un rappel des horreurs de la guerre (ill. 1). En contraste avec ces images de souffrance, la sculpture d'Alberto Sánchez, *El pueblo español tiene un camino que conduce a una estrella*

(Le peuple espagnol possède un chemin qui conduit à une étoile), exprimait l'espoir que la lutte collective pourrait aboutir à la défaite du fascisme.

Conçues pour témoigner du courage et des souffrances des Espagnols pendant la guerre, ces œuvres peuvent rétrospectivement sembler présager la défaite de la République, en ce qu'elles furent un appel à l'aide lancé aux grandes puissances démocratiques qui se révéla globalement inutile. Mais elles manifestèrent aussi les liens intimes qui unissaient à l'époque l'art et la politique ; l'engagement politique de l'art deviendrait d'ailleurs un facteur déterminant de la Seconde Avant-garde sous la dictature. Malgré les mesures répressives du régime, on peut tracer une ligne de continuité entre les ambitions politiques et esthétiques de la Première et de la Seconde Avant-garde, que l'on pourra suivre comme le fil de la pensée et de l'action d'opposition, menant de la guerre civile au régime franquiste. Cette tendance, on le verra, se renforça avec le temps.

Le rôle des arts dans le domaine socio-politique fit l'objet de vifs débats pendant la guerre. Quelques années plus tôt, la polémique opposant l'*arte puro* (« art pur »), parfois associé à l'abstraction, et l'*arte social* (« art social »), considéré comme figuratif, avait été portée par des figures telles que José Ortega y Gasset, qui soutenait la dissociation entre les avant-gardes et les mouvements sociaux ou politiques, et José Díaz Fernández, qui défendait la position inverse[24]. Cependant, quand la guerre éclata, la nécessité de l'action collective devint aussi évidente que pressante, poussant de nombreux artistes à participer au combat pour la survie de la République. Certaines revues, comme *Post-Guerra* et *Nueva España*, aidèrent à articuler le lien entre art et politique. Dans les colonnes de *Post-Guerra*, l'expression « avant-garde » était comprise en termes marxistes, c'est-à-dire comme une lutte contre la « réaction politique et sociale[25] ». Des arguments similaires furent avancés par la revue *Nueva Cultura*, à laquelle Renau collaborait régulièrement. Dans son analyse sur la bonne manière d'exprimer l'engagement politique dans les arts, Renau défendit fermement le réalisme social, soulignant les avantages du médium affiche comme moyen de propagande le plus efficace (ill. 9)[26]. Sa position suscita un débat houleux avec le peintre Ramón Gaya, qui jugeait trop utilitariste une telle conception[27].

Malgré ces divergences intellectuelles, un grand nombre d'artistes contribuèrent avec leurs talents à la cause républicaine. Le gouvernement comprenait que la littérature et les arts visuels étaient de « puissants instruments » pour combattre le fascisme, et il attribua un grand rôle aux arts dans la propagande[28]. Dionisio Ridruejo, un jeune poète membre de la Phalange et chef du bureau de propagande en zone rebelle, avait très bien saisi l'intelligence dont faisait preuve la République en déployant les arts comme des outils de

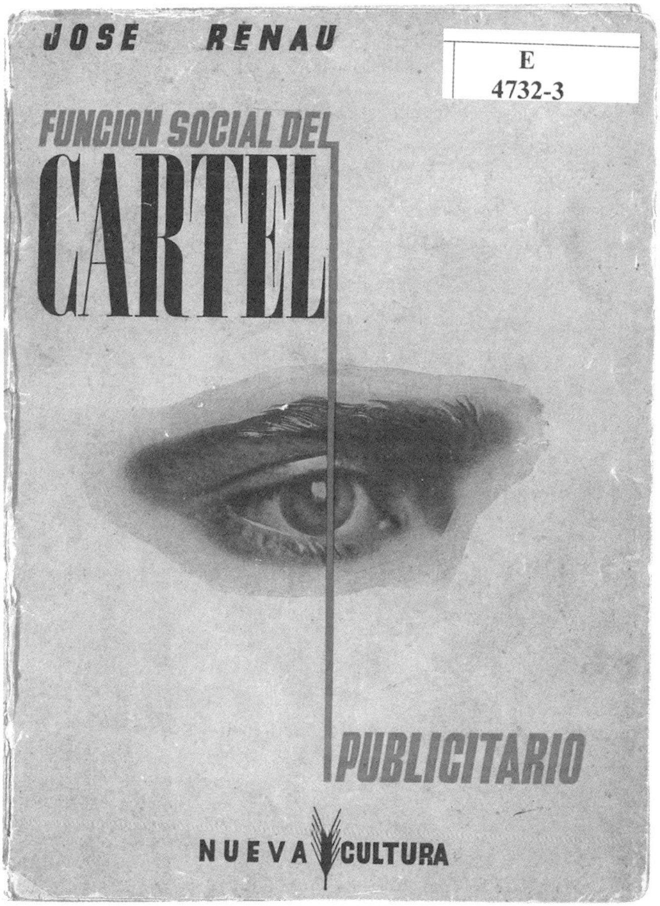

9 Couverture du livre *Función social del cartel publicitario* (Fonction sociale de l'affiche publicitaire) de Josep Renau, édité par Nueva Cultura, Valence, 1937

propagande. En suivant de près l'agitation de gauche dans les territoires républicains, Ridruejo nota, après la chute de Barcelone en 1939 : « Il allait de soi que la propagande républicaine avait été bien supérieure à la nôtre et que le soutien intellectuel avait été beaucoup plus large, précieux et organisé[29]. »

L'appareil de propagande républicain mettait l'accent sur le graphisme et le photomontage, deux médiums dont les techniques et le langage esthétique se développèrent rapidement pendant la guerre[30]. La propagande était dans une large mesure coordonnée par des divisions spécialisées qui produisaient des posters, des cartes postales et des albums graphiques, en plus d'organiser

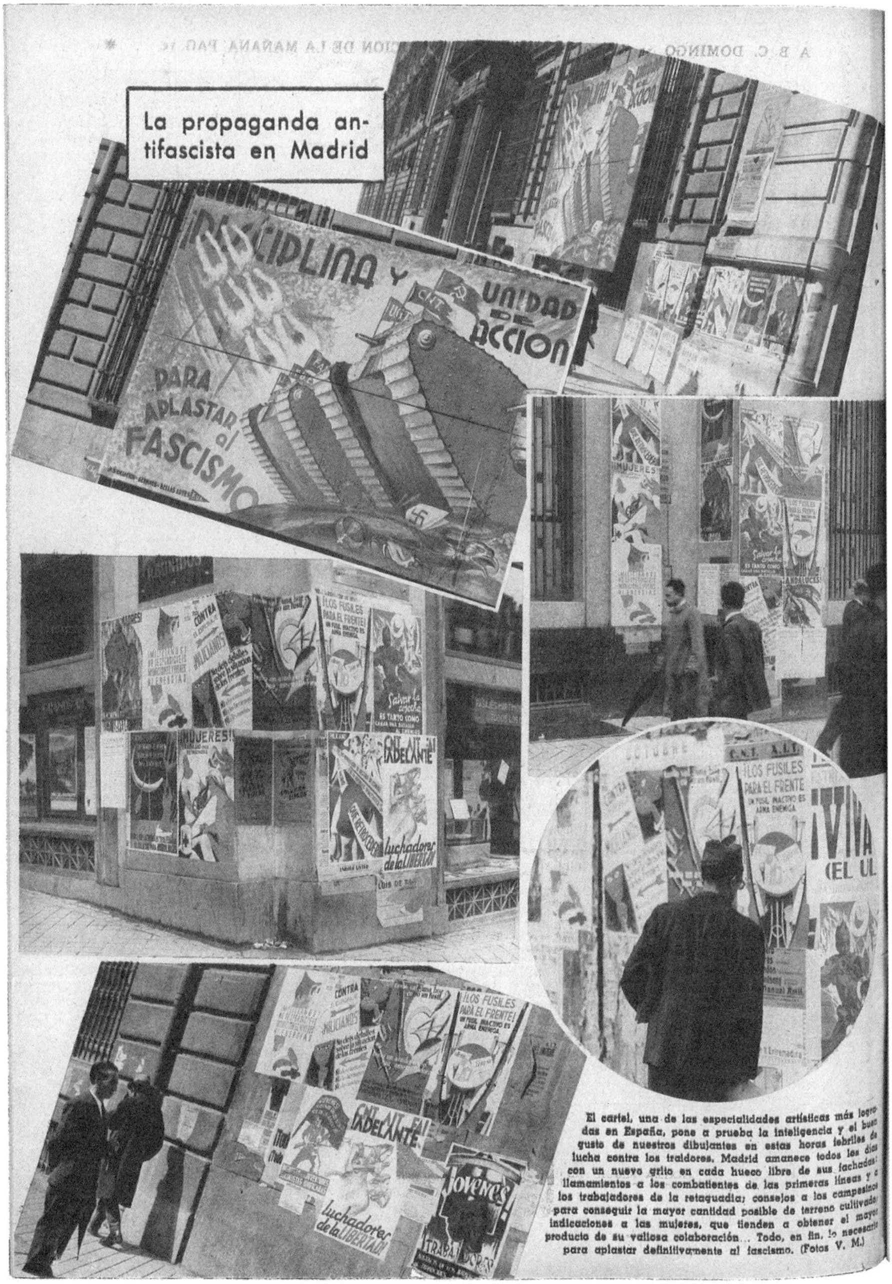

La propaganda antifascista en Madrid

El cartel, una de las especialidades artísticas más logradas en España, pone a prueba la inteligencia y el buen gusto de nuestros dibujantes en estas horas febriles de lucha contra los traidores. Madrid amanece todos los días con un nuevo grito en cada hueco libre de sus fachadas: llamamientos a los combatientes de las primeras líneas y a los trabajadores de la retaguadia; consejos a los campesinos para conseguir la mayor cantidad posible de terreno cultivado; indicaciones a las mujeres, que tienden a obtener el mayor producto de su valiosa colaboración... Todo, en fin, lo necesario para aplastar definitivamente al fascismo. (Fotos V. M.)

10 Page illustrée de photographies montrant des affiches antifascistes collées dans la rue, tirée de l'article « La propaganda anti-fascista en Madrid », paru dans le journal *ABC*, édité à Madrid, 11 octobre 1936 des expositions en territoire républicain[31]. L'État soutenait généreusement ces initiatives, car il voyait en elles des « éléments persuasifs » pour maintenir le moral, transmettre des messages idéologiques et informer la société civile des nouvelles mesures (ill. 10)[32]. La portée de ces stratégies dépassait les frontières du pays ; elles avaient un impact international. Ainsi étaient-elles très visibles dans le pavillon espagnol à l'Exposition internationale. Les photomontages de Renau (ill. 1), agrandis pour atteindre la taille d'un étage, étaient exposés à l'extérieur : l'édifice était pris dans une carapace de récits et d'images qui évoquaient directement les nouvelles du front, les atrocités commises par les rebelles et l'héroïsme de la population espagnole[33].

Il ne faut sous-estimer ni le soutien intellectuel à la République que manifestèrent les arts, ni la défense de ses idées réformistes et libérales auxquelles s'identifiaient de nombreux artistes[34]. Contre l'antilibéralisme, et même l'anti-intellectualisme, des rebelles, l'ambassadeur espagnol à Paris souligna l'orientation intellectuelle et progressiste du gouvernement lors de la cérémonie d'ouverture du pavillon : « Le destin d'un peuple n'est pas tracé par les explosifs, mais par l'esprit[35]. » La République liait ses valeurs et ses luttes à l'avant-garde intellectuelle et culturelle, et cette association devait aussi déterminer le cours de la Seconde Avant-garde espagnole, en faisant d'elle un espace d'action idéologique pour la résistance antifranquiste.

Divers poètes, écrivains, philosophes, critiques et artistes, dont Ramón Gaya, María Zambrano, Arturo Serrano-Plaja, Antonio Sánchez Barbudo, María Teresa León et Rafael Alberti, participèrent à ce mouvement culturel pendant la guerre. Ils collaborèrent en tant que rédacteurs dans des revues comme *El Mono Azul* et *Hora de España*, où ils distillaient leurs dernières innovations artistiques – par exemple, les photomontages aux allures constructivistes qu'Alberti et León présentèrent dans le périodique *Octubre*. Ainsi, ils mettaient leurs talents au service de la République et protégeaient son patrimoine culturel en offrant leur art à un large public, y compris dans une veine plus populiste avec des événements tels que les *guerrillas teatrales* (guérillas théâtrales), où des pièces et des spectacles de danse étaient représentés dans les rues des villes assiégées[36].

Lorsque Valence devint la nouvelle capitale de la République, à partir de novembre 1936, elle se transforma en véritable épicentre de la résistance intellectuelle, culturelle et internationale au fascisme. En 1937 s'y tint le II Congreso Internacional de Escritores para la Defensa de la Cultura (IIe Congrès international des écrivains pour la défense de la culture), avec la participation, entre autres, d'Alberti, León, Antonio Machado, Miguel Hernández, Rosa Chancel, José Bergamín et Rafael Dieste, ainsi que d'éminents étrangers comme André

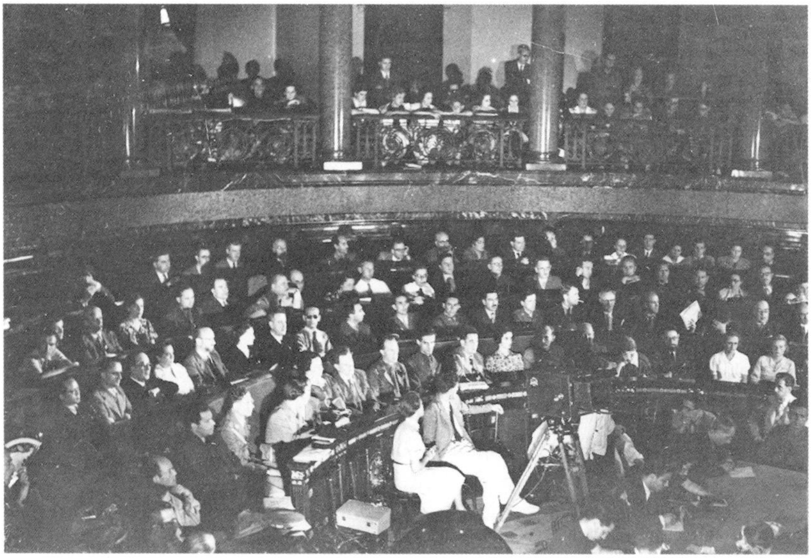

11 Vue de la salle de réception à la mairie de Valence, à l'inauguration du IIe Congrès international des écrivains pour la défense de la culture, le 4 juillet 1937

Malraux, Pablo Neruda, Tristan Tzara, Bertolt Brecht, Octavio Paz, Louis Aragon et Ernest Hemingway (ill. 11)[37]. Cette manifestation collective et internationale contre « la monstrueuse explosion du fascisme » était une déclaration ouverte de soutien de la part des signataires à la coalition du Front populaire légitimement élu[38]. Malgré les efforts du régime franquiste pour effacer son impact dans les années d'après-guerre, ce congrès marqua la jeune génération, d'où émergèrent pendant la dictature un certain nombre d'acteurs importants de la culture antifranquiste – parmi lesquels le critique d'art Vicente Aguilera Cerni, qui se souvint avec enthousiasme de l'événement comme d'un « *alucinante retablo de las maravillas*[39] ».

Pendant que la République tentait de convaincre le reste de l'Europe de sortir de sa passivité pour soutenir son droit à l'autodéfense, les rebelles commencèrent à organiser et à structurer leur pouvoir, surtout grâce à Ramón Serrano Súñer, le bras droit et beau-frère de Franco. Celui-ci réunit différentes factions sous son commandement – ce qui fit de lui le leader du soulèvement. Dans ce contexte, la propagande était consciemment déployée pour installer l'image du général comme leader d'une Espagne « unie ». Afin d'intégrer les diverses factions qui soutenaient la rébellion (la Phalange, l'armée, les monarchistes, les catholiques conservateurs et les carlistes – des traditionalistes

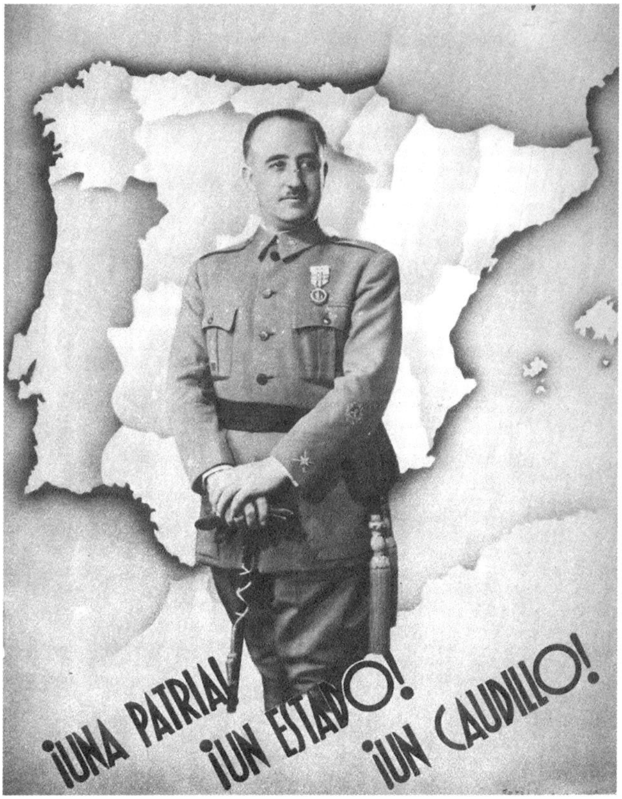

12 Image du général Franco devant la carte d'Espagne avec le slogan « Une patrie, un État, un chef », page tirée du livre *Estampas de la guerra. 5º Cuerpo del Ejército*, édité par la Délégation militaire pour la presse et la propagande (Delegación Militar de Prensa y Propaganda), Saragosse, 1937

qui défendaient le retour sur le trône d'une autre branche de la dynastie des Bourbons), différentes orientations furent réunies sous le slogan « *Una patria, un estado, un caudillo* » (« Une patrie, un État, un chef »), un cri de ralliement qui préfigurait bien l'esprit de la future dictature (ill. 12)[40]. La rhétorique de la propagande franquiste devait énormément aux stratégies fascistes déjà développées ailleurs en Europe. Cette concomitance dérivait dans une large mesure du soutien logistique que les rebelles recevaient de la part de l'Italie et de l'Allemagne. C'est ainsi qu'une délégation du ministère de la Presse et de la Propagande mussolinien, active à Salamanque en 1937, et une autre délégation envoyée par Hitler aidèrent à établir l'appareil de propagande franquiste dans

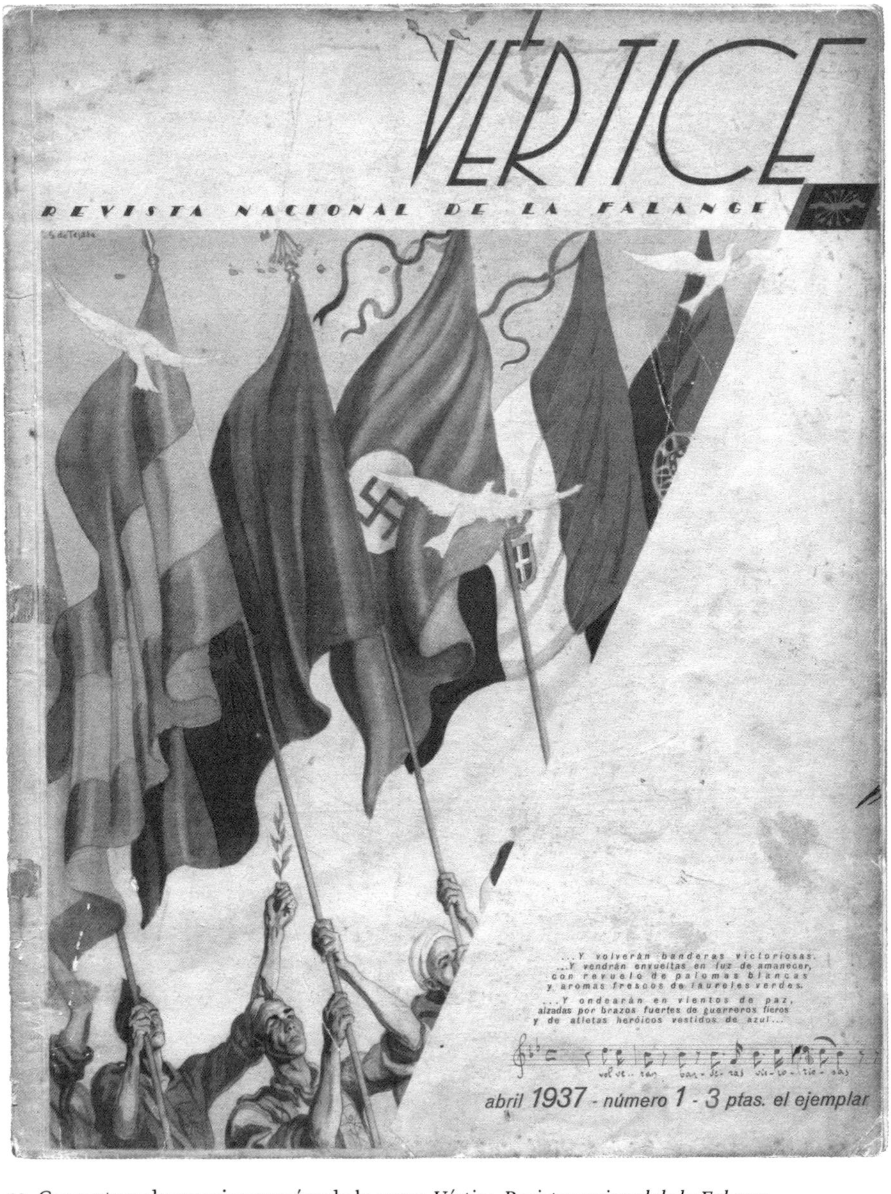

13 Couverture du premier numéro de la revue *Vértice. Revista nacional de la Falange*, édité à Guipúzcoa/San Sebastián, avril 1937, format : 35,5 × 28 cm, prix : 3 pesetas le cadre de l'effort des nationalistes pour créer de la cohésion parmi leurs factions et soutiens[41].

Selon le *Decreto de Unificación* (décret d'unification) du 19 avril 1937, la propagande franquiste se trouva tout au long de la guerre sous le contrôle centralisé du gouvernement provisoire de Burgos[42]. Cette « unification » était, selon Miriam Basilio, « un élément clé de la répression de la dissidence et de la création d'une image fictive d'unité sous Franco[43] ». Le catholicisme jouait aussi un rôle important dans la propagande rebelle dans la mesure où il promut le concept de guerre civile comme lutte religieuse, où les franquistes menaient la « *Cruzada Nacional* » (croisade nationale), également appelée « deuxième *Reconquista* ». Les rebelles étaient présentés comme les libérateurs d'une Espagne qui, aux yeux des conservateurs nationalistes, était mise en péril par la République et son cortège de fléaux : communisme, libéralisme, franc-maçonnerie, judaïsme. L'angoisse devant la République gouvernée par le Front populaire et surtout la peur que celui-ci ne mette le Parti communiste au pouvoir unissaient de nombreux milieux conservateurs en Espagne. De telles craintes gagnèrent même certains intellectuels libéraux exilés à Paris afin d'échapper à la violence populaire, tels Gregorio Marañón et José Ortega y Gasset. Comme Marañón l'expliqua dans la *Revue de Paris* en 1937, le coup d'État était selon eux un moindre mal pour un pays dont, à les entendre, le gouvernement était la marionnette de Moscou[44]. Le soulèvement était soutenu par d'autres intellectuels, tels Eugeni d'Ors, Manuel Machado, Ernesto Giménez Caballero ou Rafael Sánchez Mazas, et d'autres jeunes poètes et écrivains de la « génération de 1936 », tels Luis Rosales, Leopoldo Panero, Luis Felipe Vivanco, Gonzalo Torrente Ballester et bien sûr Ridruejo, le chef de la propagande de Franco[45].

La nation que cherchaient à construire (ou à « reconstruire », comme ils l'auraient certainement dit) les franquistes se fondait sur des valeurs conservatrices et martiales pour lesquelles le libéralisme constituait en effet une menace. D'où une réévaluation du rôle des anciennes classes dominantes, qui avaient perdu leur pouvoir politique sous la République, et la réaffirmation des valeurs « traditionnelles » des insurgés. Les diverses évocations d'un passé soi-disant glorieux (la Reconquista, le règne des Rois Catholiques et leur imposition de l'unité religieuse, la conquête des Amériques et le premier empire moderne) étaient généralement banales et simplistes ; elles servaient à produire une idéologie militariste drapée dans une rhétorique religieuse afin d'unir les différentes factions du soulèvement derrière l'image de Franco comme chef incontesté, et de légitimer le gouvernement provisoire de Burgos.

Ces idées étaient diffusées derrière les lignes nationalistes par des revues comme *Vértice* ou *Jerarquía* (ill. 13). La plupart des infrastructures de publication

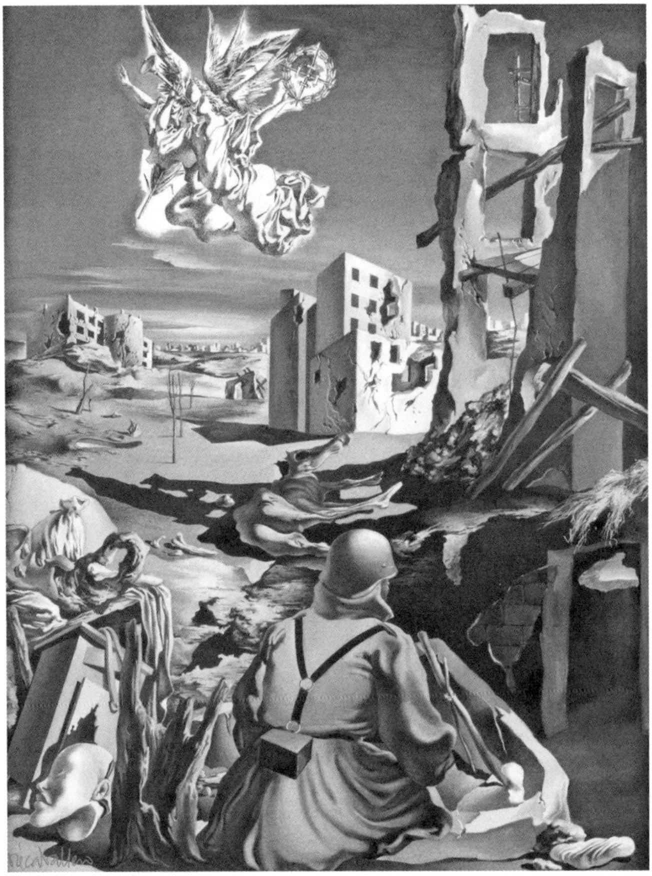

14 José Caballero, *Ciudad Universitaria* (Cité universitaire), 1939, gouache sur papier, 36 × 28 cm, Valladolid, Museo Patio Herreriano, Asociación Colección Arte Contemporáneo (ACAC)

étaient restées entre les mains des républicains, mais les rebelles commencèrent à créer leurs propres publications en 1937 dans la ville basque de San Sebastián. Comme pour les revues républicaines, la collaboration d'artistes et d'intellectuels était nécessaire et bienvenue, car la culture jouait un rôle significatif dans la légitimation du soulèvement, même si elle n'atteignait ni la qualité ni la cohérence de la propagande républicaine – ce qu'expliquaient en partie les problèmes rencontrés par Ridruejo pour recruter des collaborateurs. Comme le raconta le peintre José Caballero : « En zone franquiste, les artistes n'étaient pas particulièrement abondants. Quelqu'un avait parlé de moi à Dionisio [Ridruejo], mais il avait bien conscience de mon amitié avec Lorca ainsi que de mon peu de

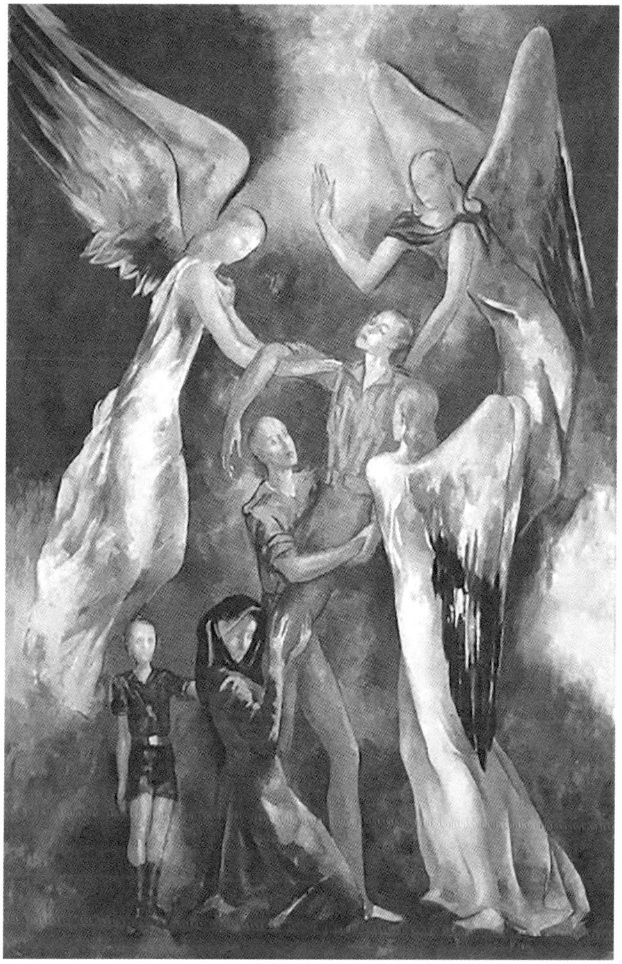

15 Pedro Pruna, *Muerte del soldado de Franco* (Mort d'un soldat de Franco), 1938, huile sur toile, 170 × 115 cm, collection particulière

soutien ou d'enthousiasme pour les idées du Mouvement[46]. » Alors que Caballero, représentant du mouvement surréaliste (ill. 14), collaborait régulièrement aux revues progressistes ou à des projets avec des célébrités comme Lorca avant 1936, il se trouvait derrière les lignes nationalistes lorsque la guerre éclata, et il fut appelé aux armes comme dessinateur, notamment pour produire des cartes géographiques[47].

Quoi qu'en dise Caballero, le front franquiste trouva bel et bien des artistes prêts à exalter les valeurs des rebelles : Pedro Pruna, Teodoro Delgado, Juan

Cabanas, Carlos Sáenz de Tejada ou José Romero Escassi, entre autres (ill. 15). Les franquistes tentèrent de marquer une différence stylistique radicale entre les images conçues sous l'égide de Burgos et les œuvres créées par les membres de l'avant-garde, qui étaient associées par défaut à la République ou même au communisme. Ernesto Giménez Caballero, l'idéologue de la Phalange, déclara ainsi en 1938, au beau milieu de la guerre : « Il faut aussi vaincre les rouges en art[48]. » En accord avec les objectifs de la propagande rebelle furent donc déployés des styles artistiques s'appliquant à évoquer le passé, notamment en référence à la dynastie Habsbourg de l'Empire espagnol – ce que l'on peut observer, par exemple, dans les portraits de Franco réalisés lors de sa victoire finale[49].

Dès le début de la guerre, divers intellectuels du « Front nationaliste » affirmaient déjà que le régime devait suivre les traditions artistiques du « Siècle d'or » et du « Baroque espagnol », car pour eux ces périodes renvoyaient directement aux ambitions des rebelles et pouvaient contribuer à la fondation idéologique et à la légitimation d'un nouvel État[50]. Ainsi, en 1937, le jeune philosophe José Luis López Aranguren défendit ces modèles esthétiques dans la constitution de l'image étatique : « Aujourd'hui, on écrit de toute part que dans l'Espagne nationale doit régner un ordre classique. Mais sommes-nous certains que ce jugement correspond à la réalité espagnole ? On taxe le style baroque d'erreur sans autre forme de procès. Mais s'il s'avérait que l'Espagne métaphysique était, dans son essence même, baroque[51] ? » En 1935, Giménez Caballero était déjà parvenu à la même conclusion dans son livre *Arte y estado*, qui devait devenir la source majeure de la théorie esthétique fasciste en Espagne. Il y soulignait que même Picasso était « un brillant exemple de cette ascendance baroque et romantique typiquement ibérique. [...] Même si ses théories, d'origine occidentale et européenne, parlent de plastique mathématique, toute sa personne, son regard [...] révèlent un fond barbare, nôtre, authentique, passionné, tempétueux, conceptuel : baroque[52] ». Sur de telles idées, nous le verrons, s'appuyèrent diverses tentatives de créer un style proprement franquiste dans l'immédiat après-guerre.

En 1938, même s'il dépendait de plus en plus de l'aide logistique et économique allemande et italienne, Franco avançait et accroissait systématiquement son contrôle du territoire. La République se trouvait dans une situation toujours plus désespérée. Malgré les manœuvres diplomatiques du Premier ministre, Juan Negrín, pour défaire le pacte de non-intervention et établir un cadre pour les négociations de paix, le pacte ne fut jamais annulé et la possibilité d'une trêve jamais envisagée sérieusement. L'incapacité des démocraties occidentales – qui cherchaient davantage à apaiser Hitler – à venir en aide à la République et le soutien combiné des nazis et des fascistes aux forces franquistes entraînèrent un déséquilibre militaire irréversible. À mesure que leur force de combat diminuait, les républicains perdirent des villes stratégiques et symboliques. La victoire nationaliste de Teruel, le 27 février 1938, divisa la zone républicaine en deux, puis la longue et sanglante bataille de l'Èbre (25 juillet-16 novembre 1938), où la République ne parvint pas à reconquérir ce territoire perdu, confirma la suprématie des troupes franquistes et l'épuisement de celles de la République. La décision de renvoyer les Brigades internationales chez elles, après les avoir remerciées de leur soutien lors d'une cérémonie dans les rues de Barcelone en novembre 1938, fut comme l'aveu de la défaite imminente des républicains. Lorsque Barcelone tomba à son tour le 26 janvier 1939, il devint tout à fait évident que la République était condamnée. En dépit de la résistance désespérée mais héroïque de la population civile madrilène, qui se rallia au cri de *No pasarán* (« Ils ne passeront pas »), Madrid fut finalement occupée par les forces franquistes dans les derniers jours du mois de mars 1939.

Les conflits au sein des partis et factions de gauche derrière le front républicain achevèrent de démoraliser les troupes et les civils épuisés. Les armes manquaient, mais également la nourriture, rendant plus précaire encore l'existence de la population civile. Ces pénuries alimentaient elles aussi les dissensions internes. Face à cette situation déplorable, et malgré ses appels incessants à poursuivre la résistance aux rebelles, le gouvernement Negrín commença à organiser l'évacuation des réfugiés par les frontières françaises et vers le Mexique, en passant par des ports alliés[53]. Les chefs du gouvernement vaincu et des milliers de civils fuirent l'Espagne. Mais l'exil ne signifiait pas forcément la sécurité, tout particulièrement en France, où la majorité des réfugiés furent détenus dans des camps d'internement – même si, avec le début de la Seconde Guerre mondiale, certains rejoignirent le combat contre l'envahisseur nazi en échange de leur liberté[54].

Au cours des derniers mois de guerre, et même si la défaite républicaine était inévitable, il y eut une ultime tentative pour rallier le soutien international à la cause républicaine. Les procédures pour édifier un nouveau pavillon – comme le pavillon espagnol de 1937 – furent lancées pour l'Exposition universelle de New York de 1939[55]. Lorsqu'il devint évident que la République vivait ses dernières heures, l'organisation était déjà largement terminée et plusieurs peintures avaient été commandées à Luis Quintanilla. La fin de la guerre mit un terme à cet ambitieux projet et aux efforts de Quintanilla pour réitérer le succès et le prestige du premier pavillon[56].

Jusqu'à la fin, les républicains essayèrent de persuader les démocraties étrangères d'intervenir dans la guerre, mais celles-ci persistaient à croire que leur intervention déclencherait un conflit plus vaste encore. Pourtant, la guerre d'Espagne se révélerait être le premier chapitre d'une bataille contre le fascisme qui, en septembre 1939, engloutirait l'Europe, puis le monde, dans la conflagration la plus sanglante de l'histoire. Dans cette lutte, le destin de l'Espagne avait été scellé plusieurs mois auparavant. Lorsque Franco entra dans Madrid, les citoyens d'un pays détruit ne désiraient plus que la paix et le pain après une guerre fratricide.

Le « pain » de la victoire : l'art et la culture en autarcie

Après trois ans de batailles, de bombardements aériens, de guérillas et de massacres, qui firent plus de 400 000 morts selon certaines estimations, la guerre civile espagnole était enfin terminée[57]. Le 1er avril 1939, Franco – ou « El Generalísimo », comme il signa le document qu'il rédigea à Burgos – annonça la fin du conflit et « la capture et le désarmement de l'armée rouge[58] ». S'étant emparés des rênes du pouvoir, les rebelles commencèrent à reconstruire le pays selon les principes que leurs idéologues avaient établis pendant la guerre. Le nouveau régime focalisait à présent son énergie sur la gouvernance du pays. En affirmant les vertus conservatrices du « national-catholicisme » et les composantes du fascisme qu'elle estimait les plus convenables, la dictature édicta sa propre politique économique, sociale et culturelle, et fit de l'État un rempart contre les idéologies associées à la République et au libéralisme (ill. 16). À bien des égards, le régime franquiste représentait la récupération et la concentration du pouvoir entre les mains d'une partie de la société espagnole (l'armée, l'Église et les classes aisées – les magnats de l'industrie et de la finance, ainsi que les propriétaires terriens) qui voulait mettre un terme à ce qu'elle voyait comme le « désordre » républicain[59]. Les anciennes castes, sous l'autorité du dictateur, reprirent le contrôle du gouvernement et de la société. Le système judiciaire se militarisa ; la persistance d'une économie agraire très marquée consolida le pouvoir des grands propriétaires ; l'éducation, la morale sociale et même la recherche scientifique furent confiées à l'Église catholique, qui put imposer ses opinions à ce qui avait été une société majoritairement progressiste et sécularisée avant la guerre (ill. 17)[60].

La pierre angulaire des fondements idéologiques du nouvel État et de son opposition aux idéaux républicains fut posée le 18 mai 1939 lorsque le « Caudillo » entra dans Madrid. Il célébra sa victoire par un *Te Deum* donné à l'église Santa Barbara (dans le couvent des Salesas Reales) et y offrit son épée

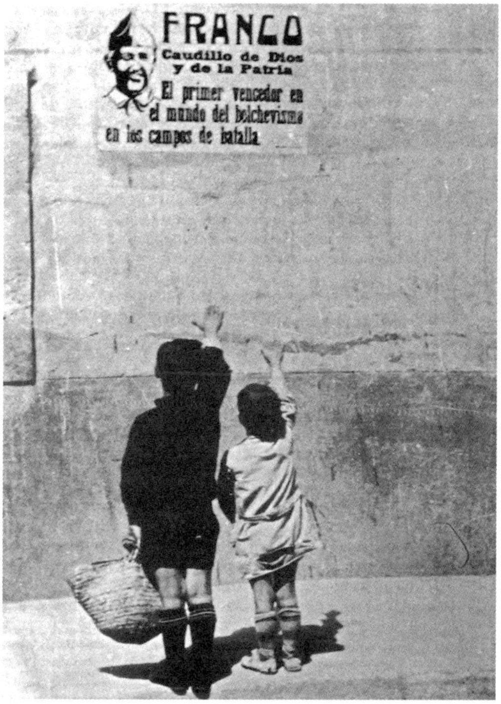

16 Deux enfants saluent devant une affiche de Franco, 21 septembre 1939, photographie anonyme

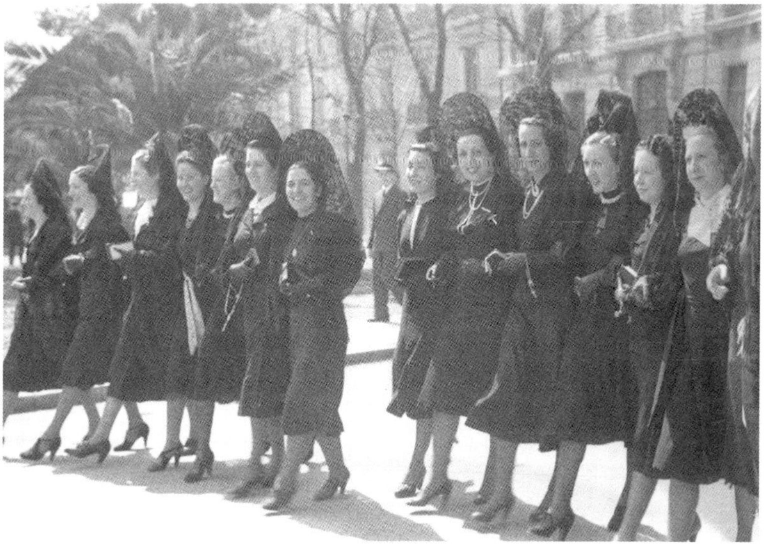

17 Martín Santos Yubero, *sans titre*, 1940, photographie, 23 × 35 cm, Madrid, Archivo Regional de la Comunidad de Madrid, 45555/13

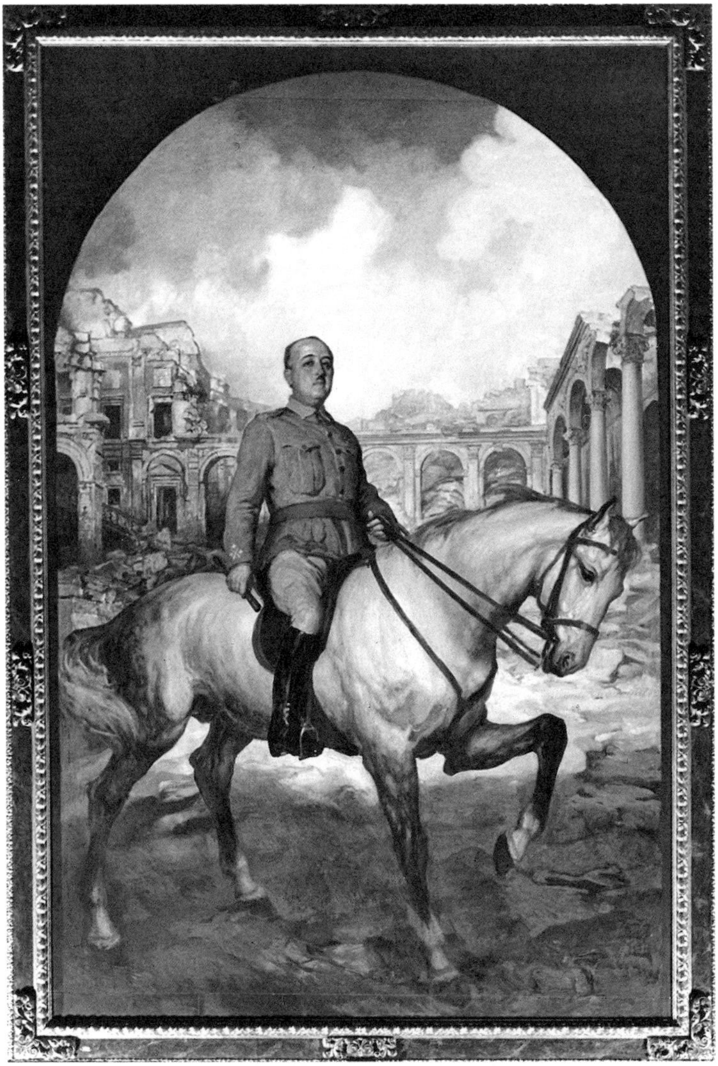

18 Fernando Álvarez de Sotomayor, *Retrato del General Francisco Franco Bahamonde*, 1940, peinture, Tolède, Museo del Ejército, inv. 20031

de la victoire au cardinal Isidro Gomá Tomás, s'engageant ainsi publiquement à faire de l'Église catholique un des piliers de l'État. Ce geste évoquait aussi ceux des pieux guerriers (de légende) de la Reconquista et de l'Empire, car Franco se présentait, selon Paul Preston, « comme le Cid ou le don Juan d'Autriche de son temps[61] » (ill. 18). Mais ce n'était qu'un début, et des célébrations de la victoire furent programmées dans tout le pays. Le 30 septembre 1939, à Medina del Campo, par exemple, plus de 10 000 femmes qui dansaient dans les groupes traditionalistes Coros y Danzas (une organisation fondée cette année-là) rendirent hommage au nouveau régime[62].

Tandis qu'on exaltait une idéologie conservatrice et nationaliste, les valeurs associées à la République furent énergiquement réprimées. Les années 1940 – que le régime appela également les « années de la victoire » – furent marquées par les commémorations des vainqueurs et par une oppression violente et méthodique des vaincus, que le régime surnomma les « rouges » (ce terme désignait tout défenseur de la République, qu'il soit ou non communiste). Le nouvel État instaura une politique de représailles systématique non seulement contre les républicains, mais aussi contre toute personne n'exprimant qu'un soutien modéré au « glorieux soulèvement national » – ainsi les franquistes parlaient-ils de leur coup d'État. De la sorte, explique Antonio Cazorla, « la dictature n'essayait pas de réconcilier les Espagnols entre eux ; au contraire, elle alimentait et utilisait la peur de manière opportuniste afin d'arriver à ses propres fins[63] », notamment soumettre l'ensemble de la société au contrôle étatique. Toute une série de mesures répressives s'abattirent sur la population civile afin de punir les dissidents et d'imposer les valeurs et les croyances du nouveau système. Aux expériences traumatisantes de la guerre succéda une longue période où les opposants (les libéraux et les « libres-penseurs » – un terme générique désignant toute personne soupçonnée d'avoir collaboré avec le gouvernement républicain) furent éradiqués selon une stratégie qui avait déjà été méthodiquement déployée pendant la guerre civile, et que les rebelles appelaient alors les « opérations de nettoyage et de punition[64] ». La « reconstruction » franquiste ne s'appliquait qu'à une partie de la société espagnole : les partisans du coup d'État. Les opposants, eux, perdirent leurs droits et leurs voix.

Au cours des derniers mois de guerre, anticipant la réaction prévisible de ceux qui finiraient par l'emporter, jusqu'à 60 % des intellectuels et des artistes avaient quitté le pays[65]. Ceux qui restèrent pouvaient s'estimer heureux s'ils parvenaient à vivre dans l'anonymat, sans participer de manière ostensible à la vie publique. Beaucoup d'entre eux, cependant, durent subir des procès militaires et comparaître devant le Tribunal de Responsabilidades Políticas (Tribunal des responsabilités politiques) nouvellement établi[66]. Les affiliations et les activités des accusés sous la République furent passées au crible par ces tribunaux, qui prononcèrent de nombreuses peines de mort et de prison, ainsi que des interdictions d'exercice professionnel. À la fin de l'année 1940, l'Espagne comptait 240 916 prisonniers politiques, dont plus de 7 000 attendaient leur exécution (ill. 19)[67].

Outre la persécution politique et la « rééducation », le régime s'efforçait de purger la mémoire collective de toute trace de la République. Il supprima toute commémoration de cette période, et interdit l'usage public des langues régionales (galicien, basque et catalan) qui avaient pourtant obtenu un statut officiel sous la République. Le nouvel État instaura une censure stricte : le contenu des textes, des films, des émissions et de tout document visuel était rigoureusement examiné par les censeurs avant diffusion. Pour obtenir l'autorisation de publier, il fallait éliminer toute référence critique à des sujets sensibles comme la politique et la religion[68].

Obsédé par l'idée d'un complot judéo-maçonnico-communiste international, Franco fit adopter en 1940 la *Ley para la Represión de Masonería y Comunismo* (Loi pour la suppression de la franc-maçonnerie et du communisme)[69]. Ce mythe de conspiration servit, entre autres, à manipuler le récit historique national et à légitimer rétrospectivement le coup d'État, l'agression contre un État démocratique devenant ainsi le sauvetage héroïque de l'Espagne. Dans le cadre de cette loi, une enquête d'État, la Causa General, fut établie par décret en avril 1940 afin de déterminer, « à travers une enquête fidèle et intègre [...], la signification, l'étendue et les manifestations les plus significatives de l'activité criminelle des forces subversives qui, en 1936, attaquèrent la patrie et ses valeurs essentielles[70] ». Comme le montre cette tournure de phrase manifestement partisane, l'objectivité n'était guère de mise : la Causa General servait en réalité à grossir les crimes commis derrière les lignes républicaines pendant la guerre et à représenter ceux qui les avaient perpétrés comme des monstres dégénérés[71]. Les procès intentés sur la base des « résultats » de cette enquête révélaient clairement la politique de représailles et son approche particulière de la reconstruction d'une mémoire « nationale ». Comme l'écrit Graham, le message de cette campagne de terreur était : « Les atrocités n'avaient été commises que par les républicains, et n'avaient été subies que par les franquistes[72]. »

À la fin de la guerre civile, l'Espagne, en ruine, était confrontée à l'inquiétante propagation de la maladie et de la malnutrition. La politique d'autarcie franquiste, qui dura plus de dix ans, ne parvint pas à y remédier, car elle tentait l'impossible : une production autosuffisante sur la base d'une économie de subsistance. Ainsi l'Espagne, « en termes macro-économiques [...], manqua plus d'une décennie dans son développement économique[73] ». Les conséquences de cette politique furent désastreuses pour de larges pans de la société espagnole, et ne firent qu'aggraver le chômage, les bas salaires, l'inflation, la pénurie alimentaire, la malnutrition, la corruption, et le fossé entre les riches et les pauvres[74]. L'habitat et la nourriture, deux nécessités pressantes des années

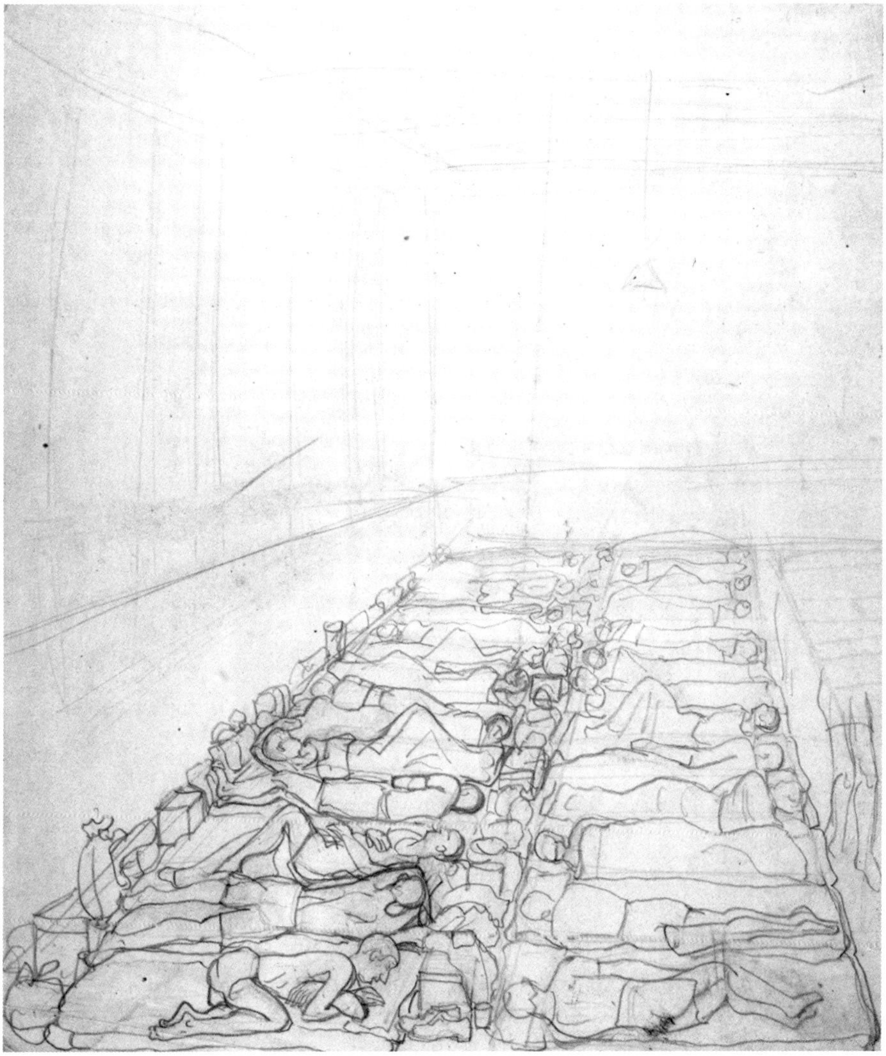

19 José Manaut Viglietti, *Presos tendidos en petates* (Prisonniers couchés sur des nattes), graphite sur papier, 22 × 19 cm, Valence, Universitat de València, inv. UV002515

d'après-guerre, avaient fait l'objet d'une promesse explicite dans la propagande franquiste, avec le slogan « *Ni un español sin pan, ni un hogar sin lumbre* » (Pas d'Espagnol sans pain, pas de foyer sans feu) ; mais cette promesse ne fut jamais tenue.

La production agricole et industrielle était insuffisante pour faire face aux besoins nutritionnels de la population. Avec le système de rationnement alimentaire, une bonne partie de la société ne recevait que le strict minimum, voire moins. Les pénuries de nourriture et d'autres marchandises firent émerger un marché noir que le régime tolérait largement, et qu'il soutenait même parfois[75]. En 1941, comme l'explique Cazorla, le niveau de nutrition de la population espagnole était incroyablement bas, avec notamment un déficit de 66 % de la consommation totale de calories, d'où des « paysages sociaux d'horreur[76] ». La famine et les épidémies généralisées (surtout la fièvre typhoïde, qui inquiétait même au Royaume-Uni) étaient aggravées par l'absence d'aide médicale[77]. À Madrid, en 1940, il semblait assez courant de voir « des hommes et des enfants s'évanouir en pleine rue faute de nourriture[78] ». Les paysans pauvres et les classes laborieuses urbaines furent les plus durement touchés par la misère due à la famine et à la maladie, car le régime voyait dans la plupart d'entre eux des dissidents qui méritaient d'être punis. Il ne tiendrait sa promesse de pain que pour les vainqueurs de la guerre – et encore.

Franco instaura sa politique d'autarcie au moment même où l'Europe était entraînée dans la Seconde Guerre mondiale – ce conflit militaire ouvert avec les fascistes que les démocraties craignaient précisément depuis dix ans. Se déclarant neutre tout en soutenant ouvertement les puissances de l'Axe (en leur apportant une aide matérielle et logistique, et même une « Division Bleue » qui combattit aux côtés de l'Allemagne nazie sur le front russe), et espérant lancer une expansion coloniale en Afrique du Nord, Franco adopta une position ambiguë afin de maintenir ses liens avec les puissances fascistes sans pour autant se couper totalement des Alliés[79]. Cependant, la chute du Troisième Reich et de l'Italie fasciste en 1945 mit fin aux rêves colonialistes de Franco et l'obligea à dissocier son régime des idéologies nazie et fasciste, dont il avait pourtant embrassé avec enthousiasme certains aspects fondamentaux. Néanmoins, les alliances du régime pendant la guerre n'étaient pas passées inaperçues. Avec la résolution du 12 décembre 1946, l'Assemblée générale des Nations unies vota l'exclusion de l'Espagne « des agences internationales établies par, ou mises en relation avec, les Nations unies [...] jusqu'à ce qu'un nouveau gouvernement acceptable soit constitué en Espagne » : en effet, « de par son origine, sa nature, sa structure et sa conduite générale, le régime de Franco est un régime fasciste sur le modèle de l'Allemagne nazie de Hitler et de l'Italie fasciste de Mussolini, et établi en grande partie grâce à l'aide reçue de leur part». L'Assemblée recommandait que «tous les membres [...] rappellent immédiatement leurs ambassadeurs et ministres plénipotentiaires en poste à Madrid[80] ». La résolution fut respectée par presque tous les pays membres, à l'exception notoire du Portugal, de l'Argentine, de la République dominicaine et du Vatican. Ainsi la politique d'autarcie instaurée après la guerre civile, et dont les motivations étaient avant tout idéologiques, se vit-elle renforcée par l'isolement politique de l'Espagne après la Seconde Guerre mondiale[81].

L'exode des intellectuels et des figures culturelles, les violentes politiques de répression et la misère infligée aux civils pendant la période d'autarcie – sans parler du goût conservateur imposé à tous – furent désastreux pour la production culturelle espagnole en général, et eurent des conséquences directes sur la création artistique en particulier. Les artistes d'avant-garde s'étaient épanouis dans l'atmosphère favorable du précédent gouvernement; mais, à présent, leurs œuvres étaient accusées d'appartenir à l'héritage républicain, et leurs langages esthétiques d'attenter aux valeurs du régime. La production culturelle était contrôlée et déterminée par la bureaucratie de ce gouvernement réactionnaire qui ne supportait que l'esthétique la plus conservatrice : celle qui exaltait l'académisme et le renouvellement de styles révolus, avec une prédilection pour le Siècle d'or espagnol, c'est-à-dire une époque de catholicisme orthodoxe sous l'Empire habsbourgeois post-tridentin[82].

Les intellectuels devaient se frayer un chemin parmi les contraintes du discours officiel forgé par le régime afin d'établir les racines idéologiques et historiques de sa propre légitimité. Ce récit préexistait bien évidemment à la guerre, et dès 1939 le critique d'art Manuel Sánchez Camargo défendait le rétablissement de la grandeur impériale de l'Espagne à travers la peinture[83]. Dans leur entreprise de construction de l'identité du nouvel État, les intellectuels phalangistes et pro-franquistes se référaient avec insistance au passé «glorieux», de la Reconquista au Siècle d'or espagnol, et les contributions idéologiques allant dans ce sens furent encouragées tout au long de la dictature. Selon l'interprétation très pertinente de Raquel Pelta, les intellectuels franquistes devinrent les porte-drapeaux imaginés « d'une période d'impérialisme imprégnée de l'esprit catholique qu'ils rêvaient de restaurer[84] ».

Dans ce projet de restaurer l'empire (au moins de manière discursive et visuelle, étant donné l'absence de possessions coloniales significatives), l'art et la culture jouèrent un rôle fondamental, en renforçant un lien imaginaire avec le passé, et en diffusant l'idéologie conservatrice du régime. L'exaltation du traditionalisme était un élément central des représentations culturelles soutenues par l'État, particulièrement au cours de la première décennie de la dictature.

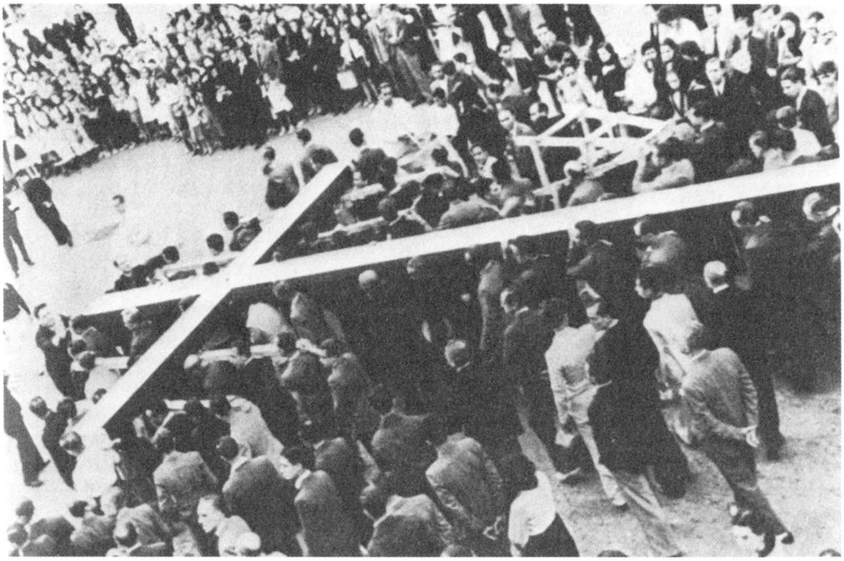

20 Vue d'une procession au mont Tibidabo, aux alentours de Barcelone, 1939, photographie publiée dans Alexandre Cirici, *La estética del franquismo*, Barcelone, Gustavo Gili, 1977, ill. 59

Par exemple, la Delegación Nacional de Propaganda (Organe national de la propagande) organisait consciencieusement des festivités et des parades au mois de juillet afin de commémorer la victoire des nationalistes. Chaque ville et chaque village recevaient des consignes précises pour jouer « une pièce qui chanterait les louanges des valeurs traditionnelles de l'Espagne[85] ». Pour citer Julio Aróstegui, le franquisme cherchait à mettre en œuvre son projet de « restauration à l'aide des caractéristiques structurelles les plus profondes d'une Espagne très ancienne, celle de la domination du monde agraire[86] ».

De tels événements, ainsi que les nombreux monuments que le régime construisit tout au long des années d'après-guerre, faisaient fusionner la religion avec une image archaïque de l'État, transformant les commémorations nationales en expériences mystiques et solennelles qui visaient à ressembler aux processions de la Semaine sainte. Lors de ces cérémonies, le régime exigeait la simplicité et l'austérité, mais aussi une dimension suscitant l'émotion[87]. Les jeux de l'ombre et de la lumière, l'architecture éphémère et la représentation théâtrale étaient des techniques empruntées à la tradition de la culture festive du Baroque, et elles partageaient toutes le même objectif : créer la sidération chez le spectateur. On peut citer l'exemple emblématique du transfert, en

1939, des restes de José Antonio Primo de Rivera, le fondateur de la Phalange, de la prison d'Alicante, où il avait été exécuté en 1936, au monastère-palais de l'Escurial, où sa dépouille demeura jusqu'à ce qu'elle fût enterrée en 1959 au mausolée de la Valle de los Caídos (Vallée des Morts). En 1939 également, on peut évoquer la procession au mont Tibidabo, aux alentours de Barcelone, où les citoyens portèrent une gigantesque croix comme symbole d'humilité et de repentance. Le régime était particulièrement friand de ce genre de mise en scène dans les anciennes zones républicaines, où il s'agissait d'instaurer un esprit de culpabilité, de remords et de pénitence (ill. 20)[88].

L'importance de l'art dans le projet franquiste allait de soi même avant que les rebelles ne gagnent la guerre. Déjà, Fray Justo Pérez de Urbel (le futur aumônier de la Sección Femenina de la Phalange et futur abbé de la basilique de la Valle de los Caídos) affirmait en 1938 : « L'art projettera sa lumière sur l'empire, l'illuminera, le glorifiera ; l'empire nourrira l'art, le protégera, le remettra dans le droit chemin s'il s'égare, soutiendra ses initiatives et encouragera ses efforts[89]. » C'était là une anticipation de la politique à venir du régime en matière artistique : les arts devaient glorifier et légitimer l'État, tout en restant complètement subordonnés aux diktats idéologiques du « nouvel empire ».

Le rôle de la culture dans la glorification du régime fut rapidement englobé dans la politique de la *hispanidad* (« hispanité ») qui caractérisa la politique étrangère de Franco, notamment en Amérique latine. En 1946, l'Instituto de Cultura Hispánica (Institut de culture hispanique) fut créé afin d'exalter le nouvel État et de promouvoir la culture espagnole à l'étranger[90]. Au cours de sa première année d'existence, il organisa une tournée en Argentine des groupes Coros y Danzas – un organisme coordonné par la Sección Femenina de la Phalange, instaurée sous Franco pour mettre en œuvre la politique de genre conservatrice du régime. Comme l'affirma Pilar Primo de Rivera – la sœur de José Antonio Primo de Rivera et la directrice de la Sección Femenina – en exhortant les interprètes avant leur tournée : « Ce que vous accomplirez à travers vos chœurs et vos danses, c'est une partie de la politique dirigée par le Caudillo[91]. » L'instrumentalisation explicite des arts par le régime fut une constante tout au long des premières décennies de la dictature.

Dans le champ artistique, les recherches traditionalistes supposaient un renouveau des styles, de l'iconographie et des conventions esthétiques du passé impérial. Surtout dans les premières années d'après-guerre, on demanda aux artistes de « regarder vers la tradition », comme l'exigea Sánchez Camargo. Manuel Machado, lui, y incita ses compatriotes de manière plus poétique dans un sonnet anti-avant-gardiste de 1943, intitulé *Tradición* : « Renie la vaine pseudo-science / Retourne à ta tradition, ô mon Espagne / Seul Dieu peut façonner à partir du néant[92] ! »

Ce retour à la « tradition » mena à la production d'un art clairement calqué sur ce qui passait pour les chefs-d'œuvre de la culture baroque, particulièrement les modèles esthétiques du Siècle d'or espagnol[93]. Il est significatif que le monastère de l'Escurial (ill. 21) ait été ouvertement imité par la forme d'art la plus visible : l'architecture publique à grande échelle. Ce complexe monastère-palais, dû à Juan de Herrera, était le parangon du style austère et géométrique censé avoir établi les racines d'un genre architectural typiquement espagnol pendant la période baroque. Il avait servi de quartier général au roi Philippe II, et c'était pour Franco « le monument de notre grandeur passée », le symbole de la convergence entre Église et État absolutiste[94]. L'Escurial était le modèle littéral de l'Universidad Laboral de Gijón et, de manière plus allégorique, du ministère de l'Aviation à Madrid (ill. 22)[95]. Ce dernier reproduit la structure générale du monastère-palais et, tout comme son modèle, présente une façade austère comportant un ordre colossal pour l'entrée et des tours d'angle encadrant le bâtiment. L'architecture de la Rome antique fournissait elle aussi des modèles pour figurer les aspirations néo-impérialistes du régime : ainsi l'arc de triomphe conçu par Modesto López Otero et Pascual Bravo Sanfeliú, et construit de 1942 à 1946 près de la Ciudad Universitaria de Madrid.

En réalité, les efforts du régime pour créer un programme culturel homogène ne furent jamais aussi cohérents qu'on pourrait l'imaginer, même si maints exemples du « renouveau baroque » sont encore visibles dans l'Espagne actuelle. Les stratégies artistiques typiques d'une tendance se voulant globale ne suffirent pas à unir les divers intérêts des partisans du régime ; elles ne parvinrent pas non plus à séduire la population – ceux qui souffraient de la répression franquiste étaient trop nombreux. Jo Labanyi va même jusqu'à soutenir que, au cours de la première décennie de la dictature, « le régime de Franco ne mobilisa pas la nation autour d'un projet culturel coordonné », car sa motivation première était « le projet négatif de supprimer les valeurs culturelles de la République[96] ».

Malgré ses efforts concertés pour dominer la scène culturelle en réprimant la pensée libérale et l'art expérimental, l'État échoua également dans cette entreprise. Si les partisans de Franco diabolisaient la liberté de pensée (rappelons le célèbre « Mort à l'intelligence ! » que Millán Astray lança au philosophe et romancier Miguel de Unamuno), celle-ci ne pouvait être complètement éradiquée par le régime et ses défenseurs[97]. Jordi Gracia affirme à juste titre : « Franco gagna la guerre, mais il ne put briser la continuité entre le libéralisme et la modernité, ni mettre un terme au nationalisme séculaire et ration-

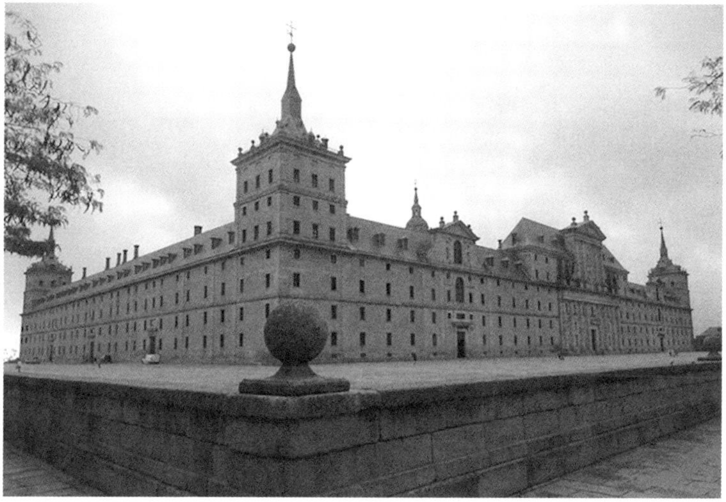

21 Le monastère de l'Escurial, Madrid, conçu par Juan de Herrera et Juan Bautista de Toledo, 1563-1584

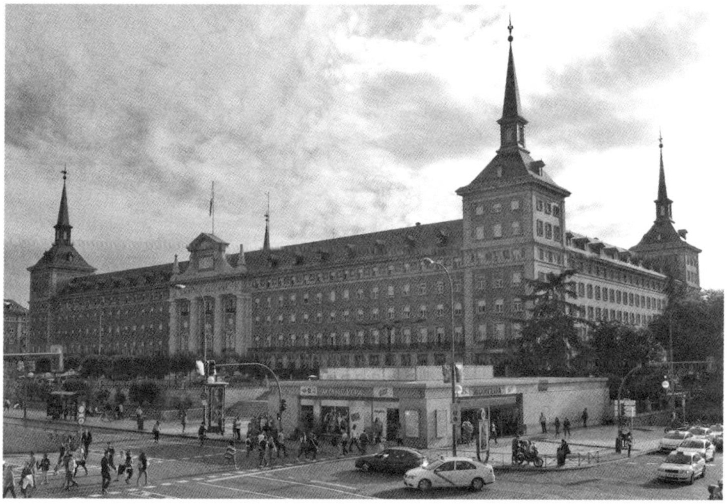

22 Le ministère de l'Aviation, Madrid, conçu par Luis Gutiérrez Soto, 1943-1957

nel qui avait survécu à grand-peine et qui devait ressusciter à partir des années 1960[98]. » Les nouvelles influences venues de l'étranger pendant les années de l'*apertura* finirent par prendre racine sur ce terrain très mince, mais néanmoins très fertile, pour enfin porter leurs fruits.

La pensée libérale survécut secrètement. Mais on aurait tort de supposer que la « continuité de la modernité » est forcément liée à la clandestinité. Dans ce système nouvellement établi, Gracia discerne trois groupes différents qui contribuèrent à la survie du libéralisme, dont la jeunesse dissidente des années 1960 porterait le flambeau. D'abord, les libéraux qui, tels Pío Baroja, Azorín, Ortega y Gasset et Gregorio Marañón, avaient compté sur la victoire de Franco en espérant qu'après la guerre ils pourraient restaurer leur autorité passée. Ensuite, des franquistes éduqués qui, tels Eugeni d'Ors, Pedro Laín Entralgo et José Luis López Aranguren, tentaient de reconceptualiser le libéralisme, en l'intégrant au projet fasciste et en le coupant ainsi de ses origines. Enfin, un groupe d'intellectuels passés du phalangisme au marxisme, tels José María Valverde, Josep Maria Castellet et Manuel Sacristán[99].

Le troisième de ces groupes devait devenir particulièrement influent, *via* la spectaculaire conversion idéologique de ses membres au cours des années 1960. L'influence des deux premiers, au contraire, fut plus importante au cours des années d'autarcie, lorsqu'ils tentèrent d'amorcer le dégel de l'hiver culturel des premières années de la dictature. Sans renier leurs liens intellectuels avec le régime, ils soutenaient des initiatives typiques de ce que Santos Juliá qualifiait d'oxymore : « un phalangisme libéral[100] ». Leur position est exprimée dans diverses contributions à la revue *Escorial* (à laquelle participèrent, entre autres, Dionisio Ridruejo, Pedro Laín Entralgo, Antonio Tovar, Luis Rosales et Antonio Marichalar), et dans les idées que diffusait l'Academia Breve de la Crítica de Arte (parmi ses membres figuraient d'Ors, Enrique Azcoaga, Luis Felipe Vivanco, José Camón et María Laffitte Condesa de Campo Alange)[101]. Les intellectuels les plus jeunes étaient clairement sensibles aux différences subtiles qui existaient entre les conceptions de ces personnalités et la philosophie dominante du régime. Le critique d'art Vicente Aguilera Cerni, l'un des fondateurs du Grupo Parpalló à Valence dans les années 1950, et qui dès sa jeunesse connaissait donc très bien le panorama culturel d'après-guerre, a fait la remarque suivante : « Dans le désert culturel qu'était l'Espagne à l'époque, Eugeni d'Ors était de l'énergie[102]. » Ainsi les intellectuels comme d'Ors aidèrent-ils à ouvrir la voie à une *apertura* culturelle allant de pair avec l'ouverture économique qui finit par se produire.

Certaines formes d'expression artistique qui conservaient les éléments de l'avant-garde survécurent aussi grâce à des initiatives privées. Des galeries indépendantes, comme Galería Biosca, Galería Clan, Estilo et Buchholz à Madrid, Galerías Layetanas à Barcelone et Galería Pórtico à Saragosse, commencèrent à ouvrir dans les années 1940[103]. Ces espaces offrirent l'opportunité à des groupes de jeunes artistes qui testaient de nouveaux styles d'exposer leurs œuvres : Postismo (fondé en 1945 à Madrid), Indalianos (1946, Almería), Pórtico (1947, Saragosse), Dau al Set (1948, Barcelone), Lais (1949, Barcelone)

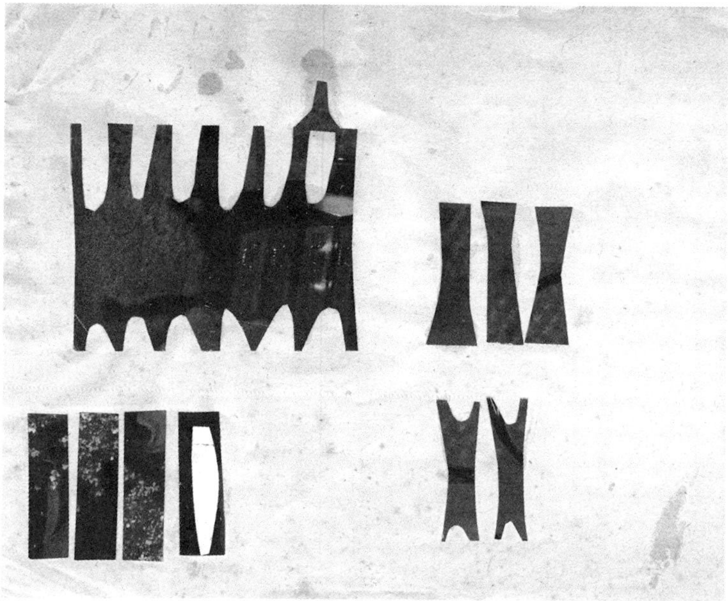

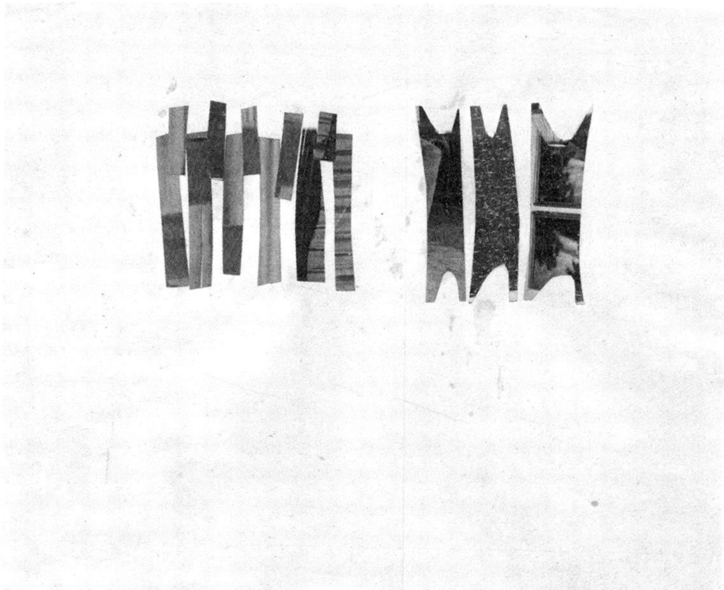

23 Jorge Oteiza, *Unidades livianas* (Unités légères), 1950-1952, collage sur papier, 18,6 × 23,4 cm, Alzuza (Navarre), Fundación Museo Jorge Oteiza

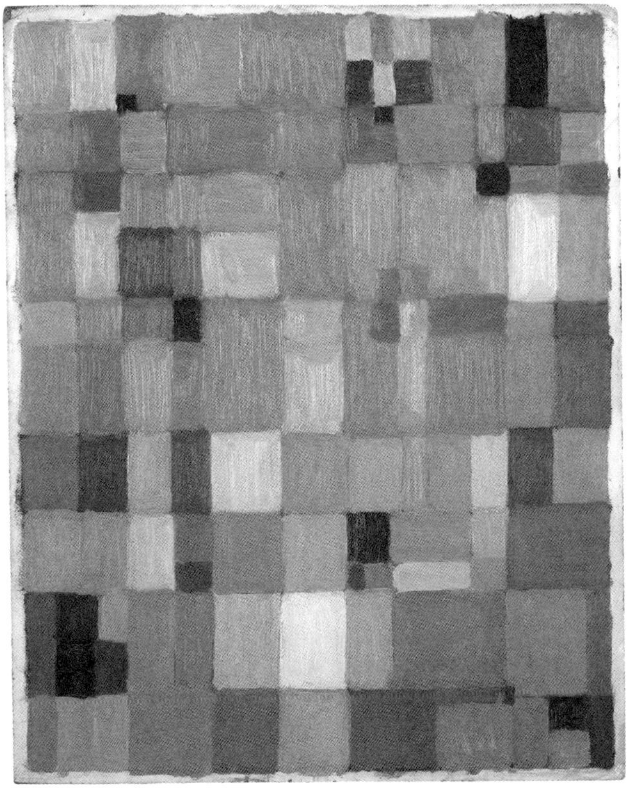

24 Eusebio Sempere, *sans titre*, 1949, huile sur toile, 41,5 × 32,2 cm, Alicante, Museo de Arte Contemporáneo de Alicante

et Escuela de Altamira (1949, Santander). Des artistes individuels comme Jorge Oteiza (ill. 23), Eusebio Sempere (ill. 24) et Pablo Palazuelo se mirent également à explorer l'abstraction, rétablissant un lien avec la poétique des années d'avant-guerre.

À partir du milieu des années 1940, et malgré les efforts persistants de l'État pour abolir l'héritage culturel de la République, divers artistes et intellectuels suivirent des chemins de traverse qui leur permirent de retrouver les principes et les concepts des premières avant-gardes. Ils cherchaient spécialement à se réapproprier l'héritage du surréalisme et de l'abstraction, se concentrant notamment sur les œuvres d'artistes comme Joan Miró, Paul Klee et Vassily Kandinsky. Miró avait une importance spécifique : il refusa de participer aux activités et événements parrainés par l'État, confirmant sa résistance au système politique. En lieu et place de cette participation, il soutenait vigoureusement les initiatives catalanes qui s'inscrivaient le plus nettement dans la dissidence culturelle (groupes artistiques, revues et musiciens). Miró devint une référence, surtout pour les nouveaux mouvements explorant l'abstraction dans les années 1940, particulièrement le Grupo Pórtico de Saragosse et Dau al Set de Barcelone. Ainsi peut-on observer dans *Homenatge a Miró* (Hommage à Miró, ill. 25), œuvre de Joan Ponç, membre de Dau al Set, un déploiement de structures organiques, anthropomorphes et zoomorphes qui flottent dans un espace indéterminé beige, rappelant les formes et les motifs du maître catalan.

Alors que Miró représentait une référence fondamentale pour l'avant-garde espagnole de cette période, c'est *via* la ville de Paris que les jeunes peintres et sculpteurs, eux, retissèrent principalement le lien avec le passé artistique comme avec les tendances contemporaines. À partir de la fin des années 1940, grâce à des financements publics ou privés, la jeune génération d'artistes commença à se rendre dans la capitale française[104]. Eusebio Sempere, Pablo Palazuelo, Eduardo Chillida, Joan Puig Manera et Xavier Valls, qui séjournèrent

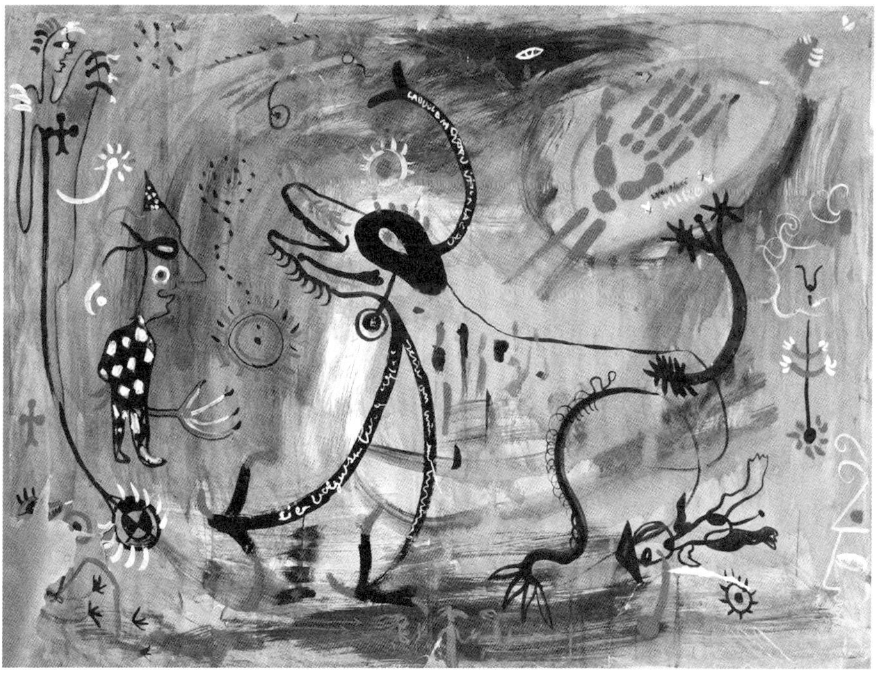

25 Joan Ponç, *Homenatge a Miró* (Hommage à Miró), 1948, gouache sur papier, 82 × 112,5 cm, collection particulière

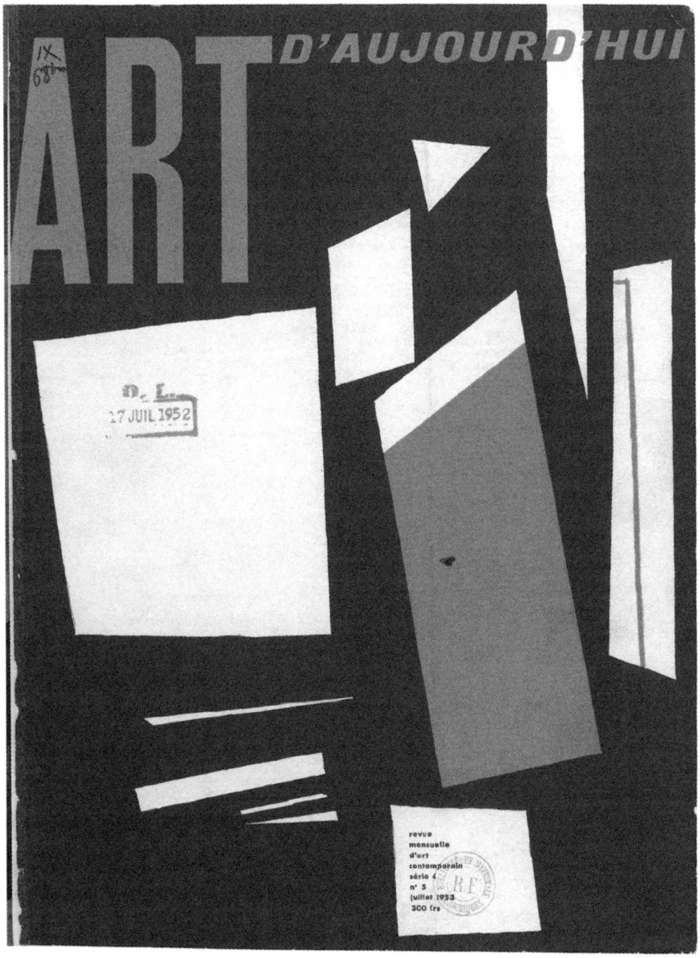

26 Couverture de la revue *Art d'aujourd'hui*, série 4, n° 5, juillet 1953, illustration d'après une gouache de Pablo Palazuelo

tous en France, témoignent éloquemment de cette soif d'apprendre auprès des avant-gardes passées et présentes (ill. 26).

Certains intellectuels proches du régime (comme d'Ors, Vivanco et Panero) adhéraient eux aussi aux nouveaux genres expérimentaux qui avaient cours hors d'Espagne. Quoique politiquement conservateurs, ils exprimaient tous de l'intérêt pour l'art moderne et faisaient clairement la part entre leurs préférences politiques et leurs goûts artistiques. Comme l'a fait remarquer

Aguilera Cerni, dans le contexte des années 1940, ces intellectuels avaient tendance à être plutôt libéraux et ouverts vis-à-vis de l'innovation artistique[105]. D'autres critiques d'art participèrent eux aussi à la réintroduction et à la légitimation lentes, mais progressives, de l'avant-garde en Espagne. Des critiques comme Juan Eduardo Cirlot, Ricardo Gullón, Eduardo Westerdahl, Sebastian Gasch, Rafael Santos Torroella et Julián Gállego étaient tous directement liés à des initiatives promouvant l'art moderne[106].

Pour la première fois, les connotations négatives de l'avant-garde commencèrent à s'estomper, car le régime tirait timidement parti de la publicité que lui faisait la participation d'artistes espagnols à des expositions à l'étranger, comme l'Exposition d'art espagnol en Argentine en 1947 ou au Caire trois ans plus tard. Des œuvres de María Blanchard, et même d'artistes pro-républicains comme Ángel Ferrant, Benjamín Palencia ou Gregorio Prieto, y furent exposées, même si elles côtoyaient d'autres œuvres d'inspiration folklorique ou académique, car aucune de ces deux expositions n'avait pour objectif de promouvoir l'avant-garde[107]. Enfin, le groupe d'artistes et de critiques qui se réunit autour du projet abstrait représenté par l'Escuela de Altamira à la fin des années 1940 prouva que l'esthétique moderne pouvait trouver sa place en Espagne. Cependant, c'est le changement de statut du pays sur la scène internationale qui permit de consolider l'art abstrait au cours de la décennie suivante, lorsque le régime reconnut (essentiellement dans l'intérêt de son image internationale) qu'il était rentable d'intégrer la production artistique espagnole dans les discours de l'art moderne qui prévalaient à l'étranger.

« Américains, nous vous accueillons avec joie ! » Les politiques culturelles espagnoles et internationales au début des années 1950

À la fin des années 1940, dix ans d'isolement avaient plongé le pays dans un état de sous-développement dramatique. Le gouvernement de Franco, confronté à l'échec de sa politique d'autarcie, se rendit compte qu'il ne survivrait politiquement que s'il cessait d'être un paria sur la scène internationale : c'était pour lui le seul moyen de décrocher une aide financière internationale. La situation historique de la guerre froide favorisait l'intégration du régime dans l'alliance des puissances capitalistes. De grands efforts furent donc déployés pour nouer des liens amicaux avec les États démocratiques, à une époque où les partis chrétiens-démocrates, ancrés dans la pensée politique catholique, dominaient l'Allemagne et l'Italie, ainsi que d'autres États de l'Europe de l'Ouest. Dans ce contexte, l'Espagne pouvait se présenter comme une nation catholique fermement dévouée à la cause anticommuniste et menée par nul autre que la « *Centinela de Occidente* » (la sentinelle de l'Occident), comme Franco avait été pompeusement baptisé par son appareil de propagande. Maintenant que ce régime avait épousé, à sa manière, la « cause de l'Ouest », les autres puissances commencèrent à voir en lui un allié non pas normal, mais plausible.

L'hostilité croissante entre les États-Unis et l'URSS, la formulation de la doctrine Truman par les États-Unis en 1947 (c'est-à-dire leur soutien aux gouvernements grec et turc face à l'expansionnisme soviétique, ce qui donna lieu à la politique américaine d'endiguement), le blocus de Berlin et le coup d'État communiste en Tchécoslovaquie en 1948 menèrent à une nouvelle perception du rôle politique possible de l'Espagne après la Seconde Guerre mondiale. L'armée des États-Unis reconnut la valeur stratégique – de par sa position – de la péninsule Ibérique comme base contre le communisme. Au début de l'année 1948, Truman approuva la proposition du Conseil national de sécurité de normaliser les relations entre les États-Unis et l'Espagne franquiste, ce qui conduisit presque immédiatement à l'ouverture de la frontière française[108]. À la fin de cette même année, une délégation militaire du département de la Défense américain visita l'Espagne afin de confirmer les bénéfices tactiques et la faisabilité d'installations militaires américaines. Enfin, le 4 novembre 1950, les Nations unies annulèrent leur précédente résolution qui isolait diplomatiquement l'Espagne, révélant ainsi publiquement le changement de politique des puissances occidentales. Quelques mois plus tard, le régime put accueillir à bras ouverts la plupart des ambassadeurs étrangers revenus à Madrid[109] : c'était la fin de l'isolement international. Par la suite, l'Espagne put rejoindre diverses agences des Nations unies, dont l'Organisation pour l'alimentation et l'agriculture en 1950, l'Organisation de l'aviation civile internationale, l'Organisation mondiale de la santé et l'UNESCO en 1952[110].

Le réchauffement des relations avec les États-Unis (par-delà l'exploration des liens militaires, les banques américaines avaient commencé à prêter de l'argent au gouvernement de Franco en 1949 et 1950) promettait également un avenir plus radieux, ce qui se confirma sous la présidence de Dwight Eisenhower avec la signature en 1953 du pacte bilatéral de Madrid. Cet accord permit aux États-Unis d'exploiter des bases aériennes et navales sur le territoire espagnol en échange d'une aide économique et militaire[111]. Malgré des concessions controversées que le régime accorda aux États-Unis (une clause secrète pouvait même mettre en péril la souveraineté du gouvernement en cas d'attaque soviétique), l'Espagne devint l'alliée de Washington et put ainsi entrer dans le groupe fermé où interagissaient la plupart des puissances d'Europe occidentale. La formalisation des relations États-Unis/Espagne

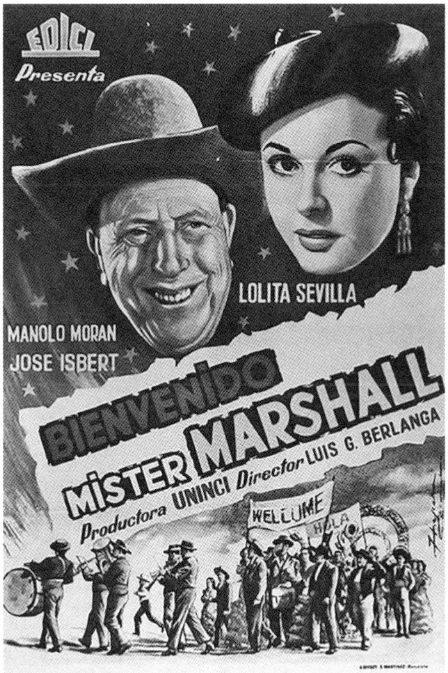

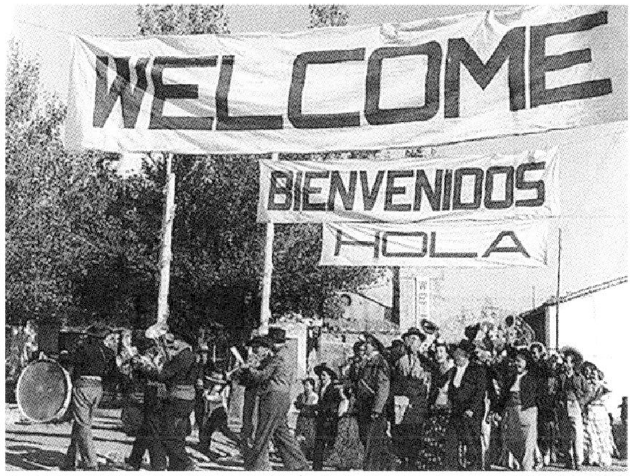

27 Affiche et photogramme du film *¡Bienvenido, Mr. Marshall!*, Espagne, 1952, réalisé par Luis García Berlanga

offrit une nouvelle légitimité au régime, tout en consolidant sa politique au niveau national[112].

Outre la concession de subventions, de prêts et d'infrastructures militaires par les États-Unis, l'alliance permit à Washington d'incorporer l'Espagne à sa stratégie d'exportation culturelle, faisant découvrir aux Espagnols l'*American way of life*[113]. La dépendance ambiguë de l'Espagne vis-à-vis des États-Unis suscita rapidement des critiques. L'exemple le plus marquant en est peut-être la brillante satire du réalisateur Luis García Berlanga, dont le film *¡Bienvenido, Mr. Marshall!* (Bienvenue, M. Marshall) reçut une mention spéciale du jury au Festival de Cannes en 1953 (ill. 27). Bien que l'Espagne fût le seul pays d'Europe de l'Ouest à être exclu du plan Marshall, le film s'amuse des rêves que celui-ci fit naître chez les Espagnols moyens, à travers l'évocation d'une petite ville se préparant à la visite d'une délégation américaine. La chanson du film, *Coplillas de las divisas* (Couplets des devises), interprétée par le personnage de Carmen Vargas (jouée par Lolita Sevilla), dresse un inventaire de leurs espoirs, à la fois triviaux et extravagants : des bas ou des « avions à réaction » pour les jolies femmes, ou même des « gratte-ciel conservés dans des Frigidaires ».

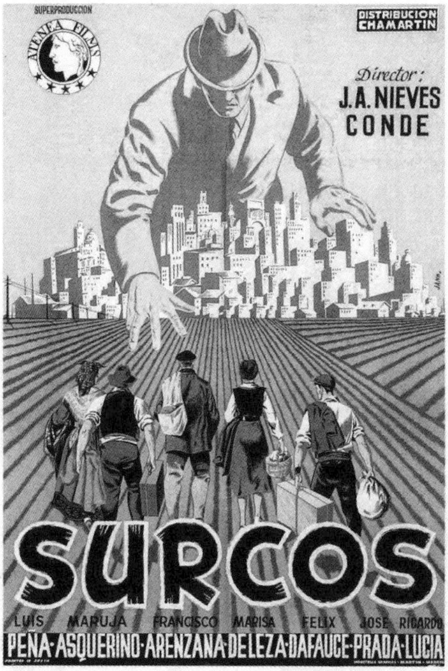

28 Affiche du film *Surcos* (Déracinés), Espagne, 1951, réalisé par José Antonio Nieves Conde

Les habitants de la ville se joignent à Carmen pour le refrain, imaginant comment ils s'adresseront aux dignitaires tant attendus : « Les Américains viennent en Espagne, robustes et vigoureux. / Vive le tonnerre de cette grande nation puissante. / [...] / Américains, nous vous accueillons avec joie[114] ! » Le réalisateur aborde avec une joyeuse ironie les efforts déployés par la dictature pour projeter une certaine image de l'Espagne hors de ses frontières. Afin de se conformer aux attentes des Américains, façonnées par les clichés que le régime répand à l'étranger, les habitants de la ville créent un village Potemkine, faisant de leur cité castillane un pittoresque *pueblo* andalou ; mais ils ne récoltent que la déception lorsque leurs sauveurs américains traversent la ville à toute allure dans leurs énormes voitures, sans rien leur laisser ni même s'arrêter[115]. Comme l'illustre la conclusion sarcastique du film, l'aide américaine eut des effets négligeables sur les zones rurales pauvres ; mais le gouvernement de Franco, lui, profita des 226 millions de dollars d'aide qui marquèrent le début de la nouvelle relation entre l'Espagne et les États-Unis[116].

La même année que le pacte de Madrid, l'Espagne et le Vatican signèrent le concordat de 1953, qui ratifiait publiquement les liens entre l'Église catholique et la forme d'État que les franquistes mettaient en place depuis le début de la guerre civile. Si le régime faisait étalage de ses concessions à l'Église (exonérations d'impôts et subventions d'État, éducation religieuse catholique obligatoire dans les écoles, loi abolissant le divorce, etc.), l'accord représentait surtout un puissant soutien idéologique. Avec de tels alliés, la dictature put non seulement consolider son pouvoir politique sur son territoire, mais aussi gagner une certaine légitimité à l'étranger.

Après que Franco et sa politique d'autarcie eurent pratiquement fait s'effondrer le pays, l'arrivée du dollar améliora l'économie espagnole, notamment par une accélération progressive de l'industrialisation. Cependant, le rythme du développement restait très lent, car en 1950 les niveaux de production dans divers secteurs étaient toujours inférieurs à ceux de 1936. Bien que le rationnement ait pris fin en 1952, une bonne partie de la population – surtout les ouvriers et les travailleurs agricoles – avait toujours du mal à obtenir un travail et à manger. Les programmes d'aide sociale étaient minimalistes[117].

En 1951, *Surcos* (Déracinés), un film réalisé par José Antonio Nieves Conde, dresse le troublant tableau des difficultés endurées par les personnes ayant quitté les campagnes pour tenter de trouver une vie meilleure dans les centres urbains en expansion rapide (ill. 28). Dans sa lutte pour la survie à Madrid, la famille paysanne que suit le film de Nieves Conde est confrontée aux vicissitudes et aux infortunes de la vie urbaine, dont le marché noir, la pauvreté, la prostitution et le crime. Alors que le régime s'efforçait d'exclure cette réalité sociale de son récit patriotique triomphal, le film échappa curieusement à la censure et fut même jugé « d'intérêt national » grâce à José María García Escudero, le directeur général du cinéma et du théâtre pour le gouvernement[118]. Avec son esthétique et sa thématique proches du néoréalisme italien, *Surcos* est un excellent exemple de l'influence qu'exercèrent de plus en plus les idées étrangères sur la production culturelle espagnole dans les années 1950, tandis que le pays était en phase de réhabilitation sur le plan international. L'afflux de ces idées finit par contrecarrer le discours néo-impérialiste qui avait dominé l'immédiat après guerre civile, empêchant ainsi le régime de consolider un mouvement artistique franquiste cohérent.

En effet, l'État lui-même avait tenté une libéralisation modérée, marquée entre autres par la nomination de Joaquín Ruiz Giménez au poste de ministre de l'Éducation en 1951. Bien que fervent catholique, Ruiz Giménez (qui avait dirigé l'Instituto de Cultura Hispánica avant de devenir ministre) était, sous certains rapports, moins conservateur, et entretenait des relations avec les partisans d'un « phalangisme libéral », comme les poètes Leopoldo Panero et Luis Rosales, ou l'architecte, poète et critique Luis Felipe Vivanco. Les initiatives

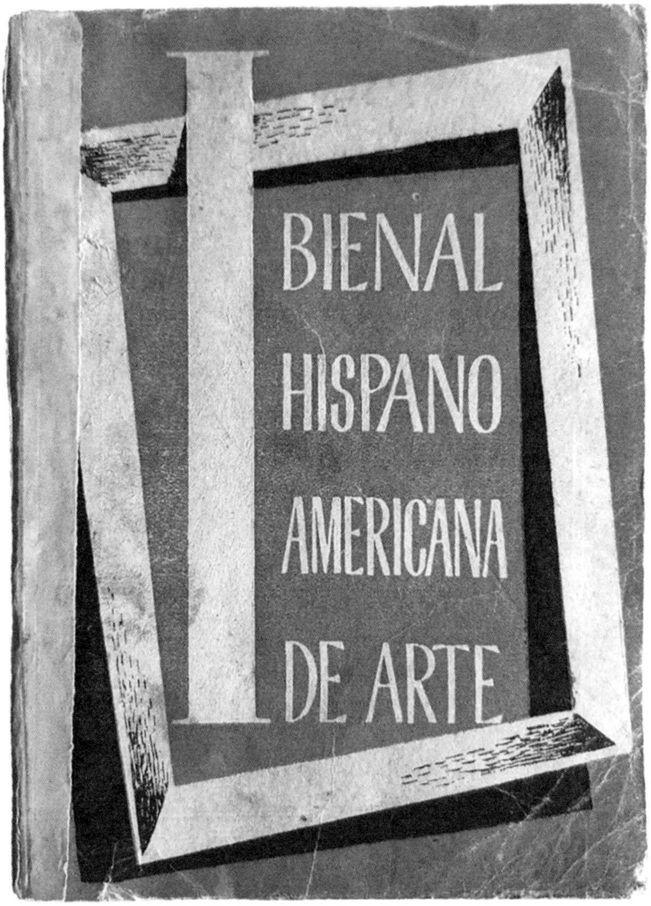

29 Couverture du catalogue de la première Biennale hispano-américaine, édité par Luis Felipe Vivanco, Madrid, Afrodisio Aguado, 1951

soutenues par ces personnalités dans les années 1940 étaient représentatives d'un essai – timide, à l'origine – d'intégrer les tendances dominantes de l'expression artistique moderne au processus de réhabilitation nationale de l'Espagne. Comme l'essor de ces tendances en Espagne pouvait de moins en moins être contrôlé, ces initiatives devinrent plus ouvertes dans les années 1950.

Dans ce contexte, en 1951, fut organisée la première Bienal Hispano-americana de Arte, qui ouvrit en octobre à Madrid (ill. 29). L'exposition s'inscrivait dans une ambitieuse stratégie de relations internationales par la promotion des arts ; elle coïncidait avec les négociations avec les États-Unis, et réunit plus de 200 artistes, principalement espagnols et latino-américains. Avec les Biennales hispano-américaines, l'art moderne commença à jouer un rôle important dans la diplomatie internationale de l'Espagne, notamment du fait que ces événements resserraient les liens avec l'Amérique latine, comme le faisait l'Instituto de Cultura Hispánica. Dans un pamphlet de propagande de 1948, avant l'ouverture et l'intégration du pays au bloc de l'Ouest en 1950, Franco avait déjà souligné les liens fraternels qui unissaient traditionnellement l'Espagne et l'Amérique latine, et qui séparaient le pays du reste de l'Europe : « L'Espagnol se sent plus proche des peuples américains de son propre lignage que de cette Europe malheureuse qui n'a jamais su comprendre notre patrie[119]. » Trois ans plus tard, ces sentiments s'exprimèrent concrètement lors des cérémonies d'inauguration de la Biennale, qui eurent lieu le 12 octobre, jour symbolique du Día de la Hispanidad (le Jour de l'hispanité). L'exposition accueillait essentiellement la production artistique de l'Amérique latine et de l'Espagne (même si d'autres pays étaient également représentés), et l'un de ses principaux objectifs était de créer un cadre pour encourager des échanges culturels réguliers entre l'Espagne et l'Amérique latine[120]. Bien évidemment, il y avait aussi la dimension supplémentaire de la proximité du régime avec plusieurs dictatures – celle de Fulgencio Batista à Cuba ou la junte militaire de Trujillo en République dominicaine[121].

Bien que, lors d'autres expositions, le régime ait autorisé la présence d'artistes espagnols de l'avant-garde contemporaine (à Buenos Aires en 1947 et au Caire en 1950, comme nous l'avons vu), les Biennales hispano-américaines furent les premiers événements de grande ampleur, officiellement sanctionnés et soutenus, à initier un glissement dans les politiques culturelles. Ainsi marquèrent elles le début de l'appui officiel à l'art moderne[122]. Les organisateurs de la première Biennale imaginèrent la possibilité de normaliser progressivement les relations entre l'avant-garde et le régime. L'un des buts était de renouer avec certains artistes de l'avant-garde espagnole internationalement reconnus, comme Salvador Dalí, Joan Miró et même Picasso. En même temps, divers artistes républicains en exil, tels Maruja Mallo, Joan Rebull et José Antonio Fernández Muro, ainsi que d'autres jeunes artistes d'avant-garde vivant en Espagne, comme Antoni Tàpies, Manuel Millares, Juli Ramis et Manuel Mampaso, étaient également invités à participer.

L'attitude relativement libérale en matière artistique des organisateurs de l'exposition (une attitude qui reflétait ainsi les évolutions de sensibilité de l'Instituto de Cultura Hispánica) resta néanmoins une exception dans le régime, et de telles postures étaient rares sur une scène culturelle encore dominée par le conservatisme. Les démonstrations de soutien à l'art contemporain lors de la

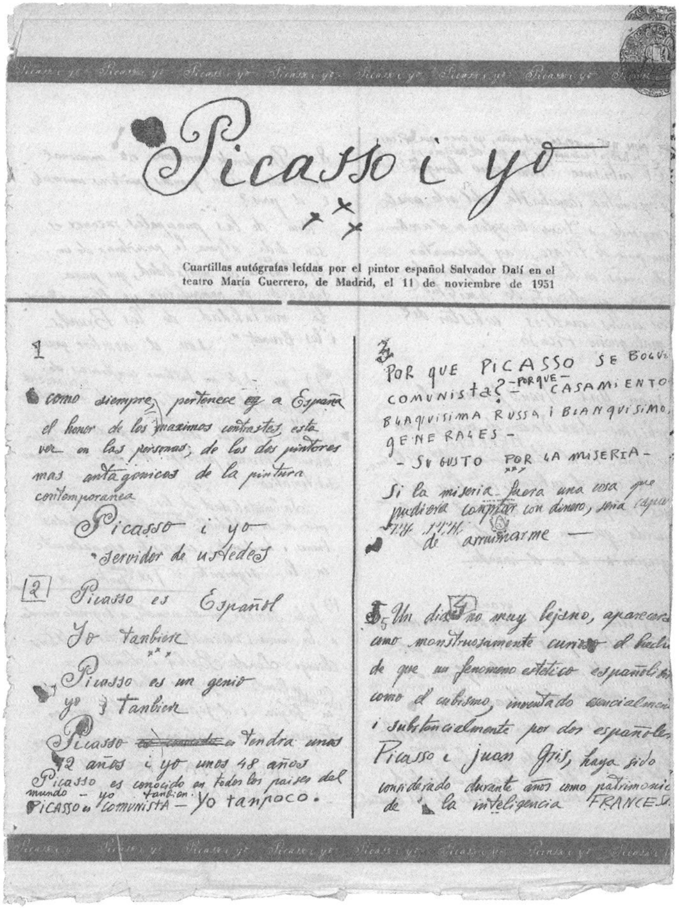

Picasso i yo

Cuartillas autógrafas leídas por el pintor español Salvador Dalí en el teatro María Guerrero, de Madrid, el 11 de noviembre de 1951

1
como siempre pertenece a España el honor de los maximos contrastes, esta vez en las personas de los dos pintores mas antagonicos de la pintura contemporanea
Picasso i yo
servidor de ustedes

2
Picasso es Español
Yo tambien
Picasso es un genio
yo tambien
Picasso tendra unos 72 años i yo unos 48 años
Picasso es conocido en todos los paises del mundo – yo tambien
Picasso es comunista – yo tampoco.

3
POR QUE PICASSO SE BOLVIO COMUNISTA? – PORQUE – CASAMIENTO BLANQUISIMA RUSSA I BLANQUISIMO GENERALES –
– SU GUSTO POR LA MISERIA –
Si la miseria fuera una cosa que pudiera comprar con dinero, seria capaz de arruinarme —

5
Un dia no muy lejano, aparecera como monstruosamente curioso el hecho de que un fenomeno estetico español como el cubismo, inventado esencialmente i substancialmente por dos españoles, Picasso i Juan Gris, haya sido considerado durante años como patrimonio de la inteligencia FRANCESA.

première Biennale provoquèrent des débats animés sur les mérites comparés du modernisme et de l'académisme, et sur la place de l'art moderne au sein de la politique culturelle. Ces débats prouvaient à quel point l'art était envisagé sous l'angle politique en Espagne et faisait resurgir les vieux démons de la guerre civile, lorsque les membres de l'avant-garde s'étaient alignés sur la République et les traditionalistes sur les rebelles. Un article de la revue *España Libre* (publiée à New York par des exilés) montre comment le goût artistique pouvait être un signe de loyauté ou d'opposition à la dictature : « Les choses en sont arrivées à un tel point que dire que l'on est en faveur de la peinture moderne (dont Picasso est le plus grand représentant) revient à dire que l'on

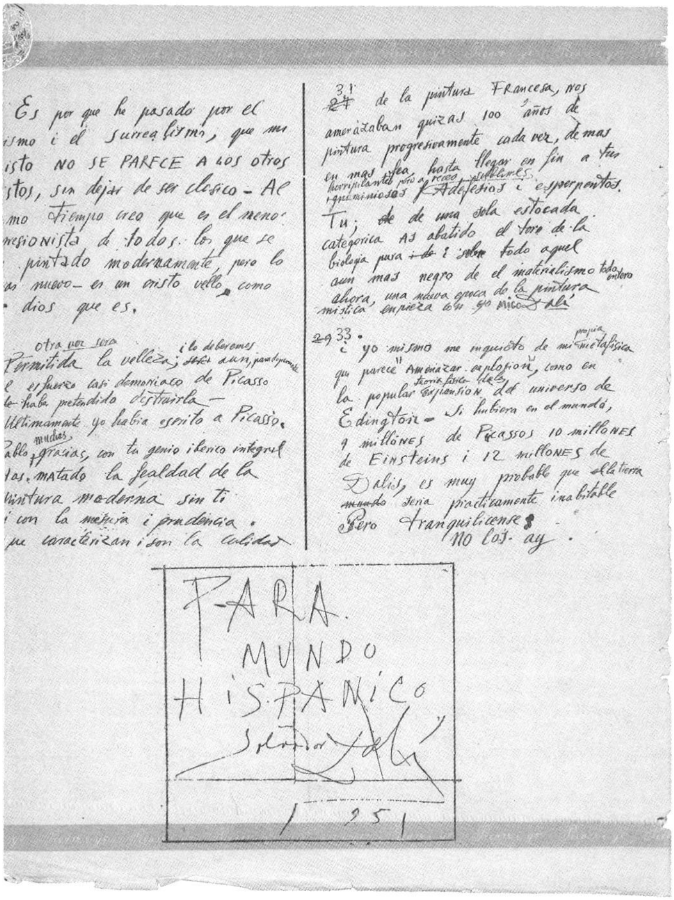

30 Salvador Dalí, « Picasso i yo » (Picasso et moi), manuscrit de la conférence lu au Teatro María Guerrero pendant la première Biennale hispano-américaine, Madrid, 11 novembre 1951, reproduit dans *Mundo Hispánico*, nº 46, janvier 1952, p. 37-42 (ici : première et dernière pages)

est antifranquiste ; se déclarer un fervent défenseur de la peinture classique signifie que l'on est franquiste jusqu'au bout des ongles[123]. »

Cependant, des fractions plus libérales du régime ainsi que l'Instituto de Cultura Hispánica manifestèrent leur volonté de dépasser cet antagonisme entre l'avant-garde et l'idéologie franquiste. Le ministre de l'Éducation lui-même, dans son discours à l'ouverture de la Biennale, argua que les principes fondateurs de la conception moderne de l'art n'étaient pas incompatibles avec une identité espagnole et catholique[124]. Un bon nombre d'intellectuels et d'artistes – dans une réponse collective à une lettre agressive de Fernando Álvarez de Sotomayor, le directeur du musée du Prado, dans laquelle il fustigeait l'art

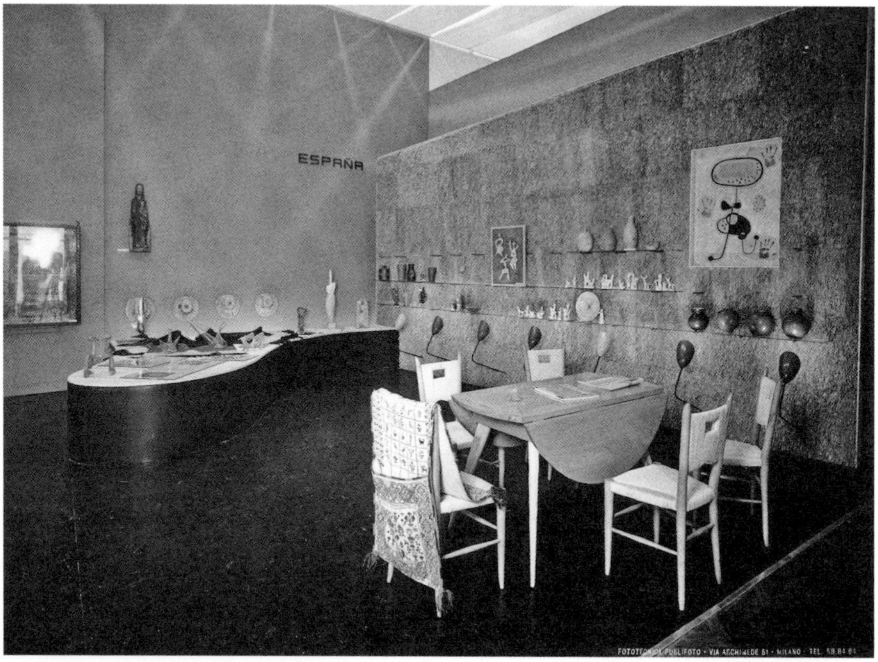

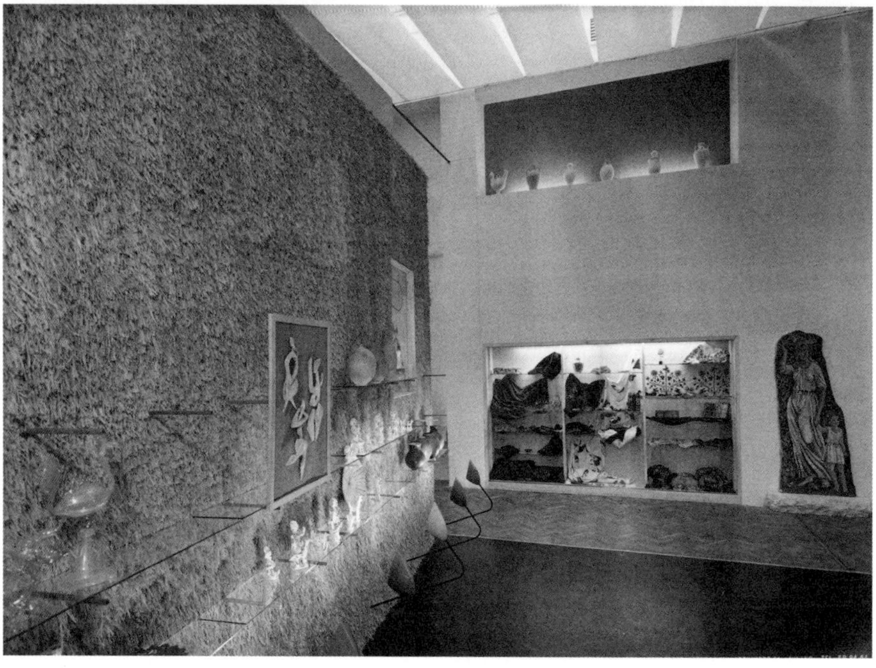

31 Vues intérieures du pavillon espagnol à la IXe Triennale de Milan, 1951

moderne comme étant « juif et anti-espagnol », ou encore comme résultant d'une « dégénérescence biologique » – déclarèrent défendre l'art moderne tout en étant des « hommes de Franco, de l'Espagne et du Christ[125] ». On pourrait certes soutenir que, en limitant leur réponse à la seule défense de l'esthétique moderne et en évitant de critiquer l'antisémitisme de Sotomayor ou son évocation de l'eugénisme, ses détracteurs pouvaient fort bien adopter une position libérale sur la question « abstraite » de l'art sans remettre en cause sa vision fasciste. Mais la position de certains partisans du régime en faveur de l'art d'avant-garde était une revendication significative du droit à l'interprétation. En effet, le champ culturel devait devenir le terrain d'essai pour introduire la pensée d'opposition dans le discours politique du pays en général.

Dans un premier temps, le rapprochement entre l'avant-garde et le régime fut plus avantageux pour ce dernier. Le fait que Dalí ait accepté de participer à la Biennale était, en ce sens, un excellent coup de relations publiques. Accueilli avec vénération et en grande pompe, il devint la vedette de la Biennale et fit salle comble lors de sa conférence du 11 novembre 1951 au théâtre María Guerrero, qu'il conclut en lisant un télégramme adressé à Picasso (ill. 30), le grand absent de la Biennale et la plus haute autorité dans le monde de l'art, le symbole ultime de l'association honnie entre avant-garde et communisme (Picasso avait rejoint le Parti communiste français en 1944). Encourageant son compatriote à renouer avec ses racines catholiques, Dalí poursuivit : « Malgré ton communisme actuel, nous considérons que ton génie anarchique est inséparable de notre empire spirituel, et ton œuvre comme l'une des gloires de la peinture espagnole[126]. » Le message de Dalí coïncidait avec le point de vue de certains bureaucrates et intellectuels qui, tout en restant loyaux au régime, étaient convaincus que l'orthodoxie franquiste était compatible avec une conception plus ouverte de la production culturelle. Cette idée s'enracina rapidement à la Dirección General de Relaciones Culturales (Direction générale des relations culturelles) du ministère des Affaires étrangères, ainsi qu'à l'Instituto de Cultura Hispánica.

Lorsque, en 1951, furent récompensés plusieurs artistes d'avant-garde représentant officiellement l'Espagne à la Triennale de Milan (ill. 31) (Jorge Oteiza, Ángel Ferrant et Antoni Cumella), la dictature eut la preuve concrète des avantages de cette stratégie. Même si l'avant-garde n'était pas ouvertement acceptée ou promue à l'intérieur des frontières espagnoles, il était évident, pour certains fonctionnaires, que l'art contemporain pouvait être un outil efficace de politique extérieure.

L'art et la culture joueraient dès lors un rôle significatif dans la construction d'une image nouvelle et différente de l'Espagne, celle d'un pays plus moderne

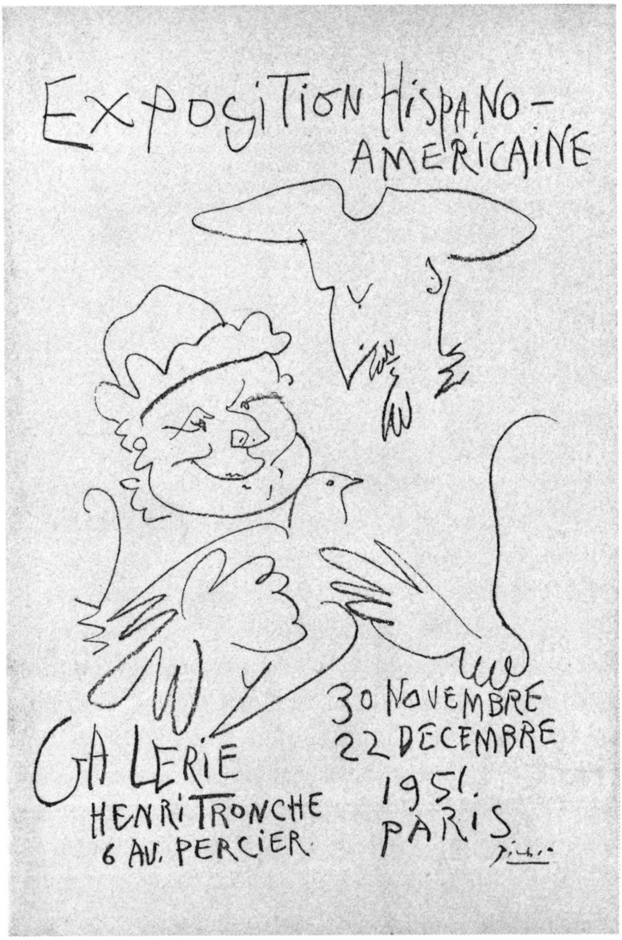

32 Pablo Picasso, couverture du catalogue de l'Exposition hispano-américaine à la galerie Henri Tronche à Paris, 1951

et plus en phase avec son époque, sans pour autant renoncer entièrement à la rhétorique qui avait prédominé pendant la période autarcique. Au cours des années 1950, la vision nostalgique des franquistes durs qui avait caractérisé les années suivant immédiatement la guerre civile s'exprimerait progressivement à travers une rhétorique plus douce, aux termes plus abstraits et distants, moins prompte à évoquer les traumatismes de la guerre. Cependant, l'objectif restait bien de trouver et de reconquérir, dans les racines catholiques du Siècle d'or espagnol, un patrimoine espagnol essentiel, l'*hispanité*.

Malgré cette transition lors de la première Biennale hispano-américaine à Madrid et dans les années qui suivirent, les politiques culturelles internationales du régime étaient décriées par ses opposants en exil. Le réseau antifranquiste développait des réponses critiques à l'instrumentalisation de l'art moderne par le gouvernement dans son entreprise de promotion des artistes espagnols à l'étranger. Ainsi Picasso lui-même encouragea-t-il les artistes à ne pas participer à la « Biennale franquiste », qui était à ses yeux « une manifestation politique, une manœuvre du phalangisme pour consolider son pouvoir[127] ». Picasso prit aussi part, avec d'autres exilés espagnols, à une contre-exposition organisée en même temps que la Biennale, en signe de protestation, à la galerie Henri Tronche à Paris (ill. 32)[128]. D'autres manifestations et contre-expositions eurent ensuite lieu à Paris, Mexico ou Caracas pendant la tenue de la première Biennale hispano-américaine. Le peintre cubain Raúl Martínez se souvient également qu'en 1954, pendant la Biennale hispano-américaine de La Havane, de nombreuses figures culturelles participèrent à « une anti-Biennale expliquant que les artistes ne devaient pas exposer parce que nous combattions la dictature[129] ».

En Espagne, si le climat culturel dominant était toujours en faveur du traditionalisme et du conservatisme, des signes de plus en plus visibles d'une pensée contraire émergèrent dans les années 1950. Par exemple, pendant la Semaine du cinéma de Salamanque, en 1955, le réalisateur Juan Antonio Bardem osa rejeter ouvertement la production cinématographique espagnole, dénonçant ses réalisations sclérosées et la qualifiant de « politiquement inefficace, socialement fausse, intellectuellement infirme, esthétiquement nulle et industriellement rachitique[130] ». Dans la même lignée que ce jugement sur l'industrie cinématographique, d'autres intellectuels en Espagne considéraient cette période comme culturellement pauvre. Aux yeux du journaliste Luis María Anson (futur rédacteur en chef du quotidien conservateur *ABC* à partir de 1983), les années 1951-1962 furent une « triste décennie pour la culture espagnole » : comme il le dit en 1973, « les censeurs étaient tenaces dans leurs efforts pour convertir les journaux en tabloïds paroissiaux pré-Vatican II ; ils réduisirent notre cinéma et notre théâtre à la bigoterie et à la banalité folklorique ; ils interdirent un nombre incalculable de livres de romanciers et de poètes qui allèrent enrichir divers éditeurs latino-américains[131] ».

Le régime jouait un double jeu : il soutenait l'art moderne sur la scène internationale tout en imposant le traditionalisme sur le territoire national. Ainsi, les Exposiciones Nacionales de Bellas Artes (Expositions nationales des beaux-arts) continuaient à mettre en avant l'art académique et à exclure les innovations avant-gardistes. Le sculpteur Ángel Duarte donnait à cela l'explication suivante :

« Les choses étaient très arriérées et il existait une forte résistance idéologique à l'idée de libérer la peinture des formules médiocres et stériles appliquées par les académiciens franquistes. L'art nouveau ne parvenait pas à entrer dans le pays[132]. » Mais les intellectuels, les auteurs et les artistes voulaient à tout prix acquérir une connaissance directe des idées et des mouvements étrangers les plus contemporains, afin de briser les limites fixées par la culture franquiste.

L'accès aux publications étrangères serait essentiel pour la formation des artistes, comme le deviendraient les voyages et les échanges à partir de la réouverture des frontières espagnoles, après la réhabilitation internationale du régime. Mais d'autres sources d'influence centrales furent les idées et concepts partagés par les mouvements d'avant-garde qui avaient réussi à survivre discrètement pendant les années 1940, malgré les attaques des idéologues franquistes, dont les échos persistèrent dans les réponses conservatrices à la première Biennale hispano-américaine. Le débat sur l'abstraction, dont les défenseurs s'exprimaient de plus en plus ouvertement, devint un sujet d'intérêt national, à tel point que l'art abstrait pouvait même faire une apparition informelle au cinéma, ce médium populaire, comme le prouve *Muerte de un ciclista* (Mort d'un cycliste, 1955) : une scène cruciale, au début de ce film primé de Bardem, se déroule dans une galerie d'art contemporain[133].

Ainsi, les organisateurs du Congreso Internacional de Arte Abstracto (Congrès international d'art abstrait), qui se tint en 1953, utilisèrent l'événement pour promouvoir plus d'acceptation et d'intégration de l'art abstrait en Espagne. En accord avec les idées progressistes de l'Escuela de Altamira (dont les représentants soutenaient activement l'abstraction depuis 1949) et avec les changements insufflés par la première Biennale hispano-américaine, le congrès rassembla un nombre significatif d'intellectuels et d'artistes, avec le soutien tacite des autorités gouvernementales et des institutions culturelles[134]. Coordonné par José Luis Fernández del Amo, le directeur du Museo Español de Arte Contemporáneo de Madrid (1952) fraîchement créé, l'événement orchestra un débat sur l'opposition entre la figuration et l'abstraction, ainsi que sur les relations entre art et spiritualité. Il concluait que l'absence d'éléments figuratifs pouvait offrir au spectateur un contact plus direct avec Dieu, dans une réinterprétation catholique des idées de Kandinsky sur le spirituel et l'art[135]. Cette orientation spirituelle reprenait des idées ayant en réalité émergé lors du débat sur « l'art et l'autel » qui avait eu lieu à la Ire Biennale hispano-américaine. Elle reflétait aussi les attitudes précédemment défendues par l'Escuela de Altamira en 1949, lorsque les artistes et les intellectuels du groupe avaient soutenu que l'art abstrait pouvait ouvrir la voie au divin. Ces stratégies permettaient d'intégrer l'art abstrait dans le récit national-catholique du régime.

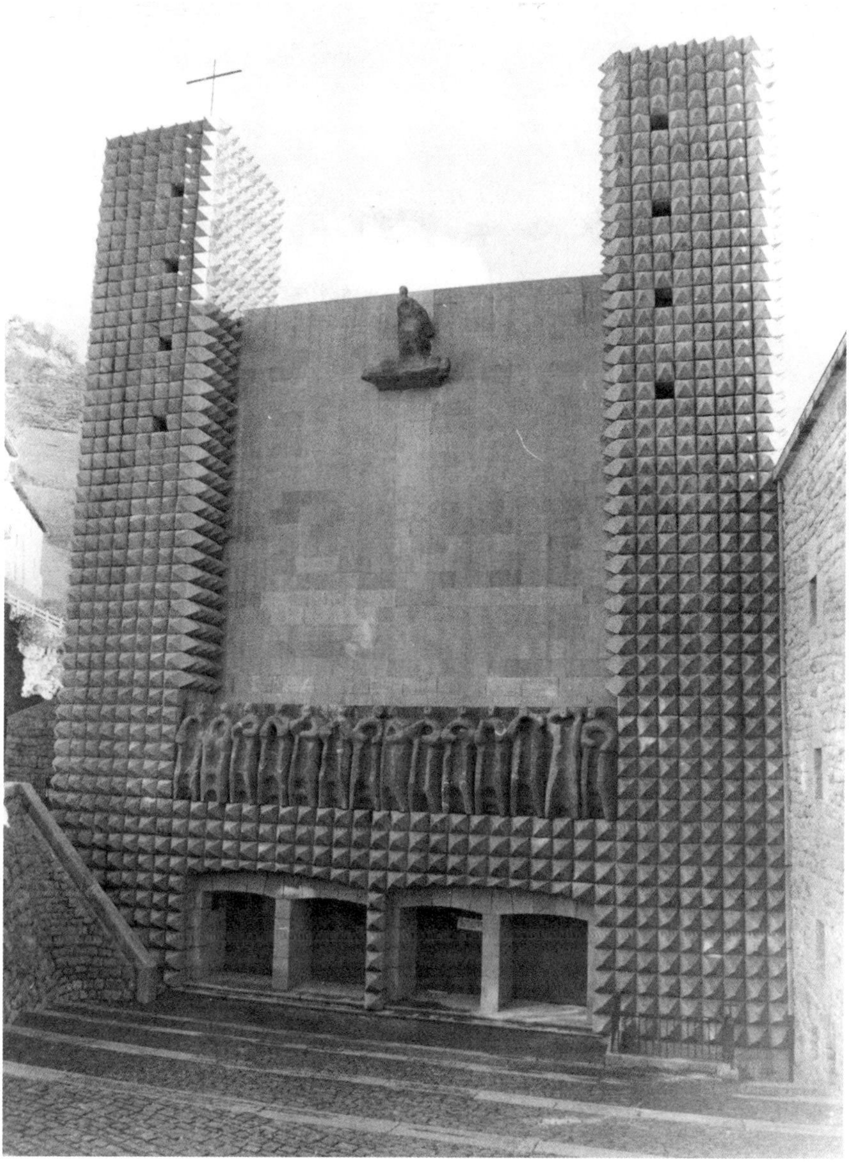

33 Jorge Oteiza, façade de la basilique du sanctuaire de Notre-Dame d'Arantzazu, au Pays basque espagnol, octobre 1969, photographie probablement par Plazaola

La fusion de l'avant-garde et de la religiosité catholique, qui caractérisait ce glissement idéologique et qui fut explorée d'un point de vue théorique notamment lors du Congreso, s'incarna de façon spectaculaire dans un projet entrepris au Pays basque : la construction et la décoration de la basilique du sanctuaire d'Arantzazu, dans les montagnes du sud-ouest de la province de Guipuzcoa (1953-1959, ill. 33). L'édifice, austère et géométrique, fut conçu par l'architecte Francisco Javier Sáenz de Oiza. Les décorations (des vitraux à l'autel) étaient radicalement modernes ; on y trouve les travaux abstraits d'Eduardo Chillida (portes d'entrée principales), Lucio Muñoz (retable), Javier María Álvarez de Eulate (vitraux), Jorge Oteiza (les sculptures aux formes organiques et ouvertes représentant les apôtres sur la façade) et Néstor Basterretxea (peintures dans la crypte)[136].

Dans les années 1950, les collaborations entre l'Église catholique et les artistes modernes étaient un phénomène international : que l'on songe, par exemple, aux travaux d'Henri Matisse à Vence (chapelle du Rosaire, 1949-1951) ou de Jean Bazaine, Fernand Léger et Jean Le Moal à Audincourt (église du Sacré-Cœur, 1949-1951)[137]. En Espagne, le soutien apporté à l'art abstrait à travers le projet d'Arantzazu et le Congrès international d'art abstrait était un pas de plus vers la consécration officielle de l'esthétique moderniste, qui eut finalement lieu dans la seconde moitié des années 1950, lorsque les styles d'avant-garde furent pleinement intégrés au programme de promotion culturelle du régime à l'étranger, ainsi qu'à la consommation culturelle du pays.

Les efforts ciblés des cercles les plus ouverts d'esprit, qui donnèrent lieu à des expositions, des débats et des congrès à la fin des années 1940 et au début des années 1950, contribuèrent à l'esprit de renouveau qui marqua les années suivantes de la décennie, et culminèrent avec la création d'espaces permanents comme le Museo Español de Arte Contemporáneo à Madrid. L'institution avait commencé à fonctionner dès 1952, bien qu'elle n'ait officiellement été inaugurée qu'en 1959, une fois que son succès fut visiblement assuré. La principale raison d'être du musée était la promotion et la diffusion de l'art moderne dans le pays ; et, sous la direction de José Luis Fernández del Amo, des expositions au caractère clairement didactique (avec des titres tels que « Les maîtres de l'art abstrait ») furent organisées pour expliquer les conventions de l'art avant-gardiste à un public qui lui était foncièrement étranger[138]. L'art contemporain, et particulièrement l'art abstrait, devenait de plus en plus présent en Espagne.

Les expositions se multiplièrent, surtout à partir de 1955, ce qui était en grande partie dû au succès de la IIIe Biennale hispano-américaine cette année-là[139]. Cette exposition manifesta concrètement l'acceptation désormais répandue de l'abstraction, avec des œuvres d'Antoni Tàpies, Pablo Serrano et Ángel Ferrant, qui reçurent tous des prix. L'abstraction devint l'un des principaux centres d'intérêt des groupes artistiques actifs en Espagne au milieu des années 1950, et les groupes travaillant sur les langages modernes proliférèrent également. Les exemples les plus saillants sont le LADAC (Los Arqueros del Arte Contemporáneo – « Les archers de l'art contemporain »), les artistes associés au projet d'Arantzazu, les architectes du Grupo R, Grupo Tahull, Grupo Silex Silex, Grupo Cadmium, Grupo Espacio, l'Escuela Experimental de Cordoue et Grupo Parpalló. De nombreux artistes individuels, dont certains participaient à ces groupes, commencèrent à devenir célèbres, en Espagne et à l'étranger : Oteiza, Chillida, Tàpies, Antonio Saura, Manuel Millares, Modest Cuixart, José María de Labra et Juana Francés[140].

Ces changements visibles dans le monde de l'art espagnol reflétaient une transformation sous-jacente de la compréhension des arts et des limites qui leur étaient imposées. Des intellectuels et des écrivains de premier rang fournirent un corollaire verbal à ces tendances, afin de récupérer une pensée libérale affaiblie, à travers quelques revues offrant une plate-forme à son développement. En plus de soutenir les idées modernes et les langages esthétiques – même les plus dissidents –, ils établirent des contacts avec certains intellectuels en exil, ouvrant ainsi un dialogue qui permettait de réévaluer la période républicaine (ce qui avait jusque-là semblé complètement impossible) et d'effectuer une analyse critique des réalités actuelles de la société espagnole. Cette tendance fut inaugurée par le récit critique (bien que toujours de tendance phalangiste) que Pedro Laín Entralgo donna de l'histoire culturelle espagnole : *España como problema* (L'Espagne comme problème, 1949). Elle fut reprise avec plus d'assurance au cours de la décennie suivante par des personnalités comme José Luis López Aranguren, qui publiait régulièrement dans les revues *Cuadernos Hispanoamericanos* et *Ínsula*. Sa critique du régime, qu'il avait pourtant commencé par soutenir, se fit même plus véhémente[141].

Ce même changement affectait différents secteurs de la scène culturelle. Les films de Bardem en sont l'un des exemples les plus visibles, avec leur déploiement de formules dérivées du néoréalisme italien dans *Muerte de un ciclista* (1955) et *Calle Mayor* (1956). *¡Bienvenido, Mr. Marshall!*, que nous avons déjà évoqué (et pour lequel Bardem collabora d'ailleurs avec Berlanga pour le scénario), avec son interprétation irrévérencieuse des relations hispano-américaines et sa satire légère de l'arriération sociale et économique de l'Espagne, semble rétrospectivement marquer le début d'une période au cours de laquelle l'*underground* osa se montrer au grand jour[142]. À la fin de la première moitié des années 1950, il devint évident qu'un changement était en

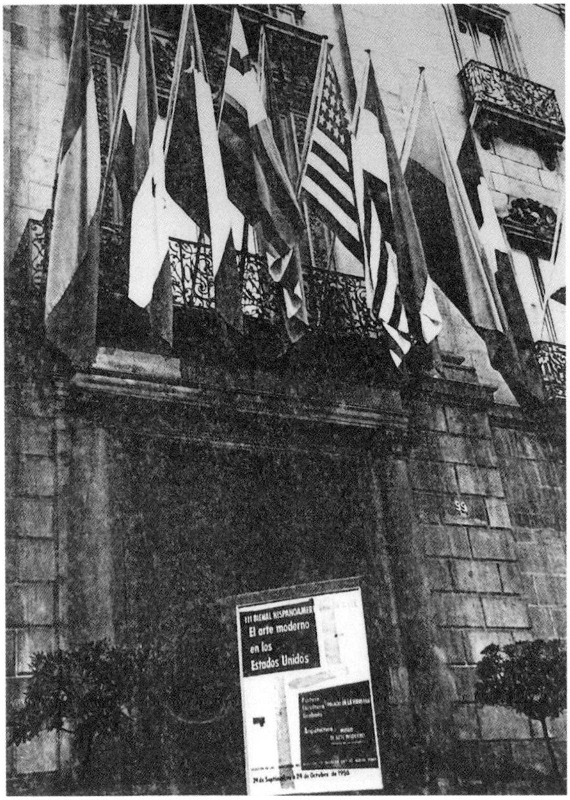

34 Vue de l'entrée à l'exposition *El arte moderno en los Estados Unidos*, lors de la troisième Biennale hispano-américaine, Barcelone, 1955

cours et que la dissidence, qui avait été contrainte à la clandestinité tout au long de la décennie précédente, devenait plus présente et plus explicite.

Enfin, la dernière Biennale hispano-américaine, en 1955, manifesta un glissement dans la stratégie culturelle internationale : elle abandonna les liens culturels unissant l'Espagne et l'Amérique latine au profit de ceux que le pays entretenait avec l'Europe et, par extension, les États-Unis (ill. 34)[143]. Cette réorientation coïncidait avec la pleine adhésion de l'Espagne aux Nations unies en 1955. Même si elle n'obtint la normalisation totale de ses relations internationales qu'avec la mort de Franco, restant exclue de certaines organisations à cause du noyau non démocratique et autoritaire du gouvernement, les succès diplomatiques de 1955 déterminèrent les priorités du régime dans ses futurs efforts pour intégrer pleinement le monde de la diplomatie[144]. La nouvelle voie prise par le gouvernement sur ces questions eut d'évidentes répercussions sur le champ culturel, qui se rapprocha des autres puissances d'Europe de l'Ouest.

Les succès internationaux de l'Espagne dans ce processus de réhabilitation s'accompagnèrent toutefois sur son territoire d'un éveil des mécontentements et de la dissidence. Les émeutes universitaires de 1956 et les crises économiques de 1956-1959, qui apparurent parallèlement à un mouvement ouvrier redynamisé, révélèrent que la libéralisation pouvait entraîner de réels inconvénients pour le régime. Dans les faits, celui-ci était confronté à la naissance d'une alternative dissidente et à la construction d'un mouvement social et culturel qui pouvait finir par saper sa légitimité et son hégémonie. Le prix à payer pour la modernisation était, comme nous le verrons dans le chapitre suivant, la perte progressive de son contrôle sur la société.

congratulations sir (or madam), when you chose

spain

you chose well.

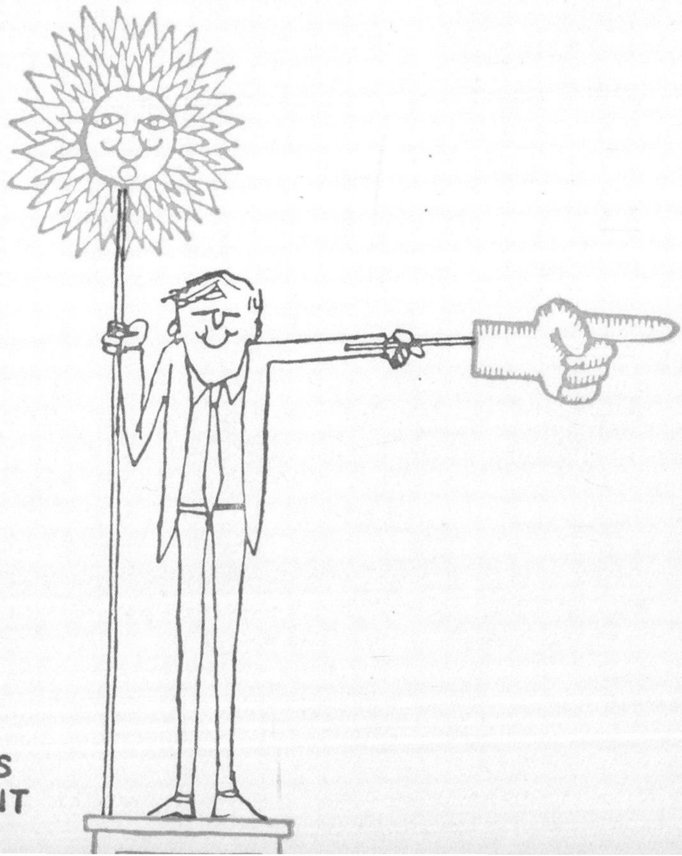

SPAIN IS DIFFERENT

CHAPITRE 2
« L'Espagne est différente » : art, culture et propagande à l'ère de la société de consommation

« La vérité, c'est que l'Espagne a profondément changé au cours de ces fameux "vingt-cinq ans de paix". Le développement du capitalisme de monopole, la dévalorisation (quasi officielle) du phalangisme, la télévision, les cinq titres européens du Real Madrid, l'Opus Dei [...], tout cela a contribué à la physionomie différente de notre pays [...]. La misère espagnole traditionnelle subsiste, bien sûr, mais elle est cachée, loin des zones touristiques, dissimulée par l'éclat exultant de la Seat 600, des touristes suédoises, de Samuel Bronston et des *gambas al ajillo*[1]. »

Juan Triguero
(José María Moreno Galván)

« L'avant-garde consiste précisément à "prendre position" dans le débat[2]. »

Tomàs Llorens

Toute la période du franquisme tardif (1957-1975), particulièrement la première décennie, fut caractérisée par des développements économiques et sociaux qui obligèrent le régime à adapter davantage encore ses politiques et à ouvrir le pays à de nouvelles influences. Cette phase coïncida avec l'application de nouvelles politiques, sous la bannière du *desarrollismo* et de l'entrée de l'Espagne sur le marché international, lui permettant de participer au boom économique que connaissaient déjà la plupart des autres pays européens[3].

En même temps, avec le renforcement de l'art abstrait comme mode d'expression dominant en Espagne, l'avant-garde prit un nouvel élan à partir de 1957. Cette tendance allait de pair avec les nouvelles politiques culturelles du gouvernement et son ambition de faire de la culture un indicateur majeur de la modernisation espagnole. Cette réorientation stratégique vers la libéralisation économique s'accompagna ainsi de politiques en faveur des arts essentiellement destinées au public étranger : l'avant-garde fut officiellement incluse dans la sphère politique, afin de consolider la reconnaissance internationale de l'État et son image de modernité.

Alors qu'il prévoyait d'atteindre ses objectifs tout en maintenant une société apolitique et démobilisée, le gouvernement se vit contrarié précisément par les répercussions de ces changements. Malgré l'amélioration de leurs conditions de vie, les Espagnols percevaient de plus en plus les flagrantes contradictions inhérentes au système autocratique dans lequel ils vivaient. En effet, les incitations du franquisme tardif au développement économique transformèrent les mentalités[4]. Le boom économique entraîna une profonde modification des valeurs sociales, politiques et culturelles, des habitudes civiques et des attentes des citoyens, ce qui conduisit à l'émergence d'une société civile résistant à la « marge politique étroite imposée par la dictature[5] ».

Dans ce contexte, les citoyens espagnols commencèrent à voir dans la dissidence, les mouvements anti-gouvernement et la manifestation des moyens légitimes de briser le cadre autoritaire imposé. De plus, l'essor de courants de pensée indépendants finit par menacer la légitimité politique du régime, sapant ses fondements mêmes. L'art et la culture de manière générale devinrent des outils fondamentaux pour la propagation de la pensée anti-*establishment*, qui contribua à ouvrir la voie à des élections parlementaires en 1977 et à un nouvel ordre politique démocratique après la mort du dictateur en 1975.

Le langage de la technocratie

L'année 1957 fut marquée par une actualisation progressive de l'art vers l'avant-garde, et vers l'abstraction en particulier. À Madrid et à Valence, en Catalogne et au Pays basque, des artistes convergeaient dans cette modernisation culturelle, définie comme un « phénomène de rassemblement nécessaire[6] ». C'est ainsi qu'émergea en 1957 le collectif El Paso, réunissant certains des artistes les plus éminents de l'après-guerre avant-gardiste, mais aussi divers critiques d'art. Tous évoluaient dans le contexte de l'art informel[7]. Cette même année, Equipo 57 fut créé à Paris. Ce groupe d'avant-garde, actif à Cordoue, Madrid et Paris, représentait ce qui finit par être considéré comme une alternative aux solutions artistiques de l'art informel d'El Paso. Ses membres défendaient le travail collectif et les explorations de la géométrie non euclidienne, dans le sillage de Richard Mortensen et de Jorge Oteiza[8]. Ces deux collectifs, ainsi que plusieurs autres groupes et individus, comme le Grupo Parpalló de Valence et les artistes Antoni Tàpies, Oteiza, Eduardo Chillida, Manuel Calvo et José María de Labra, renforcèrent le mouvement abstrait dans la péninsule Ibérique.

Un certain nombre de critiques d'art, en lien étroit avec ces artistes et ces groupes, jouèrent un rôle décisif dans l'avant-garde en Espagne et à l'étranger. Vicente Aguilera Cerni, José María Moreno Galván, Antonio Giménez Pericás, Juan Eduardo Cirlot et Alexandre Cirici étaient les plus dévoués aux nouveaux langages artistiques ; ils en furent les théoriciens, mais s'appliquèrent aussi à faire connaître l'avant-garde. Tout cela se développa toutefois lentement, car ni le marché de l'art national ni le goût de la société espagnole n'avaient encore adopté cette nouvelle direction. Même si des espaces d'exposition dédiés à l'art moderne avaient vu le jour, les artistes dépendaient encore largement – ce serait le cas au moins jusqu'au milieu des années 1960 – du soutien du gouvernement, tout particulièrement pour l'avancement de leurs carrières internationales.

1957 fut également une année importante pour les cercles du pouvoir. Alors que les personnalités liées au monde de la culture contribuaient à l'urgente modernisation des arts, le régime subissait lui aussi de profonds changements structurels, dus à un glissement vers la technocratie qui inaugura un processus de libéralisation économique. La dictature entra dans sa phase technocratique avec la nomination d'une nouvelle direction au ministère de l'Économie le 25 février 1957. Il était désormais dominé par des fonctionnaires de haut rang affiliés à l'organisation catholique conservatrice Opus Dei. Ces technocrates, dont Laureano López Rodó, Alberto Ullastres, Mariano Rubio Navarro et Gregorio López Bravo, mirent en œuvre toute une série de réformes structurelles fondées sur le libéralisme économique; ils abandonnèrent résolument la politique d'autarcie pour reconstruire le système économique espagnol. Leurs principaux objectifs étaient d'améliorer les conditions économiques générales et d'augmenter le revenu par habitant, en encourageant les investissements étrangers (notamment de la part de l'Allemagne et des États-Unis), ainsi qu'en développant la production industrielle moderne et le tourisme[9]. Le régime avait enfin réussi à obtenir le soutien international nécessaire pour cette stratégie, et le changement de politique apparut au grand jour avec le lancement de plusieurs plans de stabilisation économique en 1959[10].

Deux facteurs majeurs permirent d'accroître les investissements étrangers (ce qui avait été impossible pendant la période protectionniste de l'autarcie) : d'une part, l'intégration du pays au camp des alliés des États-Unis dans le contexte de la guerre froide; de l'autre, sa proximité géographique avec les économies en pleine expansion des pays européens[11]. Il en résulta un changement profond de la nature de l'économie espagnole, qui jusque-là avait été essentiellement dominée par l'agriculture. L'industrialisation rapide, qui transféra la base économique de l'Espagne de l'agriculture vers l'industrie en moins de vingt ans, en fit une économie émergente compétitive. Cette transformation favorisa l'essor de la société de consommation et améliora les conditions sociales. Pour la première fois depuis la guerre civile, de nombreux Espagnols n'avaient plus à lutter pour leur survie matérielle.

Cependant, ce changement ne profitait pas à toute la population. Les mesures radicales du *Plan de Estabilización* (Plan de stabilisation) de 1959 fragilisèrent les conditions de vie des petites gens, exacerbant les inégalités sociales : récession, chômage, réduction drastique des salaires et hausse des prix. Par conséquent, et du fait de la pénurie aiguë de main-d'œuvre dans d'autres régions d'Europe occidentale, beaucoup de gens, surtout venant des zones agraires, virent dans l'émigration leur seule chance de survie. Ces émigrants contribuèrent à leur tour à la croissance économique de l'Espagne en envoyant de l'argent à leurs familles restées au pays[12].

L'industrialisation et l'essor du tourisme encouragèrent également la relocalisation interne d'un grand nombre de citoyens. Beaucoup de familles, particulièrement issues d'Andalousie et de Galice, quittèrent la campagne pour les villes, où elles travaillaient de longues heures dans les usines et les hôtels afin d'améliorer leur situation économique[13]. Tout comme ceux qui émigraient vers l'étranger, les émigrés « intérieurs » (essentiellement des paysans) payèrent de leurs relations sociales le fait de quitter leurs régions d'origine et d'accepter de vivre dans un environnement inconnu et souvent hostile, même ceux qui étaient accompagnés par leurs familles. Les villes en développement, elles, bénéficièrent de cette force de travail bon marché. Des critiques à ce propos avaient déjà commencé à se faire jour dans l'art contemporain et au cinéma, notamment dans le film évoqué au chapitre 1, *Surcos* de José Antonio Nieves Conde (1951, ill. 28), où est dépeinte la difficile condition des familles rurales venues rejoindre les rangs des travailleurs pauvres urbains[14]. Si les zones urbaines profitaient de ces mouvements de population, tel n'était pas le cas des régions excentrées ou rurales. Les inégalités entre la ville et la campagne s'accrurent.

La libéralisation économique et la dépendance au commerce extérieur, aux investissements étrangers et au tourisme concoururent aussi à modifier les intérêts et les attitudes du régime lui-même. Les fonctionnaires technocrates, qui ne voyaient plus les choses comme leurs prédécesseurs, comprenaient désormais que, parallèlement à la nouvelle gestion économique, des réformes équivalentes de la politique étrangère étaient nécessaires : afin d'améliorer les rapports avec l'étranger, l'État devait se montrer moderne et développé. Une meilleure image internationale du régime favoriserait le commerce et accroîtrait le tourisme. Le gouvernement déploya à cette fin diverses stratégies qui, dans la rhétorique des technocrates, participaient de la « modernisation ».

La politique culturelle devint la manière privilégiée de jouer la carte de la modernisation pour redorer l'image du pays à l'étranger. Cette tactique n'avait en aucun cas été inventée par les fonctionnaires espagnols ; elle était déjà ostensiblement pratiquée par les États-Unis et l'URSS dans leur lutte idéologique[15]. Après l'adhésion officielle aux tendances modernistes lors des Biennales hispano-américaines et de la Triennale de Milan en 1951, d'éminents bureaucrates commencèrent à percevoir les bénéfices à l'étranger du soutien à l'avant-garde. En 1957 (la même année que la restructuration du gouvernement), le commissaire des expositions internationales (le ministre des Affaires étrangères), Luis González Robles, sélectionna un groupe de jeunes artistes abstraits pour représenter l'Espagne à la Biennale de São Paulo[16]. Lorsque Jorge Oteiza obtint le Grand Prix de sculpture (ill. 35), ce groupe fit l'objet d'une reconnaissance internationale inattendue[17]. Le prestige et l'intérêt mondial suscités par cette récompense poussèrent le ministère des Affaires étrangères à promouvoir l'art abstrait espagnol dans le cadre de la politique culturelle du régime dans les années suivantes[18].

Os Premios da IV Bienal

A diretoria do Museu de Arte Moderna distribuiu ontem a seguinte nota:

"Reunido no dia 16 de setembro de 1957 o Juri Internacional da IV Bienal além do grande premio São Paulo atribuido a Giorgio Morandi, distribuiu os seguintes premios:

Ao melhor pintor estrangeiro (Premio Presidencia da Republica), Cr$ 100 mil, Ben Nicholson (Grã-Bretanha); ao melhor escultor estrangeiro (Premio Presidencia da Republica), Cr$ 100 mil, Jorge de Oteiza (Espanha); ao melhor gravador estrangeiro (Premio Presidencia da Republica), Cr$ 50 mil, Hoso Hamaguchi (Japão); ao melhor desenhista estrangeiro (Premio Presidencia da Republica), 50 mil, não atribuido; ao melhor pintor nacional, Cr$ 100 mil, Franz Krajcberg; ao melhor escultor nacional, Cr$ 100 mil, Franz Weissmann; ao melhor gravador nacional, Cr$ 50 mil, Fayga Ostrewer; ao melhor desenhista nacional, Cr$ 50 mil, 2 premios (ex-aequo de Cr$ 25.000,00 cada a: Wega Hery Gomes Pinto e Fernando Lemos; Premio Metalurgica Matarazzo S|A., Cr$ 100 mil, 2 premios (ex-aequo de Cr$ 50.000,00 cada a: Antonio Clavé (França) e François Stahly (França); Premio Regina Feijel, Cr$ 50 mil, Robert Muller (Suiça).

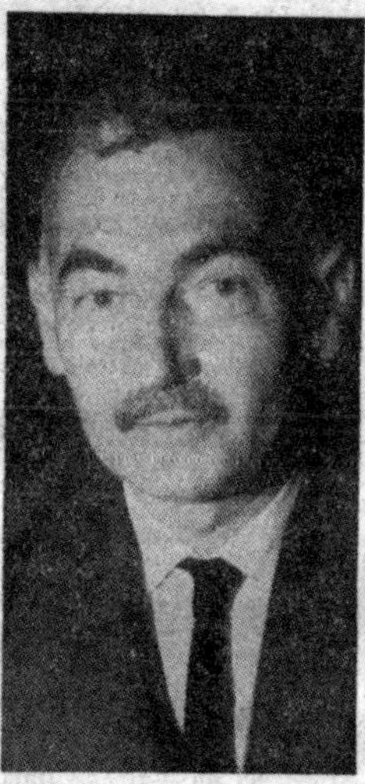

Oteiza, da Espanha, premio internacional de escultura

PREMIOS DE AQUISIÇÃO

Premio Joquei Clube de São Paulo, Cr$ 100 mil, Seymor Lipton (Estados Unidos); Premio Moinho Santista S|A., Cr$ 50 mil, Emile Giglioli (França); Premio Ricardo Xavier da Silveira, Cr$ 50 mil, Aukstin Wrigth (Grã-Bretanha); Premio Nelly Jafet, Cr$ 50 mil, Carlos Mérida (União Pan-americana); Premio Rayner Waller, Cr$ 50 mil, Octave Landuyt (Belgica); Premio "Diario de Noticias", Cr$ 50 mil, Lygia Clark (Brasil); Premio Sanbra Soc. Algodoeira do Nordeste, Cr$ 50 mil, S.A. 2 premios "ex aequo" de Cr$ 25.000,00 cada a: France Mihelio (Iugoslavia) e W van Heusden (Holanda); Premio Arno S.A., 2 premios "ex aequo" de Cr$ 17.500,00 cada a: Harold Town (Canadá) e Pla e Parodi (Paraguai); Premio Museu de Arte Moderna Rio de Janeiro, Cr$ 20 mil, Tereza Nicolao (Brasil); Premio Museu de Arte Moderna do Rio, Cr$ 20 mil, Zelia Salgado (Brasil); Premio Museu de Arte Moderna do Rio, Cr$ 10 mil, Rossini Quintas Perez (Brasil); Premio Museu de Arte Moderna do Rio, Cr$ 10 mil, Aldemir Martins (Brasil); Premio Armações de Aço Probel, Cr$ 20 mil, José Claudio da Silva (Brasil); o Premio Ernesto Wolf, da importancia de mil dolares, foi atribuido a Nemesio Antunes (Chile), para artista hispano-americano; o Premio Circolo Italiano, Cr$ 60 mil, a Gianni Dova (Italia); o Premio Centro Israel-Brasil, de Cr$ 20 mil, foi atribuido a Ahron Giladi (Israel); o Premio "Viagem á Sicilia" (ENIT) foi atribuido a Karl A. Wolf (Austria).

MENÇÕES HONROSAS

Em conformidade do parag. 1.o do art. 14 do regulamento, o Juri Internacional indicou os nomes dos seguintes artistas para uma menção honrosa:

Argentina: Raul Soldi e Beatriz Juarez; Bolivia: Armando Pacheco; China: Hsiao Min-Hsien; Colombia: Alejandro Obregon; Cuba: Agustin Fernandez; Equador: Oswaldo Guayasamindo; Finlandia: Veikko Marttinen; Grecia: George Mavroidis; Honduras: Antonio Velasquez; Luxemburgo: Michel Stoffel; Noruega: Harald Dal; Panamá: Eudoro Silveira; Peru: Fernando de Szyszlo; Portugal: Fernando Azevedo; Republica Dominicana: Silvano Lora; Turquia: Bedri Rahmi Eydboglu; União Sul-Africana: Eduardo Villa; Uruguai: Maria Freire e Amalia Nieto; Venezuela: Jacobo Borges e Barbaro Rivas; Vietnam: Tran-tho.

Ao fazer seu julgamento, sentiu o Juri que as suas escolhas, na realidade, foram limitadas pela ausencia de determinados participantes, cujas obras não puderam ser expostas a tempo por motivos independentes das entidades que as enviaram. Está, neste caso, o conjunto de obras de René Magritte só em parte recebido antes que se processasse a votação: o que motivou a retirada do seu nome, pelo comissario da Belgica, da lista dos concorrentes, o que constituiu lastimavel perda. Também Checoslovaquia, Costa Rica e Haiti não conseguiram expor o seu conjunto de obras em tempo util e, por isso, permaneceram á margem dos trabalhos do Juri. Antes de encerrar seus trabalhos, os membros do Juri internacional desejaram tornar explicito sua admiração pela obra poderosa e expressiva de Lasar Segall, cuja sala visitaram, bem como a de Victor Brécheret, tomando conhecimento do valor destes dois mestres brasileiros já falecidos. Como Kupka, este grande pioneiro da arte abstrata, são figuras cuja ausencia lastimam.

Acrescentam, afinal, seu aplauso ao espirito de iniciativa de Francisco Matarazzo Sobrinho, cuja obra em favor da arte internacional tem cada dois anos confirmada e ampliada sua importancia.

São Paulo, 17 de setembro de 1957

ass.:) Ludwig Grote, Van Lerberghe, Luís Gonzales Robles, Alfred Barr, Jacques Lassaigne, Philip Hendy, J. C. Heyligers, Marco Valsecchi, Marcel Ianco, Shinken Kurihara, Jiri Kotalic, Livio Abramo, Wolfgang Pfeiffer, Lourival Gomes Machado, Maria Martins e Flexa Ribeiro. Foi presidente do Juri Ludwig Grote.

35 Article « Os Premios da IV Bienal » (Les prix de la IVe Biennale), avec un portrait photographique de Jorge Oteiza, paru le 18 septembre 1957

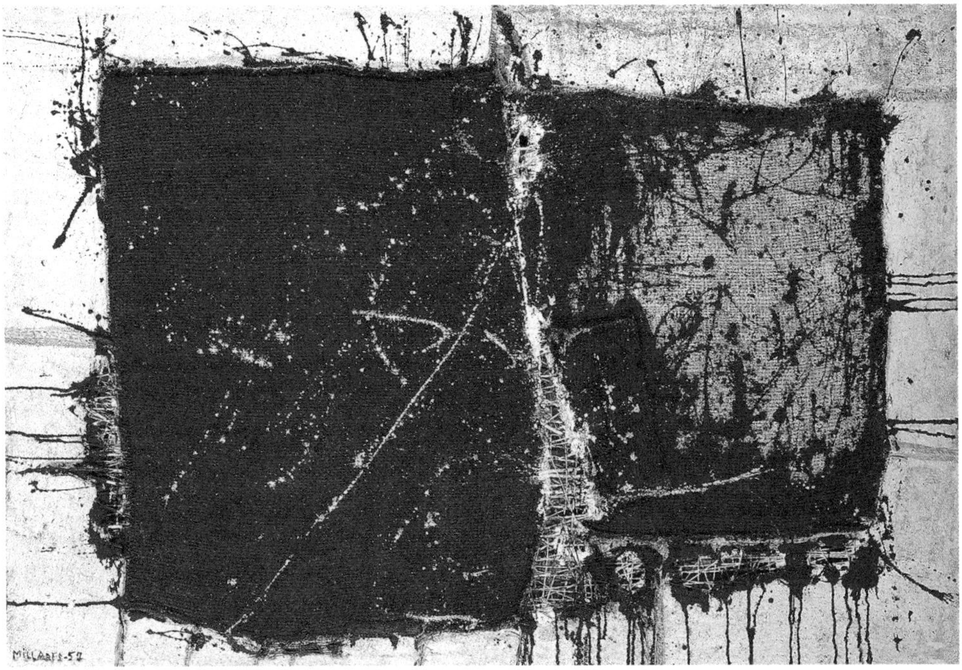

36 Manuel Millares, *Cuadro 18* (Peinture 18), 1957, technique mixte sur jute, 100 × 150 cm, collection particulière

Robles, un diplomate habile qui s'intéressait aux nouveaux courants artistiques, souligna la modernité des expressionnistes abstraits, tout autant que leur « hispanité ». L'œuvre de Manuel Millares (l'un des représentants de l'art informel espagnol soutenus par les expositions officielles) fournit un exemple particulièrement évocateur de cette double représentation. Ainsi sa toile abstraite *Cuadro 18* (Peinture 18, ill. 36) se confronte-t-elle à la matière et à la couleur *via* une exécution très personnelle et expressive. Sa surface ravagée, torturée, faite de toile de jute et de corde, l'effet dramatique des touches et sa palette austère de noir et de blanc traduisent une certaine violence. Ce type d'œuvre pouvait facilement être intégré aux styles internationaux de l'expressionnisme et de l'abstraction gestuelle (l'art informel en Europe et l'expressionnisme abstrait aux États-Unis) qui marquaient le monde de l'art transatlantique depuis les années 1950. D'une part, montrer à l'étranger des artistes informels espagnols comme Millares permettait de les assimiler aux tendances internationales promues par les puissances démocratiques du bloc de l'Ouest pendant la guerre froide[19]. D'autre part, l'extrême expressivité et la palette minimale de ce genre d'œuvre évoquaient, aux yeux de l'institution artistique espagnole, le ténébrisme caractéristique de la peinture de la Contre-Réforme espagnole. À travers ce prisme, ces œuvres passaient pour les héritières légitimes du Siècle d'or espagnol[20]. En effet, le ministère des Affaires étrangères soulignait la spiritualité religieuse, le caractère espagnol et la perpétuation de l'héritage pictural baroque. Malgré les affinités évidentes des artistes avec les courants contemporains de l'art européen, leurs œuvres n'en furent pas moins présentées comme l'essence de l'esprit national espagnol, avec son austérité moderne et pourtant traditionnelle qui correspondait à l'image du pays que le régime cherchait à exporter : une Espagne moderne qui ne renoncerait pas à ses racines.

Le langage abstrait de l'art informel semblait être une manière porteuse de faire avancer ce projet, et il se révéla extrêmement avantageux lorsqu'il fut intégré à la politique culturelle internationale de l'État. La reconnaissance institutionnelle (lors d'expositions à l'étranger et dans les musées) et le nouveau prestige que celle-ci accordait à un pays qui jusqu'alors tendait à être négligé incitèrent la dictature à promouvoir l'art moderne espagnol à l'étranger. Ainsi, en laissant entendre que l'Espagne se tenait en réalité informée des langages artistiques contemporains, et afin de profiter des « connotations libérales » attachées à ces tendances artistiques dans le scénario idéologique de la guerre froide, le ministère des Affaires étrangères chercha d'abord à coopter l'art informel, puis d'autres mouvements d'avant-garde[21]. Comme nous le verrons dans les chapitres suivants, cette appropriation de l'avant-garde plaça les artistes concernés dans une position pour le moins délicate. Bien qu'ils aient d'abord bénéficié du soutien officiel, au fil des années ils manifestèrent de plus en plus leur désaccord avec la politique franquiste[22].

De même, l'orientation des politiques artistiques de l'Espagne dans le contexte international ne doit pas être perçue comme une acceptation totale de l'avant-garde par l'ensemble du gouvernement. En tout cas, la modernisation artistique ne reflétait clairement pas les préférences et les ambitions artistiques du dictateur, qui obéissaient à des objectifs relativement mégalomaniaques, notamment pendant la période autarcique. Alors que González Robles faisait la promotion de jeunes artistes abstraits, Franco inaugurait le colossal (et extrêmement coûteux) monument « pour perpétuer le souvenir de ceux qui sont tombés pour notre glorieuse Croisade », la Valle de los Caídos (Vallée des Morts, ill. 37)[23]. Ce gigantesque monument, qui domine le paysage alentour, fut conçu par le dictateur lui-même comme « un lieu de méditation et de repos où les générations futures pourront rendre hommage à ceux qui leur léguèrent une Espagne meilleure[24] ». En apparence, le monument

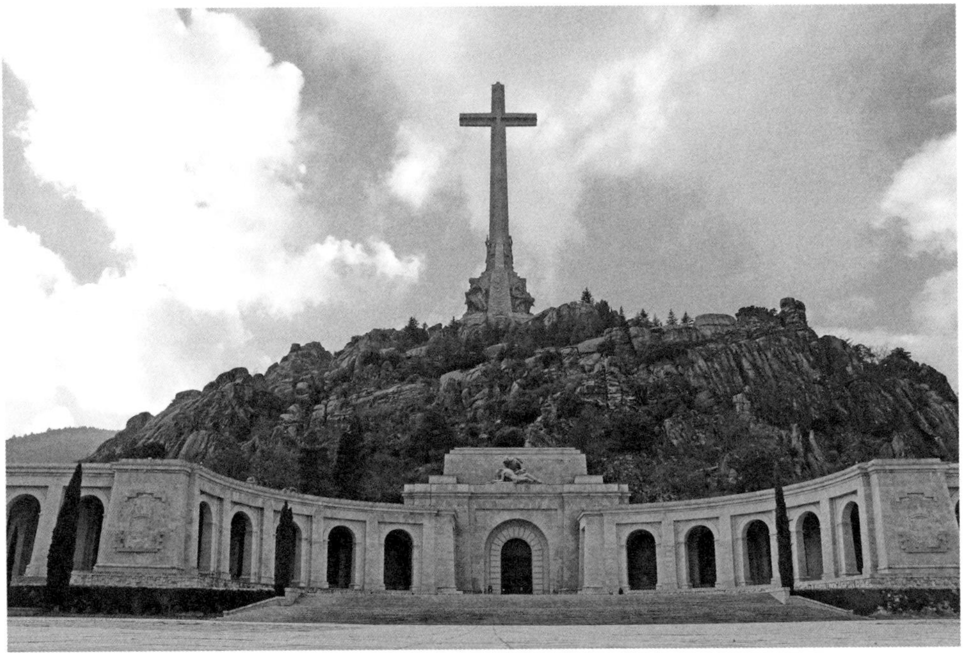

37 Vue de l'entrée de l'Abadía de la Santa Cruz del Valle de los Caídos (abbaye de la Sainte-Croix de la Vallée des Morts), à San Lorenzo de El Escorial (Madrid), monument commandé par Franco et réalisé par les architectes Pedro Muguruza et Diego Méndez en 1940-1958

semblait être un symbole de réconciliation nationale, car des soldats des deux camps y étaient enterrés; mais, en réalité, il s'agissait d'une manifestation évidente de la vengeance du régime, notamment en raison de la manière dont il fut construit. En effet, terminé vingt ans après la fin de la guerre, l'édifice fut en partie érigé par des milliers de prisonniers républicains condamnés aux travaux forcés et vivant dans des conditions proches de l'esclavage. Il consiste en une énorme basilique souterraine couronnée par une immense croix, et en un monastère bâti sur le terrain rocheux des montagnes Guadarrama. Prenant pour modèle l'austère monastère-palais de l'Escurial conçu par Juan de Herrera (ill. 21), il était censé appeler à la ferveur émotionnelle et exprimer la force, la dévotion catholique, l'insignifiance de l'individu et l'idée de rédemption – toutes les valeurs dont s'était drapé le régime à partir de la Seconde Guerre mondiale afin de construire une Espagne (impériale) moderne[25]. Mais ce discours néo-impérialiste était déjà dépassé lorsque le mémorial fut inauguré en 1959. L'adoption des réformes technocratiques déplaça le discours de la dictature (parfois même contre son gré) au cours de son adaptation à la nouvelle politique du *desarrollismo*.

Le gouvernement essayait certes de prouver qu'il avait pleinement le contrôle des changements économiques et sociaux, mais il ne pouvait pas dissimuler les tensions qui devenaient de plus en plus évidentes dans la société espagnole. Il lui serait finalement impossible de garder intacte son hégémonie sans faire de concessions politiques[26]. L'insatisfaction et l'activisme politique s'amplifiaient non seulement parmi les classes populaires, mais aussi dans d'autres secteurs de la société. Cette période vit émerger une classe moyenne, ce qui répondait aux vœux des technocrates du régime. Mais les contradictions entre l'amélioration de son statut social et la restriction sévère de ses droits et libertés poussèrent cette classe moyenne naissante à réagir elle aussi contre la dictature. En d'autres termes, c'est précisément la modernisation mise en place par le régime qui encouragea l'opposition politique des classes populaires et moyennes.

Ainsi l'ère technocratique s'accompagna-t-elle d'une conscience sociale grandissante qui défiait le régime. Auparavant, la dissidence la plus efficace et la plus affirmée s'était développée chez les Espagnols en exil; mais, dans les années 1960, un mouvement cohérent contestant la légitimité du gouvernement se manifestait à l'intérieur du pays. L'essor de ce mouvement fut facilité, entre autres, par la force cohésive du Partido Comunista de España (PCE, Parti communiste d'Espagne), qui avait fonctionné clandestinement depuis la fin de la guerre civile. À partir de juin 1956, lorsqu'il publia une déclaration défendant la « paix civile » et la « liberté », le PCE chercha à réconcilier entre eux les divers partis et groupes antifranquistes afin de les unir contre la dictature sous le slogan de la « *reconciliación nacional*[27] » (réconciliation nationale). Malgré ses problèmes et ses schismes internes, le PCE parvint à rassembler dans un seul réseau d'opposition différentes factions politiques ainsi qu'un nombre significatif d'intellectuels et de représentants de la scène culturelle. Ces derniers participèrent aux initiatives du PCE, tout en continuant à se considérer comme des « compagnons de route » plutôt que comme des militants communistes[28]. Sur le rôle unificateur du PCE, Ramón Chao a noté : « Les éditeurs, les prix littéraires, les expositions, les publications réunissaient la majorité des jeunes intellectuels autour du Parti communiste; leur dénominateur commun était [l'opposition au] franquisme, et il était impossible de distinguer entre les militants, les sympathisants, les compagnons de route et les opportunistes avides de reconnaissance[29]. »

Le mouvement antifranquiste se développa dans différents secteurs de la société espagnole, bien que les mouvements ouvriers et étudiants lui aient fourni ses bases. Au milieu des années 1950, les travailleurs devinrent de plus en plus actifs, et des grèves ainsi que des manifestations illégales furent organisées de manière répétée, en dépit d'une répression violente. Les protestataires se tournèrent même vers les structures officielles, défiant de l'intérieur le caractère autoritaire du système. La *Ley de Convenios Colectivos* (Loi des conventions collectives, 1958) fut adoptée afin d'offrir un espace limité de négociation collective entre travailleurs et employeurs au sein d'un système de relations de travail complètement corporatiste par ailleurs. Le pays continuait à n'avoir qu'un seul « syndicat » officiel et autorisé : l'Organización Sindical Española (OSE), aux origines phalangistes. Il s'appelait le *sindicato vertical* (syndicat vertical), car il réunissait dans une même structure les travailleurs et leurs employeurs selon un mode de représentation entièrement organisé et surveillé par l'État. Cependant, cette réforme timide de la fin des années 1950 donna un nouveau souffle à l'activisme ouvrier[30].

Le mouvement étudiant eut lui aussi un poids déterminant dans le combat pour les droits civils et politiques ainsi que pour la gouvernance démocratique. Le désaccord entre les étudiants et le régime se manifesta pour la première fois en 1956, sous la forme d'un activisme étudiant massif et ouvert qui se généralisa au cours des années 1960. Cette année-là, des foules d'étudiants participèrent aux grèves à l'université de Madrid pour réclamer la suppression de l'organisation étudiante de la Phalange, le Sindicato Español Universitario (SEU). À la suite des manifestations répétées contre lui, ce syndicat fut officiellement dissous par le régime en 1965, bien que toute forme de collectif étudiant fût interdite. Les étudiants fondèrent néanmoins de nouvelles organisations illégales, comme l'Agrupación Socialista Universitaria (ASU, Association universitaire socialiste) et l'Unión Democrática de Estudiantes, dans l'espoir de réorganiser démocratiquement l'éducation supérieure et de favoriser la prise de conscience politique. L'une des principales organisations étudiantes était la Federación Universitaria Democrática Española, créée en 1961 par des membres de l'ASU, du Parti communiste et de l'organisation d'opposition Frente de Liberación Popular (FLP, Front de libération populaire), fondée trois ans plus tôt[31]. Le critique d'art Tomàs Llorens, qui fut membre de l'ASU, se souvient que leurs activités comprenaient notamment « l'étude de la situation politique et la discussion des moyens de combattre le SEU[32] ». Leur activisme encouragea la pensée indépendante et la dissidence à l'université, bases d'une prise de conscience socio-politique croissante pour toute une génération.

Défier le régime était périlleux : les dissidents devaient en effet faire face à toutes sortes de mesures répressives. Les travailleurs ne risquaient pas seulement de perdre leur travail, mais encouraient aussi de lourdes peines de prison, tout comme les étudiants, dont Llorens lui-même : en 1959, il fut condamné à trois ans d'emprisonnement pour « activisme politique illégal[33] ». Les enfants de familles pro-régime qui se mettaient à militer pour une réforme démocratique ou une politique de gauche s'exposaient au mépris de leurs parents conservateurs. La répression affecta non seulement les étudiants, mais aussi les enseignants et même certains intellectuels qui avaient commencé par prendre parti pour les rebelles – tel l'illustre poète et ancien chef de la propagande Dionisio Ridruejo, qui fut incarcéré[34]. Même au sein du Movimiento Nacional, exprimer une opinion divergente pouvait être dangereux, et certains politiques qui avaient soutenu une libéralisation contrôlée durent en payer les conséquences. Pour avoir été trop laxistes envers l'activisme étudiant à l'université de Madrid, par exemple, le ministre de l'Éducation Joaquín Ruiz Giménez et son équipe furent renvoyés.

Les émeutes de l'université de Madrid en 1956 attestent que « la société espagnole était déjà en mouvement avant le changement de direction économique du régime[35] ». Elles mirent au jour le mécontentement des étudiants et provoquèrent une rupture parmi l'*establishment* lui-même. Certains intellectuels catholiques ainsi que des membres du gouvernement et de la Phalange, qui avaient jusque-là soutenu Franco, rejoignirent la dissidence en raison des mesures répressives qui étaient déployées. Cette fracture naissante ne fit que croître au fil du temps, et déboucha quelques années plus tard sur un important mouvement combattant pour la démocratisation de l'Espagne, dont l'ancien ministre Ruiz Giménez était l'un des leaders.

À partir de la fin des années 1950, les intellectuels, écrivains, artistes et critiques d'art adoptèrent le rôle d'acteurs du changement social et virent dans leurs œuvres, selon la formule de Luis Goytisolo, « un moyen de transformer la société[36] ». De nouvelles idéologies et conceptions de la conscience sociopolitique, fondées sur la récupération du marxisme (avec la pensée de Jean-Paul Sartre ou d'Antonio Gramsci, par exemple), inspirèrent les cercles dissidents, tout comme la diffusion d'écrits d'auteurs républicains tels que Federico García Lorca, Antonio Machado et Miguel Hernández, ainsi que le démontre clairement le *Boletín Informativo del Seminario de Derecho Político*, une revue créée par Enrique Tierno Galván en 1954 à l'université de Salamanque. La circulation croissante de ces idées et de ces textes, qui fut un élément crucial dans les changements de mentalité, finit par conduire à une rupture idéologique majeure entre le régime et une large proportion de la société civile[37].

Dès 1956, un groupe d'auteurs « unis par la même activité de résistance politique » et le même intérêt esthétique pour le réalisme chercha à décrire les conditions sociales de la classe ouvrière et à développer une réflexion critique sur ce thème[38]. Ce mouvement était composé de poètes et d'écrivains actifs à

Barcelone et à Madrid, dont Josep Maria Castellet, Juan Goytisolo Gay, Carlos Barral, Jaime Gil de Biedma, José Manuel Caballero Bonald, Antonio Ferrés et Alfonso Sastre[39]. Leurs méditations sur les réalités socio-politiques espagnoles prouvèrent que la littérature pouvait exercer une influence puissante et positive sur la praxis sociale ; à travers le réalisme et la dénonciation, ils « tentèrent d'éveiller [...] une conscience politique et culturelle[40] » dans le pays.

Les intérêts communs de ces auteurs trouvaient un écho direct dans les aspirations similaires de jeunes artistes visuels, avec par exemple l'exposition *Tres pintores y un tema* (Trois peintres et un thème) qui se tint à Madrid à la galerie Alfil en 1956. En montrant les œuvres du peintre communiste José García Ortega, aux côtés de celles de Pascual Palacios Tardez et de José Ruiz Pernias, l'exposition confrontait les visiteurs aux conséquences négatives des derniers développements économiques pour les classes laborieuses. Les peintures donnaient de la modernisation technocratique une image radicalement différente de celle que diffusait la propagande du régime. Elles mettaient le spectateur face aux inégalités entre les villes industrielles et l'Espagne rurale, en représentant particulièrement la faim et autres maux qui accablaient les paysans (ill. 38). José García Ortega décrivit ainsi le sentiment de gravité qu'elles suscitaient chez les visiteurs : « Ces peintures sont dramatiques parce que la vie de ceux qui sont terrifiés par la faim dans les campagnes est dramatique[41]. »

Quelques années plus tard, en 1959, fut fondé à Madrid le mouvement Estampa Popular (Estampe populaire) ; son influence dans le pays grandit régulièrement au cours de la décennie suivante, avec des groupes qui virent le jour successivement au Pays basque, en Andalousie, puis à Valence, à Barcelone et en Galice[42]. Se confrontant à la réalité par le biais de l'art figuratif comme moyen de témoigner des difficultés rencontrées par les travailleurs pauvres, urbains et ruraux, ces groupes reçurent le soutien immédiat du Parti communiste clandestin et du mouvement littéraire réaliste, notamment de la part de personnalités comme Castellet ou le poète Blas de Otero. Tout comme les écrivains, ces graveurs et ces artistes concevaient leur activité en termes socio-politiques, pour défier les politiques de modernisation.

Lorsque Estampa Popular émergea en tant que mouvement, le débat sur la responsabilité et l'engagement artistiques par rapport aux problématiques sociales s'était répandu dans la production culturelle espagnole au-delà de la sphère d'influence étroite du réalisme littéraire et de l'art figuratif, englobant également les représentants des avant-gardes abstraites. Le débat avait lieu à un moment on ne peut plus crucial, précisément lorsque le triomphe de l'art informel espagnol dans les diverses Biennales aidait à améliorer l'image du régime à l'étranger[43]. Ce succès laissait les artistes informels espagnols dans

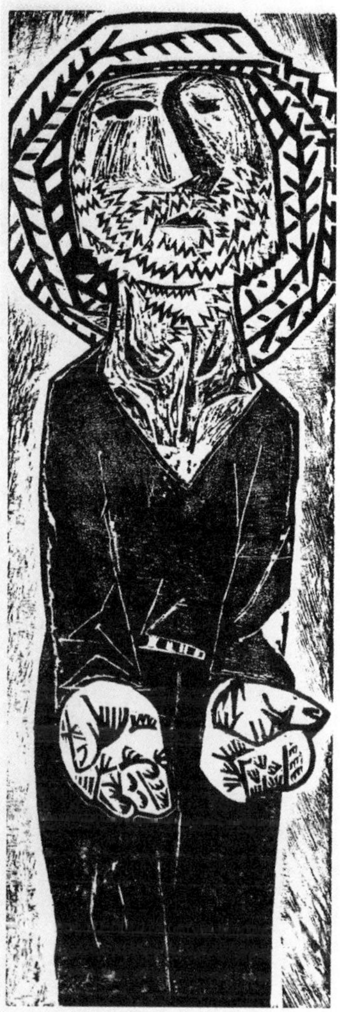

38 José Ortega, *Campesino* (Paysan), sans date, xylographie, env. 97 × 32 cm, localisation inconnue

une position délicate. Devaient-ils continuer à participer aux expositions officielles, sachant que leur travail pouvait être exploité à des fins de propagande et risquait de devenir une avant-garde « officielle » ? Devaient-ils profiter de la bienveillance du régime jusqu'à ce qu'ils puissent trouver une galerie étrangère mondialement reconnue qui leur permettrait de mener une carrière sans le soutien du gouvernement espagnol ? Ou, au contraire, devaient-ils rejeter *a priori* la tentation du patronage officiel et des expositions à l'étranger, abandonnant ainsi l'idée d'une carrière internationale ?

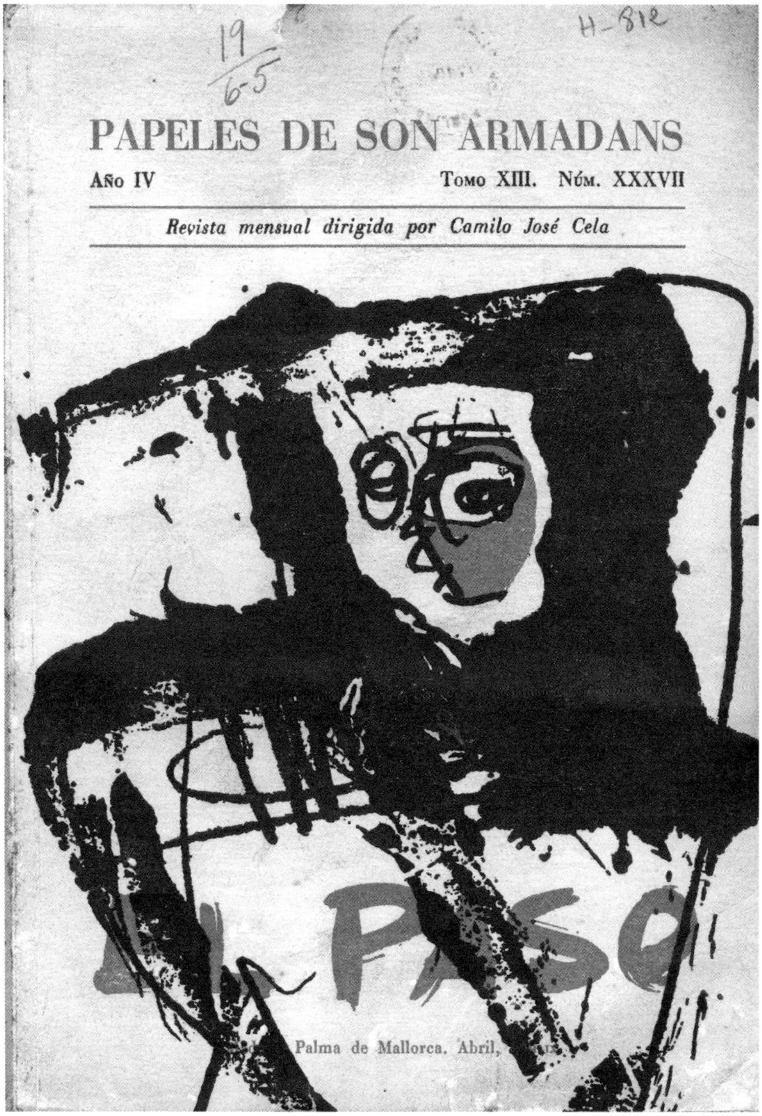

39 Couverture de la revue *Papeles de Son Armadans*, n° XXXVII, 1959, illustration d'Antonio Saura

En 1959, influencé par les dynamiques de prise de conscience sociale et politique de l'époque, ainsi que par les incertitudes qu'elles provoquaient chez les artistes se trouvant dans cette situation délicate, le critique d'art Vicente Aguilera Cerni aborda le « problème social de l'art abstrait » dans un article de la revue littéraire *Papeles de Son Armadans* consacré au groupe d'art informel El Paso (ill. 39). Dans cet article, il attaque la prétendue autonomie des arts (l'art pour l'art), produit de la conception bourgeoise de la relation entre la production culturelle et la vie. À ses yeux, l'avant-garde – et l'abstraction en particulier – n'est pas séparée de la société et doit adopter des objectifs en rapport avec la responsabilité sociale de l'artiste. « L'art abstrait, et la totalité du phénomène esthétique, doivent être envisagés du point de vue des problèmes sociaux, en ce qu'ils sont une partie de la totalité de la production culturelle d'une société donnée[44]. » Pour Aguilera Cerni, l'art avait une responsabilité vis-à-vis de la société, un rôle à jouer dans sa configuration. D'autres critiques (tels Moreno Galván et Giménez Pericás) et artistes partageaient cette vision des choses, y compris des artistes participant aux courants de l'abstraction géométrique, en particulier lorsqu'ils convergèrent pour former le mouvement Arte Normativo[45].

Comme ces convictions se répandaient dans le mouvement d'avant-garde en Espagne, certains artistes décidèrent de passer à l'action. L'exposition *36 peintres contemporains d'Espagne* à la Maison de la pensée française de Paris en 1961 offre un excellent exemple de la prise de conscience sociale et politique des artistes et des critiques (ill. 40)[46]. Les artistes rejetaient désormais l'exploitation de l'art informel par le régime. Orchestrée avec le soutien total du Parti communiste d'Espagne (PCE), l'exposition visait à présenter la véritable avant-garde – celle qui agissait idéologiquement et politiquement, et qui n'était pas corrompue par le patronage ou la cooptation franquistes. Elle rassembla les représentants des trois principales tendances du début des années 1960 : l'art informel (Saura, Tàpies, Millares), l'abstraction géométrique (Equipo 57, Manuel Calvo) et l'art figuratif (Estampa Popular). Tous les participants à l'exposition partageaient un point de vue critique sur le régime et un vif désir de prendre leurs distances avec le patronage officiel, bien que certains d'entre eux en aient jadis bénéficié, par exemple lors des Biennales hispano-américaines. Ainsi cette exposition manifestait-elle une position idéologique que l'avant-garde adopta progressivement au cours du franquisme tardif, reflétant l'évolution intellectuelle et politique des artistes. Le catalogue dénonçait ouvertement les tentatives de cooptation des avant-gardes par le gouvernement, ainsi que la réécriture officielle qui mettait en avant la supposée insertion de ces artistes dans une tradition « hispanique » et qui, bien sûr, négligeait toute intention

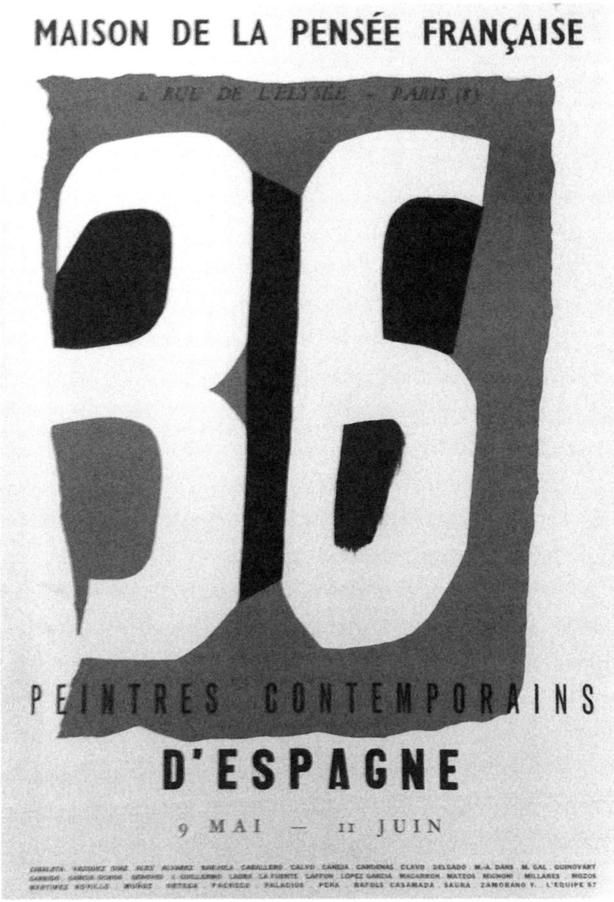

40 Affiche de l'exposition *36 peintres contemporains d'Espagne* à la Maison de la pensée française à Paris, 1961

artistique de contester l'ordre politique[47]. Enfin, cette exposition cherchait à dresser un panorama différent et plus varié de l'art contemporain espagnol, celui précisément que le régime tentait d'étouffer.

De fait, les initiatives technocratiques de soutien à l'avant-garde en vue d'améliorer l'image du régime finirent par avoir l'effet inverse de celui recherché. Déjà, lors de l'exposition de 1959 au musée des Arts décoratifs de Paris, *13 peintres espagnols actuels*, soutenue par le gouvernement espagnol, Antoni Tàpies avait décidé de cesser toute collaboration avec le régime et retira ses œuvres de l'exposition (Saura suivrait son exemple)[48]. Deux ans plus tard, en

1961, l'exposition parisienne devait être un premier geste émanant d'un activisme coordonné et collectif issu de la sphère artistique, visant à remettre en cause les représentations publiques internationales de l'art contemporain espagnol que construisait le régime. Ce fut aussi le premier événement d'une telle ampleur à révéler différents traits qui caractériseraient par la suite la plupart des actions non conformistes de ce type : la primauté de l'idéologie sur le langage stylistique, l'appui d'organisations de gauche clandestines et de réseaux antifranquistes, ainsi que la quête de soutien international à la cause antifranquiste en attirant l'attention sur les contradictions inhérentes aux politiques de modernisation technocratique du gouvernement espagnol.

Exactement au même moment que l'exposition dissidente à Paris (du 9 mai au 11 juin), Luis Buñuel reçut la Palme d'or au Festival de Cannes pour *Viridiana*. Ce film irrévérencieux, qui fut tourné avec l'accord initial de la censure, rejetait les valeurs de l'Église catholique qui formaient la base même de l'idéologie du régime[49]. Cette défiance vis-à-vis de l'idéologie du régime et de l'image de l'Espagne que diffusaient les institutions ne fit que se renforcer. Dès lors, la scène culturelle devint l'un des espaces centraux pour expérimenter les nouvelles structures d'organisation de la dissidence. Ceux qui résistaient en Espagne pouvaient dorénavant compter sur le soutien de l'intelligentsia de gauche à l'étranger, qui refusait les images de la modernisation du pays produites par la propagande du régime.

Les fruits équivoques de l'*apertura*

En 1962, la situation en Espagne avait radicalement changé depuis la période autarcique. De larges secteurs de la société profitaient enfin de la croissance économique et de la modernisation ; de manière générale, les conditions de vie s'amélioraient. Pour désigner le changement d'attitude qui produisit ces résultats, le régime utilisa le mot d'*apertura* (ouverture) – un terme de propagande efficace qui devait régulièrement apparaître dans le vocabulaire officiel pour évoquer les effets positifs de la modernisation et pour souligner l'idée que la transformation du pays était déjà effectuée. Cependant, les contradictions qui émergèrent avec ces mesures de libéralisation timides provoquèrent un activisme intensifié dans les divers mouvements de résistance qui défiaient de plus en plus le système.

Les avancées économiques du pays étaient incontestablement impressionnantes. Les nouvelles mesures de modernisation accélérèrent tant la croissance de la richesse qu'on parla de « miracle économique[50] ». D'autres programmes suivirent le Plan de stabilisation de 1959, afin de maintenir l'expansion économique initiale. Pour coordonner les activités des capitaux publics et privés, le gouvernement instaura successivement trois autres plans de développement (1964-1967, 1968-1971 et 1972-1975)[51]. En plus de ces mesures, de nouvelles politiques furent développées par le ministère du Tourisme et de l'Information. Avec la nomination du jeune ministre Manuel Fraga Iribarne, qui reconnaissait le potentiel d'un afflux ininterrompu de voyageurs étrangers, le tourisme devint une priorité[52]. Fraga initia une politique d'internationalisation qui réunit différents éléments liés aux relations extérieures du pays : avec le slogan *Spain is different* (l'Espagne est différente), les touristes et les investisseurs étaient invités à découvrir ce que le pays avait à leur offrir (ill. 41). Plus particulièrement (comme le sait toute personne ayant voyagé en Espagne dans les années 1960), cette formule devint l'intitulé officiel d'une campagne visant à attirer des millions d'étrangers vers les côtes ensoleillées de l'Espagne en évoquant sa singularité et son exotisme – en un mot, son « altérité »[53].

Les mesures de Fraga connurent un grand succès, et le boom du tourisme améliora notablement les conditions matérielles dans les zones les plus fréquentées par les voyageurs, même si ce fut au détriment d'autres régions dont le sous-développement et la pauvreté s'aggravèrent d'autant. En 1966, on avait tellement besoin d'entretenir cette image désirable de l'Espagne que, après l'« incident de Palomares » (un bombardier B-52 américain et son avion ravitailleur de la base aérienne de Morón entrèrent en collision en plein vol, provoquant la chute de quatre bombes atomiques près du village de pêcheurs de Palomares, sur la côte méditerranéenne sud), le ministre lui-même, accompagné de l'ambassadeur des États-Unis, Angier Biddle Duke, alla se baigner à la plage. Cette visite au bord de la mer fit l'objet d'une très large couverture médiatique afin de désamorcer les craintes que la quatrième bombe, qui n'avait pas encore été récupérée, n'ait causé une contamination radioactive de la côte[54].

Même si la croissance due au « miracle économique » ne s'étendait pas de manière égale à toutes les régions ni à tous les secteurs de la société, la majorité de la population perçut une réelle amélioration de sa qualité de vie. Les salaires tendaient à augmenter et, tout comme la classe moyenne en pleine expansion, les Espagnols les plus pauvres commencèrent eux aussi à accéder aux biens de consommation modernes – réfrigérateurs, téléviseurs et automobiles (dont la plus emblématique était la petite Seat 600, inspirée de la Fiat 500), entre autres. Dans les régions rurales, toutefois, on continuait le plus souvent à vivre dans la pauvreté, avec un accès très limité aux splendeurs de l'ère nouvelle[55].

La croissance économique entraîna aussi la hausse des niveaux d'éducation. La proportion d'étudiants à l'université, en particulier, s'éleva rapidement :

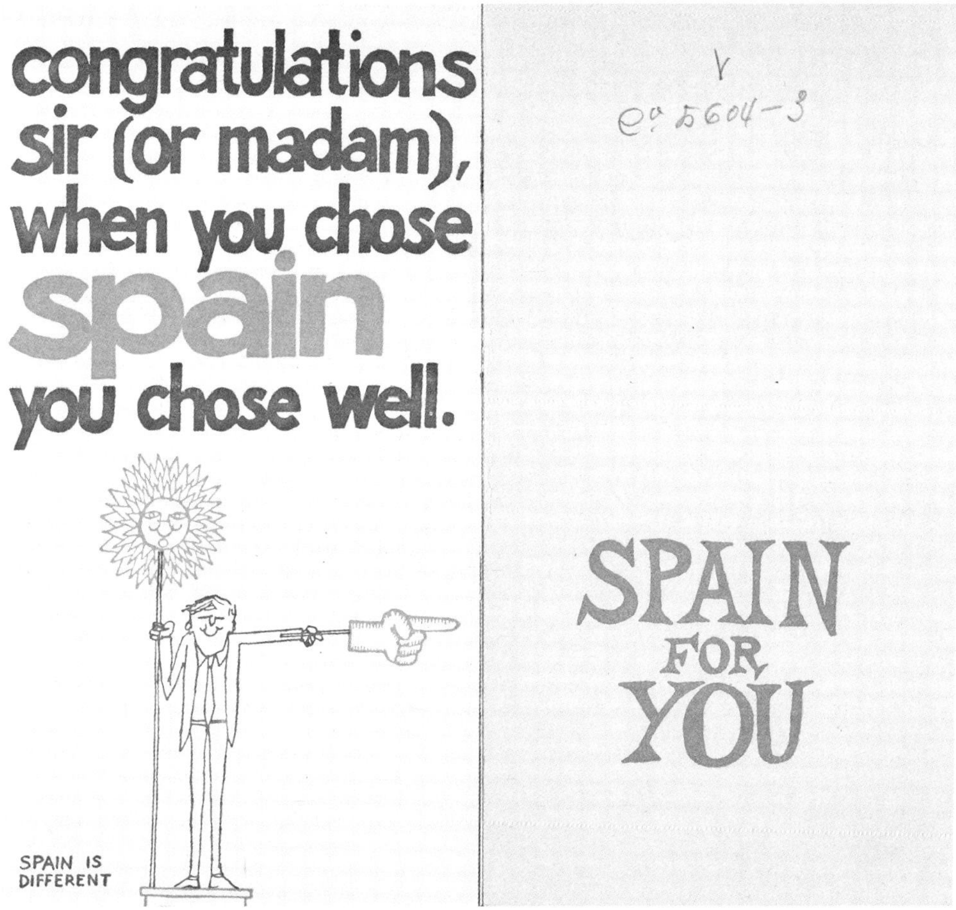

41 *Spain for you*, guide touristique, illustré par Máximo San Juan Arranz et édité par le Ministerio de Información y Turismo, Madrid, 1964, frontispice et page de titre

en 1965-1966, plus de 125 000 étudiants étaient déjà inscrits dans le supérieur (établissements supérieurs et écoles techniques), alors qu'en 1960-1961 il n'y en avait que 16 000[56]. Beaucoup de jeunes issus de familles défavorisées pouvaient donc recevoir une éducation universitaire. Alex Longhurst souligne les implications de ce plus large accès à l'éducation supérieure pour les enfants des familles qui avaient migré vers les villes : « Les pauvres immigrants [de l'intérieur] de la première génération devenaient les employés éduqués en col blanc à la seconde[57]. » En même temps, vu le rôle central de l'activisme étudiant antifranquiste, le régime ne pouvait évidemment pas compter sur la loyauté

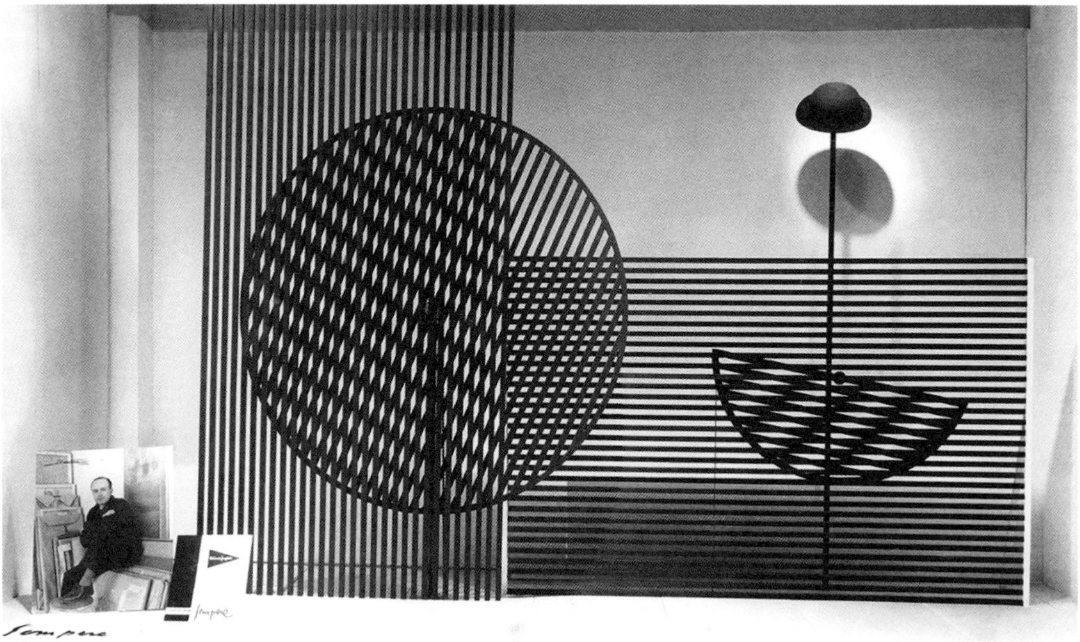

42 Eusebio Sempere, *Maquinaria inútil* (Mécanisme inutile), 1963, installation cinétique créée pour une vitrine du grand magasin El Corte Inglés à Madrid

des bénéficiaires de ces améliorations dans le domaine de l'éducation. Alors qu'au début des années 1960 les étudiants « politisés » étaient une minorité, ils acquirent vite une présence significative : un sondage sociologique de 1965-1966 révélait un net changement dans les activités culturelles des *colegios*, les résidences étudiantes traditionnelles. Les jeunes participaient de plus en plus à des activités dissidentes, se rendant aux *cineclubs*, assistant à des projections et à des débats sur les films, écoutant des *protest songs*, lisant Brecht, Sartre et Marcuse[58].

En plus du boom dans le commerce et le tourisme, avec le passage régulier de biens et de personnes aux frontières, les Espagnols eux-mêmes purent plus aisément sortir du pays et y rentrer. Il devint beaucoup plus facile d'obtenir un passeport pour voyager ou étudier à l'étranger, surtout en France ou en Italie. Le contact accru des Espagnols avec les marchandises et les visiteurs étrangers sur leur propre sol, et avec d'autres pays lors de leurs voyages, favorisa l'afflux de nouvelles idées et images correspondant à d'autres modes de vie et, plus que tout, aux contre-cultures. Les jeunes générations écoutaient de la musique étrangère, surtout les Beatles et d'autres groupes de pop, et suivaient les dernières tendances venues de l'étranger, perpétuant l'hégémonie croissante des jeans, des minijupes et des cheveux longs. Dans ce domaine au moins, l'Espagne était devenue un pays européen presque comme les autres[59].

Des changements analogues se produisaient dans le champ artistique. Ici, l'assimilation des tendances internationales avait commencé avec l'art informel à la fin des années 1950 et se poursuivit avec d'autres mouvements. Une nouvelle génération d'artistes abstraits explorèrent les intersections entre la géométrie et la perception visuelle, et leurs activités artistiques se déployèrent en relation étroite avec les tendances émergentes de la musique expérimentale et de la poésie visuelle espagnoles[60]. Des personnalités comme José María Yturralde, Eusebio Sempere, Julián Gil, José María de Labra, Julio Plaza et Jordi Pericot adoptèrent un langage cinétique et optique, et utilisèrent la répétition, la multiplication et la sérialité afin de créer des stimuli dynamiques chez le spectateur[61].

Une des œuvres d'Eusebio Sempere en offre un excellent exemple (ill. 42). Créée en 1963 pour une vitrine du grand magasin El Corte Inglés, *Maquinaria inútil* (Mécanisme inutile) était une structure cinétique composée de plusieurs figures géométriques, chacune d'entre elles étant constituée d'une série de fines barres parallèles plates et noires : deux grands rectangles, un cercle les recouvrant partiellement et un demi-cercle plus petit étant tous deux reliés à un moteur qui les faisait tourner. Dominant toute la « machine », l'artiste avait placé un chapeau melon au sommet d'un long mât. Le mouvement du cercle et celui du demi-cercle donnaient certes à la pièce son caractère cinétique essentiel, mais le dynamisme était accru par les effets de mouvement moirés que produisait la relation changeante entre les lattes fixées aux cercles mouvants et les horizontales et verticales fixes des rectangles. Le fait que l'œuvre de Sempere ait été commandée par une entreprise commerciale (qui symbolisait de surcroît le consumérisme des classes moyennes) montre à quel point la société de consommation espagnole assimilait le langage visuel des avant-gardes[62]. Outre l'abstraction géométrique, la nouvelle figuration, le pop art et l'art expérimental émergèrent également en Espagne, concourant au développement de ce que le critique d'art José María Moreno Galván allait nommer la « Seconde Avant-garde[63] ».

Ces nouvelles tendances se nourrissaient des expositions et de la prolifération des nouvelles publications. Avec les possibilités accrues de voyager et d'étudier à l'étranger, c'était le moyen pour les artistes espagnols d'entrer toujours plus en contact avec les pratiques artistiques contemporaines[64]. Les nouvelles galeries d'art contemporain soutenaient les artistes espagnols émergents et contribuaient à l'essor du marché de l'art. On citera par exemple les galeries Juana Mordó et Edurne à Madrid, la librairie-galerie Concret Lliures à Valence et la galerie Grises à Bilbao[65]. La fondation de musées d'art moderne et leur consolidation lente et parfois hasardeuse dans des lieux aussi divers que Madrid, Barcelone, Ségovie ou Cuenca reflétaient l'importance grandissante de l'art contemporain, et donnèrent de l'impulsion à son développement[66].

Cependant, le gouvernement ne soutenait qu'à contrecœur ces initiatives sur le sol national. Les projets les plus intéressants résultaient d'investissements privés, dont certains venaient des artistes et des critiques eux-mêmes. Ce fut le cas, par exemple, de l'éphémère premier Museo de Arte Contemporáneo de Barcelone – un projet initié entre autres par le critique Alexandre Cirici et installé en 1960 dans le dôme au sommet du cinéma Coliseum, avant d'être fermé trois ans plus tard, après avoir accueilli l'exposition *L'Art i la Pau* (L'art et la paix), qui avait été trop hardie dans sa dissidence politique[67]. Le Museo de Arte Abstracto Español, ouvert en 1966 par le peintre Fernando Zóbel dans un bâtiment restauré du XVe siècle de Cuenca (l'une des célèbres Casas Colgadas ou « maisons suspendues »), exposait la collection très complète d'art abstrait espagnol de Zóbel lui-même. Étant moins dissident, ce musée eut nettement plus de succès, et il existe encore aujourd'hui[68].

Cette ouverture culturelle, dont profitaient peu à peu les artistes, mit également le reste de la population espagnole au contact de formes politiques et sociales qui auraient été impensables dans les premières années du régime. L'expérience des émigrés partis vivre et travailler dans des pays aux structures démocratiques bien établies venait encore ajouter à la prise de conscience des flagrantes inégalités entre l'Espagne et ses voisins européens septentrionaux. Face aux attitudes culturelles et aux modes de pensée politique généralement associés au « monde moderne », les Espagnols changèrent profondément de mentalité au cours des années 1960. Ils « s'imprégnèrent d'idées et d'idéologies qui entraient directement en conflit avec le discours doctrinaire dominant de la dictature[69] ».

La contradiction entre les mesures de libéralisation économique du gouvernement, d'une part, et le maintien de sévères restrictions des libertés sociales et politiques ainsi que de mauvaises conditions de travail, d'autre part, ne put que créer des tensions. Si l'économie croissait à une vitesse impressionnante, elle ne donna pas naissance à un État-providence comme dans les autres pays européens. Franco et ses conseillers ne voyaient pas l'utilité d'un pacte social, car ils partaient du principe que le régime pourrait maintenir la « paix » grâce aux interdictions et à la répression[70]. Les niveaux hétérogènes de croissance entre les diverses régions, les réductions du budget public, la hausse du chômage et des prix exacerbèrent encore les tensions. Les travailleurs répliquèrent par des grèves générales qui renforcèrent le mouvement ouvrier naissant, marquant une étape décisive dans le développement d'une culture de la contestation[71].

L'agitation sociale s'amplifia dès le début de la période de l'*apertura*, avec notamment les manifestations de 1962-1963. Les grèves contre les mauvaises conditions de travail et pour des hausses de salaire se répandirent des mines des Asturies aux industries électriques et métallurgiques du Pays basque, de León, de Catalogne et de Madrid[72]. Le mouvement était si bien organisé qu'il paralysa le Nord pendant de longs mois et l'état d'exception fut déclaré pour les Asturies, la Biscaye et le Guipúzcoa. La brutale répression qui s'ensuivit se solda, pour les mineurs et leurs femmes, par nombre d'arrestations, viols, tortures et morts[73]. Divers intellectuels et artistes furent également arrêtés pour leur engagement, dont les artistes Agustín Ibarrola et María Dapena, le critique d'art Antonio Giménez Pericás, et le leader communiste Ramón Ormazábal. À l'issue d'un procès militaire collectif, ils furent condamnés à neuf ans de prison pour activisme politique illégal[74].

La sévère répression et toutes les condamnations qu'entraînèrent les grèves firent réagir les cercles culturels espagnols et étrangers. La solidarité internationale, souvent avec le soutien organisationnel des partis communistes français et italien, aida à faire connaître la répression au-delà des frontières espagnoles, contrariant les efforts du régime pour contenir l'information. Des personnalités de premier rang comme Picasso participèrent, aux côtés d'autres artistes, au comité international créé afin de faire libérer le peintre Agustín Ibarrola[75]. La signature de lettres ouvertes de protestation (en particulier contre la peine de mort et pour la démocratie) devint une stratégie courante dans le combat pour les libertés civiques[76]. Elles étaient publiées dans les revues étrangères et envoyées au gouvernement espagnol pour demander la fin de la répression et la libération des prisonniers politiques.

Les grèves eurent aussi un impact dans le champ de la production artistique. Peintres, sculpteurs et écrivains exaltèrent le mouvement ouvrier dans leurs œuvres. L'agitation ouvrière devint un sujet majeur, comme l'illustrent les œuvres d'Agustín Ibarrola, de Manuel Calvo (ill. 43) et de Pablo Picasso. Si Picasso, lui, ne se focalisa pas sur la répression des mineurs, il n'en exprima pas moins l'espoir que leur activisme pourrait mobiliser un mouvement contre Franco. Cette idée apparaît dans son dessin *Asturias* (ill. 44), qui représente la main stylisée d'un mineur tenant une lampe. Le dessin est complété par l'inscription « Asturias 1963 », qui le lie directement au mouvement de contestation. Les images comme celle-ci faisaient partie d'une campagne portée par

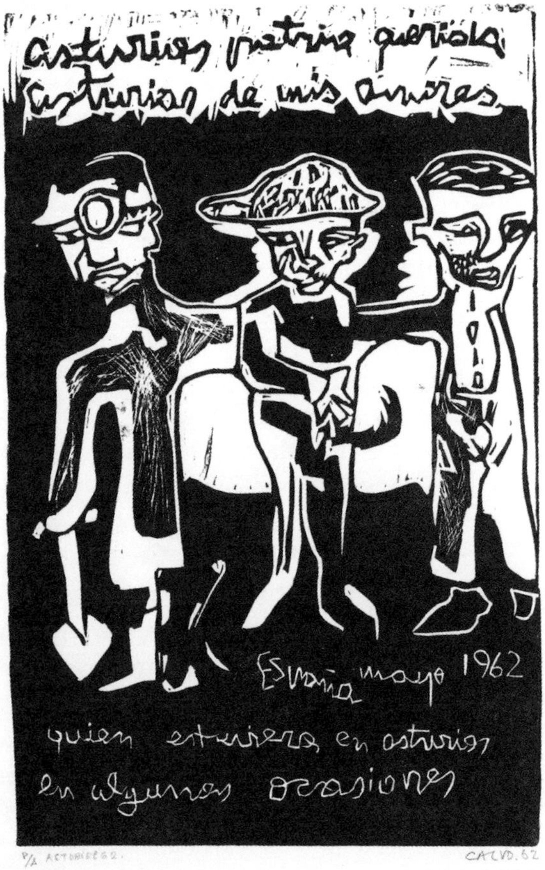

43 Manuel Calvo, *Asturias*, 1962, gravure

divers artistes, poètes et intellectuels espagnols dissidents, qui manifestèrent leur soutien aux mineurs à travers des livres collectifs comme *España hoy* et *Asturias* (où fut publié le dessin de Picasso)[77].

Il devint vite évident que la politique intérieure de répression instaurée par le régime face aux grèves mettait en danger sa propre stratégie internationale d'*apertura* : en effet, la contestation se développant en Espagne et l'opposition grandissante à l'étranger commencèrent à avoir des conséquences négatives pour le régime. Ainsi, lorsqu'en 1962 l'Espagne demanda à adhérer à la Communauté économique européenne, les six pays membres lui opposèrent un refus[78]. La décision de ne pas intégrer l'Espagne fut renforcée par une

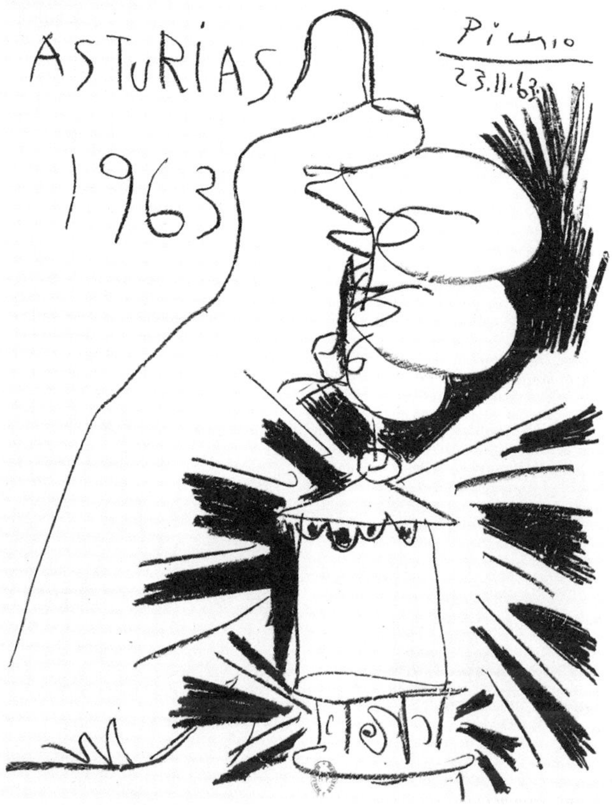

44 Pablo Picasso, *Asturias* (La lampe du mineur), 1963, dessin reproduit dans le livre *Asturias, œuvre collective d'un groupe d'artistes espagnols, peintres, sculpteurs, écrivains, poètes...*, traduction de Claude Couffon et Robert Marrast, Paris, Cercle d'Art, 1963

réunion générale des intellectuels espagnols et d'autres figures de l'opposition politique lors du quatrième congrès du Mouvement européen à Munich en juin 1962. À ce congrès se rassemblèrent pour la première fois en terrain neutre les représentants des tendances les plus diverses de l'antifranquisme : modérés, socialistes, chrétiens-démocrates, ainsi que le gouvernement républicain en exil[79]. Ils débattirent d'orientations démocratiques possibles et finirent par envoyer un communiqué au Comité européen lui enjoignant de ne pas ouvrir de négociations avec l'Espagne. La réaction du régime fut violente : il mena une campagne publique contre ce qui fut sinistrement baptisé le *contubernio de Múnich* (la conspiration de Munich) et infligea de lourdes punitions aux participants vivant en Espagne lorsqu'ils rentrèrent, dont des emprisonnements, des exils intérieurs et des déportations[80]. Mais ces excès ne firent que saper encore un peu plus sa crédibilité.

Non seulement les dissidents de gauche, mais aussi, de plus en plus, certaines factions catholiques espagnoles réclamaient ouvertement un avenir démocratique. En 1963, le pape Jean XXIII publia l'encyclique *Pacem in Terris* (La paix sur terre), qui, s'adressant « à tous les hommes de bonne volonté » (et donc pas seulement aux catholiques), exhortait à la compréhension et au respect mutuels, et rappelait les droits humains et les libertés politiques fondamentaux. Certains pans du catholicisme espagnol, dont d'éminents intellectuels catholiques et même des membres du clergé, virent dans cette encyclique une justification de leur prise de distance avec le régime, ainsi que de leur adhésion aux demandes de libertés[81]. Plusieurs prêtres avaient déjà exprimé leur soutien aux mineurs lors des grèves de 1962 ; et, en novembre 1963, Aureli Maria Escarré, l'abbé du monastère de Montserrat près de Barcelone, dénonça, dans un entretien paru dans *Le Monde*, le contrôle du gouvernement sur ses citoyens et l'incessante politique de représailles. Escarré fut obligé de s'exiler après que ces déclarations furent rendues publiques, mais leur visibilité internationale montra à quel point la rupture entre certains secteurs de l'Église et le régime était manifeste, même si la plupart des dignitaires de l'Église en Espagne soutinrent toujours le gouvernement.

L'interview d'Escarré fut publiée sept mois seulement après que Julián Grimau García, un leader du PCE œuvrant clandestinement sur le sol espagnol, eut été exécuté par un peloton pour ses activités pendant la guerre civile – et non pas, de manière significative, pour son communisme clandestin, pour lequel il n'aurait encouru qu'une peine de prison[82]. Grimau fut condamné par le Tribunal de Orden Público (Tribunal de l'ordre public), un nouveau tribunal qui avait repris les fonctions de l'ancien Tribunal Especial de Represión de la Masonería y el Comunismo (Tribunal spécial de répression de la franc-maçonnerie et du communisme), qui datait des premières années du régime. Si le nouveau tribunal avait abandonné dans son nom les connotations nationales-socialistes de son prédécesseur, il en perpétuait la mission en jugeant les crimes politiques, afin de contrecarrer l'activisme politique en prononçant des sentences dures.

Les grèves des travailleurs, la contestation étudiante et l'opposition intellectuelle au système au cours des années 1960 reflètent ce qui était devenu un changement décisif d'attitude dans les principaux secteurs de la société espagnole, accompagné chez beaucoup d'une volonté croissante d'exprimer ouvertement leur mécontentement en dépit du danger. Au départ, imaginant qu'il contrôlait la situation, le gouvernement toléra dans une maigre mesure les négociations collectives entre ouvriers et industriels, dans le cadre contraignant du seul « syndicat » légal (dont les représentants étaient nommés et surveillés par le régime). Mais les réformes timides du contrôle de l'État sur les relations de travail ne parvinrent pas à limiter l'activisme ; divers secteurs industriels étaient plongés dans un état permanent d'agitation ouvrière qui menait à des grèves à répétition. Ponctuellement, des associations de travailleurs semi-légales avaient aussi émergé à la fin des années 1950. Elles représentaient tout un éventail d'idéologies de gauche, mais œuvraient essentiellement sous la tutelle clandestine du PCE ; ces « Comisiones Obreras » (commissions de travailleurs, ou CCOO) infiltrèrent le système en faisant nommer leurs membres comme délégués dans les branches de l'Organización Sindical Española contrôlée par l'État. Au fil des années 1960, les CCOO s'unirent pour devenir un mouvement organisé, orientant de plus en plus leur activisme vers des questions socio-politiques urgentes et plus larges[83]. Comme elles avaient fini par devenir dangereuses aux yeux du régime, la Cour suprême les interdit officiellement en 1967. Leurs membres furent systématiquement persécutés : nombre d'entre eux furent condamnés à de lourdes peines de prison[84]. Mais, malgré la répression, ils continuèrent obstinément à militer.

Ainsi, alors que le gouvernement lançait des appels aux démocraties occidentales sur la base de son ouverture à la modernisation et à une libéralisation limitée, la population civile faisait les frais, à la fin des années 1960, de mesures répressives qui rappelaient la période d'avant l'*apertura*. L'agitation généralisée et les rétorsions gouvernementales ne se bornaient pas au mouvement ouvrier : dans les universités, les conflits violents entre étudiants et police étaient devenus monnaie courante. L'un des incidents les plus médiatisés se produisit en 1966 et fut même relayé par le *New York Times*[85] : 500 étudiants de l'université de Barcelone, accompagnés d'une trentaine de personnes (enseignants et intellectuels), se réunirent, avec l'accord des religieux, dans un monastère capucin du quartier barcelonais de Sarrià, afin d'organiser un syndicat étudiant démocratique. La police encercla le monastère ; les étudiants et les moines fermèrent les portes à clé. Au bout de trois jours, la police força le passage, s'introduisit dans le monastère et arrêta tout le monde[86]. Le ministère du Tourisme et de l'Information mena des enquêtes sur toutes les personnes présentes et fit en sorte qu'elles écopent toutes de lourdes amendes[87]. À l'initiative du critique d'art Moreno Galván, plusieurs artistes de renom, dont Miró, Picasso et Wifredo Lam, firent don de leurs œuvres afin de payer les amendes[88].

Malgré la contestation grandissante, à laquelle les voix dissidentes issues de l'Église et même de certains cercles de droite donnèrent encore plus de poids, le régime ne cessa jamais de s'autocélébrer. En 1964, le gouvernement marqua le vingt-cinquième anniversaire de la fin de la guerre civile par la célébration cynique de « XXV Años de Paz » (vingt-cinq ans de paix), remplaçant ostensiblement le discours officiel de la « victoire » qui avait dominé les années 1940 et 1950 par celui de la « paix » – sans doute parce qu'il favoriserait davantage les efforts du régime pour améliorer son image internationale. Les festivités orchestrées par le ministère du Tourisme et de l'Information (expositions, commémorations et activités culturelles) furent critiquées par les rangs dissidents des milieux culturels et artistiques en Espagne[89]. Les ripostes à la propagande gouvernementale, en Espagne et à l'étranger, nuisirent à l'efficacité de la campagne. De toute façon, la réalité du discours de la « paix » avait déjà été révélée par l'exécution de Julián Grimau l'année précédente, et plus généralement par les mesures répressives qui avaient persisté jusque dans les années 1960.

La dissidence et les manifestations, qui se faisaient de plus en plus entendre, obligèrent le régime à mettre en place de nouvelles mesures afin de satisfaire certaines demandes, au moins superficiellement. En 1966, le référendum organisé pour approuver la *Ley Orgánica del Estado* (Loi organique de l'État) mit en scène une sorte de participation citoyenne au gouvernement. À la quasi-unanimité de 95,86 % (un chiffre statistiquement improbable dans un système démocratique), la loi fut approuvée. Elle annonçait des réformes largement insignifiantes, suggérant de la manière la plus vague possible l'éventualité d'un avenir démocratique après l'ère Franco[90]. Comme toujours, de tels gestes avaient une utilité de propagande au sein du pays, mais servaient surtout à courtiser les puissances étrangères.

La même année que le référendum fut promulguée une nouvelle loi sur la presse, proposée par le ministère du Tourisme et de l'Information de Manuel Fraga. Censée représenter en partie le tournant « libéral » du régime, elle visait en fait à rationaliser le système en instituant une autocensure des médias. Depuis la guerre civile, la censure de tous les médias avait été strictement régulée. Fraga cherchait à éliminer le mécanisme de surveillance précédant la publication, trop gourmande en main-d'œuvre, sans pour autant perdre le contrôle idéologique sur la presse et les maisons d'édition. Si la nouvelle loi stipulait que « l'administration ne pourra pas appliquer une censure préalable ni exiger une consultation obligatoire sauf lors des états d'exception et de guerre » (art. III), elle indiquait clairement que « la liberté d'expression et le droit de diffuser de l'information [...] ne sauraient avoir d'autres limites que celles imposées par la loi » (art. II). Ces limites, sommairement exposées dans le même article, étaient bien sûr abondantes et très vaguement définies. Elles comprenaient « le respect pour la vérité ; la morale et la conformité à la Loi des principes du mouvement national et autres lois fondamentales », et une longue liste se référant, entre autres, aux exigences de la sécurité nationale et au « respect dû » aux institutions et aux agents de l'État. Les poursuites pour violation de ces limites ne seraient lancées qu'une fois cette violation commise (art. V). Afin d'aider les éditeurs et les auteurs à déterminer ce que supposait cette formulation ambiguë d'une presse libre mais hautement limitée, un système de « consultation volontaire » fut commodément mis en place (art. IV)[91]. Il n'est pas surprenant que la plupart des éditeurs aient choisi de consulter les autorités afin de ne pas contrevenir à la loi.

Cependant, une minorité d'éditeurs virent dans l'ambiguïté de cette loi l'opportunité de publier sur des sujets qui jusque-là leur avaient été strictement interdits[92]. Ainsi parurent des textes signés par des auteurs proches des idéologies d'opposition, proposant de nouvelles idées aux contre-cultures naissantes. Cela permit également de reconquérir le passé républicain, à travers l'histoire, la philosophie, la littérature, les arts visuels et l'esthétique, et de confronter la société espagnole, en pleine mutation, à la mémoire des perdants de la guerre civile. Dans le champ artistique en particulier, c'était l'occasion de renouer avec la mémoire des « avant-gardes historiques » (qui, en raison de leurs liens avec le communisme, avaient été réduites au silence et continuaient à susciter la méfiance des cercles conservateurs) et de réexaminer l'héritage de certains artistes républicains proscrits, comme Picasso, Julio González et Alberto Sánchez[93].

Pour la première fois depuis la fin de la guerre, un mouvement puissant et diversifié de résistance à la dictature se faisait jour, et la culture en était un élément central. Dans les rangs du mouvement, on retrouvait des militants du PCE clandestin et leurs « compagnons de route » idéologiques, des socialistes, des maoïstes, des catholiques, des étudiants, des artistes, des critiques, des intellectuels, des musiciens, des réalisateurs – en somme, tous ceux qui désiraient un changement social et politique, et qui cherchaient à le provoquer. Par-delà leurs divergences idéologiques et politiques, tous se référaient, de près ou de loin, à diverses écoles et interprétations du marxisme pour atteindre la réforme démocratique. Le philosophe Francisco Fernández Buey (étudiant activiste dans les années 1960) l'expliqua des années plus tard : « En Espagne, [...] le marxisme était quasi hégémonique dans les forces de résistance et d'opposition à la dictature franquiste dans les années 1960-1970[94]. »

Les revendications nationalistes au niveau régional offrirent une dimension supplémentaire à l'opposition antifranquiste, particulièrement en Catalogne, en Galice et au Pays basque. Dans la sphère de l'expression culturelle, ces régions avaient tout particulièrement en commun la résurgence des langues locales : le catalan, le galicien et le basque, qui à des degrés divers étaient tous interdits par le régime, malgré une tolérance croissante pour leurs usages non officiels pendant l'*apertura*. (L'espagnol resta la seule langue officielle pour l'État et ses institutions, sans exception, jusqu'après la mort de Franco. Les langues régionales étaient dédaigneusement considérées comme des patois.) Pendant les années 1960, chanteurs, artistes et écrivains défièrent l'idéologie franquiste en transmettant leurs idées et leurs revendications par le biais de leur langue maternelle[95]. L'art et la culture servaient donc à diffuser les voix dissidentes des *nacionalismos* régionaux qui contestaient eux aussi le système néocapitaliste que favorisait la technocratie franquiste.

Pendant ce temps, les écrivains et les artistes maintenaient leur attitude critique sans pour autant renoncer à l'expérimentation formelle. Dans le monde littéraire, le réalisme s'éteignit doucement après la publication du roman de Martín Santos, *Tiempo de Silencio* (Temps de silence, 1962), dont le succès devait représenter l'apogée du mouvement[96]. La tendance accrue à l'expérimentation est évidente dans les œuvres de Jesús López Pacheco, de Juan Goytisolo Gay et d'Armando López Salinas, par exemple[97]. Dans les arts visuels, le style figuratif d'Estampa Popular fut lui aussi repensé. Si le mouvement continuait son expansion dans plusieurs villes (comme Valence et Barcelone), l'usage changeant des images et les transformations des comportements visuels, dans le cadre d'une société de consommation de masse en plein essor, conduisirent à une redéfinition des approches artistiques et esthétiques autant que des publics ciblés.

Lorsque le pop art américain fit irruption en Europe, avec l'attribution polémique du Grand Prix à Robert Rauschenberg lors de la Biennale de Venise en 1964, les artistes espagnols ne restèrent pas indifférents. Des groupes comme Estampa Popular Valencia, puis Equipo Crónica et Equipo Realidad, s'approprièrent le langage visuel du pop art de manières très différentes, mais toujours avec la même visée critique. En se saisissant de fragments d'icônes culturelles de la tradition picturale espagnole, telles les œuvres de Diego Velázquez, et en les mêlant à des images tirées de la culture populaire et des médias de masse, ces artistes subvertissaient le sens de toute l'iconographie dont ils s'emparaient.

Equipo Crónica questionnait tout particulièrement le système social et politique en attirant l'attention sur l'idéologie conservatrice du régime, le maintien de la peine de mort et la propagande manipulatrice de l'État[98]. La peinture *Rueda de Prensa* (Conférence de presse, 1969, ill. 45) illustre bien le mode opératoire de ces artistes. L'œuvre représente le comte-duc d'Olivares interviewé

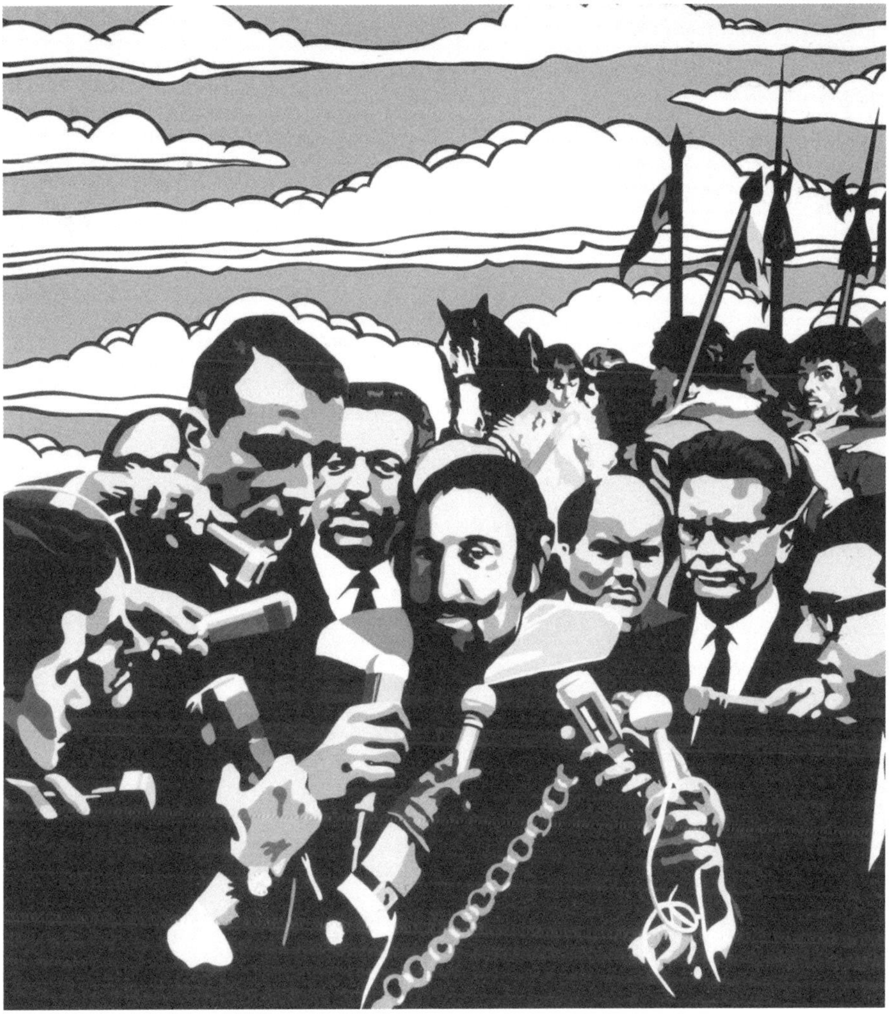

45 Equipo Crónica, *Rueda de Prensa* (Conférence de presse), 1969, acrylique sur toile, 102 × 92 cm, collection particulière par une foule de journalistes sous un ciel nuageux. Des soldats hollandais du XVIIe siècle, armés de lances et accompagnés d'un cheval, observent la scène. En réalité, le tableau associe diverses images tirées de sources historiques et contemporaines : le portrait en buste de l'imposant ministre de Philippe IV est emprunté au tableau de Velázquez, les observateurs à l'arrière-plan ont été découpés et inversés à partir de *La Reddition de Breda*, du même Velázquez, et les journalistes sont inspirés d'une photographie de presse. L'association de ces images dans *Rueda de Prensa* peut se lire comme une référence voilée au discours habsbourgeois du régime, dont ce dernier usait toujours pour légitimer la création d'une vision unilatérale du passé[99]. Cette peinture fait allusion au système autocratique moderne dont la légitimation symbolique passait précisément par le régime absolutiste de l'Espagne impériale des Habsbourg. En transformant Olivares en porte-parole du gouvernement moderne, entouré de journalistes et de micros attendant avec ferveur que le comte-duc rompe le silence et honore la foule de sa déclaration officielle, Equipo Crónica met en avant le rôle de la censure et l'exploitation des médias dans la construction du discours du régime. Ainsi cette œuvre critique-t-elle également le quatrième pouvoir, car elle reproduit les déclarations du représentant de l'État, diffusant ainsi les discours officiels.

En 1969, l'année où Equipo Crónica réalisa cette toile, son analyse ironique laissait peu à peu la place à une forme de confrontation plus directe due à l'agitation socio-politique qui devait marquer les dernières années de la dictature. Le gouvernement continuait certes à annoncer de nouvelles réformes timides, tentant vainement de reproduire ses succès des premières années de l'*apertura*, mais ces mesures ressemblaient de plus en plus à une façade pour masquer le tournant réactionnaire de l'*establishment* politique dans ses réponses à l'opposition. La répression des demandes insistantes de démocratie, que rejoignaient les plus jeunes générations, était souvent très violente.

La dissidence au crépuscule du franquisme

L'année 1968 fut marquée par les troubles civils à l'étranger, pays capitalistes et communistes mêlés. Cela allait des manifestations pour les libertés civiles à l'opposition à la guerre du Vietnam, en passant par les causes sociales et environnementales. La crise la plus spectaculaire (et la plus proche pour les Espagnols) fut le mouvement de protestation étudiant et ouvrier de mai 1968 en France. Beaucoup de ces mouvements furent sévèrement réprimés, même dans les pays démocratiques, avec des actions policières étonnamment violentes aux États-Unis et en France, sans parler de l'invasion de la Tchécoslovaquie par l'URSS en août, ni du massacre des étudiants protestataires par la police et l'armée à Mexico en octobre, dix jours avant que s'y ouvrent les Jeux olympiques d'été. Outre le fait qu'à la fin des années 1960 les citoyens espagnols étaient en contact beaucoup plus étroit avec le reste du monde que pendant l'autarcie, des événements aussi bouleversants ne pouvaient de toute façon pas être cachés au grand public. En effet, les désordres à l'étranger étaient régulièrement relayés par la presse espagnole, quoique filtrés par la rhétorique des comités de rédaction proches du régime franquiste[100]. (Les reportages sur les troubles en Espagne même étaient, bien évidemment, beaucoup plus dangereux pour la presse – en dépit, ou à cause, de la Loi sur la presse de Fraga.) Ainsi, malgré les efforts du régime pour contrôler les médias, les nouvelles des succès et des difficultés des mouvements contestataires à l'étranger ne faisaient que galvaniser les forces d'opposition en Espagne, notamment dans les secteurs ouvriers, étudiants et culturels.

En effet, dans la lignée des mouvements dissidents qui s'étaient renforcés, 1969 s'ouvrit sur des manifestations incontrôlables dans plusieurs universités espagnoles (ill. 46). L'état d'exception fut déclaré le 24 janvier, avec la suspension officielle des droits à la liberté d'expression et de se rassembler (pourtant déjà très limités)[101]. Les manifestations s'attaquaient avant tout au système éducatif, mais également aux fondements idéologiques du régime, à ses institutions et aux mesures économiques qu'il avait mises en place. Les campus de Madrid et de Barcelone devinrent les théâtres de batailles rangées entre étudiants et *grises*, comme étaient péjorativement surnommés les policiers en raison de la couleur grise de leurs uniformes. La violence des affrontements entraîna la fermeture de l'université de Madrid pendant plusieurs jours[102].

La répression fut sans effet, car l'opposition refusait de se laisser intimider et semblait prête à assumer les conséquences légales de ses actes. Mais la menace de tortures extra-judiciaires secrètes se fit elle aussi très concrète : cette pratique devint publique suite à la mort suspecte d'Enrique Ruano Casanova, un activiste étudiant, alors qu'il était détenu par la Brigada Político-Social (une agence de police secrète bien connue pour sa brutalité et son usage de la torture)[103]. En dépit (ou en raison) de cette violente répression, la solidarité avec les victimes s'accrut visiblement en Espagne et à l'étranger[104].

Tout comme les étudiants, d'autres secteurs de la société espagnole manifestaient ouvertement leur désaccord avec le gouvernement. En 1970 et 1971, par exemple, les grèves ouvrières s'intensifièrent, notamment chez les ouvriers de Hunosa (une société minière nationale), dans les Asturies, et de Seat (l'entreprise automobile), à Barcelone. En 1970, l'Organisation internationale

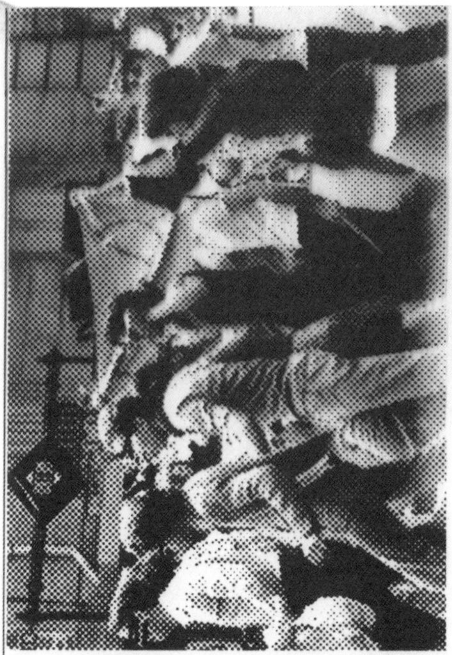

mo y son por ello reprimidos, censurados, y represaliados de muy diversas maneras.

Nosotros, los artistas e intelectuales revolucionarios, necesitamos objetivamente estar unidos al resto del pueblo (que es el orígen de nuestras obras, y al cual están dirigidas), porque sólo unidos eliminaremos el obstáculo que nos impide desarrollar un arte libre y popular, con unas nuevas concepciones y unos nuevos objetivos.

Por otro lado, el resto del pueblo también necesita de nosotros, en la medida en que necesita crear una cultura nueva y propia, distinta a la que nos llevan imponiendo desde hace tantos años.

Todas estas razones explican sobradamente el por qué de la necesidad de un Frente Popular y el papel que dentro de este Frente han de jugar los artistas e intelectuales.

EL FRAP Y SU BASE ORGANIZATIVA: LAS JUNTAS DEL FRAP

A raiz de las movilizaciones populares que tuvieron lugar en 1.970 con motivo del Proceso de Burgos, comienzan a desarrollarse una serie de conversaciones entre tres fuerzas políticas revolucionarias: Partido Comunista de España (marxista-leninista), Frente Nacional de Liberación y Vanguardia Socialista. El resultado de estas conversaciones es la decisión unitaria de construir en España un Frente Revolucionario Antifascista y Patriota que aglutinase a todos los pueblos del estado español bajo unas aspiraciones comunes. Estas aspiraciones se resumieron en seis puntos, que constituyen un completo programa de objetivos políticos y económicos a largo plazo, y que quedaron y continúan abiertos a cualquier modificación.

En torno a esos seis puntos programáticos, las tres fuerzas mencionadas constituyeron un Comité permanente que coordinara y dirigiera todas las actividades en pro de la construcción del FRAP.

A este Comité Coordinador pro-FRAP se comenzaron a adherir desde el primer momento una larga serie de organizaciones, unas con carácter de masas y otras con carácter de fuerzas políticas, en cuyos programas figuraba la creación de un Frente Popular y la lucha revolucionaria como medio de derrocar al fascismo.

De esta manera fueron surgiendo comités y grupos pro-FRAP en todas las regiones del país, así como en los núcleos de la emigración.

Recientemente, se planteó la necesidad de que los comités pro-FRAP tuvieran su propia base organizativa, y no se limitaran a coordinar las luchas de las diversas organizaciones que los componían.

A partir de algunas de estas organizaciones adheridas, que no tenían carácter de sector o de clase (tales como las Juntas Antifascistas y Patriotas -J.A.P.-, Comisiones de Barrios, etc...), y a partir de que numerosas personas quisiesen luchar y organizarse directamente en los Comités pro-FRAP, sin pertenecer a ninguna organización concreta, se crearon las Juntas pro-FRAP, como organización de base de los Comités pro-FRAP.

Una Junta del FRAP no es sino un grupo de personas que aceptan los seis puntos programáticos y luchan por popularizarlos en sus respectivos lugares de trabajo, esforzándose por hacer ver que toda lucha o reivindicación aislada debe enmarcarse en el contexto general de la lucha antifascista que se está desarrollando en todas las capas y sectores del pueblo, colaborando así en la construcción del FRAP.

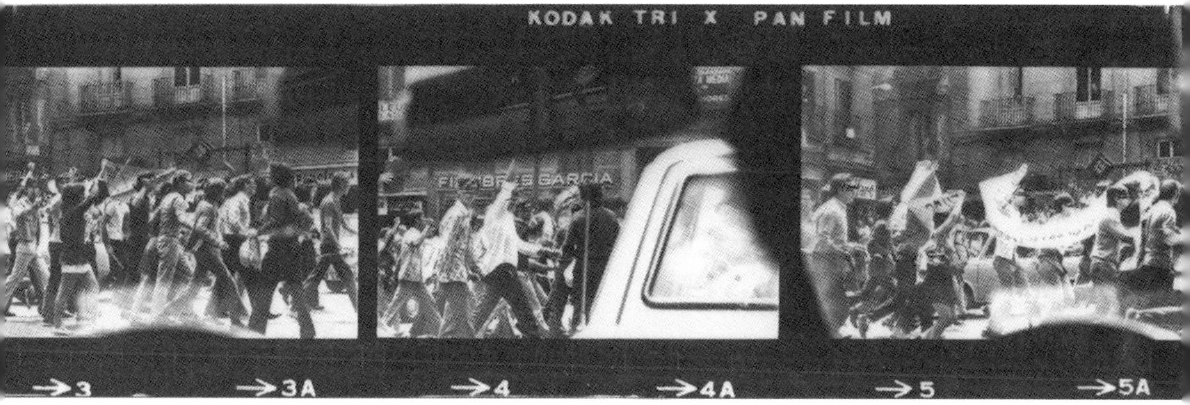

46 Photographies d'une mobilisation d'étudiants à l'université Complutense de Madrid, 1972/1973, reproduites dans la revue illégale *Viento del Pueblo* (Vent du peuple), nº 5, septembre 1974 (p. 3, ci-contre), et réutilisées par Darío Corbeira dans son œuvre *CL QR* (1974/2015), dont il écrit qu'elle « trouve sa source d'information dans trois violentes actions antifranquistes menées à Madrid (rectorat de l'université Complutense, Plaza de Lavapiés et un quartier indéterminé) entre 1972 et 1973. Ces manifestations commando [auxquelles l'auteur a pris part] faisaient partie de la stratégie d'action/réaction du Frente Revolucionario Antifascista y Patriota (FRAP). Il s'agissait d'actes clandestins, revendicatifs, violents et très bien organisés, ce qui a plongé les militants dans une dynamique d'euphorie/peur/risque de très haute tension ». Heras/Madrid, Archivo Lafuente, Fonds Darío Corbeira

du travail ne compta pas moins de 1595 grèves à l'échelle du pays[105]. Même au sein de l'Église, l'insatisfaction vis-à-vis de la politique du régime prenait de l'ampleur. La rupture qui s'était produite dès 1963 entre le régime et certains éléments de l'Église ne fit que s'aggraver, et elle s'officialisa en juin 1969 lors du discours au Collège des cardinaux de Paul VI, le pape qui avait mis en place les réformes du deuxième concile du Vatican (1962-1965). Évoquant les guerres au Vietnam, au Biafra et au Moyen-Orient, le pape aborda également le cas de l'Espagne. En s'adressant « aux travailleurs, à la jeunesse et à tous les citoyens de cette nation », il approuva implicitement le soutien ecclésiastique aux mouvements ouvriers qui défiaient le régime : « Nous désirons réellement un progrès ordonné et pacifique pour ce noble pays, et nous rêvons ainsi qu'un courage intelligent ne soit pas absent de la promotion de la justice sociale, dont les principes ont si souvent été affirmés par l'Église[106]. » L'agitation due aux luttes régionalistes s'amplifia elle aussi au cours de ces années, prenant parfois une tournure violente. En 1968, l'organisation séparatiste basque, l'ETA, commit le premier assassinat dans ce qui allait devenir une véritable campagne de terreur : elle tua Melitón Manzanas, un membre de la méprisée Brigada Político-Social.

Les manifestations répétées et la perte progressive de contrôle provoquèrent des divisions au cœur même du régime. Malgré tous les efforts pour les garder secrets, ces conflits internes apparurent au grand jour lors du scandale financier impliquant la compagnie textile Matesa, qui avait bénéficié d'importants prêts publics, mais dont les comptes pour l'année 1969 révélaient des irrégularités flagrantes. Comme un certain nombre de puissants technocrates étaient compromis dans le scandale, la faction « réformiste » du gouvernement (dont le ministre de l'Information, Manuel Fraga, et le ministre et secrétaire général d'*el Movimiento*, José Solís) y vit l'occasion de l'emporter en se dressant contre l'autre faction, menée par Luis Carrero Blanco, amiral et vice-président du gouvernement, soutenu par beaucoup de technocrates. Pour parvenir à leurs fins dans cette intrigue de palais, Fraga et Solís autorisèrent (soi-disant dans l'esprit « libéral » de la Loi sur la presse de 1966) une large couverture médiatique non censurée de l'affaire Matesa, qui fit donc les gros titres pendant plusieurs semaines. Ironiquement, et à la surprise de la faction Fraga, la solution de compromis que trouva Franco consista à relever de leurs fonctions certains des ministres « technocrates » (tel Faustino García Moncó, le ministre du Commerce), mais aussi à révoquer ceux qui avaient rendu public le scandale (Fraga et Solís)[107]. En octobre 1969, le dictateur annonça la composition du nouveau gouvernement, où la position et l'agenda politique de Luis Carrero Blanco ne furent que renforcés. Après l'annonce de la désignation du prince Juan Carlos de Borbón comme successeur de Franco à la tête de l'État quelques mois plus tôt, ce gouvernement remanié était censé assurer avec lui la continuité du régime conservateur.

Cependant, malgré les efforts du régime, les différentes forces de la dissidence avançaient déjà vers la transition démocratique. Plusieurs partis clandestins œuvraient précisément en ce sens. Le Parti socialiste (PSOE) – où le futur Premier ministre, le jeune Felipe González, grimpa les échelons du comité national à partir de 1969 avant d'être nommé secrétaire général en 1974 – occupait une position plus centrale qu'auparavant. Le PCE, lui, prit progressivement ses distances avec Moscou. Après sa condamnation idéologique de l'invasion de la Tchécoslovaquie par l'Armée rouge, il suivit la voie des partis communistes français et italien dans son adhésion à l'eurocommunisme[108]. Les associations professionnelles adoptèrent des pratiques démocratiques comme les élections et autres mesures participatives d'autogestion, qui encouragèrent l'essor d'une opposition citoyenne à l'autoritarisme parmi les classes professionnelles. Comme l'expliqua Valeriano Bozal à la fin de la dictature, « les associations professionnelles ne sont plus de vieilles entités corporatistes contrôlées par une minorité privilégiée, mais sont devenues, dans de nombreux cas, des organisations réellement démocratiques[109] ». Les opposants au régime cherchèrent aussi à saper le gouvernement en le combattant par les moyens légaux à leur disposition. Certains avocats se spécialisèrent dans le droit du travail afin de défendre les droits des travailleurs ; d'autres, spécialistes en droit pénal, défendirent les prisonniers politiques, dans l'espoir de convaincre les tribunaux de prononcer des sentences moins lourdes[110].

En 1970, malgré les tentatives désespérées du régime pour maintenir le *statu quo*, les effets cumulés de toutes les forces du changement avaient profondément marqué la société espagnole. Les transformations affectèrent les représentations de la famille, de la richesse matérielle et de la religion. L'Espagne devenait rapidement une société beaucoup plus laïque, comme la plupart de ses voisins européens[111]. Ainsi que l'explique Nigel Townson, « le changement général des mentalités dans les années 1960 et au début des années 1970 [...] eut une ampleur révolutionnaire qui contredit et contrecarra l'aspiration éternelle de la dictature à une société dépolitisée et déférente[112] ». Contre les vœux du régime, la société espagnole était devenue sensiblement politisée, et ses citoyens de moins en moins enclins à la déférence envers l'autorité.

La place centrale de nombreuses personnalités culturelles dans les mouvements de protestation en fit des icônes particulièrement attrayantes pour les médias nationaux et étrangers lorsque ceux-ci évoquaient ces transformations. Par exemple, l'arrestation de Moreno Galván en 1970 pour sa participation à une réunion à l'université de Madrid donna lieu à un *sit-in* au musée du Prado pour sa libération, mené par un groupe d'artistes et d'intellectuels. Cet événement attira l'attention des médias espagnols et de la presse indépendante internationale[113]. Quelques mois plus tard, en décembre 1970, un traitement massif fut réservé dans les médias internationaux aux réactions au *Proceso de Burgos* (procès de Burgos), où des personnalités culturelles de premier plan jouèrent un rôle éminent. Le procès sommaire de seize personnes accusées d'appartenir à l'ETA et d'avoir participé en 1968 à l'assassinat de l'agent de la police secrète Melitón Manzanas se solda par six peines de mort, provoquant une mobilisation extraordinaire contre le jugement et une campagne pour l'amnistie en Espagne et à l'étranger. En plus de signer des lettres de solidarité et des manifestes, plus de 300 personnes firent un *sit-in* à l'abbaye de Montserrat (près de Barcelone) pour protester contre ce procès collectif. Les manifestants étaient de simples citoyens auxquels se mêlaient les protagonistes de la scène culturelle comme les artistes Miró et Tàpies, le réalisateur Pere Portabella, l'architecte Oriol Bohigas, les chanteurs Juan Manuel Serrat et Raimon, ainsi que l'écrivain Montserrat Roig[114]. Cédant à une telle pression nationale et internationale, Franco annonça la commutation des peines de mort en peines de prison à l'occasion de son discours du Nouvel An. Mais d'autres personnes accusées de crimes contre le régime n'eurent pas autant de chance. Malgré la pression internationale, Franco maintint les dernières peines de mort du régime : l'exécution par garrot des anarchistes Salvador Puig Antich et Heinz Chez en 1974, et par peloton de deux membres de l'ETA et trois membres du FRAP le 27 septembre 1975 – un ordre que Franco confirma sur son lit de mort.

Cette situation eut évidemment des conséquences dans le monde artistique. Les groupes d'avant-garde que nous avons cités plus haut, tel Estampa Popular, les artistes pop contestataires rassemblés sous l'étiquette Crónica de la Realidad (notamment Equipo Crónica, Juan Genovés et Josep Guinovart), ainsi que les artistes bien installés comme Antonio Saura, Manuel Millares et Antoni Tàpies, interrogeaient la peine de mort, la vie en prison, la torture, la violence et l'impuissance que subissaient de nombreuses sphères de la société. Une nouvelle vague d'artistes conceptuels, tels Fina Miralles et Francesc Torres, contribua aussi à ces recherches en travaillant sur la punition et le contrôle du corps sous la dictature (ill. 47)[115]. Dans les dernières années de la dictature, cette tendance devint particulièrement importante à Barcelone et à Madrid, avec le soutien des jeunes critiques comme Simón Marchán Fiz et Victoria Combalía[116]. Dans ce contexte spécifiquement espagnol, certains artistes se servirent de l'art conceptuel pour prôner la prise de conscience socio-politique et dénoncer les politiques de répression, de torture et de violence[117]. Le soutien de la vieille garde républicaine était également manifeste, à travers les prises de position officielles de Picasso et de Miró en faveur de la cause résistante tout au long de la dictature. Miró en particulier, quoique âgé de plus de soixante-dix ans, participa (aux côtés de Tàpies, Josep Llorens i Artigas et Jordi Galí) à des actions collectives de dissidence culturelle et politique. Lors de son exposition *Miró Otro* (Un autre Miró), en 1969, il réalisa une grande peinture sur les fenêtres du rez-de-chaussée du Colegio de Arquitectos à Barcelone, où la peinture se mêle aux messages de soutien à la langue catalane et à l'autogestion catalane inscrits sur les vitres. À la fin de l'exposition, dans un geste exprimant l'esprit radical du moment, il détruisit son œuvre[118].

Le régime percevait bien le rôle central que jouait l'activisme artistique dans l'expression des ambitions de la gauche, et il surveillait de près les manifestations culturelles et artistiques, les interdisant fréquemment par peur des répercussions politiques. Mais la censure et la pression administrative sur les

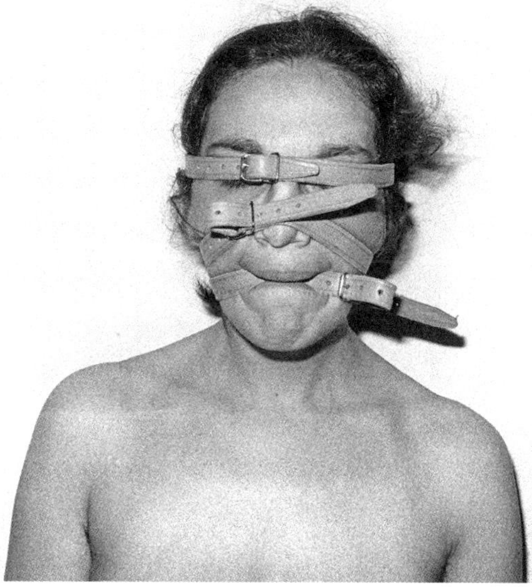

47 Fina Miralles, *Masquée*, 1976, photographie, Sabadell, Museo d'Art de Sabadell

artistes dépendaient beaucoup du climat social et politique. Ces mesures schizophrènes menèrent à des situations paradoxales comme l'exposition de Juan Genovés dans l'espace officiel de la Biblioteca Nacional de Madrid, qui fut très fréquentée et bénéficia d'une large couverture médiatique[119]. Montée en 1965, quelques années seulement avant *Miró Otro*, elle exposait des œuvres traitant de thèmes comme la répression et clairement imprégnées de l'esprit de la contestation politique (ill. 48). Une exposition aux messages si ostensiblement dissidents ne fut autorisée, peut-on supposer, que parce que le régime imaginait que ses effets pouvaient être contenus, ou parce que la dictature pouvait ainsi prouver son caractère « libéral » en acceptant de saines divergences d'opinion artistiques, même au cours des festivités propagandistes des « vingt-cinq ans de paix »[120].

La situation en 1969, après l'état d'exception, était bien évidemment différente de celle de 1965. À ce moment-là, le régime accrut ses efforts pour empêcher les événements qui pouvaient diffuser les exigences des opposants. Par exemple, les festivités en l'honneur de l'anniversaire de Pablo Picasso,

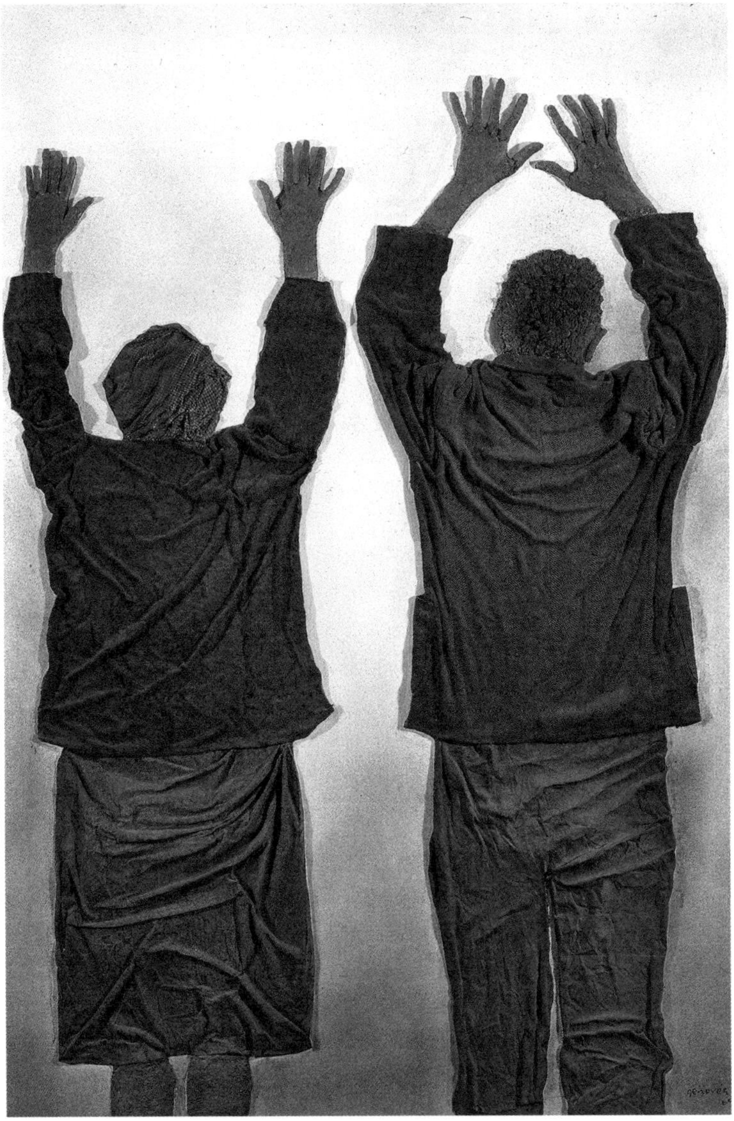

48 Juan Genovés, *Contra la pared* (Contre le mur), 1965, technique mixte sur toile, 190 × 125 cm

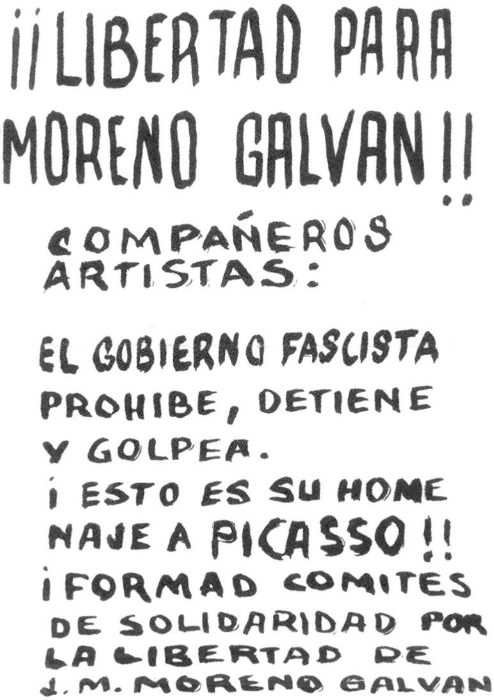

49 Tract pour la libération du critique d'art José María Moreno Galván, arrêté pour « exaltation d'idéologie politique » lors d'un discours suivi par une manifestation improvisée, le 25 octobre 1971, sur le campus de Madrid

le 25 octobre 1971 à l'université de Madrid, furent interdites à la dernière minute. Mais la foule rassemblée se rendit à la faculté des sciences pour assister à la conférence improvisée du critique Moreno Galván. Ensuite, les spectateurs partirent spontanément en manifestation pacifique sur le campus – une manifestation qui se solda par l'arrestation d'un certain nombre de participants, dont Moreno Galván. Le critique d'art avait déjà été détenu à plusieurs reprises, en raison de ce que le gouvernement appelait des « désordres publics[121] ». Cette fois-ci, il fut arrêté pour « exaltation d'idéologie politique » lors de son discours – une référence implicite à son enthousiasme pour l'appartenance de Picasso au Parti communiste[122]. La réaction des soutiens de Moreno Galván ne se fit pas attendre, avec des manifestations contre son incarcération par un « gouvernement fasciste qui interdit, arrête et frappe. Ceci est un hommage à Picasso[123] ! », comme le proclama une affiche (ill. 49). Deux ans plus tard, peut-être afin d'éviter une situation similaire, le gouvernement interdit un autre rassemblement : une table ronde, « Conversaciones sobre Picasso » (Conversations sur Picasso), organisée par le Club de Amigos de la UNESCO de Madrid (CAUM), où étaient prévues des interventions de critiques d'art dissidents, comme Valeriano Bozal et Moreno Galván (qui devait bientôt être relâché), ainsi que d'artistes comme Juan Genovés et Alberto Corazón[124].

Ces exemples montrent comment les artistes, les écrivains et les intellectuels trouvaient une source d'identification dans les figures culturelles dévouées à la cause républicaine pendant la guerre civile. La trajectoire de l'opposition dépendait en partie de la reconquête d'un passé « qui faisait de la revendication de la mémoire une arme[125] ». Outre Picasso, des poètes comme Federico García Lorca, Miguel Hernández et Antonio Machado devinrent eux aussi des symboles de la dissidence, donnant plus de cohésion à la gauche et attirant divers éléments de l'opposition antifranquiste[126]. Au cours de la décennie se multiplièrent les commémorations et les festivités en l'honneur de ces guides culturels, mais aussi les rééditions de leurs écrits. Les nombreux groupes d'artistes, d'intellectuels, de membres d'organisations politiques, de syndicalistes et d'étudiants qui se rassemblaient pour leur rendre hommage (en raison précisément du puissant attrait qu'ils exerçaient) éveillèrent évidemment les soupçons du régime et furent, comme nous l'avons vu, violemment réprimés[127]. Malgré les amendes et les détentions, le pouvoir ne parvenait plus à contrôler l'activisme culturel, ni à empêcher les contacts entre les intellectuels et l'opposition politique clandestine. Ses vains efforts pour brider le secteur culturel illustrent son impuissance face à de tels événements, et surtout son incapacité à contrôler les conséquences des réunions qu'il tentait d'interdire. Les forces dissidentes avançaient avec détermination.

Le gouvernement n'était cependant pas le seul à se sentir menacé par l'activisme associé au milieu culturel. C'était aussi le cas des fascistes radicaux extérieurs au régime, et ils n'hésitaient pas à user de violence contre leurs cibles : le communisme, le marxisme, les mouvements d'avant-garde et la pensée libérale en général. En 1971, les Guerrilleros del Cristo Rey (Guerriers du Christ Roi), un commando paramilitaire antimarxiste, lancèrent de la peinture rouge et de l'acide sur les gravures de la *Suite Vollard* de Picasso, exposée à la Galería Theo de Madrid pour les quatre-vingt-dix ans du peintre. Des attaques similaires furent menées contre des librairies madrilènes, comme Rafael Alberti, Antonio Machado, Visor et Cultart, où étaient vendus des ouvrages d'auteurs de gauche[128]. Ces actions furent largement condamnées par les intellectuels, et même par la presse conservatrice, qui critiqua la destruction « honteuse et stupide » des œuvres de Picasso[129]. Mais, en contraste avec le traitement qu'il réservait aux protestataires de gauche, le gouvernement évita de réagir trop durement à ces actes de violence perpétrés par ses plus fervents défenseurs, même si certains des agresseurs furent finalement punis[130].

Malgré tous ces signes d'agitation publique, les dernières années de la dictature furent marquées par une amélioration spectaculaire des conditions de vie. En 1960, seuls 1 % des ménages possédaient un téléviseur, 4 % un réfrigérateur, 4 % une voiture et 12 % un téléphone ; en 1976, 90 % avaient un téléviseur, 87 % un réfrigérateur, 49 % une automobile et 44 % le téléphone[131]. Dans les années 1970, l'économie espagnole avait adopté un modèle où les activités de service jouaient un rôle beaucoup plus important. Comme l'indique Longhurst : « Au moment de la mort de Franco en novembre 1975, l'Espagne était une société de consommation moderne, très proche du reste de l'Europe de l'Ouest[132]. »

Cette actualisation de l'économie et des modes de consommation, ainsi que l'accroissement généralisé du niveau de vie, tout en ramenant l'Espagne au niveau des autres pays riches, eurent aussi un impact sur la sphère artistique. Le marché de l'art se consolida et les différentes tendances artistiques se diversifièrent, en résonance avec les développements d'une avant-garde orientée vers l'étranger. Toutes les tendances, représentées par des artistes internationaux de renom, furent réunies lors des Encuentros de Pamplona (Rencontres de Pampelune), du 26 juin au 3 juillet 1972. Cet événement, financé par le mécénat privé de la famille Huarte, rassembla pendant une semaine des expositions, des conférences, des performances et des concerts, afin de former un *melting-pot* de toutes les avant-gardes nationales et internationales. Il fut organisé par le compositeur Luis de Pablo et le peintre José Luis Alexanco. L'exposition mêlait un groupe d'artistes internationaux reconnus comme Christo, Joseph Kosuth, Dennis Oppenheim et John Cage, les tendances expérimentales espagnoles les plus récentes comme l'art conceptuel, l'op art, la performance, ainsi que la musique contemporaine et la danse[133]. L'interdisciplinarité de l'événement était censée surmonter la séparation traditionnelle entre les arts, soulignant les connexions entre les scènes artistiques nationales et internationales, entre les différentes formes d'art et entre les spectateurs. Malgré leur objectif avant-gardiste, ces Rencontres ne furent toutefois soutenues ni par le régime, ni par l'opposition antifranquiste. L'État voyait d'un mauvais œil les œuvres expérimentales, tandis que les dissidents les trouvaient trop inoffensives et sages. Les participants et les défenseurs des avant-gardes étaient donc confrontés à tous ces défis dans le contexte socio-politique du franquisme tardif[134].

En 1973, l'état de santé précaire de Franco entraîna de nouveaux remaniements au sein du gouvernement, afin de garantir la perpétuation de son conservatisme après sa mort. Le dictateur mit en avant l'amiral Luis Carrero Blanco, qui occupait la fonction de vice-président depuis 1967. En juin 1973, il fut nommé Premier ministre de l'Espagne – un poste créé après quarante ans d'un pouvoir occupé uniquement par Franco. Mais le 20 décembre, quelques mois après sa nomination, Carrero Blanco fut assassiné de façon spectaculaire : des membres de l'ETA firent exploser une gigantesque bombe qu'ils avaient placée sous la rue où sa voiture personnelle passait tous les jours[135]. Sa mort priva le gouvernement d'un leader fort. Son successeur au poste de Premier ministre, Carlos Arias Navarro, prit ses distances avec la politique dure de son prédécesseur en proposant de (très) timides réformes. Mais cette stratégie politique prétendument différente était plutôt une « transition simulée[136] » qui ne répondait pas aux exigences de la société.

Alors que le régime et son dictateur vieux et malade ne semblaient plus tenir qu'à un fil, l'opposition débattait déjà sérieusement d'un avenir post-franquiste et des possibilités de transformer l'État[137]. Après la mort de Franco, le 20 novembre 1975, un réformisme contrôlé finit par s'enclencher et la période de « transition » commença, alors que les structures du régime étaient toujours en place. Puisque le processus était encadré par les institutions déjà existantes, la participation des élites politiques du régime franquiste était assurée. Adolfo Suárez, qui avait occupé dans le gouvernement d'Arias Navarro le poste ministériel de secrétaire général du Mouvement, y joua un rôle central : en 1976, il fut nommé président par le roi Juan Carlos Ier, et chargé de développer le projet de réforme politique. Il dépendait à la fois du soutien des franquistes et de la tolérance des mouvements d'opposition – un consensus délicat entre diverses forces politiques dont certaines s'étaient, au cours de l'histoire, violemment combattues : le gouvernement, la vieille garde du régime et les différents courants de l'opposition démocratique, dont les socialistes et les communistes. Les partis politiques et les syndicats furent légalisés en 1977, et en juin se tinrent les premières élections démocratiques après plus de quarante ans de dictature. Suárez, le leader d'une coalition de groupes de centre droit qui firent campagne ensemble sous le nom d'Unión de Centro Democrático (UCD), devint le premier président démocratiquement élu, avec une quasi-majorité de sièges au Congrès[138]. Ce fut le début d'une ère nouvelle.

Les processus exposés ici étaient, nous l'avons vu, liés à l'activation de divers secteurs sociaux et de forces culturelles qui s'étaient développés sous le franquisme tardif. Dans ce contexte, le champ artistique avait proposé un espace où un débat critique permettait de contester les fondements normatifs, idéologiques et esthétiques du régime, afin de créer une imagerie culturelle et politique plurielle et pro-démocratique. Comme l'illustreront les chapitres suivants, le rôle que joua l'avant-garde dans ces transformations dut beaucoup à un groupe de jeunes critiques d'art (Aguilera Cerni, Giménez Pericás, Moreno Galván, Cirici, Llorens, Bozal et Marchán), ouverts à l'internationalisation et à la rénovation de leurs moyens intellectuels, et désireux d'élargir leurs bases théoriques.

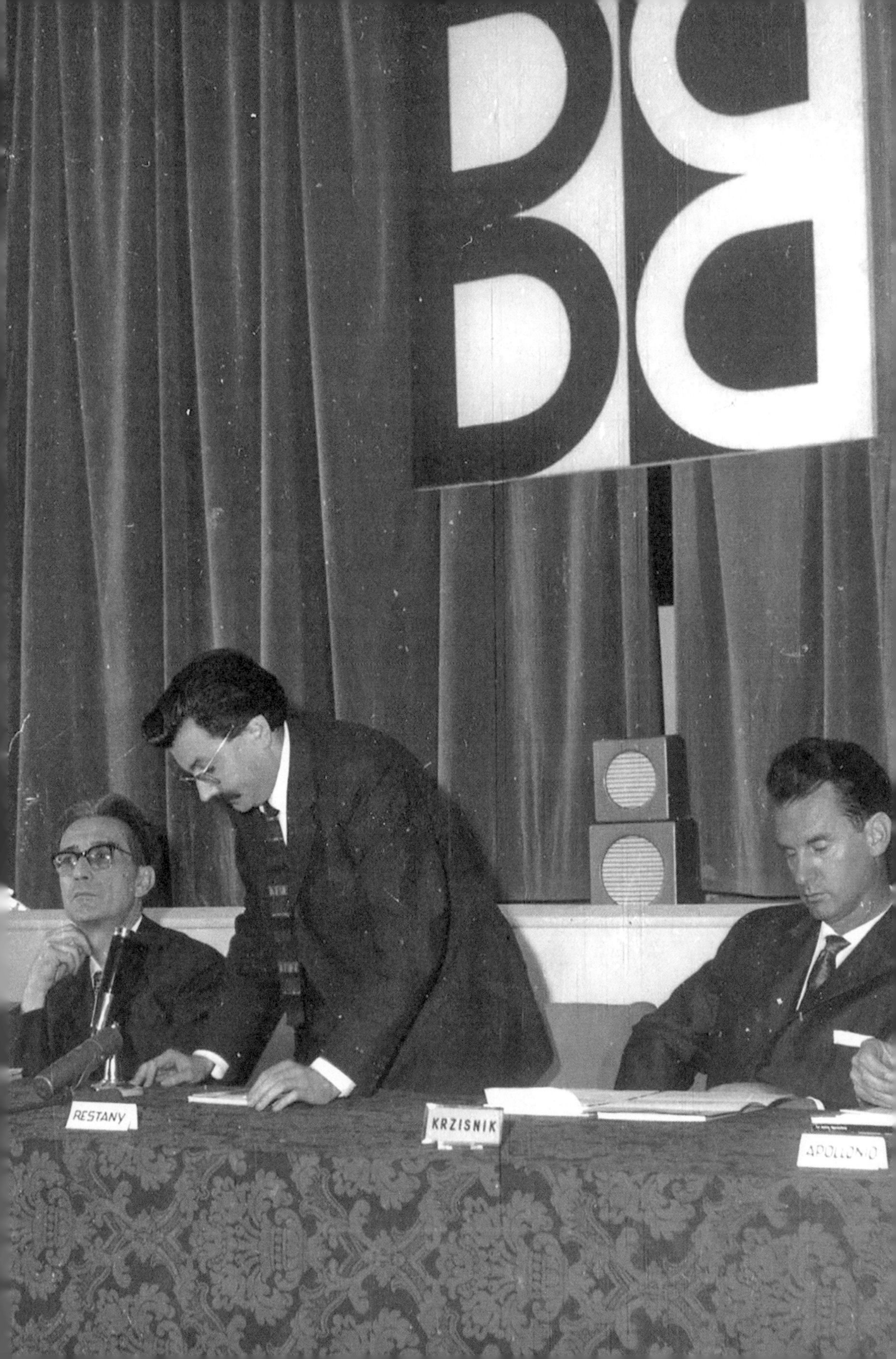
RESTANY
KRZISNIK
APOLLONIO

CHAPITRE 3
Critiques et réseaux : la prise en charge de la critique militante

« Si la critique d'art existe réellement, alors j'appartiens à sa version la plus engagée et la plus partisane[1]. »

Antonio Giménez Pericás

« Je ne vois pas de différence entre le potentiel créatif de la critique et celui des autres genres littéraires[2]. »

Vicente Aguilera Cerni

À partir de 1957, avec la fin de l'autarcie, les échanges et les collaborations avec des collègues étrangers au sein de réseaux professionnels se multiplièrent. Les passeports étant attribués de façon plus souple et les frontières s'ouvrant plus largement, les artistes et les critiques d'art espagnols en profitèrent. Ils commencèrent à voyager, mus par la curiosité culturelle, les ambitions idéologiques et le désir de se lier avec l'avant-garde internationale.

Les critiques d'art espagnols se rendirent dans divers pays européens ainsi que sur le continent américain ; ils établirent assez vite des échanges fertiles avec leurs collègues étrangers, intégrant ainsi la communauté internationale de la critique d'art (ill. 50). Leurs points de vue s'élargirent donc, assimilant peu à peu les pratiques artistiques, les théories et les méthodes venues de l'étranger. Ces liens étaient vitaux pour le renouvellement de leurs outils théoriques et leur conception de l'activité critique comme activité militante. En réalité, ce modèle critique particulier, appelé critique militante, se répandit dans toute l'Europe au cours des années 1960. En France, Pierre Restany en était l'un des meilleurs exemples[3]. En Italie, Giulio Carlo Argan, qui défendait un rôle actif pour le critique d'art dans les sphères sociales, politiques et artistiques, fut l'un de ses principaux représentants. En Espagne, les critiques Vicente Aguilera Cerni, Antonio Giménez Pericás, Tomàs Llorens, Valeriano Bozal et Simón Marchán, qui étaient tous en contact avec leurs collègues cités ci-dessus, décidèrent d'assumer un rôle partisan et de « guider » l'avant-garde en participant à des groupes artistiques en tant que théoriciens et idéologues. Dans ce sens, « militant » était surtout compris comme une prise de position en faveur de mouvements artistiques nouveaux avec un engagement fort à côté des artistes. Mais il existait beaucoup de variantes au sein même de ce modèle critique, ce qui a permis de rassembler des intellectuels aux idéologies éloignées (de la gauche à la droite). L'éventail allait du marxisme au socialisme et/ou à l'anarchisme, ou même à des positionnements bien moins politisés[4].

En Espagne, la prise de position active dans les tendances artistiques d'avant-garde était associée à un engagement de gauche et antifranquiste, où le terme « militant » prenait tout son sens. Les Espagnols considéraient la

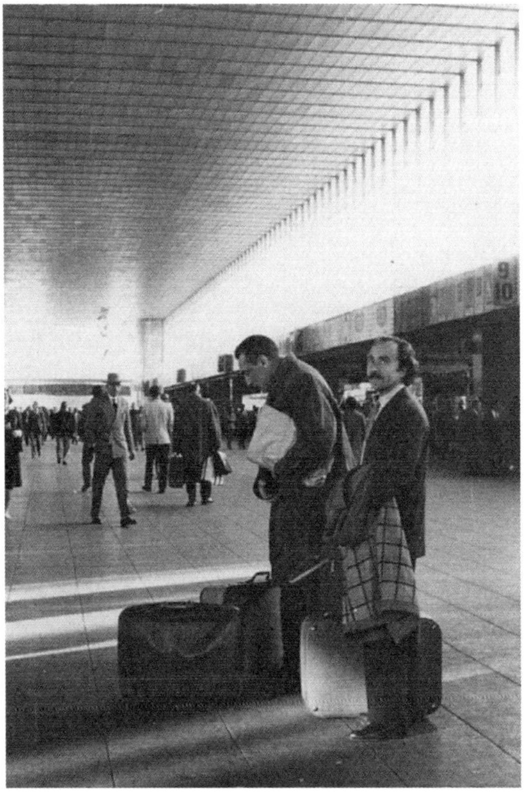

50 Vicente Aguilera Cerni (avec le peintre Salvador Soria) dans un aéroport, années 1950

critique comme une activité créatrice à part entière, particulièrement impliquée dans le champ socio-politique. En soutenant les tendances artistiques, en les théorisant, en se joignant à elles, et parfois même en les pilotant, les critiques espagnols purent participer à la création et au développement de mouvements d'avant-garde artistique, ce qui permit à ces derniers de renforcer leur position idéologique. Enfin, ils devinrent ouvertement antifranquistes et diffusèrent cette idéologie hors des frontières du pays. Grâce à leurs contacts à l'étranger, ils acquirent une position privilégiée à partir de laquelle ils ne se contentèrent pas de se raccorder aux nouveaux discours esthétiques et aux mouvements d'avant-garde, mais firent de leurs publications à l'étranger des plates-formes pour dénoncer le caractère répressif de la dictature auprès de la communauté internationale. Ainsi, pour eux, en tant qu'intellectuels engagés contre la dictature, le soutien à l'avant-garde allait main dans la main avec l'activisme culturel et politique.

Réseaux critiques

En 1958, lors de la XXIXe Biennale de Venise où l'art espagnol fut mondialement salué, un critique d'art valencien relativement inconnu, Vicente Aguilera Cerni, remporta le Prix international de la critique d'art. Non seulement cette récompense prestigieuse – qu'avait également reçue Pierre Restany, parmi d'autres critiques d'art émergents – accrut la réputation du jeune Espagnol[5], mais elle lui permit aussi d'exposer ses pensées à un plus large public, celui de la scène internationale[6]. Dès lors, il eut accès à divers réseaux intellectuels et artistiques européens, et devint l'un des critiques d'art espagnols les plus internationaux (voire le plus international) du franquisme tardif.

Mais Aguilera Cerni n'était pas le seul protagoniste dans cette intensification des échanges intellectuels internationaux dans le champ de l'art. À partir de 1959, José María Moreno Galván, Alexandre Cirici et Giménez Pericás, ainsi que plus tard Tomàs Llorens, Valeriano Bozal et Simón Marchán, se tournèrent eux aussi de plus en plus vers l'étranger. Ils voyagèrent en France, en Italie, en Allemagne, au Royaume-Uni, en Finlande, en Israël et aux Amériques, afin d'entrer en contact avec le monde de l'art et de briser l'isolement qu'ils avaient subi pendant la période autarcique. Ils nouèrent des relations avec divers intellectuels européens ou américains (historiens et critiques d'art, écrivains ou philosophes), tels les Italiens Lionello Venturi, Giulio Carlo Argan, Umbro Apollonio, Mario de Micheli, Bruno Zevi et Gillo Dorfles, les Français Pierre Restany et Pierre Francastel, le Britannique Herbert Read, le philosophe allemand Max Bense, les Argentins Jorge Romero Brest et Jorge Glusberg, ainsi que l'Hispano-Mexicain Adolfo Sánchez Vázquez.

La France et l'Italie, et tout particulièrement Rome, Venise et Paris, étaient les premiers choix de destination des Espagnols[7]. La proximité géographique, une barrière linguistique moindre, les liens avec les écrivains et les artistes exilés, notamment, les poussaient à s'y rendre.

La France était un objet de fascination, et il devint pratiquement obligatoire, pour les membres de l'avant-garde espagnole, de visiter Paris. L'Espagne et la France étaient historiquement liées : si au XVIIIe siècle la famille royale des Bourbons avait introduit le goût français à la cour espagnole, la capitale française avait été au XIXe siècle la destination principale des artistes, des critiques, des écrivains et des intellectuels qui désiraient entrer en contact avec l'art moderne. Lorsque l'Espagne franquiste commença enfin à s'ouvrir, quelques modestes bourses proposées par l'Institut français et le Syndicat étudiant franquiste (SEU) offrirent une aide financière pour visiter Paris. Les critiques d'art Vicente Aguilera Cerni, Alexandre Cirici et Julián Gállego ainsi que les artistes Eusebio Sempere et Pablo Palazuelo profitèrent de ce soutien. Mais de nombreux Espagnols, tels Agustín Ibarrola et Ángel Duarte (futurs membres d'Equipo 57), n'hésitèrent pas à tout simplement acheter un billet de train pour la France sans aucune aide financière. Les artistes et critiques étaient extrêmement motivés, car à Paris ils pouvaient découvrir les nouvelles tendances artistiques, visiter les artistes, les musées et les galeries, et se renseigner sur les mouvements d'avant-guerre, très peu connus en Espagne. La Segunda Escuela Española de París (Deuxième École espagnole de Paris), comme la baptisa Moreno Galván en 1960, était déjà bien établie dans les années 1950 ; elle constituait une référence importante pour les nouveaux venus tout autant que pour le célèbre Pablo Picasso[8]. Mais des critiques, historiens et marchands d'art, tels Pierre Francastel, Jean Cassou, Jacques Lassaigne, Pierre Restany, Jean-Raoul Moulin, Francisco Fernández Santos et Denise René, faisaient également partie du paysage.

Ces acteurs ouvrirent l'accès à des réseaux qui aidèrent les Espagnols à s'approprier et à négocier leur rapport avec les avant-gardes historiques et les tendances artistiques émergentes. De plus, les liens que nouèrent les critiques d'art et les artistes avec les cercles de dissidents en exil concoururent, comme l'expliqua Agustín Ibarrola, à développer « une prise de conscience pour le retour en Espagne, afin d'y combattre professionnellement et démocratiquement en tant qu'antifascistes[9] ». Après tout, la France était la destination européenne de l'exil républicain espagnol, son Parti communiste était puissant et sa capitale était un symbole dans l'imagerie d'avant-garde depuis le XIXe siècle. Les critiques espagnols établirent des contacts avec les réseaux antifranquistes *via* différentes plates-formes, comme les Partis communistes français et espagnol, la maison d'édition parisienne Ruedo Ibérico[10] et l'Asociación de Artistas Españoles Residentes en París (Association des artistes espagnols résidant à Paris). Gérée par le critique d'art Arnau Puig pendant les années 1950-1960, celle-ci était une collaboration entre (et un réseau de résistance pour) les artistes et les critiques d'art qui vivaient ou étaient de passage à Paris. C'est par ce biais qu'Aguilera Cerni, Eva Forest, Ricard Salvat, Maria Aurèlia Capmany et Mari Luz Bellido (l'épouse de l'artiste Ibarrola, qui était emprisonné à ce moment-là) furent invités à participer au Congrès mondial pour la paix d'Helsinki en 1965[11].

La seconde moitié des années 1960 vit encore plus d'échanges entre les intellectuels français et espagnols. Par exemple, à travers sa collaboration étroite avec Equipo Crónica, Tomàs Llorens était entré en relation avec le mouvement de la « Figuration narrative » mené par le critique d'art Gérald Gassiot-Talabot[12]. Ce lien avait sans doute été initié par le peintre espagnol Eduardo Arroyo lorsqu'il était membre de la Figuration narrative et qu'il vivait entre

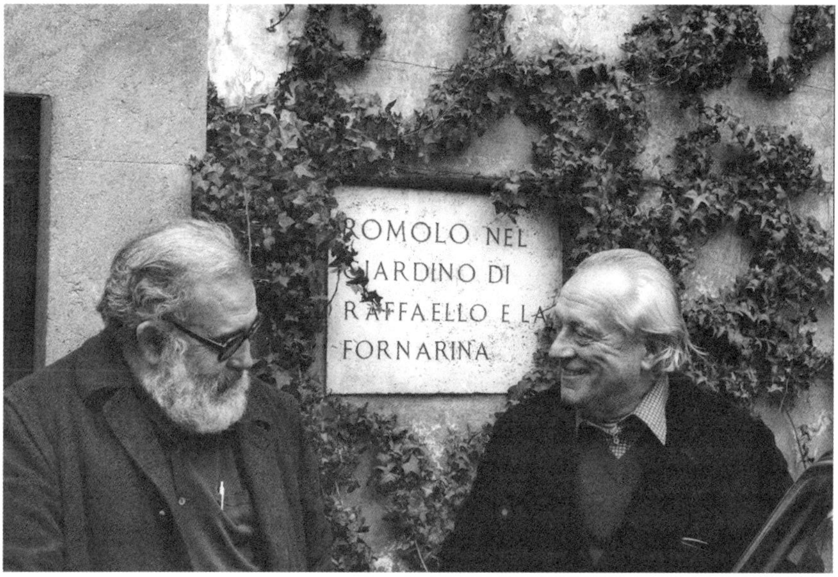

51 José María Moreno Galván et l'écrivain Rafael Alberti à Rome, date inconnue

Paris et Rome. Il avait de nombreux contacts au sein de l'avant-garde espagnole et finit par devenir le médiateur entre les Espagnols du mouvement français et les intellectuels de la revue de gauche *Opus international*.

Tout comme la France, l'Italie avait longtemps été une référence politique, spirituelle et artistique pour l'Espagne. Elle était, entre autres, le siège de l'Église catholique, ce qui la liait à la péninsule Ibérique. La relation particulière qui unissait les deux pays remontait à la fin du XVe siècle, lorsque le pape Alexandre VI accorda à Isabelle et Ferdinand les titres honorifiques de Rois Catholiques, et elle fut encore renforcée par leurs descendants Charles Quint et surtout Philippe II pendant la Contre-Réforme. Depuis la Renaissance, par ailleurs, l'Italie avait fasciné les artistes espagnols, et les arts italiens avaient eu une influence considérable sur la production artistique espagnole. La seconde moitié du XXe siècle vit un renouvellement du prestige de l'Italie dans le monde de l'art : elle était désormais une destination attirante pour tous ceux qui désiraient entrer en contact avec les langages et les idéologies modernes dans le champ des arts visuels et du cinéma. Les critiques d'art Aguilera Cerni, Cirici et Moreno Galván, par exemple, ainsi que les artistes et les intellectuels les plus avant-gardistes, visitèrent donc l'Italie, et surtout Rome et Venise (ill. 51). Venise tout particulièrement, avec sa Biennale, était devenue le point de rendez-vous des tendances artistiques contemporaines en Europe, et cet événement était si important que les artistes et les critiques espagnols faisaient en sorte de ne pas le manquer.

Les Espagnols cultivaient de nombreux liens avec l'Italie, notamment au début de la construction de leurs réseaux à l'étranger. Par conséquent, c'est dans ce pays que se présentèrent la plupart des occasions de participer aux débats esthétiques internationaux contemporains[13]. Après la défaite des républicains lors de la guerre civile, les intellectuels de la gauche italienne restèrent toujours préoccupés par la dictature en Espagne[14]. Beaucoup d'entre eux s'intéressaient à la perspective idéologique des critiques espagnols et soutenaient leurs initiatives artistiques. Giulio Carlo Argan était l'une des principales figures, et il devint une référence intellectuelle pour la critique et l'art espagnols. Cet intellectuel à la renommée internationale était un historien de l'art engagé, qui exerçait à l'université de La Sapienza de Rome et qui, pendant le fascisme et la guerre, avait officié en tant que fonctionnaire des monuments historiques et avait contribué à leur préservation[15]. Sa conception de l'histoire de l'art était « lié[e] à des problèmes philosophiques et aussi à des problèmes de politique[16] ». Cette vision convenait parfaitement aux Espagnols qui, comme nous le verrons, devaient soutenir la mise en relation de l'art et de l'idéologie, et la participation des arts au mouvement de résistance[17] contre la dictature. L'impact d'Argan sur la critique d'art espagnole fut encore renforcé par Aguilera Cerni, qui faisait de lui son « mentor absolu[18] ». Argan avait fait entrer Aguilera dans son cercle, et c'est d'ailleurs par son intermédiaire que ce dernier put établir bon nombre de ses contacts internationaux en Italie comme à l'étranger. Parmi ces contacts figuraient des personnalités du monde de la culture italien comme le directeur des Archives de la Biennale de Venise, Umbro Apollonio ; la directrice de la Galeria Nazionale d'Arte Moderna di Roma, Palma Bucarelli ; les critiques d'art Nello Ponente et Lea Vergine ; ainsi que les Français Pierre Restany et Pierre Francastel (ill. 52). D'autres liens furent noués avec des membres de la gauche artistique antifasciste, qui voyaient dans le cas espagnol un champ de bataille de premier ordre dans la lutte continuelle pour la liberté. Parmi eux, on citera les artistes Emilio Vedova et Renato Guttuso, ainsi que l'historien de l'art Lionello Venturi. Ce dernier avait dû démissionner de ses fonctions à l'université de Rome en 1931 à cause de son opposition à Mussolini ; il quitta l'Italie pour Paris, puis New York. Après la Seconde Guerre mondiale, il revint en Italie, d'où il soutint le mouvement antifranquiste en Espagne[19].

Tout comme Aguilera, les critiques espagnols José María Moreno Galván, Antonio Giménez Pericás et Alexandre Cirici nouèrent eux aussi des liens avec le cercle d'Argan. Ce réseau intellectuel joua un rôle central dans l'intégration

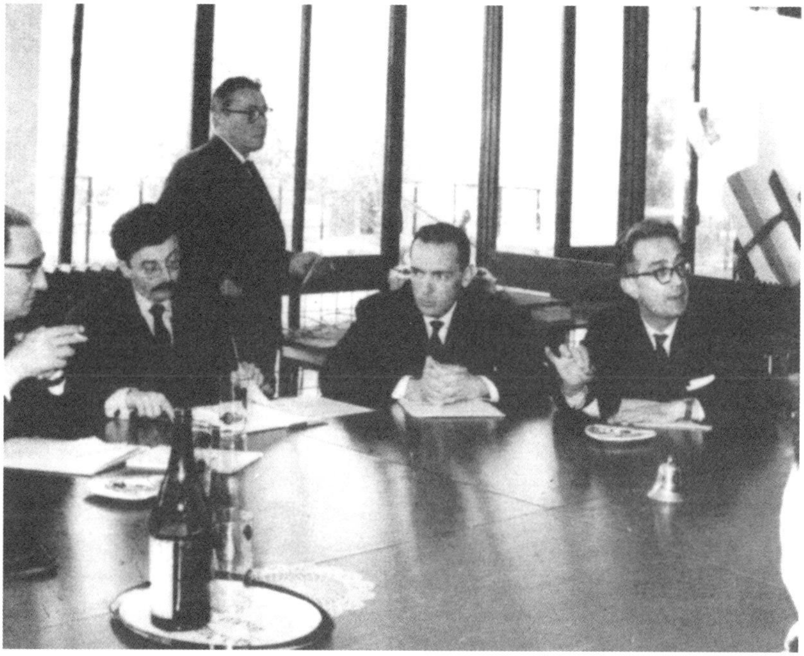

52 Pierre Restany, Vicente Aguilera Cerni et Giulio Carlo Argan (assis) pendant les délibérations du jury du prix de Lissone, 1959

des Espagnols aux débats artistiques internationaux, mais d'autres liens se tissèrent également. Ainsi Cirici et le cercle de l'École de design et d'art Eina dialoguèrent-ils avec le Gruppo 63, un rassemblement littéraire, artistique et philosophique. Ce groupe réunissait des représentants d'une néo-avant-garde expérimentale qui appliquait des concepts structuralistes à la production artistique. Certains de ses membres, tels Gillo Dorfles, Umberto Eco et Edoardo Sanguineti, s'intéressaient particulièrement à la « *especificidad de los lenguages artísticos* » (la spécificité des langages artistiques). Cette question devint essentielle pour plusieurs intellectuels espagnols, et fut par exemple approfondie dans les analyses de Cirici, Llorens, Bozal et Marchán[20].

Ces réseaux informels, pour la plupart fondés sur des initiatives personnelles et des amitiés, regroupaient des personnes souvent mues par une volonté politique. Du fait des sympathies envers l'Espagne qui s'étaient développées pendant les années d'autarcie, de nombreux projets furent influencés par les liens entre l'intelligentsia italienne et le Parti communiste italien (PCI), qui était à l'époque une des organisations communistes les plus influentes en

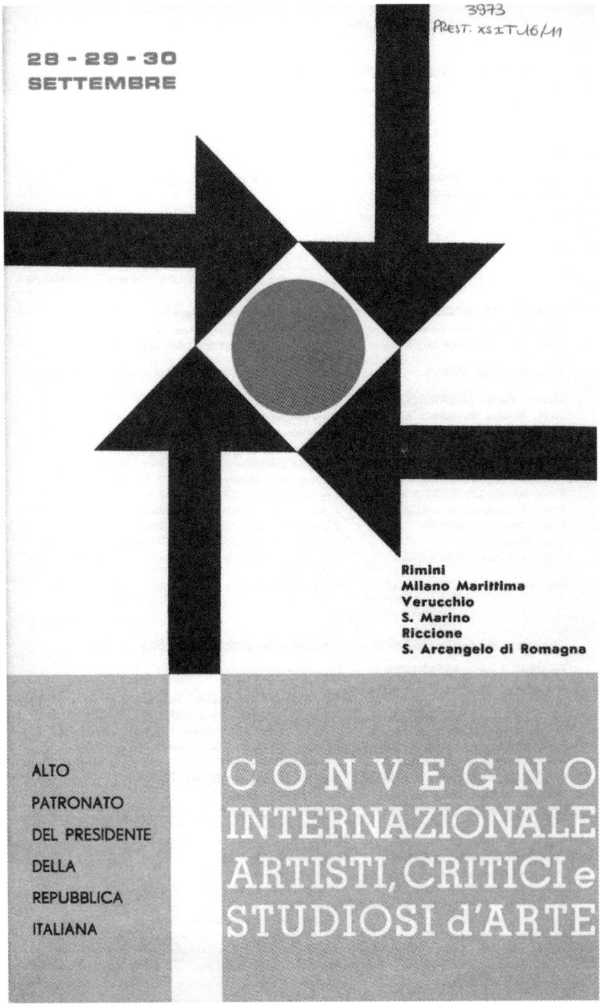

53 Première page du dépliant du programme du XIIe Congrès international des artistes, critiques et historiens de l'art, en Italie, 28-30 septembre 1963

Europe de l'Ouest. Cette force politique deviendrait une référence pour la gauche espagnole et un acteur de poids dans la lutte culturelle et idéologique contre la dictature. À la suite d'Antonio Gramsci et de ses *Quaderni del carcere*, le PCI insistait sur l'importance de la culture, fondamentale dans l'idéologie de résistance que développa le Parti pendant les années 1960[21]. Sous Luigi Longo et son prédécesseur Palmiro Togliatti, le PCI soutenait activement la dissidence culturelle (et politique) espagnole. En 1963, par exemple, parut pour la première fois la revue *Realidad*, publiée en Espagne. Elle avait été créée par le PCI afin de donner une voix aux intellectuels, politiques, artistes et critiques d'art dissidents espagnols[22].

D'autres organisations aux intentions analogues virent le jour. Ainsi un Centro di Iniziative per la Libertà della Spagna fut-il fondé à Rome dans les années 1960, avec l'objectif affiché de soutenir la résistance contre la dictature parmi les intellectuels, les politiques et les artistes[23]. Toutes ces plates-formes permirent aux critiques d'établir des contacts avec les réseaux communistes et antifranquistes, y compris avec leurs compatriotes exilés, tels les écrivains communistes Rafael Alberti et María Teresa León[24], ou les artistes José García Ortega, Eduardo Arroyo, Antonio Bueno, Jorge Ballester et Joan Cardells.

Les liens que nouèrent les critiques espagnols furent encore renforcés par leur participation à des congrès et à des associations professionnelles, particulièrement les Convegni Internazionali di Artisti, Critici e Studiosi d'Arte (Congrès internationaux d'artistes, de critiques et d'historiens de l'art) à Rimini, en Italie, mais aussi l'Association internationale de la critique d'art (AICA, siégeant à Paris). Les Convegni et l'AICA étaient des plates-formes importantes, spécifiquement créées pour les artistes et surtout les critiques, donnant aux Espagnols l'occasion de dialoguer avec leurs collègues européens et d'acquérir des connaissances et de nouveaux outils intellectuels pour développer leur approche de l'art moderne au cours des années 1960.

On peut faire remonter les débuts des Convegni Internazionali di Artisti, Critici e Studiosi d'Arte à l'initiative du peintre Gerardo Filiberto Dasi dans les années 1950 (ill. 53)[25]. Ces réunions professionnelles qui se déroulaient dans la petite ville de Verucchio, près de Rimini, étaient l'occasion de discuter de la nature idéologique de l'avant-garde et du caractère militant de la critique qui intéressaient tant les critiques espagnols. Elles devinrent avec le temps des rencontres internationales entre intellectuels et artistes en contact étroit avec Argan, qui présida à ces réunions de 1963 à 1970[26]. À ce moment-là, il exerçait aux yeux de certains une telle influence que le critique d'art Tommaso Trini, dans les colonnes de la revue milanaise *Domus*, donna le surnom ironique d'« Arganville » au congrès[27].

Ces conventions attiraient et réunissaient des artistes, des critiques et des philosophes venus des deux côtés du rideau de fer et de champs disciplinaires aussi variés que l'histoire de l'art, la critique, l'esthétique, les beaux-arts et la cybernétique[28]. Parmi les participants figuraient des critiques et des historiens de l'art comme Pierre Restany, Pierre Francastel, Renato Barilli, Nello Ponente, Palma Bucarelli, Mario de Micheli, Silvio Ceccato, ou les philosophes Ernst Fischer et Abraham Moles. Les critiques d'art comme Aguilera Cerni, Cirici et Moreno Galván, ainsi que les artistes Ángel Duarte, Andreu

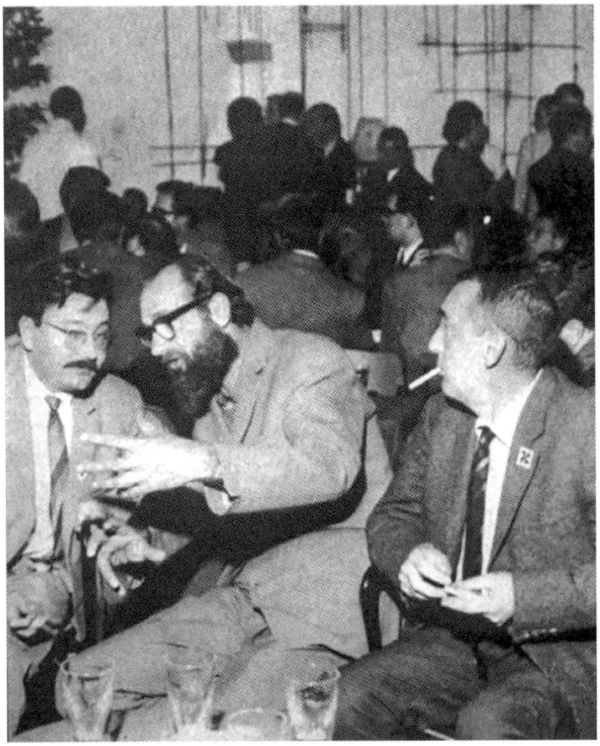

54 Pierre Restany, Emilio Vedova et Vicente Aguilera Cerni au XIIe Convegno Internazionale di Artisti, Critici e Studiosi d'Arte, à Verucchio (Rimini), 1963

Alfaro, Fernando Bueno, Eduardo Arroyo, Jorge Oteiza, Antoni Tàpies et Juan Genovés, contribuèrent régulièrement à la programmation et aux discussions des Convegni (ill. 54)[29].

Pour les Espagnols, ce forum offrait la parfaite représentation de l'*intellectuel engagé* qui, au sens sartrien, a la responsabilité de participer à l'histoire. Ainsi les concepts sartriens d'« engagement », de « liberté », de « responsabilité », de « témoigner », développés dans les essais du philosophe français comme *Qu'est-ce que la littérature ?*, exercèrent-ils une grande influence sur les cercles culturels en Espagne, et cela se manifestait dans les conférences et les participations des Espagnols[30]. Même si les sujets débattus changeaient à chaque nouvelle édition, le fait que les congrès aient d'abord été organisés par Dasi, puis, à partir de 1963, présidés par Argan, leur assurait une continuité idéologique. Ils se

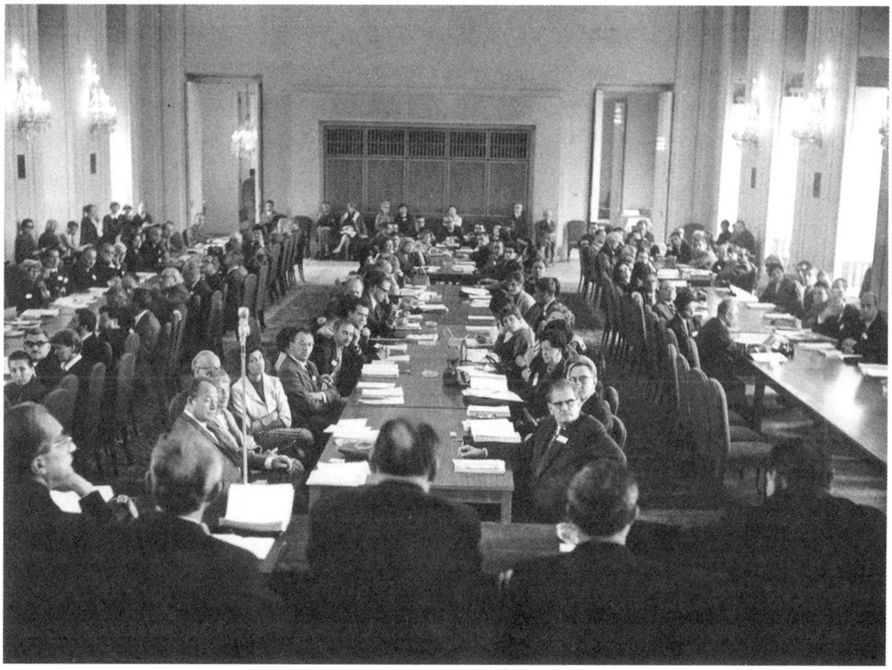

55 La 18e Assemblée générale de l'AICA lors du IXe Congrès de l'AICA, Prague, 2 octobre 1966

centraient systématiquement sur des axes théoriques, comme la relation entre art et idéologie, la représentation de la critique d'art comme activité créatrice et militante, les liens entre art et technologie, ou la définition d'une avant-garde qui pourrait aider à renverser l'aliénation produite par la société néocapitaliste[31]. Ils revêtirent une importance toute particulière après la crise de l'art informel en 1962 et permirent aux critiques d'art d'explorer ce qu'ils appelaient un « art populaire moderne », où se rejoindraient expérimentation plastique de l'avant-garde et positionnement idéologique[32]. Ainsi la critique d'art espagnole forgea-t-elle largement son identité. Une avant-garde expérimentale autant que sociale sous-tendait les contributions espagnoles depuis le début, comme le prouve la conférence donnée par Aguilera Cerni en 1961, « Axiología, crítica y vida » (Axiologie, critique et vie), qui sera analysée dans les prochaines pages[33].

Comparée aux Convegni – réunions annuelles dans un contexte européen –, l'AICA offrit un réseau plus large, et ses congrès étaient des plates-formes à la portée plus internationale. Avec sa vision géographique élargie (et une forte représentation des pays hispanophones du Sud), elle se montra moins politiquement orientée que les conventions annuelles à Verucchio. Fondée en 1948 en tant qu'association professionnelle, élevée au rang d'ONG et reconnue par l'UNESCO dès l'année suivante, l'AICA comprenait déjà en 1960 plusieurs sections nationales et, dans la décennie qui suivit, elle devint un important lieu d'échanges professionnels pour les critiques d'art du monde entier (ill. 55).

Dès le départ, l'objectif de l'AICA était d'« accroître la coopération internationale dans le monde des Arts plastiques (peinture, sculpture, arts graphiques et architecture). Son intention [était] de protéger les intérêts moraux et professionnels de ses membres à l'international ainsi que d'encourager les échanges culturels internationaux[34] ». L'organisation d'ensemble était gérée par un comité central à Paris, mais ses membres devaient adhérer par le biais de leur section nationale ; ils avaient ensuite la possibilité de travailler avec diverses commissions transnationales. Grâce à ses congrès qui avaient lieu tous les ans dans différentes villes des blocs de l'Est et de l'Ouest (Munich en 1961, Mexico en 1962, Tel-Aviv en 1963, Venise en 1964, Prague en 1966), l'AICA offrait, en pleine guerre froide, la possibilité d'échanges intellectuels et professionnels malgré le Rideau de fer[35].

Ce forum de discussion des sujets artistiques et culturels était l'occasion rêvée pour les Espagnols d'intégrer un réseau professionnel mondial. Dès 1960, étant donné son influence et ses contacts dans le milieu de la critique espagnole, Aguilera Cerni avait été sollicité par ses collègues internationaux pour inciter les critiques espagnols à adhérer à l'AICA[36]. Ainsi fut créée en 1961 sa section espagnole, l'Asociación Española de la Crítica de Arte (AECA) ; le critique et historien de l'art José Camón Aznar, rédacteur en chef de la revue *Goya* et critique pour le journal conservateur *ABC*, en devint le premier président[37]. Mais, malgré la possibilité de se lier avec les collègues à l'étranger, l'AECA ne parvint jamais à déployer l'activisme dynamique qu'exigeait sa charte fondatrice. Même si la section espagnole essaya d'honorer ses engagements, et si ses membres étaient rapidement informés de toutes les activités de l'AICA, seul Cirici était constamment en relation avec le bureau international. Une des raisons de ce manque d'implication semble être que l'AECA devait rester apolitique et en bons termes avec le régime. Aguilera Cerni la quitta en 1961 (pendant le congrès de l'AICA à Munich) et entra à la « Section libre » de l'AICA[38]. Comme il l'expliqua dans une lettre à Argan, les raisons en étaient politiques : à ses yeux, la section espagnole était « dominée par des fascistes » et les libres-penseurs n'osaient pas y prendre ouvertement position, ce qui la rendait peu utile[39]. La Section libre – une section non nationale – procura beaucoup plus de liberté à Aguilera Cerni, ce qui lui permit, entre autres, d'aider ses collègues persécutés par le régime franquiste[40].

Le réseau de l'AICA et le caractère nomade de ses congrès et de ses réunions intercontinentales confrontèrent les critiques à un certain nombre de questions, de lieux, de voix et de théories. Aguilera Cerni et Cirici étaient les membres espagnols les plus actifs au cours des années 1960. En 1964, trois ans après qu'Aguilera Cerni eut rejoint la Section libre, il fut élu au bureau international de l'AICA. Cirici, qui devait rester un membre actif de la section espagnole, devint président de l'association en 1978[41]. D'autres critiques, tels José María Moreno Galván, Alberto del Castillo, Juan Antonio Gaya Nuño, Carlos Antonio Areán, Cesáreo Rodríguez Aguilera et Rafael Santos Torroella, participèrent de manière sporadique aux activités et aux congrès de l'AICA sous le franquisme tardif[42].

Les contacts noués à travers ces réseaux permirent aux critiques militants espagnols de publier dans diverses revues. Par exemple, Aguilera Cerni publia régulièrement dans les revues italiennes *D'Ars Agency*, *I 4 Soli* et *L'Europa Letteraria*, alors que Cirici trouva dans la revue britannique *The Studio International* une structure qui pouvait diffuser ses idées. De plus, Cirici se lia à la Communauté européenne des écrivains et à l'éditeur suisse Skira[43]. Des critiques comme Pericás, Moreno et Llorens publièrent également à un niveau international, contribuant à différents catalogues et à des publications latino-américaines[44].

Outre leurs collaborations à des journaux étrangers, les critiques d'art espagnols rejoignirent, à partir des années 1960, les comités d'organisation d'événements artistiques internationaux. Aguilera Cerni, qui avait fait partie du comité des critiques d'art à la Biennale de Venise en 1960[45], fut membre du comité d'organisation des Biennales d'art de Saint-Marin en 1963 et 1967[46]. Dès 1963, Alexandre Cirici s'impliqua de plus en plus dans le monde de l'art international, en participant au jury de la Biennale de Coltejer (Colombie), par exemple, ou en collaborant à des expositions en Allemagne, aux Pays-Bas ou aux États-Unis[47]. Le critique Moreno Galván fut le commissaire de plusieurs expositions au Chili et l'un des principaux instigateurs de la création du musée de la Solidarité à Santiago[48]. À la fin de la dictature, en 1976, Llorens, Bozal et Marchán étaient à la tête du comité de curateurs pour la contribution espagnole à la Biennale de Venise, ce qui leur permit d'évaluer les processus créatifs de l'avant-garde sous le franquisme pour le compte de l'une des scènes internationales les plus prestigieuses[49].

La participation croissante des critiques d'art espagnols aux expositions étrangères et aux aventures éditoriales n'était pas unilatérale. Les liens qui se tissaient étaient réciproques et, à partir de 1967, ils furent d'une certaine façon *institutionnalisés* dans la péninsule Ibérique. Aguilera Cerni, par exemple, fit entrer un groupe de collègues internationaux venus de l'AICA au comité de rédaction de la revue *Suma y sigue del arte contemporáneo*. Des intellectuels étrangers comme Umbro Apollonio, Giulio Carlo Argan, Sigfried Giedion, Jacques Lassaigne, Herbert Read et Jorge Romero Brest contribuèrent donc dès lors à cette entreprise éditoriale, au moins nominalement[50].

Tous ces réseaux – des cercles informels d'amis et de collègues aux structures institutionnelles comme le Parti communiste ou l'AICA – procurèrent de précieux contacts aux artistes et critiques. Ils pouvaient même se superposer, en la personne d'individus comme l'Italien Giulio Carlo Argan ou dans les plates-formes que représentaient les divers congrès. Au sein de ces cercles, les Espagnols purent participer à de riches échanges avec leurs collègues étrangers, y compris en s'engageant dans les grands débats de l'époque sur la nature de la critique d'art ou sur l'identité de l'avant-garde. Ils devinrent ainsi les porte-parole de l'art moderne espagnol à l'étranger[51]. Dans ces réseaux, ils découvrirent de nouveaux outils pour évaluer leur activité en tant que critiques ; mais, surtout, ils entrèrent en contact avec un nouveau modèle d'activisme critique qui leur fut très utile dans leur quête d'une avant-garde idéologique : la *critique militante*. Profondément impliqué dans le soutien, la création et le développement des tendances, ce modèle concevait la critique d'art comme participant à l'avant-garde en tant que « compagne de lutte » ; parfois même, il la voyait diriger cette avant-garde.

La critique militante « *all'Argan* »

Dans son *Histoire de la critique d'art*, l'historien de l'art Lionello Venturi évoque la célèbre déclaration de Baudelaire selon laquelle le droit à l'existence de la critique est fondé sur son caractère partial, passionné et politique[52]. L'historien italien écrit en 1936 : « Il est inévitable que, en choisissant et en refusant, la critique devienne partiale. De là le caractère passionnel (Baudelaire va jusqu'à dire politique) de toute critique vivante[53]. » La critique d'art telle que la concevait Venturi, c'est-à-dire comme activité militante, fut intégrée aux fondements méthodologiques et théoriques de la critique d'après-guerre en Italie, en France, au Royaume-Uni et en Espagne. Elle devint l'une des orientations les plus fertiles en Europe au cours de la seconde moitié du XXe siècle. Michel Ragon, par exemple, identifia la critique militante comme l'une des tendances de la pratique critique des années 1960, démontrant par là même à quel point ce modèle était répandu :

« Il existe plusieurs sortes de critiques. Le critique passif, le critique voyeur. Celui qui enregistre comme une plaque sensible toute l'actualité, qui s'en repaît et donne ensuite au public qui le lit quelques miettes de son festin. Le critique juge, qui bénit et excommunie, ou coupe la poire en deux de peur de se tromper. Le critique théoricien, qui met en formules les travaux des artistes, échafaude des systèmes en catalysant des tendances qui, sans lui, resteraient éparses, met en quelque sorte un ordre créatif dans le désordre de la création. Le critique militant, compagnon de lutte d'un clan, voire chef de bande, qui n'a d'yeux que pour une seule Chimène qui lui est d'autant plus chère qu'elle est parfois le produit de son imagination[54]. »

Ragon voit dans cette « forme de critique militante » une tradition qu'il fait remonter au XIXe siècle avec des intellectuels français comme Edmond Duranty, Émile Zola, Félix Fénéon, Guillaume Apollinaire, André Breton, Michel Tapié, Julien Alvard et, surtout, Pierre Restany[55]. Ce dernier était un critique dont la vision s'était en partie formée par le biais du cercle d'Argan, et il était devenu un acteur zélé de l'avant-garde d'après-guerre. En 1960, il signa même, en tant que membre à part entière, le manifeste fondateur du nouveau réalisme, transgressant les limites entre art, création artistique et critique[56].

Ce genre de position n'avait rien de nouveau. En Italie, le concept de critique militante était déjà bien ancré au temps de Restany. Depuis la fin de la Seconde Guerre mondiale, la critique cherchait à renouveler les objectifs de sa pratique, tout en soutenant un art moderne qu'elle revendiquait comme antifasciste. Même si cette démarche n'impliquait pas le soutien à une seule tendance artistique (comme on aurait pu l'espérer), elle supposait des buts communs. Les critiques italiens se réunirent ainsi autour d'une même idée, celle de « théoriser la tâche humaine et sociale du travail des artistes », en partant du principe que la critique d'art avait la capacité d'« améliorer la culture et ainsi, bien qu'indirectement, la vie humaine[57] ».

Ces objectifs survécurent après la guerre au sein d'une école de pensée inspirée des idées de Venturi, essentiellement *via* le discours de son disciple direct Giulio Carlo Argan. Celui-ci était profondément convaincu de la valeur et du caractère révolutionnaire de l'avant-garde, et il repoussa les limites du travail critique vers une prise de position politique active dans les mouvements d'avant-garde. Selon lui, le critique, main dans la main avec l'artiste d'avant-garde, devait contribuer à la société dans laquelle il vivait, en soutenant la nouveauté et la nature révolutionnaire des tendances artistiques[58] ; de plus, le critique avait le devoir de s'impliquer dans les origines mêmes de la production artistique. L'idée sous-jacente était que cette forme de critique pouvait entrer en jeu avant même qu'émergent les nouvelles tendances ; ce qui faisait du critique un moteur très actif de l'avant-garde, comme le suggère précisément cet « avant » de l'avant-garde. Ce qui contredisait l'opinion généralement admise selon laquelle la critique d'art devait se borner à la description et au jugement. De même, le critique militant devait jouer son rôle de théoricien en étroite collaboration avec l'avant-garde, reliant entre elles les œuvres de différents artistes pour en faire un tout. Ainsi devenait-il un créateur partenaire, un « compagnon de lutte » selon l'expression de Michel Ragon, et même un leader en matière de tendances artistiques. C'est justement cette participation active qui devait caractériser la critique militante[59].

Argan n'était pas le seul à avoir adopté ce modèle. En Italie, toute une génération de critiques soutenait le concept de critique militante, et certains, comme Palma Bucarelli ou Umbro Apollonio, partageaient largement la perspective d'Argan[60]. Mais c'est avant tout Argan, dont les activités et le dynamisme au cours des années 1960 s'étendaient au-delà des frontières italiennes, qui devint l'une des figures les plus influentes en Espagne lorsque les critiques hispaniques cherchèrent l'inspiration à l'étranger après la fin de l'autarcie. À la fin des années 1950, Aguilera Cerni fut le premier à entrer en contact avec le réseau de l'Italien, et à intégrer l'idée de militantisme à sa pensée. Pendant la décennie qui suivit, il assumerait l'héritage de la critique italienne, aux côtés de Giménez Pericás, Llorens, Bozal et, dans une certaine mesure, Moreno Galván et Cirici. La participation active de ces critiques devint donc un facteur majeur du développement des tendances artistiques ; elle transforma ces intellectuels en fers de lance, mais aussi en théoriciens, des mouvements d'avant-garde espagnols.

Avec les crises de l'art informel et de l'expressionnisme abstrait au début des années 1960, la question du rôle du critique acquit une certaine reconnaissance, menant à un débat international. En réalité, ce tournant démontrait le besoin de trouver des alternatives artistiques et il offrit l'opportunité aux critiques militants d'appliquer leur conception de la critique à un contexte plus large, en participant activement à la construction des tendances. À ce moment-là, d'ailleurs, certains des critiques réunis autour d'Argan prirent en charge la définition des nouvelles directions à donner aux mouvements d'avant-garde occidentaux. En ce sens, on peut voir dans la IVe Biennale de Saint-Marin en 1963, « Oltre l'informale » (Au-delà de l'informel), la manifestation de ces intentions : la conception militante de la critique dépassant les frontières italiennes (ill. 56). Cette Biennale rassembla divers collaborateurs venus d'Italie, de France et d'Espagne, dont Aguilera Cerni et Restany. L'exposition était présidée par Argan et visait à chercher des alternatives à la

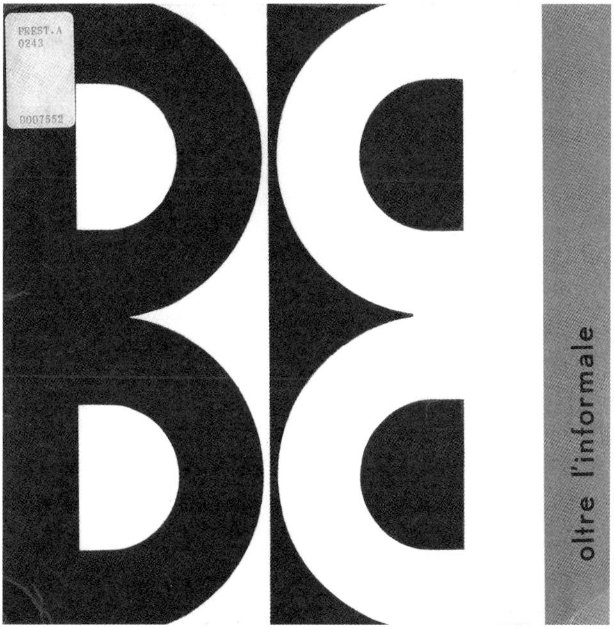

56 Couverture du catalogue de la IVe Biennale de Saint-Marin, « Oltre l'informale » (Au-delà de l'informel), Italie, 1963

crise de l'art informel qui s'était fait jour un an auparavant lors de la Biennale de Venise[61].

Le rôle décisif des critiques militants était manifeste dans l'organisation même de cet événement, dont le but était, comme le formula Aguilera dans sa contribution au catalogue, « la découverte de valeurs vivantes et de significations actives » dans le monde artistique[62]. La position militante exprimée marquait son opposition au rôle de conservateur de musée, qui était de codifier de telles valeurs pour l'histoire. Cette séparation en deux étapes distinctes était une évidence en Italie à cette époque-là[63]. Comme pour le démontrer, la Biennale était précisément armée de deux comités différents pour remplir ces fonctions : un groupe de critiques militants, responsable des invitations et des choix artistiques ; et un deuxième, composé de directeurs de musées, qui constituait le jury et qui jugea la sélection de manière indépendante[64]. Parmi les membres du comité d'organisation figuraient les Italiens Argan, Umbro Apollonio et Giuseppe Gatt, le Français Restany et l'Espagnol Vicente Aguilera Cerni (ill. 57). Leur tâche était importante, car elle consistait à découvrir

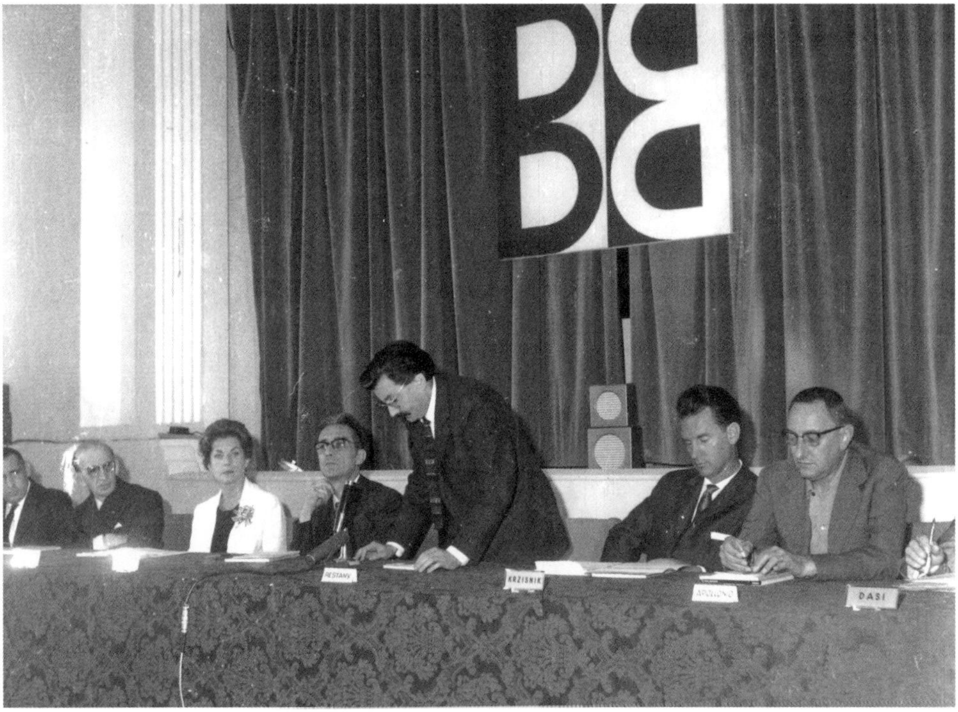

57 Le comité d'organisation de la IVe Biennale de Saint-Marin, Italie, 1963, photographie

les développements les plus intéressants au sein de l'avant-garde – ce qui convenait à leurs convictions, vu qu'ils avaient tous une activité militante dans leurs pays respectifs. Tous avaient des liens étroits avec diverses tendances émergentes (Argan et Apollonio avec l'op art et l'art cinétique, Aguilera Cerni avec la nouvelle figuration, Restany avec le nouveau réalisme), qu'ils purent soutenir et promouvoir sur la scène internationale[65].

La position militante du critique qui imprégna la Biennale de Saint-Marin en 1963 donna lieu, quelques mois plus tard, à un débat sur le rôle de la critique dans la ville voisine de Verucchio (Rimini, Italie), lors du XIIe Convegno Internazionale Artisti, Critici e Studiosi d'Arte[66]. Ce congrès, directement lié à la Biennale par son organisation, doit être vu comme sa plate-forme de discussion théorique. Outre des artistes et des critiques venus d'Italie et de l'étranger, le comité d'organisation était le même qu'à Saint-Marin. Il devait énormément au cercle d'Argan. Le congrès proposait trois axes de réflexion, soulignant résolument la responsabilité des arts et leur rôle dans la praxis sociale : (*a*) art, liberté et engagement idéologique dans les mouvements d'art contemporain; (*b*) art et société; (*c*) recherche expérimentale récente dans la sphère artistique[67]. Les sessions étaient ouvertes par quelques mots d'introduction des critiques Vicente Aguilera Cerni (*a*) et Pierre Restany (*b*) ainsi que du professeur d'université Franco Flarer (*c*). Les conférences sur chacun de ces sujets se penchaient implicitement sur le rôle fondamental du critique pour l'analyse, la motivation et l'inspiration des artistes et la création de nouvelles tendances.

La réitération de cette position militante (qui ne fit que confirmer le discours initié à Saint-Marin) n'était pas du goût de tous dans les milieux artistiques. L'idée d'une forme d'activité critique qui osait se considérer comme agissant en amont de l'avant-garde, voire comme une étape indispensable de celle-ci, exaspéra certains artistes italiens. Au cours de l'été 1963, douze artistes publièrent un manifeste contre ce qu'ils appelaient la critique « *all'Argan* ». Ils étaient en total désaccord avec l'idée que le critique puisse participer à la création artistique, estimant qu'une telle conception « tendait à forcer le cours de la réalité et à altérer la substance et la perspective de l'art, utilisant les artistes comme des instruments d'une politique personnelle, sans les respecter dans leur rôle de protagonistes du processus artistique[68] ». Ce type de réaction n'était pas isolé. Dès que la critique militante œuvrait, des voix s'élevaient contre ce qui passait pour de l'activisme intrusif[69].

À Rimini, la controverse soulevée par le manifeste des artistes amena à s'interroger, dans les débats, sur les limites de l'action critique. Argan, qui avait dès son discours d'ouverture défendu la liberté et la créativité de la critique d'art, concevait son travail comme une activité à la fonction claire. Il déclara : « L'art doit comporter un élément critique, et la critique un élément créatif[70] », et il évoqua l'exemple de Baudelaire, tout comme son mentor Venturi avant lui. Pour Argan, une certaine parité existait entre les gestes créateurs de l'artiste et ceux du critique. Une majorité de participants à Rimini partageait ce point de vue. Rosario Assunto et Ugo Spirito, par exemple, soutinrent vivement cette position : « C'est une question secondaire que de savoir si la recherche du neuf émerge du pinceau et des autres outils de l'artiste, ou à travers la pensée et l'inventivité du critique d'art[71]. »

Même si le manifeste était dirigé contre Argan, toute la communauté critique présente au colloque réagit. La plupart des critiques n'acceptaient pas les déclarations des artistes. Assunto affirma que leur point de vue réduirait la critique « à un acte notarial et publicitaire »; il ne comprenait pas cette clameur désapprobatrice, ni pourquoi les artistes se sentaient menacés, car « aucun critique ne met le pistolet à la tempe des artistes afin de leur imposer certaines décisions : l'artiste est absolument libre de créer des œuvres qui diffèrent des indications du critique[72] ». Pierre Francastel, lui, était l'un des quelques participants à comprendre l'inquiétude que ressentaient les artistes. Il défendit avec insistance la « liberté créatrice de l'artiste » et exprima des doutes quant aux « droits du critique » au sein de l'acte créateur. Pour l'historien de l'art français, « l'intrusion du critique d'art » dans l'acte créateur était l'expression d'une sorte de néoplatonisme où l'idée précède le faire. « Il est impensable, argua-t-il au cours du colloque, que quelque groupe humain que ce soit – fussent les critiques – ait vocation pour fournir aux artistes le cadre de leur inspiration. [...] Tout nous engage à penser que, demain comme hier et comme toujours, les artistes seront parmi les pionniers de l'imaginaire[73]. »

Il faut également prendre en compte la situation géopolitique contemporaine pour expliquer la défense farouche de la liberté artistique à laquelle se livra Francastel. Dans le contexte de la guerre froide, cette posture avait des connotations idéologiques. Le terme de liberté (et sa conquête individuelle) était un outil stratégique du bloc de l'Ouest pour contre-attaquer le modèle de dirigisme totalitaire que l'Union soviétique imposait sur son territoire, notamment à travers des Congrès pour la liberté de la culture[74]. Ce débat latent ne saurait être ignoré si l'on veut comprendre le climat idéologique qui régnait lors des Convegni – d'autant que, à peine quelques mois plus tôt, la crise des missiles à Cuba avait exacerbé l'opposition entre les deux blocs, sensibilisant le monde entier à la menace imminente de la destruction nucléaire.

En fin de compte, le point de vue de Francastel ne l'emporta pas, et le congrès reconnut en assemblée que le rôle du critique d'art occupait une place privilégiée. La liberté était également l'un des concepts clés de ce débat. Les délégués ratifièrent donc un contre-manifeste défendant la liberté de la critique d'art et son rôle dans l'anticipation des tendances. Cette déclaration signée affirmait « le droit à la liberté de la critique d'art, non seulement en termes de jugements interprétatifs et évaluatifs, mais aussi dans le sens de la clarification des programmes, des directives et des prédictions sur les développements ultérieurs de l'activité artistique ». Elle poursuivait : « Le travail critique, en fait, doit se comprendre comme une forme de collaboration active, sans possibilité de discrimination dans le processus d'invention et de création de l'œuvre d'art[75]. » Le manifeste était très direct quant à la pertinence de la critique d'art, soulignant son indépendance vis-à-vis du travail de l'artiste et mettant en valeur son caractère créateur.

La réaffirmation de ce point de vue eut un rôle incitatif pour de nombreux participants et il se répandit au-delà des frontières de l'Italie, car il était partagé par beaucoup de critiques. Le congrès de l'AICA en 1966 en témoigna.

Organisé à Prague, il se focalisait sur le rôle et les tâches de la critique d'art autour de trois axes thématiques : son essence, sa fonction et ses méthodes[76]. Le choix du sujet n'était pas sans rapport avec les discussions qui avaient eu lieu à Rimini, car le président de l'AICA à cette époque n'était autre qu'Argan; de plus, certains participants au congrès de l'AICA ayant été présents à Rimini, il existait une certaine continuité dans les discussions sur le rôle du critique d'art[77].

Argan ouvrit les débats. Il présenta les deux principales conceptions de la critique qui encadreraient la discussion et diviseraient les participants : la critique d'art comme activité de jugement, objective et sans conséquences pratiques; et la critique d'art comme « une activité qui commence même avant que l'œuvre d'art soit terminée, c'est-à-dire qui commence par influencer la production même de l'œuvre d'art et qui surtout peut influencer le moment second de la fructification de l'œuvre d'art[78] ». Comme à Rimini, Argan opta pour la seconde conception. Il décrivit la critique d'art comme une discipline intermédiaire qui offrait « un modèle de fruition correcte de la valeur esthétique[79] » ; ou encore comme une activité didactique qui devait avoir des conséquences directes et pratiques sur la société. En effet, le critique ne devait pas être simplement considéré comme le décodeur de l'œuvre, mais aussi comme quelqu'un qui « rend l'œuvre d'art plus complexe », car « il la pose en relation avec tout le contexte de la culture[80] ».

D'autres intervenants choisirent également cette voie, mais en mettant l'accent sur des éléments différents dans leur argumentaire. Par exemple, Umbro Apollonio déclara que l'une des fonctions de la critique était « d'affermir et d'orienter l'activité artistique[81] », mais sans poursuivre un objectif interventionniste. Le critique d'art Ullrich Kuhirt, venu de RDA, affirmait vouloir seulement « prêter la main à l'artiste et aider celui-ci dans la reconnaissance des tendances essentielles de développement de la vie[82] ». Les Espagnols Aguilera Cerni et Pericás, quant à eux, assuraient que l'activité critique était définie par sa nature créatrice[83].

La question de la création, qui occupa un rôle central à Prague, était une revendication récurrente au sein de la critique militante. Michel Ragon, par exemple, le souligna de manière éloquente dans sa préface à l'ouvrage de Restany en 1968. Il démontra que la critique militante franchit les limites de la création : l'implication du critique dans la scène artistique lui accorde un rôle fondamental dans le processus d'interprétation, d'orientation et même de création des tendances artistiques. En citant Mathias Goeritz, l'artiste allemand qui vivait au Mexique : « Ce ne sont pas les artistes qui font avancer l'art, mais les critiques[84] », Ragon attestait qu'il considérait une grande partie de l'activité critique des années 1960 « comme une création ». Ainsi le travail des critiques était-il intimement lié à celui des artistes, car tous deux avaient une importance analogue dans le processus de création.

Dès 1961, Ragon avait posé la question rhétorique de savoir si le critique d'art n'était pas en train de devenir plus créatif que l'artiste lui-même[85]. En 1968, il réitéra cette opinion à travers le cas de Pierre Restany : « La critique peut vraiment être vue comme une création personnelle [...]. J'ai souvent trouvé que Restany était supérieur, en termes de création, à certains des artistes qu'il nous présenta. Peut-on lui en vouloir ? Il crée avec des peintres et des sculpteurs, tout comme d'autres le font avec des tubes et de la couleur[86]. » En évaluant les capacités du critique à développer les tendances, les groupes et les mouvements de la même manière que les artistes créent des œuvres d'art, Ragon attribuait au travail de Restany une mission qui allait au-delà d'un simple rôle auxiliaire ou interprétatif. Les tâches de ce critique, à la fois militant et théoricien, pourraient être :

> « Écrire, organiser, souligner, grouper, définir [...], catalyser des mouvements épars, réunir des artistes travaillant dans le même sens et qui, sans le critique, n'auraient eu aucune chance de se rencontrer, apaiser les dissensions qui surgissent, brandir un manifeste comme un drapeau, vivre enfin l'aventure de l'art, d'un moment de l'art, dans toute sa plénitude, avec toutes les passions et les injustices que cela comporte[87]. »

Ce passage illustre assez bien les objectifs de la critique militante que représentaient, par exemple, Argan, Aguilera Cerni et Pericás, tout en décrivant les caractéristiques de leur travail.

Cependant, et malgré tous ces parallèles, il y avait également de nombreuses différences. Ainsi, pour Ragon, l'engagement du critique dans les mouvements artistiques émergents et dans l'actualité garantissait la créativité de la critique ; pour Argan, il sensibilisait fortement le critique au contexte socio-politique. Au sein même de ce modèle coexistaient en effet diverses variantes, qui toutes firent l'objet de débats dans les années 1960. Néanmoins, les revendications concernant la « critique militante » étaient assez générales pour réunir des critiques issus de milieux et aux choix esthétiques très différents. Le modèle permettait même de rassembler des intellectuels aux idéologies fort éloignées : marxisme (Mario de Micheli, Antonello Trombadori, Antonio del Guercio, John Berger, Tomàs Llorens, Valeriano Bozal, Simón Marchán, Moreno Galván, Pericás), socialisme et/ou anarchisme (Enrico Crispolti, Argan, Aguilera Cerni et Cirici), positionnements bien moins politisés (Umberto Eco, Maurizio Calvesi, Gillo Dorfles), et même proximité avec le gaullisme (Pierre Restany)[88].

Le lien entre la critique d'art et l'idéologie, et son importance dans la genèse et le développement de l'avant-garde, devinrent des sujets décisifs pour les critiques militants *all'Argan*. « L'essence de la critique », déclara en 1966 le critique italien lors de son discours d'ouverture du congrès de l'AICA de Prague, est de « vérifier la force d'impact de l'œuvre dans une situation bien déterminée[89] », car, selon lui, il fallait agir directement dans la praxis. Pour Argan, le critique d'art partageait une responsabilité sociale avec l'artiste, parce qu'il mettait en relation les œuvres avec la réalité sociale particulière dans laquelle il opérait. Cette fonction de « technicien de la fruition esthétique » était essentielle dans le monde de la culture, mais elle était aussi associée à une position politique et idéologique qui était à la base du concept de critique militante d'Argan[90]. Déjà octogénaire, celui-ci continuait à défendre la nécessité de l'attitude politique, expliquant que « les critiques d'art, disons le côté critique des historiens de l'art, sont presque tous liés avec la politique, et surtout avec la politique de gauche[91] ». Voilà qui résume et caractérise une conviction qui ne fit pas que façonner un modèle intellectuel d'action et d'interprétation critique : dans le cadre de la dictature autoritaire aux racines fascistes qui dominait l'Espagne depuis le début de la Seconde Guerre mondiale, il n'est pas étonnant que certains des critiques d'art les plus actifs aient eu la conviction que cette méthode critique particulière était le meilleur moyen d'agir dans leur situation politique et sociale particulière.

La critique militante en Espagne

Les principes d'une certaine critique d'art tels qu'ils se développaient en Italie, ainsi qu'un assortiment d'outils théoriques liés au cercle d'Argan et aux colloques de Rimini, rayonnaient jusqu'en Espagne, où ils trouvèrent un véritable écho. C'est là que, à partir de la fin des années 1950, un groupe de critiques d'art, suivant le modèle de la critique militante, travaillèrent à redynamiser la scène artistique espagnole. Vicente Aguilera Cerni, Antonio Giménez Pericás, José María Moreno Galván et Alexandre Cirici furent les premiers à œuvrer en ce sens. Leur activité s'intensifia au cours des années 1960 et s'enrichit davantage encore des contributions de la jeune génération, à savoir Tomàs Llorens, Valeriano Bozal et Simón Marchán[92].

Grâce à l'implantation croissante de ces critiques dans la sphère artistique, les réflexions sur le rôle et la pratique de la critique en Espagne prirent une tournure « italienne » à partir de la fin des années 1950. La conception qu'Argan avait des pratiques critiques, qui se renforça encore lors des congrès de Rimini et qui était connue, reconnue et largement commentée en Espagne, accrut encore son influence sur la critique d'avant-garde. Dès 1961, Aguilera Cerni proclama qu'Argan et Nello Ponente étaient « des figures brillantes qui donnent une valeur singulière à la critique italienne dans le champ de la culture européenne[93] ».

L'affinité avec le modèle militant allait de pair avec un intérêt grandissant pour les alternatives artistiques contemporaines. Aguilera Cerni, Cirici, Pericás et Moreno avaient passionnément défendu l'art abstrait au milieu des années 1950, au moment où un goût conservateur ne favorisait pas les initiatives d'avant-garde. Nés sous la République, ils avaient tous connaissance (à défaut d'une expérience personnelle) de la résistance intellectuelle pendant la guerre civile[94]. À l'exception de Cirici, qui avait étudié l'histoire de l'art en France, ils se considéraient tous comme des « autodidactes[95] » qui avaient façonné leurs aptitudes intellectuelles à travers diverses études et expériences professionnelles[96]. Ils entrèrent en lien avec la scène artistique au début des années 1950 par le biais d'institutions culturelles comme l'Instituto de Cultura Hispánica ou l'Ateneo de Valence, et commencèrent à écrire sur l'art et la culture dans des journaux phalangistes comme *Acento Cultural* et *Punta Europa*.

Ils devaient toutefois prendre peu à peu leurs distances avec ces initiatives gouvernementales en devenant des membres de la gauche culturellement active dans les années 1960, et finirent par se retrouver à la tête d'un nouveau genre d'intelligentsia dissidente. Dans ce contexte, les critiques d'art issus de la jeune génération, comme Tomàs Llorens et Valeriano Bozal, nés pendant ou après la guerre, se joignirent à eux pour collaborer activement aux tendances nouvelles. Ces derniers avaient des diplômes en sciences humaines et en philosophie, et disposaient donc d'un bagage théorique différent de celui de la génération précédente[97]. Fascinés par la sémiotique, très en vogue dans les années 1960, ils appliquèrent un ensemble de références critiques complètement nouveau, afin de trouver un moyen de réconcilier l'avant-garde et l'idéologie. Mais, par-delà les différences de cadres théoriques et d'approches, ils avaient tous en commun une conception de la critique qui présupposait un rôle actif du critique dans l'avant-garde. Ce rôle impliquait d'une part la coopération avec les artistes et la participation au processus créateur, d'autre part le désir implicite d'influencer (et de guider) les mouvements artistiques vers des directions esthétiques et idéologiques.

Le travail de ces critiques se développa donc aux côtés de celui de l'avant-garde. Ils s'entremêlèrent profondément, depuis la création de groupes artistiques juqu'à la théorisation de leurs pratiques, en passant par l'organisation d'expositions, la participation à des prix artistiques et la diffusion de « nouvelles actions artistiques » dans toutes sortes de médias, comme l'indiquait Ragon[98]. Les critiques nouèrent une relation très étroite avec les artistes, qui trouvaient chez eux le soutien dont ils avaient tant besoin dans un pays manquant de goût pour l'art moderne et de structures qui lui seraient dédiées[99]. Ainsi, à partir de la fin des années 1950 jusqu'à la fin de la dictature, les artistes et les critiques firent fusionner leurs ambitions d'avant-garde. Les critiques devinrent les membres et les théoriciens de groupes et de tendances artistiques d'avant-garde, en contribuant à leurs discours esthétiques et en les façonnant.

Dès le début, le soutien aux tendances d'avant-garde et la collaboration des artistes avec Aguilera Cerni, Moreno et Pericás, critiques acquis à la cause, permirent de dépasser les frontières de la critique séparée et de faire de ces critiques les « compagnons de lutte » des artistes. Aguilera Cerni, par exemple, fut l'un des signataires du manifeste d'El Paso en 1959. Il avait déjà été l'un des membres fondateurs du Grupo Parpalló deux ans auparavant, et il récidiva en 1968 avec Antes del Arte[100]. Pericás avait lui aussi rejoint Parpalló et, en 1962, il devint membre du groupe Estampa Popular Vizcaya. À peu près au même moment, Moreno Galván nouait des liens très étroits avec des artistes d'avant-garde comme José María de Labra et Manuel Calvo à Madrid. Cirici, lui, ne s'engagea pas autant que ses collègues auprès des artistes; mais il défendit une corrélation entre critique d'art et pratique artistique, et, en compagnie de Joan Fluvià, Tàpies, Enric Planasdurà et Josep M. Subirachs, il concourut à la création de l'Associació d'Artistes Actuals in Barcelona[101]. En ce qui concerne les critiques les plus jeunes, Llorens participa activement aux mouvements de la nouvelle figuration comme Estampa Popular Valencia et Equipo Crónica[102]. Son ami Valeriano Bozal était lui aussi proche de ces groupes et, plus tard, dans les années 1960, il collabora sur plusieurs projets artistiques avec l'artiste conceptuel Alberto Corazón[103]. S'il n'adhéra que brièvement à un groupe artistique, le critique d'art Simón Marchán eut aussi une influence sur la création de tendances d'avant-garde, devenant l'un des plus grands théoriciens des mouvements conceptuels espagnols des années 1970[104].

Outre leur participation à des collectifs artistiques, l'engagement de ces critiques les mena à s'impliquer très activement dans des entreprises éditoriales en Espagne et à l'étranger, comme *Arte Vivo*, *Suma y sigue del arte contemporáneo* et *Comunicación*[105]. Certains d'entre eux devinrent même directeurs de galerie ou de musée, comme Moreno à la galerie Darro de Madrid ou Cirici à l'éphémère Museu d'Art Contemporani à Barcelone. Toutes ces plates-formes leur permirent de soutenir et de promouvoir énergiquement leurs initiatives d'avant-garde, car ils avaient le même objectif que les artistes : stimuler et « revigorer l'art espagnol », comme le déclara le groupe El Paso dans son manifeste de 1959[106]. Cette ambition conduisit les critiques d'art des années 1960 à défendre l'Informel et d'autres tendances artistiques incarnant à leurs yeux l'engagement social qu'ils recherchaient, comme l'abstraction géométrique, la figuration, le pop art critique et l'art conceptuel.

Le rôle actif que jouaient les critiques d'art dans la sphère artistique suscita, entre autres, une réflexion sur la fonction et la mission de la critique dans la praxis sociale et artistique. Et, même s'ils s'intéressaient davantage à l'analyse des mouvements artistiques, les questions méthodologiques devaient elles aussi être traitées. Assez tôt, même avant qu'il ne remporte le Grand Prix de la critique d'art, Vicente Aguilera Cerni avait examiné dans plusieurs essais la tâche du critique d'art dans la société moderne. Deux ans avant de connaître le succès à la Biennale de Venise de 1956, il avait publié un article, « Consideraciones sobre la crítica » (Considérations sur la critique), abordant certaines questions qui intéressaient également les critiques militants italiens et français. Il y défendait la « possibilité d'une critique créative », mais se montrait plus prudent vis-à-vis des problèmes que poserait la direction des mouvements par les critiques. Il trouvait « particulièrement antipathiques » ces critiques *dirigistes*, notamment les « mentors et conseillers » autoproclamés qui « se croient investis de pouvoirs spéciaux qui leur permettraient de dire à leur prochain ce qu'il devrait faire et comment il devrait le faire[107] ». La critique devait nécessairement être liée à l'engagement moral si elle voulait être utile au développement de la société. Dans ce contexte, l'art était « un chemin qui dépend des hommes, de leurs luttes et de leurs angoisses », et l'activité critique ne devait viser à rien de moins que de « découvrir le sens de notre monde[108] ».

Quelques années plus tard, Aguilera Cerni devait se référer à cette même question lors de son intervention au Xe Convegno Internazionale Artisti, Critici e Studiosi d'Arte de Rimini (1961). Il avait alors une expérience bien plus profonde du champ critique. Grâce à son travail passionné de théorisation dans la formation du mouvement d'avant-garde Arte Normativo (1959-1961), il avait obtenu une connaissance empirique de la « direction » et de l'organisation de ces tendances. En raison des débats qui précédèrent la fin du groupe Arte Normativo en 1961, et où il fut vivement critiqué, il était également conscient des difficultés qu'impliquait ce rôle de dirigeant[109]. De plus, ayant collaboré avec les critiques militants italiens depuis quelques années, il avait en partie intégré leur approche d'histoire sociale de l'art. Tout comme Argan, il en était venu à considérer l'art et la critique en termes sociaux, comme un produit dialectique « crucifié entre la dimension verticale de l'histoire et la dimension horizontale de la société[110] ». Il accordait au phénomène de l'esthétique (l'art, les artistes et les critiques d'art) une mission sociale et morale, qui contribuait à restaurer « les liens entre les hommes et la responsabilité de leurs actes[111] ». Enfin, il définissait précisément la critique comme une « activité humaine qui étudie, capture, explique et examine non seulement le sens profond de certaines activités humaines, mais aussi leur nature spécifique, afin de comprendre le monde dans lequel nous vivons. Ainsi, elle peut aller du simple catalogage jusqu'aux régions plus dangereuses de l'interprétation, du savoir et de l'engagement[112] ». Aguilera Cerni s'était clairement positionné dans ces « régions plus dangereuses », travaillant main dans la main avec les artistes, et essayant même de devenir le leader de ces tendances. Cette ambition trouve ses origines dans son engagement auprès des mouvements Arte Normativo, Crónica de la Realidad et Antes del Arte au cours des années 1960[113].

La réflexion d'Aguilera Cerni sur les limites et les tâches de la critique d'art ne devait pas tout à la conception qu'en avait Argan, mais devait aussi aux débats de la critique espagnole au cours des années 1950[114]. Ceux-ci se penchaient sur certains des éléments que lui et ses pairs avaient en partage, tel le caractère participatif et créatif de la critique. Même s'il est impossible d'appliquer l'analyse d'Aguilera Cerni à toutes les formes de critique militante, elle synthétisait une conception répandue, à laquelle adhéraient à des degrés divers les critiques espagnols[115].

L'image de soi de ces derniers n'était pas si éloignée de la critique passionnée et politique de Baudelaire, ce qu'Argan nommait « *critico di corrente* » (critique de courants, de tendances)[116]. À l'instar du critique italien, les Espagnols considéraient l'avant-garde comme un processus révolutionnaire, et ils devinrent ainsi ses défenseurs et ses théoriciens. Leur travail, en collaboration avec certains artistes et mouvements particuliers d'avant-garde, impliquait nécessairement une sélection parmi différentes tendances. Les critiques étaient toutefois bien conscients que ce type de sélection faisait partie intégrante de leur tâche, même s'ils ne s'y référaient pas toujours directement. Aguilera Cerni, par exemple, soulignait implicitement l'inévitable nécessité de choisir entre divers courants dans le catalogue de la Biennale de Saint-Marin (1963) lorsqu'il affirma, comme on l'a déjà mentionné, que le critique militant avait pour responsabilité de « trouver des valeurs effectives et des significations actives[117] » dans le monde de l'art. D'autres intellectuels adoptèrent ce point de vue, comme en témoigne cette lettre de Pericás à Aguilera Cerni : « Je suis avec toi. Si la critique d'art existe réellement, alors j'appartiens à sa version la plus engagée et la plus partisane[118]. » Ce positionnement était conscient et ses objectifs étaient clairs. Ainsi Alexandre Cirici déclara-t-il, dans l'introduction de son ouvrage *L'art català contemporani* : « La vision que j'ambitionne de donner n'aspire pas une seule seconde à être autre que belliqueuse[119]. »

Cette partialité volontaire devint, aux yeux des critiques espagnols, une condition nécessaire pour concourir activement au développement des mouvements d'avant-garde. Selon eux, le critique avait le devoir de s'impliquer avec certains artistes et de participer avec eux à la praxis sociale. D'un côté, cette position cherchait à renforcer l'efficacité de la critique ; mais, de l'autre, elle était connectée aux ambitions idéologiques des critiques, directement liées au contexte socio-politique espagnol. Contrairement à leurs prédécesseurs, dont l'influence principale était le formalisme, les critiques d'art de la nouvelle génération étaient attirés par le marxisme et la sociologie – ils élargirent ensuite leurs centres d'intérêt à la sémiotique et au structuralisme. La constitution d'une idéologie dissidente de gauche ainsi que l'impact de ces méthodologies eurent des répercussions directes sur leur conception de l'activité critique comme activité militante et combative dans les sphères artistiques et sociales.

Sous le franquisme tardif, beaucoup d'artistes d'avant-garde se montrèrent de plus en plus dissidents vis-à-vis du régime, et ils furent en cela soutenus idéologiquement, et parfois même guidés, par les critiques militants. En réalité, ces derniers utilisèrent leur situation au sein de l'avant-garde pour conspirer avec les artistes et provoquer des positionnements idéologiques (et esthétiques). Aguilera Cerni évoqua assez bien son « intervention idéologique » quelques années plus tard, en se remémorant la création du mouvement Arte Normativo :

> « C'était tout d'abord une question d'intervenir dans les processus sociaux, d'établir des exemples et des méthodes ; deuxièmement, et en même temps, il s'agissait d'instiller du contenu idéologique dans des œuvres disparates [...]. Il s'agissait de transformer le "formalisme" en "normativisme", et une "intentionnalité" plus ou moins précise en "idéologie"[120]. »

« Intervenir », « instiller » et « transformer » sont des verbes assez significatifs qui montrent bien que, pour Aguilera Cerni, la critique s'attachait largement à idéologiser l'activité artistique.

Les critiques militants n'avaient pas seulement le désir d'aider ; ils étaient aussi convaincus d'avoir les compétences requises pour trouver des moyens plus efficaces d'intervenir dans la praxis. À cette fin, ils utilisaient leur autorité intellectuelle pour façonner et construire le cadre théorique au sein duquel œuvraient les artistes. Valeriano Bozal, qui avait collaboré avec Aguilera Cerni, revendiqua par exemple cette conception lorsque, en 1966, il analysa les mouvements réalistes qui avaient donné la priorité à la critique sociale. Il soutint l'autorité du critique et son droit à indiquer une direction à suivre : « C'est une obligation, pour nous tous qui travaillons à ces questions [la critique et la théorie], de [...] faire prendre conscience aux artistes du chemin le plus rigoureux[121]. » La théorie allait devant, afin d'ouvrir la voie.

En fait, outre un intérêt sincère pour l'expérimentation formelle et matérielle, les critiques avaient l'intention de guider les pratiques artistiques vers l'engagement social et la prise de conscience politique. En ce sens, les critiques d'art et les artistes se joignirent activement aux forces culturelles contre la dictature, transformant les œuvres en armes. À la fin de la dictature, malgré les divergences survenues entre Aguilera Cerni, Pericás, Bozal, Llorens, Marchán, Cirici et Moreno, tous avaient adopté l'interprétation de la Seconde Avant-garde comme phénomène idéologique. On le voit bien dans les débats qui s'ouvrirent après la mort du dictateur. Par exemple, l'écrivain et critique d'art Andrés Trapiello, qui appartenait à la jeune génération critique et qui développa ses activités au début de la période post-franquiste, déclara lors d'une interview télévisée, en 1976, que le critique d'art devait devenir un acteur dynamique, capable de dépasser les frontières artistiques pour atteindre la sphère sociale[122].

L'activité critique s'enrichit de nouvelles propriétés qui conférèrent un nouveau statut au critique. En considérant son travail comme une activité artistique en soi, le critique pouvait se retrouver à égalité avec l'artiste. Un certain nombre des outils théoriques qui s'étaient intégrés aux pratiques artistiques et critiques trouvaient leur origine dans le contact des Espagnols avec les débats contemporains transnationaux, mais ils devaient aussi beaucoup aux idées qu'avaient développées, des dizaines d'années auparavant, d'Ors, Camón Aznar et Gaya Nuño. Ces racines étaient bien connues dans les années 1950, lorsque Camón et Gaya défendirent la « nature créative » et les valeurs littéraires de l'activité critique[123]. Au congrès de l'AICA de Prague, en 1966, Aguilera Cerni et Pericás avaient été très clairs à ce sujet, déclarant que « la critique d'art est elle aussi "création artistique", relativement indépendante de son objet, l'art[124] ». De ce point de vue, le critique dépassait implicitement son travail de description et de jugement, pour se livrer à une activité créative qui pouvait même se hisser au niveau de l'art. Ils estimaient que, « comme toute autre activité "potentiellement" artistique », la critique « pouvait être un art[125] », également reliée à des pratiques critiques récentes de par son héritage[126].

La notion de « créativité de la critique » présupposait une certaine réciprocité entre le moment de la création artistique et celui de l'intervention ou de la création critique – un concept qui prit de l'importance à la fin des années 1950 et qui fut adopté par les critiques espagnols et la scène d'avant-garde dans les années 1960. Ainsi Llorens remarqua-t-il, dans sa préface à la réédition de l'*Histoire de la critique d'art* de Venturi, en 1979 : « Il est difficile aujourd'hui de concevoir une étude historique pour laquelle l'inséparabilité du moment créatif et du moment critique dans l'œuvre d'art ne constitue pas une prémisse essentielle[127]. » Ce n'étaient pas les seuls liens avec les idées de Venturi, car l'égalité entre la critique d'art et l'histoire de l'art définissait elle aussi la relation entre le présent et le passé des critiques militants. Lorsque ceux-ci devinrent des acteurs dynamiques dans les mouvements d'avant-garde des années 1950 et 1960, ils écrivaient et construisaient l'histoire des mouvements artistiques dissidents des années républicaines[128].

Cependant, même si les critiques jugeaient leur travail créatif et si celui-ci exerça une influence considérable sur la direction que prit l'avant-garde, on aurait tort de penser qu'ils ne firent qu'utiliser les artistes comme des outils pour matérialiser leurs pensées utopiques. Les critiques ne s'approprièrent pas le pouvoir au sein de l'acte de création artistique, mais ils y jouèrent un grand rôle. Par conséquent, il faut comprendre la genèse des avant-gardes sous le franquisme tardif comme un contexte collaboratif entre les critiques et les artistes. D'ailleurs, les limites du rôle de direction semblaient avoir été assez bien perçues par les critiques militants eux-mêmes. Conscient de l'autoritarisme sous-jacent dans l'affirmation du droit du critique à « montrer le chemin le plus rigoureux », Bozal précisa par exemple : « Le théoricien ne doit jamais indiquer ce qui doit être fait immédiatement [...]. Il doit chercher à faire prendre conscience, mais il doit laisser l'artiste travailler de manière indépendante[129]. » Llorens avait une position similaire : « La pensée sert à clarifier, mais pas à dicter ce qui doit être fait. L'action [artistique] doit avoir une composante intuitive, qui est la composante la plus purement créative et qui est essentielle ; elle est la base[130]. » Aguilera Cerni n'ignorait pas non plus que les possibilités d'influencer la création artistique étaient limitées. Évoquant, lors d'un entretien, son expérience avec Arte Normativo, il déclara que son but était « de créer une infrastructure qui oriente les gens vers la rationalité », ajoutant un peu plus loin : « Nous [les critiques] étions tous conscients que nous ne pouvions dire aux artistes : fais ceci, fais cela ; chacun faisait ce qu'il voulait[131]. »

Les méthodes des critiques militants, et particulièrement leur soutien théorique, n'étaient pas appréciées de tous. Certains artistes – surtout ceux qui n'avaient pas de liens avec eux et qui trouvaient leur engagement partial – y voyaient une menace globale pour la liberté de créer[132]. Ainsi l'artiste Jaume Pla dénonça-t-il rétrospectivement la pratique critique de Cirici, affirmant que ses « principes sur l'art étaient d'un dogmatisme absolu [...]. [La revue] *Serra d'Or* était dominée par une dictature contre laquelle [on ne pouvait argumenter] et avec laquelle il était impossible de dialoguer[133] ».

Les artistes n'étaient pas les seuls à voir d'un mauvais œil la position active des critiques. Même certains collègues proches n'étaient pas convaincus que cette position était la bonne. José María Moreno Galván, par exemple, qui avait flirté avec le modèle militant lors de sa participation à Arte Normativo, abandonna cette voie immédiatement après la dissolution du mouvement. Dès 1961, il avait ouvertement pris ses distances avec ces pratiques, même s'il garda les mêmes préoccupations et les mêmes prémisses que les critiques militants jusqu'à la fin de sa vie. « Je pense, écrivit-il, que le jugement esthétique ne doit pas être déduit d'une évaluation hiérarchique ; au contraire, la hiérarchie, s'il y en a une, doit se déduire du jugement esthétique[134]. » Il considérait « l'art comme un témoin » et, selon lui, cela « signifi[ait] automatiquement d'admettre tous les arts comme des documents ayant la même validité[135] ». C'est avant tout dans sa série d'articles intitulée *Epístola Moral* (Épître morale), publiée dans *Artes* entre 1961 et 1962, qu'il réfuta vivement sa participation à ce genre de « critique tendancieuse », en réaction à la critique militante dont il reconnaissait la diffusion en Espagne[136]. Même s'il avait changé de point de vue, il continua à entretenir des relations très étroites avec les artistes et se livra à un activisme ardent contre la dictature.

Les autres critiques, au contraire, étaient profondément impliqués dans leur œuvre militante tout au long des années 1960. Ce n'est qu'à la fin de la dictature qu'ils abandonnèrent peu à peu ce positionnement en faveur d'une analyse historique de cette période, à présent terminée, dans laquelle ils avaient été si activement engagés. Pour comprendre ce glissement, il faut garder à l'esprit que la position militante découlait naturellement de l'avant-garde ; le discrédit où celle-ci commence à tomber après la mort de Franco et le changement de contexte socio-politique, avec par exemple la transformation de l'Espagne en société de consommation, sont les raisons pour lesquelles même ses défenseurs les plus virulents délaissèrent cette posture.

Vers la fin des années 1960, et tout au long de la première moitié des années 1970, les critiques œuvrèrent dans différents champs. Pericás dut abandonner assez tôt son activité critique en raison de son emprisonnement en 1962 ; il fut également exclu du journalisme lors de sa libération en 1966. Il ne renonça pas pour autant à ses ambitions sociales, mais il changea de stratégie pour résister, devenant avocat pour les travailleurs et les conflits au travail. Cirici continua à être un critique actif qui soutenait les nouvelles tendances conceptuelles, mais ses contributions dans ce domaine diminuèrent du fait de ses responsabilités croissantes à l'université[137]. Quant à Aguilera Cerni, Bozal et Llorens, tout en maintenant leurs collaborations avec les artistes et leur actualisation intellectuelle toujours renouvelée, ils commencèrent à s'intéresser au champ de l'histoire de l'art.

Même si la plupart des critiques militants s'étaient déjà tournés vers l'analyse historiographique de leur passé immédiat, cette orientation devint leur priorité quand prit fin la dictature. Cirici fut le premier à analyser, dans un texte partisan publié en 1976[138], les valeurs et les expressions formelles du franquisme et leur application dans le champ de l'esthétique. Aguilera Cerni, lui, s'intéressa vivement à la récupération des artistes engagés et républicains, et participa à la publication des pensées de Renau pendant la guerre civile[139]. Renvoyé de l'Universidad Politécnica de Valence en 1972, Llorens partit enseigner à la Portsmouth Polytechnic School of Architecture, où ses centres d'intérêt prirent un tour plus architectural[140] ; mais il resta engagé et continua à collaborer avec Equipo Crónica malgré son exil au Royaume-Uni. Bozal se concentra progressivement sur l'esthétique et sur l'histoire de l'art espagnole, et ses ambitions sociales se muèrent en activisme politique qu'il mit en application *via* plusieurs associations professionnelles. Cette voie le conduisit, dès le début de la transition, à adhérer brièvement au PCE et à devenir le rédacteur en chef de la revue *Nuestra Bandera*[141]. Quant à Marchán, tout en prolongeant son engagement auprès de l'art conceptuel, il élargit l'horizon géographique de son analyse, s'intéressant de plus en plus à l'analyse esthétique et historique des avant-gardes européennes et américaines des années 1960 (ill. 58). En fin de compte, les critiques militants passèrent d'une position partisane au sein de l'avant-garde à un rôle d'interprètes et de codificateurs du passé historique, publiant des analyses de l'art moderne espagnol pour expliquer les processus historiques de l'avant-garde au cours de la dictature, et pour initier une discussion de l'héritage artistique républicain[142].

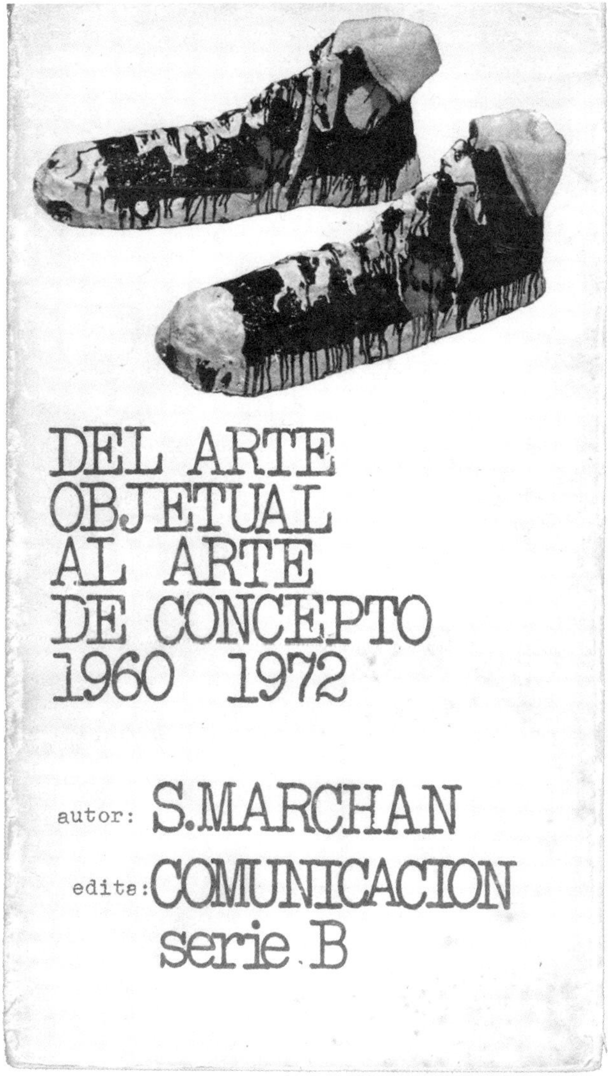

58 Couverture du livre *Del arte objetual al arte de concepto, 1960-1972* (De l'art de l'objet à l'art conceptuel) de Simón Marchán, édité par Alberto Corazón, Madrid, 1972, Comunicación serie B, nº 17

nuestra experiencia,
que no renunciemos a nada
de lo que es nuestro. El modelo soviético
de construcción del socialismo
no es único,
y por ello debemos llegar
a comprender por qué fue adoptado
en la URSS, qué coyunturas
políticas daban sentido a los debates sobre
LA ACUMULACION SOCIALISTA
o sobre
LA METODOLOGIA DE LA PLANIFICACION
(nada es casual, nada es neutral).
Tenemos que comprender
que la alternativa entre el llamado

están determinados por la lucha
clases, por la transforma
radical de las relaciones de producc
¿Por qué
TEXTOS TEORICOS DE MEYERHO
o los planteamientos de 191
en la URSS sobre
relaciones e
SOCIALISMO, CIUDAD Y ARQUITECT
permanecen actuales (es d
inasimilados, irrealizad
¿Por qué el período más
e innovador de la historia hum
ha quedado sepul
bajo la gris estupidez de los burócra

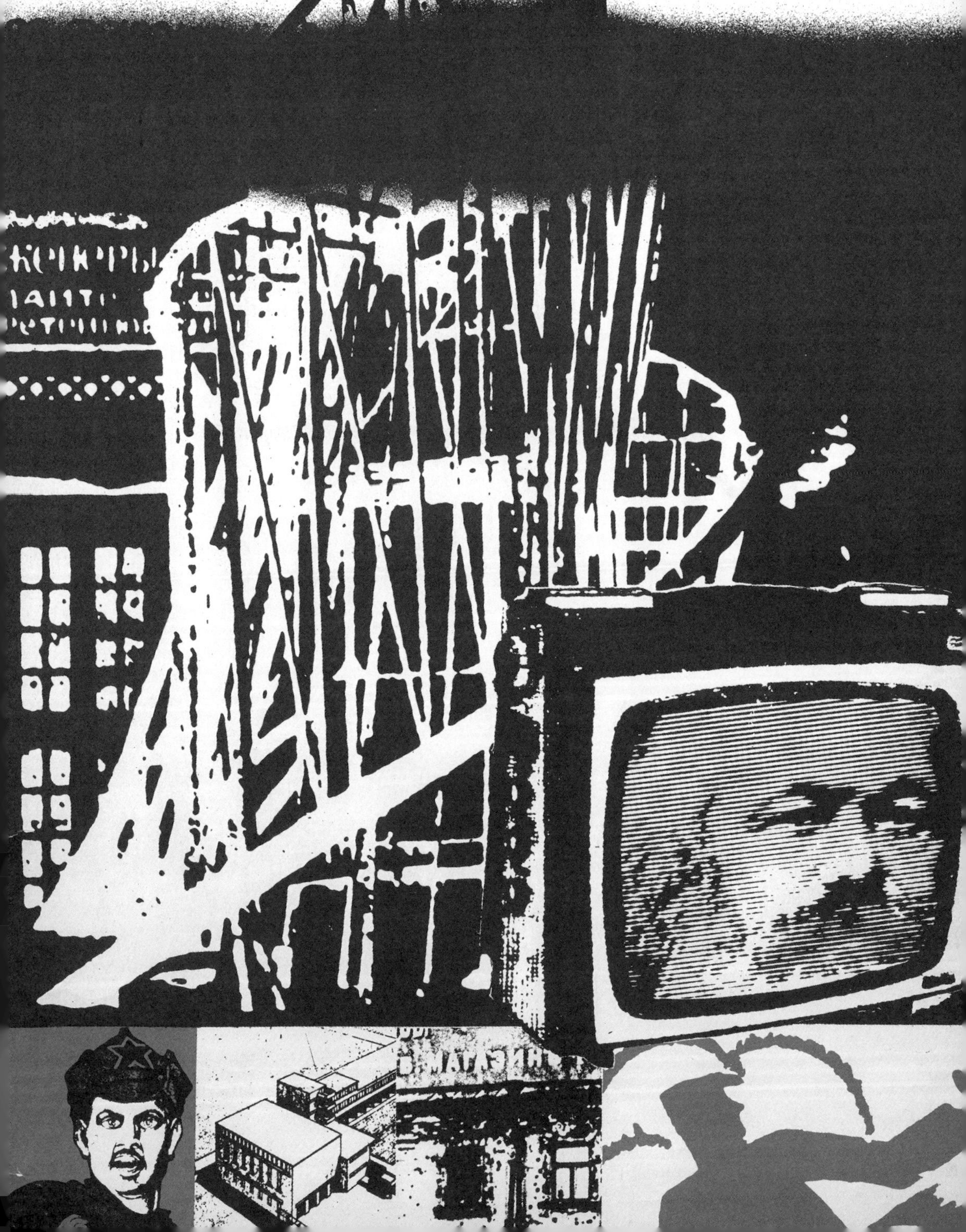

CHAPITRE 4
La marxisation de la critique d'art : information, idéologie et antifranquisme

« L'art est une superstructure de la réalité historique[1]. »

Alexandre Cirici

« Ce qui importe par-dessus tout est l'engagement de l'artiste dans la réalité[2]. »

Equipo 57

Au cours des années 1960, les critiques militants, ainsi que beaucoup d'intellectuels et d'artistes, choisirent d'adopter un rôle actif dans la sphère sociale et politique. Avec le slogan « *Nulla aesthetica sine ethica* » (Pas d'esthétique sans éthique/politique) comme étendard, ils participèrent à un mouvement général d'opposition qui voyait dans la culture un instrument de la lutte pour l'hégémonie intellectuelle et idéologique, et qui encourageait l'engagement social et politique contre le régime[3].

Le recours à l'idéologie marxiste par la culture dissidente eut un impact clair sur ce processus. Celle-ci assurait aux forces d'opposition un certain nombre d'outils pour combattre la dictature. Mais cette théorie était la vieille ennemie du régime et, en tant que telle, il était impossible de la développer ouvertement en Espagne dans les années qui suivirent le coup d'État. Ainsi resta-t-elle clandestine. Malgré ces contraintes, le marxisme devait toutefois représenter dans les années 1960, comme l'expliqua Bernecker, « la tendance dominante de l'opposition de gauche démocratique[4] ». Même si les approches de cette théorie philosophique, politique et socio-culturelle « n'étaient pas toujours très profondes ou analytiques[5] », elle n'en était pas moins devenue l'idéologie la plus répandue parmi les étudiants, les intellectuels, les critiques d'art, les artistes, les travailleurs, ainsi que dans les secteurs les plus progressistes du clergé.

Bien sûr, différents marxismes coexistaient et étaient visibles au sein des forces clandestines d'opposition, tels le Parti communiste d'Espagne (PCE), le Frente de Liberación Popular (FLP) ou les mouvements marxistes-léninistes de la seconde moitié des années 1960, comme le Parti communiste espagnol marxiste-léniniste (PCE m-l) et le Frente Revolucionario Antifascista y Patriota (FRAP). Cependant, au cours de cette décennie, une bonne part d'intellectuels, d'artistes et de critiques d'art, comme Aguilera Cerni, Moreno Galván, Pericás, Cirici, Llorens, Bozal et Marchán, sans nécessairement être directement affiliés à ces organisations, trouvèrent dans le matérialisme historique de nouvelles perspectives à partir desquelles analyser leur propre situation dans une société où la liberté d'expression et de la presse ainsi que le droit d'association faisaient défaut. En effet, le marxisme proposait aux forces culturelles de l'opposition de précieux outils théoriques dans la « lutte » idéologique qui les opposait à la dictature pour la conquête de l'hégémonie culturelle. Cette pratique était un premier pas, non seulement pour envisager et encourager les arts, mais aussi pour promouvoir un positionnement civique au sein de la société. Dans sa description des interconnexions entre motivations culturelles et politiques dans les différentes nuances du marxisme en Espagne, José María Castellet écrit : « Pendant longtemps, lire de la théorie marxiste se substitua d'une certaine manière à la pratique politique[6]. »

Pour la scène artistique et culturelle sous le franquisme, ces conceptions avaient des implications dissidentes. D'une part, parce qu'elles étaient en opposition frontale avec l'interprétation autonome des arts qui avait été établie et reconnue dès la fin des années 1940, et dont le gouvernement avait habilement fait sa stratégie en l'exposant sur la scène internationale à partir de la Biennale hispano-américaine de 1951[7]. Et, d'autre part, parce qu'elles donnaient des moyens à l'activisme antifranquiste qui se déployait parallèlement à la marxisation idéologique et théorique.

L'entrée des théories marxistes par les coulisses

En 1974, Elías Díaz, qui avait activement participé à l'opposition intellectuelle sous le franquisme tardif, décrivit la diffusion des courants philosophiques issus de l'œuvre de Karl Marx comme l'un des aspects les plus caractéristiques des années 1960 en Espagne[8]. Mais le phénomène avait débuté dès avant cette décennie. Les idées marxistes avaient déjà commencé à s'infiltrer dans le pays par le biais de revues et de livres vendus clandestinement dans les arrière-boutiques des librairies, ou que des Espagnols partis voyager à l'étranger rapportaient et prêtaient à leurs amis et connaissances[9]. Ainsi, dès les années 1950, les divers membres de la gauche espagnole et les libéraux-démocrates s'approprièrent différents genres de marxisme (c'est-à-dire différentes théories au sein d'un cadre d'ensemble marxiste) pour réfléchir sur l'avenir culturel, politique et social du pays.

Les critiques militants qu'étaient Moreno Galván, Pericás, Cirici et Aguilera Cerni participèrent à cette marxisation générale de l'intelligentsia[10]. Déjà en 1962, devant la cour martiale, Giménez Pericás avait défendu ses convictions comme étant guidées par « une conception marxiste de la vie[11] ». Aguilera Cerni, Cirici, Moreno Galván, et surtout Bozal, Llorens et Marchán, adoptèrent tous, dans une certaine mesure, une perspective marxiste dans leur interprétation de l'art moderne sous le franquisme tardif[12]. En réalité, l'étude des théories marxistes n'était pas mue uniquement par un intérêt artistique et culturel ; elle relevait aussi d'un processus d'actualisation idéologique et, en tant que telle, elle était conçue comme une étape logique pour renouer avec l'esprit du temps. Se remémorant ces années, Bozal expliqua : « Une personne de formation hégélienne [...] serait naturellement arrivée à la lecture de Marx comme complément nécessaire pour accéder aux débats théoriques de l'époque[13]. »

Si ces intellectuels partageaient des connaissances, ils ne formaient pas pour autant un groupe homogène. Chacun de ces critiques avait une formation intellectuelle différente et des centres d'intérêt variables. Ils développèrent même des points de vue contradictoires, qui se manifestèrent ostensiblement dans la sphère publique lorsque la force symbolique qui unissait l'opposition intellectuelle s'évanouit à la mort de Franco[14]. Mais, par-delà leurs différences, ils avaient en commun une conception de la critique et du rôle de l'art qui découlait largement de leur *aggiornamento* (actualisation) marxiste, et qui les amena à étudier essentiellement la vision humaniste de Marx. Ce Marx, que l'historien britannique Tony Judt qualifie de plus plaisant que celui envisagé au prisme de la théorie des pratiques structurelles définie par Althusser, eut une grande influence en Italie et affecta également les penseurs du monde hispanophone dans sa globalité[15]. Si elle ne transforma pas tous les critiques en intellectuels marxistes, cette vision marqua profondément leur perception de la culture et de la vie sociale.

L'« éducation marxiste » des Espagnols fut progressive, et passa d'abord par les réseaux qui s'étaient déjà installés dans les champs culturels et sociopolitiques de l'Espagne franquiste. Durant l'autarcie (jusqu'en 1951-1952), les débats sur le marxisme étaient pour la plupart régis par des intellectuels exilés ou des membres du PCE, et dépendaient donc des organisations clandestines. Ainsi, pendant plus de dix ans, les publications et les débats marxistes n'entrèrent dans le pays pratiquement que par le biais des médias et des infrastructures coordonnés par différents partis communistes (notamment espagnol, français et italien), principalement sous la forme de livres et de magazines que l'on échangeait lors de réunions secrètes[16].

Les liens avec le Parti étaient fréquents parmi les intellectuels espagnols. Les contacts plus ou moins furtifs avec le PCE et son courant de pensée étaient – outre les échanges avec l'intelligentsia dissidente et la lecture des publications disponibles dans le pays –, pour ces critiques, le moyen le plus simple de se confronter à une conception marxiste de la vie. Tous furent en contact ou collaborèrent avec le PCE. Moreno Galván, par exemple, mû par son intérêt pour la doctrine du Parti, noua dès 1955 des relations avec José Ortega et Jorge

Semprún (membres du PCE) ; il adopta une position de plus en plus engagée[17]. Pericás, lui, adhéra au Parti à la fin des années 1950[18]. Tout au long des années 1960, Aguilera Cerni collabora avec la cellule valencienne du PCE ; il y était si impliqué qu'il passait pour une sorte d'« intellectuel organique[19] » du Parti. Cirici, quant à lui, avait tissé des liens semblables au Partit Socialista Unificat de Catalunya (PSUC) ; Bozal, Llorens et Marchán collaboraient eux aussi fréquemment avec le PCE et ses membres. Tous en vinrent à se servir de son réseau. Celui-ci se révéla être non seulement une force organisée et efficace pour œuvrer dans le mouvement de résistance contre le régime, mais aussi un atout de taille pour recevoir des documents et des informations marxistes, comme les revues *Nuestra Bandera* et *Nuestras Ideas*, publiées à l'étranger et ne circulant pas librement en Espagne[20].

Malgré ces liens et ces échanges d'informations, la plupart des critiques ne rejoignirent pas les rangs du PCE. Et, si tel était le cas, cela n'impliquait ni une soumission à l'idéologie du Parti, ni la défense de positions pro-soviétiques[21]. On pourrait décrire les critiques comme des « compagnons de route » : le plus souvent, c'était une collaboration sans engagement qui prévalait entre ces intellectuels et le Parti. Ce genre d'association était même recherché par le PCE dans le cadre de sa politique de Réconciliation nationale, qui visait à rassembler toutes les forces antifranquistes, par-delà les divergences d'opinions en matière de politique et d'esthétique.

Néanmoins, les critiques d'art ne dépendaient pas uniquement des réseaux du PCE pour récolter des informations valables et utiles pour leur *aggiornamento* théorique et idéologique. Ils se servaient également de leurs connaissances à l'étranger, surtout en Italie et en France. Ainsi, ils nouèrent des contacts directs avec les partis communiste et socialiste italiens de même qu'avec d'autres structures de gauche. Des éditions à l'étranger jouèrent elles aussi un grand rôle dans la propagation des idées, comme la revue *Realidad*, parue pour la première fois en 1963 à Rome, ou le cercle dissident de la maison d'édition Ruedo Ibérico, à Paris, qui publia la revue *Cuadernos Ruedo Ibérico* à partir de 1965. Ces deux périodiques revêtaient une importance particulière dans le débat esthétique, et firent connaître aux Espagnols les thèses et les théories que Perry Anderson a qualifiées de « marxisme occidental[22] ». Ils publiaient notamment des réflexions sur les questions fondamentales du marxisme et leurs liens avec les phénomènes culturels. Ces revues accueillirent des articles signés par des intellectuels, des artistes et des critiques exilés, comme Adolfo Sánchez Vázquez, Francisco Fernandez Santos et Fernando Claudín, ainsi que les critiques militants Valeriano Bozal, Aguilera Cerni et Moreno Galván, offrant ainsi aux Espagnols un forum pour l'élaboration et la discussion de leurs idées[23].

Les éditeurs latino-américains fournirent autant de publications aux Espagnols que leurs homologues européens. Les textes imprimés au Mexique ou en Argentine, par exemple, étaient bien sûr publiés en castillan et, au moins dès 1957, ils furent décisifs dans la mise à jour des discours théoriques espagnols. Les maisons d'édition mexicaines Ediciones Era et Fondo de Cultura Económica étaient particulièrement importantes, car elles étaient en relation étroite avec les Espagnols républicains exilés. Leur collaboration avec des intellectuels engagés en exil – tel Wenceslao Roces, qui travailla pour eux comme traducteur – enrichit leur programme doctrinal qui visait à diffuser l'idéologie marxiste et la pensée de ceux qui avaient perdu la guerre d'Espagne[24].

Ces deux éditeurs mexicains permirent aux critiques militants et aux intellectuels espagnols de se familiariser avec les théories d'Adolfo Sánchez Vázquez. Ce philosophe marxiste républicain, qui s'était exilé à Mexico, devint le théoricien majeur d'une interprétation renouvelée de Marx dans la péninsule Ibérique. Sánchez Vázquez avait ainsi étudié les Manuscrits économico-philosophiques de Marx de 1844. Il fut l'un des premiers à procurer les bases d'une pensée marxiste ayant pris ses distances avec l'orthodoxie soviétique qui prônait le réalisme socialiste. Même si l'on pouvait vaguement saisir quelques idées des Manuscrits à travers l'approche de l'art que proposait Giulio Carlo Argan, le texte original ne fut disponible en Espagne qu'avec sa publication au Mexique en 1962[25]. Lorsque ce texte devint accessible de manière clandestine en Espagne (grâce à la revue *Realidad*), la position de Sánchez Vázquez devint particulièrement pertinente[26]. En effet, celui-ci avait clairement vu l'impasse dans laquelle se trouvait une bonne part du débat marxiste. Il expliqua rétrospectivement qu'une position aussi révisionniste cherchait à « détruire les obstacles que le dogmatisme et le schématisme ont érigés à partir des années 1930, appauvrissant et limitant la théorie marxiste », afin « de voir de nouvelles réalités avec des yeux nouveaux, ouvrant de nouvelles voies de recherche qui retourneraient au marxisme comme théorie et méthode, ce qui devrait constituer son cœur même, à savoir : son articulation à la pratique et, par là même, son caractère vivant et créateur[27] » (ill. 59).

Parallèlement à ces publications étrangères qui entraient en Espagne et y étaient partagées clandestinement, il y avait quelques autres possibilités, dans le pays même, de se lier à des voix marxistes qui ne dépendaient pas exclusivement du PCE. Au milieu des années 1950, par exemple, quelques intellectuels dissidents, tels Enrique Tierno Galván, Elías Díaz, Josep Maria Castellet, José Aumente et Manuel Ballestero, s'attachèrent à produire une analyse marxiste de la réalité sociale espagnole. Ils développèrent un angle de réflexion marxiste dans des cercles littéraires, intellectuels et universitaires, utilisant ces derniers comme forums de discussion pour leurs idées, aussi souvent que le permettait la surveillance institutionnelle. Ils osèrent même publier ces idées dans des revues universitaires et des livres à faible tirage. Un bon exemple de ces revues est le *Boletín Informativo del Seminario de Derecho Político*, dirigé par Enrique Tierno Galván, qui parut à Salamanque à partir de 1954 et offrait un large spectre de thématiques marxistes. Un numéro, par exemple, analysait « les questions du marxisme aujourd'hui » tout en proposant des réflexions sur les œuvres de Georg Lukács et de Bertolt Brecht. Cette propagation d'idées marxistes s'intensifia, et déboucha même, comme le montre Jordi Gracia, sur l'organisation en 1958 d'un colloque intitulé « Introducción al pensamiento marxista » (Introduction à la pensée marxiste) à l'université de Saint-Jacques-de-Compostelle[28].

Aux côtés de Tierno Galván, Manuel Sacristán contribua aussi amplement à diffuser la philosophie marxiste. Après deux ans passés à l'université de Münster (Rhénanie-du-Nord-Westphalie, en Allemagne de l'Ouest), entre 1954 et 1956, pour étudier la logique et la philosophie des sciences, il avait intégré l'université de Barcelone comme enseignant contractuel au milieu des années 1950. Mais il se heurta en cette qualité à de nombreux obstacles et il fut finalement renvoyé en 1965, certainement du fait de ses positions de gauche, et de son travail croissant de traduction engagée d'auteurs clés pour la gauche espagnole, dont Marx, Engels, Gramsci, Lukács et Marcuse. Après coup, il livra les motivations de ce pan important de son activité intellectuelle : il voulait offrir à ses concitoyens un accès aux « idées qui ne circulaient pas en Espagne en raison de la censure[29] ».

À partir de la fin des années 1950, d'autres éditeurs installés sur le sol espagnol commencèrent à diffuser des idées et des concepts marxistes pour analyser les rapports entre culture et société dans le pays. Ils développaient ce que Gracia appela « le premier marxisme cryptique espagnol[30] ». Ce fut le cas à Cordoue, par exemple, où José Aumente créa *Praxis. Revista de Higiene Mental de la Sociedad* (Praxis. Revue pour l'hygiène mentale de la société). Cette revue cherchait à éveiller les consciences sur la situation contemporaine d'un point de vue sociologique, en s'intéressant au « monde des valeurs morales » autant qu'aux « structures sociales[31] ». Si elle se révéla très éphémère (cinq numéros parurent entre 1960 et 1961), *Praxis* proposa très tôt une plate-forme de discussion sur une démocratie parlementaire à venir. Elle fut d'ailleurs l'une des premières initiatives où les collectifs catholiques adoptèrent une méthode d'analyse marxiste face à la culture et à la société, utilisant le marxisme pour la « réalisation d'une société réellement chrétienne[32] ».

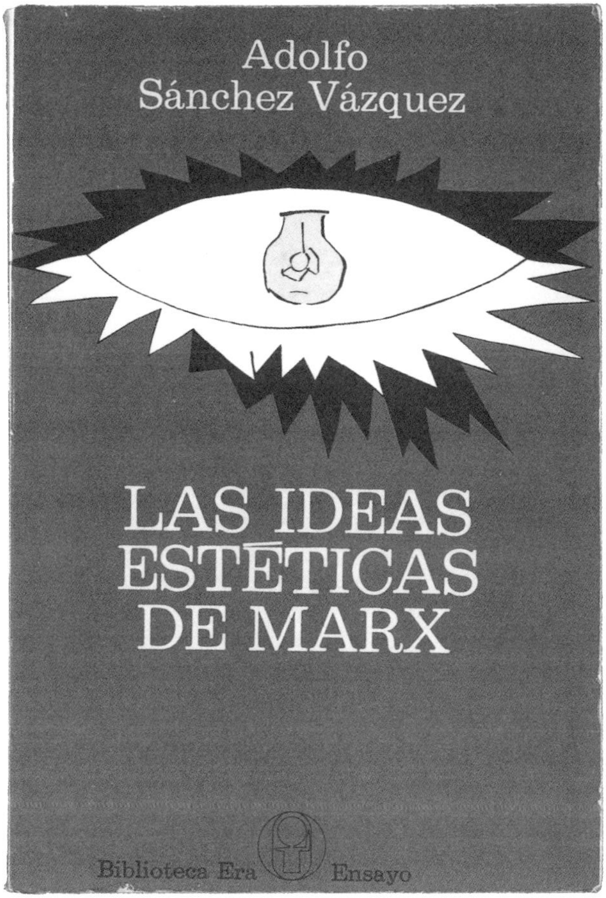

59 Couverture du livre *Las ideas estéticas de Marx* (Les idées esthétiques de Marx) d'Adolfo Sánchez Vázquez, publié par les éditions mexicaines Era, Mexico, 1977

La revue se montrait critique vis-à-vis du capitalisme bourgeois, lui préférant la défense des nécessiteux, et tentait de préparer « intellectuellement les conditions de l'action révolutionnaire[33] ». Même si *Praxis* empruntait son nom à Max Weber et à Georg Lukács (faisant allusion au dialogue continuel qu'implique la construction de la réalité), ses références, reproduites dans la rubrique « Textos escogidos » (Textes choisis), étaient très hétérogènes, allant de Pierre Teilhard de Chardin, Emmanuel Mounier, Karl Mannheim, à certains intellectuels de tradition républicaine comme José Ortega y Gasset et Antonio Machado, ou encore à des penseurs plus contemporains comme le philosophe José Luis López Aranguren[34]. La revue servait avant tout de plate-forme d'échange et de partage d'idées sur l'art et la culture, car elle comptait parmi

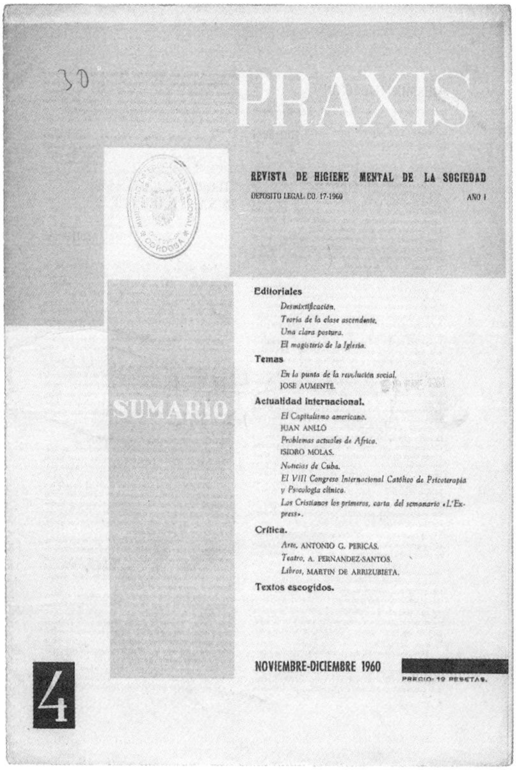
PRAXIS

SUMARIO

REVISTA DE HIGIENE MENTAL DE LA SOCIEDAD

DEPOSITO LEGAL CO. 17-1960 AÑO I

Editoriales
Desmixtificación.
Teoría de la clase ascendente.
Una clara postura.
El magisterio de la Iglesia.

Temas
En la punta de la revolución social.
JOSE AUMENTE.

Actualidad internacional.
El Capitalismo americano.
JUAN ANLLÓ
Problemas actuales de Africa.
ISIDRO MOLAS.
Noticias de Cuba.
El VIII Congreso Internacional Católico de Psicoterapia y Psicología clínica.
Los Cristianos los primeros, carta del semanario «L'Express».

Crítica.
Arte, ANTONIO G. PERICÁS.
Teatro, A. FERNANDEZ-SANTOS.
Libros, MARTIN DE ARRIZUBIETA.

Textos escogidos.

4

NOVIEMBRE-DICIEMBRE 1960

PRECIO: 12 PESETAS.

60 *Praxis. Revista de higiene mental de la sociedad*, nº 4, novembre-décembre 1960, couverture et (ci-contre) article d'Antonio Giménez Pericás, illustré d'un dessin d'Equipo 57, p. 15-16

ses collaborateurs le critique d'art marxiste Francisco Fernández Santos et les membres d'Equipo 57, qui travaillaient en étroite collaboration avec les critiques militants Moreno Galván, Aguilera Cerni et Giménez Pericás (ill. 60).

En même temps, *Praxis* faisait écho aux nouveaux courants théoriques européens de l'engagement moral. Cette question avait été intensément débattue en Europe de l'Ouest jusque dans les années 1950, après les expériences traumatiques de la Seconde Guerre mondiale. Elle domina d'ailleurs plusieurs secteurs de la production culturelle (littérature, cinéma et arts visuels) tout au long des années 1940-1950[35]. John Picchione explique que ses expressions les plus influentes étaient la notion sartrienne de littérature engagée et le mouvement néoréaliste italien[36]. Tous deux se fondaient sur une conception des arts comme outils dans la praxis socio-politique – un point de vue qui s'accordait à l'actualisation marxiste de la gauche culturelle, et qui avait essentiellement été introduit en Espagne *via* l'adoption de la pensée de Sartre au sein des cercles littéraires et artistiques dissidents à partir des années 1950[37]. En

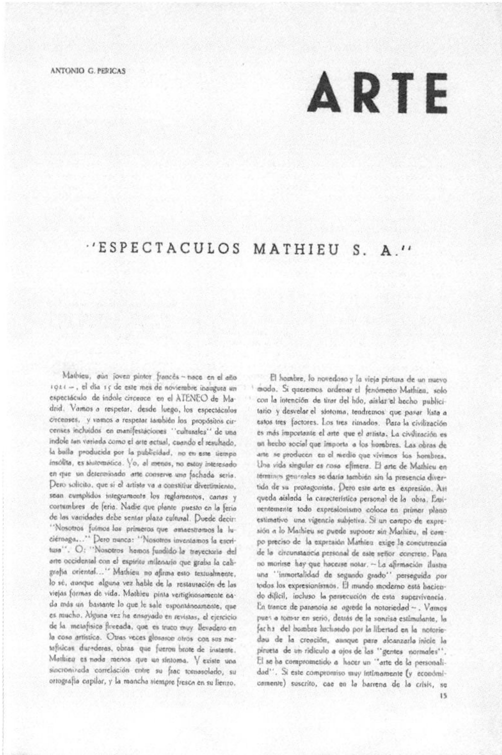

ANTONIO G. PERICAS

ARTE

"ESPECTACULOS MATHIEU S. A."

Mathieu, aún joven pintor francés – nace en el año 1921 –, el día 15 de este mes de noviembre inaugura un espectáculo de índole circence en el ATENEO de Madrid. Vamos a respetar, desde luego, los espectáculos circenses, y vamos a respetar también los propósitos circenses incluidos en manifestaciones "culturales" de una índole tan variada como el arte actual, cuando el resultado, la bulla producida por la publicidad, no en este tiempo insólita, es sintomática. Yo, al menos, no estoy interesado en que un determinado arte conserve una fachada seria. Pero solicito, que si el artista va a constituir divertimiento, sean cumplidos íntegramente los reglamentos, cantos y costumbres de feria. Nadie que plante puesto en la feria de las vanidades debe sentar plaza cultural. Puede decir: "Nosotros fuimos los primeros que amaestramos la luciérnaga..." Pero nunca: "Nosotros inventamos la escritura". O: "Nosotros hemos fundido la trayectoria del arte occidental con el espíritu milenario que graba la caligrafía oriental..." Mathieu no afirma esto textualmente, lo sé, aunque alguna vez hable de la restauración de las viejas formas de vida. Mathieu pinta vertiginosamente nada más un bastante lo que le sale espontáneamente, que es mucho. Alguna vez ha ensayado en revistas, el ejercicio de la metafísica floreada, que es truco muy llevadero en la cosa artística. Otras veces glosaron otros con sus metafísicas duraderas, obras que fueron brote de instante. Mathieu es nada menos que un síntoma. Y existe una sincronizada correlación entre su frac tornasolado, su ortografía capilar, y la mancha siempre fresca en su lienzo.

El hombre, lo novedoso y la vieja pintura de un nuevo modo. Si queremos ordenar el fenómeno Mathieu, solo con la intención de tirar del hilo, aislar el hecho publicitario y desvelar el síntoma, tendremos que pasar lista a estos tres factores. Los tres rimados. Para la civilización es más importante el arte que el artista. La civilización es un hecho social que importa a los hombres. Las obras de arte se producen en el medio que vivimos los hombres. Una vida singular es cosa efímera. El arte de Mathieu en términos generales se daría también sin la presencia divertida de su protagonista. Pero este arte es expresión. Así queda aislada la característica personal de la obra. Eminentemente todo expresionismo coloca en primer plano estimativo una vigencia subjetiva. Si un campo de expresión a lo Mathieu se puede suponer sin Mathieu, el campo preciso de la expresión Mathieu exige la concurrencia de la circunstancia personal de este señor concreto. Para no morirse hay que hacerse notar. – La afirmación ilustra una "inmortalidad de segundo grado" perseguida por todos los expresionismos. El mundo moderno está haciendo difícil, incluso la persecución de esta supervivencia. En trance de paranoia se agrede la notoriedad –. Vamos pues a tomar en serio, detrás de la sonrisa estimulante, la facha del hombre luchando por la libertad en la notoriedad de la creación, aunque para alcanzarla inicie la pirueta de un ridículo a ojos de las "gentes normales". El se ha comprometido a hacer un "arte de la personalidad". Si este compromiso muy íntimamente (y económicamente) suscrito, cae en la barrena de la crisis, se

15

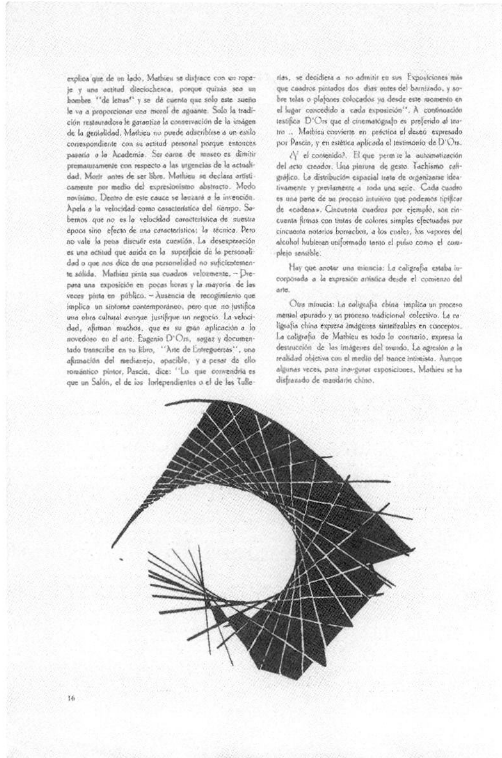

explica que de un lado, Mathieu se disfrace con un ropaje y una actitud dieciochesca, porque quizás sea un hombre "de letras" y se dé cuenta que solo este sueño le va a proporcionar una moral de aguante. Solo la tradición restauradora le garantiza la conservación de la imágen de la genialidad. Mathieu no puede adscribirse a un estilo correspondiente con su actitud personal porque entonces pasaría a la Academia. Ser carne de museo es dimitir prematuramente con respecto a las urgencias de la actualidad. Morir antes de ser libre. Mathieu se declara artísticamente por medio del expresionismo abstracto. Modo novísimo. Dentro de este cauce se lanzará a la invención. Apela a la velocidad como característica del tiempo. Sabemos que no es la velocidad característica de nuestra época sino efecto de una característica: la técnica. Pero no vale la pena discutir esta cuestión. La desesperación es una actitud que anida en la superficie de la personalidad o que nos dice de una personalidad no suficientemente sólida. Mathieu pinta sus cuadros velozmente. – Prepara una exposición en pocas horas y la mayoría de las veces pinta en público. – Ausencia de recogimiento que implica un síntoma contemporáneo, pero que no justifica una obra cultural aunque justifique un negocio. La velocidad, afirman muchos, que es su gran aplicación a lo novedoso en el arte. Eugenio D'Ors, sagaz y documentado transcribe en su libro, "Arte de Entreguerras", una afirmación del medianejo, apacible, y a pesar de ello romántico pintor, Pascin, dice: "Lo que convendría es que un Salón, el de los Independientes o el de las Tullerías, se decidiera a no admitir en sus Exposiciones más que cuadros pintados dos días antes del barnizado, y sobre telas o plafones colocados ya desde este momento en el lugar concedido a cada exposición". A continuación testifica D'Ors que el cinematógrafo es preferido al teatro .. Mathieu convierte en práctica el deseo expresado por Pascin, y en estética aplicada el testimonio de D'Ors.

¿Y el contenido?. El que permite la automatización del acto creador. Una pintura de gesto. Tachismo caligráfico. La distribución espacial trata de organizarse ideativamente y previamente a toda una serie. Cada cuadro es una parte de un proceso intuitivo que podemos tipificar de «cadena». Cincuenta cuadros por ejemplo, son cincuenta firmas con tintas de colores simples efectuadas por cincuenta notarios borrachos, a los cuales, los vapores del alcohol hubieran uniformado tanto el pulso como el complejo sensible.

Hay que anotar una minucia: La caligrafía estaba incorporada a la expresión artística desde el comienzo del arte.

Otra minucia: La caligrafía china implica un proceso mental apurado y un proceso tradicional colectivo. La caligrafía china expresa imágenes sintetizables en conceptos. La caligrafía de Mathieu es todo lo contrario, expresa la destrucción de las imágenes del mundo. La agresión a la realidad objetiva con el medio del trance intimista. Aunque algunas veces, para inaugurar exposiciones, Mathieu se ha disfrazado de mandarín chino.

16

1960, Fernández Santos écrivit que la « condamnation marxiste du solipsisme littéraire était juste, extrêmement juste[38] », car selon lui la littérature devait être au service de la communauté comme toute autre activité humaine. *Praxis* proposait une perspective très proche. L'engagement social des intellectuels et l'importance du champ culturel dans les transformations de la société y étaient vivement soutenus : « Nous avons suffisamment d'intellectuels conformistes, installés dans une confortable sécurité, mais il nous faut des intellectuels engagés dans la grande œuvre de l'effort pour une société meilleure[39]. »

Le même sujet faisait l'objet de discussions dans le cercle intellectuel qui se rassemblait autour des éditions Acento Cultural. La revue homonyme était paradoxalement financée par le Syndicat universitaire franquiste (SEU) et représentait « le mariage apparemment étrange entre la branche la plus jeune et la plus iconoclaste de la Phalange et la gauche communiste[40] ». Sous la direction de Carlos Velez, elle réunissait des démocrates, des intellectuels de gauche comme Isaac Montero et Luis de Pablo, des communistes ou des

« compagnons de route » comme Jesús López Pacheco, Antonio Leyva et Alberto Blancafort, et les critiques militants Pericás, Moreno Galván, Bozal et Aguilera Cerni. Cette publication traitait de thématiques culturelles comme la littérature, l'art, la musique et le théâtre, et débattait par conséquent de la mise à jour marxiste de l'intelligentsia. Il faut noter cependant que ce discours était filtré en raison de la connexion officielle de la revue au SEU : les sources marxistes et leurs auteurs ne pouvaient être directement abordés.

Il ne serait pas inexact d'affirmer qu'*Acento Cultural* devint un bastion pour le débat sur l'implication des intellectuels dans la société ainsi que sur le rôle de l'art dans la pratique sociale. Maintes références en ce sens, empruntées à Jean-Paul Sartre, Bertolt Brecht, Lukács et Antonio Machado, peuvent être retrouvées dans divers essais. Le philosophe espagnol Aranguren exprima l'urgence de ces préoccupations dans les pages d'*Acento Cultural* : « Notre époque réclame un intellectuel dont le cœur bat avec celui du peuple[41]. » Il avait la conviction que les intellectuels devaient adopter une attitude critique et, surtout, se vouer à transformer la société[42]. À la manière de Sartre, pour qui la « plume » pouvait être « encore plus puissante qu'une épée », les contributeurs d'*Acento Cultural* concevaient la peinture, la musique et les autres expressions culturelles comme des « instrument[s] pour transformer le monde[43] » (selon les termes du poète Celaya décrivant la poésie). Cette notion, sous-tendue par une position antifranquiste et des ambitions démocratiques, impliquait la participation du champ culturel au développement de processus sociaux. Cette opinion partagée au sein de la gauche culturelle espagnole eut un profond impact sur les critiques militants et sur les artistes au long des années 1950 et au début des années 1960. Ce genre d'engagement était quasi obligatoire pour les intellectuels et les artistes de gauche, et il était un outil précieux dans la collaboration complexe et les tentatives d'homogénéisation de la gauche culturelle dissidente.

Acento Cultural défendait plus le réalisme socialiste, notamment dans le domaine littéraire, que *Praxis*. Néanmoins, ces deux journaux mettaient pareillement en avant une perspective plus dialectique pour les arts visuels. Cette approche devait beaucoup aux écrits de Pericás, devenu partisan de l'art abstrait en 1959, lorsqu'il s'associa au Grupo Parpalló. Même s'il était alors membre du PCE, il ne suivait pas aveuglément les doctrines de Plekhanov et de Jdanov. D'ailleurs, c'est avant tout dans les mouvements de l'abstraction géométrique, plutôt que dans le réalisme socialiste, qu'il voyait la voie la plus appropriée pour transformer la sphère sociale – un point de vue partagé par ses pairs espagnols[44].

L'extension du débat sur la force sociale des arts, et ses répercussions (Tàpies et Saura claquant la porte des expositions officielles, par exemple), obligèrent le régime à prendre en compte le potentiel subversif de ces idées. Celui-ci devint particulièrement évident au cours de la première moitié des années 1960, lorsque les artistes et les critiques d'art se rapprochèrent d'organisations d'opposition comme le PCE, le FLP et l'Asociación de Artistas Residentes en París. Ces idées, partagées par toute la gauche culturelle, se heurtèrent dès lors à la résistance des factions conservatrices pro-régime. Dans la presse, on accusa *Acento Cultural* d'être un nid de marxistes, et le critique d'art madrilène d'origine roumaine Horia Stamatu avait du mal à croire que « le "réalisme socialiste", la doctrine esthétique du communisme actuel, fascine quelques jeunes Occidentaux inexplicablement rétrogrades [le terme *retrasados* a un double sens et peut aussi être traduit par "attardés mentaux"], qui placent véritablement, d'après ce que j'ai pu voir, leur espoir dans le "matérialisme dialectique"[45] ». Les opinions radicales exprimées dans la revue éveillèrent les soupçons du régime. La question d'*Acento Cultural* fut même discutée en Consejo de Ministros (Conseil des ministres), ce qui déboucha sur le remplacement de la quasi-totalité de son comité de rédaction[46]. Mais cela ne l'empêcha pas de cesser ses activités en 1961. En fin de compte, *Praxis* et *Acento Cultural* furent tous deux considérés comme subversifs, et ni l'un ni l'autre ne survécurent après 1961.

Ces efforts pour contrôler la propagation des idées marxistes furent toutefois vains et, lors des grèves de 1962 dans le nord de l'Espagne, le mouvement de protestation montra à quel point la conscience sociale d'un grand nombre d'intellectuels était fermement ancrée. La répression brutale des mineurs et de leurs femmes provoqua un élan de solidarité massif, suscitant même la rupture entre les intellectuels conservateurs et le gouvernement, et affaiblissant par là même les flancs franquistes. La position critique, maintenant qu'elle avait fait son entrée dans le monde de la culture, ne pouvait plus être éradiquée, et en 1963 le marxisme s'était répandu au-delà des cercles communistes et des dissidents de gauche. Il devint un outil théorique et argumentaire fondamental dans l'association (parfois explosive) entre les différentes factions antifranquistes, réunissant par exemple les communistes, les dissidents de la nouvelle gauche et même certains phalangistes désabusés.

Le magazine *Cuadernos para el Diálogo*, qui paraissait à Madrid, fut une initiative significative pour ouvrir le dialogue entre ces différents groupes[47]. Son objectif était de servir de forum de discussion pour les différentes factions démocratiques, c'est-à-dire les chrétiens, la nouvelle gauche et les socialistes. D'ailleurs, la revue rassemblait des intellectuels aux programmes très divers, y compris d'anciens acteurs du système qui s'opposaient à présent au régime. Elle était dirigée, par exemple, par l'ex-ministre de l'Éducation, Ruíz Giménez, que le régime avait renvoyé en 1956 parce que sa réponse aux révoltes étudiantes avait été jugée trop prudente et trop laxiste ; et elle comprenait la plupart des chrétiens dissidents que la vague libérale du IIe concile œcuménique du Vatican avait favorisés en Espagne.

Cuadernos para el Diálogo était assez généraliste, publiant des articles sur la politique, la philosophie, les arts et la littérature. Cette approche large attirait un lectorat nombreux, et le magazine eut donc un impact significatif en Espagne. Ce fut d'ailleurs le premier périodique à toucher un vaste éventail d'élites intellectuelles, et à traiter ouvertement du marxisme et de ses complexités. *Cuadernos para el Diálogo* parut depuis 1963 jusqu'à la transition démocratique, promouvant un discours sérieux, entre christianisme et marxisme, afin de définir une alternative politique future pour l'Espagne. Tout au long de son existence, et non sans difficultés au début, des auteurs comme Aranguren, Aguilera Cerni, Bozal et Elías Díaz expliquèrent l'évolution du marxisme, analysant par exemple les positions de Teilhard de Chardin, d'Émile Baas ou d'Erich Fromm[48]. À partir de la seconde moitié des années 1960, les idées de Marcuse en particulier, et dans une certaine mesure celles d'Adorno et de Horkheimer, furent spécialement mises en valeur. *Cuadernos para el Diálogo* soutenait et diffusait une vision critique du néocapitalisme qui s'adaptait aux conceptions de ces auteurs allemands. La revue dénonçait une société égoïste, fondée sur l'aliénation de la classe ouvrière et continuellement manipulée par les médias de masse, la publicité et la technologie aux mains d'une puissante élite[49].

Les divers réseaux, espaces et entreprises que nous avons cités ici et qui mirent les critiques militants en contact avec une conception marxiste de la vie ne furent pas seulement des canaux d'information. Réciproquement, ils servirent de plates-formes pour diffuser leurs idées, sur leur marxisation progressive, mais aussi sur leur appréhension du développement de l'avant-garde. L'intérêt pour le marxisme comme moyen de comprendre les phénomènes culturels se refléta dans la manière dont les critiques militants espagnols mirent à jour leurs idéologies selon les orientations théoriques des marxismes occidentaux. Cela devint de plus en plus visible à partir de la fin des années 1950[50]. En Espagne, les théories marxistes des « écoles occidentales » présentaient un intérêt tout particulier pour les critiques militants et l'intelligentsia de gauche, car elles concevaient la culture comme un produit social et comme un phénomène intégré aux structures sociales, politiques et économiques, avec un rôle à jouer dans la praxis. Tout comme pour leurs homologues du monde littéraire, leur conception du marxisme – du moins à partir de la fin des années 1950 et du début des années 1960 – était largement liée au marxisme existentialiste de Jean-Paul Sartre et à son analyse de la fonction des intellectuels au sein de la société bourgeoise. Sartre devint un penseur clé pour les Espagnols. Sa vision de l'auteur et de l'intellectuel comme participants actifs à la sphère sociale, avec l'obligation morale de la transformer, permit aux critiques d'art de se définir comme tels, et de revendiquer une conception sociale et morale des arts[51]. Ils inspirèrent par-dessus tout Aguilera Cerni, Moreno Galván, Cirici et Giménez Pericás, qui devinrent les représentants d'un « marxisme existentialiste » qui se développa jusqu'à la première moitié des années 1960.

Cependant, jusqu'au milieu des années 1960, leur approche de Marx resta assez prudente. Il n'était pas facile de traiter du marxisme dans un pays dirigé par un dictateur qui s'était autoproclamé « Centinela de Occidente » (Sentinelle de l'Occident) contre le communisme. Les critiques d'art, comme les autres intellectuels, éditeurs et rédacteurs, devaient contourner une censure particulièrement sensible aux discussions culturelles ayant des connotations politiques. Dans les années 1950 et au début des années 1960, une simple allusion au communisme ou au marxisme pouvait provoquer une réaction immédiate de la part du régime : amendes, confiscations, poursuites judiciaires ou destruction physique des publications[52]. Cela pouvait même aller jusqu'à l'emprisonnement. Il n'est donc pas étonnant que, dans un premier temps, les intellectuels espagnols aient présenté le marxisme comme une « méthodologie » plutôt que comme un mouvement philosophique ou politique. Ainsi, en 1968, Elías Díaz pouvait encore affirmer, dans le style cryptique auquel recouraient de nombreux dissidents : « Utiliser plus ou moins clairement des critères méthodologiques marxistes était et continue à être le plus viable (dans une perspective de possibilité de conflits personnels de caractère socio-politique)[53]. »

Cette approche s'ancra fermement dans les cercles de la critique militante en Espagne au cours de la période précédant la Loi sur la presse de 1966 et les émeutes étudiantes de la seconde moitié des années 1960. Jusqu'en 1963-1964, les critiques d'art employèrent des critères et du vocabulaire « marxistes » dans leurs interprétations et leurs conceptions de l'art moderne, sans pour autant procéder à une analyse claire des auteurs qu'ils avaient commencé à lire (tels Jean-Paul Sartre, Adolfo Sánchez Vázquez, Roger Garaudy, Bertolt Brecht[54]). Des auteurs comme Arnold Hauser, Frederick Antal et Giulio Carlo Argan étaient également très utiles, car ils usaient d'une approche sociale fondée sur le marxisme comme méthode d'analyse de la production artistique sans éveiller de soupçons[55]. Mais, à partir de la seconde moitié des années 1960, la marxisation entra dans une nouvelle phase. De nouvelles possibilités se présentèrent, menant à l'étude d'auteurs marxistes et à la diffusion de leur pensée dans la sphère culturelle.

« Élargir les failles » : *Nulla aesthetica sine ethica*

« Le printemps 1965, avec le réveil abrupt du combat démocratique à l'université Complutense, mit fin à la longue sieste franquiste[56]. » C'est ainsi qu'Andrés Martínez Lorca décrivit l'explosion de violence qui devait mener à la politisation des universités et à la prolifération des moyens d'accéder au marxisme et de le comprendre. Si *Cuadernos para el Diálogo* avait déjà fait office de structure efficace pour l'ouverture à la pensée marxiste, lui permettant d'atteindre un lectorat assez large dans divers camps idéologiques, l'influence du marxisme se renforça encore avec la vague de manifestations de 1965. Les textes se multiplièrent sur le marché espagnol et l'impact de la pensée d'opposition, fortement alimentée par les grèves et leur violente répression, entraîna une marxisation accélérée et hétérodoxe des critiques militants et de la gauche espagnole. « Quand on nous demandait nos modèles », se remémora l'intellectuel Francisco Fernández Buey, qui était étudiant à l'époque, « nous regardions davantage vers l'Algérie et Cuba que vers Moscou ; vers la France et l'Italie plutôt que vers les États-Unis ; et nos marxistes [...] étaient heureusement Sacristán et Gorz, Lukács et Lefebvre, Brecht et Bloch, Schaff et Gramsci ; nous n'aurions probablement pas pu distinguer l'orthodoxie de l'hétérodoxie, ce qui nous fut très utile[57] ». Le dernier point qu'évoque Fernández Buey se révéla, en effet, assez avantageux dans le contexte espagnol : c'est précisément cette approche non différenciée du marxisme qui permit d'unifier, dans une large mesure, une gauche hétérogène sous la bannière d'un intérêt commun, celui de la lutte contre la dictature.

La nouvelle Loi sur la presse de 1966 fut en partie responsable de la multiplication et de la diversification des voix, laissant une relative liberté à la publication et à la discussion d'essais marxistes. Malgré son intention originelle, qui était de codifier et de contrôler les médias, la *Ley Fraga*[58] (Loi Fraga), comme on l'appelait, eut un impact majeur sur la propagation du marxisme[59]. D'abord, la suppression de la censure préalable, qui avait eu cours jusque-là, réduisit drastiquement la surveillance exercée sur les revues et les éditeurs qui abordaient ce genre de sujets. Ensuite, ce relâchement fut l'occasion, pour des éditeurs courageux, de diffuser des informations qui avaient été réprimées jusqu'alors. Enfin, les forces dissidentes perçurent cette décontraction comme un encouragement, ce qui entraîna la création de plusieurs maisons d'édition indépendantes, comme Ciencia Nueva (Madrid, 1966), Edicusa (Madrid, 1965) et Comunicación (Madrid, 1969), au sein desquelles l'analyse marxiste des phénomènes culturels joua un rôle capital[60]. Ainsi, à partir de 1966 et jusqu'à la mort du dictateur en 1975, apparurent en Espagne un nombre considérable de publications d'auteurs comme Gramsci, Lukács, Garaudy, Marx, Engels, Fischer et Della Volpe, ou traitant de sujets culturels et de mouvements artistiques de gauche (comme le constructivisme russe et le réalisme)[61].

Ciencia Nueva et Comunicación eurent un poids particulier dans la construction d'une culture marxiste au sein de la sphère artistique et culturelle. Ces éditeurs rassemblaient les forces intellectuelles des milieux universitaires et artistiques, unissant des critiques d'art militants comme Bozal, Marchán et Aguilera Cerni à de jeunes enseignants, étudiants et artistes. Ciencia Nueva et Comunicación étaient à la recherche de nouvelles références. Ils publiaient « des ouvrages politiquement et idéologiquement dissidents selon les postulats traditionnels du régime[62] », qui contestaient également le marxisme soviétique défendu par le PCE[63]. Ils s'accordaient en cela avec l'objectif de Manuel Sacristán, qui cherchait à contrebalancer « le marxisme schématique décrit par les manuels politiques[64] ». En suivant ce programme, ils soutenaient l'introduction de nouveaux modèles théoriques issus des différentes écoles du marxisme autour du rapport entre culture et société. Ils élargirent ce cadre afin d'y accueillir un grand nombre de sujets culturels et artistiques qui traitaient du développement et de la signification de l'avant-garde. Ainsi leurs catalogues comprenaient-ils des ouvrages allant de la politique à la philosophie, de la sociologie à l'esthétique et à l'histoire. Tout cela renforçait le lien entre marxisme et pratiques d'avant-garde – une articulation qui prévalait depuis la guerre civile et qui fit resurgir de vieilles peurs chez les conservateurs et la droite radicale[65].

Ciencia Nueva vit le jour en 1965 grâce à un groupe d'étudiants de la faculté de philosophie et de sciences humaines à l'université Complutense de Madrid en lien avec le PCE. Cette maison d'édition représenta une nouvelle étape dans la dissidence idéologique[66]. Son but n'était pas de susciter un « dialogue » chrétien, mais, comme le formula l'un de ses membres fondateurs, Jesús María Munárriz, « d'ouvrir une brèche, d'agacer le régime, de faire ce qui pouvait être fait, d'élargir les failles dont nous voyions qu'elles existaient déjà, et de voir si nous pouvions réformer et forcer un peu les choses[67] ». Elle visait à faire renaître l'idéologie républicaine et exerça, comme l'affirma Rojas Claros, « une assez grande influence sur la récupération des armes idéologiques et politiques antérieures à la guerre civile[68] ». Afin de contourner la censure tout en suivant cette stratégie de reconquête de l'idéologie républicaine, Ciencia Nueva se concentra sur la publication d'essais historiques de Robespierre, Sebastián Miñano y Bidoya, Maxime Gorki, William Morris, Friedrich Engels et Karl Marx, par exemple. Même s'il s'agissait de textes historiques, ils traitaient tous de la liberté, de la révolution et du socialisme – questions d'une brûlante actualité pour les cercles de gauche sous le régime franquiste.

Tout en fournissant des supports à la pensée avec ses textes historiques de base, Ciencia Nueva fonctionnait aussi comme plate-forme pour « la diffusion des idées les plus avant-gardistes venues de l'intérieur et de l'extérieur[69] » du pays concernant l'art et l'esthétique. Les opinions progressistes des critiques militants étaient particulièrement intéressantes pour cette maison d'édition qui avait, pour paraphraser Munárriz, l'objectif d'élargir les failles, et on proposa à Aguilera Cerni et à Valeriano Bozal d'y contribuer[70]. Ils travaillèrent en collaboration avec d'autres intellectuels, dont des critiques d'art et des artistes comme Jaime Ballesteros, Antonio Elorza, Domingo Plácido, Manuel Sacristán, Gustavo Bueno, Roberto Mesa, Juan Antonio Méndez, Alberto et Rosario Corazón.

Valeriano Bozal s'impliqua encore davantage dans cette entreprise en intégrant le comité éditorial. En cette qualité, il publia un certain nombre de titres, dont une sélection de textes sur l'art et la littérature par Marx et Engels, qui parut en 1968[71]. Ce recueil s'ouvrait sur une longue introduction de Bozal au sujet de la relation entre marxisme et esthétique. C'était la première fois en Espagne que cette question était aussi ouvertement abordée, et de manière aussi détaillée. Bozal adopta une approche chronologique et analysa différentes écoles du marxisme *via* des auteurs comme Plekhanov, Lénine, Lukács et Galvano Della Volpe. Il prit clairement position en faveur d'une nouvelle lecture de Marx et d'Engels, qui s'inscrivait dans la lignée des points de vue critiques de Sánchez Vázquez, Karel Kosík et Garaudy. Cette introduction était très utile car elle étudiait les divers courants marxistes et leurs positions esthétiques, tout en contestant l'orthodoxie soviétique à laquelle adhérait encore le PCE. Cela intéressait tous les critiques militants ; la même année, Aguilera Cerni rédigea à des fins semblables un article sur le « marxisme humaniste »[72].

Ciencia Nueva passait pour idéologiquement dangereuse à cause de son programme de publications radical. Ainsi le service éditorial subissait-il la surveillance du gouvernement, ce qui mena à l'asphyxie économique de l'entreprise, puis à sa *cierre administrativo* (fermeture administrative) sur les ordres du ministère du Tourisme et de l'Information[73]. Lorsque la maison d'édition ferma définitivement ses portes en 1969, une partie de son équipe décida de mettre en commun l'expérience qu'elle avait acquise au cours des années précédentes afin d'établir un nouveau groupe de travail à Madrid. À l'origine, leur idée avait été de créer un périodique, mais les difficultés et les persécutions dont ils avaient été victimes avec Ciencia Nueva les obligèrent à se montrer prudents. Afin d'écarter tout soupçon à leur encontre, le groupe utilisa l'adresse de l'entreprise familiale d'Alberto Corazón quand il demanda au gouvernement l'autorisation de publier des livres. Comme cette requête provenait d'une

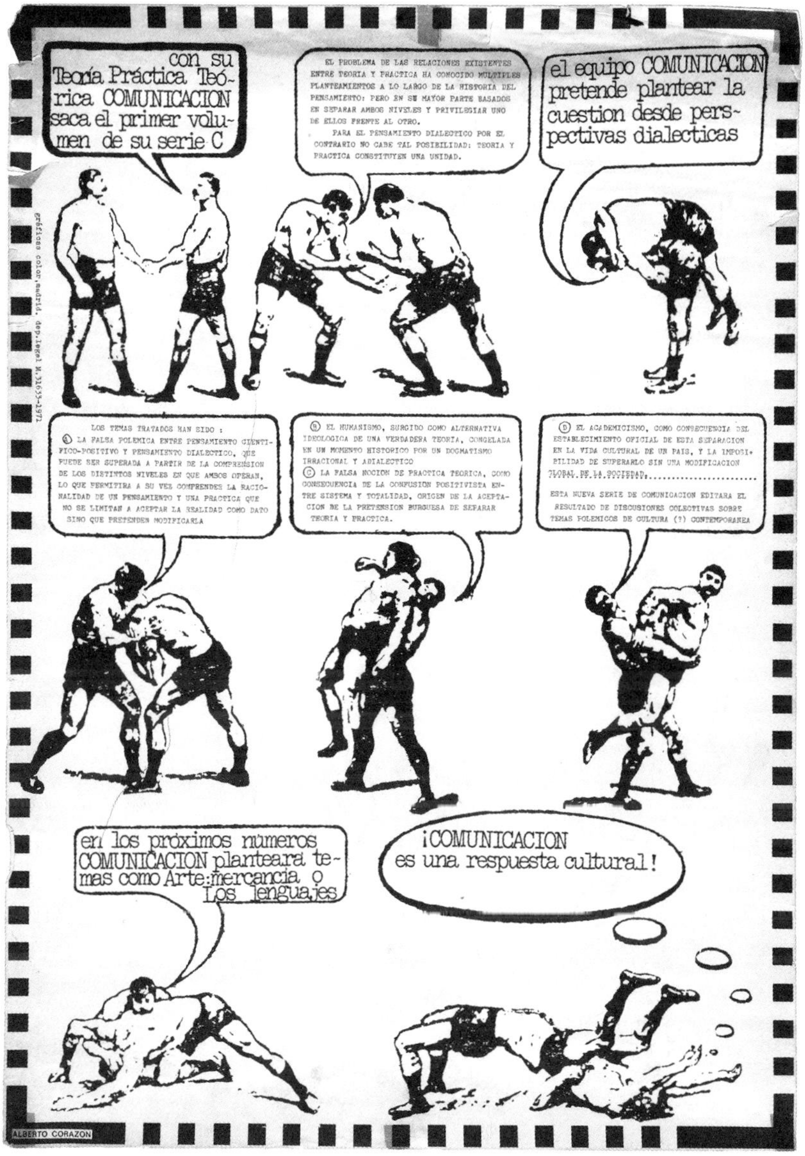

61 Affiche créée par Alberto Corazón et éditée par le groupe Comunicación, 1971

famille respectable qui possédait un magasin de laine, l'autorisation fut finalement accordée[74]. La maison d'édition, baptisée Comunicación, fonctionnait comme une revue, publiant à un rythme soutenu des ouvrages thématiques.

Cette nouvelle initiative éditoriale était une convergence intéressante des critiques d'art (tels Valeriano Bozal et Simón Marchán) avec des artistes (tel Alberto Corazón), des historiens et des écrivains (tels Miguel García Sánchez, Alberto Méndez, Juan Antonio Méndez et Ludolfo Paramio). Elle jouissait d'un réseau étendu de contacts avec les intellectuels marxistes de Barcelone, y compris, par exemple, Manuel Sacristán et Fernández Buey. L'engagement de ces sympathisants était très important, et il serait réducteur de ne voir en Comunicación qu'une maison d'édition. C'était aussi un groupe de débat et de recherche qui œuvrait sur une base collective, avec l'objectif déclaré de créer un « front culturel[75] » (ill. 61). Optant pour l'idéologie, ses membres visaient à développer un nouveau genre de production intellectuelle : ils travaillaient ensemble hors des institutions culturelles ou universitaires ; ils rédigeaient collectivement des articles signés « Equipo Comunicación », par exemple dans *Triunfo* et *Cuadernos para el Diálogo* ; ils introduisaient dans leurs analyses des approches interdisciplinaires issues de la politique, de l'esthétique et de l'histoire ; enfin, ils fondaient leurs publications sur les séminaires qui se tenaient de manière informelle dans l'appartement de Bozal[76]. Les participants voulaient que leurs actions soient exhaustives et ils les définirent comme une « réponse culturelle » d'une évidente portée pédagogique. Ainsi Bozal expliqua-t-il *a posteriori*, et de façon très représentative, la situation historique et les intentions pédagogiques du groupe : « La vérité est que, en Espagne, personne ne savait rien de tout cela ; nous vivions dans un pays laissé en friche. Et, en publiant tous ces documents, nous cherchions avant tout à informer. Ainsi, lorsque nous publiions des textes fondamentaux et que nous étions en désaccord avec eux, nous le disions dans le prologue. [...] Il ne faut jamais critiquer ce qui n'est pas connu[77]. »

Les publications de Comunicación témoignaient d'une grande variété de centres d'intérêt culturels : art, littérature, politique... En comparant cette nouvelle maison d'édition au projet précédent, qui avait été fermé, Simón Marchán déclara : « [Comunicación] avait transféré l'ouverture dont avait fait preuve Ciencia Nueva vis-à-vis des sciences sociales au champ des sciences de l'art[78]. » Tous les contributeurs s'intéressaient aux auteurs traitant du lien entre art, langage et société. Par conséquent, les choix éditoriaux de Comunicación se concentraient essentiellement sur la traduction et l'analyse d'auteurs tels que Della Volpe, Lefebvre, Barthes, les formalistes et les constructivistes russes, retournant même aux écrits de Marx et d'Engels sur l'art et la culture[79].

L'équipe se positionna clairement contre l'orthodoxie russe, en se fondant sur une vision humaniste de Marx qui découlait de ses manuscrits économiques et philosophiques, et en rejetant, comme l'expliqua Paramio, la « coupure épistémologique » et la « vision scientifique » de l'œuvre de Marx que défendait Althusser[80]. Le refus de la pensée d'Althusser par Comunicación tient à sa foi en la force du sujet dans l'évolution historique. Comme le déclara récemment Valeriano Bozal : « L'idée centrale était que le structuralisme marxiste renonçait au sujet révolutionnaire, le sujet qui devait faire l'histoire, et nous pensions que le marxisme ne devait se concentrer ni sur la vieille théorie du Parti, ni sur le style, mais sur le fait que le sujet configure sa propre histoire. Cela nous mena à étudier des philosophes marxistes italiens classiques[81]. »

Même si Ciencia Nueva avait déjà traduit et édité certains textes originaux de Marx et Engels, il existait en Espagne une véritable aspiration à plus de documentation de ce type. Comunicación répondit à ce besoin, traduisant divers essais et livres (beaucoup provenaient des éditeurs italiens Reuniti et Feltrinelli), et rééditant même certains projets de Ciencia Nueva[82]. L'ouvrage collectif *Constructivismo* était d'une importance toute particulière, car il s'agissait des premières traductions des écrits d'artistes constructivistes et productivistes (ill. 62). La nouvelle édition de l'anthologie de textes de Marx et Engels par Valeriano Bozal était également centrale. Dans la première édition de 1968, Bozal avait adopté un ton relativement informatif ; il s'agissait de faire un état des lieux de la question « du marxisme et de l'esthétique[83] ». Mais, dans la seconde édition de 1972, il voulait à l'évidence aller plus loin. Il y prit violemment position « contre l'orthodoxie » qui, selon lui, s'était développée concernant les écrits de Marx et Engels. Il visait à (ré)intégrer leurs textes au débat idéologique et culturel, cherchant ainsi à échapper à l'interprétation politiquement influente, mais artistiquement limitante, du Parti communiste de l'Union soviétique (PCUS)[84]. Comme il le reconnut lui-même, ses objectifs ne différaient pas tellement de ceux des deux volumes que Sánchez Vázquez avait consacrés à la question en 1970, et qu'utilisaient également les intellectuels espagnols[85].

Galvano Della Volpe constitua une référence théorique majeure pour cette réévaluation des idées de Marx et Engels au sein de Comunicación. Aux yeux de Bozal, il produisait des ouvrages cohérents et complexes sur la spécificité du langage artistique. Bozal voyait au cœur de cette question « la tendance la plus intéressante de la pensée esthétique marxiste[86] ». L'un des arguments les plus séduisants de Della Volpe était que les conditions de la production artistique influaient sur les langages de l'œuvre[87]. L'œuvre était ainsi conçue comme un système structurel complet dont tous les éléments étaient reliés entre eux et dépendaient les uns des autres. Ce choix intentionnel visait à mettre à jour

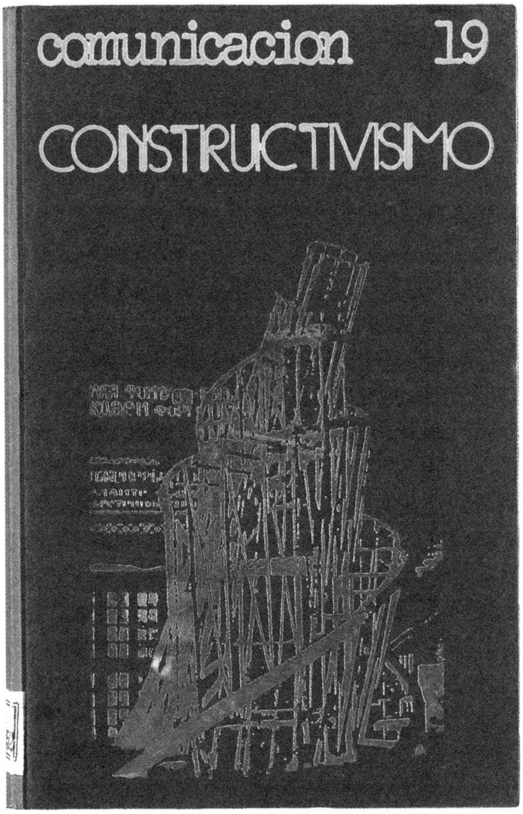

62 Livres édités par Comunicación (création graphique d'Alberto Corazón) :

Constructivismo, anthologie d'écrits d'artistes constructivistes et productivistes, traduits par Francisco Fernández Buey, 1972 ;

Armanda Guiducci, *Del realismo socialista al estructuralismo* (Du réalisme socialiste au structuralisme), 1976 ;

Valeriano Bozal, *El intelectual colectivo y el pueblo. Ideología, filosofía (política)* (L'intellectuel collectif et le peuple. Idéologie, philosophie [politique]), 1976

le débat et à encourager un genre de critique se préoccupant de la spécificité artistique et de la composition interne et formelle de l'œuvre d'art[88]. Le design innovant des projets de Comunicación, créé par Alberto Corazón, révélait les mêmes intentions (ill. 62). À ce sujet, Bozal expliqua que ces projets « exigeaient un graphisme en accord avec [leurs] points de vue intellectuels[89] » ; autrement dit, le design et la mise en page devaient manifester une convergence de l'idéologie et du langage en adéquation avec les œuvres et les tendances que soutenaient les critiques d'art, tels la nouvelle figuration, le pop art ou l'art conceptuel.

La volonté de se dissocier de la rhétorique communiste établie trouva une référence de poids en la personne d'Antonio Gramsci, qui devint un intellectuel central pour les Espagnols, car sa thèse offrait un prisme que les critiques pouvaient utiliser pour leur propre expérience. D'abord, parce que les idées

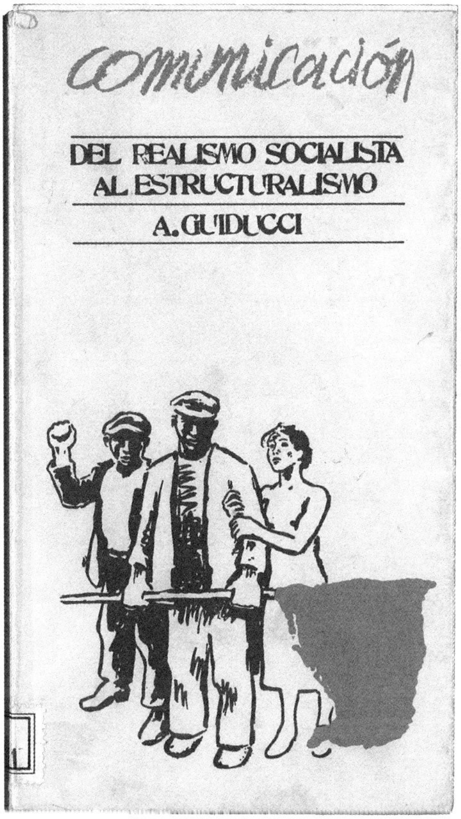

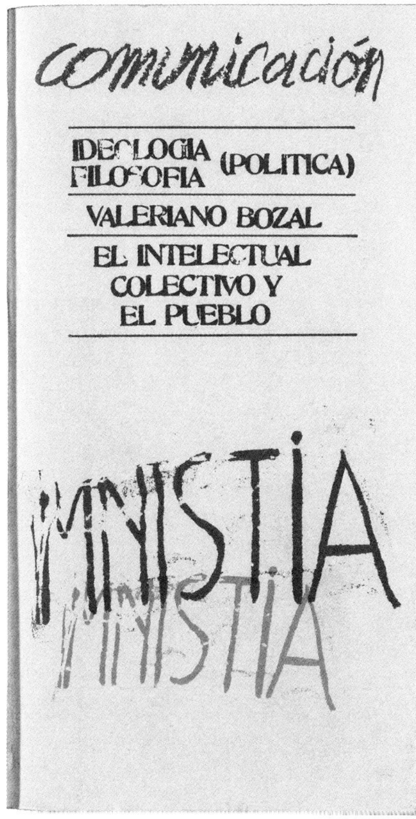

qu'il avait exposées jusqu'à sa mort en 1937 avaient été appliquées à la lutte antifasciste italienne et pouvaient donc facilement l'être à la situation espagnole. Ensuite, parce que ses théories promouvaient une conception différente du rôle de la culture dans la lutte idéologique, et que la culture elle-même y était considérée comme un champ privilégié de l'affrontement idéologique ; elle devait d'ailleurs s'inscrire dans une révolution qui ne visait pas à « prendre d'assaut le Palais d'Hiver », mais qui relevait plutôt d'une « guerre de positions » pour la conquête de l'hégémonie idéologique et culturelle[90]. Enfin, parce que les écrits de Gramsci percevaient d'une nouvelle manière les relations entre culture populaire et culture savante. Ainsi procuraient-ils des bases neuves à partir desquelles analyser les processus culturels et intellectuels dans la lutte pour l'hégémonie, et ils sous-tendaient par exemple l'argument du livre de Bozal, *El intelectual colectivo y el pueblo*, publié par Comunicación en 1976[91].

L'analyse du corpus marxiste utilisé (et favorisé) par les critiques militants montre que, tout au long des années 1960 et de la première moitié des années 1970, leurs références intellectuelles se trouvaient principalement du côté de l'axe France-Italie-Amérique latine. En comparaison avec les auteurs mentionnés ci-dessus, l'influence de l'école de Francfort était moindre. Hormis quelques réflexions générales, la pensée d'Adorno passa plus ou moins inaperçue[92]. Cela était certainement dû à la conviction profonde que l'engagement était essentiel dans la pratique – une idée en opposition au concept adornien de l'autonomie de l'avant-garde comme résistance à la domination de la culture. Au contraire, la position qu'exposa Adolfo Sánchez Vázquez dans son recueil d'auteurs marxistes en deux tomes, ainsi que les discours esthétiques italiens d'après-guerre, correspondait à l'opinion de la plupart des auteurs clés que les critiques militants contribuèrent à faire passer en Espagne[93].

L'introduction du marxisme dans la sphère sociale allait de concert avec un mouvement antifranquiste croissant. En raison de leur dissidence potentielle, les activités des éditeurs et des canaux d'information étaient étroitement surveillées par le ministère du Tourisme et de l'Information, qui exprimait souvent ses inquiétudes et alertait non moins fréquemment la censure. Mais, si le régime se rendait compte de ces dangers potentiels, il ne pouvait plus y remédier comme il l'aurait souhaité. En effet, Franco avait conscience qu'on « ne devait pas prendre des mesures drastiques qui seraient mal vues par les pays amis dans le reste du monde[94] ». La saisie systématique des ouvrages nuisait extrêmement à l'image internationale du régime, et des représailles sélectives semblaient plus appropriées. Les censeurs devinrent prudents, utilisant toutes sortes d'arguments légaux pour entraver le travail des éditeurs dissidents. Le Servicio de Orientación Bibliográfica, responsable de la censure des publications, reçut de nouvelles instructions : il fallait se montrer plus indulgent pour les livres qui, du fait de leur complexité, ne s'adressaient qu'à une minorité intellectuelle. Les coûteuses éditions de luxe des textes marxistes profitèrent de ces directives : par exemple, *Le Capital* de Marx, publié par Edaf en 1967, pouvait être vendu sans problème, mais les éditions de poche du même ouvrage, publiées par Equipo Editorial ou Ediciones Halcón, furent saisies par le Tribunal de Orden Público en 1968[95].

Avec la montée de l'opposition à la fin des années 1960, le régime n'hésita toutefois pas à réprimer beaucoup plus ouvertement. Pendant l'état d'urgence de 1969, le gouvernement essaya d'éradiquer ce que certaines de ses factions les plus conservatrices considéraient comme la présence scandaleuse du marxisme. Il interdit la vente d'auteurs comme Marx, Engels, Trotski, Marcuse et Garaudy, et fit pression sur les éditeurs dissidents, forçant par exemple

Ciencia Nueva, Editorial Ricardo Aguilera, Ediciones Halcón et Equipo Editorial à mettre la clé sous la porte[96]. Mais l'expérience qu'acquirent alors les éditeurs leur permit de découvrir des failles juridiques et de les exploiter pour survivre le plus longtemps possible. Afin d'échapper à la censure, les auteurs recouraient à une argumentation extrêmement abstraite, évitant notamment toute allusion au cas espagnol. Ils déplaçaient le débat vers des contextes moins problématiques (la Yougoslavie de Tito, par exemple) et multipliaient les références cryptées à des essais marxistes. Ainsi Aguilera Cerni se référait-il toujours aux titres allemands de Marx et Engels, et non pas à leurs traductions espagnoles ou françaises[97]. Tant qu'aucun lien direct n'apparaissait avec l'Espagne, une publication culturelle pouvait généralement passer la censure sans encombre, même si quelques idées dissidentes se glissaient dans l'argumentaire[98]. Grâce à cette tactique, les textes abordant des sujets sensibles purent être publiés et diffusés en Espagne. Les écrivains et les critiques développèrent leur capacité à transmettre leurs messages entre les lignes – et les lecteurs, leur capacité à déchiffrer le sens caché des textes[99]. L'inconvénient était que beaucoup de livres et d'articles exigeaient un effort intellectuel soutenu de la part du lecteur, ce qui réduisait leur audience.

Pour survivre, le régime n'avait alors plus d'autre choix que de considérer la dissidence idéologique comme un « moindre mal ». Ce pragmatisme mena quelquefois à des situations paradoxales. Par exemple, le peintre Ibarrola se souvient que la police lui fournit, lors de son emprisonnement au quartier général de la Brigada Politico-Social, des livres marxistes interdits, confisqués lors de perquisitions à domicile[100] ! De toute évidence, les prisonniers politiques étaient perçus comme des causes perdues auxquelles on pouvait bien prodiguer leurs lectures idéologiques, tant qu'ils n'essayaient pas d'inciter leurs concitoyens à les imiter. À l'inverse, le régime estimait extrêmement dangereuses ces mêmes lectures entre des mains privées. De grands efforts furent déployés pour contrôler la culture populaire et contenir la diffusion des idées soutenant l'opposition[101]. Comme le régime focalisait son attention sur la culture populaire, et qu'à ses yeux de nombreux textes érudits sur le marxisme pouvaient être tolérés comme un moindre mal, les réseaux et les canaux que nous avons cités plus haut purent se développer davantage encore, par-delà la publication des ouvrages qui leur étaient associés. Ils finirent par avoir beaucoup plus d'impact que ce qu'avait imaginé le régime. Ils stimulèrent l'éducation intellectuelle des étudiants, des intellectuels dissidents et des artistes, offrant un accès crucial aux théories philosophiques, esthétiques et artistiques marxistes, ainsi qu'à la poésie sociale de Pablo Neruda, de Gabriel Celaya et d'Antonio Machado, à l'œuvre de Bertolt Brecht, au cinéma de Juan Antonio

Bardem, de François Truffaut et des néoréalistes italiens, et aux œuvres d'art politiques de Pablo Picasso. Ces activités étaient conçues comme un « front culturel » qui trouvait dans le marxisme les outils nécessaires à l'activisme politique et artistique[102]. Au sein de cet activisme, les critiques militants jouèrent un rôle directeur.

La critique militante au service de l'antifranquisme

La marxisation n'eut pas seulement des conséquences sur la compréhension et l'interprétation de l'art par les critiques militants; elle joua également un rôle majeur dans la transformation de ces mêmes critiques en figures d'intellectuels dissidents. En réalité, cette mise à jour sous-tendait leur participation active à la sphère socio-politique.

Les critiques militants étaient dans une large mesure responsables de l'ouverture du débat sur le rapport entre art et idéologie qui avait amplifié la conscience sociale dans les cercles d'avant-garde espagnols. Cependant, leur marxisation progressive leur fit prendre conscience du besoin qu'il y avait d'agir au sein d'infrastructures sociales. À la fin des années 1950, le lien à la société avait surtout été conçu comme attitude morale. Lorsqu'ils comprirent que les transformations sociales par le biais de moyens artistiques étaient forcément limitées, et que l'activisme socio-politique était par conséquent nécessaire pour changer la société, les critiques militants adoptèrent une position plus agressive vers 1962. Une mutation idéologique irréversible s'était produite, engendrant de l'activisme dans divers secteurs de la société espagnole. Leur posture activement engagée et l'idée de la critique militante comme entreprise éthique muèrent les critiques espagnols en acteurs socio-politiques qui contribuaient à saper la légitimation et les bases idéologiques du franquisme.

Les critiques militants ne partageaient pas simplement entre eux des attitudes antifranquistes et démocratiques, ou la volonté de perturber les stratégies culturelles du régime; ils concevaient aussi leur activité professionnelle comme une action concrète qui brouillait les limites entre art et politique. Antonio Giménez Pericás, aux yeux de qui l'art trouvait son aboutissement dans l'engagement socio-politique, établit un lien direct entre les deux champs. En 1960, il avait clairement dit : « Entre la rationalité matérielle de l'œuvre d'art et la rationalité politique de la vie existe une corrélation logique[103]. » Deux ans plus tard, lors de son procès militaire, il allait être encore plus clair : « Pour moi, l'art n'est pas une question éthérée, il a un sens politique[104] », déclaration qui suscita l'incrédulité du public pro-régime. D'autres critiques tinrent des propos

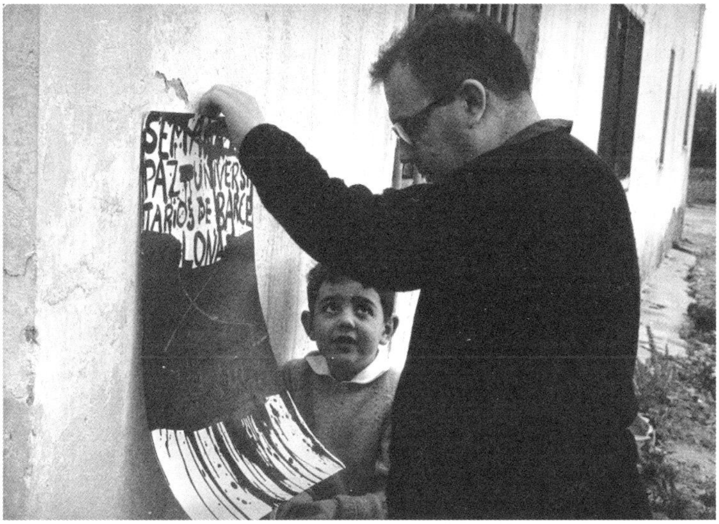

63 José María Moreno Galván collant son affiche *Semana de la Paz. Universitarios de Barcelona*, 1963, deux photographies

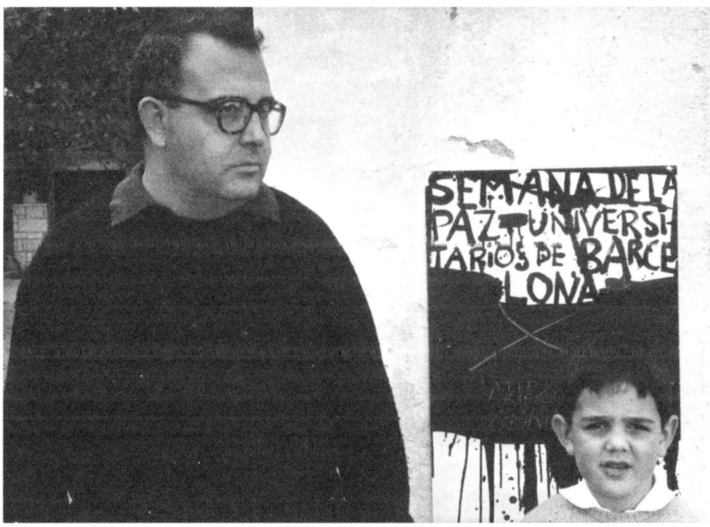

moins virulents, tout en exprimant les mêmes préoccupations. Par exemple, dans sa recension du livre d'Argan, *Progetto e destino* (Projet et destin), Aguilera Cerni affirma que « la culture a inévitablement une place dans la lutte politique[105] ». Cette phrase atteste à quel point les positions politiques, éthiques et morales étaient considérées comme consubstantielles aux processus artistiques. Du point de vue de ces critiques militants, le lien entre art et politique, entre leur activité intellectuelle et leur activisme antifranquiste, n'était pas seulement un choix qu'ils avaient fait ; il s'agissait d'une réalité imposée par le régime sous lequel ils devaient vivre. Bozal expliqua cette situation des années plus tard : « En réalité, c'était le régime lui-même qui empêchait toute neutralité, comme il était entendu [à l'époque] que l'art non engagé était en réalité de l'art engagé en faveur du franquisme [...][106]. »

C'est sur la base de cette conviction que les critiques militants participèrent, comme d'autres intellectuels de gauche, aux mouvements dissidents pour la démocratie – ce qui comprenait les manifestations publiques et les grèves. Par exemple, ils soutenaient activement les exigences des travailleurs et dénonçaient leur répression en rédigeant des essais, en signant des pétitions ou en envoyant à l'étranger des lettres réclamant du soutien (ill. 63). Avec les moyens à leur disposition, ils appuyaient les contre-discours qui cherchaient à saper les récits du régime, ainsi que les revendications régionalistes (*nacionalismos*), notamment celles qui étaient historiquement liées à la reconnaissance d'identités culturelles alternatives sous la République. Ainsi Cirici et Llorens publièrent-ils également des textes en catalan et en valencien. Leur intervention dans le champ culturel était protéiforme : ils promouvaient des positions idéologiques implicites aux mouvements qu'ils défendaient, ils collaboraient aux initiatives culturelles communistes, ils prenaient part aux hommages à des personnalités républicaines qui gênaient le régime[107]. Picasso (qui vivait en exil et qui était un communiste antifranquiste engagé), Antonio Machado, Miguel Hernández (tous deux poètes républicains et intellectuels antifascistes qui moururent à la fin de la guerre), par exemple, firent l'objet de divers événements commémoratifs[108].

La participation des intellectuels et des artistes au mouvement de grève des mineurs en 1962 dans les Asturies créa un fort sentiment de solidarité au sein de ces groupes. À ce moment-là, les critiques militants ne luttaient plus seulement par des moyens artistiques : ils rendaient plus explicite leur engagement pour les revendications des travailleurs. Ils n'hésitèrent pas, pour la cause antifranquiste, à utiliser tous les moyens à leur disposition, ni à mobiliser les réseaux du Parti communiste. Par exemple, Pericás collabora avec l'artiste Ibarrola (tous deux étaient alors membres du PCE) et le mouvement ouvrier dissident, faisant passer des informations aux agences de presse internationales[109]. Moreno Galván avait lui aussi resserré ses liens avec l'opposition de gauche, ce qui lui valut plusieurs peines de prison au cours des années 1960[110]. Il avait bien conscience des risques, mais il continua néanmoins à tenir une posture agressive dans son engagement. Convaincu qu'il « était nécessaire de mener des batailles et de les mettre à l'épreuve[111] », il estimait qu'il fallait

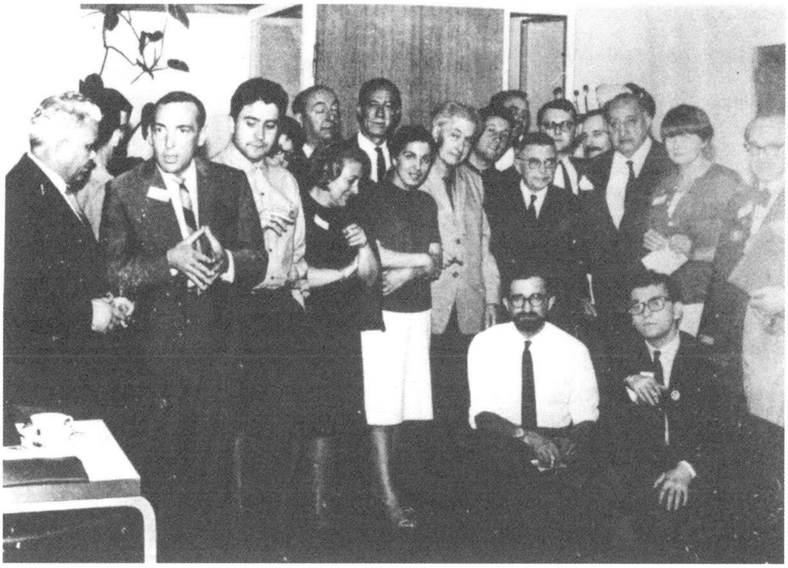

64 Vicente Aguilera Cerni, Miguel Ángel Asturias, Jean-Paul Sartre et Pablo Neruda, parmi d'autres participants, Congrès mondial pour la paix, Helsinki, 1966

démontrer continuellement que la société civile était en mouvement et que le régime, bien qu'il fût encore au pouvoir, perdait de son hégémonie. Cette ambition explique aussi la participation d'Aguilera Cerni, comme l'un des représentants de la section espagnole, au Congrès pour la paix pro-communiste de 1965, à Helsinki, qui réclamait le désarmement nucléaire (ill. 64)[112].

Grâce à leur activisme artistique, les critiques contribuèrent de manière décisive à ce changement d'attitude dans le champ de l'art, de plus en plus répandu dans l'ensemble de la société espagnole. Ils utilisèrent leurs réseaux internationaux pour organiser et participer à des expositions considérées comme dissidentes[113]. Ainsi leurs contacts ne furent-ils pas seulement importants pour nourrir le dialogue esthétique et l'échange intellectuel, mais aussi pour encourager la prise de conscience sur la situation politique en Espagne et ses conséquences sur la sphère culturelle.

Le réseau international constitué par les forces communistes se révéla très efficace. Ses voies de communication bien établies et organisées aidèrent à informer et à sensibiliser sur la cruauté et les contradictions du régime, y compris les mauvais traitements qu'il réservait aux artistes et aux intellectuels. La campagne internationale pour l'amnistie d'Agustín Ibarrola et d'Antonio

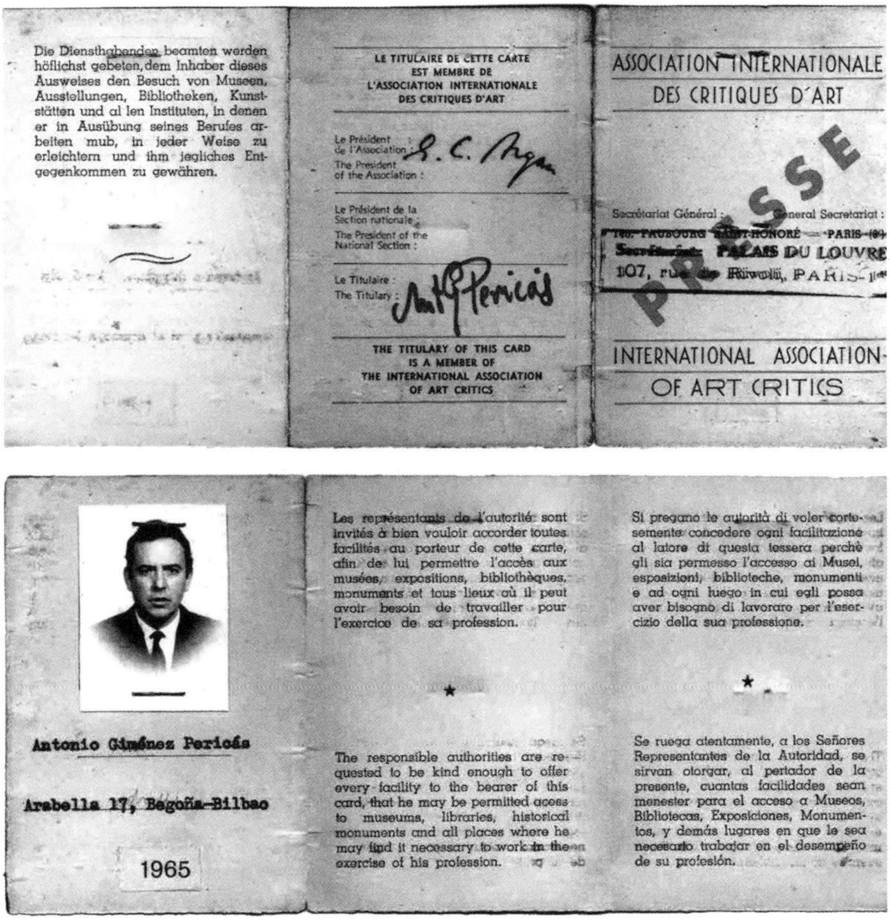
Die Diensthabenden beamten werden höflichst gebeten, dem Inhaber dieses Ausweises den Besuch von Museen, Ausstellungen, Bibliotheken, Kunststätten und al len Instituten, in denen er in Ausübung seines Berufes arbeiten mub, in jeder Weise zu erleichtern und ihm jegliches Entgegenkommen zu gewähren.

LE TITULAIRE DE CETTE CARTE EST MEMBRE DE L'ASSOCIATION INTERNATIONALE DES CRITIQUES D'ART

Le Président de l'Association : The President of the Association :

Le Président de la Section nationale : The President of the National Section :

Le Titulaire : The Titulary :

THE TITULARY OF THIS CARD IS A MEMBER OF THE INTERNATIONAL ASSOCIATION OF ART CRITICS

ASSOCIATION INTERNATIONALE DES CRITIQUES D'ART

PRESSE

Secrétariat Général : General Secretariat :

PALAIS DU LOUVRE

107, rue de Rivoli, PARIS-1er

INTERNATIONAL ASSOCIATION OF ART CRITICS

Antonio Giménez Pericás

Arabella 17, Begoña-Bilbao

1965

Les représentants de l'autorité sont invités à bien vouloir accorder toutes facilités au porteur de cette carte, afin de lui permettre l'accès aux musées, expositions, bibliothèques, monuments et tous lieux où il peut avoir besoin de travailler pour l'exercice de sa profession.

Si pregano le autorità di voler cortesemente concedere ogni facilitazione al latore di questa tessera perchè gli sia permesso l'accesso ai Musei, esposizioni, biblioteche, monumenti e ad ogni luogo in cui egli possa aver bisogno di lavorare per l'esercizio della sua professione.

The responsible authorities are requested to be kind enough to offer every facility to the bearer of this card, that he may be permitted access to museums, libraries, historical monuments and all places where he may find it necessary to work in the exercise of his profession.

Se ruega atentamente, a los Señores Representantes de la Autoridad, se sirvan otorgar, al portador de la presente, cuantas facilidades sean menester para el acceso a Museos, Bibliotecas, Exposiciones, Monumentos, y demás lugares en que le sea necesario trabajar en el desempeño de su profesión.

65 Carte de membre de l'AICA d'Antonio Giménez Pericás, 1964 (recto-verso)

Giménez Pericás en est la preuve, car elle fut menée avec succès *via* ces structures. Tous deux prisonniers au Penal de Burgos (1962-1966), Ibarrola et Giménez Pericás étaient devenus des symboles et des héros de la cause antifranquiste[114]. L'impact de ces structures politiques avait toutefois des limites. Les messages transmis par leur entremise couraient le risque d'être rejetés d'emblée comme émanant du « complot communiste » qui obsédait le Caudillo depuis le coup d'État. De plus, l'anticommunisme qui caractérisait l'appareil de propagande du bloc Ouest, et plus particulièrement des États-Unis, réduisait leur audience internationale aux cercles tolérants, voire sympathisants de la cause communiste, ce qui excluait un certain nombre de secteurs sociaux démocratiques, progressistes et de gauche. Les critiques militants avaient bien conscience de ces limites. C'est pourquoi, après avoir été libéré de prison en 1962, José María Moreno Galván écrivit à Argan afin d'obtenir une recommandation pour une revue non communiste. Il voulait publier une série d'articles dénonçant la situation de la culture espagnole dans un média qui ne serait pas compromis : « Les organes proches de mon idéologie que je pourrais utiliser en Italie, comme *Paese Sera* et *L'Unità*, ne conviendraient pas au but que je me suis fixé, parce que ce ne serait que fournir des armes à l'ennemi en lui offrant gratuitement l'argument d'une "conspiration communiste"[115]. »

Les critiques comme Moreno Galván voyaient clairement que d'autres organes de presse leur permettraient d'éviter ce genre de problèmes. Leurs réseaux professionnels leur donnaient la possibilité d'atteindre des cercles démocratiques différents où ils toucheraient un autre type de public, exerçant ainsi une certaine pression sur les activités du régime. Ces contacts n'étant pas marqués idéologiquement, les messages transmis par leur biais risquaient moins d'être directement rejetés. Aussi, la situation singulière de l'avant-garde espagnole, son manque de liberté et la répression exercée par la dictature faisaient automatiquement partie des sujets débattus lors des réunions internationales auxquelles participaient les Espagnols. Par exemple, lors du meeting de l'AICA à Venise (1964), où un nouvel ensemble de régulations devaient être présentées – dont la suppression de la Section libre, qui permettait de devenir membre de l'AICA sans rejoindre une des sections nationales –, le cas espagnol fut discuté en assemblée[116]. Aguilera Cerni prononça un plaidoyer passionné en faveur de la Section libre, faisant valoir son rôle de refuge pour la liberté et la dissidence politique. N'y avait-il pas lui-même trouvé sa place lorsqu'il avait quitté la section espagnole en 1961 ? « Il y a des situations nationales en contradiction avec les garanties les plus élémentaires et nécessaires pour l'exercice d'une activité intellectuelle », souligna-t-il. Il réaffirma ensuite la nécessité de l'engagement idéologique de l'AICA, afin « de créer et de sauvegarder les conditions de liberté indispensables à l'existence et au développement normaux de la culture », sans oublier que « définir les intérêts de la culture [...] comporte l'adoption d'une position idéologique[117] ».

Sa proposition déclencha maintes discussions entre les membres de l'association sur le rôle politique de celle-ci. Cependant, selon son président Argan, l'obligation qu'avait le critique militant de dénoncer les menaces contre les libertés devait primer sur la nature apolitique de l'AICA[118]. En même temps, Argan et Aguilera Cerni réclamaient l'admission comme membre du critique espagnol Pericás, qui purgeait alors une peine de prison[119]. La situation de

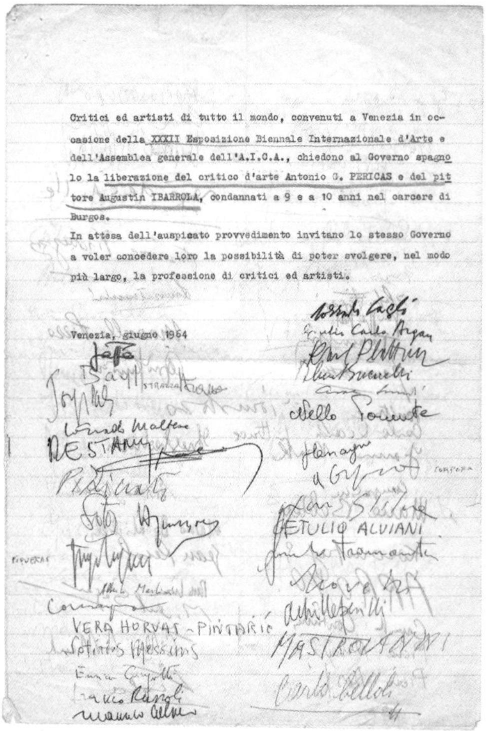

Critici ed artisti di tutto il mondo, convenuti a Venezia in occasione della XXXII Esposizione Biennale Internazionale d'Arte e dell'Assemblea generale dell'A.I.C.A., chiedono al Governo spagnolo la liberazione del critico d'arte Antonio G. PERICAS e del pittore Augustin IBARROLA, condannati a 9 e a 10 anni nel carcere di Burgos.

In attesa dell'auspicato provvedimento invitano lo stesso Governo a voler concedere loro la possibilità di poter svolgere, nel modo più largo, la professione di critici ed artisti.

Venezia, giugno 1964

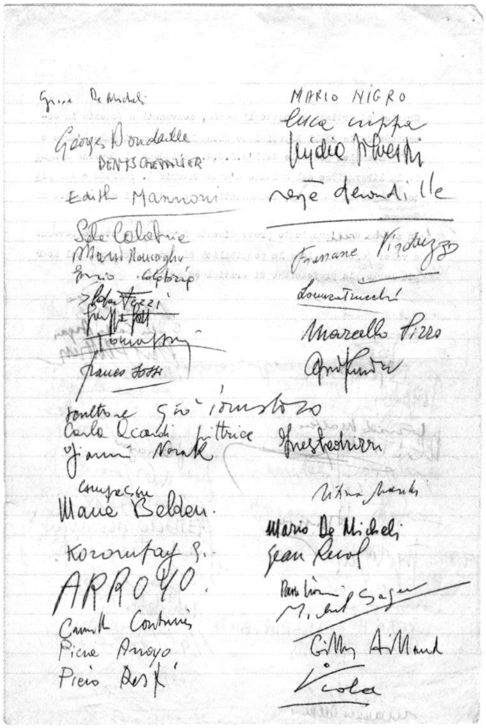

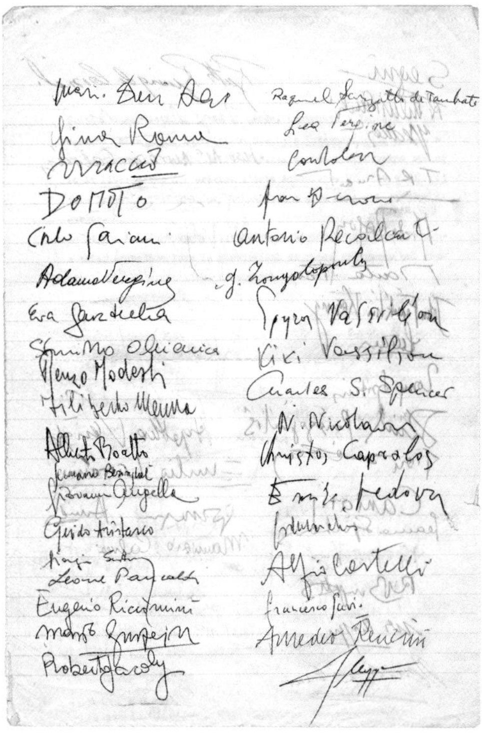

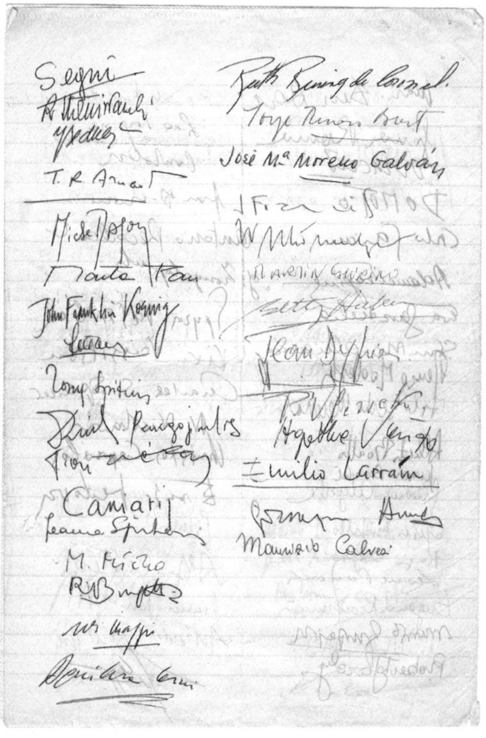

Pericás prouvait la nécessité de l'existence de la Section libre, et ce point de vue finit par l'emporter lorsque l'adhésion de celui-ci fut accordée (ill. 65).

Les efforts en faveur de la cause dissidente ne s'arrêtèrent pas là; ils s'étendirent cette année-là à la Biennale de Venise. Le congrès de l'AICA avait eu lieu dans la même ville et, sans surprise, ceux qui avaient activement défendu la liberté lors du congrès firent de même à la Biennale. Une lettre signée par de nombreux intellectuels et artistes se prononçant contre l'emprisonnement d'Agustín Ibarrola et de Giménez Pericás fut envoyée au gouvernement (ill. 66)[120]. À la suite de ce geste, la situation se tendit. L'ambassadeur espagnol à Rome fut même informé par le Director General de Relaciones Culturales, Alfonso de la Serna, que divers intellectuels et artistes prévoyaient peut-être un boycott pro-communiste du pavillon espagnol. L'ambassade fut placée en alerte et l'ambassadeur envisagea même de stopper la participation de l'Espagne à la Biennale. Mais, en fin de compte, aucune autre action ne fut entreprise[121].

Même si l'AICA ne se définissait pas comme une organisation politique, le soutien qu'elle apporta aux intellectuels espagnols la fit participer à l'activisme antifranquiste[122]. En réalité, ce n'était pas la première fois que ce réseau professionnel agissait en garant des droits des critiques militants face au gouvernement espagnol. Par exemple, en 1962, plusieurs sections de l'AICA s'étaient mobilisées pour faire sortir de prison José María Moreno Galván. Ce cas fut présenté à l'AICA lors de sa 14e assemblée générale à Mexico, lorsque la critique d'art républicaine en exil, Margarita Nelken, appela à la solidarité avec les peintres María Dapena, Agustín Ibarrola et Giménez Pericás, qui étaient alors tous confrontés à un « procès militaire injuste[123] ». Son plaidoyer suscita un débat sur la situation des intellectuels et des artistes dans l'Espagne franquiste, ce qui amena la section italienne à évoquer les persécutions dont avait récemment fait l'objet Moreno Galván. Après avoir pris connaissance de ce cas, les Italiens avaient réagi en récoltant des fonds afin de payer la caution, et ils se plaignirent officiellement auprès de l'ambassade espagnole à Rome[124]. Le président de la section française, Jacques Lassaigne, précisa lors de la même réunion que sa branche avait contacté le président de l'AECA, José Camón Aznar, pour formuler une plainte[125]. À la suite de ces trois premières déclarations, toute l'assemblée de l'AICA approuva le soutien aux Espagnols et décida

66 Lettre de protestation de l'AICA contre l'emprisonnement d'Agustín Ibarrola et d'Antonio Giménez Pericás, signée collectivement (par, entre autres, Argan, Restany, Aguilera, Arroyo, Mario de Micheli, Filiberto Menna, Roberto Jacoby, Lea Vergine, Antonio Recalcati, Moreno Galván et Maurizio Calvesi) et présentée à l'ambassade d'Espagne à Rome en juin 1964, 4 pages d'envoyer une lettre au gouvernement franquiste condamnant l'emprisonnement d'intellectuels pour des raisons idéologiques. Dans le cas de Moreno Galván, l'intervention de l'AICA fut efficace : on le relâcha après le paiement de sa caution.

L'engagement de l'AICA auprès des Espagnols eut quelquefois des conséquences concrètes, comme on vient de le voir avec Moreno Galván. Les critiques militants espagnols comprirent, avec la libération de l'intellectuel, que l'association pouvait réellement les aider, et ils se mirent donc à l'utiliser. Par exemple, lorsqu'en 1966 la nouvelle Loi sur la presse permit au gouvernement de retirer à Aguilera Cerni son statut de journaliste et, du même coup, son poste de directeur de *Suma y sigue del arte contemporáneo*, celui-ci demanda à l'AICA de soutenir son activité de critique d'art. L'association lui accorda une accréditation comme critique d'art international et lui fournit une assistance juridique. Mais, cette fois, les efforts de l'AICA n'eurent pas le succès escompté et le régime atteignit son objectif : Aguilera Cerni perdit son statut de journaliste et le dernier numéro de *Suma y sigue del arte contemporáneo* parut très peu de temps après[126].

Cet engagement ne se tournait pas seulement vers les membres de l'AICA, particulièrement dans la section espagnole (AECA), qui devaient faire face à la censure et à la surveillance. La sensibilisation sur la situation en Espagne à laquelle se livrèrent les critiques militants à travers les réseaux internationaux, et le soutien qui en résulta de la part de leurs collègues étrangers, menèrent à des collaborations et à des actions artistiques aux implications franchement antifranquistes. L'exposition *España Libre* en 1964 est l'un des plus beaux exemples de collaboration artistique[127]. Organisée dans le cadre de la commémoration de « vingt ans de mouvements de résistance en Italie », elle cherchait à montrer un art espagnol « libre », c'est-à-dire créé hors de la sphère d'influence du régime[128]. *España Libre* était une initiative due spécifiquement aux réseaux internationaux de la critique militante, et elle symbolisait leur conception de l'avant-garde comme mouvement à tendance idéologique.

L'exposition circula de 1964 à 1965 dans plusieurs villes italiennes[129]. Le comité d'organisation la concevait comme une réponse aux diverses cérémonies de propagande qui se tenaient dans le cadre de l'anniversaire de la fin de la guerre civile, que le régime franquiste commémorait sous le slogan cynique de « vingt-cinq ans de paix ». Parmi ces organisateurs figuraient les mêmes personnes qui avaient travaillé à la Biennale de Saint-Marin et les intellectuels qui avaient signé les lettres de protestation en faveur d'Ibarrola et de Pericás, c'est-à-dire Umbro Apollonio, Francesco Arcangeli, Marcello Azzolini, Giuseppe Gatt, Mario de Micheli, Emilio Vedova, Alberto Viriani, Bruno Zevi et Gerardo

Filiberto Dasi[130]. Même si Aguilera Cerni n'apparaissait pas comme membre officiel du comité d'organisation, il était très impliqué, comme nous allons bientôt le voir. Il était évident que, avec de pareils acteurs, cette exposition se montrerait extrêmement critique envers la politique du régime et la censure. *España Libre* avait été conçue comme une manifestation de l'antifascisme, reliant l'avant-garde à l'idéologie de gauche, et recueillant ainsi le soutien de plusieurs hauts représentants des forces démocratiques italiennes, comme Ferruccio Parri (ancien président de la République italienne), Pietro Nenni (secrétaire général du PSI), Luigi Longo (vice-président du PCI) et Giorgio La Pira (maire chrétien-démocrate de Florence)[131].

L'exposition était divisée en cinq parties qui avaient toutes pour leitmotiv l'engagement des arts dans la société et la recherche de la liberté, sans préférence formelle marquée[132]. Les critiques militants impliqués dans l'organisation – et tout particulièrement Aguilera Cerni, chargé des invitations – décidèrent de montrer un panorama des mouvements contemporains espagnols engagés. Leur choix comprenait l'abstraction gestuelle post-informelle d'Antonio Saura et Manuel Millares, les gravures figuratives et expressives d'Estampa Popular, l'abstraction géométrique d'Equipo 57, l'art optique de Francisco Sobrino et Eusebio Sempere, et enfin les sommités artistiques et idéologiques qu'étaient Pablo Picasso, Óscar Domínguez et Julio González[133]. Picasso représentait l'engagement contre le régime et il jouissait d'une place privilégiée en raison de son importance sur la scène internationale. Son œuvre *Songe et mensonge de Franco*, qui avait déjà été présentée en 1937 à Paris, au pavillon espagnol, fut choisie pour l'affiche de l'exposition (ill. 67). Ce choix révélait clairement les intentions des organisateurs. L'affiche reproduisait l'une des deux gravures qui parodiaient les aspirations de Franco, le représentant en figure monstrueuse et destructrice, responsable des horreurs de la guerre, encore présentes dans l'imaginaire de la société espagnole. Elle illustrait ainsi le lien entre la lutte antifasciste du front républicain et les forces antifranquistes rassemblées dans l'exposition. En plus de cette contribution, Picasso fit également parvenir un certain nombre de toiles dont les sujets n'étaient pas politiques, comme dans les gravures sur la guerre, ainsi que le prouve la série de 1963 *Le Peintre et son modèle*[134].

Les visées politiques de cet événement étaient évidentes à tous les niveaux. Le titre de l'exposition, le choix des artistes, l'affiche (son sujet et ses couleurs, avec le rouge, le violet et le jaune du drapeau républicain), les textes du catalogue écrits par Aguilera Cerni et particulièrement par Moreno Galván – tout soulignait ses préoccupations idéologiques[135]. Argan, qui semblait le plus mesuré des organisateurs, essaya dans sa préface de dépolitiser le plus

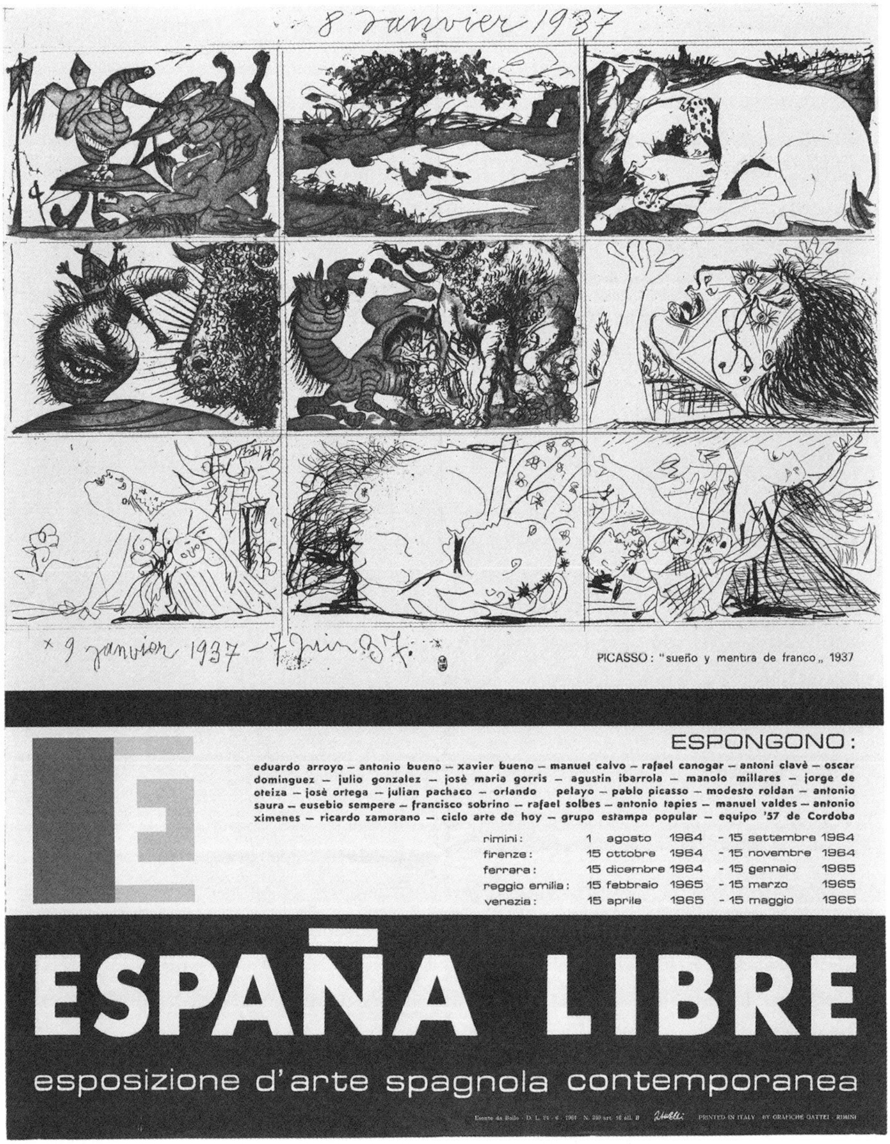

67 Affiche de l'exposition *España Libre*, Rimini, Florence, Ferrare, Reggio Emilia et Venise, 1964-1965, avec l'œuvre *Songe et mensonge de Franco* de Pablo Picasso, 1937

possible sa pensée, mais il ne pouvait dissimuler les objectifs profonds de l'exposition[136]. En tout cas, celle-ci manifestait bien le rôle idéologique combatif que les arts avaient adopté en Espagne sur la base de leur actualisation marxiste. Elle cherchait à démontrer ce qu'Argan avait déjà fait remarquer : « Dans un pays privé de liberté idéologique comme l'Espagne franquiste, [...] [les tendances artistiques] deviennent un moyen de mener une lutte dangereuse et pleine de courage sur le terrain idéologique[137]. »

La correspondance entre les organisateurs et les artistes atteste que la non-collaboration avec la dictature était une condition préalable à la participation. Cela signifiait que seuls pouvaient exposer les artistes qui « n'étaient pas "officiellement" engagés auprès du gouvernement ou qui avaient consciemment déclaré leur abstention[138] » de toute participation à des expositions officielles. Aguilera Cerni et les autres organisateurs cherchèrent avec soin des représentants potentiels de la « culture espagnole libre », ceux qui associaient dans leurs œuvres l'avant-garde et l'engagement social, l'art et l'idéologie. D'où leur sélection d'œuvres issues du réalisme social, de l'abstraction géométrique et de la nouvelle figuration. Tous les artistes retenus soutenaient explicitement la participation sociale des arts dans l'environnement humain et reconnaissaient même ouvertement leur activisme politique. Cette collaboration entre les participants se révéla propice, forgeant des liens forts, unissant les artistes et les critiques d'art, et affectant même le développement ultérieur de l'avant-garde espagnole. Par exemple, après avoir pris part à *España Libre*, les peintres Rafael Solbes et Manolo Valdés retournèrent chez eux avec la ferme intention de créer un programme artistique et idéologique qui permettrait « de stimuler la vie artistique et de participer avec elle à la politique[139] ». Ensemble, et avec Joan Antoni Toledo, ils créèrent Equipo Crónica et, dans ce cadre, ils travaillèrent en étroite relation avec Aguilera Cerni et Tomàs Llorens[140].

España Libre eut une importance particulière, même si d'autres expositions soulignant la nécessité de la liberté culturelle en Espagne et dénonçant les manœuvres du régime autour de l'art moderne avaient déjà eu lieu[141]. Mais celle-ci était le premier événement de portée internationale à réunir plusieurs conditions : *primo*, la collaboration des critiques militants espagnols (Aguilera Cerni et Moreno Galván) avec leurs homologues internationaux (Argan, Apollonio, Micheli, Gatt) ; *secundo*, la participation de l'avant-garde républicaine (Picasso, Domínguez, González) aux côtés des jeunes artistes engagés et dissidents (Saura, Tapiès, Millares, Equipo 57, Arroyo, Solbes, Valdés), avec le soutien théorique des critiques militants ; et, *tertio*, la convergence de l'impact idéologique des forces internationales de gauche avec les objectifs de l'avant-garde.

Ces exemples montrent que la conception de la critique d'art comme activité militante, aux côtés de la marxisation progressive de l'idéologie des critiques, est fondamentale pour pleinement comprendre leur activisme en Espagne et à l'étranger. *España Libre* et les autres structures d'échange intellectuel offrirent des alternatives aux voies de communication surveillées et régulées que le régime espagnol autorisait par le biais de sa politique artistique. En tant que telles, elles constituaient une base intéressante à partir de laquelle les critiques pouvaient mettre en œuvre les conceptions militantes développées dans leur travail. Aussi l'activisme des critiques au sein des réseaux internationaux devint-il très important, que ces derniers soient clandestins, officieux, institutionnalisés et/ou professionnels. Cela impliquait de sensibiliser leurs collègues étrangers aux conditions de vie sous la dictature, afin de les obliger moralement à agir pour leur cause, à soutenir l'avant-garde et à appuyer sa position idéologique et critique contre la dictature. S'il ne représentait pas un danger mortel pour le régime, cet activisme nuisit quand même à la légitimation internationale que recherchait tant le pouvoir espagnol ; il contredisait *de facto* l'image douce et folklorique que le ministère du Tourisme et de l'Information s'efforçait de construire depuis 1962 avec le slogan « L'Espagne est différente ».

Cette conséquence ne doit pas être sous-estimée : avec l'ouverture du pays, le gouvernement était en effet devenu de plus en plus dépendant de son image à l'étranger. Le positionnement de la gauche intellectuelle européenne contre le régime lui causa du tort et créa à maintes reprises des situations où les officiels devaient calmer le jeu ou se justifier – toutes choses inconcevables pendant les années d'autarcie. Par exemple, lorsque Argan écrivit à Luis González Robles à propos de l'emprisonnement de Moreno Galván, Robles souligna qu'il n'avait rien à voir avec cette affaire et dissocia nettement son travail de la politique espagnole[142]. Si un curateur puissant et officiellement légitimé se justifiait ainsi, c'est qu'il fallait être « en bons termes » avec l'Italien, dont l'influence dans la promotion des tendances artistiques était considérable, et donc susceptible de contrarier les ambitions de rentabilité internationale *via* l'art moderne du gouvernement[143].

Afin d'éviter tout scandale qui pourrait ternir l'image positive désirée par l'État, et même entraîner d'autres conséquences imprévues, les activités des artistes et critiques impliqués dans ces expositions et plates-formes dissidentes étaient étroitement surveillées par divers organismes d'État : la Dirección General de Relaciones Culturales, rattachée au ministère des Affaires étrangères, et surtout l'Oficina de Enlace (Bureau de liaison), affiliée au ministère du Tourisme et de l'Information, et servant d'interface entre les différents corps

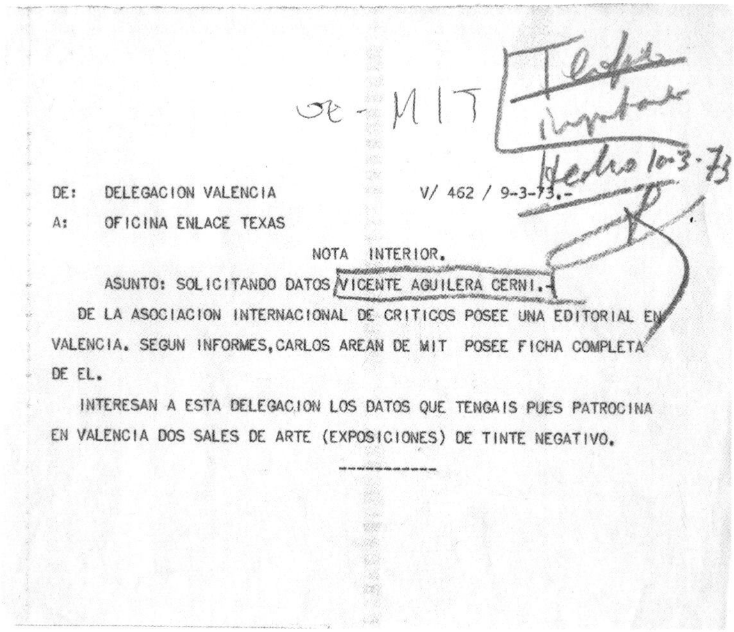

DE: DELEGACION VALENCIA V/ 462 / 9-3-73.-
A: OFICINA ENLACE TEXAS

NOTA INTERIOR.

ASUNTO: SOLICITANDO DATOS VICENTE AGUILERA CERNI.-

DE LA ASOCIACION INTERNACIONAL DE CRITICOS POSEE UNA EDITORIAL EN VALENCIA. SEGUN INFORMES, CARLOS AREAN DE MIT POSEE FICHA COMPLETA DE EL.

INTERESAN A ESTA DELEGACION LOS DATOS QUE TENGAIS PUES PATROCINA EN VALENCIA DOS SALES DE ARTE (EXPOSICIONES) DE TINTE NEGATIVO.

----

68 Rapport confidentiel de l'Oficina de Enlace (Bureau de liaison), affiliée au ministère espagnol du Tourisme et de l'Information, sur Vicente Aguilera Cerni, 1973

d'État (y compris la Brigade politico-sociale, c'est-à-dire la police secrète)[144]. Des rapports détaillés signalaient, entre autres éléments, tout lien entretenu avec les réseaux dissidents, ainsi que la déloyauté d'artistes et de critiques qui avaient par exemple participé à des réunions internationales. Il en résultait surveillance, interrogatoires, harcèlement et même prison. Les exemples abondent : Llorens recevait continuellement la visite de la police sur son lieu de travail (la galerie Concret Lliures) ; Aguilera Cerni fut interrogé par la police à plusieurs reprises (ainsi à son retour de Paris, où il était allé rendre visite à l'éditeur dissident Ruedo Ibérico, ill. 68) ; Alexandre Cirici était suivi par la Brigade socio-politique ; Moreno et Pericás durent même purger plusieurs peines de prison (ill. 69)[145].

Ces réactions ne montrent pas seulement que le système autocratique était obsédé par le contrôle, mais aussi qu'il percevait les actes des critiques comme de véritables menaces. Puisque le régime était capable d'agir au moindre soupçon, il est évident que, si les réseaux des partis communistes (européens)

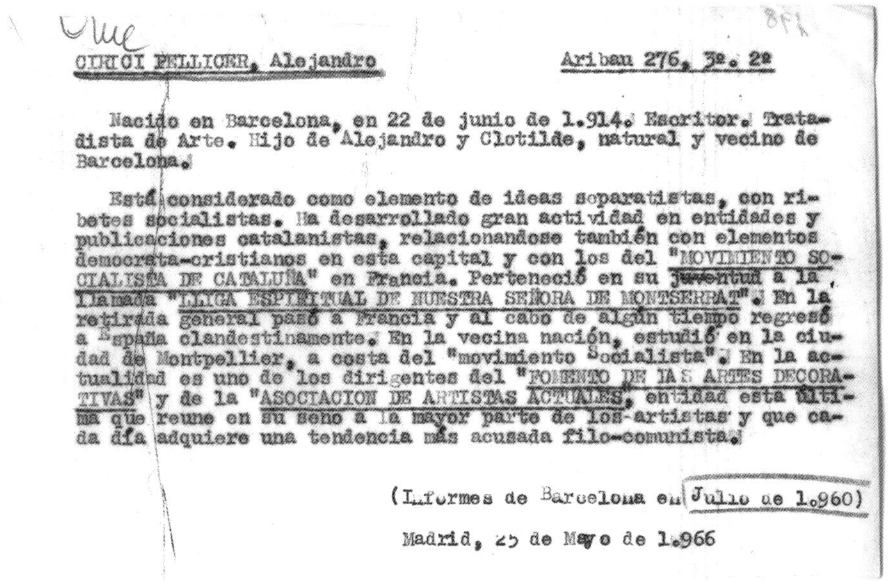

CIRICI PELLICER, Alejandro — Aribau 276, 3º. 2ª

Nacido en Barcelona, en 22 de junio de 1.914. Escritor. Tratadista de Arte. Hijo de Alejandro y Clotilde, natural y vecino de Barcelona.

Está considerado como elemento de ideas separatistas, con ribetes socialistas. Ha desarrollado gran actividad en entidades y publicaciones catalanistas, relacionandose también con elementos democrata-cristianos en esta capital y con los del "MOVIMIENTO SOCIALISTA DE CATALUÑA" en Francia. Perteneció en su juventud a la llamada "LLIGA ESPIRITUAL DE NUESTRA SEÑORA DE MONTSERRAT". En la retirada general pasó a Francia y al cabo de algún tiempo regresó a España clandestinamente. En la vecina nación, estudió en la ciudad de Montpellier, a costa del "movimiento Socialista". En la actualidad es uno de los dirigentes del "FOMENTO DE LAS ARTES DECORATIVAS" y de la "ASOCIACION DE ARTISTAS ACTUALES", entidad esta última que reune en su seno a la mayor parte de los artistas y que cada día adquiere una tendencia más acusada filo-comunista.

(Informes de Barcelona en Julio de 1.960)

Madrid, 25 de Mayo de 1.966

69 Rapport confidentiel de l'Oficina de Enlace (Bureau de liaison), affiliée au ministère espagnol du Tourisme et de l'Information, sur Alexandre Cirici, 1966

ont joué un rôle décisif au début, des voies de communication alternatives hors de leur portée prirent de plus en plus d'importance. Les critiques militants, dans le cadre rhétorique de la guerre froide, finirent par voir la nécessité d'user de réseaux auxquels n'étaient pas associés de préjugés négatifs sur le communisme, et ils commencèrent à les utiliser à leur avantage.

Même si les actes des critiques sont les conséquences les plus visibles de leur positionnement au fil de l'*aggiornamento* marxiste de leur idéologie, les initiatives qu'ils prirent dans les réseaux internationaux étaient bien plus que de simples manifestations de soutien à la liberté culturelle en Espagne. Elles redonnèrent une forme et une unité à leurs idées et à leurs valeurs. En outre, leurs collaborations actives avec l'étranger permirent aux critiques militants de participer à la constitution de processus d'avant-garde. Cette position en fit des médiateurs entre les mouvements internationaux et la culture espagnole, créant à leur tour des réseaux d'information et produisant de nouvelles interprétations et idées.

Médiations : les critiques militants passeurs d'« information » et d'« idéologie »

Malgré l'*apertura* très médiatique du gouvernement, la situation dans la sphère culturelle restait précaire, car les structures et les plates-formes pour l'information, la discussion et l'exposition de l'art moderne faisaient cruellement défaut. En 1966, Aguilera Cerni, déjà bien établi dans les réseaux internationaux, se montra assez clair à ce sujet. Il défendit la nécessité d'introduire de nouvelles idées auprès des Espagnols afin d'accomplir une véritable *apertura*, et il considérait l'accès « à l'information et à l'idéologie » comme « la question la plus urgente »[146]. Cela signifiait tout à fait littéralement qu'il fallait fournir les deux (l'information et l'idéologie) aux artistes espagnols et à la scène culturelle en général : il s'agissait, d'un côté, d'élaborer un programme d'action pour informer les Espagnols des questions esthétiques, politiques et sociales qui définissaient la culture moderne (ainsi que l'art moderne) ; de l'autre, d'induire un changement idéologique, une position militante au sein de la production culturelle (dont Aguilera Cerni avait lui-même fait l'expérience pendant sa marxisation accélérée), transformant l'idéologie en participante active du social. Selon lui, l'ouverture du pays ne pouvait se résumer à un enjolivement superficiel pour les touristes et les investisseurs, comme le prévoyaient les efforts propagandistes du ministère du Tourisme et de l'Information. Elle supposait au contraire une action de communication totale orientée vers les espaces culturels nationaux du pays. Aguilera Cerni déclara : « Quand nous parlons d'*apertura*, la question n'est pas de communiquer uniquement avec l'extérieur, mais aussi d'aller vers l'intérieur, vers le sol espagnol, vers les Espagnols ordinaires[147]. »

Le point de vue d'Aguilera Cerni reflétait un processus général qui affectait toute la culture espagnole et qui offrait un nouvel accès à l'information. D'ailleurs, la censure ne put empêcher les idées de se répandre, et certaines libertés acquises avec l'*apertura* eurent des conséquences irréversibles, notamment le flux d'informations engendré par les voyages, les livres, les revues, les expositions et les visites d'universitaires étrangers. Au cours des années 1960 apparurent toute une série de magazines spécialisés, par exemple *Cuadernos de Cultura Brasileña* (1962-1998), *Papeles de Son Armadans* (1954-1979), *Nueva Forma/El Inmueble* (1966-1975), qui publiaient des essais d'auteurs étrangers en traduction, tout en procurant une tribune aux critiques militants. Les institutions étrangères en Espagne jouaient un rôle particulièrement important dans l'introduction, la diffusion et l'échange autour des pratiques et des théories artistiques : ainsi l'Institut français à Barcelone, ou les Instituts italien et

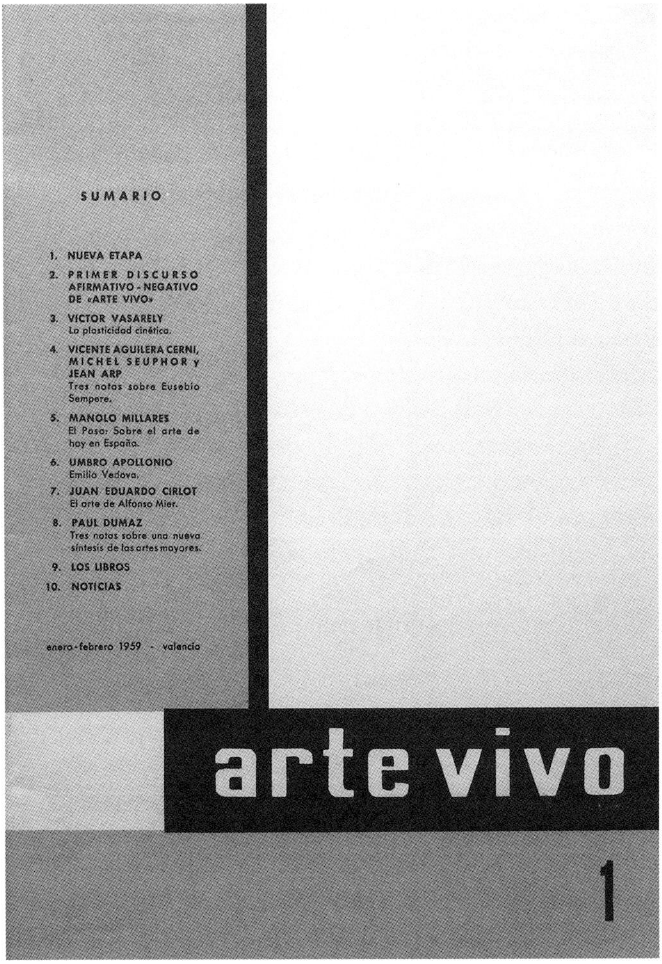

70 Couverture du premier numéro de la revue *Arte Vivo*, janvier-février 1959

allemand à Barcelone et à Madrid. Ce dernier, où Simón Marchán était une sorte de conseiller non officiel, devint une plate-forme d'échange culturel international, reliant les Espagnols aux avant-gardes expérimentales littéraires et artistiques[148].

L'apport des critiques militants fut essentiel. Ils devinrent les médiateurs qui transmirent idéologies et informations sur l'art moderne. Cet activisme se déploya à plusieurs niveaux, avant tout dans le monde éditorial, mais aussi à travers l'organisation de cours et de conférences à l'université. Dans ces espaces, ils créèrent de nouveaux lieux pour discuter, commenter et analyser les théories et les idées de l'art moderne ainsi que la diffusion de la pensée dissidente. Ils fondèrent et dirigèrent des revues, des rubriques artistiques et culturelles dans diverses publications; ils publièrent des traductions et des critiques d'ouvrages étrangers qui jouèrent un rôle notable dans la configuration de la pensée de la Seconde Avant-garde espagnole.

Dès le début, Aguilera Cerni fut l'un des critiques les plus investis dans cette tâche, y travaillant intensément à partir du milieu des années 1950. Au commencement de sa carrière éditoriale, il participa à la revue *Parpalló*, une publication assez modeste. À l'origine, elle était l'organe officiel du groupe d'avant-garde Grupo Parpalló, auquel Aguilera Cerni appartenait depuis ses débuts en 1956. Son collègue Pericás avait rejoint le groupe l'année suivante. Dans le sillage de la reconnaissance soudaine du travail critique d'Aguilera Cerni à la Biennale de Venise en 1958, la revue gagna en importance, passant de simple bulletin à vraie revue d'art, et changeant de nom pour devenir *Arte Vivo* (ill. 70)[149]. Cette publication cessa ses activités en 1959; mais en 1962, avec l'essor de sa réputation internationale, Aguilera Cerni lança un projet plus ambitieux, intitulé *Suma y sigue del arte contemporáneo*, qui parut jusqu'en 1967[150]. Ces deux revues furent de remarquables plates-formes de débat contemporain reliant la péninsule Ibérique au reste de l'Europe. Elles rapportaient les événements auxquels participaient les critiques militants et publiaient des essais de leurs collaborateurs latino-américains et européens.

Arte Vivo accompagna et soutint le renouveau de l'avant-garde à Valence (la ville où était basé Grupo Parpalló). La revue présentait au lecteur les idées et les projets de l'avant-garde espagnole, tout en se faisant l'écho de ceux de critiques étrangers comme Apollonio et Argan, d'artistes et d'intellectuels comme Gaston Bachelard et Victor Vasarely, Sigfried Giedion, Lewis Mumford et Bruno Zevi[151]. À partir de 1959, la pensée d'Argan et des membres des Congrès internationaux d'architecture moderne (CIAM : Gropius, Giedion et Zevi) fit partie des fondements idéologiques du groupe, et des extraits de leurs textes furent publiés dans les catalogues d'exposition du Grupo Parpalló et dans *Arte Vivo*. La revue soulignait le caractère social et constructif des arts dans l'accomplissement d'une société nouvelle, en reprenant à son compte le lien intime entre art et société que les critiques militants avaient instauré depuis le début de leur marxisation. En connectant le débat idéologique avec les solutions plastiques du Bauhaus et du mouvement d'architecture moderniste soutenu par Gropius et le CIAM, quelques idées de base furent introduites. D'abord, que l'art et l'architecture pouvaient être compris comme des produits de l'activité humaine, tout comme la science et la technologie, et non pas simplement comme le résultat de l'inspiration et du génie – ce dernier point de vue dominait alors évidemment en Espagne. Ensuite, que l'art et l'architecture avaient un rôle central à jouer dans la construction d'une société meilleure. Et, enfin, que le travail collectif et l'intégration des arts pouvaient favoriser cette transformation sociale tant désirée[152]. Ces idées concoururent à l'essor d'un nouveau mouvement d'avant-garde, Arte Normativo, où Grupo Parpalló, les artistes géométriques et les critiques militants collaborèrent étroitement à partir de 1959[153].

En 1962, Aguilera Cerni lança *Suma y sigue del arte contemporáneo*, qui répondait au besoin de revitalisation culturelle que ressentaient un certain nombre de critiques militants (ill. 71). Tout le projet était financé et géré par le constructeur José Huguet, mais c'étaient Aguilera Cerni et Tomàs Llorens (qui fut le secrétaire de la revue jusqu'en 1966[154]) qui le dirigeaient réellement. D'autres critiques, comme Valeriano Bozal et Cesáreo Rodríguez Aguilera, rejoignirent bientôt le projet (même si ce ne fut que brièvement dans le cas de Bozal). *Suma y sigue* était une publication plus ambitieuse qu'*Arte Vivo* ; elle étendait ses recherches de collaborateurs et de sponsors jusqu'à l'étranger, et devint par là même un média privilégié dans les débats théoriques contemporains, servant de plate-forme transnationale d'échange pour les voix et les idées des critiques militants et de gauche qui étaient en contact avec Aguilera Cerni et ses compatriotes[155]. Ainsi les contributions à la revue reflétèrent-elles davantage les contacts internationaux des critiques militants que ne le fit *Arte Vivo*, avec la publication régulière de textes de leurs collègues italiens et français, dont Argan, Apollonio, Lea Vergine, Gatt, Restany, François Garnier, mais aussi le déjà décédé Pierre Teilhard de Chardin[156].

Suma y sigue correspondait aux exigences de l'*apertura* intellectuelle que défendait Aguilera Cerni en 1966. D'abord, elle visait à devenir un vecteur pour l'avant-garde et à offrir, « au plus haut niveau, des informations sur les principes de l'art contemporain, ses relations, ses implications inévitables, son cœur historique[157] ». Ensuite, elle proposait un grand nombre d'articles à l'orientation idéologique, qui ouvraient la voie à l'union entre avant-garde et engagement. Les choix éditoriaux favorisant les mouvements artistiques soutenus par Aguilera Cerni et ses collègues internationaux (comme l'abstraction géométrique, l'op art, la nouvelle figuration et les mouvements figuratifs utilisant des stratégies issues du pop art à des fins critiques, réunis sous le nom de Crónica de la Realidad ou de reportage social) révélèrent ce que la revue devait aux ambitions des critiques militants[158].

Outre Aguilera Cerni et Llorens, d'autres critiques militants développèrent des structures diffusant une conception dissidente de l'*apertura*, même si leur

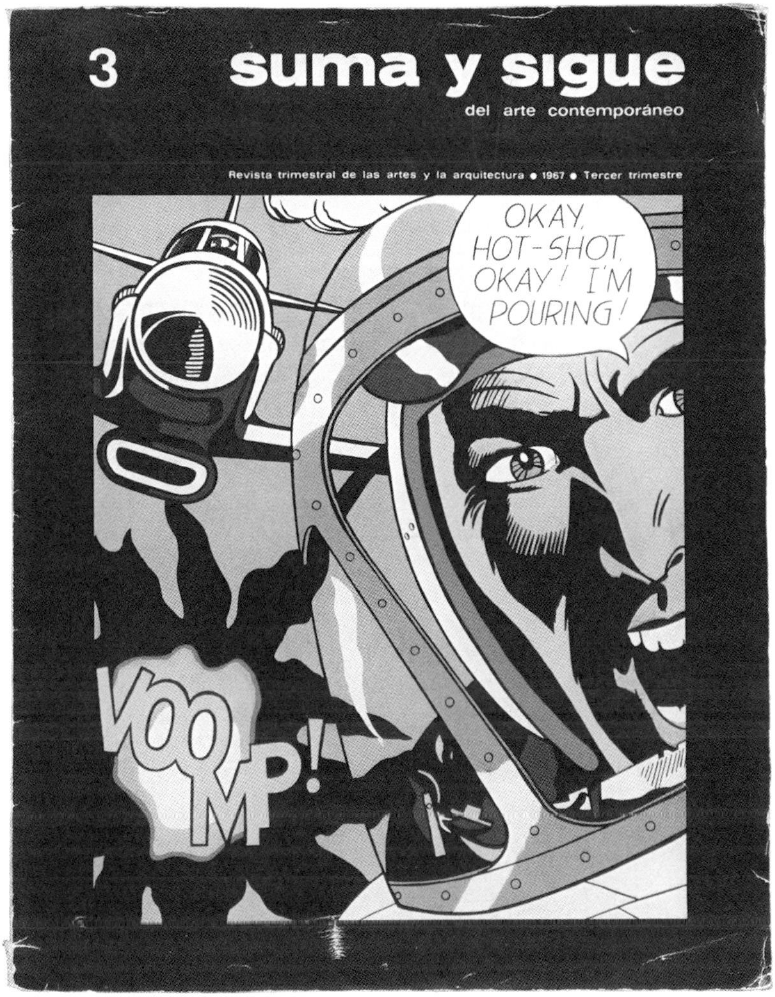

71 Couverture de la revue *Suma y sigue del arte contemporáneo*, nº 3, 1967

portée était moins totalisante que *Suma y sigue*, car elles ne supposaient pas la création de toute une revue. Par exemple, Cirici, à Barcelone, fut responsable à partir de 1962 de la rubrique artistique de *Serra d'Or*, un périodique qui servait depuis 1959 de forum permettant aux intellectuels catalans de commenter et d'écrire (en catalan) sur la culture contemporaine. En plus de critiques d'expositions et d'essais théoriques, Cirici transmettait avant tout les nouvelles d'événements et de débats internationaux, accordant une place privilégiée au cercle d'Argan à Rimini. D'autre part, il faisait fréquemment le compte rendu d'auteurs et de théories esthétiques étrangers, notamment celles des structuralistes italiens et français, se référant particulièrement aux travaux de Gillo Dorfles, Roland Barthes, Lucien Goldmann et Abraham Moles[159]. Les textes de ces auteurs reflétaient en fait l'actualisation intellectuelle du critique lui-même, et ils étaient présentés au lecteur avec des explications sur leur valeur spécifique pour le contexte espagnol[160].

À Madrid, dans leurs contributions à *Acento Cultural*, *Artes* et *Triunfo*, Moreno Galván et Pericás se concentrèrent davantage sur des événements ayant lieu dans la ville même, ainsi que sur les nouvelles tendances. Simón Marchán, lui, essayait au contraire de ménager une ouverture vers le monde artistique au-delà des frontières espagnoles, lorsqu'en 1968 il devint le rédacteur en chef de la revue d'histoire de l'art *Goya*. Cette publication d'approche philologique avait une vision très large des beaux-arts, et acquit dès ses débuts une portée internationale[161]. À la fin des années 1960, *Goya* avait des collaborateurs à Paris, à New York et en Italie, tels Barbara Rose, Julián Gállego, Irene Brin, Mary Webster, Guy Burn et Pavel Stepanek. Ces critiques présentaient régulièrement un panorama des expositions et des événements internationaux les plus importants des capitales occidentales, dont les Biennales de Venise, de Paris, de São Paulo ainsi que la Documenta. Malgré les origines conservatrices de cette revue, Marchán avait carte blanche pour la diriger. Ainsi put-il à la fois reconquérir l'héritage de l'avant-garde idéologique des années 1930 et couvrir les événements artistiques internationaux contemporains[162].

Le travail des critiques militants espagnols dans ces revues contribua grandement à introduire et à discuter des textes étrangers, qui jusque-là étaient quasi inconnus d'un large public. Outre leurs rôles de directeurs et de responsables de rubriques artistiques, ils donnèrent davantage de place à la recension de nouveaux ouvrages sur le marché international, avant tout dans le cas de Bozal, Llorens et Aguilera Cerni[163]. Cette tâche était complétée par leur fonction de conseillers pour les traductions de livres étrangers dans diverses maisons d'édition[164]. On pourrait aller jusqu'à dire que, à travers leur engagement en tant que critiques, ils étaient en train de constituer une sorte de bibliographie militante.

Le choix des auteurs étrangers reflétait assez clairement leurs préférences. *Suma y sigue del arte contemporáneo*, sous l'égide d'Aguilera Cerni, devint une plate-forme de diffusion des idées des critiques militants italiens et de leurs collègues, avec de nombreuses recensions de livres d'Argan, Apollonio, Lea Vergine, Filiberto Menna, Gillo Dorfles, Nello Ponente et Silvio Ceccato, ainsi que d'Umberto Eco et Galvano Della Volpe, parmi d'autres. Ils s'intéressaient aussi aux textes d'Arnold Hauser, Roger Garaudy, Maurice Merleau-Ponty et Michel Tapié[165]. Certains de ces livres, par exemple l'analyse d'histoire sociale de l'art de Hauser ou *L'opera aperta* d'Umberto Eco, eurent tant de succès qu'ils firent aussi l'objet de commentaires et d'analyses dans des revues espagnoles moins spécialisées qui ne faisaient pas partie de la sphère d'influence des critiques, atteignant ainsi un public encore plus large. L'ouvrage d'Eco, publié pour la première fois en 1962 par l'éditeur Bompiani, introduisait un nouveau concept dans la critique d'art espagnole, celui d'« œuvre ouverte », ce qui eut un effet décisif sur l'interprétation des nouvelles pratiques cinétiques et optiques[166].

Les idées exprimées dans ces ouvrages étrangers étaient directement reliées aux concepts d'avant-garde des critiques militants et aux débats spécifiques dans lesquels ils étaient impliqués. *Un art autre* de Michel Tapié et *L'Histoire sociale de l'art* d'Arnold Hauser donnèrent lieu à des commentaires de la part d'Aguilera Cerni à la fin des années 1950, alors qu'il réfléchissait à l'art abstrait et défendait vivement son engagement social[167]. L'analyse en profondeur par Llorens du concept de réalisme promu par Roger Garaudy dans *Un réalisme sans rivages* sortit exactement au moment où il lançait le mouvement figuratif Estampa Popular Valencia, qui correspondait bien aux idées alternatives du Français sur la signification du réalisme, malgré la position critique de Llorens vis-à-vis de ce dernier[168].

Le dialogue entre art et technique, qui avait occupé les réflexions esthétiques de Pericás, Aguilera Cerni et Cirici depuis la fin des années 1950, devint particulièrement pertinent au début de la décennie suivante, lorsqu'ils furent tous associés au mouvement Arte Normativo. Argan, Mumford et Francastel devinrent donc des références majeures, car ils répondaient directement à la croyance des critiques en la nécessité des arts dans la pratique sociale, et à leur rejet total de « l'antinomie fondamentale entre art et technique[169] ». Aguilera Cerni encouragea la traduction de l'essai de Francastel, *Arte y técnica de los siglos XIX y XX* (Art et technique aux XIXe et XXe siècles). Sa préface à l'ouvrage sonne comme un plaidoyer pour l'importance radicale et la vérité des thèses de Francastel. Aguilera Cerni y souligne la valeur du texte en raison des multiples possibilités qu'il ouvre pour la situation en Espagne, et il va jusqu'à suggérer sa capacité à « diriger l'avenir vers des champs de transcendance sociale incalculable[170] ». L'approche visionnaire de la préface d'Aguilera Cerni reflétait bien ses expériences aux côtés d'Arte Normativo. Ce mouvement artistique, où Pericás et lui-même avaient pris des rôles de direction, partait en fait des mêmes principes que Francastel, tentant de reconnecter l'art et la technique à travers la géométrie, l'architecture et le design.

Le lien entre le travail de conseil effectué par Bozal au sein de Comunicación et sa pratique critique reflète la même corrélation dans une médiation culturelle qui passerait par la promotion des textes étrangers les plus importants. Le dialogue entre culture savante et culture populaire devint une question clé avec l'introduction de stratégies issues du pop art dans le mouvement Crónica de la Realidad, dans la seconde moitié des années 1960. En 1969, Comunicación publia une anthologie, *La industria de la cultura*, qui suivait la thèse du livre d'Eco, *Apocalittici e integrati* (1964)[171]. Ce volume contenait sept textes de Macdonald, Bell, Greenberg, Lowenthal, Shils, Lazarsfeld et Merton. En explorant la relation entre art, société de masse et communication, il donna une nouvelle base théorique au débat que les critiques entretenaient en Espagne depuis 1966, lors de l'introduction de stratégies venues du pop art dans le monde de l'art[172]. Cette analyse était complétée par le travail de Cirici, opérant comme passeur des idées de Gillo Dorfles sur l'analyse de la communication dans la société d'un point de vue structuraliste[173].

Toutes ces rencontres et ces discussions suscitèrent de l'intérêt dans les cercles universitaires qui avaient fourni des outils intellectuels et analytiques pour une *apertura* culturelle, idéologique et politique. Les critiques militants étaient aussi attirés par les universités, qui étaient en train de devenir les lieux privilégiés de la diffusion d'idéologies marxistes et dissidentes. Certains d'entre eux injectèrent même « de l'information et de l'idéologie » directement dans le champ académique, en plus de leur travail d'édition. À Madrid, des conférences, des séminaires, des débats et des publications furent organisés dans différentes facultés par des critiques militants comme Marchán et Bozal. Vu l'atmosphère de suspicion institutionnelle qui régnait à l'université de Madrid, certains cours étaient donnés en dehors du programme officiel avec la collaboration des critiques. Ainsi Simón Marchán et Ignacio Gómez de Liaño tinrent-ils un séminaire à l'École d'architecture de Madrid qui se penchait sur les différentes tendances théoriques concernant « le marxisme, le structuralisme, la cybernétique [et] les nouveaux mouvements[174] ». Certaines de ces théories furent aussi diffusées par le Centro de Cálculo de l'université de Madrid, avec lequel Aguilera Cerni était également lié. Ce centre de recherche réunissait différents critiques, des artistes et des poètes, débattant de la sémiotique, de la théorie de l'information et de la cybernétique, à travers la discussion des textes et les échanges avec Max Bense, Silvio Ceccato, Alan Sutcliffe, Hubert W. Franke et Décio Pignatari[175].

À Barcelone, l'approche sémiotique développée par la néo-avant-garde italienne trouva une porte d'entrée à l'École de design Elisava – la première école de design espagnole, fondée en 1961 –, puis à l'Escola de Disseny i Art (Eina),

art

Diàlegs d'"Eina"

el grup 63 i l'avantguarda

per Alexandre Cirici

EL GRUP 63 I L'AVANTGUARDA

La recent visita a Barcelona del *gruppo 63* va donar-nos l'oportunitat, en el curs de reunions apropiades, de passeigs, de visites i particularment durant l'estada a les classes i als jardins d'Eina, per a llargues converses entre aquest equip preparadíssim d'esteticistes, crítics, poetes, escriptors en general, periodistes, creadors de televisió, directors editorials, arquitectes, pintors, etc. i un grup d'especialistes catalans d'activitats equivalents i d'escriptors no catalans que es trobaven a Barcelona.

Els catalans, en general, vam quedar impressionats per la solidesa de la base teòrica dels italians, la cohesió creada per una habitud de llargs debats entre ells, la vivacitat de llurs iniciatives, i la fecunditat de la difusió de llur obra, no solament a través del treball professional de cadascú, sinó també de la creació de seminaris, congressos, exposicions i publicacions literàries i artístiques, així com a través d'una xarxa d'intercanvis internacionals.

No volem donar una ressenya sistemàtica de les converses, la qual, d'altra banda, serà publicada a Itàlia, però sí que volem informar d'algunes idees interessants que van aparèixer als diàlegs d'Eina i que no dubtem que tindran una gran repercussió. Tot fa creure que aquells dies de febrer prop dels fruiters florits de rosa i de les mimoses a punt d'esclatar constituiran una fita històrica per a la nostra cultura.

En general hom parlà del problema essencial de l'Avantguarda artística que d'antuvi, a l'època de l'Avantguarda històrica dels anys 20 o 30, va trobar-se sovint al pol oposat a l'avantguarda política i social i que a Itàlia tendeix a confluir amb aquesta des de la creació del MAC (Moviment Art Concret) a Milà, el 1955, i de la publicació de l'antologia *I novissimi*, de Giuliani, però especialment a partir de l'any 1963, que dóna nom al Grup.

ECO FA HISTÒRIA

Umberto Eco donà un esquema de la base històrica del fenomen, consistent en la successió del *vintenni negre* del feixisme, la curta post-guerra del 1945, i el *vintenni blanc*, succeïts, des de Joan XXIII i l'*apertura a sinistra*, pel període actual de gran obertura i desenvolupament de la cultura.

La història del problema de la confluència que ens interessa comença el 1945. Llavors, el tema principal era el de l'enrolament. L'art enrolat, *impegnato*, intentava d'ésser revolucionari pel seu contingut. Només després la nova Avantguarda s'adonarà que els discursos sobre un contingut traeixen aquest contingut i podrà desacreditar l'anomenat neorealisme socialista.

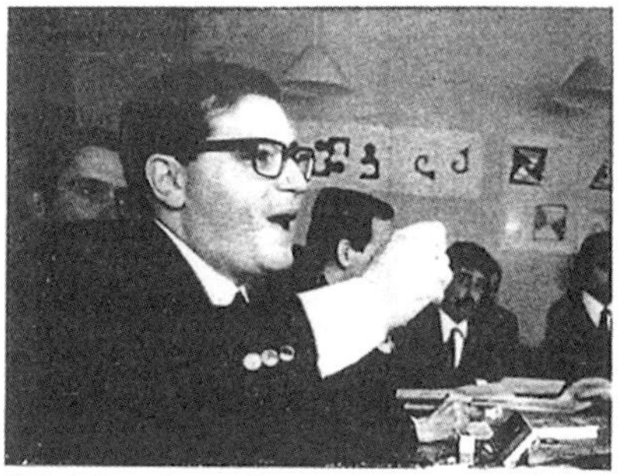

Umberto Eco o el cerebralisme apassionat. Al fons, Oriol Bohigas, Enrico Filippini i Òscar Tusquets. (Foto Maspons + Ubiña.)

Durant el *vintenni blanc*, del 1946 a la *Pacem in terris*, Itàlia va passar del món socioeconòmic arcaic al neocapitalisme, i a situació canviada va correspondre un discurs canviat. En lloc de *la marquesa sortí a les cinc*, hom escrivia : *el partisà sortí a les cinc*. Això era un *alibi*, una *coartada* moral, però ajudava a la consolidació. Es feia evident que no hi havia cap canvi profund. Així nasqué la consciència que calia criticar la societat a través de la crítica del seu llenguatge. Calia desfer la societat alienadora mitjançant la destrucció de la seva retòrica.

Això fou allò que hom consolidà el 1963, quan quedà clar que calia treballar sobre el llenguatge artístic per a lluitar contra el *stablishment*. Aquesta fou la nova Avantguarda del Grup 63, formació de batalla sense unitat ideològica, que conté des de socialistes moderats fins a pro-xinesos i des de *contenutistes* fins a abstractes, però lligada per una unitat de projecte i per un funcionament com a equip, amb control recíproc continu, sense amor, pietat ni gentilesa, com en un passar comptes sense fi.

AVANTGUARDA ARTÍSTICA I AVANTGUARDA POLÍTICA

Ha calgut lluitar molt perquè l'avantguarda política acceptés l'avantguarda artística. Però els fets s'imposen. Ara ja hi ha pintura, teatre, cinema d'avantguarda, que comencen a tenir públic, i àdhuc els tecnòcrates dels *mass media* ho exploten. Alguns, com Passolini, els acusen de neocapitalis-

[227] 67

72 Umberto Eco pendant les « Dialogues d'Eina », une rencontre de trois jours à l'Escola de Disseny i Art, Barcelone, 1967, photographie reproduite dans l'article d'Alexandre Cirici, « Diàlegs d'"Eina". El Grup 63 i l'avantguarda », *Serra d'Or*, 3, 1967, p. 67

créée en 1966. Cirici, qui en était l'un des membres fondateurs, voyait que la critique d'art avait été très affectée par cette théorie et comprenait son importance. Aussi déclara-t-il en 1966 qu'elle « serait incorporée à la pédagogie de l'École Elisava par Ràfols-Casamada et moi-même[176] ». Dans ce cadre, les membres du Gruppo 63 furent invités en 1967 à mettre sur pied un séminaire de trois jours à Barcelone, les « Dialogues d'Eina », lors duquel Eco, Barilli, Spinella, Dorfles et d'autres débattirent de l'approche linguistique avec différents critiques d'art, artistes et intellectuels, dont Cirici, Goytisolo, Tàpies, Gubern et Tusquets (ill. 72)[177]. La dimension idéologique prévalant parmi les enseignants de l'École, qui était à l'origine de l'organisation de ces séances, suscita même une dispute au sein du personnel enseignant d'Elisava (que la direction jugeait trop influencé par des tendances communistes), ce qui déboucha en fin de compte, avec la participation active de Cirici, sur la fondation d'une nouvelle École d'art et de design. Là, la sémiotique fut intégrée à une série de séminaires en 1968-1969, où furent invités Eco, Sacristán, Gubern, Goldmann, Galí, Valls, Bonet, Ferrater et Rubert de Ventós[178].

Ces cours et conférences sur la nouvelle esthétique et les mouvements d'avant-garde prirent, aux yeux du régime et de ses cadres conservateurs, un caractère subversif aux implications politiques. Il n'est pas surprenant qu'ils aient été surveillés par les autorités ; Simón Marchán avait bien conscience que ses cours « étaient illégaux, parce que le doyen n'acceptait pas ce genre de choses, et tous ceux qui se rassemblaient dans ces séminaires étaient considérés comme suspects ». Cette surveillance et ce refus de reconnaissance institutionnels ne firent que renforcer l'impact politique des cours, et Marchán conclut : « Ainsi, nous étions conscients que tout cela avait un effet politique, en dehors du fait que certains d'entre nous devenaient des membres [surtout du PCE][179]. »

Ces manières de diffuser des idées *via* des contacts personnels et des réseaux intellectuels, la publication de textes pertinents, des réunions dans différents contextes et l'enseignement universitaire devinrent de nouveaux moyens de rassembler l'intelligentsia de la gauche dissidente espagnole, sortant ainsi l'Espagne de cette « situation d'isolement absurde » qu'il fallait absolument dépasser, comme l'écrivit Aguilera Cerni dans une lettre du début des années 1960 à Alexandre Cirici[180]. Les critiques militants ne profitèrent pas seulement de l'*apertura* parce qu'elle leur permit de transformer et de renouveler leurs outils théoriques et leurs bases idéologiques, mais aussi parce qu'elle contribua à mettre un terme à la fermeture de l'Espagne.

Après la longue période d'autarcie, l'actualisation marxiste de l'avant-garde renforça son interprétation dissidente – une position que les critiques militants soutenaient par tous les moyens possibles. En tant qu'acteurs dynamiques des réseaux internationaux, ils devinrent des moteurs de l'antifranquisme, mais aussi des médiateurs culturels cherchant un chemin alternatif vers une ouverture des idées, des langages artistiques et des perspectives idéologiques de la gauche. Le transfert et la diffusion des idées, dont les critiques militants étaient au cœur, furent essentiels pour transformer les valeurs et les concepts relatifs à l'art et à la culture, et permirent à la culture espagnole de se reconnecter au reste du monde. Comme nous allons le voir dans le prochain chapitre, avec la transmission de l'information, les théories allèrent au-delà de leur dimension abstraite initiale pour se greffer sur des objectifs plus directs et concrets, au sein de pratiques artistiques où elles étaient profondément impliquées.

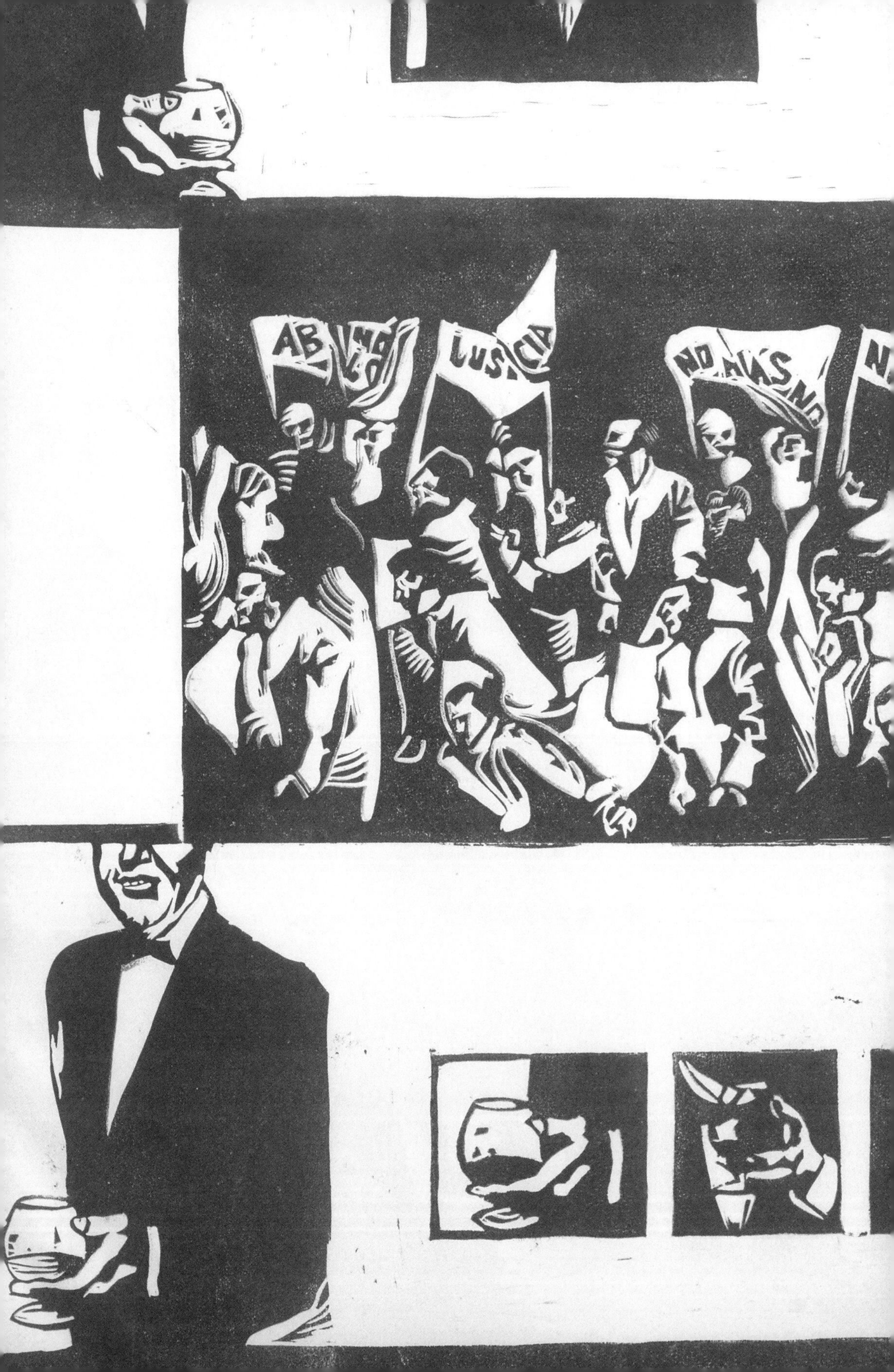

CHAPITRE 5
Adoption(s), adaptation(s) et pratique artistique

« Les phénomènes artistiques qui se produisent dans notre pays ne peuvent pas être abordés de manière autonome ; pour qu'ils puissent faire l'objet d'une explication intelligible, il faut les mettre en relation avec les phénomènes artistiques généraux de la culture occidentale[1]. »

Tomàs Llorens

« Le lecteur aura remarqué que ce dont il s'agit ici est de dénoncer comme inopérant l'ancien système de compréhension de l'art contemporain[2]. »

José María Moreno Galván

« Dans l'Espagne d'aujourd'hui, on peut écrire – sur l'art – ce que l'on veut. Et ici surgit la première limite à la liberté, qui est qualitative : on peut écrire sur l'art ce que l'on veut, pourvu que ce soit exclusivement sur l'art [...]. Il faut avoir une conception "esthéticienne" de l'art[3]. » Ces quelques lignes sont tirées d'une communication de Vicente Aguilera Cerni et d'Antonio Giménez Pericás au congrès de l'Association internationale de la critique d'art de 1966, à Prague[4]. Ce texte soulignait à quel point la liberté intellectuelle était limitée dans l'Espagne franquiste. Ses auteurs dénonçaient les interprétations volontairement esthétisantes de l'art moderne dans les écrits artistiques soutenus par le régime. Recherchant une déconnexion totale entre monde de l'art et société, le discours esthétique du régime insistait avant tout sur la spiritualité et l'idéalisme comme composantes authentiques de l'expression artistique. Cette approche fit vivement réagir les critiques et les encouragea à trouver de nouveaux moyens de conceptualiser les rapports entre art et société.

Aux yeux des critiques militants, leur mission était de contester l'esthétisme et le formalisme promus par le gouvernement. À travers leur contribution au congrès de l'AICA à Prague, par exemple, Aguilera Cerni et Pericás soutenaient, par le biais d'ambitions idéologiques, la position alternative qui visait à introduire une dimension sociale et politique dans l'analyse et l'interprétation des œuvres d'art. Contre l'esthétisme mis en avant par le système, les critiques militants et les intellectuels de gauche injectèrent dans le débat public la question de l'engagement social de l'art. Grâce à leur marxisation, le matérialisme historique et la sociologie de l'art leur fournirent les moyens de renouveler leur conception des arts comme faisant partie d'un monde complexe qui impliquait des échanges économiques, idéologiques et politiques. Cette nouvelle lecture des arts d'un point de vue social sous-tendait la compréhension qu'avaient les critiques de la nature et des caractéristiques de l'avant-garde, dans le cadre des visées sociales et politiques d'une gauche qui réorganisait sa résistance à la dictature.

Le(s) tournant(s) sociologique(s) des critiques militants

Dans leur article présenté en 1966 à la conférence de l'AICA à Prague, Aguilera Cerni et Giménez Pericás définissaient la critique d'art comme « une critique de la culture qui réfléchit par la voie de l'esthétique[5] ». Ils se percevaient eux-mêmes comme des critiques militants privilégiant les phénomènes socio-politiques dans leur analyse critique. Cette conception, qu'ils partageaient avec leurs collègues, ne peut être séparée de la marxisation qui avait commencé à la fin des années 1950 et que nous avons étudiée au précédent chapitre.

Voilà ce qu'on peut appeler le « tournant sociologique » de la critique d'art, « sociologique » étant entendu dans l'acception de l'époque en Espagne : une approche sociale davantage liée à la tradition marxiste de l'histoire sociale de l'art qu'à la discipline de la sociologie telle que la reconfigurait Pierre Bourdieu en France, par exemple. En effet, les références étaient autres. À partir de la fin des années 1950, l'angle choisi par les critiques assimila progressivement la théorie morale de Sartre et l'approche sociale de Hauser. Les théories du philosophe français, notamment ses concepts d'engagement social et de témoignage, et l'ouvrage de Hauser, *Histoire sociale de la littérature et de l'art*, ainsi qu'*El mundo florentino y su ambiente social* (*Florentine Painting and its Social Background*) de Frederick Antal, eurent un impact considérable sur les critiques d'art[6]. Tout cela les convainquit qu'il fallait replacer l'engagement de l'artiste et du critique dans son contexte social, tout en ancrant les arts dans les processus sociaux, politiques et économiques de leur époque. Tout spécialement sur ce dernier point, l'œuvre de Hauser exerça une influence particulière sur l'adoption d'une position dite *sociologique* par la critique d'art. Aguilera Cerni, Cirici et Bozal louèrent cet ouvrage pour ses « contributions fondamentales[7] » qui permirent d'établir des liens entre art et culture.

En plus de ces influences, les critiques espagnols s'appuyèrent sur une approche qui devait beaucoup au travail d'Argan et de Venturi. Argan notamment défendait le « point de vue sociologique[8] » des Italiens. La conception qu'avaient les critiques de l'histoire de l'art comme histoire culturelle mena à la création du terme de « culture artistique » pour aborder la production créative dans toute sa dimension sociale – un concept qu'Aguilera Cerni introduisit lui-même dans le discours artistique espagnol[9]. Selon lui, la « culture artistique » visait à décrire « un vaste panorama allant des aspirations culturelles aux réalités du marché les plus prosaïques, de la volonté artistique aux implications idéologiques, des propositions de systèmes d'images aux conditionnements imposés par la politique et l'économie[10] ». Cet ample concept de « culture artistique » ainsi que les bases théoriques (tirées de Sartre et de Hauser, comme nous venons de le voir) permirent non seulement de développer une approche générale, mais aussi d'envisager l'avant-garde comme la partie d'une structure sociale totale où les mouvements artistiques participaient et possédaient une responsabilité (sociale).

L'adoption de ces idées et théories fut fondamentale pour la transformation des méthodes critiques en Espagne, fournissant de nouvelles questions et de nouvelles références pour l'étude, l'analyse et la compréhension des œuvres d'art. Par conséquent, celles-ci prenaient en compte dans leur interprétation des paramètres comme le système de production, le marché, les voies de circulation, les catégories et classes sociales. Non moins intéressante était la connexion spécifique entre politique, hégémonie et idéologies subalternes qui apparaissait dans le travail des critiques à ce moment-là[11]. Même si toutes ces nouvelles perspectives n'étaient pas immédiatement injectées dans les analyses critiques, l'ouverture aux questions économiques, politiques et sociales provoqua un changement qui ouvrit une voie différant profondément du concept autonome et esthétisant de l'art promu par le régime.

Vers le milieu des années 1960, en raison de leur intérêt croissant pour les sciences sociales, les critiques militants espagnols partaient du principe, comme le déclara Bozal, que l'on pouvait mener une bonne analyse d'œuvre simplement « en considérant les arts comme des produits culturels dans notre histoire et en montrant – explicitement ou implicitement – leur contexte historique[12] ». Ce nouveau système théorique fut progressivement introduit dans leur travail, même si c'était de manière peu orthodoxe, et déjà en 1960 Giménez Pericás avait reconnu l'importance de la sociologie pour développer une esthétique d'intervention sociale[13]. Cela impliquait aussi un changement de perspective à l'heure de penser, d'interpréter et de produire l'art. À partir du milieu de la décennie, cet impact se fit plus évident dans le travail des critiques, alors qu'ils commençaient à intégrer de nouveaux paramètres (en lien avec les relations sociales, économiques et politiques) dans leurs écrits lorsqu'ils examinaient la production artistique. Par exemple, en 1965, Aguilera Cerni fit référence aux structures politiques et sociales du capitalisme afin d'expliquer les transformations dans les comportements de perception et dans la culture visuelle au sein de la société de consommation[14]. Llorens, en cherchant à analyser le langage artistique de l'avant-garde valencienne de la première moitié des années 1960, proposa quelques années plus tard une analyse de la sphère artistique qui comprenait des références – à niveau micro et macro – aux systèmes économiques et politiques[15]. Bozal, qui dans son travail en tant qu'intellectuel accordait beaucoup d'importance à la valeur des sciences sociales, se préoccupa par exemple du rôle du marché de l'art dans la réévaluation, à la fin des années 1960, de l'incidence de l'avant-garde[16]. Au début des années 1970, dans son livre *Del arte objetual al arte de concepto* (De l'art de l'objet à l'art conceptuel), Marchán exposa à nouveau les convictions que tous ces critiques avaient exprimées au cours de la décennie précédente. Il défendit des liens directs entre les structures sociales, économiques et politiques : « À partir des années 1960, l'innovation dans le domaine des arts visuels se situait plus que jamais dans le cadre dialectique de la relation structure-superstructure du système social du capitalisme tardif[17]. »

C'est cependant Cirici qui, s'intéressant spécifiquement aux rapports entre art et société, tenta de systématiser ce nouvel apport théorique ancré dans la sociologie. Ainsi qu'il l'expliqua en 1964, son but était de fournir une analyse utile aux critiques d'art espagnols qui développaient « une méthode à partir de presque rien[18] ». Comme la seule existence du livre récemment traduit de Hauser lui semblait insuffisante, il commença donc à chercher d'autres références méthodologiques. Il en résulta une analyse systématique (et schématique), intitulée *Art i societat* (Art et société, ill. 73). Cet ouvrage, écrit en catalan, était en fait le premier livre en Espagne qui tentait de développer un modèle analytique démontrant les implications sociales dans le phénomène artistique selon une méthode sociologique[19]. Cette recherche devait beaucoup à l'école italienne – une dette visible dès la préface d'Argan, auquel Cirici avait demandé l'année précédente de rédiger une courte introduction après leur participation commune à la conférence de l'AICA à Tel-Aviv[20]. Mais le texte comportait aussi des références culturelles plus élaborées qui devinrent importantes dans les débats esthétiques des années 1960. Outre Hauser et Sartre que nous avons déjà évoqués, il fit également référence à Gropius, Herbert Read et Pierre Francastel, ainsi qu'à des historiens de l'art encore mal connus en Espagne à l'époque : Jacob Burckhardt et Aby Warburg[21]. En faisant converger ces auteurs, Cirici produisit une étude des œuvres d'art fondée sur des paramètres économiques, historiques, politiques, technologiques et esthétiques. En analysant les liens entre art et société, il cherchait à comprendre « à quel point les arts plastiques sont un reflet, une conséquence, des rapports de production établis à un lieu et à un moment précis[22] ». Il connectait ainsi l'approche formaliste, qui était prédominante à l'époque, à un point de vue sociologique.

Cirici ressentait à juste titre le besoin de prendre en compte un éventail plus large de positions intellectuelles pour embrasser l'approche sociale dans toute sa complexité. D'ailleurs, quand parut son ouvrage, l'influence de Hauser et de Sartre était déjà en net déclin. Tomàs Llorens fut l'un des premiers critiques à percevoir les limites de l'approche engagée et sociale ; aussi se mit-il à chercher de nouvelles références méthodologiques. Dès 1963, il penchait déjà vers

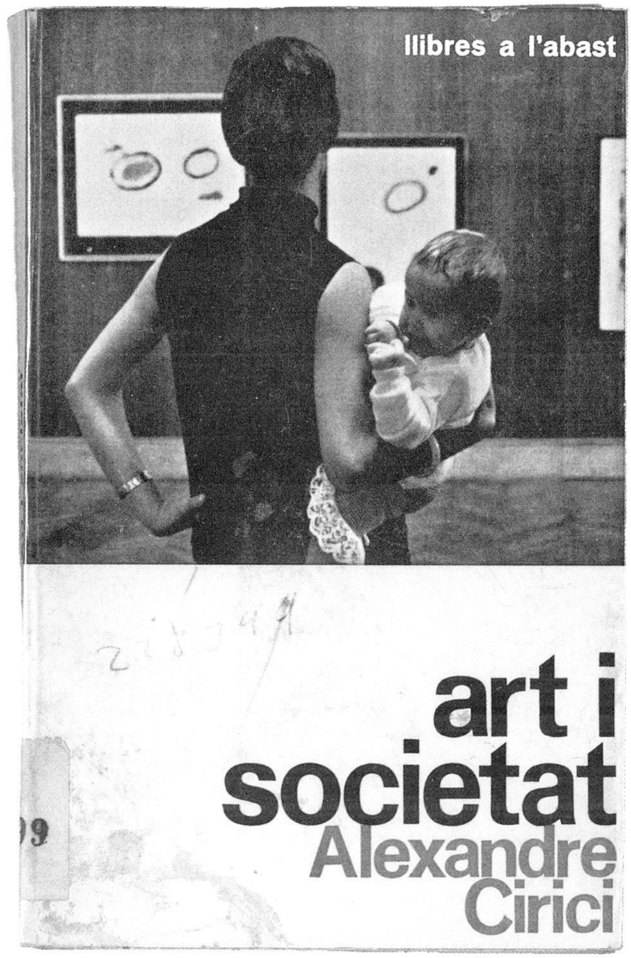

73 Couverture d'*Art i societat* d'Alexandre Cirici, Barcelone, Ediciones 62, 1964

le tournant linguistique qui définirait l'approche des critiques d'art espagnols à partir du milieu des années 1960[23]. Aguilera Cerni, avec lequel Llorens avait commencé à collaborer en 1962, confirma cette position deux ans plus tard au Convegno de Verucchio. Il y affirma que l'utilité du modèle de Sartre s'était épuisée, celui-ci ne correspondant pas « à la position fonctionnelle de l'art dans notre société[24] ». Avec les processus de transformation initiés par l'*apertura*, la société espagnole s'était modifiée ; il aspirait donc à un renouvellement des méthodes critiques, pour mieux appréhender le rôle des arts dans les sociétés occidentales mécanisées, dominées par les médias et la consommation. À cette fin, il fallait selon lui faire appel aux champs « de la psychologie, de la sémantique, de la théorie de l'information, de la physiologie, de la cybernétique, de la statistique et de la sociologie[25] ». En évoquant différents outils méthodologiques qu'utilisaient déjà certains critiques (notamment les plus jeunes), il décrivait le nouvel horizon théorique de la critique d'art, qui prédominerait jusqu'à la fin de la dictature.

Le renouvellement de cette mise à jour méthodologique correspondait cette fois-ci au besoin d'affiner la boîte à outils critique pour analyser les effets de l'art dans la culture de masse. Selon les critiques, leur pratique devait s'adapter à la culture visuelle qui s'était développée en Espagne au sein des processus économiques du *desarrollismo*. Par conséquent, Aguilera Cerni expliqua en 1965 que les « manières "artistiques" de visualiser » avaient été « repoussées aux limites des grands canaux de visibilité, comme la publicité, la télévision, le cinéma, les revues graphiques[26] », qui transmettaient et réaffirmaient les valeurs de la société de consommation. À ses yeux, ces nouvelles possibilités de comportement visuel dans la société capitaliste encourageaient « par tous les moyens l'uniformité des réactions et des goûts, la sensibilisation aux stimuli permettant le contrôle de la conscience à tout moment[27] ».

L'inquiétude des critiques face à la montée du néocapitalisme dans la société de consommation et le rôle des arts visuels dans ces structures les incitèrent à découvrir de nouvelles références intellectuelles. De plus, la recherche de nouveaux outils théoriques était mue par le désir de dépasser la séparation entre fond et forme que les perspectives sociologiques traditionnelles encourageaient en se concentrant presque uniquement sur le contenu (en Espagne, les perspectives sociologiques classiques avaient été baptisées *contenidistas*).

C'est Bozal qui, lorsqu'il commença à se pencher plus profondément sur Hauser, défendit le plus ardemment la nécessité de ce renouveau. En 1966, s'il reconnaissait la valeur du travail de Hauser, il incitait également ses pairs à le dépasser, en mettant l'accent sur les risques que comportait le fait de penser les rapports entre art et société en termes de causalité. Pour lui, cela pouvait facilement faire tomber le critique dans « une sociologie positiviste enchâssée dans la pensée déterministe[28] ». À la place, il proposait une évolution des méthodes critiques en se tournant vers la linguistique, le structuralisme, la phénoménologie et la sémiotique, afin de se recentrer sur « la spécificité des langages artistiques[29] ». Ainsi redéfinit-il l'objet de la sociologie de l'art en déclarant que, pour une pleine compréhension des œuvres, il fallait se focaliser non seulement sur « les contenus, mais aussi sur les formes, car, comme l'a écrit Della Volpe, elles ne peuvent être comprises que si l'on prête attention à leur signification contextuelle, historique et sociale intrinsèque[30] ».

Comme nous l'avons déjà expliqué, les idées du philosophe communiste italien Galvano Della Volpe fournirent le modèle fondamental de cette réévaluation des valeurs formelles de l'œuvre d'art. Sa « théorie linguistique des arts[31] », comme le souligna Bozal, permettait aux critiques militants de se recentrer sur la spécificité et les aspects formels de l'œuvre d'art, sans pour autant abandonner les bases sociologiques de la production artistique. Ces considérations finirent par être adoptées par les critiques militants les plus chevronnés comme Aguilera Cerni. Entre son admiration enthousiaste pour Hauser en 1957 et les dernières années de la dictature, lorsqu'il publia une analyse rétrospective des mouvements d'avant-garde du franquisme tardif, sa position avait elle aussi changé, afin d'éviter le déterminisme manichéen contre lequel Bozal avait mis en garde quelques années auparavant[32].

Concevoir l'art comme un langage supposait, entre autres, d'analyser l'intégralité du système de communication, en prenant en compte différents facteurs comme l'émission, la transmission, la réception et la perception. Cet angle permit aux critiques d'art d'examiner successivement un certain nombre de théories et de concepts qui transformèrent la perception et l'étude des pratiques artistiques. Hormis Galvano Della Volpe, les auteurs les plus lus et les plus débattus étaient Umberto Eco et son analyse de l'« œuvre d'art ouverte », Abraham Moles et sa théorie de l'information, Max Bense et son esthétique scientifique. Leur importance résidait dans le fait, comme le rappela Simón Marchán plus tard, qu'ils permirent aux critiques d'art de découvrir que « l'art n'était pas seulement un problème hégélieno-marxiste de contenu, mais aussi un problème de langage[33] ».

Ce glissement vers la linguistique n'affecta pas seulement l'intelligentsia espagnole, mais aussi toute l'avant-garde culturelle européenne[34]. Dans le cas des Espagnols, la réception de ces théories passait toutefois par la perspective marxiste, d'où une attention permanente aux bases idéologiques et socio-économiques de la production artistique. Aussi, malgré son vif intérêt pour le structuralisme, Cirici mit-il en garde contre le risque qu'il y avait à détacher des réalités sociales l'analyse des structures artistiques : « Le plus grand danger de la théorie structuraliste [...] consiste à prendre les structures pour des systèmes autosuffisants, sans prendre en compte le fait que leur cohérence vient de la réalité des bases historiques qui les ont produites[35]. » Ses convictions reposaient sur les idées du Gruppo 63, et étaient également redevables aux « Dialogues d'Eina » – à l'école de design du même nom – auxquels le collectif artistique italien participa en 1967. Sur la base de cette expérience, le critique avait conclu qu'il était possible de « critiquer la société à travers la critique de son langage » et de « travailler sur le langage esthétique afin de combattre l'*establishment*[36] ». Cette approche fut adoptée par les autres critiques militants, qui purent ainsi se concentrer sur les bases structurelles de l'œuvre d'art. Dès lors, ils purent examiner les valeurs formelles sans risquer d'être bloqués par la phobie marxiste envers l'autonomie (bourgeoise) des arts.

Cela constitua un changement radical : jusque-là, les critiques militants espagnols, tel Vicente Aguilera Cerni, considéraient en effet que la tradition de la critique militante devait, comme le disait Argan, « davantage se référer à la poétique qu'aux œuvres[37] », c'est-à-dire s'intéresser davantage aux mouvements artistiques qu'à l'étude individualisée des œuvres. Cette approche injecta de nouveaux éléments d'analyse empruntés aux perspectives sociologiques, préférés à une attention directe à la matérialité, à la construction des œuvres et aux questions techniques[38]. Grâce à ces nouvelles références théoriques, les critiques militants se tournèrent vers une « nouvelle sociologie de l'art basée sur l'analyse précise du langage artistique[39] ». Cette nouvelle sociologie de l'art (ou *sociología del arte*), dont parlait Bozal, s'éloignait de l'histoire sociale de l'art (et de la ligne de pensée de Hauser et d'Antal), intégrant désormais l'approche de Della Volpe, pour une analyse complexe de l'œuvre et de sa dimension formelle. À partir de la seconde moitié des années 1960, les critiques militants placèrent de plus en plus la syntaxe et la sémantique de l'image (c'est-à-dire sa forme, sa structure et sa signification) au centre de leurs analyses. Alors qu'Aguilera Cerni se concentrait sur les processus de la perception structurelle, Cirici entreprit une analyse sémiotique de la production artistique de Joan Miró[40]. L'étude des signes artistiques de Bozal fut, quant à elle, guidée par une ambition plus théorique. À travers une approche clairement marxiste, il revint sur les concepts esthétiques de Hegel, Goldmann, Lukács, Hauser et Galvano Della Volpe, afin d'explorer et de comprendre « le langage artistique comme langage spécifique[41] ». Mais c'est le livre de Simón Marchán, *Del arte objetual al arte de concepto*, qui illustre le mieux ce tournant[42]. Pour analyser le développement des avant-gardes occidentales des années 1950-1960 (de l'art informel à l'art conceptuel), l'auteur adopta une perspective à la fois sémiotique et matérialiste. Il cherchait à échapper à l'emprise de ce qu'il appelait le simple « sociologisme », c'est-à-dire une analyse déterministe fortement centrée sur le contenu au détriment de la forme. Il affirma plutôt la nécessité de l'analyse formaliste que permettait le tournant linguistique. Comme l'expliqua Marchán, l'insertion de l'œuvre d'art dans le phénomène social « n'interdisait pas une analyse spécifique de ses langages dans le cadre de sa relative autonomie [de l'œuvre][43] ».

Ces changements au sein même du tournant sociologique affectèrent profondément tous les critiques militants, mais on aurait tort d'imaginer que leurs intérêts, leurs ambitions et leurs outils étaient les mêmes. Même si la sensibilisation de la perspective sociologique à la linguistique est présente dans leurs écrits à tous, l'analyse de leur corpus théorique montre que l'adoption des diverses références intellectuelles citées plus haut variait largement de l'un à l'autre. Cela devint très visible dans la critique que Bozal fit en 1967 de l'ouvrage d'Aguilera Cerni, *Panorama del nuevo arte español*[44]. La confrontation entre les deux critiques devait autant à des raisons méthodologiques qu'à des différences personnelles qui émergèrent dans le débat sur le rôle de la sociologie dans la critique[45].

Dans les années 1960, les rapports entre les critiques militants, qui à l'origine étaient tous des « camarades de lutte », s'étaient considérablement modifiés. Même si leur alliance contre la dictature tenait toujours, leurs préférences théoriques, leurs convictions divergentes et la nature de leurs échanges provoquèrent une crise œdipienne qui finit inévitablement par briser leur coalition intellectuelle. L'ouvrage d'Aguilera Cerni, *Panorama del nuevo arte español*, fut le premier à analyser la production artistique espagnole depuis la fin de la guerre civile jusqu'aux mouvements ayant émergé en 1966. Il suscita une dissension entre la jeune et la vieille génération, entre les mentors et leurs protégés, à présent complètement émancipés – surtout Aguilera Cerni d'un côté et, de l'autre, les forces intellectuelles combinées de Bozal et de Llorens. Dans l'introduction de son livre, Aguilera Cerni affirma clairement sa foi en une base sociale des arts, confirmant sa position influencée par le tournant sociologique qu'avaient suivi les critiques militants. Mais Bozal, dans les colonnes de la revue *Cuadernos Hispanoamericanos*, exprima un ferme désaccord. Dans une critique sévère de son ouvrage, il l'accusa d'« être dépourvu d'une explication de la structure historique » – conclusion assez surprenante, vu qu'Aguilera Cerni était l'un des plus fervents défenseurs de l'approche sociale et que Bozal accordait tout de même à son aîné qu'il avait conscience « de la relation intime entre art et réalité concrète[46] ».

Certes, il est largement vrai que le livre d'Aguilera Cerni négligeait le contexte socio-politique en se centrant sur le parcours des artistes et sur la poétique de leurs œuvres; mais son point de vue ainsi que les incohérences que signala Bozal sont très révélateurs des différentes positions que prirent ces critiques vis-à-vis de l'approche sociologique. D'ailleurs, les interprétations d'Aguilera Cerni et de Bozal optaient toutes deux explicitement pour une conception des arts ancrée dans une dimension sociale, exposant les divers objectifs que la critique d'art avait dans le tournant sociologique sous le franquisme tardif. Cependant, si pour Bozal cette approche était avant tout une méthode d'analyse, pour Aguilera Cerni le « discours social » était un outil pratique, car il supposait des motivations et des applications qui concernaient avant tout les pratiques artistiques de l'avant-garde dans lesquelles le critique était immergé.

Moreno et Pericás, tout comme Aguilera Cerni, soulignèrent le rapport entre art et société, voyant avant tout dans la sociologie un moyen de renforcer la mission sociale de l'avant-garde. Cirici, Llorens, Bozal et Marchán adoptèrent au contraire cette méthodologie comme outil d'interprétation, intégrant des analyses quantitatives et qualitatives de paramètres sociaux et économiques spécifiques. Ces deux attitudes représentaient chacune un mode de réponse des intellectuels militants à leurs pratiques particulières : alors qu'Aguilera Cerni, Pericás et Moreno accordaient beaucoup d'importance à la « dynamisation » de la culture artistique, Llorens, Bozal, Cirici et Marchán l'investirent d'une dimension savante, qui se refléta dans leurs activités d'enseignement dans diverses universités[47].

La rupture qui se fit jour lors du débat sur *Panorama del nuevo arte español* manifesta publiquement pour la première fois les intérêts multiples et les perceptions différentes de la sociologie (et de la réalité) au sein de la communauté critique, ce qui finit par diviser les deux générations de critiques militants et les mena à une confrontation ouverte sur la scène internationale peu de temps après la fin du régime, en 1976, à la Biennale de Venise[48].

Des « solutions de transformation » : les critiques militants et les artistes d'avant-garde en collaboration

Le recours à la sociologie et à des concepts marxistes dans la critique d'art militante sous le franquisme tardif ne découlait pas uniquement d'un intérêt méthodologique. La sociologie était avant tout conçue en Espagne comme un outil pour la praxis. Cette conception se fait nettement jour dans les écrits de divers auteurs. En 1960, par exemple, Giménez Pericás souligna l'importance qu'avait la sociologie dans la création de « solutions de transformation[49] », c'est-à-dire l'intervention dans la société pour provoquer des transformations sociales, culturelles et éventuellement politiques.

Quatre ans plus tard, dans son livre *Art i societat*, Cirici examina l'art dans son contexte socio-économique, soulignant une « seconde relation » au sein de laquelle « la société est transformée par l'impact de la création artistique[50] ». Dans ce contexte, l'approche sociale pouvait être précieuse pour les critiques militants, si elle faisait partie intégrante de l'analyse culturelle appliquée aux phénomènes socio-politiques d'un temps et d'un lieu précis. Cette perspective permettait par ailleurs de concevoir l'avant-garde comme participant aux structures socio-économiques et politiques. Lier les perspectives sociologiques et marxistes était avantageux à cet égard, car cela faisait progresser la discussion entre avant-garde et idéologie, créant ainsi le cadre parfait pour débattre des meilleures manières de transformer l'organisation sociale et culturelle (ce qui faisait écho aux convictions mêmes des critiques militants) et les circonstances politiques (du point de vue des intellectuels antifranquistes de la gauche dissidente). Mónica Núñez a expliqué que, dans l'Espagne du franquisme tardif, cela « revenait à ouvrir la voie aux dénonciations – pas toujours cachées – contre la dictature franquiste[51] ».

En réalité, on peut presque noter une sorte d'« inflation » sociologique dans les années 1960, mesurable à la sur-utilisation de termes comme « social », « sociologie » et « société », qui allaient de pair avec le vocabulaire marxiste (« structure », « superstructure », « dialectique », « lutte des classes », « praxis », « travail ») dans le corpus critique. Parfois, cette approche pouvait être superficielle, ne cherchant ni à appliquer rigoureusement les termes, ni à répondre à une véritable enquête sociologique, comme le montrent par exemple les positions d'Aguilera Cerni. De façon générale, cependant, la volonté d'appliquer ces concepts révèle le désir qu'avaient les critiques de comprendre l'avant-garde comme une production liée à des moyens de production et inscrite dans une société précise, et traduit également l'appel à la participation active de l'avant-garde aux structures sociales. Enfin, tous ces efforts visaient, comme le formule éloquemment Aguilera Cerni, à « idéologiser l'activité artistique[52] », faisant ainsi ressortir les aspirations sociales et idéologiques des pratiques artistiques contemporaines. L'aspect idéologique était particulièrement important : en provoquant dans l'avant-garde la prise de conscience de sa responsabilité sociale, les critiques créèrent en effet un cadre théorique qui pouvait soutenir le rôle actif pris par les artistes d'avant-garde dans leur lutte culturelle contre la dictature. En fin de compte, on peut dire qu'ils essayaient de suivre la onzième thèse sur Feuerbach de Marx : « Les philosophes n'ont fait qu'interpréter le monde de différentes manières ; ce qui importe, c'est de le transformer[53]. » En suivant le modèle militant, les actions des critiques eurent plus de répercussions sur la pratique artistique qu'on n'aurait pu l'imaginer au départ. En œuvrant comme théoriciens et comme défenseurs militants de l'avant-garde, les critiques forgèrent directement dans la sphère artistique leurs idées et leurs méthodologies, influencées par leurs collaborations avec des artistes. Ce rapport était réciproque et on observe un effet d'écho entre leurs discours et les pratiques artistiques des années 1950 et 1960, et au début des années 1970.

Aguilera Cerni, Moreno Galván, Cirici et Giménez Pericás étaient critiques d'art depuis les années 1950, défendant l'art abstrait comme source de renouveau pour la sphère artistique espagnole. Ils avaient par exemple soutenu le mouvement informel et avaient suivi avec attention ses artistes principaux, dont Antonio Saura, Manuel Millares et Antoni Tàpies. À partir de la seconde moitié de la décennie, Aguilera Cerni et Pericás s'étaient directement impliqués dans les initiatives artistiques, devenant des membres actifs du Grupo Parpalló, qui rassemblait des artistes travaillant avec l'informel et l'abstraction géométrique. Ce groupe, encouragé par les critiques, défendit dès 1959 l'engagement social des arts – une revendication évidemment liée au tournant sociologique adopté par les critiques[54].

Renforcer le social était pour les critiques militants le premier pas pour en faire un point central de la réflexion au sein de la pratique artistique. Comme nous l'avons vu plus haut, le concept sartrien d'engagement se révéla assez utile dans la construction d'une théorie existentialiste – et hautement moralisatrice – qui façonna le débat sur l'abstraction dans les années 1950. Le discours de liberté et de responsabilité porté par les œuvres d'après-guerre de Sartre fut évoqué à travers des comptes rendus critiques, faisant prendre conscience à la scène artistique et culturelle de la responsabilité des intellectuels dans la sphère sociale. Ce discours moralisant visait à susciter la participation des artistes à la transformation tant désirée de la praxis sociale. De plus, cette volonté mena également les critiques à soutenir l'abstraction géométrique, conçue comme un mouvement nécessaire en raison de ses visées constructives et transformatrices. Aux yeux des critiques militants, l'abstraction géométrique s'opposait à l'art informel, qui, selon Moreno, Aguilera Cerni et Pericás, témoignait de la situation sociale sans pour autant la transformer (et sans trouver les « solutions de transformation » dont Pericás parlait en 1960)[55].

Mus par leur marxisation, les critiques cultivèrent un intérêt spécifique pour les pratiques collectives des artistes espagnols de l'abstraction géométrique (Equipo 57 et Equipo Córdoba), poussés par les aspirations communautaires du discours communiste. Ainsi, persuadés qu'il était essentiel de soutenir les « attitudes radicalement communautaires[56] » en Espagne, Aguilera Cerni, Pericás et Moreno planifièrent à la fin de 1959 une exposition collective de cette tendance. En unissant les artistes géométriques du pays, les critiques cherchaient à remédier à la surreprésentation de l'art informel et à ouvrir un front contre ce qu'ils estimaient être des solutions individuelles, subjectives et bourgeoises[57]. Le résultat fut la *Primera Exposición Conjunta de Arte Normativo Español* (Première exposition collective d'Arte Normativo espagnol) à l'Ateneo de Valence en mars 1960, qui présenta une alternative abstraite pleinement consciente de son rôle social et qui deviendrait l'épicentre de la nouvelle tendance.

Baptisé « Arte Normativo » par Aguilera Cerni, ce mouvement était constitué de différents groupes concrets et abstraits (Equipo 57, Equipo Córdoba, Grupo Parpalló) ainsi que d'artistes individuels (José María de Labra, Manuel Calvo) ; ils travaillaient, main dans la main avec les critiques militants Aguilera Cerni, Pericás et Moreno, sur l'abstraction (principalement) géométrique, même si certains artistes au sein de Parpalló penchaient du côté de l'abstraction lyrique. En poussant encore plus loin leurs visées militantes, les critiques d'art devinrent les théoriciens de ce nouveau mouvement et se transformèrent ainsi en membres actifs de l'avant-garde. En tant que tels, ils initièrent un dialogue constructif avec les artistes qui devint fondamental pour ouvrir le débat sur l'engagement des arts en Espagne, provoquant une réflexion sur le pouvoir de l'art dans le changement social.

Arte Normativo synthétisait de manière hétérogène les ambitions rationnelles, interdisciplinaires et modernistes des constructivistes russes, du Bauhaus et de Max Bill, que les critiques avaient appris à apprécier au cours de leur actualisation théorique. Les idées directrices et les objectifs prioritaires du groupe étaient le travail d'équipe, l'anonymat, l'objectivité et la production industrielle (même si c'était plus vrai en théorie qu'en pratique). Ces intentions étaient présentes dans l'étude qu'Argan fit de Walter Gropius – un auteur qui fournit des références à Aguilera Cerni, Pericás et Moreno, aux côtés de l'avant-garde russe post-révolutionnaire ou des idéaux humanistes des Congrès internationaux d'architecture moderne (CIAM). Cette grande variété de sources devint fondamentale pour Arte Normativo, et infiltra progressivement le discours de l'avant-garde espagnole[58].

Selon Aguilera Cerni, Arte Normativo cherchait à créer un nouvel environnement pour l'être humain. Cette volonté devait s'accomplir à travers une esthétique collective (selon leurs propres termes : « Tout art a une nature orchestrale[59] »), expérimentale et scientifique, fondée sur des valeurs constructivistes et rationalistes. Malgré la forte présence de la peinture et de la sculpture dans ce mouvement, les critiques d'art mirent l'accent sur l'architecture, l'urbanisme, la planification et le design : « Afin de pleinement comprendre la portée de l'œuvre active d'Arte Normativo, nous devons penser au design comme créateur de l'environnement dans lequel vit l'être humain, depuis les grands projets d'urbanisme jusqu'à l'architecture, la peinture, la sculpture et le design industriel[60]. » Pour les critiques militants, cette

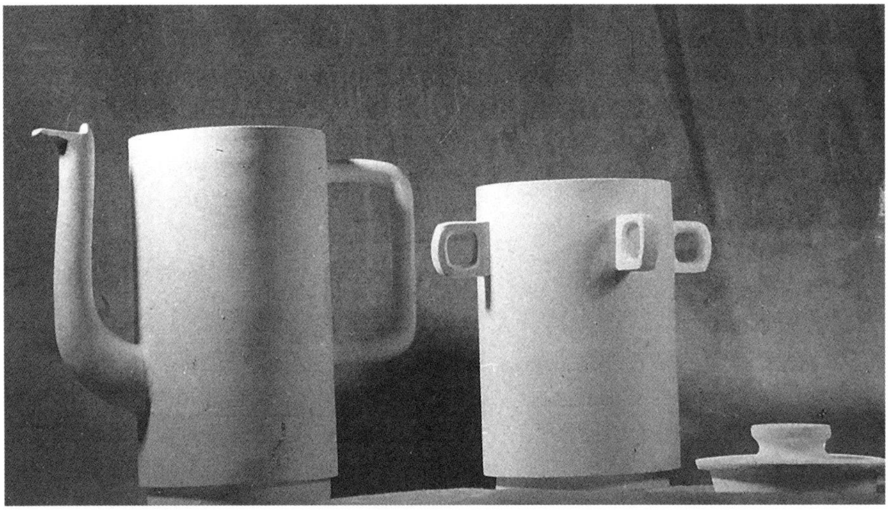

74 José María de Labra, *Service à café*, 1960, collection particulière

conception ambitieuse du design permettait, d'une part, de cultiver les ambitions collectives et sociales du mouvement ; de l'autre, de transformer et de construire un « nouvel environnement humain[61] ».

Ces affirmations exigeaient une activation pratique des arts dans les moyens de production, afin d'accroître le rendement artistique et de réduire le prix des œuvres. Cette démarche amena par exemple à développer certaines stratégies, comme la création de structures modulaires qui rationalisaient le processus artistique et l'application de ces stratégies dans le champ du design[62]. Equipo 57 et José María de Labra devinrent particulièrement actifs dans ce dernier, concevant des meubles (lampes, tables, chaises) et des articles ménagers. Parmi les créations de Labra figure un service à café produit en 1959 (ill. 74). Ce service en porcelaine, composé d'une cafetière avec un récipient amovible pour le filtre, avec sa couleur blanche et sa structure cylindrique et fonctionnelle, présentait un style rationnel et géométrique répondant aux principes d'Arte Normativo.

C'est d'ailleurs au sein de ce mouvement que se firent jour pour la première fois les fondements d'un « marxisme existentiel », assimilé par les critiques militants à la fin des années 1950. En effet, il montra comment avait eu lieu un transfert entre l'actualisation théorique de l'intelligentsia et la pratique artistique[63]. Le groupe Arte Normativo comprenait ces dernières en rapport avec la société; de plus, il voyait dans les artistes des membres actifs de la praxis sociale. Comme ses membres défendaient l'importance des arts pour la création d'un *contorno* (environnement), ils accentuèrent leur participation dans la transformation des paysages urbains, privés et même sociaux. Selon cette perspective idéaliste et utopique, l'avant-garde était à l'origine d'une transformation sociale qui finirait bien par advenir, et le pouvoir des arts dans ce processus était largement admis. Arte Normativo était conçu comme une passerelle vers la transformation de la sphère socio-culturelle, et même (idéalement plutôt que réellement) des structures politiques. Pour Pericás, par exemple, Arte Normativo ouvrait la voie vers une société nouvelle où « les gens pourraient librement configurer leur monde et exprimer artistiquement l'aventure quotidienne de leur existence[64] ».

Les critiques et les artistes soutenaient qu'une transformation était possible et, en termes gramsciens, que les arts pouvaient être des outils décisifs dans la lutte culturelle contre la dictature. Pour certains, tel le critique Pericás, Arte Normativo n'était qu'un premier pas vers une transformation socio-politique complète reposant sur des convictions socialistes – une voie initiale qui contribuerait à « l'intégration des hommes dans un monde construit par des hommes unis[65] ». Au fur et à mesure que les critiques et les artistes mettaient à jour leur cadre idéologique grâce au marxisme au cours des années 1960, cette affirmation optimiste, qui voyait dans les arts un pouvoir social radical, se mua en quelque chose de plus complexe. Aguilera Cerni, dans sa première révision du mouvement en 1966, reconnut qu'Arte Normativo reposait sur une confiance erronée, et même naïve, en la capacité des arts à transformer la réalité sans opérer à d'autres niveaux[66].

Cependant, le message qui sous-tendait Arte Normativo était subversif; il n'est donc pas étonnant que le régime ait vu dans ce projet artistique un possible soutien à la dissidence. Parmi les mots les plus utilisés dans les textes et les manifestes du groupe se trouvaient « social », « liberté » et « collectif »; or, dans l'Espagne des années 1960, ces termes étaient très chargés politiquement. Ainsi, certaines activités d'Arte Normativo subirent la censure et même l'interdiction[67]. Rappelons que, à partir de la fin de la guerre civile, il n'y avait ni droit d'association ni liberté de la presse; les critiques et les artistes qui exprimaient littérairement ou artistiquement des idées considérées comme subversives entraient dans une zone dangereuse. La défense acharnée du collectivisme par Arte Normativo n'était pas seulement un défi à l'exaltation de l'individu au sein des arts, mais aussi une manière de contester le contrôle strict et les mesures répressives que le régime avait imposés à la société espagnole concernant toute action collective[68].

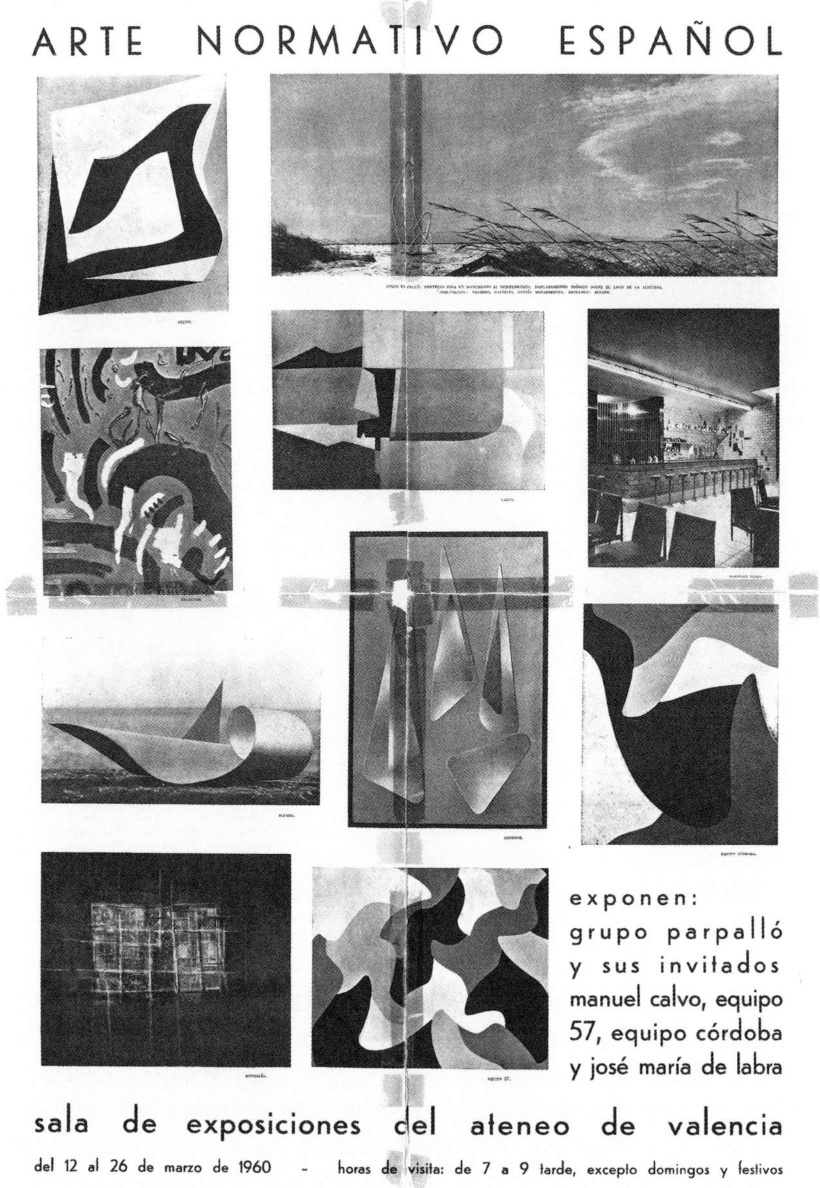

75 Catalogue (au format d'affiche) de l'exposition *Arte Normativo Español*, Valence, mars 1960, avec les œuvres des artistes suivantes (de haut en bas et de gauche à droite) : 1. Manuel Calvo, 2. Grupo Parpalló, 3. Doro Balaguer, 4. José María de Labra, 5. José Martínez Peris, 6. Andreu Alfaro, 7. Eusebio Sempere, 8. Equipo Córdoba, 9. Manuel Monjalés, 10. Equipo 57

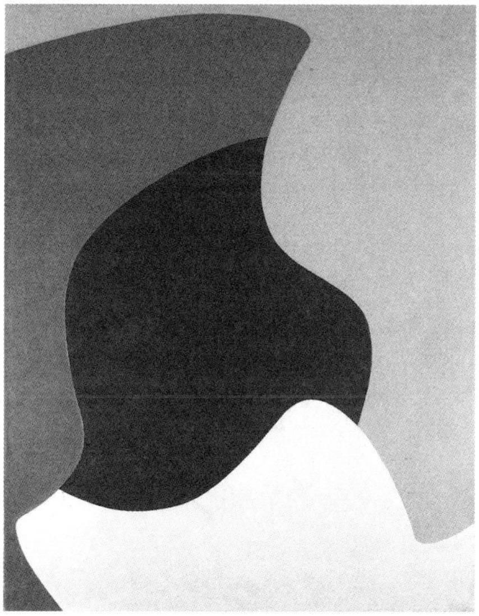

76 Equipo 57, *sans titre*, 1959, huile sur toile, 90 × 71 cm, collection particulière

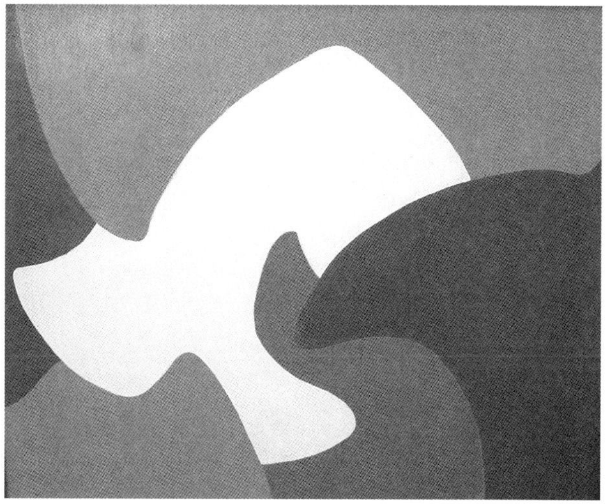

77 Equipo Córdoba, *sans titre*, 1958/1959, acrylique sur toile, 40 × 33 cm, collection particulière

Même s'ils étaient unis sous un seul nom et s'ils partageaient beaucoup d'idées et de références théoriques, les membres d'Arte Normativo ne firent jamais preuve d'une réelle uniformité dans leurs opinions sur la théorie ou les styles artistiques. Par exemple, les bases théoriques du mouvement étaient constamment sujettes à débat, surtout lorsque, à la fin de 1960, Aguilera Cerni tenta de catégoriser Arte Normativo comme mouvement éthique « au service du bien[69] ». Plus problématique encore était la diversité des styles et des langages artistiques qui coexistaient malgré l'insistance du programme théorique sur les formes géométriques et d'inspiration constructiviste. L'affiche de son exposition (ill. 75) prouve bien que, en pratique, Arte Normativo rassemblait en son sein un large éventail de langages esthétiques : de toute une gamme d'abstractions géométriques (concrète, cinétique, constructiviste), en passant par les œuvres d'Equipo 57, Equipo Córdoba, Manuel Calvo, Eusebio Sempere, Andreu Alfaro et José María de Labra (fig. 10, 8, 1, 7, 6 et 4 sur l'ill. 75), aux expressions plus lyriques de Doro Balaguer et Monjalés (fig. 3 et 9 sur l'ill. 75).

Même parmi les artistes de l'abstraction géométrique, il existait de grandes différences concernant le langage artistique ; mais, en général, ils privilégiaient l'héritage de l'art constructiviste et concret auquel les artistes faisaient référence dans leur discours. Equipo 57 et Equipo Córdoba sont de bons exemples de cette formule. Avec leur exploration de l'abstraction géométrique non euclidienne, leurs ambitions sociales et le travail d'équipe, ils partagèrent tous deux une esthétique similaire de 1957 à 1961. Pour éradiquer le « virus de l'individualité[70] », ils peignirent collectivement, exposant leurs œuvres sous le nom de leur groupe respectif (ill. 76-77). Comme le montrent les œuvres d'Equipo 57 et d'Equipo Córdoba, ils plaçaient des plans concaves et convexes dans une topologie de formes et de motifs en interaction, utilisant des tons primaires et des variations de gris. En cela, ils suivaient une série de règles préétablies et énoncées dans leur *Teoría de la interactividad del espacio plástico* (Théorie de l'interaction de l'espace plastique)[71].

Lorsque les grèves générales réclamant d'amples changements éclatèrent dans les Asturies en 1962, une bonne part de la scène artistique jugea vite insuffisantes les transformations sociales à venir qu'avait célébrées Arte Normativo. À cette époque, par exemple, des artistes comme Agustín Ibarrola, José Duarte (tous deux membres d'Equipo 57) et Manuel Calvo soutinrent le mouvement dissident des mineurs à travers leur travail. En 1962, ce dernier exprima son soutien en donnant les noms des mines en grève à ses œuvres (la série sur le cercle) exposées à la galerie Denise René[72]. Cependant, face à ces graves confrontations socio-politiques, l'art abstrait semblait trop déconnecté de la réalité. Afin d'être plus efficaces, ces artistes se détournèrent donc de l'abstraction au profit de la figuration, représentant avec plus de clarté visuelle la répression qui sévissait en Espagne. De nombreux membres d'Arte Normativo « se convertirent au réalisme[73] », découvrant dans les formules du mouvement Estampa Popular des réponses à leur désir de se raccorder à la situation contemporaine et à ses problèmes.

La coopérative de gravure Estampa Popular avait vu le jour en 1959, avec le soutien du peintre communiste José Ortega et l'influence du PCE. Avec la « conversion artistique » de l'abstraction vers le réalisme, le mouvement grandit et un réseau de groupes émergea au sein même d'Estampa Popular, toujours sous le même nom, mais en y accolant celui de la région où ils étaient implantés : Estampa Popular Vizcaya, Estampa Popular Madrid et Estampa Popular Córdoba. Ces groupes produisaient essentiellement des gravures figuratives se référant au vécu des paysans et des travailleurs – en d'autres termes, des classes populaires. La plupart des artistes qui ressentaient le besoin de participer en pratique à la lutte antifranquiste virent dans ce mouvement une alternative crédible. Ils considéraient la figuration comme la meilleure manière de transformer les œuvres d'art en moyens de dénonciation clairement compréhensible de la cruauté du régime – cette cruauté que la dictature s'était tellement efforcée de dissimuler aux investisseurs internationaux et aux milliers de touristes qui avaient commencé à venir en Espagne avec l'*apertura*.

Les groupes d'Estampa Popular ne représentaient pas les classes populaires dans leurs œuvres à seule fin d'informer le spectateur de leurs luttes. Ils voulaient aussi agir directement au sein même de ces classes pour éveiller leurs consciences. Ainsi cherchaient-ils, de différentes manières, à éliminer les voies de distribution bourgeoises et à opter pour des alternatives. D'abord, même si les artistes de ce groupe faisaient aussi de la peinture, Estampa Popular favorisait la linogravure comme médium artistique, afin de réduire les prix et de rendre l'art abordable pour les classes laborieuses. Ensuite, les artistes collaboraient beaucoup avec des réseaux culturels dissidents (et communistes), concevant également des affiches, des cartes postales et même des pochettes d'albums pour des musiciens qui faisaient de la chanson engagée, diffusant une image populaire de la résistance espagnole[74]. Ainsi devinrent-ils les représentants du mouvement antifranquiste en Espagne, qui fut surtout remarqué à l'étranger[75].

Si beaucoup d'artistes s'emparèrent assez rapidement du langage figuratif, dans un premier temps les critiques d'art militants, eux, ne l'acceptèrent qu'à contrecœur. Surtout Aguilera Cerni et Pericás, qui s'étaient tant investis dans le développement d'une esthétique industrielle et rationnelle telle que l'exprimait Arte Normativo. Il leur fallut du temps avant de soutenir le changement qu'entreprenaient ces artistes de plus en plus nombreux[76]. Jusqu'en 1960, à l'exception de Valeriano Bozal, l'intérêt que portaient les critiques à la coopérative de gravure Estampa Popular avait été assez marginal. En 1960, Pericás avait par exemple qualifié leurs œuvres de « *plástica del romancero*[77] » (esthétique de romance). Cependant, en 1961, Pericás et Moreno visitèrent une exposition Estampa Popular Sevilla à la Sala Prisma, et se convainquirent peu à peu que ce mouvement pouvait fournir un langage artistique plus efficace et plus engagé au contexte socio-politique espagnol[78].

En 1962, la conversion de nombreux artistes était un fait ; la prolifération des groupes à travers tout le pays avait pris une telle ampleur qu'elle ne pouvait tout simplement plus être ignorée. Les critiques militants se résolurent donc eux aussi à suivre cette nouvelle voie artistique. Ils avaient fini par admettre que la résistance du peuple espagnol, et la répression qu'il continuait à subir, exigeaient une action plus directe dans la société. Ainsi ne purent-ils plus nier la nécessité d'un langage plus persuasif (leur marxisation contribua également à cette nouvelle vision des choses). Abandonnant sa passivité vis-à-vis du mouvement, Giménez Pericás rejoignit le groupe cette année-là et devint l'un des théoriciens les plus importants d'Estampa Popular Vizcaya[79]. Moreno Galván et les critiques plus jeunes Ángel Crespo et Valeriano Bozal avaient déjà commencé à collaborer avec le groupe Estampa Popular Madrid, convaincus que les contenus critiques se transmettaient plus facilement par un langage figuratif. Et même Aguilera Cerni, qui avait tout fait pour garder une unité entre les derniers membres d'Arte Normativo, comprit que les solutions d'Estampa Popular étaient une réponse à « l'expiration de l'Informel » et un moyen de restaurer « le lien entre les êtres humains[80] ».

Si les membres d'Estampa Popular travaillaient avec des moyens figuratifs et qualifiaient leur pratique de réaliste, leur conception du « réalisme » (du point de vue des artistes et des critiques) était loin d'être homogène, révélant les diverses nuances que prit ce concept extrêmement complexe et politisé au cours de la guerre froide, comme nous le verrons bientôt. Certes, l'artiste José Ortega, communiste convaincu et membre du Bureau international du PCE, manifesta de l'intérêt pour Jdanov et opta pour une conception du réalisme comme reflet de la réalité sociale (et donc proche de la position soviétique), mais cette opinion était largement contestée[81]. Des artistes comme Agustín Ibarrola ne partageaient pas cette vision des choses et se concentraient au contraire sur l'idée sartrienne de témoignage de la situation socio-politique[82]. Par conséquent, les œuvres d'Estampa Popular n'appliquaient pas de formules préétablies ; chaque artiste était libre d'utiliser son propre mode d'expression sans suivre une esthétique définie.

Cela donna naissance à une variété de styles qui s'appropriaient tous, dans une plus ou moins large mesure, la figuration comme moyen d'expression principal. Les esthétiques allaient de la représentation naturaliste à des manières expressionnistes, et abordaient toute une gamme de sujets, concernant surtout la vieille Espagne rurale et ses problèmes : l'exploitation par les propriétaires terriens, les souffrances des paysans, les violences policières et les mauvaises conditions de vie des travailleurs. Par exemple, *Sestao* (ill. 78), le dessin d'Ibarrola, combinait la composition diagonale du constructivisme russe et une figuration schématique pour montrer la répression par la Guardia Civil des travailleurs des zones industrielles de Sestao, une municipalité de la province de Biscaye, dans le nord de l'Espagne, dont l'artiste était originaire. *Campesino* (Paysan, ill. 38), la gravure d'Ortega, représente quant à elle la figure isolée d'un paysan affamé, *via* un langage extrêmement expressif fait de lignes fortes et de formes synthétiques plus proches du travail de Picasso. Même l'adaptation par Saura d'un langage abstrait tendant vers la figuration expressive, comme on peut le voir dans la figure déformée et monstrueuse de son œuvre *Como el toro, he nacido para el luto* (Comme le taureau, je suis né pour le deuil, ill. 79), réussit

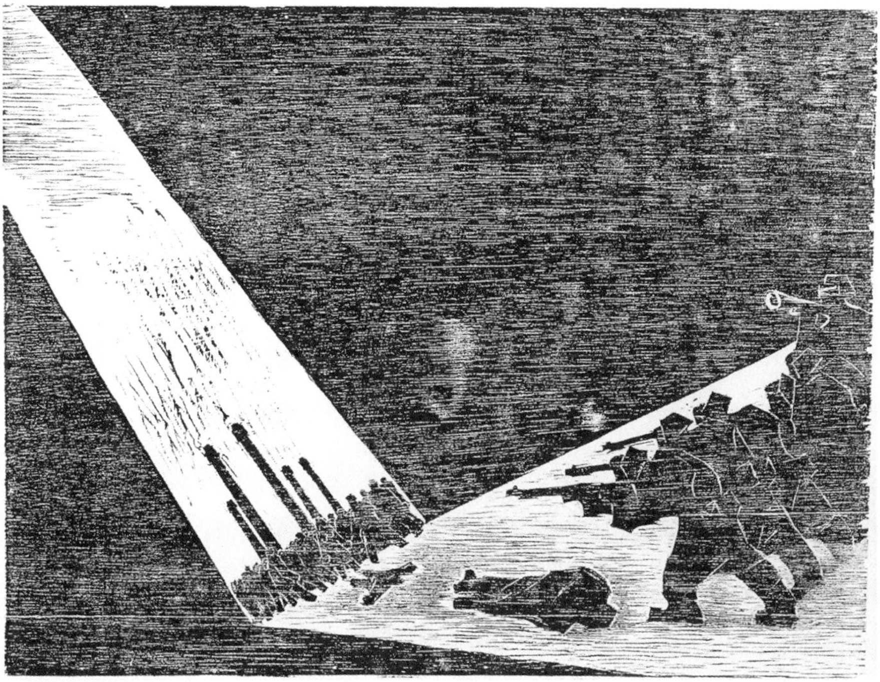

78 Agustín Ibarrola, *Sestao*, sans date, gravure, env. 50 × 70 cm, collection de l'artiste

à trouver une place au sein d'Estampa Popular, attestant l'ample éventail d'expressions artistiques à disposition du mouvement.

En 1963, lorsque Tomàs Llorens réexamina les bases de l'engagement de Sartre, il interrogea aussi les pratiques artistiques d'Estampa Popular. La figuration expressionniste largement employée par les graveurs du mouvement (et surtout les groupes de Madrid, Biscaye et Séville) fut vivement critiquée. Aux yeux de Llorens, le style, mais aussi les sujets étaient obsolètes ; ils ne reflétaient pas les changements de situation socio-économique et politique de la société moderne en développement des années 1960, qui transformaient les Espagnols en consommateurs (modernes)[83]. Ces idées et ces critiques furent débattues lors de réunions entre Llorens et divers artistes antifranquistes politiquement actifs à l'université de Valence, et menèrent finalement à la création d'Estampa Popular Valencia[84].

Ce nouveau groupe, avec le soutien théorique de Tomàs Llorens et la collaboration de Valeriano Bozal et d'Aguilera Cerni, adopta un nouveau genre

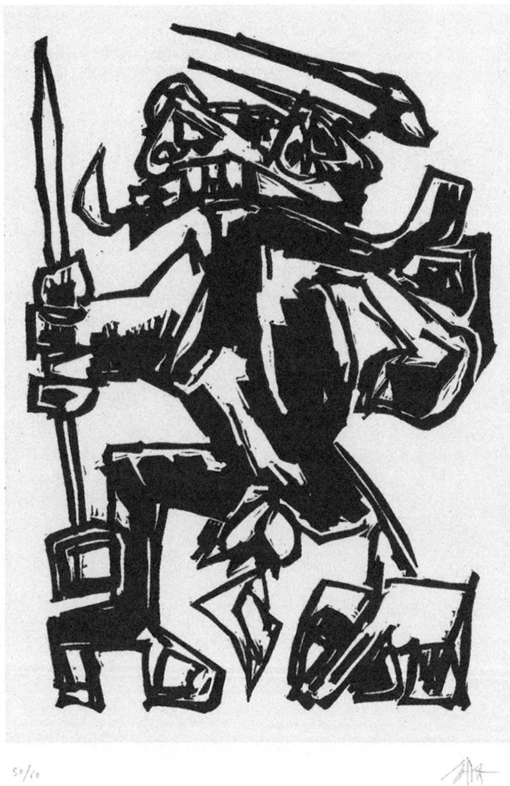

79 Antonio Saura, *Como el toro, he nacido para el luto* (Comme le taureau, je suis né pour le deuil), 1961, linogravure, 25,5 × 18 cm, collection particulière

de représentation visuelle. Il ne cherchait plus à représenter le drame de la vie quotidienne des paysans ou les souffrances des travailleurs, mais plutôt la société aliénée par les médias de masse. Dès le premier manifeste de ces artistes, l'élargissement de leurs intérêts et du public visé était évident. Au lieu de se destiner principalement aux classes populaires, ils dirigèrent plutôt leur discours vers un public éduqué auquel ils proposaient toute une gamme

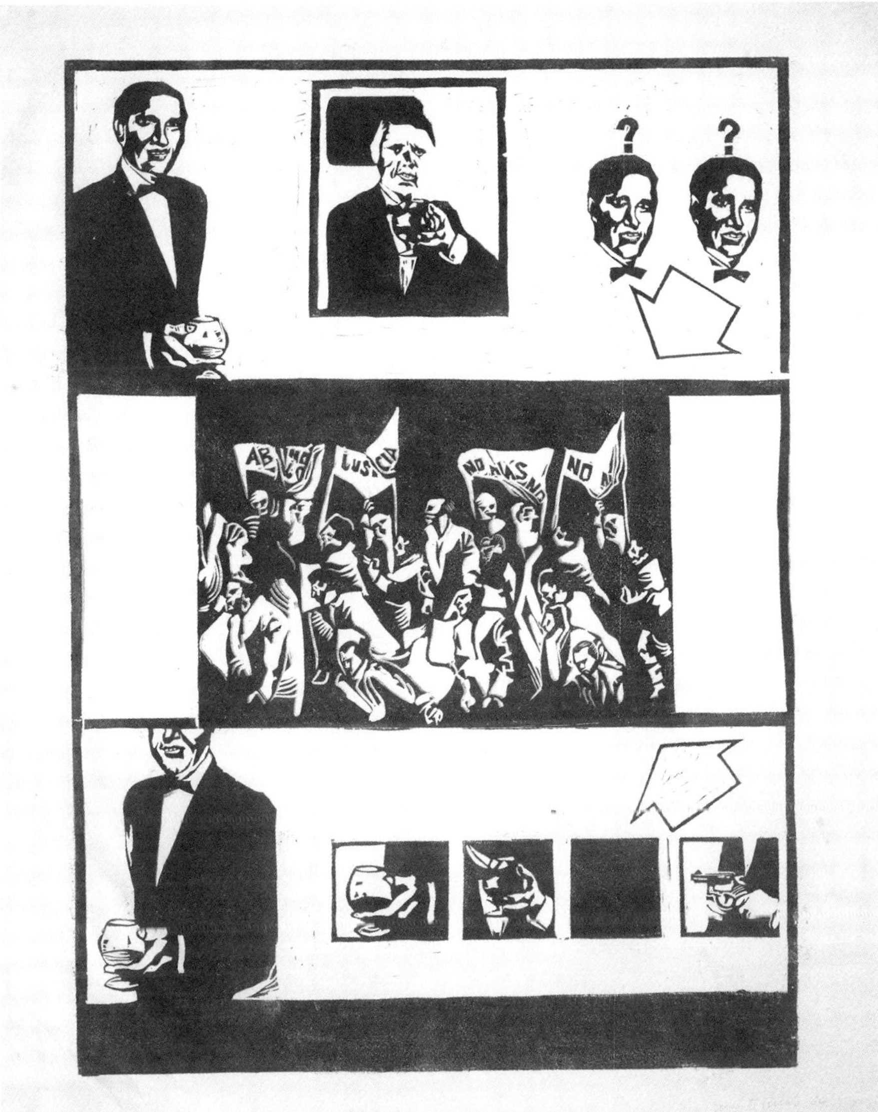

80 Rafael Martí Quinto, *Copa de Veterano*, 1964, linogravure, 71,5 × 52 cm, collection de l'artiste de « produits artistiques » (comme ils les appelaient eux-mêmes) : gravures, calendriers, cartes postales et couvertures de magazines[85].

La production artistique d'Estampa Popular Valencia était fondée sur une série de principes et de moyens artistiques nouveaux, menant à la transformation de son style visuel. En utilisant des formules figuratives où les images étaient empruntées aux médias de masse et à l'iconographie contemporaine, ainsi que des stratégies de fragmentation et de décontextualisation, ses artistes mettaient en œuvre un discours satirique et narratif. Ils essayaient ainsi de créer un « style objectifiant [...] qui caractérise les manifestations les plus authentiques de l'art populaire[86] ». « Objectifs », « détachés » et « froids », ils cherchaient en réalité tout à fait consciemment à créer une distance entre l'image et son spectateur, qui prendrait en charge la « disparition du sujet parlant » ou la mort de l'auteur dans les mouvements littéraires[87]. En d'autres termes, leur volonté n'était donc pas de s'exprimer, mais de communiquer avec le public[88]. Pour façonner les bases théoriques d'Estampa Popular Valencia, Llorens avait fait appel aux thèses de Mikhaïl Bakhtine et surtout à la théorie de l'effet de distanciation de Bertolt Brecht, ainsi qu'à la réunification de la forme et du contenu chez Della Volpe, supposant ainsi une conjonction intrinsèque entre langage plastique et idéologie[89].

Préoccupé par la transformation de l'environnement social dans une société moderne fondée sur la communication, Estampa Popular Valencia cherchait à affronter les structures et les comportements sociaux changeants, à travers une iconographie critique et ironique. Le groupe usait souvent d'archétypes pour révéler les contradictions que faisaient subir à la société espagnole le consumérisme et le *desarrollismo* technocratique qui allait caractériser les années 1960 en Espagne[90]. Cette tendance apparaît clairement dans la gravure de Rafael Martí Quinto, *Copa de Veterano* (ill. 80), qui représente les deux pôles de la lutte socio-politique du milieu des années 1960. Le panneau central montre un groupe de personnes qui manifestent pour réclamer justice (quoique interdites et réprimées, les manifestations devenaient de plus en plus fréquentes dans le paysage social espagnol). Cette scène est confrontée à deux autres images calquées sur des publicités pour le célèbre brandy Veterano. En mettant en œuvre des stratégies empruntées à la culture de la bande dessinée et au montage cinématographique, *Copa de Veterano* donne à voir, sur ces deux niveaux, l'homme Veterano, symbole de la boisson, dans une séquence narrative à partir de différents points de vue. Alors que la frise supérieure se concentre sur son visage, semblant interroger nos attentes devant son apparence joviale et souriante, la partie inférieure de l'image livre une réponse : le verre qu'il tient dans sa main s'y transforme en revolver, devenant une menace

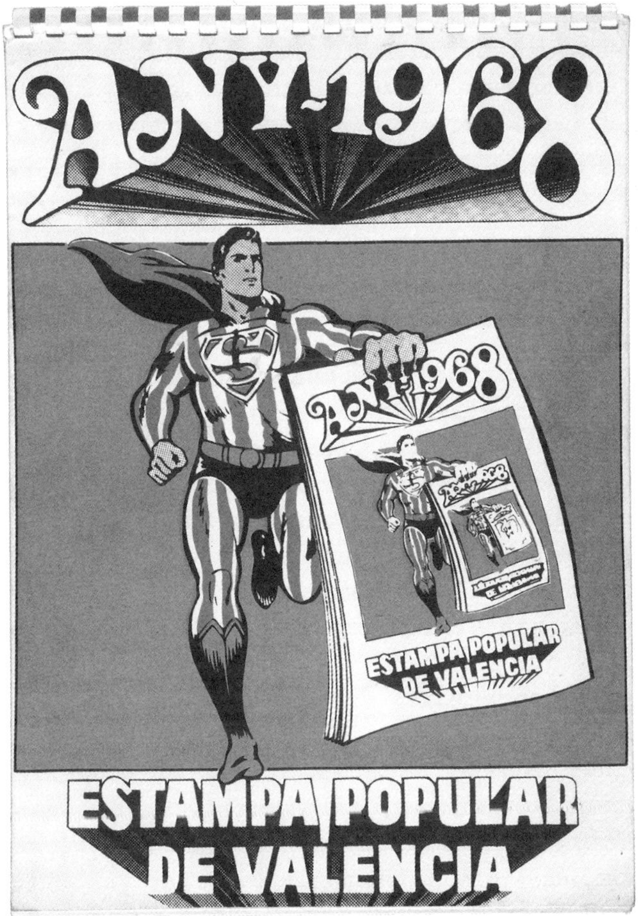

81 Andrés Alfaro et Francisco Jarque, couverture d'un calendrier, 1968, sérigraphie couleur sur papier, 34,6 × 24,5 cm, collection particulière

directe pour la foule – ou pour le spectateur. Si l'on se souvient que cette boisson alcoolisée était fabriquée par la grande entreprise Osborne, dirigée par le Conte Ignacio Osborne Gracia que Franco avait admis l'année précédente à l'Orden Civil de la Beneficencia, l'œuvre semble faire référence à la répression d'État et au rôle du pouvoir capitaliste dans le maintien de l'ordre[91]. De plus, on pourrait éventuellement lire la confrontation de l'expressivité stylistique dans la représentation de la foule (liée à la manière existentielle d'Estampa Popular) et des images publicitaires découpées (renvoyant à l'objectivité voulue par le groupe valencien) comme une méta-réflexion sur les pratiques artistiques en Espagne : une manifestation visuelle de la confrontation entre les images détachées, inspirées de la culture populaire et industrielle d'Estampa Popular Valencia, et les peintures et gravures des groupes de Madrid et de Biscaye.

Cette œuvre illustre également la façon dont Estampa Popular Valencia avait commencé à se réapproprier certaines stratégies issues du pop art, comme la sérigraphie ou la citation d'images tirées des médias, des tabloïds et de la bande dessinée. Les références au pop art devinrent visuellement plus évidentes, par exemple avec le calendrier d'Estampa Popular pour l'année 1968, qui représente une image en série du héros américain Superman (ill. 81). Le sujet fut probablement inspiré par la couverture du quatrième numéro de la revue française *Opus international* (1967), que les artistes du groupe connaissaient bien, et qui montrait deux super-héros en miroir autour de l'axe central de l'image, différenciés seulement par les lettres CCCP et USA sur leurs torses respectifs. Cette couverture ne faisait pas qu'identifier ces deux puissances, mais suggérait qu'elles étaient en réalité identiques, voire interchangeables (semblant ainsi partager la conception debordienne d'un monde divisé en deux pôles, capitaliste et communiste, en tant que système interdépendant global[92]). Dans le cas d'Estampa Popular Valencia, le super-héros est habillé aux couleurs du drapeau valencien (rouge et jaune)[93]. Il est montré à trois reprises dans une représentation autoréférentielle (et sémiotique) d'une problématique très présente à l'esprit des artistes et des critiques : visualiser le fait qu'une image est une image d'une image.

Les Espagnols avaient bien sûr connaissance du mouvement pop américain, particulièrement après l'attribution polémique du prix de la Biennale de Venise à Robert Rauschenberg en 1964 (bien que Rauschenberg ait déjà exposé en Espagne lors de l'exposition *Arte de América y de España* en 1963, financée par le gouvernement[94]). Mais, même s'ils appliquèrent certains éléments de sa syntaxe visuelle à leurs œuvres, ils se détachaient du mouvement américain, cherchant des solutions plus « efficaces »[95]. À la place du pop art, ils inventèrent le terme de « réalisme intentionnel » (ainsi Llorens définit-il le groupe dans sa première déclaration), qui tentait de « faire prendre conscience des conditions réelles à partir desquelles construire ses propres aspirations », sans se tourner vers des « satisfactions imaginaires stéréotypées[96] ». En réalité, les propositions de Llorens étaient directement liées aux idées du mouvement français de la Figuration narrative. Présentée à la galerie Creuze en 1965 par son « père théorique », le critique d'art Gérald Gassiot-Talabot, la Figuration narrative incorporait à ses œuvres l'iconographie populaire (bande dessinée, cinéma et publicité), des séquences narratives et, bien souvent, une position critique qui se renforça au fil de la décennie[97]. Plusieurs membres d'Estampa Popular Valencia participèrent à ce mouvement, et le peintre espagnol Eduardo

Arroyo, exilé à Paris depuis 1963, était un défenseur actif du groupe parisien, bien qu'il ait également été très lié aux artistes d'Estampa Popular[98]. En raison de ces affinités directes, les références au pop art d'Estampa Popular Valencia doivent être appréhendées *via* la médiation du mouvement français, même si la ressemblance visuelle avec le modèle américain est indéniable[99].

Estampa Popular Valencia cherchait à instaurer un style visuel différent de celui des autres groupes d'Estampa Popular. Cependant, il appartenait toujours au même réseau, partageait toujours ses ambitions à la fois populaires et engagées, sa critique radicale et sa position antifranquiste. Ces points communs sont particulièrement évidents dans les sujets traités : par exemple, les politiques de répression, la peine capitale, les inégalités économiques et l'association du pouvoir économique avec les forces politiques du régime. Tout comme les autres groupes d'Estampa Popular, celui de Valence s'attira naturellement les soupçons du régime et plusieurs expositions furent fermées par ordre du gouvernement[100]. Mais leur volonté d'amener l'art à la société et de s'engager trouva d'autres manières d'éviter les directives gouvernementales. Ainsi, l'exposition du groupe à la mairie de Cullera en 1964 consista en une présentation alternative des œuvres dans une maison particulière de cette ville. Llorens évoqua l'atmosphère de ce nouveau décor, où se rassemblaient artistes, critiques et jeunes, « buvant du vin, parlant de politique et chantant des chansons (dont certaines étaient interdites)[101] ». Les interdictions ne faisaient donc pas que stimuler la créativité des avant-gardes : dans certains cas, elles pouvaient aussi inverser l'effet voulu par les autorités, voire amplifier le caractère politique de l'événement interdit – même si, la plupart du temps, les groupes d'Estampa Popular prêchaient des convertis, car leur influence atteignait essentiellement les réseaux antifascistes et de gauche déjà constitués.

La collaboration au sein d'Estampa Popular Valencia ne dura pas longtemps. Même si le groupe continua jusqu'en 1968 à produire occasionnellement des œuvres d'art collectives, comme des calendriers et des cartes postales, les divers artistes essayèrent dès la fin de 1964 de développer leur travail individuellement, et un nouveau groupe émergea du cercle. Ce collectif, baptisé Equipo Crónica (1964-1981), était composé des artistes Manolo Valdés, Rafael Solbes et, jusqu'en 1965, Joan Antoni Toledo. Ce nouveau groupe bénéficia toujours du soutien enthousiaste de Llorens, Bozal et Aguilera Cerni, et l'on peut d'ailleurs voir dans sa création une conséquence de l'exposition italienne *España Libre*, où ces critiques avaient joué un grand rôle (comme nous l'avons vu au chapitre précédent).

En 1966, deux ans après la création d'Equipo Crónica, les artistes Jorge Ballester et Joan Cardells fondèrent Equipo Realidad (1966-1976). Lorsque

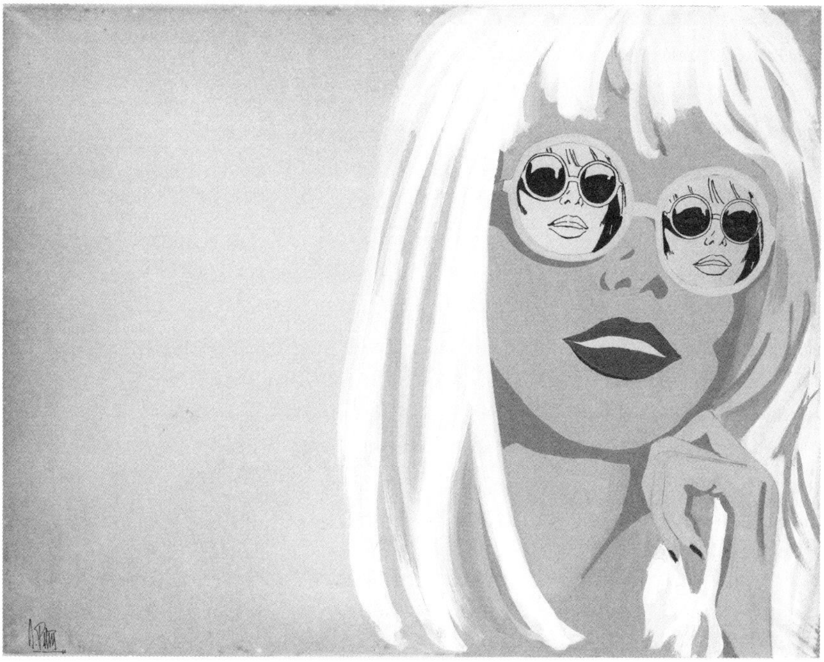

82 Ana Peters, *Victoria*, 1966, acrylique sur papier, 100 × 130 cm, collection particulière

Estampa Popular Valencia disparut complètement en 1968, les nouveaux groupes Equipo Crónica et Equipo Realidad étaient ses héritiers légitimes. Tous deux continuèrent à suivre la voie esthétique qu'avait tracée Estampa Popular Valencia, en réorientant les stratégies du pop art et en créant des œuvres collectives qui se réappropriaient des images tirées des médias, de la bande dessinée et du cinéma pour en faire des outils critiques, grâce à une esthétique anti-expressionniste et impersonnelle. Ils partageaient cet héritage avec les figures individuelles Eduardo Arroyo, Juan Genovés, Ana Peters, Rafael Canogar et Carlos Mensa. Tous ces artistes avaient en commun un langage figuratif qui s'appuyait sur l'utilisation d'images de la société de consommation espagnole en plein changement (ill. 82), et les deux Equipos, ainsi qu'Arroyo, employèrent tout particulièrement une iconographie empruntée aux grands maîtres de l'histoire de l'art espagnole et occidentale, afin de l'associer à des revendications politiques et critiques[102].

Les œuvres d'Equipo Crónica sont spécifiquement marquées par des citations tirées de la culture de masse (surtout de photographies de maga-

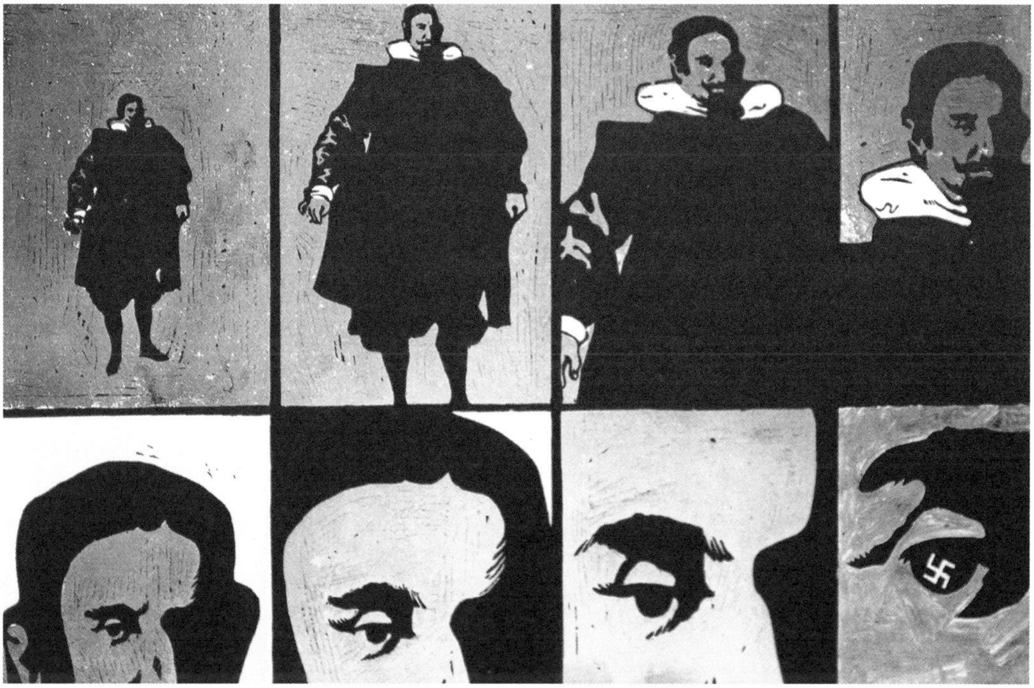

83 Equipo Crónica, *Desarrollo Histórico* (Développement historique), 1965, acrylique sur toile, 200 × 280 cm, localisation inconnue

zincs et de bandes dessinées), mêlées, en une juxtaposition satirique, à des images célèbres dues pour l'essentiel à Velázquez, Goya, le Greco, Picasso et Josep Renau. Soulignant la planéité de la surface d'inspiration publicitaire, Equipo Crónica employait un langage figuratif ainsi que des distorsions et des zooms pour mettre en valeur la séquence narrative de leurs œuvres, dans une intention critique[103]. On peut l'observer dans la peinture *Desarrollo Histórico* (Développement historique, 1965, ill. 83), où l'image du comte-duc d'Olivares, empruntée au portrait de Velázquez, fait l'objet d'un zoom progressif qui transforme l'iris de son œil en croix gammée nazie. Le titre et la séquence narrative mettent en lumière la stratégie discursive que le régime avait mise en place à partir des années 1940 pour se légitimer, ne serait-ce que de manière rhétorique, sur la base du passé baroque et impérialiste du patrimoine habsbourgeois. Cependant, comme le montre l'œuvre d'Equipo Crónica, la création de ce continuum historique plongeait en réalité ses racines dans le fascisme, et avait été fondamentale pour nouer une alliance avec l'Allemagne et l'Italie afin de gagner la guerre civile et d'établir le régime lui-même.

Le travail collectif d'Equipo Crónica (tout comme celui d'Equipo 57), les citations, les oppositions ironiques et la volonté critique, manifestes à la fois dans cette œuvre et dans *Rueda de Prensa* (Conférence de presse, ill. 45), que nous avons déjà mentionné, caractérisaient aussi Equipo Realidad, surtout dans ses premières années. Dans *Entierro del estudiante de Orgaz* (L'enterrement de l'étudiant d'Orgaz, 1966, ill. 84), l'équipe d'artistes s'approprie les formes et la partie supérieure de la composition du Greco, *Entierro del señor de Orgaz*, avec un Christ en gloire, la Vierge Marie, saint Jean, des saints et des anges, en l'opposant à une image moderne aux connotations cruelles. La spiritualité de cette image sacrée et la manière du peintre du Siècle d'or espagnol contrastent avec la partie inférieure de la peinture. Évoquant une photographie noir et blanc, celle-ci montre, dans un tondo cerné de noir et coupé par des lignes rouges, un étudiant mort gisant sur le sol, comme aperçu dans le viseur optique d'un fusil. L'image est empruntée à un article du magazine *Triunfo* consacré aux mouvements étudiants à Saint-Domingue (République dominicaine) en 1966, après l'intervention américaine dans le pays[104]. Cette réappropriation permettait de faire indirectement référence à la répression contre les étudiants espagnols, qui constituaient l'un des milieux les plus politiquement et idéologiquement actifs de l'antifranquisme. La scène maniériste, colorée et mouvante, entre en conflit avec l'immobilité de la photographie noir et blanc prise dans le cercle, tout comme l'affirmation répétée des valeurs chrétiennes par le régime contredisait la violence de son action, qui laissa pareillement de nombreuses victimes au sol, sans vie (sans pour autant que ce soit jamais représenté dans les journaux de l'époque).

Les critiques militants, particulièrement Vicente Aguilera Cerni, Tomàs Llorens et Valeriano Bozal, soutenaient vigoureusement les artistes cités plus haut. Aguilera Cerni, dont la collaboration semble avoir débuté avec la rédaction du premier manifeste d'Equipo Crónica, définit tous ces artistes comme les représentants d'un nouveau mouvement d'avant-garde qu'il baptisa Crónica de la Realidad (Chronique de la Réalité)[105]. Il avait d'ailleurs l'intention d'utiliser cette étiquette pour décrire une nouvelle tendance qui avait en grande partie émergé dans son propre cercle d'influence. On peut sans doute voir cette volonté comme une tentative, dans le contexte de la critique militante, de se mettre au centre de ces mouvements émergents, et de reconquérir le pouvoir critique sur eux – pouvoir qu'il avait, dans une certaine mesure, perdu depuis sa collaboration avec Arte Normativo. En 1966, Aguilera Cerni dressa des parallèles entre *Suma y sigue del arte contemporáneo*, l'exposition *España Libre* et les

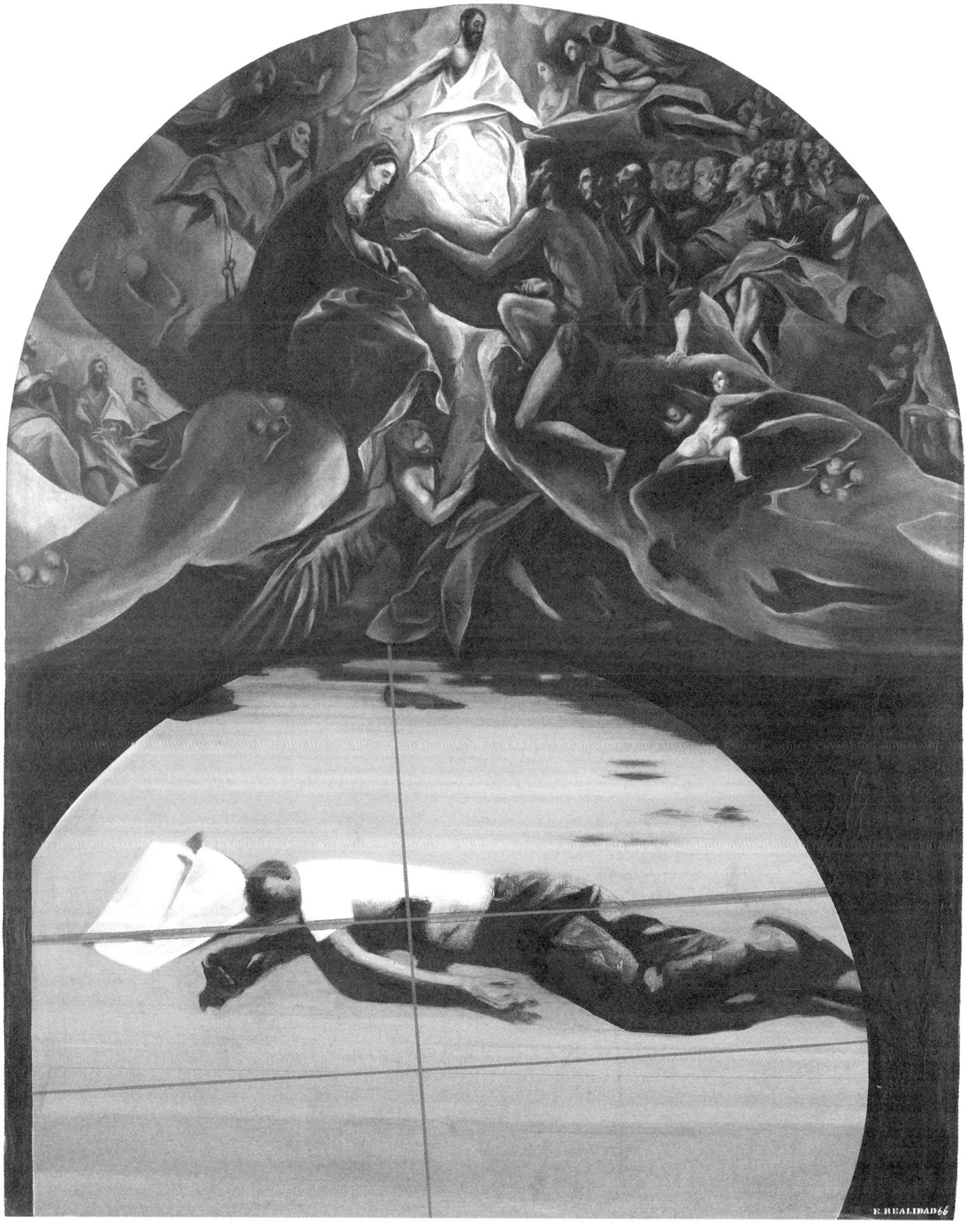

84 Equipo Realidad, *Entierro del estudiante de Orgaz* (L'enterrement de l'étudiant d'Orgaz), 1966, huile sur toile, 170 × 130 cm, Madrid, Colección de pictura mouvements Estampa Popular Valencia, Equipo Crónica et Equipo Realidad, ainsi qu'avec les artistes Mensa, Cardona Torrandel et Artigau, afin d'expliquer que Crónica de la Realidad « coïncidait avec le réalisme socialiste, tout en se débarrassant complètement de ses conventionnalismes[106] ». Selon Aguilera, ce mouvement d'avant-garde opérait au niveau de la forme, en essayant de « corriger la situation destructrice laissée par l'art informel et perpétuée par le pop art », en adoptant l'iconographie des médias de masse et en sélectionnant « des types et des modèles ». Enfin, il diffusait des valeurs sociales positives grâce à la « méthodologie révolutionnaire » du travail d'équipe. En maintenant la posture morale qui avait façonné sa pensée, Aguilera envisageait la possibilité que cette voie transforme l'art en « laboratoire constructif qui configure les valeurs visuelles dans la lutte pour une culture meilleure[107] ».

Crónica de la Realidad avait alors adopté la plupart des idées d'Aguilera sur le besoin d'affronter la société *via* une esthétique contemporaine et sur les nouveaux comportements visuels de la société de consommation, y compris le concept de « réalisme intentionnel » de Llorens. Ce programme fut d'ailleurs accepté par un grand nombre d'artistes et prospéra sur la scène artistique en général[108]. Cependant, bien qu'ils aient ratifié l'appellation due à Aguilera de « Crónica de la Realidad » et qu'ils l'aient reprise dans leurs essais, Llorens et Bozal commencèrent à nourrir des soupçons devant cette construction théorique et la tentative d'Aguilera de se poser en principal théoricien du mouvement. Ils finirent par juger que les arguments d'Aguilera étaient « trop élastiques », trop ouverts à toutes sortes de styles visuels, sans distinction sérieuse entre les différents processus artistiques[109].

Cette divergence d'opinions suscita des tensions entre les critiques à partir de 1966, avec la polémique que nous avons déjà mentionnée sur la position sociologique d'Aguilera Cerni dans *Panorama del nuevo arte español*, provoquée par la recension très critique de Bozal. Les critiques les plus jeunes jugeaient Aguilera Cerni démodé et se dissocièrent de lui, tout comme Equipo Crónica[110]. Le groupe se rapprocha progressivement de Llorens, cosignant même avec lui la série de linogravures *Serie negra* en 1972. Malgré cela, Aguilera Cerni ne renonça pas à son rôle militant de figure de proue des tendances d'avant-garde, et il continua à soutenir ardemment Equipo Realidad et les artistes qui en étaient proches, tel Juan Genovés.

Si l'on se penche davantage sur le désaccord qui se fit jour entre les critiques, on peut noter que l'analyse de la spécificité des langages, fournie par la marxisation, et à laquelle souscrivaient Llorens et Bozal, définissait leurs interprétations, les distinguant du volontarisme radical d'Aguilera Cerni, qui se fondait sur une base axiologique. Cela supposait donc un angle d'étude et de compréhension différent des œuvres. À propos d'Equipo Crónica, par exemple, Aguilera Cerni insistait sur la manière dont leur utilisation d'une iconographie empruntée aux médias de masse devait les aider à en extraire des modèles et des types, alors que Llorens et Bozal interprétaient cette même pratique en termes sémiotiques[111]. Pour expliquer l'utilisation par le groupe de « matériaux sémiotiques issus des médias de masse » dans leurs œuvres, Llorens recourait à une métaphore sémiotique : « utiliser des lunettes pour lire des lunettes[112] ». En se servant d'un « matériel linguistique préexistant », commenta Llorens, Equipo Crónica étudiait « la fonction des signes dans le contexte sémiotique et culturel[113] » dans lequel les œuvres avaient été produites. Aux yeux de son collègue Bozal, Equipo Crónica était définie par ses ambitions linguistiques[114]. Toutes ces lectures contribuèrent évidemment à la perception que le groupe avait de lui-même, et celui-ci souligna l'importance de la « syntaxe narrative[115] », qui fut tout particulièrement significative au cours des premières années d'expérimentation. Cependant, ce tournant della-volpien n'invalidait pas les visées sociales des artistes et, tout comme les critiques, Equipo Crónica réitéra sa volonté de créer, à travers le travail d'équipe, « un art engagé, un art au service des valeurs humaines[116] ». Bozal, quant à lui, confirma que la dimension idéologique était bien mise en avant et que le travail d'équipe serait avant tout la démonstration de « l'aliénation que subissent toutes les relations humaines dans tous les domaines du système capitaliste[117] ».

Alors que Llorens et Bozal, en collaboration avec Equipo Crónica, exploraient les dynamiques des moyens objectifs et des possibilités de la sémiotique appliquée aux œuvres d'art, Aguilera Cerni, lui, voulut davantage tester, dès 1964, les effets de la technologie sur la société de consommation et sur le comportement visuel du spectateur. Aussi se tourna-t-il, à partir de 1968, vers une perspective plus philosophique, en essayant de déterminer où se situaient les origines de l'art dans la société de consommation technologique contemporaine. En revenant à l'abstraction géométrique – un langage artistique qu'il avait défendu dans son travail militant avec Arte Normativo –, il lança un nouveau groupe artistique, Antes del Arte (Avant l'art)[118]. Ce collectif, qui dura de 1968 à 1969, rassemblait plusieurs artistes cinétiques, tels Eusebio Sempere, Michavila, José María Yturralde, Francisco Sobrino (ancien membre du groupe cinétique et optique parisien GRAV – Groupe de recherche d'art visuel), Ramón de Soto, ainsi que des musiciens expérimentaux comme Tomàs Marco, Gerardo Gombau, Francisco Llàcer et Luis de Pablo. Aguilera Cerni jouait le rôle de théoricien mentor, insufflant au groupe la volonté de développer un dialogue entre art et science[119]. Comme l'expliqua Aguilera Cerni dans leur premier manifeste, cette tâche était nécessaire afin de trouver des moyens de communication alternatifs pour les arts, en vue de saper les voies capitalistes qui aliénaient les intentions de l'avant-garde. Dans leur examen de la manipulation du monde visuel « servant une civilisation déterminée par la consommation[120] », le groupe utilisait une méthodologie scientifique pour découvrir le véritable lien entre art et société. Afin d'échapper aux canaux de communication capitalistes, Aguilera Cerni proposa de se concentrer sur le problème spécifique de la communication, depuis un point de vue analytique inspiré de la théorie de l'information (principalement la sémiologie graphique de Jacques Bertin et l'esthétique de l'information de Max Bense), de l'étude de la perception par le gestaltisme et de l'analyse par Argan de l'*arte gestaltica*[121]. En concevant l'art comme une activité ordinaire, Antes del Arte cherchait à analyser rationnellement et scientifiquement ses mécanismes et ses échanges. Ainsi le mouvement tentait-il d'établir une hypothèse scientifique à propos de la production artistique, comme l'expliqua Aguilera Cerni dans le manifeste. Pour ce faire, il fallait « montrer certains comportements de base [...] afin de comprendre les vrais fondements de la communication opérés par les arts visuels [...] comme la peinture, la sculpture, l'architecture et le design industriel[122] ».

La production des artistes rassemblés dans ce programme théorique suivait les expérimentations scientifiques de l'abstraction hard-edge et de l'art optique et cinétique - mouvement qui connaissait une vogue internationale, surtout après que Julio Le Parc et Bridget Riley eurent gagné des prix aux Biennales de Venise de 1966 et 1968. Les œuvres d'Antes del Arte se concentraient sur les comportements de la perception, utilisant les mathématiques et la cybernétique en référence aux découvertes que faisait alors le gestaltisme[123]. La peinture *Figura imposible* de José María Yturralde (ill. 85), qui fait partie de toute une série sur ce thème, montre bien les centres d'intérêt du groupe tels que les exposa Aguilera Cerni. Fondée sur les découvertes des scientifiques Lionel et Roger Penrose, la seule figure représentée sur la toile est un cube apparemment en trois dimensions, créé en réalité à partir de données bidimensionnelles. Devant le tableau, la possibilité de la tridimension suggérée par cette structure impossible est indéfiniment réitérée, puis rejetée. L'artiste utilise les lois scientifiques des processus visuels pour manipuler l'expérience du spectateur et le confronter aux phénomènes de l'instabilité de la perception. La structure représentée implique clairement que de telles œuvres requièrent la présence d'un spectateur. En recréant l'image dans son cerveau, celui-ci fait l'expérience du conflit entre la tendance structurelle de la perception et la contradiction cognitive de la forme. À première vue, cette figure semble convaincante, mais la vérification cognitive de sa faisabilité en trois dimensions mène rapidement à la conclusion que celle-ci est impossible. Ainsi les conditions néces-

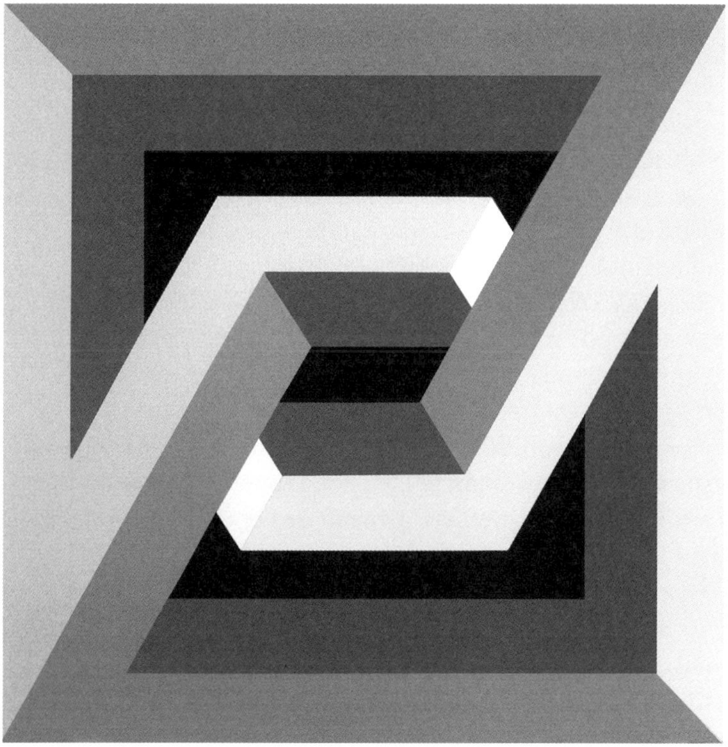

85 José María Yturralde, *Figura imposible*, 1972, peinture synthétique sur bois, 100 × 100 cm, collection de l'artiste

saires de la perception ne peuvent-elles être satisfaites[124]. Ce genre d'œuvre reposait sur une base scientifique, et venait répondre à la volonté de lier art et science – une volonté qui conduisit par exemple l'artiste Yturralde à poursuivre ses recherches au MIT quelques années plus tard[125].

À partir de la fin des années 1960, les solutions proposées par Antes del Arte et Aguilera Cerni entrèrent en dialogue avec les mouvements optiques et les expérimentations cybernétiques qui se développaient à Barcelone et à Madrid, tentant de démêler les rapports entre art et perception, et luttant pour une future démocratisation du monde de l'art *via* la technologie[126]. Llorens, Bozal et Marchán, eux, étaient beaucoup plus sceptiques quant à la possibilité d'atteindre des objectifs aussi utopiques. Après tout, Bozal et Marchán étaient, à ce moment-là, extrêmement investis dans la maison d'édition dissidente Comunicación, considérée comme un « front culturel » qui promouvait une critique radicale, en termes marxistes, de la société technologique et médiatique[127]. Cette critique acerbe de la sphère culturelle se déploya en dialogue avec les pratiques artistiques conceptuelles qui émergèrent en Espagne au cours des cinq dernières années de la dictature.

Malgré l'étroite collaboration entre Bozal et l'artiste conceptuel (et éditeur chez Comunicación) Alberto Corazón, malgré aussi l'intérêt que portaient Cirici et Aguilera Cerni aux pratiques conceptuelles, c'est Simón Marchán qui devint le théoricien le plus important de ces nouvelles tendances[128]. Ses réflexions « A modo de propuestas » (En guise de proposition), présentées en 1973 à la rencontre Informació d'Art Concepte 1973 à Banyoles (Catalogne), eurent une grande influence pour le développement du mouvement conceptuel en Espagne. Dans son essai, Marchán plaida en faveur d'une relation directe entre art et travail, définissant l'œuvre d'art comme un produit qui ne doit pas avoir à satisfaire le marché de l'art. Il rejetait l'autonomie de l'art (l'art pour l'art) et mit donc en avant la valeur des pratiques conceptuelles, notamment dans la dimension du travail, pour leur capacité à affecter la sphère sociale[129].

Les arguments de Marchán devinrent particulièrement intéressants pour le collectif hétérogène connu sous le nom de Grup de Treball (Groupe de travail), qui fut actif de 1973 à 1976 à Barcelone et qui rassemblait de nombreux artistes, des critiques et même des réalisateurs[130]. L'artiste et éditeur madrilène Corazón profita lui aussi largement des contributions théoriques de Marchán. Corazón et les membres de Grup de Treball étaient tous sensibles au tournant linguistique qui avait, comme nous l'avons vu, modifié le cadre théorique des critiques militants et s'était manifesté dans leurs écrits à partir du milieu des années 1960. En utilisant des références intellectuelles similaires, ces artistes s'intéressaient de près à l'analyse sémiotique de l'avant-garde et aux structures du marché de l'art.

Cette thématique était de la première importance pour Comunicación, et Alberto Corazón, son membre fondateur, transposa cette réflexion intellectuelle menée par la maison d'édition en travail plastique dans sa propre œuvre artistique. Il fonda celui-ci dans une large mesure sur la sémantique de l'image, et se pencha spécialement sur le développement du discours visuel, considérant qu'« une image doit être enseignée comme est enseigné un langage[131] ». À partir de cette idée, il mit en œuvre dès 1971 une série de projets qui exploraient plus profondément les relations entre signes, médias et société, comme en témoigne par exemple l'installation *Leer la imagen* (Lire l'image, ill. 86). Cette œuvre, exposée pour la première fois à Madrid en 1971, consiste en une série de rideaux en polyvinyle accrochés dans une pièce d'environ 20 mètres carrés. Comme le montre la reproduction, ces rideaux sont recouverts de représenta-

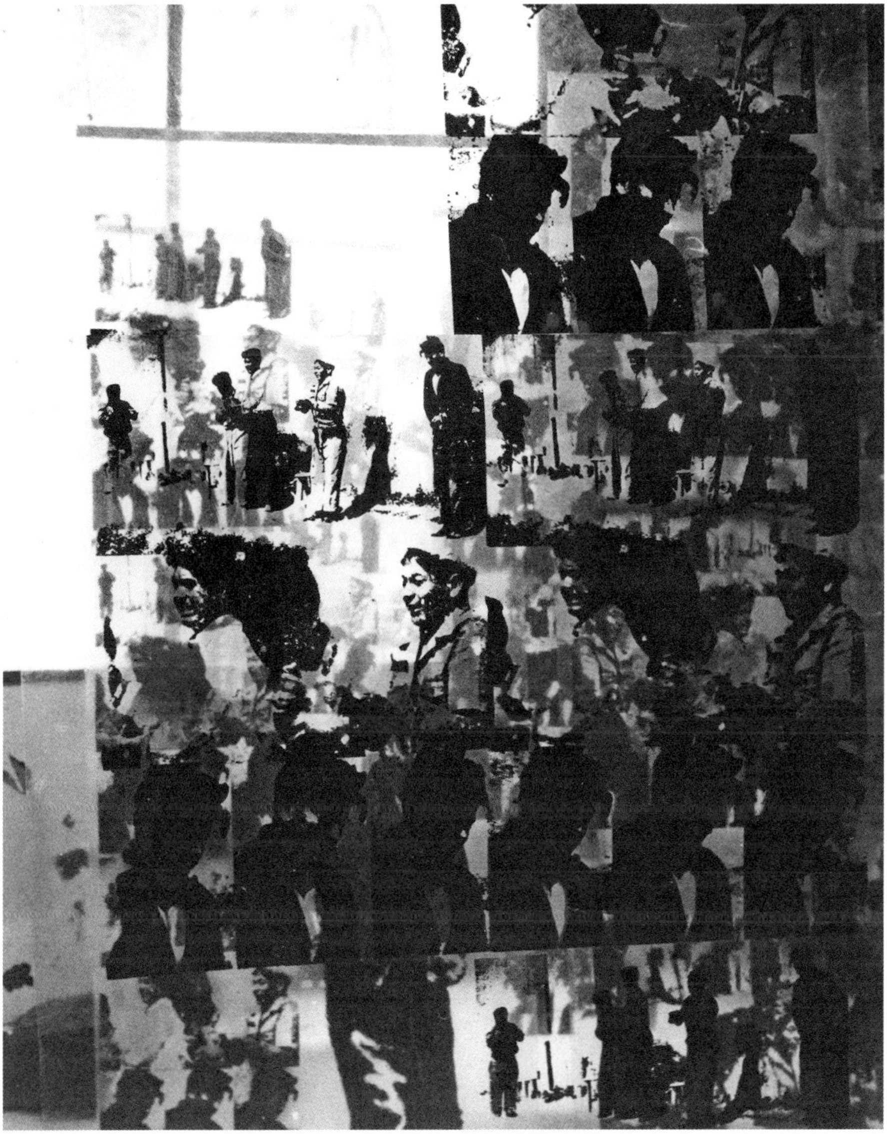

86 Alberto Corazón, *Leer la imagen 1* (Lire l'image), rideaux en polyvinyle avec sérigraphies, première installation à Madrid, Galería Redor, 1971

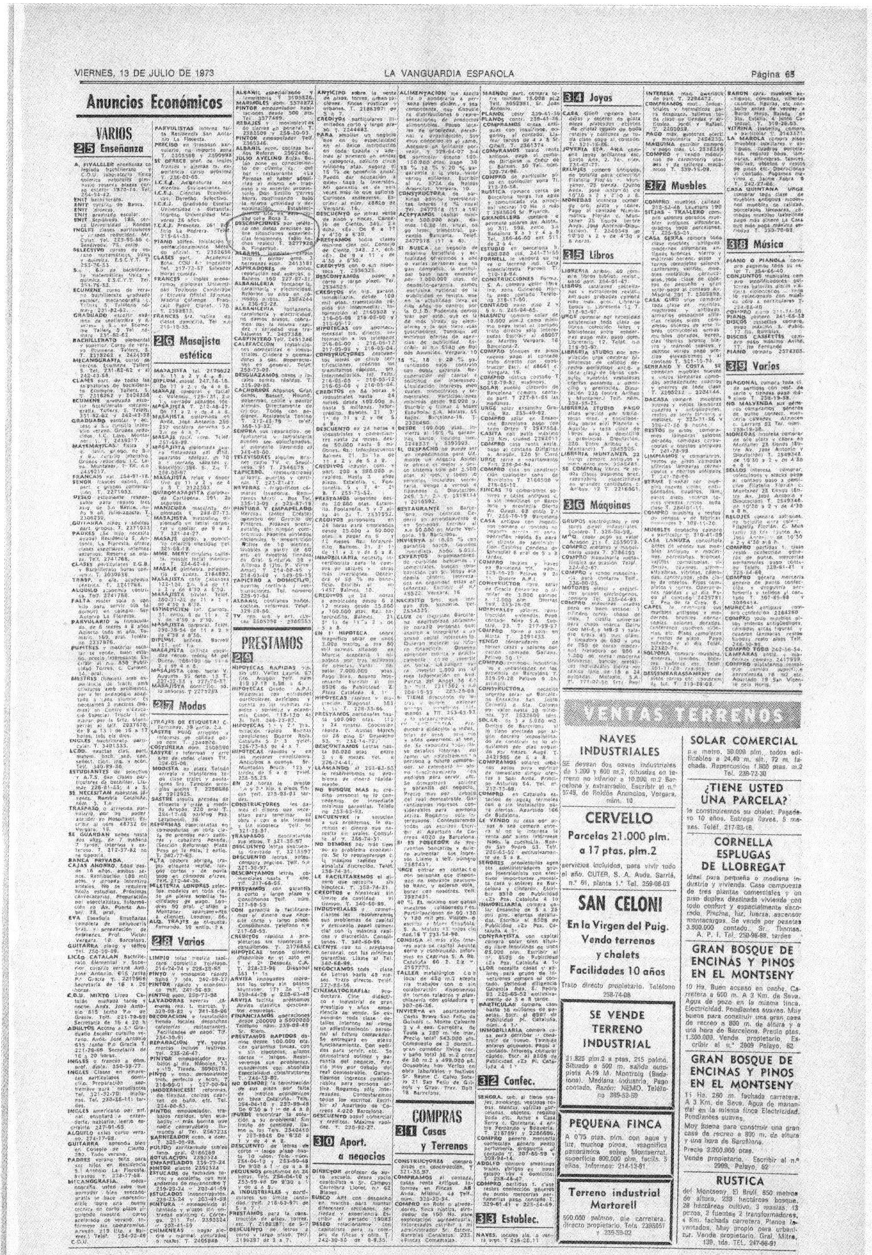
VIERNES, 13 DE JULIO DE 1973 LA VANGUARDIA ESPAÑOLA Página 65

Anuncios Económicos

VARIOS

25 Enseñanza

26 Masajista estética

27 Modas

28 Varios

PRESTAMOS

29

30 Aport. a negocios

COMPRAS

31 Casas y Terrenos

32 Confec.

33 Establec.

34 Joyas

35 Libros

36 Máquinas

37 Muebles

38 Música

39 Varios

VENTAS TERRENOS

NAVES INDUSTRIALES

SE desean dos naves industriales de 1.200 y 800 m.2, situadas en terreno no inferior a 10.000 m.2 Barcelona y extrarradio. Escribir al n.º 5748, de Roldós Anuncios, Vergara, núm. 10

CERVELLO

Parcelas 21.000 plm. a 17 ptas. plm.2

servicios incluidos, para vivir todo el año. CUTER, S. A. Avda. Sarriá, n.º 81, planta 1.ª Tel. 258-08-03

SAN CELONI

En la Virgen del Puig. Vendo terrenos y chalets

Facilidades 10 años

SE VENDE TERRENO INDUSTRIAL

PEQUEÑA FINCA

Terreno industrial Martorell

SOLAR COMERCIAL

p.e metro, 30.000 plm., todos edificables a 24,40 m. alt., 72 m. fachada. Repercusión 1.800 ptas. m.2 Tel. 239-72-30

¿TIENE USTED UNA PARCELA?

le construiremos su chalet. Pagadero 10 años. Entrega llaves, 5 meses. Teléf. 217-93-15.

CORNELLA ESPLUGAS DE LLOBREGAT

ideal para pequeña o mediana industria y vivienda. Casa compuesta de tres plantas comerciales y un piso duplex destinado vivienda con todo confort y especialmente decorado. Piscina, luz, fuerza, ascensor montacargas. Se vende por pesetas

GRAN BOSQUE DE ENCINAS Y PINOS EN EL MONTSENY

GRAN BOSQUE DE ENCINAS Y PINOS EN EL MONTSENY

RUSTICA

87 Grup de Treball, *Anunciamos* (Nous annonçons), 1973 : « NOUS ANNONÇONS la parution de 27 annonces dans cette section [*Anuncios Económicos*] de ce journal [*La Vanguardia Española*], réalisées par 9 personnes du 1er au 26 juillet [1973] », ici : *La Vanguardia Española*, 13 juillet 1973, p. 65, encre d'imprimerie et feutre sur papier, 49,5 × 34 cm, Barcelone, Museo de Arte Contemporáneo de Barcelona (MACBA), inv. 0491, ci-contre la page entière, à droite le détail de l'annonce (entourée en rouge) proposant d'appeler un numéro pour écouter des « DESCRIPTIONS par téléphone avec des données précises sur des situations expériences phénomènes (uniquement des faits réels) Tél. 2277920 A. Fingerhut »

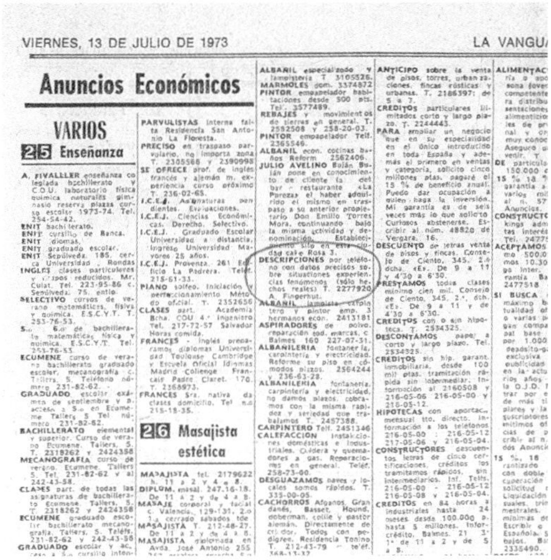

VIERNES, 13 DE JULIO DE 1973 LA VANGU

Anuncios Económicos

VARIOS

25 Enseñanza

26 Masajista estética

tions de guérilleros boliviens empruntées à la presse, dévoilant une « réflexion sémiologique sur l'image iconique et sa fonction dans le système d'échanges sociaux, politiques et économiques[132] ». Dans le cas présent, l'œuvre d'art devient une *ambiente* (environnement) où le spectateur doit pénétrer. Même si le visiteur est libre d'aller où il veut, la multiplicité de rideaux barrières anime l'interaction, l'incitant à se déplacer ou à déplacer physiquement les rideaux. De plus, la multiplicité d'images sur les rideaux entraîne forcément une forme de confrontation avec ces représentations et leur signification politique, mais elle dénonce également la sursaturation et la banalisation des images.

Dans leur travail analytique, ces artistes conceptuels fondaient une partie de leurs expérimentations sur la critique radicale des pratiques de l'avant-garde artistique qu'examinaient Bozal et Llorens au cours des années 1970. Bozal, en particulier, était très préoccupé par la banalisation de l'avant-garde et sa perte d'influence idéologique. Il cherchait des moyens alternatifs de retrouver un impact idéologique et politique. Ce point de vue était partagé par Grup de Treball, qui l'exprima très explicitement en lançant une campagne avec des essais qui dénonçaient de larges pans de l'avant-garde pour leur soutien aux structures socio-économiques *via* leur participation consciente et peu critique au marché de l'art[133]. Le groupe, lui, revendiquait au contraire une position marginale et un certain détachement vis-à-vis des réseaux institutionnalisés du monde de l'art, et soutenait l'occupation (illégale) des moyens de produc-

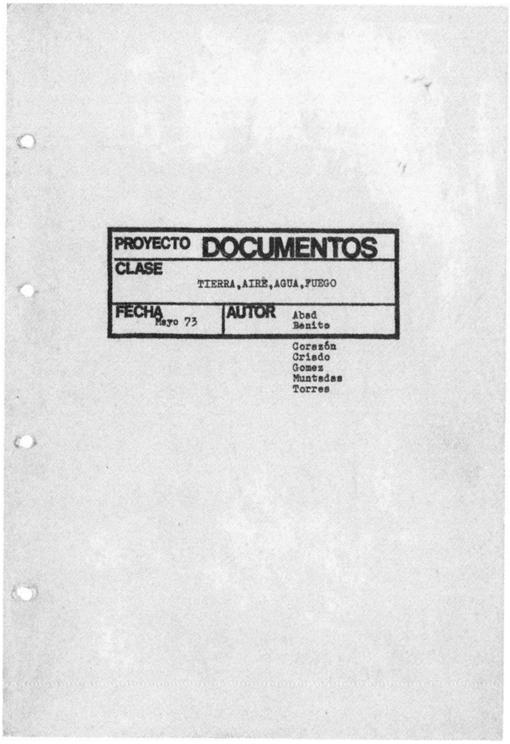

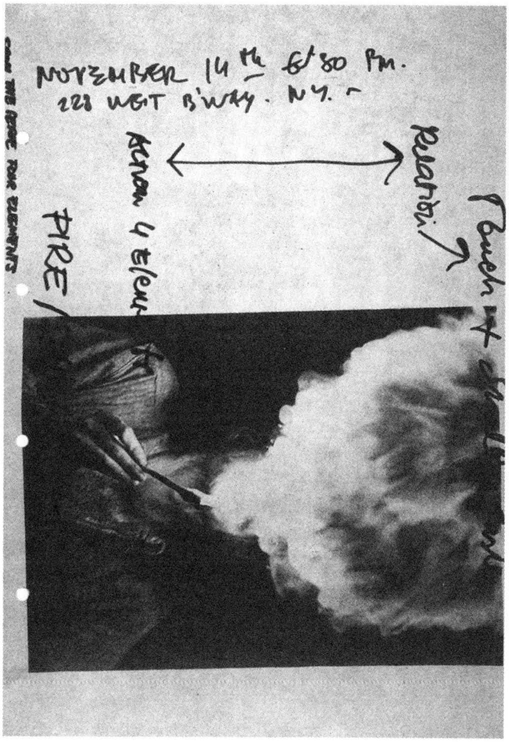

tion afin de subvertir les rapports et les voies de distribution et de création capitalistes. Cette volonté se fit évidente dans l'un des premiers projets du groupe, *Anunciamos* (Nous annonçons, ill. 87), en 1973. Pour annoncer des événements, des performances et des projets collaboratifs qu'ils développaient hors des circuits traditionnels des galeries et des musées, ils utilisèrent les petites annonces du journal *La Vanguardia* de juin à juillet 1973, afin d'établir de nouveaux réseaux non institutionnels d'organisation et de collaboration artistique.

Alberto Corazón était lui aussi fermement convaincu qu'il fallait créer des voies alternatives. Il collabora avec l'artiste conceptuel Tino Calabuig pour ouvrir un espace expérimental, la Galería Redor à Madrid. Ce projet était autogéré par les deux artistes, qui voulaient en faire un espace d'exposition. La galerie finit par devenir une vitrine de l'art expérimental, ainsi qu'un lieu servant aux réunions politiques clandestines. Corazón l'utilisa également pour lancer d'autres projets aux ambitions similaires. L'un des principaux est « Documentos », développé entre 1970 et 1973 avec Nacho Criado et l'un des membres de Grup de Treball, Antoni Muntadas (ill. 88). Il s'agissait de créer

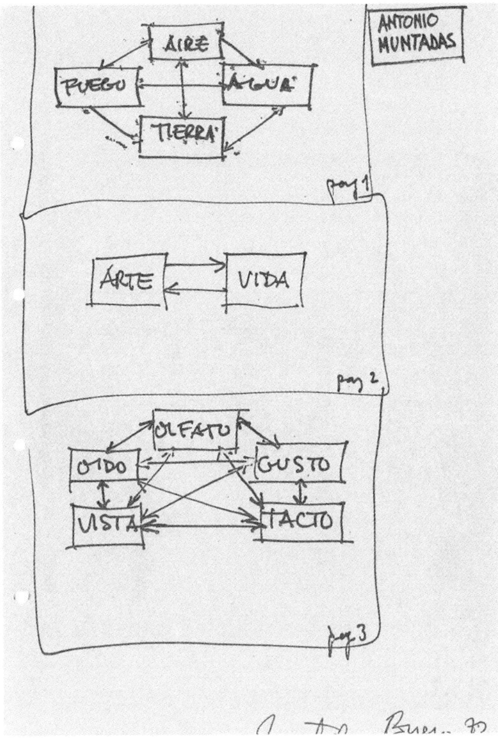

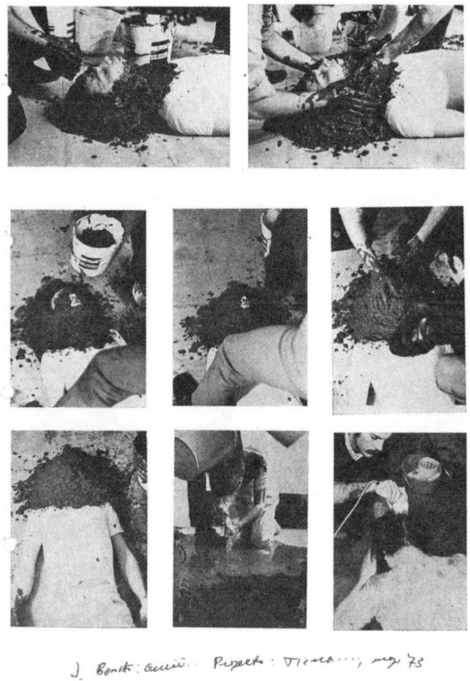

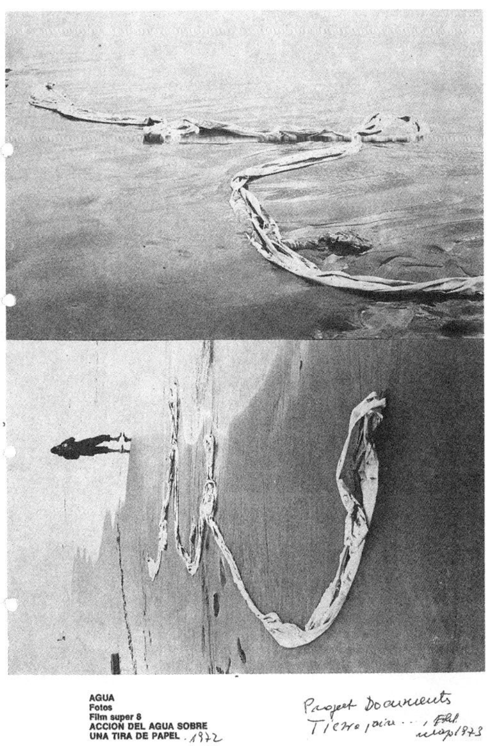

88 Francesc Abad, Nacho Criado, Alberto Corazón, Antoni Muntadas et Francesc Torres, *Tierra, aire, agua, fuego* (nº 11 de la série *Documentos*), 1973, ici : 5 feuilles tirées d'un dossier comprenant 36 pages reliées (et distribué dans le cadre du projet « Documentos »), xérographie sur papier, 30 × 20 cm, Madrid, Museo Reina Sofía, inv. AD05219-001 une plate-forme pour les projets conceptuels de divers artistes. Concrètement, cela consistait en la publication de feuillets A4 reliés, qui étaient simplement photocopiés et distribués par la Galería Redor et ses amis. Malgré son apparence extrêmement rudimentaire, ce projet offrait, au sein de la volonté plus générale de contourner les stratégies de marché largement acceptées par le monde de l'art, la possibilité d'un réseau artistique autogéré. Grâce à la collectivisation de la production et des moyens de distribution alternatifs, ces artistes essayèrent de communiquer directement avec le public sans la médiation du marché (même si, comme le confirma Lucy Lippard en 1973, le détournement des structures capitalistes était impossible à réaliser complètement[134]).

Comme les critiques militants, ces artistes conceptuels s'identifiaient à la cause antifranquiste et concevaient l'art comme un moyen majeur de concourir à l'émancipation et à la lutte idéologique et sociale contre la dictature. Afin de participer à la lutte des classes, Grup de Treball expliqua qu'il choisissait « une stratégie politique d'action [en équipe] [...] inscrite dans l'avant-garde révolutionnaire, qui combat depuis les masses pour la conquête de leur liberté, ce qui modifie qualitativement les relations entre les hommes et la société (organisation sociale) ainsi qu'entre l'homme et la nature[135] ». Le groupe développa donc des projets engagés politiquement pour dénoncer le manque de libertés et le contrôle étatique au cours des dernières années de la dictature.

Un exemple emblématique est la première œuvre collective de Grup de Treball, l'affiche pour *Solidaritat amb el Moviment Obrer* (Solidarité avec le mouvement ouvrier, 1973, ill. 89), qui fut collée illégalement et massivement sur les murs de Barcelone, en solidarité avec le mouvement ouvrier clandestin. Elle montrait en grand format les mots catalans *repressió*, *repressiu-iva* et *repressor-a* (répression, répressif et oppresseur), empruntés au dictionnaire catalan Pompeu Fabra. Le groupe reprenait consciemment des stratégies empruntées à la direction « tautologico-linguistique » du groupe anglais Art & Language et au travail de l'Américain Joseph Kosuth sur les mots et les significations, tout en instillant dans le cas présent des implications politiques et régionalistes dans l'œuvre[136]. Les termes de « répression », « répressif » et « oppresseur » étaient une référence évidente à la politique du régime contre les classes populaires. Mais ils étaient écrits en catalan, ce qui était une affirmation politique en soi, car ils traduisaient la posture de résistance de l'identité catalane, que le régime tentait d'étouffer depuis la guerre civile. Cette affiche avait donc une signification hautement politique qui allait bien au-delà du soutien affirmé au mouvement ouvrier[137].

Malgré divers projets et idées encore partagés par les critiques et les artistes au cours des dernières années du régime franquiste, leur relation s'était pro-

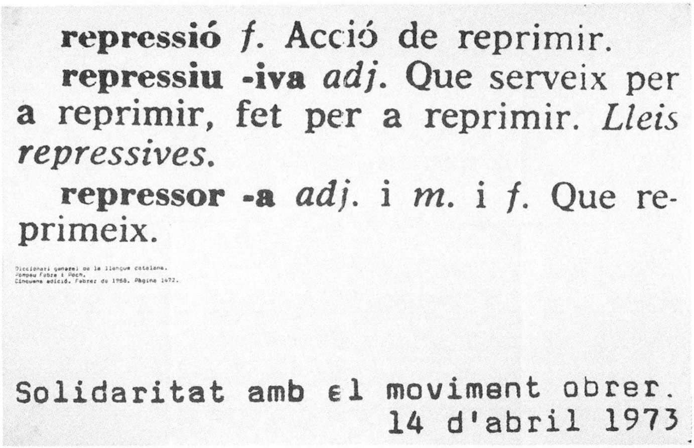

89 Grup de Treball, *Solidaritat amb el Moviment Obrer* (Solidarité avec le mouvement ouvrier), 1973, affiche, 50 × 80 cm, Barcelone, Museo de Arte Contemporáneo de Barcelona (MACBA), inv. 0490

fondément modifiée quand la dictature mourut. Le mouvement conceptuel s'était alors largement émancipé des positions prises par les critiques d'art. Les artistes conceptuels créaient surtout leurs propres moyens de valorisation, de théorisation et de description, se dégageant du rapport précédemment accepté entre artistes et critiques, où la position militante de ces derniers avait une influence décisive sur le caractère de l'avant-garde. Par exemple, même si Marchán soutenait clairement la critique radicale de Grup de Treball, il n'en devint jamais le théoricien. En 1974, dans sa réponse au questionnaire préparé par le groupe afin d'être publié dans le numéro 28 de *Qüestions d'Art*, qui leur était consacré, il montre nettement sa divergence de perspective avec le parcours du Grup. Il l'exhorta à clore sa phase critique pour aboutir à des résultats plastiques expérimentaux et concrets, afin de surmonter ce qu'il appelait le « fantôme du réalisme », où le contenu politique prenait le pas sur l'expérimentation plastique. Même s'il reconnaissait la capacité de l'œuvre de Grup de Treball à dépasser l'autonomie des arts, et s'il voyait bien que ces artistes étaient vraiment en contact avec « les problèmes idéologiques de la lutte des classes[138] » grâce à leur solide base théorique, Marchán voulait à présent les convaincre de se focaliser sur l'expérimentation de solutions artistiques.

L'analyse du parcours des critiques militants en dialogue avec les pratiques artistiques montre comment, à la fin des années 1960, il n'existait plus d'accord tacite entre eux sur la direction à donner à l'avant-garde. Ils perdaient le pouvoir et le consensus. Leur travail militant avait enfin abouti, instillant dans les pratiques artistiques les connexions entre art et société revendiquées depuis si longtemps ; mais ce n'étaient plus seulement leurs préférences et leurs intérêts artistiques qui divergeaient, allant du réalisme critique à l'abstraction hard-edge et à l'art minimal : les artistes d'avant-garde s'étaient également libérés de leur rôle de guide. Tout cela entraîna le retrait et l'exclusion de la pratique active de ces critiques d'art en première ligne de l'avant-garde. Les tendances conceptuelles furent pratiquement les dernières entreprises artistiques au sein desquelles ils purent agir – et encore, de manière limitée – en tant que « critiques militants ».

Parallèlement à la transition démocratique, et avec l'émergence de tendances qui donnèrent naissance à la nouvelle peinture expressionniste de la trans-avant-garde, l'engagement des critiques changea, et ils finirent par devenir les historiographes de leur propre passé[139]. Cependant, leur travail et leur collaboration avec les mouvements artistiques, ainsi que leurs activités de théoriciens des principales tendances du franquisme tardif, avaient pu porter leurs fruits, transformant radicalement la nature de l'avant-garde, comme nous le verrons dans les pages qui suivent.

La nature de l'avant-garde : une question controversée

Le débat sur la nature et le caractère de l'avant-garde naquit tout naturellement avec la découverte par les critiques de nouveaux paramètres théoriques et idéologiques qui bouleversèrent leur horizon intellectuel. Ainsi, à partir de la fin des années 1950, le concept de l'avant-garde fut progressivement reformulé et adapté à l'actualisation idéologique des critiques militants. La définition autonome, apolitique et formaliste, qui s'était profondément enracinée dans les sphères intellectuelles et les cercles du gouvernement espagnol au cours des années 1950, évolua au sein du discours critique contemporain. Grâce à la critique militante, elle se transforma même en un concept où l'avant-garde était essentiellement une activité collective, engagée et politique, jouant un rôle actif dans la praxis sociale. Ainsi, alors qu'en 1950 le critique d'art phalangiste Luis Felipe Vivanco jugeait « nécessaire de défendre l'autonomie de la création artistique vis-à-vis de la culture[140] », dix ans plus tard, en 1960, Aguilera Cerni défendait la position diamétralement opposée : la connexion entre les arts et le « monde de l'éthique[141] ».

La marxisation et le tournant sociologique que connurent les critiques militants et la sphère culturelle eurent un impact déterminant sur ces reconfigurations de sens. Cependant, même si le nouvel arsenal théorique acquis par les critiques militants au cours des années 1960 facilita la reconquête du statut social et belliqueux déjà présent chez les avant-gardes historiques (par exemple dans le constructivisme, le dadaïsme ou le surréalisme), il impliquait également l'inévitable processus de négociation et d'adaptation des différentes idéologies en concurrence qui définissaient les années de la guerre froide. Le concept d'avant-garde dut traverser un processus analytique d'adaptation esthétique et politique, obligeant les critiques et les artistes à prendre position par rapport à la valeur et à la nature de l'avant-garde après l'introduction d'idées marxistes dans le débat contemporain.

Malgré la déstalinisation entamée après 1953, l'avant-garde était toujours considérée par le marxisme orthodoxe soviétique, en 1963, comme décadente, bourgeoise et en totale opposition avec le réalisme socialiste – qui, lui, passait pour le véritable art prolétaire. C'était le discours officiel du PCUS, qui trouva écho dans celui du PCE, sous la direction de Santiago Carrillo. La polémique publique entre l'artiste Josep Renau et l'écrivain Fernando Claudín, jouissant tous deux d'une réputation internationale et tous deux membres éminents du PCE, montra à quel point le sujet était encore délicat dans l'Espagne du milieu des années 1960. Claudín, saisissant l'occasion d'une supposée ouverture à la suite du « dégel », initia un débat en 1963 dans les rangs du PCE, questionnant l'absolutisme esthétique de Jdanov. Claudín concevait la « révolution visuelle de notre temps », c'est-à-dire l'art d'avant-garde, comme une forme authentique de réalisme capable d'exprimer la profondeur de la réalité contemporaine. À ses yeux, c'était « une expression de la rébellion de l'art contre une société qui lui était essentiellement hostile[142] », et il fallait la prendre en compte dans la construction d'une société communiste. Son article reçut une réponse longue et ferme de la part de l'artiste engagé républicain Renau, qui écrivait depuis son exil en Allemagne de l'Est (avec l'accord de Carrillo)[143]. Alors que Claudín voulait que le Parti voie dans l'avant-garde un langage productif pour le communisme, Renau se conformait au récent rejet par Khrouchtchev des expressions d'avant-garde, les dénonçant comme bourgeoises et décadentes[144].

Un an plus tard, en 1964, Claudín et les intellectuels Jorge Semprún et Francesc Vicens furent exclus du Parti pour avoir persisté dans des activités « scissionnistes » (c'est-à-dire de division) et pour ne pas avoir suivi le modèle stalinien[145]. Le débat était toutefois loin d'être clos, car Claudín n'était pas un cas isolé. Divers intellectuels communistes du monde entier, tels Adolfo Sánchez Vázquez (Parti communiste espagnol au Mexique) et Roger Garaudy (Parti communiste français), déviaient de l'orthodoxie stalinienne, essayant d'envisager la catégorie du réalisme depuis un angle flexible et portant à l'attention du public la question de Claudín, celle de la possibilité d'une avant-garde communiste. En adoptant la perspective de Claudín, Sánchez Vázquez plaida pour le dépassement de la direction rigide du Parti communiste de l'Union soviétique afin de réconcilier l'avant-garde politique et artistique[146]. Quant à Roger Garaudy, à partir de 1963, il se déclara favorable à une conception dissidente du réalisme, par-delà l'orthodoxie sociale réaliste[147]. Il prônait un « réalisme sans rivages », où le style n'était pas prédéfini par une série de conventions établies. Ce réalisme serait donc en changement permanent, en accord avec la réalité et le fait que les artistes utilisaient les langages artistiques et les expressions de leur temps, tout en assimilant les découvertes des générations précédentes. De ce point de vue, les œuvres d'avant-garde de Picasso et de Matisse pouvaient, tout aussi bien que l'art abstrait, être incluses dans le concept de réalisme. Selon Garaudy, le réalisme était synonyme d'« art authentique », créé en référence à la réalité intérieure ou extérieure de l'artiste, « avec la conscience de la responsabilité de l'artiste dans cette réalité[148] ».

Avec sa politique de Réconciliation nationale, le PCE rassemblait une grande partie des forces antifranquistes. Les discussions esthétiques au sein du Parti étaient donc suivies et discutées par les intellectuels, les artistes et les critiques militants dissidents. Ces polémiques, particulièrement sur la nature du réalisme et le rôle de l'avant-garde dans le projet communiste, affectèrent les débats artistiques dans la dernière période du franquisme. En Espagne, les limites entre orthodoxie et hétérodoxie étaient plus floues qu'ailleurs, si l'on prend en compte les « compagnons de route » dont se réclamaient la plupart des critiques militants.

La position des critiques avait été définie bien avant la confrontation entre Claudín et Renau, mais elle devait beaucoup aux attitudes communistes dissidentes et évoluait clairement avec elles. Les critiques voyaient la possibilité de relier l'expérimentation de l'avant-garde au matérialisme historique, afin de réconcilier l'avant-garde artistique et l'avant-garde politique. Se fondant sur le marxisme occidental, et particulièrement sur les théories philosophiques d'Adolfo Sánchez Vázquez, ils tentaient de dépasser le concept de l'avant-garde autonome à l'Ouest (fondée sur l'assimilation de la démocratie libérale) et celui du contrôle étatique à l'Est (se reflétant dans la rhétorique du réalisme socialiste) qui sous-tendaient et faisaient s'affronter les deux modèles idéologiques, politiques, culturels et esthétiques pendant la guerre froide. En tant qu'intellectuels non alignés (c'est-à-dire ayant pris leurs distances à la fois vis-à-vis de Washington et de Moscou), les critiques militants intégrèrent un programme idéologique de gauche à leur conception de l'avant-garde, incorporant une conscience sociale et politique au champ d'une pratique artistique extrêmement expérimentale.

À travers cette conception, ils cherchaient à dépasser le statut passif, comme reflet des forces sociales, que le marxisme soviétique orthodoxe attribuait aux arts visuels, sans pour autant rejeter leur valeur politique. Les perspectives qu'ouvraient Sánchez Vázquez, Garaudy et Gramsci, ainsi que les hypothèses suggestives développées par le jeune Marx dans ses Manuscrits économico-philosophiques, furent très utiles à cet égard. Tous ces textes proposaient des arguments décisifs pour une transformation de l'orthodoxie soviétique, car ils permettaient de comprendre l'activité artistique comme un rapport entre l'homme et la nature déterminé historiquement et socialement, mais sans renoncer au caractère expérimental que portait l'avant-garde. L'art était conçu comme une puissance dans le monde du travail, et il jouait par conséquent un rôle actif dans la praxis sociale. Là où l'orthodoxie donnait de l'importance aux aspects sociaux de la création artistique, cette pensée alternative leur accordait un rôle actif. De plus, comme l'explique David Craven, « le désaveu de tout style "normatif", en se concentrant sur l'art en tant que langage visuel aux significations polysémiques », de la part d'Adolfo Sánchez Vázquez, mais aussi de Galvano Della Volpe, leur permit de dépasser la réduction mécanique de l'art à « la vieille dichotomie qui oppose simplement le contenu politique ou idéologique à la forme esthétique[149] ». Ces idées façonnèrent la conception qu'avaient les critiques militants de l'avant-garde sous le franquisme tardif. Dans leurs essais et commentaires, ils insistaient sur l'avant-garde en tant que puissance révolutionnaire et expérimentale, le produit d'une réalité sociale spécifique ayant le pouvoir d'affecter l'environnement social (et politique, dans une certaine mesure)[150].

Ainsi n'étaient-ils pas éloignés du concept d'avant-garde comme mouvement critique contre la société bourgeoise telle que la décrivit Peter Bürger dans son analyse théorique de l'avant-garde historique des années 1970[151]. D'ailleurs, l'avant-garde telle que la défendaient les critiques militants procédait des ambitions révolutionnaires et utopiques des premières avant-gardes, consciemment évoquées à partir de la fin des années 1950. Aguilera Cerni, Moreno et Pericás ouvrirent la voie à la réévaluation des mouvements constructivistes de la révolution d'Octobre avec la création d'Arte Normativo, bien que la connaissance de ces mouvements fût très partielle. Ils étaient les référents d'une avant-garde politiquement engagée qui devait être mise en place en Espagne pour provoquer une réconciliation entre le marxisme et l'avant-garde. Ce fut l'une des raisons de l'intérêt, déjà signalé, que portait Comunicación au formalisme russe de la période révolutionnaire. Bozal, l'une des têtes

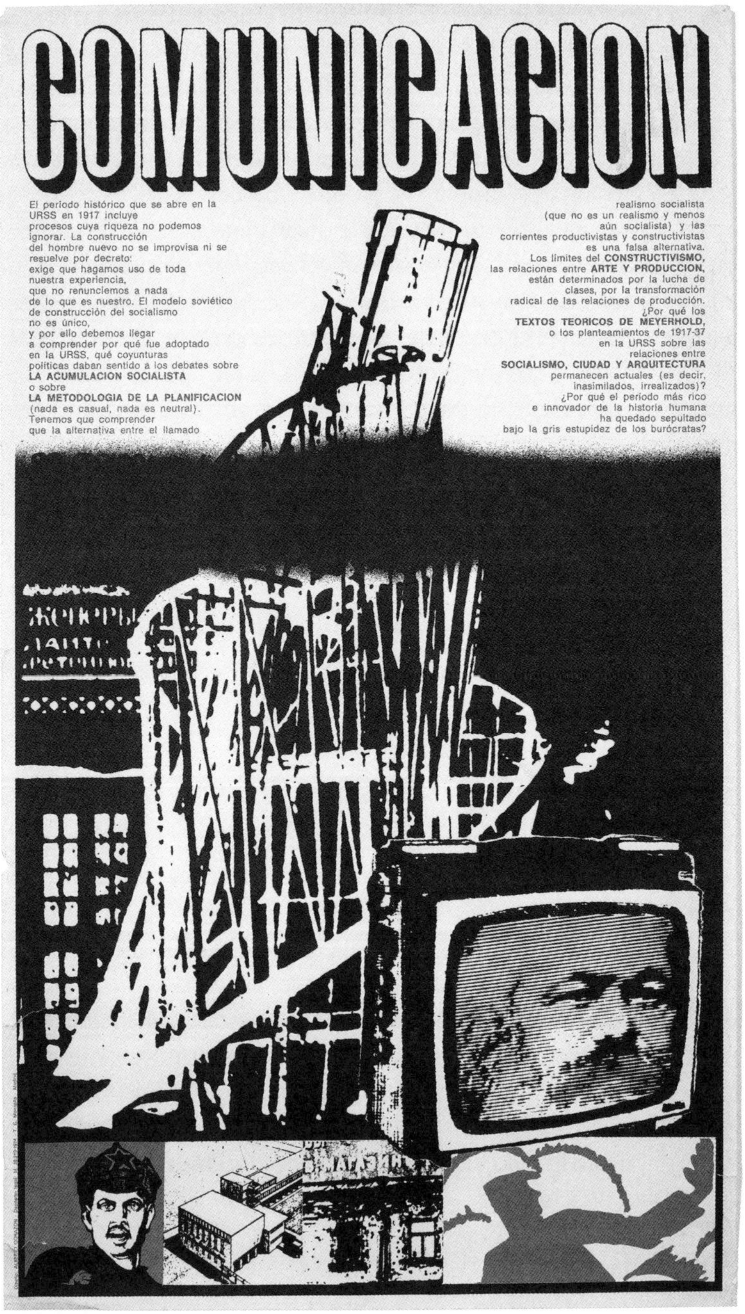

90 Affiche créée par Alberto Corazón et éditée par le groupe Comunicación, Madrid, Museo Reina Sofía, Centro de Documentación pensantes de la maison d'édition, expliqua rétrospectivement : « Dans notre tête, nous voyions la nécessité, d'une part, d'échapper à ce qu'avait été le stalinisme (principalement un réalisme socialiste conventionnel dans le champ de la culture) et, de l'autre, de trouver un nouveau modèle de société auquel pouvait conduire cette rupture. Nous cherchions ce modèle et nous le trouvâmes, au début [...], dans les mouvements post-révolutionnaires[152]. » En reliant les visées artistiques et sociales des années 1960 aux événements des années 1920, les collaborateurs de Comunicación découvrirent dans l'idéologie et l'esthétique de la révolution d'Octobre des modèles possibles pour l'avant-garde espagnole (ill. 90)[153]. Le projet humaniste de construction d'une société nouvelle et la volonté collective qui avait été au cœur des tendances constructivistes des années 1920 étaient perçus comme ayant anticipé certaines des valeurs adoptées par les critiques d'art et les artistes d'avant-garde à partir de la fin des années 1950, à commencer par le mouvement Arte Normativo.

En se fondant sur cet héritage, et à partir de ce moment-là, les critiques militants défendirent une conception constructive et active de l'avant-garde, capable de dépasser la compréhension communiste (et normative) des arts comme simples reflets de la réalité. Ce fut l'une des raisons du retour à Marx, à Engels et à d'autres auteurs, afin de contester les points de vue de Plekhanov et de Jdanov. Comme la plupart des artistes, les critiques s'éloignèrent nettement de ces derniers pour révéler leur marxisation alternative, en lien avec le(s) marxisme(s) occidental(ux). Pour Aguilera Cerni – qui faisait appel à Engels et au jeune Marx pour invalider les attaques de Jdanov contre l'art d'avant-garde, et aussi contre la conception de l'art comme reflet de la réalité –, l'activité artistique « appartenait à une lutte, pas seulement pour la reproduction de la réalité, mais aussi pour sa transformation[154] ».

Afin d'intégrer leur nouvel arsenal théorique aux pratiques d'avant-garde qu'ils soutenaient, les critiques militants se tournèrent vers leurs pairs communistes dissidents (tels Sánchez Vázquez et Fernando Claudín), cherchant à trouver une place pour l'avant-garde dans le cadre conceptuel marxiste. C'est pourquoi, pour les critiques tout comme pour Claudín, les catégories de l'« avant-garde » et du « réalisme » n'étaient pas vues comme contradictoires, mais davantage comme des concepts ouverts et flexibles, entretenant des rapports directs et réciproques. Pour eux, le réalisme allait bien au-delà de la simple *mimesis* aristotélicienne. Le terme ne se référait pas simplement à la représentation naturaliste ou même figurative du monde, car, comme l'avait déjà indiqué Moreno en 1959, « la réalité est un problème à la marge de la représentation[155] ». D'ailleurs, selon Moreno, il fallait distinguer entre « réalité » et « représentation », puisqu'il fallait dépasser le concept limité de réalisme comme représentation figurative et naturaliste de la lutte des classes. Dans cette optique, la catégorie du réalisme pouvait regrouper les techniques et les langages expérimentaux, y compris les mouvements d'art abstrait dans leurs dimensions géométriques et lyriques. Ainsi, non seulement Arte Normativo, mais aussi les perspectives radicales et engagées des toiles informelles de Saura, Tàpies et Millares, pouvaient être incorporés à cette catégorie ouverte du réalisme (« sans rivages ») ainsi qu'aux rangs de l'antifranquisme.

Contre le récit autonome de l'art moderne du bloc de l'Ouest, les critiques militants défendaient comme l'une des caractéristiques de base de l'avant-garde l'apport idéologique qui sous-tendait le projet réaliste du bloc de l'Est, et surtout les nouvelles lectures de Marx qui s'étaient fait jour à partir de la période emblématique des révolutions hongroise et cubaine[156]. Comme nous l'avons vu, les bases idéologiques (de gauche) devinrent un élément clé, profondément ancré dans les mouvements d'avant-garde en Espagne, et elles furent ardemment défendues par les critiques militants[157]. Ces derniers soutenaient tous la fonction critique de la peinture, et Valeriano Bozal souligna par exemple en 1964 que l'ambition idéologique devait être tout autant prise en compte que le style[158]. De plus, pour certains critiques, tel Aguilera Cerni (qui estimait, tout comme Argan, que le travail artistique était une forme exemplaire du « faire[159] »), le travail artistique en soi pouvait comprendre une dimension éthique. Ainsi était-il possible de théoriser une forme d'art, comme le mouvement Arte Normativo, où la base politique se situerait au niveau du processus artistique et créateur, plutôt qu'au niveau du sujet.

Comme les critiques militants avaient réconcilié l'avant-garde avec une base théorique marxiste au cours de leur débat sur le mouvement d'art abstrait Arte Normativo (1959-1961), il n'est pas étonnant qu'au moment du retour vers la figuration, à partir de 1962, ils aient considéré la place de l'art figuratif dans le projet d'avant-garde. Malgré la supposée reconnaissance par le PCE, sous la bannière de la Réconciliation nationale, de tous les mouvements artistiques au sein de la lutte antifranquiste, le Parti accordait plutôt la priorité aux mouvements les plus figuratifs, et tout particulièrement à la production artistique de la coopérative Estampa Popular[160]. Dès 1962, de nouvelles cellules de ce groupe émergèrent partout en Espagne et, quand les critiques militants se joignirent enfin à Estampa Popular, ils durent donc se confronter une fois de plus au rapport conflictuel entre réalisme et avant-garde.

Les critiques déployaient toujours le même argumentaire : rejetant l'opposition entre réalisme et avant-garde, ils soutenaient que le réalisme pouvait en fait être inclus dans l'avant-garde. Cette position guida par exemple les choix qui présidèrent en 1976 à l'exposition *Spagna: Avanguardia artistica e realtà*

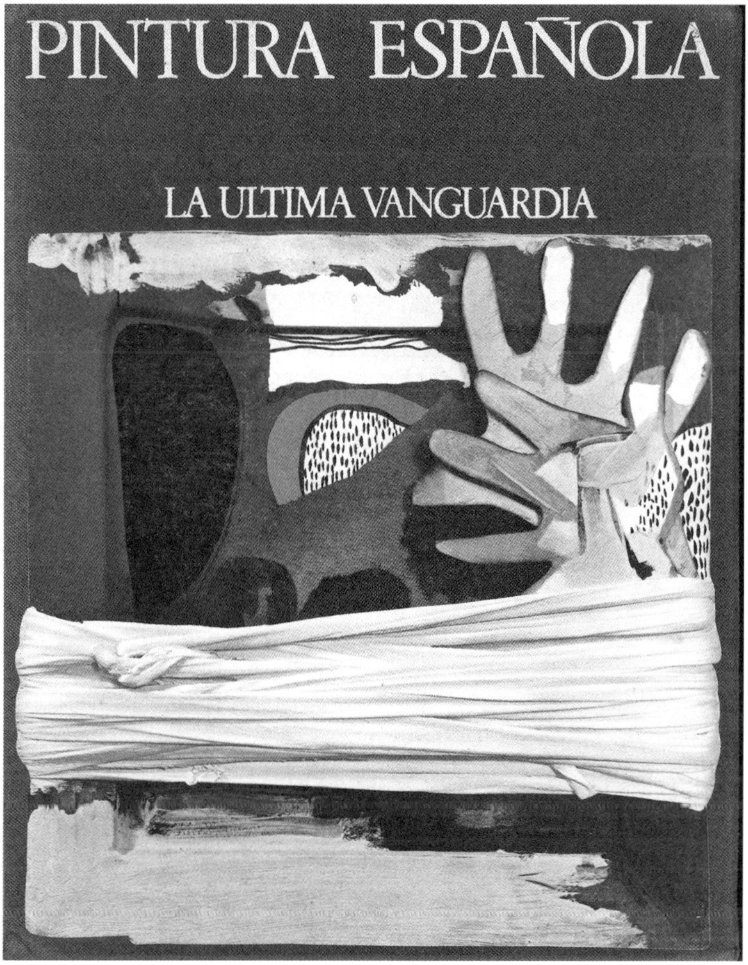

91 Couverture de *La última vanguardia* (La dernière avant-garde) de Moreno Galván, Madrid, Magius, 1969

sociale. Cette exposition présentait divers mouvements travaillant l'abstraction (Informel et Arte Normativo), la figuration (Estampa Popular, Crónica de la Realidad) et les nouvelles expériences conceptuelles – en somme, tous les mouvements auxquels les critiques avaient participé – comme représentants du développement de l'avant-garde sous le franquisme. Cependant, l'intégration de ces mouvements figuratifs dans le discours d'avant-garde avait eu lieu bien avant, avec la participation directe des critiques militants. Ainsi Moreno

Galván avait-il explicitement supposé que le réalisme particulier d'Estampa Popular était une forme d'expression avant-gardiste lorsqu'il écrivit *La última vanguardia* (La dernière avant-garde, ill. 91) en 1969. Dans ce livre, il définit l'avant-garde par sa capacité à témoigner de la réalité : « L'art d'avant-garde l'est parce qu'il est un "art de la réalité" [...] tout art avec un contenu réel est "avant-gardiste"[161]. » Pour Moreno, l'essence de l'avant-garde était précisément sa capacité à entrer en lien avec le monde réel et à transmettre une expression fidèle de son existence, que ce soit dans un langage figuratif ou abstrait. Cette conception de l'avant-garde, où la figuration coexistait avec l'abstraction, fut clairement établie par les critiques militants espagnols.

Aguilera Cerni, Pericás et Valeriano Bozal avançaient la même explication du développement historique de l'avant-garde en Espagne : un cheminement naturel allant de l'abstraction dans les années 1950 à la figuration dans les années 1960 – un passage tout à fait normal dans la progression des artistes d'avant-garde espagnols vers l'« idéologisation[162] ». En 1966, par exemple, Bozal établit une généalogie qui reliait les formules expressionnistes de l'art informel aux expérimentations rationnelles et abstraites d'Arte Normativo et à l'essor d'Estampa Popular. Il tentait ainsi de montrer un point de passage cohérent entre l'art abstrait et le réalisme intentionnel d'Estampa Popular Valencia. Même si Arte Normativo et Estampa Popular pouvaient *a priori* sembler antithétiques (abstraction contre figuration), il affirma que tous deux partageaient certains principes fondamentaux : ils contestaient l'art informel et défendaient la nécessité de l'engagement à travers une prise de position morale (et même politique). De plus, ces deux mouvements prônaient une conception de l'art où celui-ci était directement impliqué dans la réalité sociale et œuvrait à sa transformation future. Dans ce récit, Estampa Popular n'était plus simplement le lointain successeur d'Arte Normativo : il devenait une sorte d'héritier légitime du mouvement abstrait d'avant-garde[163].

Vicente Aguilera Cerni avait déjà décrit la même chaîne de développement causal quelques années auparavant, lors de sa participation au Convegno di Verucchio en 1963. Il y avait élaboré une généalogie directe qui commençait avec les mouvements abstraits engagés, surtout Arte Normativo, et qui allait jusqu'aux solutions réalistes d'Estampa Popular[164]. Ces liens, qui paraissaient si naturels aux yeux des critiques, étaient aisés à établir si l'on considère que tous ces mouvements avaient en commun un certain nombre de références marxistes de base, principalement fondées sur la théorie sartrienne de l'engagement. Cela permettait aux critiques de les comprendre comme faisant partie d'un même processus de développement. Alors qu'Arte Normativo projetait une transformation future d'ordre technologique et socio-esthétique (une ambition que ne cessèrent de réitérer Aguilera Cerni et Moreno Galván), Estampa Popular œuvrait au présent, transmettant des messages dissidents qui attaquaient les conventions sociales de l'Espagne franquiste (en représentant par exemple les problèmes des paysans et des prisonniers politiques, ou les effets de la politique de *desarrollismo* du gouvernement). Selon Pericás, les œuvres d'Estampa Popular servaient, comme « les mots, le cinéma et la plume [en tant que moyens ou qu'armes], pour dénoncer et intervenir dans la vie[165] ».

En raison de ce développement des pratiques artistiques en Espagne vers la figuration (conçue comme un langage plus efficace dans le contexte socio-culturel de leur pays), la nature du réalisme et son statut au sein de la Seconde Avant-garde hantaient tous les critiques militants. Sous le franquisme tardif, les critiques analysèrent cette question d'un point de vue historique, critique et philosophique. Bozal devint le théoricien le plus important à cet égard. Outre de nombreux articles parus dans des revues spécialisées, il publia chez Ciencia Nueva un essai intitulé *El realismo entre el desarrollo y el subdesarrollo* (Le réalisme entre développement et sous-développement, ill. 92). C'était non seulement une étude détaillée de la nature et du développement du réalisme en Espagne à partir du début du XXe siècle, mais aussi, implicitement, un manifeste qui donnait une légitimité historique au réalisme intentionnel du mouvement Crónica de la Realidad, dont Bozal était proche[166]. L'ouvrage tentait de dépasser la théorie imitative limitée qui sous-tendait les interprétations marxistes traditionnelles du réalisme. En essayant de parer aux dangers de l'idéalisme subjectif, Bozal cherchait à briser la conception étroite de la théorie du reflet de Lukács en introduisant des concepts phénoménologiques et structurels empruntés à Merleau-Ponty. Selon Bozal, l'œuvre d'art devait se concentrer sur la représentation des réalités concrètes (c'est la voie que suivait Crónica de la Realidad), plutôt que sur la captation d'entités abstraites[167].

Cette question intéressa également Llorens à partir de 1963, lorsqu'il examina le rapport entre réalisme et engagement en Espagne. Il avança que le modèle sartrien de l'engagement avait été socialement inefficace ; à ses yeux, il ne consistait qu'en « la décision d'un artiste de transmuter des sentiments sociaux ou politiques » dans un cadre idéaliste, alors qu'il fallait en réalité « établir un contact direct et actif avec la réalité sans aucune médiation[168] ». À la place, il proposa donc Bertolt Brecht comme référence pour un cadre alternatif « visant les conditions objectives de la constitution des idéologies[169] ». Pour Llorens comme pour Bozal, le réalisme prenait son sens en faisant des allusions à la fois détachées et concrètes à la société, particulièrement dans un pays où il « avait des fonctions urgentes à accomplir[170] ». Tous deux se fondaient sur une conception du réalisme dont « la suprême prétention [...] est

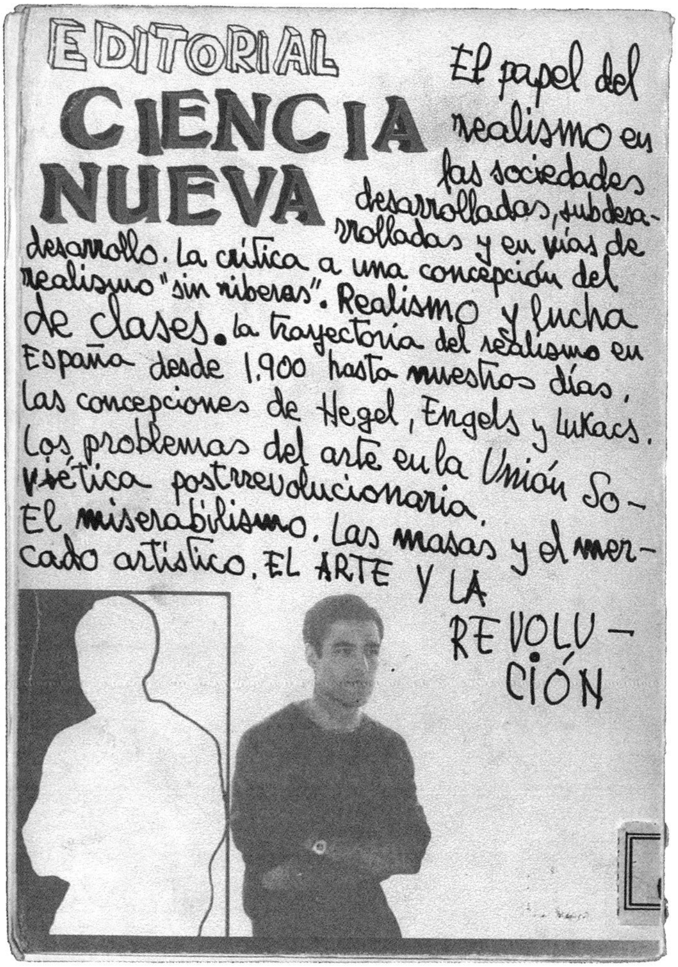

l'efficacité[171] », et qui pouvait prendre en charge les pratiques artistiques de Crónica de la Realidad.

Cette efficacité leur semblait nécessaire pour que l'avant-garde puisse accomplir sa mission : participer et se connecter à la réalité sociale pour devenir la voix du peuple, compris ici comme les classes marginales et subalternes. Tout comme dans les mouvements qui avaient émergé de la Révolution russe, et dans les arguments de Claudín publiés dans les pages de *Realidad* que nous avons évoqués plus haut, l'avant-garde était vue à travers le prisme de la lutte des classes, comme une arme contre la société bourgeoise, dont la représenta-

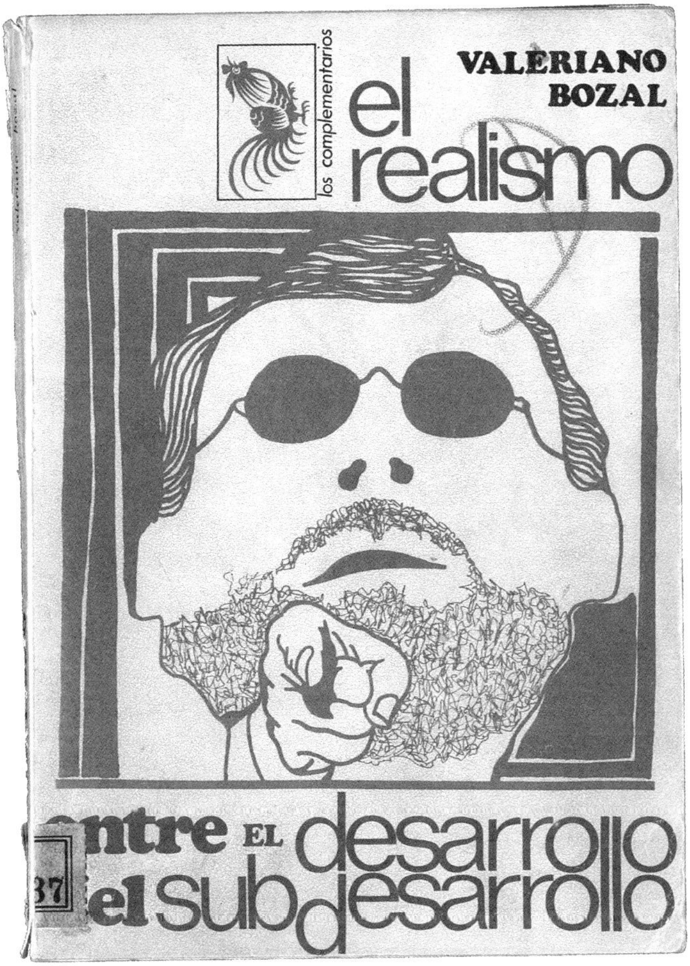

92 Couverture (première et quatrième) de *El realismo entre el desarrollo y el subdesarrollo* (Le réalisme entre développement et sous-développement) de Valeriano Bozal, Madrid, Ciencia Nueva, 1966

tion la plus directe était les élites conservatrices du régime franquiste. Llorens mit cette idée en avant en 1967, en définissant l'art d'avant-garde par sa participation directe à la lutte des classes et, par là même, à l'affrontement avec la bourgeoisie et les « élites du pouvoir ». « L'avant-garde, écrivit-il, est une attitude de rébellion contre la banalisation bourgeoise de l'art [...] qui limite l'activité artistique aux conditions du plaisir (susceptible de devenir une marchandise) pour les élites du pouvoir[172]. » L'avant-garde devait donc constituer, selon Llorens, un mouvement contre ces « élites du pouvoir » ; elle devait manifester la volonté du peuple (les classes populaires dans lesquelles la lutte antifranquiste était profondément ancrée). Avec cette définition, l'avant-garde créait un *arte del pueblo* (art du peuple/du prolétariat)[173].

Même si Llorens cherchait à associer l'avant-garde et *el pueblo* (le peuple), la question restait problématique, car l'avant-garde faisait l'objet d'une évaluation critique par les médias de gauche. La recherche d'une expression adéquate de l'art du peuple comme art prolétaire devait continuellement être renégociée dans les cercles artistiques et intellectuels, devenant une problématique récurrente dans les débats chez les intellectuels communistes et de gauche. Lorsque le dramaturge communiste Alfonso Sastre s'adressa en 1958 aux écrivains et aux artistes dans son manifeste *Arte como construcción* (L'art comme construction), il initia un dialogue sur cette question. Pour lui, convaincu de l'importance des arts pour révéler la structure de la réalité, la littérature et l'art devaient se centrer « sur les problèmes sociaux sous leurs différentes formes[174] ». Ce qui fut vite perçu comme la défense implicite d'une esthétique du réalisme socialiste, même si Sastre avait préféré utiliser le terme de « réalisme social », qui pouvait recouvrir une grande variété de pratiques. Vu son attitude critique vis-à-vis de l'avant-garde, son opinion passait pour une menace envers les mouvements abstraits d'avant-garde qui se développaient alors en Espagne avec le soutien des critiques militants[175].

Percevant le danger que la position de Sastre impliquait pour l'avant-garde qui se développait enfin, Moreno Galván lui répondit dans la même revue. Même s'il soutenait que l'idéalisme néoplatonicien formaliste devait être dépassé en faveur d'une conception sociale des arts, il critiquait les aspirations assez naïves se trouvant derrière l'idée d'un *arte del pueblo* comme reproduction de la réalité par des moyens figuratifs, qui était l'une des revendications de base de l'orthodoxie communiste. Pour Moreno, au contraire, il n'existait pas d'expression artistique spécifique convenant exclusivement au *pueblo*. Il soutint donc que toutes sortes de langages artistiques différents pouvaient devenir « manifestation du peuple » ; des peintures informelles de Millares aux toiles figuratives d'Ortega – dans ces deux cas, les œuvres étaient « déterminées par la réalité collective de leur époque et de leur peuple[176] ». Ainsi, il soulignait le rôle éminent de l'avant-garde et réfutait l'idée souvent émise que celle-ci produisait un « art de l'évasion[177] ».

En 1959, Moreno soutenait donc encore Millares et Ortega comme figures exemplaires de son argumentaire ; mais, un an plus tard, il était l'un des critiques qui promouvaient activement le travail d'Arte Normativo. Malgré la conception ouverte qu'avait Moreno de l'*arte del pueblo*, pour d'autres critiques, tel Pericás, ce mouvement montrait la voie vers un nouvel art prolétarien. Selon lui, qui prenait ainsi position contre les arguments d'Alfonso Sastre, l'art prolétarien ne se situait pas dans les représentations réalistes et figuratives de la lutte des classes, mais dans sa capacité à se confronter aux expériences technologiques qui configuraient la société de 1960. Pericás, alors déjà membre du PCE, expliqua : « L'art populaire de notre temps, l'art prolétarien, se définira probablement comme un art industriel, un art technologique[178]. »

Parmi les mouvements de la Seconde Avant-garde espagnole, Arte Normativo était la première tentative consciente de raccorder l'avant-garde expérimentale à un programme idéologique humaniste de gauche. Il visait, selon les termes du collectif d'artistes Equipo 57, à « la construction d'une esthétique matérialiste dialectique[179] » solidement fondée sur des processus de collectivisation qui ciblaient *el pueblo*, c'est-à-dire le peuple, comme premier bénéficiaire de la transformation espérée (et utopique) de l'environnement social. Plus tard, le groupe figuratif Estampa Popular devait lui aussi s'adresser au peuple, comme l'indique clairement son nom. Les membres du groupe voulaient plus précisément créer des œuvres d'art qu'ils diffuseraient dans les classes populaires, principalement des gravures aux thématiques proches de ce public qu'il prenait comme sujet. Avec le réalisme intentionnel d'Estampa Popular Valencia et de Crónica de la Realidad qui en résulta, le *popular* fut là aussi intégré aux objectifs de l'avant-garde ; mais, cette fois-ci, le public ciblé s'étendait jusqu'aux classes moyennes (qui participaient également à la lutte antifranquiste, faisant partie des masses subalternes qui s'opposaient au système politique). Dans le cas d'Estampa Popular Valencia, ce fut sous la forme d'un style direct et objectif dont les racines plongeaient « dans les manifestations les plus authentiques de l'art populaire[180] ». Tomàs Llorens, lui, liait ce style artistique impersonnel à l'artisanat syncrétique et traditionnel des classes populaires. Quelques années après la mort du dictateur, Equipo Crónica développa un peu ce concept : ses œuvres devaient « éveiller la capacité de création des masses populaires », et l'objectif était de créer « un futur art populaire pour les masses, fait par et pour le peuple[181] ». *El pueblo* était aussi l'un des premiers centres d'intérêt de Grup de Treball : l'équipe défendait ce qui était à ses yeux la nécessaire insertion politique des pratiques conceptuelles dans la participation à la lutte des classes (populaires), avec une « avant-garde de premier plan, vers la transformation révolutionnaire de toutes les structures émanant des systèmes capitalistes et le nôtre en particulier[182] ».

Cette rapide évocation montre que le concept d'art populaire se développa largement sous le franquisme tardif, incluant l'abstraction, différentes formes de figuration et même certaines expérimentations conceptuelles. Les multiples possibilités plastiques que les critiques et les artistes mirent au jour pendant cette période pour transmettre l'idée de populaire et la nécessité de les englober toutes dans la catégorie d'art populaire (qui avait en fait pris le sens de la catégorie marxiste d'art prolétarien) furent résumées par Bozal en 1966 : « Un objet artistique est populaire lorsque sa signification favorise ce que les classes inférieures incarnent et ont historiquement dû accomplir, et n'est pas populaire quand le sens exprimé est neutre ou contraire au développement positif de ces classes. » Il défendit également l'idée que « le simple fait de prêter attention à la situation historique du peuple pouvait conduire à une certaine notion de l'art populaire[183] ».

Afin de « favoriser ce que les classes inférieures incarnent et ont historiquement dû accomplir », une forme de critique directe et efficace devint fondamentale pour des critiques comme Bozal et Llorens, ainsi que pour le développement des pratiques d'avant-garde elles-mêmes. Nombre de critiques militèrent alors pour un art enraciné dans une situation sociale spécifique afin d'être efficace. Estampa Popular Valencia, Equipo Crónica, Crónica de la Realidad et les artistes conceptuels comme Corazón ou les membres de Grup de Treball firent tous référence, dans leur traitement de la situation particulière des années 1960, aux contextes socio-politiques et culturels contemporains dans lesquels ils œuvraient. Ils abordaient essentiellement la perpétuation de la violence dans une société entrant dans l'ère des médias de masse et du consumérisme, comme le montrent par exemple les œuvres que nous avons déjà citées : *Copa de Veterano*, *Rueda de Prensa* et *Entierro del estudiante de Orgaz*[184]. À travers leur langage figuratif, ces trois œuvres firent fusionner les expérimentations formelles de l'avant-garde avec des interventions dans le contexte social spécifique dont elles avaient émergé. Elles tentaient ainsi de trouver un compromis sur la question de la légitimité de l'« art du peuple », qui faisait écho aux réalités sociales dans les contextes où ces groupes opéraient, à un niveau local (Valence), national (l'Espagne), mais aussi international. Ils étaient donc vus par les critiques militants comme les représentants d'une avant-garde engagée, collective, expérimentale et figurative qui fusionnait des ambitions à la fois idéologiques et expérimentales.

L'utilisation de la figuration, avec une dimension idéologique, à travers une série de stratégies visuelles comprenant l'exacerbation de l'objectivité, des couleurs plates, des images décontextualisées tirées des médias de masse et la recontextualisation d'images contrastées, fit entrer les artistes de Crónica de la Realidad dans la catégorie des avant-gardes réalistes. Ainsi Tomàs Llorens déclara-t-il qu'Equipo Crónica créait « un réalisme d'avant-garde, rassemblant les orientations de l'héritage réaliste de l'art de notre siècle d'une part et, de l'autre, les avant-gardes[185] ». Les artistes, selon lui, radicalisaient « l'exigence de distance et d'objectivité », tout en récupérant « la tension linguistique inhérente au réalisme comme forme de l'avant-garde[186] ».

Les contributions à l'avant-garde d'Estampa Popular Valencia, d'Equipo Crónica et de Crónica de la Realidad, et même leurs prétentions à l'art populaire, résidaient dans des expérimentations linguistiques fondées sur des bases critiques, qui offraient au spectateur une manière d'entrer en relation avec les œuvres différente de celle des autres mouvements figuratifs. Dans ce cadre, la théorie de la distanciation de Bertolt Brecht fournissait à Llorens et aux artistes la possibilité d'explorer la position du spectateur et sa participation critique à la réception de l'œuvre, le confrontant donc à une analyse objective et fragmentée de la réalité. Cela supposait « une réelle prise en compte du public concernant la question de ce qui dirige l'activité artistique, une prise en compte de ses conventions linguistiques [...] et de son langage[187] ». La stratégie de la distanciation pouvait donc (en théorie) faire du public un moteur actif de l'expérience esthétique et d'une potentielle critique sociale. Ainsi la réception purement passive de l'œuvre pouvait-elle être dépassée, encourageant chez le spectateur le processus critique[188]. Lorsque Crónica de la Realidad prit une place prépondérante dans la sphère artistique, et qu'Equipo Crónica commença à internationaliser son travail, Llorens y vit la possibilité de transformer la relation entre l'œuvre d'art et son spectateur. Il voulait tester cette relation pour voir jusqu'où « l'art peut influencer la conscience du public[189] ».

Cependant, du fait de l'appropriation croissante des mouvements avant-gardistes par un marché de l'art en pleine expansion, les critiques militants furent les premiers à exprimer leurs doutes quant à la capacité de l'avant-garde à parvenir à ses fins de transformation et de rébellion. La généralisation de langages artistiques importés de centres hégémoniques comme les États-Unis (tels le pop art américain ou l'op art), et dépendants des produits et des technologies de la société néocapitaliste, semblait confirmer leurs pires craintes[190]. La commercialisation accélérée du monde de l'art pendant cette période initia ce qui, pour les critiques, devait représenter la désactivation de la posture critique de l'avant-garde, de cet élan radical qu'ils avaient si longtemps défendu[191]. Son caractère « transformatif » fut remis en question par les critiques mêmes qui avaient contribué à l'intégrer comme valeur définitoire du concept d'avant-garde. Ainsi, à partir de la seconde moitié des années 1960, et malgré leur implication dans Crónica de la Realidad, Llorens et Bozal doutèrent de la capacité de transformation de l'avant-garde, qui jusque-là avait été très naturellement présupposée par le discours de la critique militante. Ils se demandaient à présent si l'avant-garde aurait ou pouvait avoir un impact social, et si elle pouvait réellement influencer la conscience du public.

Cette préoccupation commença à se manifester chez tous les critiques militants. En 1966, comme nous l'avons vu, Aguilera Cerni souligna à quel point

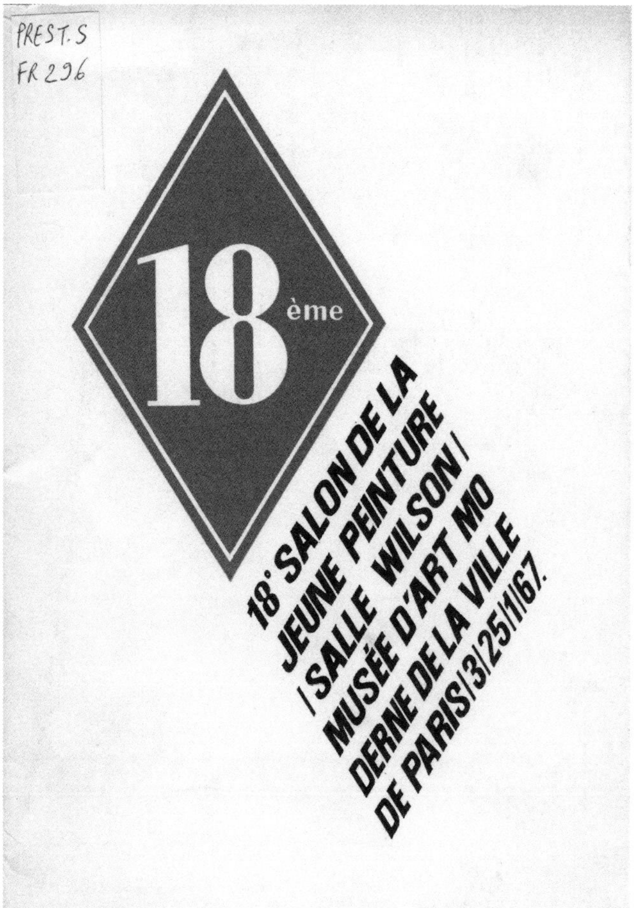

93 Couverture du catalogue du 18e Salon de la Jeune Peinture, Paris, 1967

était naïve l'aspiration à la « transformation sociale » par les arts que revendiquait Arte Normativo[192]. Llorens et Bozal allèrent encore plus loin, reflétant ainsi l'intégration effective des bases marxistes à leur cadre intellectuel. Llorens, par exemple, était persuadé que la transformation de la société ne pouvait s'accomplir que par un changement structurel des moyens de production, des puissances économiques et des relations sociales[193]. En outre, il avait alors acquis la conviction que le problème le plus important n'était plus le franquisme lui-même – il prendrait inévitablement fin à un moment ou à un

GROUPE CRONICA

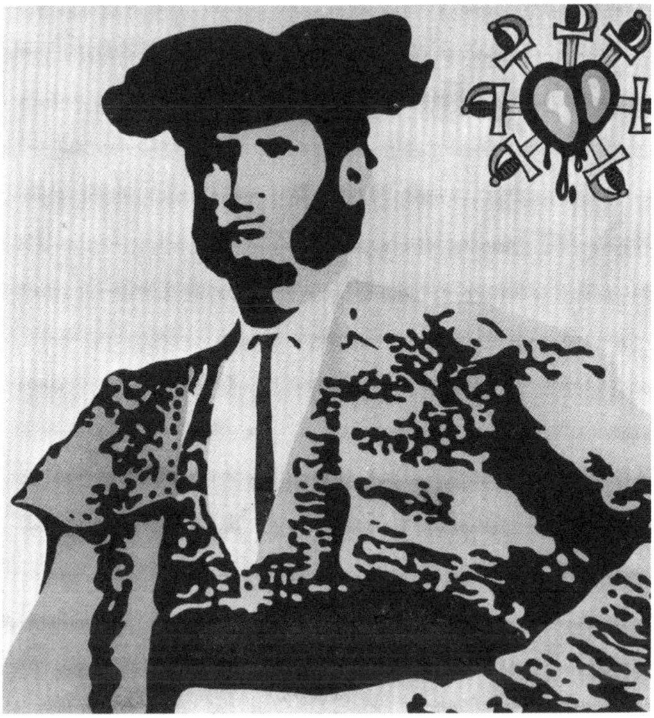

94 Equipo Crónica, œuvre reproduite dans le catalogue du 18e Salon de la Jeune Peinture, Paris, janvier 1967

autre –, mais plutôt le développement d'un système néocapitaliste qui aliénait la sphère artistique et invalidait ses messages critiques[194].

Lorsqu'il analysa historiquement la Seconde Avant-garde, Llorens définit l'avant-garde en général comme une série ininterrompue d'échecs, car chaque mouvement avait fini par être absorbé par le système qu'il avait initialement cherché à détruire. Bozal était lui aussi assez négatif. En tant que membre du collectif Comunicación, il reprit et développa les pensées du poète italien Edoardo Sanguineti, et finit par estimer que les efforts de l'avant-garde tombaient dans un radicalisme formel rebelle sans dimension politique[195]. Il écrivit : « Aujourd'hui, l'avant-garde semble avoir renversé la situation : elle brille par son opposition esthétique et son absence de politique[196]. » Grup de Treball partageait cette analyse critique des objectifs de l'avant-garde, et attaqua très précisément la relation entre l'avant-garde et le marché, choisissant plutôt la marginalité comme stratégie artistique et politique.

Cependant, même dans cette approche radicale, aucun des critiques ou artistes ne rejeta complètement le rôle que pourrait éventuellement jouer l'avant-garde dans un renouveau social généralisé : en effet, comme l'affirma Llorens en 1967, « sa participation active à la constitution d'une nouvelle société [...] répond à une nécessité historique[197] ». Même s'il niait la possibilité de transformer l'environnement par le design industriel, défendue par le philosophe catalan Rubert de Ventós à la fin des années 1960, Bozal considérait tout de même que certains mouvements étaient encore capables d'ébranler les bases sociales[198]. En 1968, il évalua de manière très positive les activités du Salon de la Jeune Peinture et de la Figuration narrative en France, auxquels participèrent les artistes espagnols Arroyo, Equipo Crónica et Equipo Realidad (ill. 93-94). Bozal jugeait leurs œuvres et leurs actions – particulièrement de la part d'un Salon de la Jeune Peinture aux motivations politiques – efficaces dans la mesure où elles parvenaient à « éveiller, inquiéter et déranger, afin de faire sauter ce monde respectable, car il n'est rien de plus qu'une forme d'aliénation[199] ».

Les artistes en dialogue avec les critiques militants partageaient le même espoir. Alberto Corazón et Grup de Treball ne renoncèrent pas à la valeur de l'œuvre d'art au sein du projet d'une émancipation sociale à venir. Dès le départ, le groupe catalan visait « une pratique plus critique et transformatrice de la réalité[200] ». Ce fut d'ailleurs la conclusion de la déclaration de Corazón, « En favor de un arte perfectamente útil » (Pour un art complètement utile), où il souscrivait au besoin d'intervention et de participation des artistes « à la stratégie générale de la lutte pour la libération des hommes[201] ». À la fin de la dictature, cette conception était largement répandue dans les cercles artistiques, et Equipo Realidad, par exemple, qui incarnait l'évolution de la notion d'avant-garde en Espagne, déclarait assez radicalement : « L'art qui n'est pas lié à la politique ou, pour mieux le dire, aux problématiques sociales, n'est pas de l'art. Je conçois l'art comme un moyen de contribuer à la transformation de la société[202]. »

À la fin de la dictature, et en dépit de leurs relations parfois conflictuelles, les conceptions de l'avant-garde des critiques militants avaient pris racine dans les discours espagnols. Malgré leur perte de pouvoir sur l'avant-garde, les critiques militants eurent l'occasion, peu après la mort de Franco, de réévaluer l'impact de la Seconde Avant-garde sur la réalité sociale pendant la dictature, à travers une importante exposition sur la prestigieuse scène internationale de la Biennale de Venise. Après de longues années de lutte pour la conquête de la signification de l'art moderne, leur notion de l'avant-garde devint alors prédominante dans l'appréciation historique des arts sous le franquisme, comme nous le verrons dans les pages suivantes.

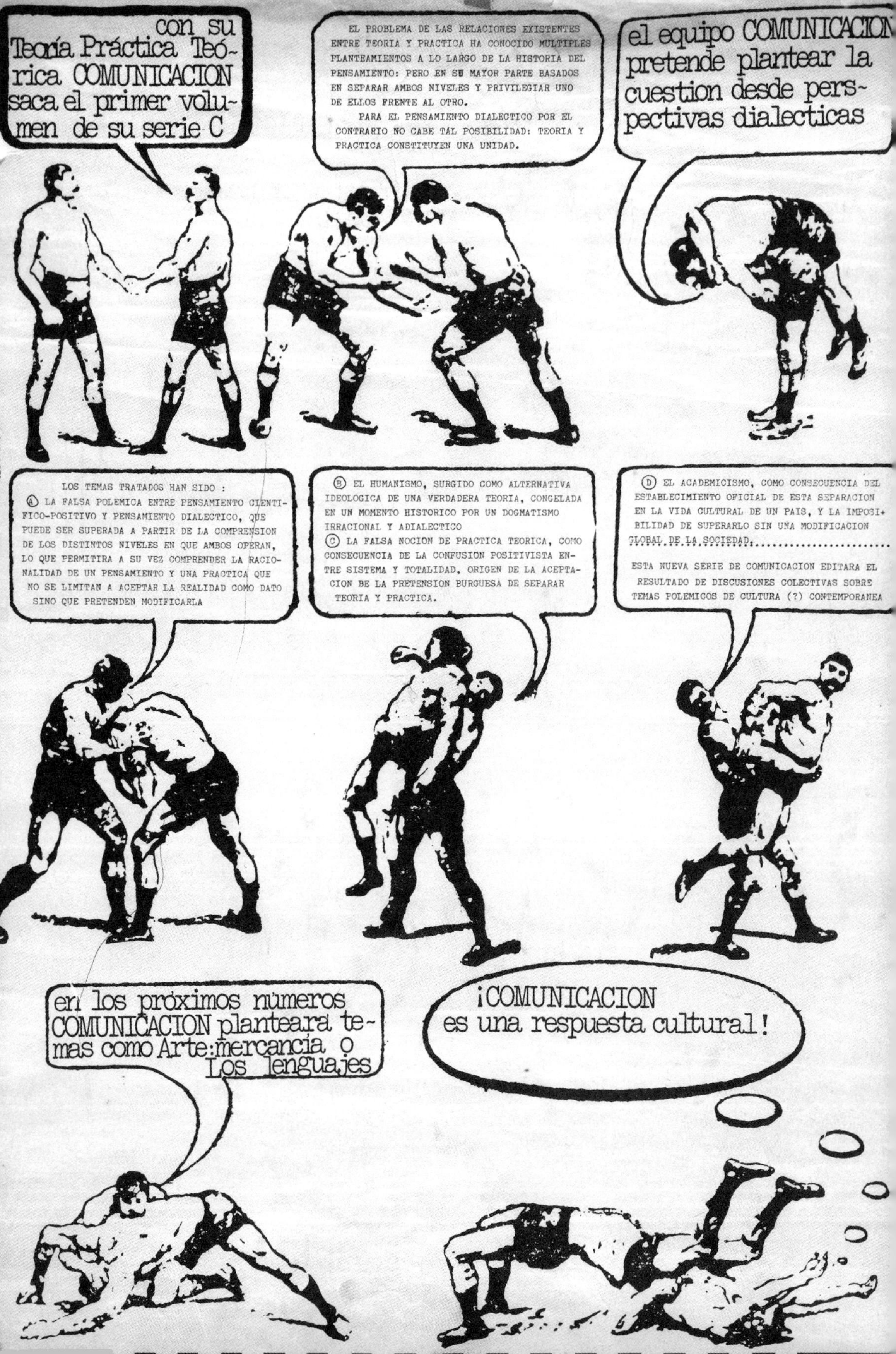

gráficos color, madrid. dep.legal M.31633-1971

ÉPILOGUE
Avant-garde artistique et réalité sociale : une lutte pour la signification de l'art moderne

« Le régime ne se limitait pas à l'exploitation du prestige international [des pratiques d'avant-garde], [...] il utilisait également ces expositions pour provoquer une sélection discriminatoire politiquement orientée vers la neutralisation idéologique du cœur même des avant-gardes[1]. »

Tomàs Llorens

En 1976, presque un an après la mort du dictateur (le 20 novembre 1975), eut lieu la première évaluation générale de la période artistique des années franquistes à travers l'exposition rétrospective *Spagna: Avanguardia artistica e realtà sociale, 1936-1976* (Espagne. Avant-garde artistique et réalité sociale, 1936-1976), qui se tint à la Biennale de Venise (ill. 95). Non seulement la XXXVIIe Biennale avait restructuré ses activités, afin d'inclure dans son programme le cinéma, l'architecture et d'autres formes d'art, mais elle s'était aussi mise à suivre une voie nouvelle, par rapport à son organisation pré-1968, avec des expositions thématiques aux positionnements politiques et idéologiques[2]. La contribution espagnole fut organisée sans les autorités franquistes, afin de montrer l'avant-garde espagnole sans l'intervention du régime (ill. 96). Cette participation espagnole indépendante avait commencé à s'organiser en 1974, alors que Franco était encore *vivito y coleando*[3] (bien vivant). Cette année-là, les organisateurs avaient dédié la XXXVIe Biennale à la contestation du putsch militaire de Pinochet au Chili. Deux ans plus tard, *Spagna: Avanguardia artistica e realtà sociale* s'inscrivait clairement dans les visées de la Biennale, transformant l'exposition en événement antifasciste[4].

En 1975, une commission indépendante – composée d'acteurs de la scène culturelle, critiques d'art (militants), jeunes artistes et architectes, comme Tomás Llorens, Valeriano Bozal, Manolo Valdés et Rafael Solbes (tous deux membres d'Equipo Crónica), Alberto Corazón, Antoni Tàpies, Antonio Saura, Agustín Ibarrola, Oriol Bohigas et Manuel García (comme secrétaire) – avait été invitée à présenter l'avant-garde espagnole sous la dictature (ill. 97-99)[5]. Cette commission avait pour projet d'analyser le développement des langages avant-gardistes entre 1939 et 1976 dans le contexte socio-politique, avant tout pour montrer l'engagement antifranquiste des arts et des artistes pendant la dictature, ce qui permit de remettre en cause la vision franquiste de l'avant-garde que le régime avait (largement) façonnée et exportée – bien plus que les critiques ne voulaient l'admettre. Elle voulait ainsi s'attaquer à cette interprétation et à cette conception de l'art moderne espagnol dans le cadre de la prestigieuse Biennale de Venise.

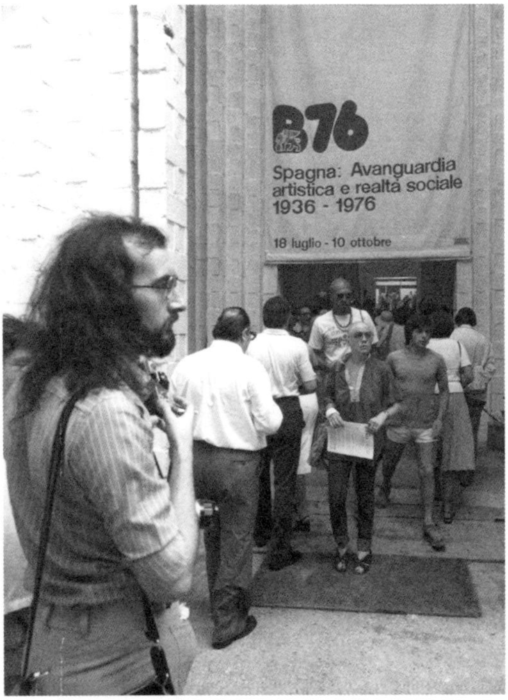

95 L'entrée du pavillon central aux *Giardini* à la Biennale de Venise, où fut montrée l'exposition *Spagna: Avanguardia artistica e realtà sociale, 1936-1976* (Espagne. Avant-garde artistique et réalité sociale, 1936-1976), 18 juillet 1976, photographie par Cameraphoto, Venise

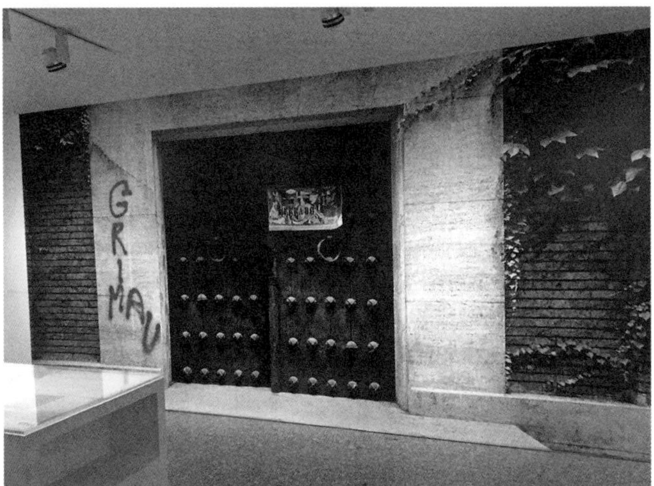

96 La porte d'entrée du pavillon espagnol aux *Giardini* resté fermé lors de la Biennale de Venise de 1976, avec l'inscription « cerrado » (fermé) sur une reproduction de *Guernica* de Picasso, vue du photomontage accroché dans l'exposition *Poéticas de la democracia*, Madrid, Museo Reina Sofía, 5 décembre 2018 – 4 mai 2020

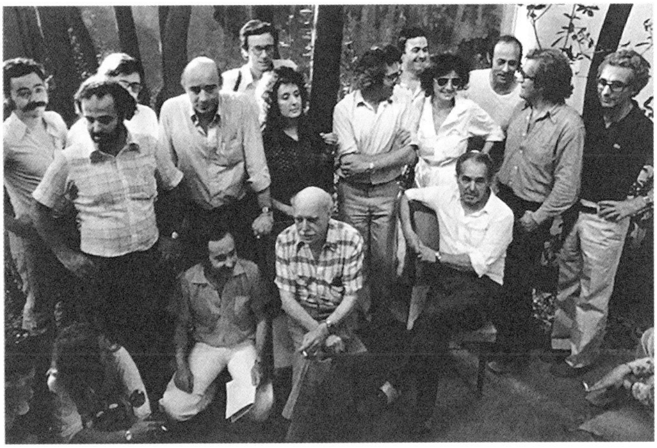

97 Les organisateurs et amis de la contribution espagnole à la Biennale de Venise de 1976. Debout : Alberto Corazón, V. Pérez Escolano, Valeriano Bozal, Antonio Saura, Jorge Teixidor, l'épouse d'Antoni Bonet, Tomàs Llorens, Rafael Solbes, Grazia Eminente, Eduardo Arroyo, Oriol Bohigas et Josep-María Martorell ; assis : Inma Julián, Manolo Valdés, Josep Renau et Antonio Bonet Castellana, photographie par José-Miguel Gómez

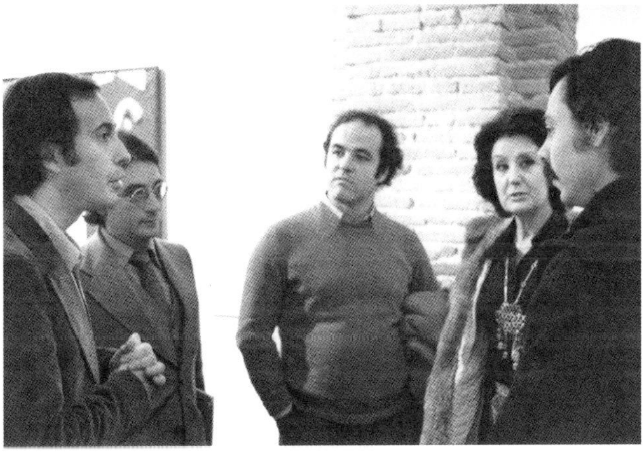

98 Membres de la commission des dix organisateurs de l'exposition *Spagna*, Biennale de Venise, 1976 : Manolo Valdés, Manuel García, Valeriano Bozal, l'épouse d'Antoni Bonet et Alberto Corazón, photographie par José-Miguel Gómez

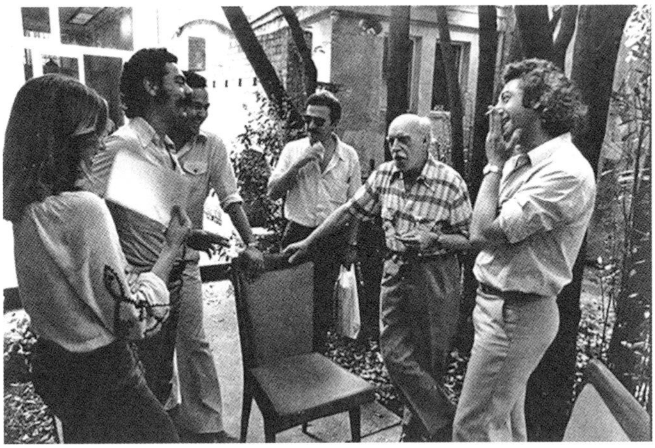

99 Chiruca Brabo, Alberto Corazón, Rafael Solbes, Giangiacomo Spadari, Josep Renau et Tomàs Llorens, Venise, 18 juillet 1976, photographie par José-Miguel Gómez

Depuis les années 1950, la dictature avait trouvé dans les arts un outil de politique extérieure fort utile et, pendant près de vingt ans, elle avait tenté de contrôler l'avant-garde afin de s'en servir pour réhabiliter l'Espagne à l'étranger. Par exemple, comme nous l'avons vu, l'art informel était interprété en Espagne comme un produit nationaliste. Malgré ses liens directs avec le mouvement international de l'expressionnisme abstrait[6], il passait pour une mouvance qui se réappropriait la tradition picturale espagnole du XVIIe siècle à travers des valeurs et des icônes considérées comme représentatives de l'identité culturelle du pays (la spiritualité, la solennité, le réalisme et l'expressionnisme des maîtres de la peinture espagnole, tels Velázquez, Zurbarán et Goya)[7]. Cette conception avait des connotations clairement autarciques, car elle réinterprétait avant tout les tendances modernes à l'aune du contexte espagnol[8]. Cette autoréférence renforçait l'« hispanicité » de cette avant-garde (l'art informel) nouvellement créée et présentée à l'étranger, la positionnant davantage comme un produit national que comme une *lingua franca* partagée avec d'autres régions du monde[9].

Cette interprétation fut particulièrement corroborée entre 1957 et 1962, au moment de la première internationalisation de l'art informel[10]. Très conscients du potentiel de l'avant-garde pour les efforts diplomatiques du régime, les acteurs officiels (tel Gonzáles Robles, le curateur de la participation espagnole aux Biennales de Venise et de São Paulo de 1957 à 1975) essayèrent de codifier et de renforcer cette interprétation sur la scène internationale avec des expositions, des catalogues et des livres[11]. En se promenant dans les ateliers d'artistes afin de préparer la sélection pour le(s) pavillon(s) espagnol(s), Robles choisit des participants qui pouvaient correspondre à la fois aux critères internationaux et au discours nationaliste établi depuis la fin de la guerre civile. Dans un entretien, Antonio Saura se souvint que le curateur lui avait demandé « des peintures très grandes, très dramatiques, très abstraites et très espagnoles[12] ». Essentiellement en raison de la politique culturelle déployée par son puissant commissaire officiel, ce récit traditionaliste et autoréférentiel devint un outil théorique de légitimation du régime, point fort dans ses échanges diplomatiques, à un moment délicat dans son processus de reconnaissance internationale[13].

Spagna: Avanguardia artistica e realtà sociale prit explicitement position contre cette interprétation : en effet, l'exposition se référait directement aux manœuvres du régime pour s'approprier l'avant-garde à ses propres fins. D'ailleurs, dans l'introduction du catalogue, Llorens et Bozal définirent leur objectif : « analyser et corriger l'image de l'avant-garde espagnole que la Biennale proposait jusqu'à sa crise en 1972, une image nécessairement idéologique – dans le pire sens du terme – et fausse, due à l'occultation du contexte politique dans lequel cet art fut produit[14] ». Les deux critiques ressentaient le besoin de « corriger » le discours construit par le régime, parce qu'ils voyaient que celui-ci avait fait fusionner le discours impérial de l'autarcie espagnole avec le langage moderniste des pays occidentaux « libres », sans parler des motivations idéologiques ou politiques qui devinrent elles aussi importantes pour certains des artistes soutenus par l'État.

Ainsi l'exposition soulignait-elle la valeur dissidente de l'avant-garde depuis la guerre civile. Elle était organisée chronologiquement et divisée en huit parties qui couvraient la période allant de la résistance républicaine à la fin du franquisme. Le projet se voulait historique, discursif et analytique, mettant en évidence les mouvements artistiques engagés[15]. La collaboration des artistes à la cause républicaine pendant la guerre civile fut choisie comme point de départ. En plus de présenter une collection d'affiches du front républicain, une partie de l'exposition était consacrée au pavillon espagnol de 1937. Les œuvres de Picasso, Miró, González, Renau et Alberto Sánchez y furent exposées, ainsi

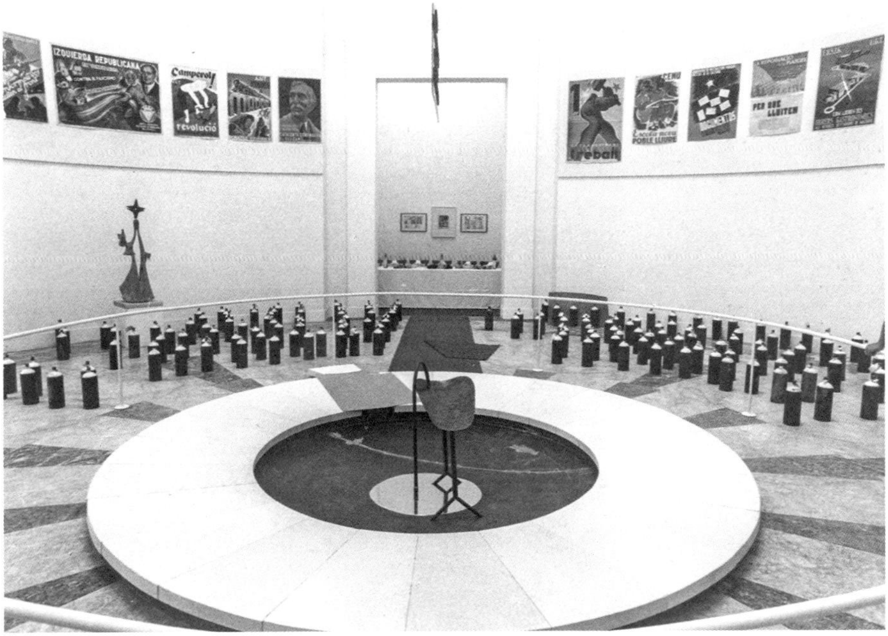

100 Vue de la salle consacrée à la « Première Avant-garde » dans l'exposition *Spagna*, Biennale de Venise, 1976, avec au mur des affiches antifascistes et au milieu la *Fontaine de mercure* qu'Alexander Calder avait faite pour l'Exposition internationale de Paris de 1937

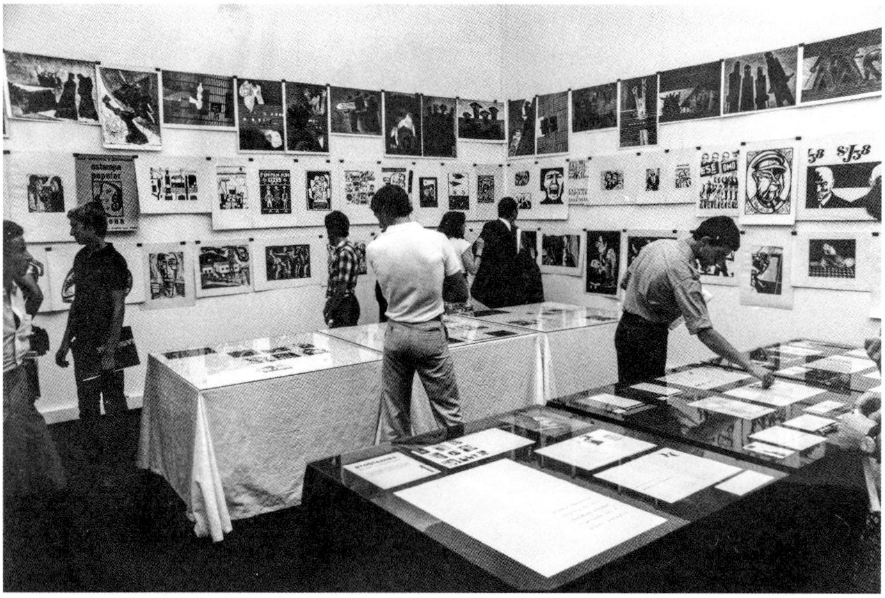

101 Vue de la salle consacrée à Estampa Popular dans l'exposition *Spagna*, Biennale de Venise, 1976, photographie par José-Miguel Gómez

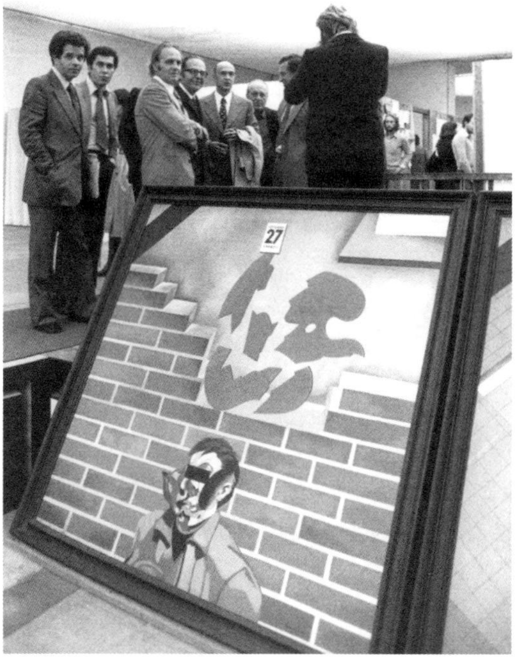

102 Visite de l'exposition *Spagna* par un groupe autour de Bettino Craxi (désigné la veille comme nouveau secrétaire du Parti socialiste italien), Biennale de Venise, 17 juillet 1976, photographie par Cameraphoto, Venise

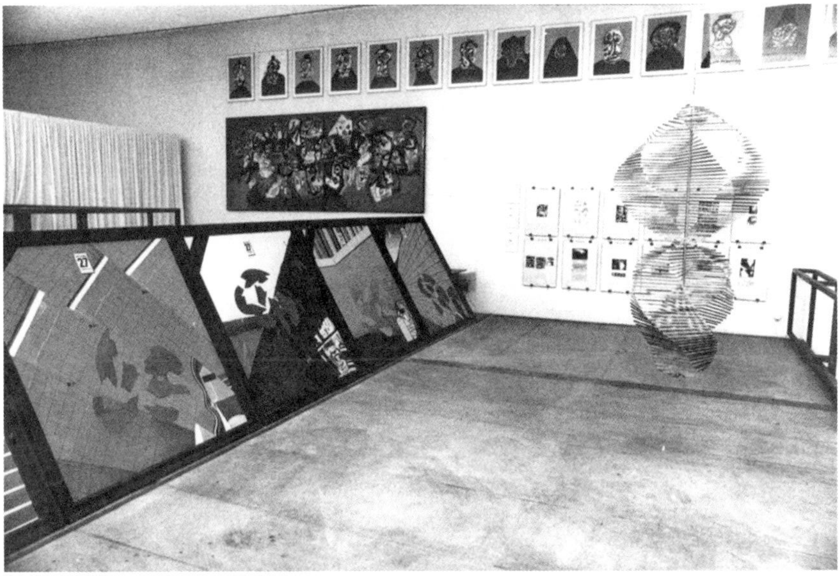

103 Vue d'un espace dans l'exposition *Spagna*, Biennale de Venise, 1976, avec des œuvres d'Equipo Crónica, Antonio Saura, Alberto Corazón et un mobile d'Eusebio Sempere, photographie par José-Miguel Gómez

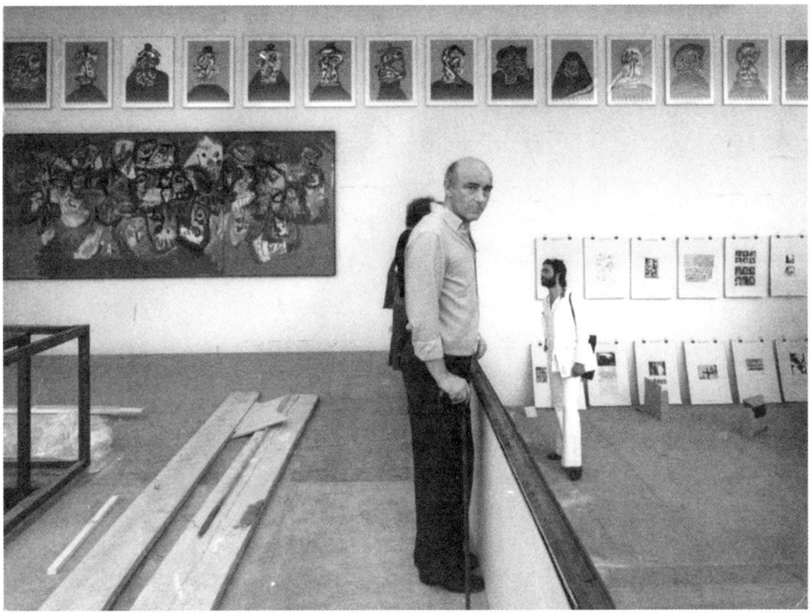

104 Le peintre Antonio Saura lors du montage de l'exposition *Spagna*, Biennale de Venise, 17 juillet 1976, photographie par José-Miguel Gómez

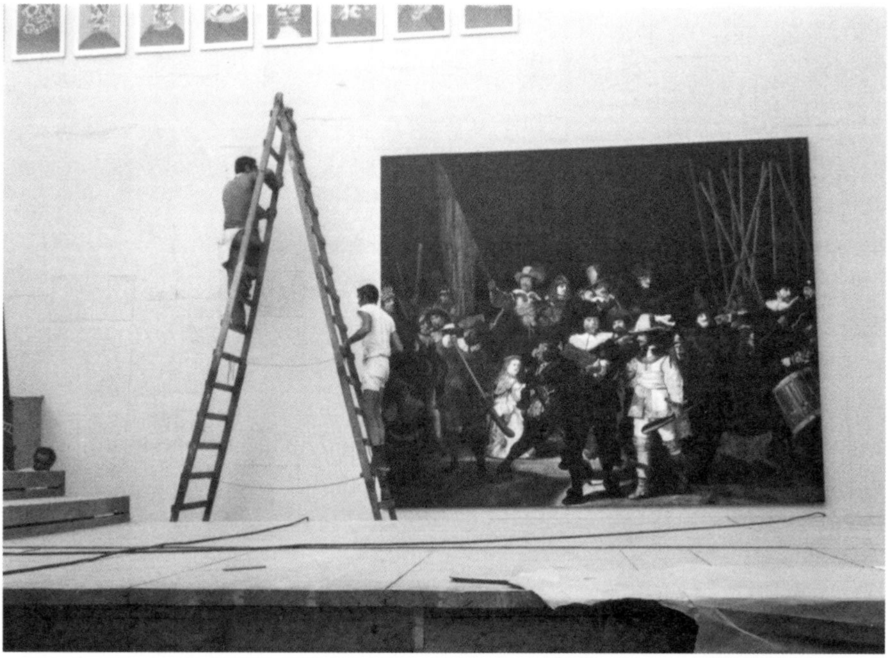

105 Vue du montage de la peinture d'Eduardo Arroyo, *Ronda de noche con porras* (Ronde de nuit avec matraques, 1975-1976, huile sur toile, 375 × 717 cm, triptyque), dans l'exposition *Spagna*, Biennale de Venise, 17 juillet 1976, photographie par Manuel García (lors de la prise de vue, il manquait encore les deux toiles latérales de l'œuvre)

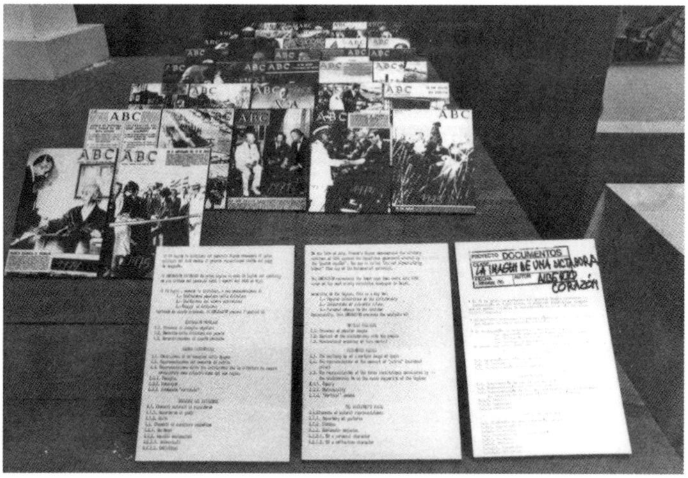

106 Alberto Corazón, *La imagen de una victoria* (L'image d'une victoire), vue de l'installation dans l'exposition *Spagna*, Biennale de Venise, 1976, photographie par José-Miguel Gómez que la *Fontaine de mercure* de Calder, afin de prouver « la grande importance de l'image dans la construction d'une culture militante[16] » (ill. 100). Selon le récit promu par l'exposition, ces artistes engagés avaient ouvert la voie à la dissidence et à la lutte continuelle qui avaient défini la Seconde Avant-garde pendant la dictature.

Ces premières salles – point de départ théorique de l'exposition – étaient suivies par une partie évoquant l'exil des artistes et la défaite de la République. Les visiteurs pouvaient ensuite découvrir la production artistique de la période franquiste (1939-1975), chronologiquement divisée en sept parties aux thématiques transversales : l'exil, la reconquête de l'avant-garde (1938-1954), le témoignage et la liberté (1954-1964), les espaces du réalisme (1959-1964), l'engagement (1964-1972), la peinture, la critique et le sens (1967-1976), et une dernière section baptisée « hors-texte[17] ». Presque quarante ans de dictature étaient illustrés par une collection d'œuvres considérées comme « les plus représentatives », avec des artistes comme Ángel Ferrant, Antonio Saura, Antoni Tapiès, Equipo 57, Andreu Alfaro, Estampa Popular, Equipo Crónica, Juan Genovés, Eduardo Arroyo et Grup de Treball (ill. 101-106)[18]. Ce choix relativement restreint, qui ne recouvrait pas tout le panorama de la vie artistique sous la dictature franquiste, correspondait à la volonté du comité de livrer une « analyse des relations art-politique pour la période indiquée[19] ».

Le récit de *Spagna: Avanguardia artistica e realtà sociale* proposait des liens directs entre la Première et la Seconde Avant-garde, dans laquelle les critiques militants s'étaient beaucoup impliqués. Sa conceptualisation et son argumentation révélaient les différents résultats que produisit, sur une vingtaine d'années, la mise à jour marxiste en Espagne. L'exposition, principalement conçue par Llorens (chargé des œuvres) et Bozal (qui s'occupa du catalogue), cherchait à « montrer que l'avant-garde espagnole avait été façonnée de l'intérieur [...] par une bataille idéologique participant de la lutte des classes, au sein d'un mouvement général, dans la société espagnole, vers le modèle abstrait d'une société capitaliste normale[20] ». Les essais des critiques n'étaient pas seuls à y contribuer : la manière même dont était organisée l'exposition soulignait également cet aspect idéologique, en prenant pour point de départ le pavillon espagnol républicain de Paris.

De plus, l'exposition comprenait une installation de palissades en bois avec des photographies et des textes tirés d'événements socio-politiques ayant un fort caractère subversif (incluant même des panneaux vides pour l'expression libre des visiteurs, où sont apparus de multiples messages en faveur de la liberté et du socialisme, ill. 107-108)[21]. Ces explications contextualisées étaient présentées dans les salles afin d'attirer l'attention sur la dissidence

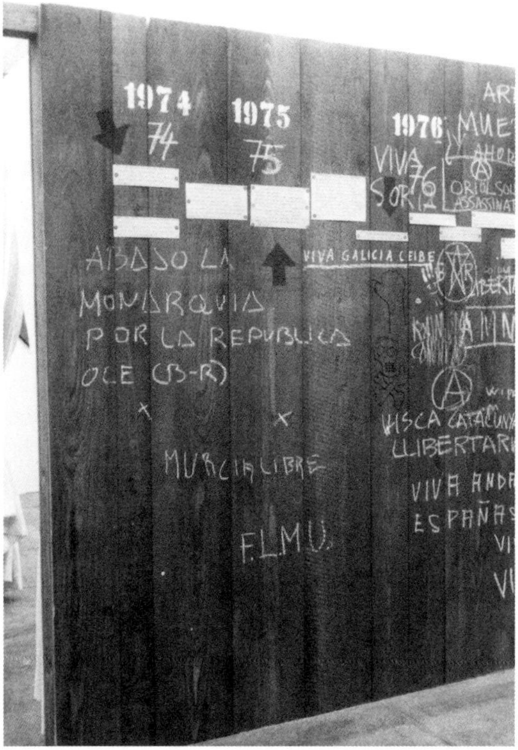

107 Vue de l'installation, conçue par Valeriano Bozal et Alberto Corazón, pour l'exposition *Spagna*, Biennale de Venise, 1976 : palissade en bois, avec textes, images et, ici, inscriptions des visiteurs

et sur la lutte perpétuelle contre le régime qui s'étaient développées au sein de la société espagnole.

La possibilité de présenter un contre-récit critique à Venise était une opportunité exceptionnelle pour le comité indépendant et ses membres engagés. Non seulement parce que la Biennale était devenue un lieu qui comptait particulièrement dans un monde de l'art de plus en plus globalisé, mais aussi parce que c'était là que les stratégies de légitimation internationale du régime avaient porté leurs premiers fruits, avant de gagner en importance lorsqu'elles se diffusèrent vers d'autres plates-formes d'exposition internationales[22]. Comme nous l'avons vu, malgré la crainte originelle que l'art informel espagnol soit mal accueilli, les réactions globalement positives qu'il suscita dans ce genre d'espaces à la fin des années 1950 et au début des années 1960 concoururent à la légitimation internationale du discours officiel sur le caractère autochtone et folklorique de l'avant-garde espagnole, au grand soulagement des agents culturels franquistes[23]. Chargés d'organiser l'exposition espagnole à la Biennale de

Venise en 1976, le comité indépendant et notamment les critiques militants avaient enfin l'occasion d'œuvrer eux aussi dans ce domaine, de « corriger » l'interprétation officielle et de déployer leur propre discours sur le caractère et le développement de l'art moderne espagnol.

Sans doute la diversité des membres composant le comité expliquait-elle en partie l'insistance avec laquelle *Spagna: Avanguardia artistica e realtà sociale* tentait de rendre justice à un héritage différent, formé d'artistes, de critiques militants et de mouvements dissidents en opposition à la dictature, qui montrerait les failles dans le discours monolithique de l'État. Il n'est pas étonnant que, pour souligner l'engagement des arts, Valeriano Bozal se soit référé, dans l'un des textes qu'il rédigea pour le catalogue, à l'influence et à la valeur d'*España Libre*, qui se tint en 1964[24]. Comme on l'a vu, son angle idéologique avait conféré à cette exposition une identité spécifique, car elle s'était efforcée de distinguer les artistes qui exposaient avec le régime de ceux qui avaient décidé, en toute conscience, de ne pas participer aux expositions officielles, ou qui, comme l'écrivit Aguilera Cerni, adopteraient cette position à partir

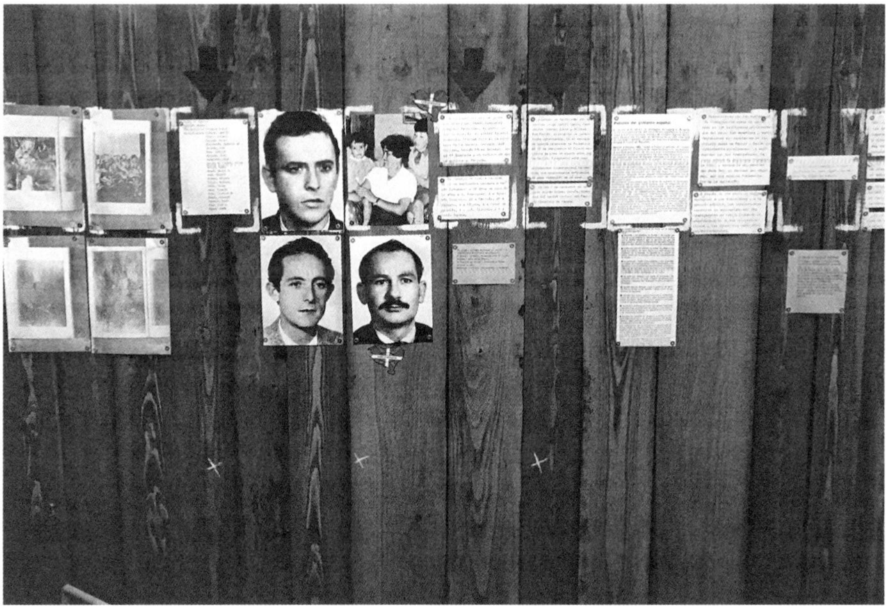

108 Vue de l'installation, conçue par Valeriano Bozal et Alberto Corazón, pour l'exposition *Spagna*, Biennale de Venise, 1976 : palissade en bois, avec textes, images et, ici, portraits photographiques de Giménez Pericás et d'Agustín Ibarrola datant de leur emprisonnement en 1962

de ce moment-là[25]. La condition *sine qua non* que posait l'équipe organisant *España Libre* (menée par Argan, Mario de Micheli, Apollonio, Aguilera Cerni et Moreno), en encourageant la conversion idéologique, était particulièrement conciliante pour les artistes politiquement conscients qui avaient été séduits par la perspective du succès international avant de se rendre compte qu'ils signaient en réalité un pacte avec le diable. Cette idéologisation poussa de plus en plus d'artistes à refuser de participer aux expositions officielles, ce qui mina les efforts du régime pour utiliser la culture comme instrument de politique extérieure. *España Libre* avait donc manifesté, d'une part, la gêne qu'avaient ressentie les critiques militants, les artistes géométriques, les groupes réalistes et les artistes informels reconnus à accepter le soutien officiel ; et, de l'autre, le développement de leur conscience politique résultant de cette situation – une conscience qui s'exprimait toujours plus explicitement contre le régime.

Au cours de cette évolution, les représentants du régime avaient tenté de négocier avec les artistes, les institutions et les interprétations divergentes afin de maintenir leur hégémonie, ou du moins son apparence. Ces tentatives eurent lieu assez tôt, par exemple avec le pavillon espagnol à la Biennale de Venise de 1958, où étaient exposés les artistes du groupe El Paso. Le commissaire González Robles parlait alors de leur « saine dissidence », voyant à la source de leur engagement une sorte d'impulsion intellectuelle plutôt que des motivations politiques et idéologiques[26]. Quelques années plus tard, lorsque des artistes de renom comme Tàpies commencèrent à refuser toute collaboration institutionnelle, leurs œuvres qui appartenaient à des galeries ou à des collectionneurs furent alors utilisées en lieu et place de leur coopération, afin de corroborer le récit du régime et de dissimuler les différends. Même si le régime présentait le refus des artistes comme « une dissidence ridicule, une réaction ingrate de la part de peintres entrés dans le monde grâce à l'Espagne et se donnant à présent des airs d'indépendance artistique », il ne pouvait être ignoré[27]. Ainsi, à l'exposition *New Spanish Painting* (1961) au MoMA, le régime accepta même de jouer un rôle secondaire dans l'organisation officielle, conscient qu'il était « du danger que certains artistes ne voudraient pas être montrés dans une exposition à laquelle collabore le gouvernement espagnol[28] ».

Avec le refus de plus en plus fréquent des artistes d'avant-garde de participer aux expositions officielles, et la manifestation toujours plus évidente de leur opposition, le succès des représentations artistiques espagnoles officielles lors des Biennales internationales était menacé. Tout cela se refléta ensuite dans la présence croissante et indépendante d'artistes d'avant-garde dans des galeries internationales (telles les galeries Denise René, Maeght, Marlborough et Pierre Matisse), et dans leur engagement grandissant en tant que participants indépendants (et non sponsorisés par le gouvernement) à des événements artistiques comme la Documenta de Cassel (1972) et la Biennale de Paris (1975). Toutes ces expositions, tous ces réseaux et tous ces échanges offrirent de nouveaux espaces pour contrecarrer le puissant récit que le système avait utilisé à son avantage.

À la Biennale de Venise de 1976, les critiques militants voulaient signaler ces glissements afin de souligner une conscience idéologique croissante qui se manifestait ouvertement dans les mouvements d'avant-garde, pour prouver qu'il existait en Espagne un réel rayonnement de l'idéologie. Ainsi peut-on voir dans *Spagna: Avanguardia artistica e realtà sociale* l'héritière des premières expositions antifranquistes comme *España Libre*. Mais l'exposition de 1976 offrait aussi une approche distincte et très volontaire. Contrairement aux précédentes manifestations antifranquistes, le projet vénitien refusait une perspective panoramique et exhaustive, choisissant plutôt un groupe d'artistes sélectionnés de manière critique afin de mieux analyser le lien entre avant-garde et dictature. Cette interprétation mettait l'accent sur les développements formels de l'avant-garde ainsi que sur sa valeur idéologique et son caractère militant, pris dans la désintégration et la décomposition du régime, que tous considéraient alors comme périmé et obsolète. Pourtant, l'exposition évita d'analyser en détail la collaboration tacite entre l'avant-garde et la dictature, qui avait défini leurs relations au moins jusqu'en 1959, et qui s'était fait jour lors de la Biennale hispano-américaine à Barcelone en 1955, et aux Biennales de Venise et de São Paulo à la fin des années 1950. Les critiques militants avaient toutefois bien conscience de cet arrangement initial, que Jorge Luis Marzo a baptisé « les origines conservatrices de l'avant-garde[29] ». Dans une interview de la fin des années 1990, Valeriano Bozal fit allusion à l'ambiguïté de la relation entre sujet et régime, entre art et dictature. Décrivant ce rapport comme une composante de l'expérience vécue de cette époque, il expliqua : « On essayait toujours de jouer les équilibristes, on était sur le fil du rasoir : observant à quel point on était manipulé, et à quel point les actions à la marge de cette manipulation pouvaient avoir un impact[30]. » Voilà qui résume bien les liens compliqués dans lesquels se débattaient les artistes, les critiques et le gouvernement à la fin de l'autarcie et au début du franquisme tardif – un équilibre précaire, devenu de plus en plus difficile à maintenir et à justifier au fil des années 1960.

Avec la mort de Franco, et parallèlement aux divers processus de reconstruction des infrastructures idéologiques, sociales, politiques et culturelles, l'exposition de 1976 adopta une perspective ouvertement partisane. L'évaluation de l'avant-garde dans son ensemble était néanmoins loin d'être une révision héroïque : elle était beaucoup plus critique et différenciatrice que les expositions précédentes, où l'avant-garde elle-même ne faisait jamais l'objet de critiques. En outre, à la suite de leurs analyses du lien entre art et néocapitalisme, les commissaires Llorens et Bozal livrèrent une appréciation peu indulgente de l'avant-garde contemporaine. Ils présentèrent l'avant-garde espagnole comme une succession d'échecs dans la recherche de «*el arte del pueblo*[31]». Bozal conclut que, échouant à créer un art prolétarien (l'objectif qui avait animé la pratique artistique sous le franquisme tardif), les artistes n'étaient dans la plupart des cas parvenus qu'à créer un populisme sans véritable apport critique. Même s'il excluait de ce jugement négatif quelques pratiques d'avant-garde (par exemple celles d'Equipo Crónica, Eduardo Arroyo, Agustín Ibarrola et Alberto Corazón) en raison de leur «critique efficace[32]», il semblait en fin de compte que l'avant-garde était condamnée et qu'elle avait perdu contre le capitalisme. D'autres critiques, comme Llorens ou Marchán, partageaient alors cette opinion. Ainsi ce dernier se référa-t-il publiquement à l'avant-garde comme «outil du système économique et social[33]».

L'exposition *Spagna: Avanguardia artistica e realtà sociale* resta controversée tout au long de sa durée, suscitant autant de suspicions que de critiques. Cet événement fut analysé, questionné et débattu par les organisations et les acteurs intellectuels, politiques et artistiques (artistes, critiques, comités culturels et même partis politiques) qui avaient été réduits au silence sous la dictature ou qui avaient émergé au cours des dernières années du franquisme, voire après la mort de Franco. Même les critiques militants, qui avaient tous cultivé une conscience idéologique antifranquiste et s'étaient élevés contre la dictature, étaient divisés à ce sujet. La vision partisane de l'exposition entraîna une confrontation entre le comité organisateur (surtout Bozal, Llorens, Corazón et Arroyo) et les critiques plus anciens de l'école sociologique (c'est-à-dire Aguilera Cerni et Moreno Galván). Leur dispute, prenant de l'ampleur, éclata au grand jour dans la période précédant l'exposition et fut couverte par les médias espagnols et étrangers, faisant réagir d'autres figures nationales et internationales (tels Rafael Alberti, Argan, Vedova et Luigi Nono).

Cette problématique fit d'ailleurs émerger un désaccord à propos des méthodes et des perspectives au sein de la critique militante, qui couvait depuis le milieu des années 1960[34]. Même si Aguilera Cerni et Moreno partageaient la position de base sur le rapport entre art et culture ainsi que sur l'interrelation entre art et politique, ils ne comprenaient pas cette sélection d'artistes idéologiquement limitée. Comme ils avaient un certain poids en Italie, le président de la Biennale de Venise, Carlo Ripa di Meana (ill. 109-110), leur demanda de soumettre un projet alternatif dans les premiers mois de l'année 1976. Dans la proposition qu'ils formulèrent alors, ils soutenaient un choix plus généraliste et

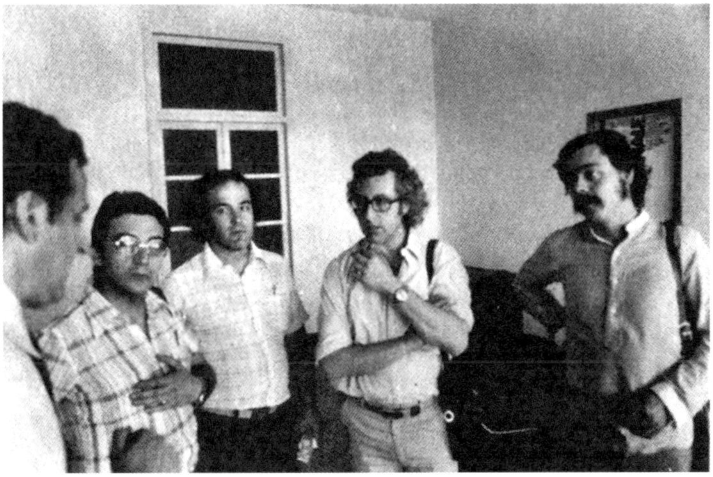

109 Le président de la Biennale de Venise, Carlo Ripa di Meana, avec Tomàs Llorens, Valeriano Bozal, Alberto Corazón et Manuel García, 1976, photographie reproduite dans *La Biennale di Venezia. Annuario 1978. Eventi del 1976-77*, p. 667, ill. 38

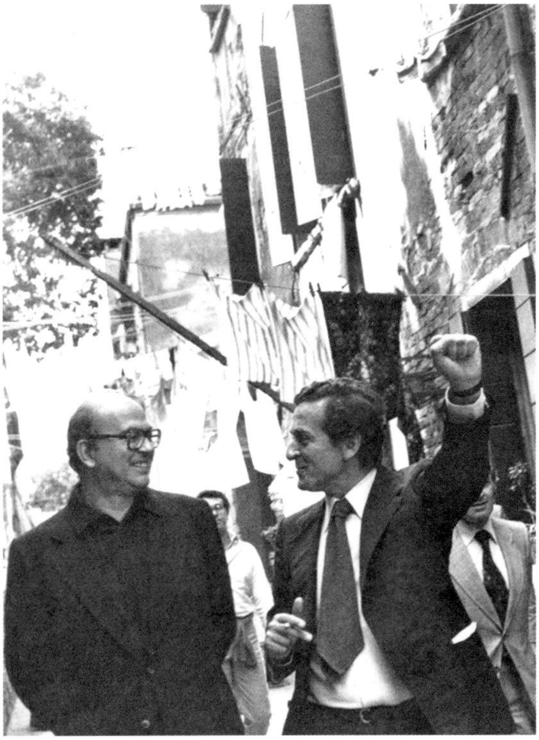

110 Bettino Craxi, leader du Parti socialiste italien, et Carlo Ripa di Meana, président de la Biennale de Venise, 17 juillet 1976, photographie par Mark E. Smith panoramique, englobant un nombre assez important d'artistes et de pratiques artistiques (dont la peinture, la sculpture, l'architecture, la musique, le théâtre et la poésie), ainsi que des sections idéologiques et politiques différentes (ils avaient également sélectionné une collection de propagande franquiste datant de la guerre civile)[35]. Leur (contre-)projet cherchait clairement à contribuer à la Réconciliation nationale, le leitmotiv du Parti communiste espagnol depuis 1956, en soulignant une « possibilité de coopérer pour l'avancement démocratique[36] » afin d'intégrer diverses factions idéologiques dans la marche vers l'avenir de l'Espagne.

Le concept alternatif mis en avant par Aguilera Cerni et Moreno Galván suggérait une vision totalisante de la production artistique sous le franquisme, alors que le comité d'organisation officiel de *Spagna: Avanguardia artistica e realtà sociale* avait dès le départ justifié le choix d'une sélection « critique » fondée sur des études de cas qui se voulaient « le reflet des contributions globales de ces mouvements [artistiques][37] ». On pourrait comparer cette opposition à un désaccord similaire qui avait vu, à la fin des années 1960, s'affronter le point de vue « élastique » d'Aguilera Cerni à propos de Crónica de la Realidad et la vision plus étroite qu'avait Llorens d'Equipo Crónica[38].

Le projet retenu fut finalement celui de Llorens et Bozal[39]. Cette affirmation du projet initial plaça Moreno et Aguilera Cerni en opposition directe avec celui-ci, leur accordant un rôle secondaire et privant tout particulièrement Aguilera Cerni de la position prédominante qu'il avait occupée en Italie au cours des années 1960. Aguilera Cerni et Moreno eurent le sentiment que leur proposition n'avait pas été sérieusement prise en compte, même si elle n'avait été initiée que quelques mois avant l'ouverture de l'exposition et n'en était qu'aux stades préliminaires[40]. Mais ce qui était en jeu allait bien au-delà de leurs orgueils blessés : à leurs yeux, en effet, cette exposition n'était pas seulement une arène artistique, mais aussi un outil politique.

Au cours de ce débat passionné, Moreno Galván souligna l'importance politique de cette exposition et, avec elle, la possibilité de « dépasser la guerre civile » qui hantait les Espagnols depuis 1939. Il voyait d'un œil critique le comité d'organisation constitué autour d'Arroyo, Bozal et Llorens, notamment ceux d'entre eux (et, là, il se référait particulièrement à Arroyo) qui avaient vécu en exil et qui étaient, à l'entendre, des « Espagnols qui, sans avoir réellement vécu les problèmes de leur pays, s'érigent en juges de tous[41] ». Il percevait l'exposition, avec sa maigre sélection d'artistes, comme un outil permettant de distinguer entre les artistes antifranquistes (ceux qui y étaient inclus) et les collaborateurs (ceux qui en étaient exclus). Craignant que cette manière de présenter les choses ne soit trompeuse, il justifia ainsi son opposition radicale au projet : « Nous sommes en train de reconstruire notre coexistence et nous ne pouvons transiger sur les malentendus[42]. »

Les organisateurs de *Spagna: Avanguardia artistica e realtà sociale* étaient bien conscients de ce que signifiait leur contribution à la Biennale de Venise. Tout comme Aguilera Cerni et Moreno, ils désiraient participer à la construction d'un nouveau système socio-politique, ce qui semblait enfin envisageable avec la mort du dictateur. Leur vision partisane de la production artistique sous le franquisme ne faisait en réalité que prolonger leur position engagée dans une situation socio-politique concrète. Selon Bozal, les fondations de ce nouveau système étaient déjà en préparation et il se voyait comme concourant, « depuis un point de vue marxiste », à la création d'une « alternative théorique, politique et culturelle à l'ordre établi[43] ».

Malgré les débats passionnés, les positions des critiques espagnols, manifestées dans les deux projets menés respectivement par Bozal et Llorens d'une part, Aguilera Cerni et Moreno de l'autre, ne divergeaient pas complètement dans leurs approches de l'avenir. Ils avaient en commun une même base qui les avait orientés lorsqu'ils avaient opéré leur marxisation puis leur tournant sociologique, et reformulé la nature de l'avant-garde depuis la fin des années 1950 : la nécessité de comprendre et de définir les pratiques artistiques dans une relation dialectique avec le spectre social et politique.

À Venise, c'est toutefois une vision plus polarisante qui l'emporta finalement. Pendant les premiers jours de l'exposition, les membres du comité mené par Bozal et Llorens signèrent un document où ils défendaient l'angle qu'ils avaient adopté, soulignant la nécessité d'évaluer les positions artistiques et politiques comme relevant d'une question structurelle plus large. Ils déclarèrent : « Nous croyons qu'aucune proposition dans ce débat ne saurait être réellement constructive si nous ignorons le passé. L'analyse des relations entre culture et réalité socio-politique pendant quarante ans de franquisme est la prémisse nécessaire pour l'établissement de quelque alternative culturelle ou politique que ce soit[44]. » Ce choix conscient de débattre des années de dictature pour construire l'avenir n'était pas favorisé par le processus de transition démocratique, qui avait plutôt opté, selon les termes de Juan Antonio Ramírez, pour un « oubli programmé[45] » du passé.

Au sein de ce processus de transition démocratique, fondé sur une amnistie totale interdisant toute action future contre tout crime commis pendant la guerre civile et la dictature, le discours aux teintes idéologiques et militantes de l'exposition était considéré comme suspect. D'ailleurs, à cette époque-là, une nouvelle génération de critiques d'art commençait à prôner une autre conception de l'avant-garde qui contestait directement le point de vue des critiques militants, surtout concernant l'interprétation des pratiques contemporaines d'avant-garde. Pour les critiques militants, l'avant-garde avait été (et continuerait à être) un outil stratégique de critique sociale et politique ; en revanche, pour le cercle de critiques et d'acteurs culturels qui était en train d'émerger pendant la période de transition et qui finirait par définir le discours des dix premières années de la démocratie, il fallait suivre une nouvelle voie et dissocier l'art de la politique. Ce cercle était en total désaccord avec la conception de l'avant-garde qui se centrait avant tout sur les liens entre pratiques artistiques et politiques, et il voyait dans *Spagna: Avanguardia artistica e realtà sociale* l'épitomé du récit issu de la critique militante, discréditant ainsi sa validité pour les pratiques contemporaines à partir de 1970[46].

Cette conviction croissante orienta la transition en Espagne, la transformant en pays démocratique et néolibéral ; par conséquent, les critiques militants quittèrent l'arène intellectuelle de la critique pour se consacrer à l'histoire de l'art. Cependant, malgré les controverses sur *Spagna: Avanguardia artistica e realtà sociale*, la participation espagnole à la XXXVIIe Biennale de Venise en 1976 se révéla être un formidable outil pour établir les significations et les interprétations de l'histoire de l'art espagnole, qui finit par déterminer l'appréhension du développement historique de la Seconde Avant-garde sous la dictature. Ce que facilita sans aucun doute le fait que la plupart des critiques militants, après cette exposition, soient devenus d'éminents spécialistes de cette période. Si, à la fin de la dictature, les critiques militants avaient perdu le contrôle sur les transformations à venir des avant-gardes, ils ne l'avaient pas perdu sur le récit de celles du passé. Leur interprétation se mua en contribution active qui devait être prise en compte dans la construction du consensus encore très problématique de la transition politique, sur lequel devait se bâtir l'avenir démocratique de l'Espagne.

Notes

Notes introduction

1. Vicente Aguilera Cerni, cité par Juan Ángel Blasco Carrascosa, *Vicente Aguilera Cerni*, Valence, Consell Valencià de Cultura, 2011, p. 132 : « El contacto con cualquier dato de la actividad artística nos sitúa sin remedio y de modo interdisciplinar, ante la total problemática del conjunto social, convirtiéndose en una cuestión que es política. »
2. Simón Marchán, « Los años setenta: entre los "nuevos medios" y la recuperación pictórica », dans Valeriano Bozal, Tomàs Llorens *et al.*, *España. Vanguardia artística y realidad social*, Barcelone, Gustavo Gili, 1976, p. 170 : « Hoy en día se olvida con facilidad que en los sesenta la racionalidad se alcanzaba como una conquista [...] y es que durante bastantes años en una realidad social como la española eran precisas grandes ayudas para no perder la razón que aún se tenía y recuperar la que se había perdido. »
3. Lettre d'Antonio Giménez Pericás à Andreu Alfaro, début 1960 (Archives personnelles Alfaro) : « Ha llegado el tiempo de ser verdaderamente hombres públicos. »
4. Entretien reproduit dans *Ramón Ormazábal y sus compañeros*, Paris, Comité national de défense des victimes du franquisme, 1962, p. 30-34.
5. *Ibid.*
6. Ce terme fut utilisé par la critique d'art espagnole pour qualifier les tendances artistiques qui se développèrent à partir de 1956; José María Moreno Galván, *La última vanguardia de la pintura española*, Madrid, Magius, 1969.
7. Ce cheminement fut décrit en 1967 par Amanda Guiducci dans son analyse des transformations théoriques de la critique littéraire en Italie : *Dallo zdanovismo allo strutturalismo*, Milan, Feltrinelli, 1967. Cet ouvrage fut traduit en espagnol par le groupe Comunicación en 1976 : Amanda Guiducci, *Del realismo socialista al estructuralismo*, Madrid, Comunicación, 1976.
8. Ainsi, sous la République, les critiques femmes jouèrent un rôle remarquable, incarné par la figure de Margarita Neken, exilée au Mexique après 1939. Sous le franquisme, elles étaient minoritaires. Certaines seront néanmoins mentionnées dans ce livre, telles María Campo Alange ou Pilar Gómez Bedate (qui a été la première critique d'art femme admise à l'AECA). Cette dernière, en collaboration avec Ángel Crespo, contribua beaucoup à soutenir les mouvements de l'abstraction géométrique. Isabel Cagide a occupé une position importante comme directrice de la revue *Artes*, où ont publié la plupart des critiques étudiés dans ce livre. (Pour ces deux derniers cas, voir Paula Barreiro López, *La abstracción geométrica en España (1957-1969)*, Madrid, CSIC, 2009.) Vers la fin de la dictature, le travail de Victoria Combalia a été fondamental pour définir les pratiques conceptuelles (Pilar Parcerisas, *Conceptualismo(s) poéticos, políticos y periféricos*, Madrid, Akal, 2007). Il manque encore une recherche approfondie sur la critique d'art effectuée par des femmes sous le franquisme. Des études ponctuelles sur le premier franquisme ont été faites par Patricia Mayayo, « Pensar fuera del marco: María Campo Alange, crítica de arte protofeminista », *Archivo Español de Arte*, 94 (374), 2021, p. 133-142, https://doi.org/10.3989/aearte.2021.08 [consulté le 28 juillet 2021].

9. Voir Julián Díaz Sánchez, *La idea del arte abstracto en la España de Franco*, Madrid, Cátedra, 2013, et *id.*, *El triunfo del informalismo. La consideración de la pintura abstracta en la época de Franco*, Madrid, Universidad Autónoma, 2000.
10. Certains aspects de ce discours sont pris en compte par Romàn de la Calle, « La época de la "Sala Mateu": arte, crítica y reflexión estética », dans *El ojo y la memoria: materiales para una historia del arte valenciano*, Valence, PUV, 2006, p. 51-66; Julián Díaz Sánchez et Ángel Llorente Hernández, *La crítica de arte en España (1939-1975)*, Madrid, Istmo, 2004; et Mónica Núñez Laiseca, *Arte y política durante el desarrollismo (1962-1968)*, Madrid, CSIC, 2006.
11. Sur le franquisme tardif, voir Robert Lubar, « Millares y la pintura vanguardista española en América », *La Balsa de la Medusa*, 22, 1992, p. 49-72; Robert Lubar, « Antoni Tapiès », *Burlington Magazine*, 1105, 1995, p. 271-273; Gijs van Hensbergen, *Guernica. The Biography of a Twentieth Century Icon*, Londres, Bloomsbury Publishing, 2005; Ramón Tió Bellido, *L'Art et les expositions en Espagne pendant le franquisme*, Paris, Isthme, 2005; Michelle Vergniolle-Delalle, *Peinture et opposition sous le franquisme : la parole, en silence*, Paris, L'Harmattan, 2004; Teresa Grandas, « Is Spain Really Different? », et José Díaz Cuyás, « The Furor of the Festival/Los Encuentros de Pamplona (1972) », tous deux dans Christian Höller (dir.), *L'Internationale. Post-War Avant-Gardes between 1957 and 1986*, Zurich, JRP, 2012; Jeremy Treglown, *Franco's Crypt: Spanish Culture and Memory since 1936*, New York, Farrar, Straus and Giroux, 2013; María Dolores Jiménez-Blanco et Robert Lubar, *Contemporary Transatlantic Dialogues: Art History, Criticism and Exhibition Practices in Spain and the United States*, New York, Center for Spain in America, 2013; Noemí de Haro García, « Culture Will Set You Free. Art and Politics in Cold War Spain (1951-1964) », *Konsthistorisk tidskrift/Journal of Art History*, 82, 2013, p. 287-303.
12. C'est par exemple le cas des travaux de Jo Labanyi, qui traite principalement de la littérature, du cinéma et de la musique de cette époque. Voir par exemple Jo Labanyi, *Constructing Identity in Contemporary Spain: Theoretical Debates and Cultural Practice*, Oxford, Oxford University Press, 2002; ainsi que Helen Graham et Jo Labanyi (dir.), *Spanish Cultural Studies: An Introduction*, Oxford, Oxford University Press, 1996; David T. Gies, *Modern Spanish Culture*, Cambridge, Cambridge University Press, 2006.
13. Jordana Mendelson, *Documenting Spain: Artists, Exhibition Culture and Modern Nation (1929-1939)*, University Park, PA, Penn State Press, 2005; *id.*, *Revistas, modernidad y guerra*, Madrid, MNCARS, 2008; Miriam Basilio, « Genealogies for a New State: Painting and Propaganda in Franco's Spain 1936-1940 », *Discourse*, 24, automne 2002, p. 69; *id.*, « The Alcázar of Toledo: Ritual, Tourism and Propaganda in Franco's Spain, 1936-1940 », dans Medina Lasansky et Brian McLaren (dir.), *Architecture and Tourism: Spectacle, Performance, and Space*, Oxford, Berg, 2004, p. 93-107; *id.*, *Visual Propaganda, Exhibitions, and the Spanish Civil War*, Surrey et Burlington, Ashgate, 2013.
14. Marie-Aline Barrachina, *Propagande et culture dans l'Espagne franquiste (1936-1945)*, Grenoble, Ellug, 1998; Nancy Berthier, *Le Franquisme et son image : cinéma et propagande*, Toulouse, Presses universitaires du Mirail, 1998.
15. Tió Bellido, *L'Art et les expositions en Espagne pendant le franquisme*. Pour un aperçu de sa trajectoire comme commissaire et de ses écrits, voir *id.*, *L'art a toujours vingt ans*, Marseille, Mediterrane Éditions/AICA Press, 2009.
16. Michèle Dalmace, *Equipo Crónica, Catálogo razonado*, Valence, Ediciones del IVAM, 2001; *id.*, « Equipo Crónica. Citation, citation, tout "n'est que" citation ! », dans *Emprunts et citations dans le champ artistique*, Paris, L'Harmattan, 2004, p. 75-97; *id.*, « Equipo Crónica. Pim-Pam-Pop ou la réception du Pop Art nord-américain en Espagne », dans *Échanges intellectuels, littéraires et artistiques dans le monde transatlantique*, Bordeaux, Maison des sciences de l'homme

d'Aquitaine, 2005, p. 193-205 ; Vergniolle-Delalle, *Peinture et opposition sous le franquisme* ; Béatrice Joyeux-Prunel, *Naissance de l'art contemporain 1945-1970. Une histoire mondiale*, Paris, CNRS, 2021.

17. Voir par exemple Renato Poggioli, *Teoria dell'arte d'avanguardia*, Bologne, Il Mulino, 1962 ; trad. anglaise : *Theory of the Avant-garde*, trad. Gerald Fitzgerald, Cambridge, MA, Harvard University Press, 1974 ; Peter Bürger, *Theorie der Avantgarde*, Francfort, Suhrkamp, 1974 ; trad. française : *Théorie de l'avant-garde*, trad. Jean-Pierre Cometti, Paris, Questions théoriques, 2013.
18. Pour une analyse comparative intéressante de ces deux auteurs, voir Robert Lubar, « Ortega y Greenberg frente al arte moderno y la cultura de masas », *Revista de Occidente*, 168, mai 1995, p. 23-41.
19. Clement Greenberg, « Modernist painting » [1960], dans Francis Frascina et Jonathan Harris, *Art in Modern Culture*, Londres, Phaidon, 1992, p. 308-314 ; trad. française : « La peinture moderniste », trad. Pascal Krajewski, dans *Appareil*, 17, 2016, en ligne : https://journals.openedition.org/appareil/2302, https://doi.org/10.4000/appareil.2302.
20. Dans l'historiographie espagnole, le terme de « modernisme » tel que l'a défini Greenberg fut intégré dans le discours de l'esthétique assez tardivement au cours du XXe siècle. En Espagne, « modernisme » était généralement utilisé (et c'est souvent encore le cas) pour qualifier une période historique et artistique appelée *Modernismo*, de la fin du XIXe au début du XXe siècle. L'art de cette époque, fortement représenté en Catalogne par l'œuvre d'Antoni Gaudí, est comparable au Jugendstil ou à l'Art nouveau. Mais il existe d'autres termes qui font référence à l'art du XXe siècle comme *moderno* (moderne). *Moderno* a été employé à des moments particuliers (au début du XXe siècle ou dans les années 1940, par exemple) pour désigner la production artistique contemporaine, mais fut rapidement remplacé par « avant-garde » à la fin des années 1950.
21. Bürger, *Theory of the Avant-garde*, 2013 (1974).
22. Par exemple, en prenant en compte la tradition historiographique nord-américaine, Paul Wood explique que le terme de « modernisme » fut introduit relativement tard dans les écrits de Greenberg et « fut ensuite réappliqué aux œuvres d'art et à la critique antérieures [then was mapped back over earlier art work and criticism] ». Paul Wood, « Art of the 20th century », dans Jason Gaiger (dir.), *Frameworks for Modern Art*, Londres, Yale University Press, 2003, p. 22. Cette application *a posteriori* du modernisme fut partielle et inégale, et elle omit une bonne part de la production artistique qui ne correspondait pas à ce programme rigide.
23. À partir de la fin des années 1960, cette conception limitée de l'histoire de l'art du XXe siècle « fut attaquée par de nombreux artistes et historiens fraîchement politisés qui se mirent à reprendre et à redécouvrir l'art et les artistes modernes que les critiques modernistes avaient laissés dans les marges [came under attack from many newly-politicised artists and historians who began to recover and rediscover modern art and artists that modernist critics had left on the margins] ». Jonathan Harris, *Art History: The Key Concepts*, Oxford/New York, Routledge, 2006, p. 201.
24. Plusieurs auteurs, tels Kobena Mercer, Néstor García Canclini ou encore David Craven, ont interrogé le canon établi du modernisme. Leurs analyses proposent différentes perspectives, soulignant comment le modernisme et l'avant-garde apparurent en même temps dans différents pays, et étudiant les échanges entre les centres et leurs périphéries. Ainsi affirment-ils que les innovateurs d'avant-garde étaient souvent importés de la périphérie, et ils montrent comment le modernisme peut être compris au sein de processus de modernisation « sous-développés », comme le fait García Canclini pour le Mexique (voir Néstor García Canclini, « ¿Modernismo sin modernización? », *Revista Mexicana de Sociología*, 51.3, 1989, p. 163-189). David Craven indique, dans un article original, que le terme de « modernisme » a pour la première fois été utilisé dans ce contexte

par Rubén Darío, ancrant ainsi les origines du terme en Amérique latine (David Craven, « The Latin American Origins of Alternative Modernism », dans Rasheed Araeen, Sean Cubitt et Ziauddin Sardar, *The Third Text Reader: On Art, Culture and Theory*, Londres/New York, Continuum, 2002, p. 24-34).

25. Kobena Mercer, « Introduction », dans *id.* (dir.), *Cosmopolitan Modernism*, Cambridge, MA, MIT Press, 2005, p. 13 : « [...] into a proactive relationship with a range of artistic traditions and lineages that are worthy of study in their own right. » Mercer évoque une nouvelle alternative lorsqu'il soutient, dans son ouvrage *Cosmopolitan Modernism*, qu'il existe des modernismes différents, discrépants et cosmopolites, qui nous permettent de « nous éloigner de la critique réactive de l'eurocentrisme [move on from the reactive critique of Eurocentrism] ».
26. Piotr Piotrowski, « Du tournant spatial ou une histoire horizontale de l'art », dans Kantuta Quiros et Aliocha Imhoff (dir.), *Géo-esthétique*, Paris, B42, 2014, p. 123-131.
27. Voir note 11.
28. Certains ont avancé que la modernité et le modernisme espagnols différaient de ceux du reste du monde occidental, et qu'il fallait donc les examiner séparément. Anthony Geist et José B. Montléon ont souligné ce problème en lien avec un certain modernisme conçu comme profondément soumis aux exigences des puissances « avancées », soutenant bien souvent « une théorie dans laquelle le modernisme semble mettre en valeur un centre idéal dont les forces centrifuges pourront illuminer - ou contaminer - diverses périphéries géographiques et historiques [a theory in which modernism appears as a showcase of some ideal centre whose centrifugal forces may illuminate - or contaminate - diverse geographical and historical peripheries] ». Anthony L. Geist et José B. Montléon, *Modernism and Its Margins: Reinscribing Cultural Modernity from Spain and Latin America*, New York, Garland Publishing, 1999, p. xix.
29. Ainsi que le démontre Calvo Serraller, la culture espagnole et son contexte ont donc été analysés à part, comme s'il s'agissait d'un chapitre spécial de l'histoire européenne. Francisco Calvo Serraller, *Del futuro al pasado: vanguardia y tradición en el arte español contemporáneo*, Madrid, Alianza Forma, 1988, p. 17-39. Díaz Sánchez a tiré les mêmes conclusions dans son ouvrage sur l'art informel; voir Díaz Sánchez, *El triunfo del informalismo*. Dans ce phénomène, on peut lire une approche nationaliste très claire, qui veut distinguer la production artistique espagnole de l'« autre », mais aussi l'acceptation de lieux communs étrangers sur la différence et le sous-développement de l'Espagne par rapport au reste de l'Europe, perpétuant ce célèbre mot du XIXe siècle maintes fois répété : « L'Europe s'arrête aux Pyrénées. »
30. Perry Anderson, « Modernity and Revolution », *New Left Review*, 144, mars-avril 1984, p. 97 : « [...] neither economic process nor cultural vision but *historical experience* mediating one to the other. » Voir aussi Marshall Berman, *All That Is Solid Melts into the Air*, New York, Simon & Schuster, 1982.
31. Anderson, « Modernity and Revolution », p. 105 : « [...] arose at the intersection between a semi-aristocratic ruling order, a semi-industrialized capitalist economy and a semi-emergent or insurgent, labour movement. »
32. *Ibid.*, p. 109.
33. Les ouvrages évoquant le contexte théorique et artistique sous l'ère franquiste publiés jusqu'à présent se sont essentiellement concentrés sur la relation entre l'art et la politique; voir par exemple Miguel Cabañas Bravo, *La política artística del franquismo. El hito de la Bienal Hispanoamericana de Arte*, Madrid, CSIC, 1996, ou encore Jorge Luis Marzo, *¿Puedo hablarle con libertad, excelencia? Arte y poder en España desde 1950*, Murcie, CENDEAC, 2010; sur des mouvements spécifiques (art informel, Arte Normativo, les tendances de l'abstraction géométrique, les pratiques réalistes et conceptuelles), voir Paula Barreiro López, *Arte normativo español. Procesos y principios para la creación de un movimiento*, Madrid, CSIC, 2006; *id.*, *La abstracción geométrica en España*; Noemí de Haro García, *Grabadores*

contra el franquismo, Madrid, CSIC, 2010; Parcerisas, *Conceptualismo(s) poéticos, políticos y periféricos*.

34. Voir note 9, ainsi que les différents volumes de *Desacuerdos*, disponibles en ligne : www.museoreinasofia.es/publicaciones/desacuerdos [consulté le 2 février 2016].
35. Voir notes 19 et 20.
36. Voir entre autres Christoph Grunenberg et Jonathan Harris (dir.), *Summer of Love: Psychedelic Art, Social Crisis, Counterculture in the 1960s*, Liverpool, Liverpool University Press/Tate Liverpool, 2005; Jonathan Harris, *Writing Back to Modern Art: After Greenberg, Fried and Clark*, Oxford/New York, Routledge, 2005; *id.* (dir.), *Globalization and Contemporary Art*, Malden/Oxford, Wiley-Blackwell, 2011; ainsi que Jonathan Harris et Richard Koeck (dir.), *Picasso and the Politics of Representation*, Liverpool, Liverpool University Press, 2013.
37. En s'inspirant des exemples français et allemand, les universitaires pionniers du domaine du transfert culturel désiraient « briser la tendance largement dominante à l'autocongratulation et au nombrilisme de l'historiographie française, en démontrant à quel point l'"étranger" avait été incorporé dans une culture nationale française supposément incomparable et autochtone [Die weithin dominierende und vielfach selbstgefällige Nabelschau der französischen Historiografie aufzubrechen und nachzuweisen wie viel "Fremdes" sich die vermeintlich so unvergleichliche und bodenständige Nationalkultur einverleibt hatte] ». Michael Werner, « Zum theoretischen Rahmen und historischen Ort der Kulturtransferforschung », dans Michael North (dir.), *Kultureller Austausch. Bilanz und Perspektiven der Frühneuzeitforschung*, Cologne/Weimar/Vienne, Böhlau, 2009, p. 16. Voir aussi l'article programmatique de Michel Espagne et Michael Werner, « La construction d'une référence allemande en France. Genèse et histoire culturelle », *Annales ESC*, 4, juillet-août 1987, p. 969-992; ainsi que les textes suivants : Michel Espagne et Michael Werner (dir.), *Transferts. Relations interculturelles dans l'espace franco-allemand (XVIIIe-XIXe siècle)*, Paris, Éditions Recherches sur les Civilisations, 1988; Michel Espagne et Michael Werner, *Les Transferts culturels franco-allemands*, Paris, PUF, 1999. Voir aussi Thomas DaCosta Kaufmann, Catherine Dossin et Béatrice Joyeux-Prunel (dir.), *Circulations in the Global History of Art*, Farnham, Ashgate, 2015.

Notes chapitre 1

1. Vicente Aguilera Cerni, *Arte y compromiso histórico: El caso español*, Valence, Fernando Torres, 1976, p. 33 : « Los 10 primeros años de posguerra fueron un eclipse prácticamente total en la reconquista de la gran dinámica cultural lograda en los años inmediatamente anteriores a la guerra civil. »
2. Valeriano Bozal, « La imagen de la postguerra », dans Bozal/Llorens *et al.*, *España. Vanguardia artística y realidad social*, p. 95 : « La vanguardia y el nuevo orden no se llevan bien. En aquella hay un germen de independencia, [...] que éste no tolera. »
3. Pour de plus amples informations sur le pavillon espagnol, voir Fernando Martín, *El pabellón español en la Exposición Universal de París de 1937*, Séville, Universidad de Sevilla, 1987; Miguel Cabañas Bravo, *Josep Renau: Arte y propaganda en la guerra*, Madrid, Ministerio de Cultura, 2007, p. 167-214; Jordana Mendelson, *El pabellón español, París, 1937*, Madrid, Ediciones La Central, 2009; Victoria E. Bonet Solves et Edelmir Galdón i Casanoves, « El compromiso en el arte: El Pabellón de la República en la Exposición Internacional de París, 1937 », dans Manuel Aznar (dir.), *València: Capital cultural de la República, 1936-1937*, Valence, Consell Valencià de Cultura, 2007, p. 469-497.
4. Sur la fonction politique et culturelle de *Guernica*, à l'étranger et en Espagne, voir Van Hensbergen, *Guernica. The Biography of a Twentieth Century Icon*, et Otto Karl Werckmeister, *Icons of the Left: Benjamin and*

Eisenstein, Picasso and Kafka after the Fall of Communism, Chicago, Chicago University Press, 1999.

5. Helen Graham, *Spanish Civil War: A Very Short Introduction*, Oxford, Oxford University Press, 2005, p. 73-74.
6. Preston avance le chiffre de 49272 assassinats et exécutions dans la zone républicaine, contre 130199 (et plus probablement plus de 150000) tués en zone rebelle. Voir Paul Preston, *The Spanish Holocaust: Inquisition and Extermination in Twentieth-Century Spain*, New York, W. W. Norton, 2012, p. xvi, xviii.
7. Selon Graham, l'absence de forces de l'ordre, due à la confusion initiale du gouvernement républicain pendant le soulèvement militaire, est l'une des principales raisons expliquant ce débordement de violence. Voir Helen Graham, *The Spanish Republic at War, 1936-1939*, Cambridge, Cambridge University Press, 2002, p. 83-85.
8. Preston, *The Spanish Holocaust*, p. 385.
9. Cité dans Preston, *The Spanish Holocaust*, p. xiii : « without scruple or hesitation those who do not think as we do ».
10. *Ibid.*, p. xv-xvi. Ces mêmes raisons expliquent l'assassinat du poète Federico García Lorca à Grenade en 1936.
11. La coalition du Front populaire comprenait le *Partido Socialista Obrero Español* (PSOE), le *Partido Communista Español* (PCE), le *Partido Obrero de Unificación Marxista* (POUM), Izquierda Republicana (IR) et l'Unión Republicana (UR). Voir Graham, *The Spanish Republic at War, 1936-1939*, p. 220.
12. Manuel Requena Gallego et Rosa María Sepúlveda Losa, *Las Brigadas Internacionales: El contexto internacional, los medios de propaganda, literatura y memorias*, Cuenca, Ediciones de la Universidad de Castilla-La Mancha, 2003.
13. Le pacte de non-intervention fut ratifié en août 1936 par la France, le Royaume-Uni, l'Italie, l'Allemagne, le Portugal, la Belgique, la Roumanie, la Pologne et l'Union soviétique, parmi seize autres signataires. Les États-Unis adoptèrent une politique de non-intervention de manière indépendante. Inutile de préciser que l'Allemagne, l'Italie et l'URSS violèrent ostensiblement ce pacte. Pour un compte rendu des premiers moments du soulèvement et du rôle du Royaume-Uni dans ce processus, voir Ángel Viñas, *La conspiración del general Franco y otras revelaciones acerca de una guerra civil desfigurada*, Barcelone, Crítica, 2011, p. 130-246.
14. Graham, *Spanish Civil War: A Very Short Introduction*, p. 26-27.
15. Ángel Viñas, *La soledad de la república: El abandono de las democracias y el viraje hacia la Unión Soviética*, Barcelone, Crítica, 2006.
16. Voir Mendelson, *Documenting Spain: Artists, Exhibition Culture and the Modern Nation*, p. 131-135.
17. Cité par Idoia Murga Castro, *Pintura en danza. Los artistas españoles y el ballet (1916-1962)*, Madrid, CSIC, 2012, p. 236 : « una muestra intelectual y moral. Todas las formas de expresión artística y especialmente el espectáculo, han sido llamadas para figurar ».
18. Antony Beevor, *La guerra civil española*, Barcelone, Crítica, 2009, p. 117-119.
19. Mendelson, *El pabellón español, París, 1937*, p. 6.
20. Javier Ortiz-Echagüe et Julio Montero Díaz, « Documentary Uses of Artistic Photography: Spain. Types and Costumes by José Ortiz Echagüe », *History of Photography*, 35.4, 2011, p. 402.
21. Le souci du patrimoine culturel espagnol conduisit aussi à évacuer diverses collections de musées et de bibliothèques madrilènes afin de les protéger des bombardements. Ainsi, en décembre 1936, Renau ordonna, sous la supervision de Teresa León, le transfert à Valence des trésors publics conservés dans divers entrepôts et au musée du Prado. Il continua à suivre la situation et, en 1938, vu le danger croissant pour leur sécurité, il les fit évacuer vers Barcelone, puis, avant la chute de la République, vers Genève. Sous le règne de Franco, le musée d'Art et d'Histoire de Genève exposa les grands maîtres de la peinture espagnole, voir Mayte García Juillard, « L'été espagnol du Musée d'art et d'histoire de Genève », *Revue d'histoire de l'art et archéologie*, vol. LI, 2003, p. 203-232. Tout le pro-

cessus de déménagement des collections et l'exposition de 1939 à Genève ont été documentés par Arturo Colorado Castellary, *Arte Salvado: 70 Aniversario del salvamento del patrimonio artístico español y de la intervención internacional*, cat. exp., Madrid, SEACEX, 2010.

22. Mendelson, *El pabellón español, París, 1937*, p. 28 : « Renau vio en los objetos y las celebraciones de la España rural un posible catalizador de la resistencia popular. » Sur la célébration de la culture populaire par les nationalistes, voir Idoia Murga Castro, *Artistas españoles en la danza. De la Edad de Plata al exilio (1916-1962)*, thèse de doctorat inédite, Universidad Complutense de Madrid, 2011, p. 359-362.
23. Paula Barreiro López, « Classified Files: Picasso, the Regime and the Avant-Garde in Francoist Spain », dans Harris/Koech, *Picasso and the Politics of Visual Representation*, p. 89-108; voir aussi Van Hensbergen, *Guernica. The Biography of a Twentieth-Century Icon*; John Richardson, « How political was Picasso? », *The New York Review of Books*, novembre 2010, p. 27-30; Otto Karl Werckmeister, « Picasso's *Guernica* returns to Germany », dans *id.*, *Icons of the Left*, p. 67-95; et Émilie Bouvard et Géraldine Mercier (dir.), *Guernica*, cat. exp., Paris, musée Picasso-Paris, Paris, Gallimard, 2019.
24. Pour Ortega y Gasset, le philosophe et rédacteur en chef du journal *Revista de Occidente*, la disjonction entre les artistes et les foules était fondamentale, et elle constituait l'un des principaux arguments de son essai *La deshumanización del arte* (1925), qui marqua profondément la conception de l'art moderne en Espagne au début des années 1930. Ainsi, un sondage mené par Ernesto Giménez Caballero entre 1927 et 1930 révéla que la croyance en la séparation entre l'art et la politique était très largement partagée, à l'exception notable de Díaz Fernández, par exemple, qui nota : « Aujourd'hui, l'écrivain et la littérature existent en étroite association avec la société; ils possèdent une valeur vitale, politique [Today the writer and literature exist in close association with society; they possess a vital, political value]. » Cité par Jordana Mendelson et Estrella de Diego, « Political Practice and the Arts in Spain, 1927-1936 », dans Virginia Hagelstein Marquardt (dir.), *Art and Journals on the Political Front, 1910-1940*, Gainesville, University of Florida Press, 1997, p. 185. Quelques années plus tard, Díaz Fernández devint le rédacteur en chef de la revue *Nueva España*.
25. Mendelson/Diego, « Political Practice and the Arts in Spain, 1927-1936 », p. 188 : « political and social reactionism ».
26. Josep Renau, *Función social del cartel publicitario*, Valence, Fernando Torres, 1976 (1937). Voir aussi Jaime Brihuega (dir.), *Josep Renau. 1907-1982. Compromis i cultura*, cat. exp., Valence, Universidad de Valencia, 2007.
27. Mendelson/Diego, « Political Practice and the Arts in Spain, 1927-1936 », p. 188.
28. Jordana Mendelson, *Revistas y guerra, 1936-1939*, cat. exp., Madrid, Museo Nacional Centro de Arte Reina Sofía, 2007, p. 165.
29. Cité *ibid.* : « A simple vista se veía que los medios de propaganda republicana habían sido muy superiores a los nuestros y su asistencia intelectual mucho más extensa, valiosa y organizada. »
30. *Ibid.*
31. Miriam Basilio, « Catalans! Catalonia! Catalan Nationalism and Spanish Civil War Propaganda Posters », dans William H. Robinson *et al.*, *Barcelona and Modernity: Picasso, Gaudí, Miró, and Dalí*, Cleveland, Cleveland Museum of Art / Yale University Press, 2006, p. 436.
32. *Ibid.*, p. 440.
33. Mendelson, *El pabellón español, París, 1937*, p. 25.
34. La longue liste des figures culturelles mondialement célèbres ayant soutenu la cause républicaine comprend, entre autres, des écrivains de fiction, de poésie ou de théâtre comme Antonio Machado, Juan Ramón Jiménez, León Felipe, Rafael Alberti, Luis Cernuda, José Moreno Villa, José Bergamín, Max Aub et Federico García Lorca; les historiens Claudio Sánchez Albornoz, Américo Castro et Salvador de Madariaga; le philosophe José Gaos; le compositeur Rodolfo

Halffter; le réalisateur Luis Buñuel, ainsi que de nombreux artistes, dont les plus emblématiques étaient Pablo Picasso et Joan Miró. Voir Juan Pablo Fusi, *Un siglo de España: La cultura*, Madrid, Marcial Pons, 1999, p. 93-97.

35. Discours de l'ambassadeur d'Espagne en France, Ángel Ossorio, lors de l'ouverture du pavillon espagnol à Paris, cité par Cabañas Bravo, *Josep Renau: Arte y propaganda en la guerra*, p. 189 : « El destino de los pueblos no lo trazan los explosivos sino el cerebro. »
36. Murga Castro, *Artistas españoles en la danza*, p. 292.
37. Le premier Congrès international des écrivains pour la défense de la culture s'était réuni à Paris en juin 1935. Pour une liste complète des participants et une analyse du IIe Congrès, voir Manuel Aznar Soler, « El Segon Congrés Internacional d'Escriptors per la Defensa de la Cultura (València-Madrid-Barcelona-París, julio de 1937) », dans Manuel Aznar (dir.), *València: Capital cultural de la República*, Valence, Consell Valencià de Cultura, 2007, p. 587-610; et Manuel Aznar (dir.), *València, capital cultural de la República, 1936-1937: Congrés internacional*, Valence, Universidad de Valencia, 2008, p. 737-885.
38. « Manifiesto de la Alianza de Escritores Antifascistas para la Defensa de la Cultura », dans *La Voz*, 30 juillet 1936, www.ramongomezdelaserna.net/bR.manifiesto.htm [consulté le 12 février 2014] : « Contra el monstruoso estallido del fascismo ». Le manifeste fut signé, entre autres, par Arturo Serrano-Plaja, Luis Cernuda, María Zambrano, Wenceslao Roces et José Bergamín.
39. Littéralement un « hallucinant retable des merveilles », ou plus précisément un « théâtre de marionnettes des merveilles », car c'est le titre d'une célèbre farce de Cervantes, *El retablo de las maravillas*, où deux escrocs convainquent tous les habitants d'une ville qu'ils peuvent « percevoir » toutes sortes de visions alors qu'il n'y a rien à voir. Mais, dans ce contexte, la phrase ne désigne qu'un spectacle merveilleux, sans connotation ironique malgré la référence. Vicente Aguilera Cerni, « Un testimonio más bien vulgar », dans Aznar, *València: Capital cultural de la república*, p. 770-771. Dans ce texte autobiographique, l'auteur souligne l'importance de ce congrès dans son développement idéologique : adolescent, il assista à certaines sessions à Valence.
40. Basilio, « Genealogies for a New State », p. 69.
41. Sur la contribution fasciste italienne à la propagande franquiste, voir Basilio, « Genealogies for a New State », p. 75; pour celle de l'Allemagne nazie, voir Marta Muñoz Aunión, « "INTER ARMA, SILENT ARTES": la intervención nazi en la configuración mediática y política del alzamiento », *Archivos de la filmoteca: Revista de estudios históricos sobre la imagen*, 66, 2010, p. 106-129.
42. Ce décret ordonnait la fusion de tous les groupes soutenant la rébellion en une seule organisation, la Falange Española Tradicionalista y de las Juntas de Ofensiva Nacional-Sindicalista, aussi appelée plus simplement *el Movimiento* (le mouvement) – sans doute afin d'épargner son souffle, car au nom à rallonge de l'organisation (que l'on pourrait traduire par « Phalange espagnole traditionaliste des assemblées d'offensive nationales-syndicalistes ») était associé un acronyme non moins pesant : « FET y de las JONS ». Avec ce décret, Franco devint le commandant militaire suprême du soulèvement ainsi que le leader politique de toutes les factions. Le gouvernement provisoire s'était installé l'année précédente à Burgos.
43. Basilio, « Genealogies for a New State », p. 86 : « A key element in the suppression of dissidence and the creation of a fictive image of unity under Franco ».
44. Jordi Gracia, *La Resistencia silenciosa: Fascismo y cultura en España*, Barcelone, Anagrama, 2004, p. 78; voir aussi Eve Giustiniani, « El exilio del 36 y la tercera España », *Circunstancia*, 19, 2009.
45. Fusi, *Un siglo de España*, p. 93-95; voir aussi Andrés Trapiello, *Las armas y las letras: Literatura y guerra civil, 1936-1939*, Barcelone, Planeta, 1994.
46. Cité dans Mendelson, *Revistas y guerra*, p. 173 : « En la zona franquista no estaban muy sobrados de artistas plásticos. Alguien le habló de

mí a Dionisio, que sabía perfectamente de mi amistad con Lorca y de mi poca adhesión o entusiasmo a las ideas del Movimiento. »

47. Marián Neira, *La memoria no es nostalgia: José Caballero*, thèse de doctorat inédite, Universidad Complutense de Madrid, 2004, p. 190, http://biblioteca.ucm.es/tesis/ghi/ucm-t28041.pdf [consulté le 18 août 2014].
48. Cité par Murga Castro, *Artistas españoles en la danza*, p. 320 : « A los rojos hay que vencerlos también en el arte. »
49. Basilio, « Genealogies for a New State », p. 78, 83. Sur la représentation et la « sacralisation » de Franco, voir aussi Basilio, *Visual Propaganda, Exhibitions and the Spanish Civil War*, p. 130-141.
50. Sur cette question, voir Paula Barreiro López, Carey Kasten et Tobias Locker (dir.), « The Baroque in the Construction of a National Culture in Francoist Spain », numéro spécial du *Bulletin of Spanish Studies. Hispanic Studies and Researches on Spain, Portugal and Latin America*, 91.5, 2014.
51. José Luis López Aranguren, « El arte de la España Nueva », *Vértice*, 5, septembre-octobre 1937, www.filosofia.org/hem/dep/ver/n05aran.htm [consulté le 12 février 2014] : « Se escribe ahora por todas partes que en la España nacional ha de imperar un orden clásico. ¿Pero se está seguro de que este juicio coincida con la realidad de España? El estilo barroco se tacha, sin más, de error; pero, ¿y si resultase que la España metafísica fuera, por esencia, barroca? »
52. Ernesto Giménez Caballero, *Arte y estado*, Madrid, Gráfica Universal, 1935, p. 15 : « Aparecía en Picasso el caso genial de una estirpe barroca y romántica como es la ibérica. [...] Mientras sus teorías de oriundez occidental y europea hablaban de matemática plástica, su persona, su mirar [...] revelaban un fondo bárbaro, nuestro, genuino, pasional, tormentoso, conceptuoso: barroco. »
53. Le Servicio de Evacuación de Refugiados Españoles (Service d'évacuation des réfugiés espagnols), ou SERE, fut créé à Paris en février 1939. Voir Abdón Mateos, « La guerra continúa: Ayuda a los refugiados de la guerra civil y acción política republicana », conférence, Seminario de Historia Contemporánea, Universidad Complutense de Madrid, 22 mars 2007, www.ucm.es/dep-historiapensamiento/sesiones-2006-2007 [consulté le 12 février 2014].
54. Sous le régime de Vichy, la situation est devenue difficile pour les artistes espagnols déjà à Paris, surveillés et considérés comme suspects. Le réseau d'artistes espagnols à Paris et leurs expériences sont étudiés en détail par Amanda Herold-Marne, *L'Identité artistique à l'épreuve : les artistes espagnols à Paris et l'engagement à partir de la guerre civile (1936-1956)*, thèse de doctorat inédite (sous la dir. de Laurence Bertrand Dorléac), Institut d'études politiques de Paris, 2017.
55. Idoia Murga Castro, « El pabellón español de 1939: Un proyecto frustrado para la exposición internacional de Nueva York », *Archivo Español de Arte*, 331, juillet-septembre 2010, p. 213-234.
56. Esther López Sobrado, « Ama la paz y odia la guerra: Los frescos de Luis Quintanilla sobre la guerra civil », dans *Los frescos de Luis Quintanilla sobre la Guerra*, Santander, Universidad de Cantabria, 2007, p. 13-30.
57. Paul Preston, par exemple, cite le chiffre de 500 000 victimes. Preston, *The Spanish Holocaust*, p. xi.
58. « En el día de hoy, cautivo y desarmado el Ejercito Rojo, han alcanzado las tropas nacionales sus últimos objetivos militares. La guerra ha terminado. El Generalísimo Franco, Burgos 1º Abril 1939 [En ce jour, avec la capture et le désarmement de l'armée rouge, les troupes nationales ont accompli leurs derniers objectifs militaires. La guerre est finie. Generalísimo Franco, Burgos, le 1er avril 1939]. » On peut voir une reproduction de ce document sur http://commons.wikimedia.org/wiki/File:Spain_final-guerra-civil.jpg [consulté le 12 février 2014].
59. Gracia, *La Resistencia silenciosa*, p. 33.
60. À la suite de la *Ley de Ordenación de la Universidad* de 1943 (un décret concernant la structure de l'éducation universitaire), l'organisation catholique de l'Opus Dei prit le contrôle de nombreuses chaires universitaires, ainsi que du Conseil national

de la recherche, le Consejo Superior de Investigaciones Científicas (CSIC). Voir Fusi, *Un siglo de España*, p. 105.

61. « The Cid and the Don Juan de Austria of his time », dans Paul Preston, *Franco: A Biography*, Londres, Harper Collins, 1993, p. 330.
62. Murga Castro, *Artistas españoles en la danza*, p. 360.
63. Antonio Cazorla Sánchez, *Fear and Progress. Ordinary Lives in Franco's Spain, 1939-1975*, Chichester, Wiley-Blackwell, 2010, p. 19 : « The dictatorship did not try to bring reconciliation among Spaniards; on the contrary, it fuelled and used fear opportunistically to achieve its own objectives. » Sur la mise en œuvre de cette « politique de la peur » après la guerre, voir le chap. 1 de son ouvrage, p. 17-56.
64. Preston, *The Spanish Holocaust*, p. xvi.
65. Le nombre exact d'intellectuels en exil après la guerre civile reste controversé. Le pourcentage que nous citons ici est tiré des recherches de Jordi Gracia, Andrés Trapiello, Bartolomé Bennassar, José Luis Abellán et particulièrement Jorge Luis Marzo, qui évoqua le chiffre de 60 % dans sa conférence *Religion and the Hispanic Baroque: The First Atlantic Culture and Its Legacy*, donnée à l'université de Liverpool les 12-14 mai 2010.
66. Toute personne soupçonnée d'activisme politique était traînée devant ces tribunaux militaires afin de prouver sa loyauté envers le nouveau régime. Les « campagnes de responsabilité politique » étaient particulièrement agressives dans le secteur de l'éducation, et tous les enseignants firent l'objet d'enquêtes. Voir Alberto Reig Tapia, « La depuración intelectual del nuevo estado franquista », *Revista de Estudios Políticos*, N.S. 88, avril-juin 1995, p. 175-198. Sur le rôle de l'Église catholique dans l'éducation sous Franco, voir Till Kössler, « Erziehung als Mission: Katholische Sozialisation und Gesellschaft im frühen Franquismus (1936-1950) », dans Klaus Tenfelde (dir.), *Religiöse Sozialisation im 20. Jahrhundert*, Essen, Klartext, 2010, p. 193-217.
67. Cazorla Sánchez, *Fear and Progress*, p. 31. Les peines de mort ne furent pas toutes exécutées; certaines furent commuées en de longues peines d'emprisonnement.
68. Jo Labanyi, « Censorship or the Fear of Mass Culture », dans Graham/Labanyi, *Spanish Cultural Studies*, p. 208.
69. D'autres idéologies fascistes partageaient des obsessions analogues. Pour l'Allemagne nazie, voir les publications antisémites, antimaçonniques (et anticatholiques, voire antichrétiennes) d'Alfred Rosenberg, comme *Freimaurerische Weltpolitik im Lichte der kritischen Forschung* [La franc-maçonnerie à la lumière de la recherche critique], Munich, Franz Eher, 1929. Pour les fascistes italiens, voir José Antonio Ferrer Benimeli, *El contubernio judeo-masónico-comunista*, Madrid, Istmo, 1982, p. 227-230.
70. « Nota explicativa », dans Ministerio Fiscal, *La dominación roja en España: Causa General*, Madrid, Dirección General de Información, Publicaciones Españolas, 1961 : « La Causa General atribuye al Ministerio Fiscal [...] la honrosa y delicada misión de fijar, mediante un proceso informativo fiel y veraz [...] el sentido y alcance y manifestaciones más destacadas de la actividad criminal de las fuerzas subversivas que en 1936 atentaron contra la existencia y valores esenciales de la patria. »
71. Cazorla Sánchez, *Fear and Progress*, p. 22. Sur les inexactitudes et les visées propagandistes de la Causa General, sur les dénonciations et les accusations injustes dans leur formulation même, et sur la déception de Franco lorsque, malgré son évident parti pris, la Causa General ne permit pas d'atteindre des chiffres approchant même de loin ce que le régime affirmait quant aux atrocités commises derrière les lignes républicaines, voir Preston, *The Spanish Holocaust*, p. xix, 502-503. Voir aussi son exposé sur la propagande d'extrême droite avant la guerre et sa mise en œuvre après la guerre : chap. 1, « The Social War Begins », chap. 2, « Theorists of Extermination », et chap. 13, « No Reconciliation », dans Preston, *The Spanish Holocaust*, p. 3-51, 473-517.
72. Graham, *The Spanish Civil War*, p. 133 : « The atrocities had been committed only by Republicans and endured only by Franco supporters. »
73. Cazorla Sánchez, *Fear and Progress*, p. 62 : « In

macro-economic terms [...] missed more than a decade of economic growth. »

74. Miguel Ángel del Arco Blanco, « Morir de hambre: Autarquía, escasez y enfermedad en la España del primer franquismo », *Pasado y memoria: Revista de historia contemporánea*, 5, 2006, p. 241-258.
75. Pour une description générale du marché noir, voir Carlos Fernando Barciela López, *Autarquía y mercado negro: El fracaso económico del primer franquismo, 1939-1959*, Barcelone, Crítica, 2003.
76. Cazorla Sánchez, *Fear and Progress*, p. 58-59 : « social landscapes of horror ».
77. Pour une analyse plus détaillée de la famine et de la maladie pendant l'autarcie, voir Cazorla Sánchez, *Fear and Progress*, p. 58-64; sur les préoccupations du Royaume-Uni, voir aussi Arco Blanco, « Morir de hambre », p. 241-258.
78. Arco Blanco, « Morir de hambre », p. 252 : « Es muy común ver hombres, mujeres e incluso niños caerse en las calles desmayados por falta de comida. »
79. Cazorla Sánchez, *Fear and Progress*, p. 24; voir aussi Stanley Payne et Delia Contreras, *España y la Segunda Guerra Mundial*, Madrid, Editorial Complutense, 1996.
80. UN General Assembly, Resolution 39 (I), « Relations of Members of the United Nations with Spain », 12 décembre 1946, www.un.org/documents/ga/res/1/ares1.htm [consulté le 12 février 2014] : « [To exclude Spain] from membership in international agencies established by or brought into relationship with the United Nations [...] until a new and acceptable government is formed in Spain » ; « in origin, nature, structure and general conduct, the Franco regime is a fascist regime patterned on, and established largely as a result of aid received from Hitler's Nazi Germany and Mussolini's Fascist Italy » ; « all Members [...] immediately recall from Madrid their Ambassadors and Ministers plenipotentiary accredited there ».
81. Fabián Padilla Crisol, *Wirtschaftliche Entwicklung in Spanien von 1940 bis 1959*, Norderstedt, Grin, 2003, p. 7-8. Le pays survécut à cette période en maintenant ses relations diplomatiques avec le Portugal, certains pays arabes et l'Argentine – l'association avec ce dernier pays fut particulièrement importante, culminant avec la visite en Espagne d'Evita Perón en juin 1947; voir Rafael Calduch Cervera, *Dinámica de la sociedad internacional*, Madrid, Ceura, 1993, p. 21. Sur les relations entre l'Espagne et l'Argentine, voir Raanan Rein, *La salvación de una dictadura: Alianza Franco-Perón, 1946-1955*, Madrid, CSIC, 1995.
82. Sur le goût conservateur et l'idéal du Siècle d'or espagnol, voir Paula Barreiro López, « Reinterpreting the Past: The Baroque Phantom during Francoism », dans Barreiro López/Kasten/Locker, « The Baroque in the Construction of a National Culture in Francoist Spain », p. 715-734. Voir aussi Jorge Luis Marzo, « Arte moderno y franquismo: Los orígenes conservadores de la vanguardia », dans *id.*, *¿Puedo hablarle con libertad, excelencia?*, p. 31-141 ; Miguel Cabañas Bravo, « El ideal del Siglo de Oro en la política artística de postguerra y su crisis hacia 1950 », dans *Velázquez y el arte de su tiempo*, vol. 1, Madrid, Alpuerto/CSIC, 1991, p. 441-449.
83. Manuel Sánchez Camargo, « La pintura de ayer, de hoy y de mañana », *El Alcázar*, 16 novembre 1939, p. 1.
84. Raquel Pelta Resano, « Entre las musas y la espada: La imagen del artista durante el primer franquismo », *Espacio, tiempo y forma*, 7, 1997, p. 267 : « estandarte de una etapa imperial grandiosa, plena de catolicidad que se soñaba repetir ».
85. Lettre du Vicesecretaría de Educación Popular à la Delegación Nacional de Propaganda datée du 8 juillet 1942, reproduite dans Ángel Llorente Hernández, *Arte e ideología en la España de la postguerra (1939-1951)*, thèse de doctorat, Universidad Complutense de Madrid, 1991, p. 1704, http://eprints.ucm.es/2332 [consulté le 12 février 2014] : « la representación de una obra que exalte los valores tradicionales de España ». En 1996, l'auteur publia une version abrégée de sa thèse sous le titre *Arte e ideología en el franquismo (1936-1951)*, Madrid, Visor, 1996.
86. Cité dans Pelta Resano, « Entre las musas y la espada », p. 266-267 : « de restauración

con sus rasgos estructurales más profundos de una España muy antigua, la de la dominación del mundo agrario ».

87. Pour une description détaillée de ces cérémonies, voir Llorente Hernández, *Arte e ideología*, p. 152. Pour une analyse interdisciplinaire du rôle du Baroque sous le franquisme, voir Barreiro López/Kasten/Locker, « The Baroque in the Construction of a National Culture in Francoist Spain ».
88. Alexandre Cirici, *La estética del franquismo*, Barcelone, Gustavo Gili, 1977, p. 109-110.
89. Fray Justo Pérez de Urbel, « El Arte y el Imperio », *Jerarquía*, 3, mars 1938, reproduit dans Llorente Hernández, *Arte e ideología*, p. 433 : « El arte proyectará su luz sobre el imperio, le iluminará, le glorificará; el imperio sostendrá el arte, le protegerá, enderezará sus extravíos, apoyará sus iniciativas, y alentará sus esfuerzos. »
90. Sur l'Instituto, voir María A. Escudero, *El Instituto de Cultura Hispánica*, Madrid, Mapfre, 1994, et Johannes Grossman, « "Baroque Spain" as a Metaphor: *Hispanidad*, Europeanism and Cold War Anti-Communism in Francoist Spain », dans Barreiro López/Kasten/Locker, « The Baroque in the Construction of a National Culture in Francoist Spain », p. 755-771.
91. Cité par Murga Castro, *Artistas españoles en la danza*, p. 361 : « Esto es lo que vais a hacer con vuestros coros y danzas, como parte que sois de esta política que dirige el Caudillo. »
92. Sánchez Camargo, « La pintura de ayer, de hoy y de mañana », p. 2 : « una vuelta a la tradición ». Manuel Machado, *Tradición*, reproduit dans Julio Rodríguez Puértolas, « Fascismo y poesía en España », dans *Actas del séptimo congreso de la Asociación Internacional de Hispanistas*, Rome, Bulzoni, 1982, p. 885 : « Reniega de la vana pseudociencia, / Vuelve a tu tradición España mía. / ¡Solo Dios hace mundos de la nada! » Machado, tout comme son illustre frère Antonio, qui mourut réfugié républicain en France en 1939, était initialement proche de la gauche ; mais, lorsque Franco accéda au pouvoir, il composait déjà des poèmes à la gloire du régime, et il continua jusqu'à sa mort en 1947.
93. Basilio, « Genealogies for a New State », p. 83-85.
94. Francisco Franco en 1959, cité dans Cirici, *La estética del franquismo*, p. 113 : « Es el monumento de nuestra grandeza pasada. » Sur la relation entre la Valle de los Caídos et le palais de l'Escurial, et sur ce dernier comme modèle général d'architecture sous le premier franquisme, voir Tobias Locker, « An Introduction », dans Barreiro López/Kasten/Locker, « The Baroque in the Construction of a National Culture in Francoist Spain », p. 663-669.
95. Le ministère (1943-1957) fut conçu par l'architecte Luis Gutiérrez Soto ; l'université (1946-1956), par Luis Moya.
96. Labanyi, « Censorship or the Fear of Mass Culture », p. 207 : « The Franco regime did not mobilize the nation around a co-ordinated cultural programme » ; « the negative project of suppressing the cultural values of the Republic ».
97. Millán Astray, un commandeur de la Légion espagnole, cria « *Muera la inteligencia* » lors d'une conférence donnée par Unamuno à l'université de Salamanque le 12 octobre 1936. Voir Gracia, *La resistencia silenciosa*, p. 50.
98. *Ibid.*, p. 37 : « Franco ganó la guerra pero ni cortó la continuidad liberal y moderna, ni acabó con el nacionalismo laico y racionalista que había prosperado a trancas y a barrancas y que volvería a resucitar desde la década de los sesenta. »
99. *Ibid.*, p. 34-35.
100. Santos Juliá, « ¿Falange liberal o intelectuales fascistas? », *Claves de Razón Práctica*, 121, avril 2002, p. 4-13.
101. Sur l'Academia, voir Enrique Azcoaga, « La Academia Breve de Crítica de Arte y el Salón de los Once », *Destino*, 17 juillet 1943 ; et, plus généralement, voir Llorente Hernández, *Arte e ideología*, p. 265-274.
102. Paula Barreiro López, « Una conversación con Vicente Aguilera Cerni », dans Isabel Pérez (dir.), *Arte normativo: 50 aniversari de la Primera exposició conjunta d'art normatiu espanyol*, cat. exp., Valence, Consorcio de Museos, 2010, p. 151 : « En el desierto cultural que era España d'Ors era energía. »

103. Paloma Alarcó, « Documentación: 2. Historia de las galerías de arte y de los espacios oficiales de exposiciones », dans Ana Vázquez de Parga, *Del Surrealismo al Informalismo: Arte de los años 50 en Madrid*, cat. exp., Madrid, Sala de Exposiciones de la Comunidad de Madrid, 1991, p. 204-285.
104. Paula Barreiro López, « Juan Puig Manera: Dibujos de luz en el horizonte geométrico », dans *Geometría y movimiento: Juan Puig Manera (1955-1960), un pintor cinético en París*, Madrid, Galería José de la Mano, 2007, p. 10.
105. Barreiro López, « Una conversación con Vicente Aguilera Cerni », p. 151.
106. Voir Díaz Sánchez/Llorente Hernández, *La crítica de arte en España*.
107. *Exposición de arte español contemporáneo: Pintura y escultura*, Museo de Bellas Artes de Buenos Aires (1947); *Exposición de Arte español en El Cairo*, cat. exp., Madrid, Dirección General de Relaciones Culturales, 1950; sur ces expositions, voir aussi Alicia Fuentes Vega, « Franquismo y exportación cultural. El caso de la exposición de arte Español en Buenos Aires », *Iberoamericana (2001-)*, 44, décembre 2011, p. 25-45.
108. Calduch Cervera, *Dinámica de la sociedad*, p. 22.
109. Assemblée générale des Nations unies, Résolution 386 (V), « Relations of state members and specialized agencies with Spain », 4 novembre 1950, www.un.org/documents/ga/res/5/ares5.htm [consulté le 12 février 2014].
110. Alberto J. Lleonart, *España y ONU-V (1951)*, Madrid, CSIC, 1996, p. 54-55.
111. Juan Pablo Fusi et Jordi Palafox, *España, 1808-1996: El desafío de la modernidad*, Madrid, Espasa Calpe, 1997, p. 307.
112. Sur les relations États-Unis/Espagne, voir Ángel Viñas, *En las garras del águila: Los pactos con Estados Unidos, de Francisco Franco a Felipe González, 1945-1995*, Barcelone, Crítica, 2003.
113. Lorenzo Delgado Gómez-Escalonilla, « Las relaciones culturales entre España y Estados Unidos: De la guerra mundial a los pactos de 1953 », *Cuadernos de Historia Contemporánea*, 25, 2003, p. 35-59.
114. « Aeroplanos de chorro libre »; « rascacielos bien conservaos en "frigidaire" »; « Americanos vienen a España guapos y sanos. / Viva el tronío de ese gran pueblo con poderío. / [...] / Os recibimos, americanos, con alegría. » Pour une intéressante interprétation du film, voir Tatjana Pavlović, *Despotic Bodies and Transgressive Bodies: Spanish Culture from Francisco Franco to Jesús Franco*, Albany, SUNY Press, 2003, p. 63-69.
115. Les stéréotypes étrangers dont se moque Berlanga étaient obstinément diffusés par le gouvernement, qui pouvait aussi compter sur la « collaboration » de publications à l'étranger. Voir par exemple Joseph Peyré, Marc Bernard et « Saint-Paulien », *L'Espagne que j'aime*, Paris, Sun, 1961.
116. Fusi/Palafox, *España, 1808-1996*, p. 307. Sur les détails spécifiques de cette aide, voir Viñas, *En las garras del águila*, p. 243-285.
117. Fusi/Palafox, *España, 1808-1996*, p. 303.
118. Juan Francisco Cerón, « El cine de Bardem y las conversaciones de Salamanca », dans Antonio Lastra, *Estudios sobre cine*, Madrid, Editorial Verbum, 2004, p. 17. L'attitude libérale de García Escudero lui causa des problèmes et, moins d'un an après sa nomination, il démissionna.
119. Francisco Franco, *Frase quincenal*, Departamento de Propaganda, 1948, reproduit dans Cirici, *La estética del franquismo*, p. 29 : « El español se siente más unido a los pueblos americanos de su estirpe que a esa Europa desdichada que jamás supo comprender a nuestra patria. »
120. Sur la première Biennale, voir Cabañas Bravo, *La política artística del franquismo*. Outre la première exposition à Madrid en 1951, deux autres se tinrent, l'une à La Havane en 1954, l'autre à Barcelone en 1955.
121. Sur l'histoire des Biennales et les relations politiques de l'Espagne avec les États latino-américains, voir Miguel Cabañas Bravo, *El ocaso de la política americanista del franquismo: La imposible continuidad de las Bienales Hispanoamericanas de arte*, Mexico, Instituto Mexiquense de Cultura, 1995.
122. Alicia Fuentes Vega, « Franquismo y exportación cultural: El papel de lo "español" en

el apadrinamiento de la vanguardia », dans « Saberes artísticos bajo signo y designios del "Urbinate" », numéro spécial, *Anales de Historia del Arte*, 21, 2011, p. 185.

123. *España Libre*, New York, 14 décembre 1951, p. 8, cité dans Miguel Cabañas Bravo, *La primera Bienal Hispanoamericana de Arte: Arte, política y polémica en un certamen internacional de los años cincuenta*, thèse de doctorat inédite, Universidad Complutense de Madrid, 1991, https://eprints.ucm.es/2324/ [consulté le 12 février 2014], p. 63-64 : « La cosa se está poniendo que decir que uno es partidario de pintura moderna, de la que Picasso es el máximo exponente, equivale a decir que uno es antifranquista, y declararse acérrimo partidario de la pintura clásica viene a significar franquista hasta la punta de los pelos » ; « A falta de otra cosa se discute de pintura ». Cabañas souligne que de telles déclarations reflètent un certain degré d'« exageración » de la part de la presse dirigée par des Espagnols en exil (*ibid.*, p. 63).

124. Joaquín Ruiz Giménez, « Arte y política », *Cuadernos Hispanoamericanos*, 26, 1952, p. 162-165.

125. *Arriba*, 14 novembre 1951, reproduit dans Cabañas Bravo, *La primera Bienal Hispanoamericana de Arte*, p. 1246-1248. Une réponse à Fernando Álvarez de Sotomayor, « Interesante carta del director del Museo del Prado: ¿Quiénes son los locos? », Madrid, 9 novembre 1951, p. 12 : « Réplica a un ataque: Artistas de España, combatientes del ejército de Franco y militantes del Movimiento Nacional, rechazan la aviesa y confusionista maniobra de los que quieren desacreditarles con torcida intención [Réponse à une attaque : artistes d'Espagne, combattants de l'armée de Franco et militants du Mouvement national, rejetant la manœuvre fausse et confusionniste de ceux qui cherchent à les discréditer avec des intentions retorses]. »

126. Salvador Dalí, « Picasso i yo », reproduit dans Cabañas Bravo, *La primera Bienal Hispanoamericana de Arte*, p. 1023 : « A pesar de tu actual comunismo consideramos tu genio anárquico como inseparable de nuestro imperio espiritual y a tu obra como una gloria de la pintura española. »

127. « Manifiesto de artistas venezolanos contra la I Bienal », *El Morrocoy Azul*, Caracas, 8 septembre 1951 : « Es una manifestación política y una maniobra del falangismo para fortalecerse en el poder. » Le ministre des Affaires étrangères fut informé de la teneur de ce manifeste par un communiqué de l'Oficina de Información Diplomática, reproduit dans Cabañas Bravo, *La primera Bienal Hispanoamericana de Arte*, p. 1601.

128. La contre-exposition eut lieu en novembre-décembre 1951 ; voir le chap. intitulé « Las exposiciones de réplica a la "Bienal franquista" : La "contra-bienal" de Picasso en París y las "contra-bienales" americanas », dans Cabañas Bravo, *La política artística del franquismo*, p. 515-550.

129. Shifra Goldman, « Painters into Poster Makers: A Conversation with Two Cuban Artists », dans *Dimensions of the Americas: Art and Social Change in Latin America and the United States*, Chicago, University of Chicago Press, 1994, p. 147 : « An Anti-Biennial explaining that artists shouldn't exhibit because we were fighting against the dictatorship. » Les réactions à ces politiques ont été étudiées en détail par Miguel Cabañas Bravo, *Artistas contra Franco: La oposición de los artistas mexicanos y españoles exiliados a las bienales hispanoamericanas de arte*, Mexico, UNAM, 1996.

130. Cité par Cerón, « El cine de Bardem y las conversaciones de Salamanca », p. 18 : « políticamente ineficaz, socialmente falso, intelectualmente ínfimo, estéticamente nulo e industrialmente raquítico ». Le soutien du régime à un certain genre de cinéma populaire nourri de stéréotypes et de clichés était, aux yeux de nombreux intellectuels, une exploitation habile du médium afin de mieux asseoir l'hégémonie idéologique du régime en manipulant les classes ouvrières. Cependant, cette lecture simpliste du rôle du cinéma dans la culture populaire espagnole a récemment été sujette à réinterprétation. Voir par exemple Jo Labanyi, « Musical Battles: Populism and Hegemony in the Early

Francoist Folkloric Film Musical », dans *id.*, *Constructing Identity in Contemporary Spain*, p. 206-221.

131. Cité par Fusi, *Un siglo de España*, p. 115 : « La década triste de la cultura española » ; « La censura hizo un tenaz esfuerzo por convertir a los periódicos en hojas parroquiales preconciliares; redujo nuestro cine y nuestro teatro a la beatería y al folklorismo; prohibió infinidad de libros de novelistas y poetas que enriquecieron a varias editoriales hispanoamericanas ».

132. Citation d'Ángel Duarte, dans Antonio Franco Domínguez, « Recuperación de un escultor », dans *Ángel Duarte*, cat. exp., Cáceres, Centro de Exposiciones de la Plaza de San Jorge, Cáceres, Junta de Extremadura, 1992, p. 16 : « Había un gran atraso y una fuerte resistencia ideológica a sacar la pintura de las fórmulas ramplonas y acabadas en las que se movían los académicos del Régimen. El arte nuevo no llegaba. »

133. *Muerte de un ciclista* reçut le prix FIPRESCI à Cannes en 1955.

134. Cet événement reçut aussi le soutien de l'Instituto Hispánico de Cultura, de l'université de Santander et du Museo Español de Arte Contemporáneo. Les liens avec les débats de l'Escuela de Altamira sont assez évidents. Ce mouvement et « école de pensée » naquit des rencontres de critiques d'art et d'artistes à Santillana del Mar (1949-1951), initialement lancées par l'artiste allemand Mathias Goeritz, lors de son séjour en Espagne, afin de soutenir l'art moderne. Un certain nombre de ses « disciples » (tels Vivanco, Ricardo Gullón, Santos Torroella ou Westherdahl) participèrent également au congrès de Santander en 1953, défendant ardemment l'abstraction. Voir Miguel Cabañas Bravo et Paula Barreiro López, « Ricardo Gullón y la Escuela de Altamira », *Astórica*, 32 (numéro spécial), 2013, et Chus Tudelilla, *Mathias Goeritz. Recuerdos de España, 1940-1953*, Saragosse, Prensas Universitarias de Zaragoza, 2014.

135. Le texte majeur de Kandinsky reliant l'abstraction et la spiritualité est *Über das Geistige in der Kunst, insbesondere in der Malerei* (1911), traduit en anglais sous le titre *Concerning the Spiritual in Art* (1914) et en français sous le titre *Du spirituel dans l'art, et dans la peinture en particulier* (1949).

136. Sur le sanctuaire d'Arantzazu, voir Anna María Guasch, *Arte e ideología en el País Vasco: 1940-1980*, Madrid, Akal, 1985, p. 95-104.

137. Jon Echeverria Plazaola et Friedhelm Mennekes, *Intrusos en la Casa. Arte Moderno, espacio sagrado. Arantzazu, Assy, Audincourt, Rothko Chapel, Vence, 1950-1971*, Alzuza, Fundación Oteiza, 2011.

138. María Dolores Jiménez-Blanco Carrillo de Albornoz, *Arte y Estado en la España del siglo XX*, Madrid, Alianza, 1989, et *id.*, *José Luis Fernández del Amo: Un proyecto de museo de arte contemporáneo*, Madrid, Museo Nacional Centro de Arte Reina Sofía, 1995.

139. Pour la seule année 1955, citons, parmi les expositions les plus représentatives : *Tendencias recientes de la pintura francesa* (Tendances récentes de la peinture française, Madrid) ; *Exposición de pintura italiana contemporánea* (Exposition de peinture italienne contemporaine, organisée par la IIIe Biennale hispano-américaine à Barcelone) ; *El arte moderno en los Estados Unidos* (L'art moderne aux États-Unis, Barcelone) ; *Pintores suizos contemporáneos* (Peintres contemporains suisses, Madrid et Barcelone). Et, en 1957, une exposition emblématique des représentants internationaux de l'art informel eut lieu à Madrid, organisée par la Sala Gaspar à Barcelone, avec la collaboration du critique d'art français Michel Tapié, l'inventeur de la formule « un art autre », ce qui donna à l'exposition son titre espagnol, *Arte otro*.

140. Voir Vázquez de Parga, *Del Surrealismo al Informalismo* ; et *España años 50: Una década de creación*, cat. exp., Málaga/Budapest/Prague, Museo Municipal de Málaga ; Mücsarnok Kunsthalle Budapest ; Národní Galerie Prague, Madrid, SEACEX, 2004.

141. Pedro Laín Entralgo, *España como problema*, Madrid, Seminario de Problemas Hispanoamericanos, 1949. Aranguren, comme nous l'avons vu dans ce chapitre, faisait à

l'origine partie de l'aile la plus libérale du phalangisme. Mais, dans les années 1960, son soutien aux mouvements de protestation étudiants lui fit perdre son poste universitaire.

142. Gracia, *La Resistencia silenciosa*, p. 168. Le militantisme de Bardem au Parti communiste espagnol lui causa de graves problèmes avec le régime, mais il ne fut pas obligé de cacher ses sympathies politiques comme cela aurait été le cas dix ans plus tôt.
143. Voir Cabañas Bravo, *El ocaso de la política americanista del franquismo*, p. 99-111.
144. Plusieurs organisations internationales continueraient à exclure l'Espagne pendant le règne de Franco : notamment l'OTAN, la Communauté européenne du charbon et de l'acier (et la Communauté économique européenne qui lui succéda), la Communauté européenne de l'énergie atomique, le Conseil de l'Europe. Voir Calduch Cervera, *Dinámica de la sociedad*, p. 28.

Notes chapitre 2

1. Juan Triguero (José María Moreno Galván), « La generación Fraga y su destino », *Cuadernos de Ruedo Ibérico*, 1, 1965, p. 5 : « La verdad es que España ha cambiado bastante en estos célebres "25 años de paz". El desarrollo del capital monopolista, la estabilización, el desprestigio-casi oficial-del falangismo, la televisión, los cinco títulos europeos del Real Madrid, el Opus [...]; todo ha contribuido a darle a nuestro país una fisonomía distinta [...]. La tradicional miseria de España subsiste, claro, pero está escondida, alejada de las zonas turísticas por una exultante brillantez de Seat 600, turistas suecas, Samuel Bronston y gambas al ajillo. » La Seat 600 était une voiture bon marché inspirée de la Fiat 600. Samuel Bronston est le producteur largement responsable de la mode des grandes épopées tournées en extérieur en Espagne, où les coûts étaient beaucoup plus bas qu'aux États-Unis ou ailleurs en Europe. *Le Roi des rois* et *Le Cid* (tous deux de 1961) sont les deux films les plus significatifs réalisés en Espagne. Les *gambas al ajillo* sont une tapa traditionnelle de crevettes marinées à l'huile et à l'ail.
2. Tomàs Llorens, « Vanguardia y política en la dictadura franquista: los años sesenta », dans Bozal/Llorens, *España. Vanguardia artística y realidad social*, p. 138 : « La vanguardia consiste precisamente en "tomar posición" dentro del debate. »
3. Le *desarrollismo* (littéralement le « développementalisme ») est une doctrine économique reposant essentiellement sur une conception structuraliste des forces économiques. Cette doctrine fut centrale notamment au cours des années 1950-1960, et les politiques de développement qui s'en inspirèrent furent appliquées sous différentes formes dans divers pays hispanophones et au Brésil. Dans le cas espagnol, l'industrialisation, la libéralisation économique et l'essor du tourisme ont entraîné une forte croissance économique, le « miracle espagnol ». Sur cette période, voir Pablo Martín Aceña et Elena Martínez, « The Golden Age of Spanish Capitalism », dans Nigel Townson (dir.), *Spain Transformed: The Late Franco Dictatorship, 1959-75*, New York, Palgrave Macmillan, 2007, p. 30-46.
4. Alex Longhurst, « Culture and development: The impact of 1960s *desarrollismo* », dans Barry Jordan et Rikki Morgan-Tamosunas (dir.), *Contemporary Spanish Cultural Studies*, New York, Arnold, 2000, p. 18.
5. Cazorla Sánchez, *Fear and Progress*, p. 98 : « the narrow political margins imposed by the dictatorship ».
6. Vicente Aguilera Cerni, « El año 1957 fue una de las fechas clave... », reproduit dans Pablo Ramírez, *El grupo Parpalló: La construcción de una vanguardia*, Valence, Institució Alfons el Magnànim, 2000, p. 172 : « un necesario fenómeno de agrupación ».
7. El Paso rassemblait Rafael Canogar, Luis Feito, Juana Francés, Manuel Millares, Antonio Saura, Manuel Rivera, Pablo Serrano, Antonio Suárez, et les critiques d'art Manuel Conde et José Ayllón. Sur ce mouvement, voir

Laurence Toussaint, *El Paso y el arte abstracto en España*, Madrid, Cátedra, 1983; voir aussi Chus Tudelilla, *El Paso a la moderna intesidad*, cat. exp., Tolède, Servicio de Publicaciones, Consejería de Cultura, Turismo y Artesanía de Castilla-La Mancha, Fundación Cultura y Deporte de Castilla-La Mancha, 2008.

8. Equipo 57 comprenait Agustín Ibarrola, José Duarte, Ángel Duarte, Juan Serrano et Juan Cuenca. Thorkild Hansen, Néstor Basterretxea et Marino di Teana participèrent également aux débuts du groupe. Sur ce mouvement, voir Ángel Llorente, *Equipo 57*, Cordoue, Diputación de Córdoba, 2003.
9. Martín Aceña/Martínez, « The Golden Age of Spanish Capitalism », p. 30-46.
10. Nigel Townson, « Cuando Eisenhower visitó a Franco », *El País*, 21 décembre 2009.
11. Nigel Townson, « Introduction », dans Townson, *Spain Transformed*, p. 13.
12. Cazorla Sánchez, *Fear and Progress*, p. 114.
13. Longhurst, « Culture and development: The impact of 1960s *desarrollismo* », p. 19. De 1951 à 1960, un million de paysans émigrèrent des zones rurales vers Madrid, le Nord et l'Ouest (Bilbao et la Catalogne), afin de trouver du travail. Voir Shirley Mangini González, *Rojos y rebeldes: La cultura de la disidencia durante el franquismo*, Barcelone, Anthropos, 1987, p. 93.
14. Voir le chap. 1, p. 74-75.
15. Sur les politiques culturelles étrangères des États-Unis, voir Frances Stonor Saunders, *Who Paid the Piper? CIA and the Cultural Cold War*, Londres, Granta, 1999, publié aux États-Unis sous le titre *The Cultural Cold War: The CIA and the World of Arts and Letters*, New York, New Press, 2000. Sur la politique culturelle en URSS, voir David Caute, *The Dancer Defects: The Struggle for Cultural Supremacy during the Cold War*, Oxford, Oxford University Press, 2003.
16. Les artistes sélectionnés étaient, entre autres, Luis Feito, Josep Guinovart, Manuel Rivera, Antoni Tàpies, Manuel Millares, Capuleto, José Vento, Planes et Jorge Oteiza; voir *V Bienal del Museo de Arte Moderno 1957 São Paulo, Brasil*, Alzuza, Fundación Museo Oteiza, 2007.
17. González Robles avait travaillé à l'Instituto de Cultura Hispánica et avait participé à l'organisation des Biennales hispano-américaines, de la Biennale d'Alexandrie en 1955 et de la Triennale de Milan. Sur sa participation à São Paulo, voir Genoveva Tusell García, « González Robles, comisario español en São Paulo », dans *España en la Bienal de São Paulo bajo el comisariado de Luis González Robles*, Alcalá, Museo Luis González Robles/ Universidad de Alcalá, 2008.
18. Pour plus d'informations, voir Paula Barreiro López, « La "invención" de la vanguardia en la España franquista: Estrategias políticas y realidades aparentes », dans Víctor Bergasa *et al.* (dir.), *¿Verdades cansadas? Imágenes y estereotipos acerca del mundo hispánico en Europa*, Madrid, CSIC/université de Cergy-Pontoise, 2009, p. 347-362.
19. Voir Serge Guilbaut, *Comment New York vola l'idée d'art moderne. Expressionnisme abstrait, liberté et guerre froide*, Nîmes, J. Chambon, 1988.
20. Comme nous l'avons vu au premier chapitre, le Siècle d'or espagnol fut, dès le début de la dictature, un moyen très répandu d'interpréter la production artistique et culturelle afin de légitimer le régime comme digne héritier de l'Empire habsbourgeois. Mais cette instrumentalisation de l'histoire et de l'esthétique des XVIe et XVIIe siècles ne se limitait pas à la production culturelle; elle joua également un grand rôle dans l'éducation et la politique de manière générale. Cette idéologie persista jusqu'à la période étudiée ici. Voir Barreiro López/Kasten/Locker, « The Baroque in the Construction of a National Culture in Francoist Spain ».
21. Sur cette question, voir Genoveva Tusell García, « The Internationalisation of Spanish Abstract Art », *Third Text*, hors-série « Europe: the Fifties Legacy », 20.2, mars 2006, p. 241-249; et Jiménez-Blanco/ Lubar, *Contemporary Transatlantic Dialogues*.
22. Voir le chap. 4 et l'épilogue.
23. Cette formulation apparaît dans le titre du décret stipulant la création du monument: Francisco Franco, « Decreto de 1 de Abril de 1940, disponiendo se alcen Basílica, Monasterio y Cuartel de Juventudes, en la

finca situada en las vertientes de la Sierra de Guadarrama (El Escorial), conocida por Cuelgamuros, para perpetuar la memoria de los caídos de nuestra gloriosa Cruzada », *Boletín Oficial del Estado*, 2 avril 1940, p. 2240.

24. *Ibid.* : « un lugar de meditación y reposo en que las generaciones futuras rindan tributo de admiración a los que legaron una España mejor ».
25. Sueiro cite Gregorio Peces Barba del Brío (un prisonnier républicain, père de Gregorio Peces-Barba, politicien socialiste qui fut l'un des auteurs de la Constitution espagnole en 1978), qui travailla sur le chantier du monument : « Para nosotros aquello era la creación de una mente que tenía ideas imperiales de España [Pour nous, c'était la création d'un esprit qui avait une idée impériale de l'Espagne]. » Voir Daniel Sueiro, *El Valle de los Caídos: Los secretos de la cripta franquista*, Madrid, La Esfera de los Libros, 2006, p. 122 ; sur la signification transcendante de l'Escurial et de la Valle, voir aussi Locker, « The Baroque in the Construction of a National Culture in Francoist Spain. An Introduction », p. 663-665, 668-669.
26. Longhurst, « Culture and development: The impact of 1960s *desarrollismo* », p. 22.
27. « Declaración del Partido Comunista de España: Por la reconciliación nacional; por una solución democrática y pacífica del problema español [Déclaration du Parti communiste espagnol : Pour la réconciliation nationale, pour une solution démocratique et pacifique au problème espagnol] », *Boletín de Información*, année VI, hors-série, 1er juillet 1956, accessible en ligne : http://filosofia.org/his/h1956rn.htm. À partir du milieu des années 1950, le PCE avait perçu le besoin d'action collective de plusieurs groupes d'opposition, dont le Parti socialiste (PSOE), la Coalition des socialistes et communistes catalans du PSUC, et les chrétiens-démocrates. Sur le programme de réconciliation nationale, voir aussi le récit personnel de Manuel Azcárate, « La política de reconciliación nacional », dans *Contribuciones a la historia del PCE*, Madrid, Fundación de Investigaciones Marxistas, 2004, p. 315-330.
28. Sur le concept de *compañero de viaje*, ou « compagnon de route », et ses implications idéologiques et culturelles, voir Valeriano Bozal, « Compañero de viaje », *La Balsa de la Medusa*, 50, 1999, p. 23-84.
29. Ramón Chao, cité par Mangini González, *Rojos y rebeldes*, p. 130 : « Editoriales, premios literarios, exposiciones, publicaciones, fueron aglutinando alrededor del PC a la mayoría de los intelectuales jóvenes, cuyo denominador común era el franquismo, y donde no cabía distinguir entre el militante, el simpatizante, el compañero de viaje y el oportunista ávido de darse a conocer. »
30. Alberto Gómez Roda, *Comisiones obreras y represión franquista*, Valence, Universidad de Valencia, 2004, p. 34.
31. Elena Hernández Sandoica *et al.*, *Estudiantes contra Franco (1939-1975): Oposición política y movilización juvenil*, Madrid, La Esfera de los Libros, 2007, p. 115.
32. Cité *ibid.*, p. 145 : « Nos reuníamos para estudiar la situación política y discutir la forma de luchar contra el Sindicato Español Universitario. »
33. Tomàs Llorens, entretien avec l'auteur, Dénia, 2 juillet 2011 : « activismo político ilegal ».
34. Le rapport sur la peine de prison est reproduit dans Roberto Mesa, *Jaraneros y alborotadores: Documentos sobre los sucesos estudiantiles de febrero de 1956 en la Universidad Madrid*, 2e éd., Madrid, Universidad Complutense, 2006, p. 47. Ridruejo a également évoqué son emprisonnement dans son autobiographie, publiée pour la première fois en 1976 : *Casi unas memorias*, Barcelone, Península, 2007, p. 36.
35. Longhurst, « Culture and development: The impact of 1960s *desarrollismo* », p. 18.
36. Cité par Mangini González, *Rojos y rebeldes*, p. 119.
37. Walter L. Bernecker, « The Change in Mentalities during the Late Franco Regime », dans Townson, *Spain Transformed*, p. 77.
38. Josep Maria Castellet (dans une analyse rétrospective des années franquistes datant de 1976), cité par Mangini González, *Rojos y rebeldes*, p. 98 : « unidos por la misma actividad de Resistencia política ».

39. Jordi Gracia, *Estado y cultura: El despertar de una conciencia crítica bajo el franquismo (1940-1962)*, Toulouse, Presses universitaires du Mirail, 1996, p. 150-162 ; Mangini González, *Rojos y rebeldes*, p. 89-140.
40. Alfonso Grosso (entretien avec Francisco Olmos García), cité par Mangini González, *Rojos y rebeldes*, p. 119 : « Pretender despertar [...] una inquietud política y cultural en mi país. »
41. José García Ortega, cité par Haro García, *Grabadores contra el franquismo*, p. 106 : « Estas pinturas son dramáticas porque drama es la vida de estos seres espantados por el hambre de los campos. »
42. Pour plus d'informations sur ces groupes, voir *ibid.*
43. Sur ces processus, voir l'épilogue, ainsi que Díaz Sánchez, *La idea del arte abstracto en la España de Franco*.
44. Vicente Aguilera Cerni, « El problema social del arte abstracto », *Papeles de Son Armadans*, 37, avril 1959, p. 103 : « El "arte abstracto" – como la totalidad del fenómeno estético – debe ser visto desde los problemas sociales, por cuanto es pieza del conjunto cultural producido por una sociedad determinada. »
45. Sur ce mouvement, qui exista entre 1959 et 1961, voir Barreiro López, *Arte normativo español*.
46. Sur cette exposition, voir Barreiro López, « La "invención" de la vanguardia en la España franquista », p. 358-362.
47. Voir Martin Jiménez, « Préface », *Peintres contemporains d'Espagne*, cat. exp., Paris, Maison de la pensée française, 1961.
48. Marzo, *¿Puedo hablarle con libertad, excelencia?*, p. 125-127.
49. Inutile de préciser que les censeurs ne furent pas enchantés du résultat final ; le film fut interdit en Espagne, où il ne fut publiquement diffusé qu'en 1977. Voir Gary Indiana, *Viridiana*, BFI Publishing, 2005.
50. Martín Aceña/Martínez, « The Golden Age of Spanish Capitalism », p. 38.
51. *Ibid.*, p. 37.
52. Sasha D. Pack, « Tourism and Political Change in Franco's Spain », dans Townson, *Spain Transformed*, p. 56.
53. Dorothy Kelly, « Selling Spanish "Otherness" since the 1960s », dans Jordan/Morgan-Tamosunas, *Contemporary Spanish Cultural Studies*, p. 30.
54. Trois des quatre bombes tombèrent sur la terre ferme, près de Palomares. L'une d'entre elles fut récupérée intacte, mais les deux autres explosèrent sans causer de réaction nucléaire, même si un certain nombre d'hectares furent contaminés par du plutonium éparpillé. La quatrième bombe, qui n'avait pas non plus explosé, fut localisée quelques mois plus tard au large de la côte et enfin récupérée. Ironiquement, la mer où s'étaient baignés Fraga et l'ambassadeur ne fut pas contaminée, mais les terres, si. Le nettoyage incomplet reste, encore aujourd'hui, un sujet délicat. Michael Aaron Rockland, *Un diplomático americano en la España de Franco*, Valence, Universidad de Valencia, 2011, p. 88. Voir aussi Gerry Hadden, « Palomares Bombs: Spain Waits for US to Finish Nuclear Clean-Up », *BBC News Magazine*, 21 octobre 2012, bbc.co.uk/news/magazine-18689132 [consulté le 12 février 2014].
55. Enrique Moradiellos, *La España de Franco (1939-1975): Política y sociedad*, Madrid, Síntesis, 2000, p. 147.
56. Francisco Rojas Claros, « Poder, disidencia editorial y cambio cultural en España durante los años sesenta », *Pasado y Memoria*, 5, 2006, p. 65.
57. Longhurst, « Culture and development: The impact of 1960s *desarrollismo* », p. 19 : « The poor [internal] immigrant of one generation became the educated white-collar employee of the next. »
58. Hernández Sandoica *et al.*, *Estudiantes contra Franco*, p. 174.
59. Pour un intéressant panorama des contre-cultures des années 1960, voir Grunenberg/Harris, *Summer of Love*.
60. Ce fut le cas de la Cooperativa de Producción Artística, fondée à Madrid en 1966 et active jusqu'en 1969. Ce collectif explorait la poésie et l'art concrets, créant un réseau qui liait l'Espagne à l'Amérique latine et au reste de l'Europe, notamment avec les poètes Ignacio Gómez de Liaño et Augusto Campos, par

exemple, ainsi que les peintres Julio Plaza et Elena Asins. Voir « Redes poéticas I: Poesía visual », dans Jesús Carrillo, Ignacio Estella et Lidia García (dir.), *Desacuerdos 3*, Grenade, Arteleku, Diputación Foral de Navarra, 2005, p. 48-56.

61. Barreiro López, *La abstracción geométrica en España*, p. 252-253, 264-266.
62. Aujourd'hui, El Corte Inglés est omniprésent en Espagne ; mais, en 1963, il venait à peine d'entamer son expansion nationale, ayant tout juste ouvert un deuxième magasin à Barcelone l'année précédente. Son magasin phare, situé au centre de Madrid, où fut exposée l'œuvre de Sempere (ainsi que d'autres installations de Millares, Manuel Rivera, Pablo Serrano, Gerardo Rueda et César Manrique), n'en était pas moins un lieu prestigieux. Voir Alfonso de la Torre (dir.), *Seis escaparates: El Corte Inglés, calle Preciados, Madrid: marzo de 1963*, Madrid, El Corte Inglés, 2005.
63. Moreno Galván, *La última vanguardia de la pintura española*.
64. L'une des expositions les plus importantes était *USA: Arte actual de la colección Johnson* (dont le titre en anglais était *Art, USA: The Johnson Collection of Contemporary American Painting*), qui de 1962 à 1964 fit le tour des grandes villes européennes, dont Madrid, et amena les artistes pop américains sur le sol espagnol. *Arte de América y de España* était sponsorisé par l'Instituto de Cultura Hispánica ; voir *Arte de América y España: Catálogo general*, cat. exp., Madrid, Instituto de Cultura Hispánica, 1963. Pour une vue d'ensemble des artistes étrangers représentés en Espagne, voir Francisco Calvo Serraller (dir.), *España: Medio siglo de arte de vanguardia (1939-1985)*, Madrid, Fundación Santillana / Ministerio de Cultura, 1985, vol. 1.
65. Voir Aurora Fernández Polanco, « Las galerías de arte en el Madrid de postguerra: Su labor en la transformación del panorama artístico nacional », *Villa de Madrid*, 97-98, 1988, p. 5-26.
66. Ces musées comprenaient le Museo Español de Arte Contemporáneo à Madrid, officiellement inauguré en 1959 au rez-de-chaussée de la Bibliothèque nationale, et depuis réinauguré, dans les années 1980, dans ses nouveaux locaux en tant que Museo Nacional Centro de Arte Reina Sofía (voir le chap. 1, p. 86 ; l'éphémère première version du Museo de Arte Contemporáneo de Barcelone (1960-1963) ; le Museu Picasso (Barcelone, 1963, d'abord nommé Colección Sabartés en raison de l'opposition de Picasso au régime) ; le Museo Municipal de Arte Actual à Ayllón, dans la province de Ségovie (1965, aujourd'hui Museo de Arte Contemporáneo) ; et le Museo de Arte Abstracto Español à Cuenca (1966). Voir Jesús Pedro Lorente, « Los nuevos museos de arte moderno y contemporáneo bajo el franquismo », *Artigrama*, 13, 1998, p. 295-313.
67. L'actuel Museu d'Art Contemporani de Barcelona (MACBA), conçu par l'architecte américain Richard Meier, n'ouvrit ses portes qu'en 1995. Voir Narcís Selles Rigat, *Alexandre Cirici Pellicer. Una biografia intel·lectual*, Barcelone, Alfers, 2007, p. 172-181.
68. Le catalogue inaugural du musée est Fernando Zóbel, *Colección de arte abstracto español: Casas Colgadas, Museo, Cuenca*, Madrid, 1966.
69. Nigel Townson, « Introduction », dans *id.*, *Spain Transformed*, p. 16 : « imbibed ideas and ideologies that clashed directly with the dominant doctrinal discourse of the dictatorship ».
70. Martín Aceña/Martínez, « The Golden Age of Spanish Capitalism », p. 41.
71. Cazorla Sánchez, *Fear and Progress*, p. 101.
72. Sergio Vilar, *Historia del antifranquismo 1939-1975*, Barcelone, Plaza y Janés, 1984, p. 309.
73. Sur la répression, et particulièrement sur le rôle des femmes dans la contestation, voir Claudia Cabrero Blanco, « Asturias: Las mujeres y las huelgas », dans José Babiano (dir.), *Del hogar a la huelga: Trabajo, género y movimiento obrero durante el franquismo*, Madrid, Babiano, 2007, p. 189-243.
74. Les actes du procès furent immédiatement publiés à l'étranger : *Ramón Ormazábal y sus compañeros*, Paris, Comité national de défense des victimes du franquisme, 1962.
75. Haro García, *Grabadores contra el franquismo*, p. 191.
76. Vilar, *Historia del anti-franquismo*, p. 323.
77. *España hoy*, Paris, Editorial Ruedo Ibérico, 1962 ; *Asturias*, Paris, Cercle d'art, 1964.

78. Sur ce processus, voir Fernando Guirao, « The Origins and Nature of the First Spanish Application to the European Economic Community », dans *L'Union européenne à l'aube d'un nouveau siècle*, Madrid, Euroius, 1997, p. 36.
79. Le PCE ne fut pas invité afin de ne pas mettre en péril la participation des groupes de centre droit, mais les communistes furent néanmoins informés des résultats. Sur le congrès, voir Julio Crespo MacLennan, *España en Europa, 1945-2000: Del ostracismo a la modernidad*, Madrid, Marcial Pons, 2004, p. 81-86.
80. Pedro Vega et Fernando Jaúregui, *Crónica del antifranquismo: 1939-1975: todos los que lucharon por devolver la democracia a España*, Madrid, Planeta, 2007, p. 280.
81. La première partie de l'encyclique, « L'ordre entre les hommes », traite des nombreux droits et devoirs fondamentaux, dont la liberté de se rassembler ou la liberté de parole et de conscience, dans le cadre d'une collaboration collective et réciproque. La deuxième partie, « Relations entre les individus et les autorités publiques », affirme la responsabilité qu'ont les gouvernements d'assurer l'exercice de ces droits. La troisième partie, sur les relations internationales, soutient que les conflits doivent être résolus par la négociation et non par les armes. L'ensemble trouva un écho particulier dans le contexte de l'opposition politique espagnole. Sur la réception politique de *Pacem in Terris* en Espagne, voir Feliciano Montero, *La Iglesia: De la colaboración a la disidencia (1956-1975); la oposición al franquismo*, Madrid, Encuentro, 2009, p. 182-184.
82. Voir Pere Ysàs, *Disidencia y subversión: La lucha del régimen franquista por su supervivencia, 1960-1975*, Barcelone, Crítica, 2004, p. 161.
83. Longhurst, « Culture and development: The impact of 1960s *desarrollismo* », p. 20.
84. Carme Molinero et Pere Ysàs, *La anatomía del franquismo: De la supervivencia a la agonía, 1945-1977*, Barcelone, Crítica, 2008, p. 54.
85. Tad Szulc, « Cloister Invaded by Spanish Police. They Rout Barcelona Sit-In by Students and Backers », *The New York Times*, 12 mars 1966, p. 8.
86. Francesc Arroyo, « La "Capuchinada", 20 años después: 500 universitarios aprobaron en 1966 los estatutos de una organización democrática », *El País*, 9 mars 1986, http://elpais.com/diario/1986/03/09/espana/510706819_850215.html [consulté le 12 février 2014].
87. Ysàs, *Disidencia y subversión*, p. 58.
88. Francisco Fernández Buey, entretien avec l'auteur, Barcelone, 28 juillet 2011. Voir aussi la lettre de remerciements à Wifredo Lam (Barcelone, 23 novembre 1966), collectivement signée, entre autres, par Tàpies, Oriol Bohigas, Ràfols Casamada et Sacristán (SDO Wifredo Lam, Paris).
89. Sur les réactions à cette campagne, voir Noemí de Haro García, « Contra "XXV años de paz": Los grabados que se opusieron a los medios de masas del franquismo », dans Miguel Cabañas Bravo *et al.* (dir.), *Arte en tiempos de guerra*, Madrid, CSIC, 2009, p. 367-378.
90. « Ley Orgánica del Estado, número 1/1967, de 10 de enero », *Boletín Oficial del Estado*, 9 (11 janvier 1967), p. 466-477, www.boe.es/buscar/doc.php?id=BOE-A-1967-5 [consulté le 12 février 2014].
91. « La Administración no podrá aplicar la censura previa ni exigir la consulta obligatoria, salvo en los estados de excepción y de guerra » ; « La libertad de expresión y el derecho a la difusión de informaciones, reconocidas en el artículo primero, no tendrán más limitaciones que las impuestas por las leyes ». Pour consulter les passages cités ici, voir le texte complet : « Ley 14/1966, de 18 de marzo, de Prensa e Imprenta », *Boletín Oficial del Estado*, 67 (19 mars 1966), p. 3310-3315, www.boe.es/diario_boe/txt.php?id=BOE-A-1966-3501 [consulté le 12 février 2014].
92. On affirme souvent que la Loi de Fraga encouragea une nouvelle liberté de la presse, mais Alex Longhurst se montre très sceptique quant à la portée de ces libertés, soulignant au contraire l'effet d'autocensure. Voir Longhurst, « Culture and development: The impact of 1960s *desarrollismo* », p. 24.
93. Par exemple avec les ouvrages suivants : Valeriano Bozal Fernández, *El realismo plástico en España, de 1900 a 1936*, Madrid, Península, 1967, et Vicente Aguilera Cerni, *Julio*

González, Madrid, Servicio de Publicaciones del Ministerio de Educación y Ciencia, 1971.

94. Francisco Fernández Buey, « Veinte años de marxismo en España », *Sistema*, 100, janvier 1991, p. 132. Sur la réception des différentes écoles du marxisme en Espagne, voir le chap. 4.

95. La revue *Omnium Cultural* soutint le catalan et la culture catalane à partir de 1961, tout comme le livre de Joan Fuster, *Nosaltres els valencians* (1962), pour le régionalisme valencien. En 1963 fut célébrée la première *Día das letras galegas* annuelle (Journée de la littérature et de la langue galiciennes). Tout au long des années 1960 et 1970, les universitaires basques travaillèrent à mettre sur pied une version unifiée et standardisée du basque (l'*euskera batúa*). Au cours des années 1960, les musiciens chantant en langue régionale se multiplièrent, adoptant un style proche de la chanson française des années 1950-1960, avec notamment en Catalogne les auteurs-compositeurs-interprètes associés d'Els Setze Jutges, représentants du mouvement Nova Cançó ; ou à Valence le chanteur Raimon, aux orientations similaires, dont la chanson *Al vent* (Au vent) devint un hymne contestataire même dans les provinces ne parlant pas le catalan ; en Galice, le mouvement Nova Canción Galega ; et, au Pays basque, les musiciens et auteurs du mouvement Ez Dok Amairu. Voir Haro García, *Grabadores contra el franquismo*, p. 48 et 55.

96. Luis Martín Santos, *Tiempo de Silencio*, Barcelone, Seix Barral, 1962.

97. Longhurst, « Culture and development: The impact of 1960s *desarrollismo* », p. 25.

98. La série d'Equipo Crónica, intitulée « El paredón » (Le mur des fusillés), de 1974 à 1975, évoque spécifiquement les condamnations à mort, prononcées par des cours martiales, de trois militants du FRAP (proche du Partido Comunista marxista-leninista, PCml) et de deux militants du groupe séparatiste basque ETA. Ils furent les derniers à être exécutés par le régime, le 27 septembre 1975, moins d'un mois avant la mort de Franco.

99. Sur les différents aspects du discours du régime le reliant à l'Âge d'or espagnol, voir Barreiro López/Kasten/Locker, « The Baroque in the Construction of a National Culture in Francoist Spain ».

100. Voir, par exemple, le traitement réservé aux manifestations de gauche et à la dissolution de l'Assemblée nationale par de Gaulle le 30 mai, et à sa proposition d'élections anticipées (couronnée à Paris par une gigantesque manifestation de soutien à de Gaulle), dans les pages du quotidien conservateur monarchiste *ABC*, le lendemain. Sans surprise, ces événements spectaculaires sont présentés en termes sinon réactionnaires, du moins conservateurs, mais la nature générale de la situation et le rôle central de la gauche n'étaient un secret pour personne. La une montre une image d'un de Gaulle épuisé, et le reportage photo à l'intérieur (p. 16-17) comprend un cliché de Georges Séguy, le secrétaire général de la CGT, ainsi que d'autres manifestants armés de « *banderas rojas, gorros frígios y puños en alto* » (drapeaux rouges, bonnets phrygiens et poings levés). La une du 26 mai offre un montage encore plus dramatique de photographies de la répression policière. « Más violencia tras el discurso del presidente De Gaulle », *ABC*, 26 mai 1968, p. 1, et « De Gaulle, dispuesto a luchar contra la insurrección: Un millón de manifestantes en apoyo de la política del presidente », *ABC*, 31 mai 1968, p. 63 et suiv., archives en ligne : http://hemeroteca.abc.es/nav/Navigate.exe/hemeroteca/madrid/abc/1968/05/26/001.html et http://hemeroteca.abc.es/nav/Navigate.exe/hemeroteca/madrid/abc/1968/05/31/063.html [consulté le 12 février 2014].

101. « Decreto-ley 1/1969, de 24 de enero, por el que se declara el estado de excepción en todo el territorio nacional », *Boletín Oficial del Estado*, 25 janvier 1969, p. 1175, www.boe.es/diario_boe/txt.php?id=BOE-A-1969-98 [consulté le 4 septembre 2014].

102. Sergio Rodríguez Tejada, *Zonas de libertad: Dictadura franquista y movimiento estudiantil en la Universidad de Valencia*, vol. 2 : *1965-1975*, Valence, Universidad de Valencia, 2009, p. 203-225.

103. Ruano était un membre du FLP à l'université. Il fut arrêté le 17 janvier 1969 pour avoir distribué de la propagande. Après trois jours de détention, il fut obligé d'accompagner la police à une fouille de son appartement, et il se serait alors « jeté » d'une fenêtre du septième étage. Officiellement, il s'agissait donc d'un suicide, et le journal *ABC* joua un rôle central dans la diffusion de cette version des faits pourtant largement contestée. La réaction des étudiants fut immédiate, avec des grèves et des manifestations. La famille de l'étudiant réussit à faire rouvrir l'enquête après la transition démocratique, afin de prouver qu'il avait été victime de tortures et intentionnellement jeté par la fenêtre, mais l'affaire fut finalement classée sans suite par manque de preuves. La controverse autour de sa mort est encore d'actualité. Pour le récit officiel de sa mort, voir l'article « Cuatro comunistas, detenidos: Uno se suicidió arrojándose desde un séptimo piso », *ABC*, 21 janvier 1969, p. 13, http://hemeroteca.abc.es/nav/Navigate.exe/hemeroteca/madrid/abc/1969/01/21/013.html [consulté le 12 février 2014]; pour une réévaluation récente de cette affaire, voir García Alcalá, *Historia del FELIPE: De Julio Cerón a la Liga comunista revolucionaria*, Madrid, Centro de Estudios Políticos Constitucionales, 2001, p. 245-250, et Ana Domínguez Rama, *Enrique Ruano: Memoria viva de la impunidad del franquismo*, Madrid, Editorial Complutense, 2011.
104. La popularité de la chanson *Que volen aquesta gent?*, de María del Mar Bonet, qui raconte l'intervention de la police, au petit matin, dans l'appartement d'un étudiant activiste qui, terrorisé, se tue en sautant par la fenêtre, est un excellent exemple de la manière dont l'histoire de Ruano (même en acceptant la version du suicide) put galvaniser la solidarité politique. Voir Domínguez Rama, *Enrique Ruano*, p. 44, 256.
105. Carmen Molinero et Pere Ysàs, *Productores disciplinados y minorías subversivas. Clase obrera y conflictividad laboral en la España franquista*, Madrid, Siglo XXI, 1998, p. 96.
106. Paul VI dans *L'Osservatore Romano*, 24 juin 1969, cité par Rafael Gómez Pérez, *El franquismo y la Iglesia*, Madrid, Rialp, 1986, p. 163 : « Al mundo obrero, a los jóvenes y a todos los ciudadanos de aquella nación » ; « Deseamos de verdad a este noble país un ordenado y pacífico progreso y para ello anhelamos que no falte una inteligente valentía en la promoción de la justicia social, cuyos principios tantas veces ha perfilado claramente la Iglesia ».
107. Javier Tusell, *Dictadura franquista y democracia*, Barcelone, Crítica, 2005, p. 227-228; José Luis Rodríguez Jiménez, *Reaccionarios y golpistas: La extrema derecha en España; del tardofranquismo a la consolidación de la democracia (1967-1982)*, Madrid, CSIC, 1994, p. 131.
108. Ludolfo Paramio, *Tras el diluvio: La izquierda ante el fin de siglo*, Madrid, Editores Siglo XXI, 1988, p. 1-30.
109. Valeriano Bozal, *El intelectual colectivo y el pueblo*, Madrid, Comunicación, 1976, p. 15 : « Los colegios profesionales han dejado de ser las viejas corporaciones de control minoritario y privilegiado para convertirse, en muchas ocasiones, en verdaderas organizaciones democráticas. » Sur le rôle de ces organisations, voir aussi Pamela Radcliff, « Associations and the social origins of the transition during the late Franco regime », dans Townson, *Spain Transformed*, p. 140-162.
110. Voir José Gómez Alén et Rubén Vega García (dir.), *Materiales para el estudio de la abogacía antifranquista*, Madrid, Ediciones GPS, 2010. Parmi ces juristes, Antonio Giménez Pericás est d'ailleurs une personnalité marquante : il était non seulement critique d'art, mais aussi avocat. Après avoir été libéré de prison (une condamnation due à son soutien aux grèves en 1962), il abandonna la critique d'art. En 1966, pour défendre les droits des travailleurs, il ouvrit un cabinet d'avocat à Bilbao, spécialisé dans les conflits du travail. Voir José Ángel Etxaniz Ortuñez et José Antonio Pérez Pérez, « Antonio Giménez Pericás », dans Gómez Alén/Vega García, *Materiales para el estudio de la abogacía antifranquista*, p. 169-200.

111. Bernecker, « The Change in Mentalities during the Late Franco Regime », p. 71.
112. Nigel Townson, « Introduction », dans Townson, *Spain Transformed*, p. 16 : « The overall shift of mentalities of the 1960s and early 1970s [...] was of a revolutionary magnitude that contradicted and confounded the eternal aspiration of the dictatorship to a depoliticized and deferential society. »
113. Le *sit-in* fut évoqué par la revue allemande *Tendenzen*. Voir Haro García, *Grabadores contra el franquismo*, p. 67.
114. Mangini González, *Rojos y rebeldes*, p. 215.
115. Juan Albarrán, « Sentir el cuerpo: performance, tortura y masoquismo en el entorno de los nuevos comportamientos », *Arte, individuo y sociedad*, 25.2, 2013, p. 303-318.
116. Ces critiques devinrent les principaux théoriciens de l'art conceptuel en Espagne. Marchán publia un ouvrage qui devint une référence centrale : *Del arte objetual al arte de concepto*, Madrid, Comunicación, 1972, tout comme Combalía avec son essai *La poética de lo neutro*, Barcelone, Anagrama, 1975.
117. Sur ces mouvements, voir Parcerisas, *Conceptualismo(s) poéticos, políticos y periféricos*, p. 233-305. Leurs œuvres sont analysées au chap. 5.
118. L'exposition rétrospective *Miró Otro* fut organisée au Colegio Oficial de Arquitectos de Cataluña à Barcelone en 1969; Joan M. Minguet Batllori, « Forms of Commitment or Commitment without Form: The Other Miró », et William Jeffett, « From *Miró Otro* to the *Burn Canvases* », tous deux dans Marko Daniel et Matthew Gale (dir.), *Joan Miró: The Ladder of Escape*, cat. exp., Londres, Tate, 2011, p. 149 et p. 182-183. Trois ans auparavant, Miró avait fait don de ses peintures pour aider à rembourser les amendes infligées aux étudiants. Il avait également soutenu les chansons protestataires de Raimon, notamment en concevant la pochette de son album en 1966. L'engagement politique de Miró fut le sujet de l'exposition *Joan Miró: The Ladder of Escape*, organisée par la Tate Modern en 2011; voir le catalogue qui vient d'être cité.
119. Organisée avec le soutien de la Dirección General de Bellas Artes, elle comprenait des œuvres qui faisaient explicitement référence à la répression étatique, avec des images de personnes se tenant contre un mur ou se faisant emmener, menottées. Le peintre se remémora plus tard son incertitude vis-à-vis de cette exposition : « Je l'organisai avec le peintre Pepe Escassi, le directeur technique du Directorat général des beaux-arts, qui n'arrêtait pas de me dire : "Moi, ils vont me licencier, mais toi, ils vont te mettre en prison" [La organicé con Pepe Escassi, pintor y Director Técnico en Bellas Artes, que me decía: a mi me van a echar, pero a ti te meten en la cárcel]. » Cité dans « El pintor valenciano Juan Genovés expone sus obras inéditas en homenaje a Salvador Victoria », *El Faro de Vigo*, 25 novembre 2007, www.farodevigo.es/sociedad-cultura/3185/pintor-valenciano-juan-genoves-expone-obras-ineditas-homenaje-salvador-victoria/181732.html [consulté le 12 février 2014].
120. Cette exposition fut très probablement prévue lorsque Genovés se retira de l'exposition dissidente *36 peintres contemporains d'Espagne* (1961), à Paris, après que Luis González Robles – le commissaire chargé par le gouvernement d'organiser les expositions officiellement approuvées – eut fait pression sur lui; voir Haro García, *Grabadores contra el franquismo*, p. 59. Selon Daniel de Labra (le fils du peintre José María de Labra, qui avait eu vent de ce genre de corruption), plusieurs artistes avaient été contactés et, en compensation, on leur avait promis des expositions personnelles financées par le gouvernement (entretien avec l'auteur, Madrid, 21 mars 2013).
121. Auto del Juez, 5 novembre 1970, Archives José María Moreno Galván, Museo Nacional Centro de Arte Reina Sofía (MNCARS), Madrid : « desordenes públicos ».
122. Voir Barreiro López, « Classified files: Picasso, the regime and the Avant-garde in Francoist Spain », p. 102.
123. Affiche exprimant la solidarité avec Moreno Galván (Archives Moreno Galván, MNCARS).
124. Haro García, *Grabadores contra el franquismo*, p. 336.

125. Manuel Vázquez Montalbán, « Sobre la memoria de la oposición antifranquista », *El País*, 26 octobre 1988, http://elpais.com/diario/1988/10/26/cultura/593823601_850215.html [consulté le 12 février 2014] : « hicieron de la reivindicación de la memoria un instrumento de combate ».
126. Ce fut même le cas pour une figure comme Antonio Machado, qui n'avait pas été particulièrement « radical » dans ses positions politiques. Jesús Munárriz se souvient par exemple que « Machado n'était pas marxiste [...] mais il était une figure extraordinaire à cette époque, tout un symbole [Machado no era marxista pero sí una figura extraordinaria en aquella época, todo un símbolo] ». Cité par Francisco Rojas Claros, « Una editorial para los nuevos tiempos: Ciencia Nueva (1965-1970) », *Represura*, 2, janvier 2007, http://represura.es/represura_2_enero_2007_articulo2.html [consulté le 12 février 2014] ; publié pour la première fois dans *Revista Historia del Presente*, 2005, p. 103-120.
127. Un cas remarquable fut l'hommage au poète républicain Antonio Machado dans sa ville natale de Baeza le 20 février 1966, où l'on dévoila le buste du poète réalisé par Pablo Serrano, et qui se conclut par une charge de la police contre les admirateurs du poète et par l'arrestation de nombreux intellectuels et critiques d'art, dont à nouveau Moreno Galván. Pour un récit à la première personne de ces événements, voir Carlos Castilla del Pino, *Casa del Olivo*, Barcelone, Tusquets, 2004, p. 342-347.
128. « En libertad los presuntos autores del atentado contra la librería Alberti », *El País*, 12 novembre 1976, http://elpais.com/diario/1976/11/12/madrid/216649460_850215.html [consulté le 12 février 2014].
129. « Bochornoso y estúpido », *ABC Blanco y Negro*, 13 novembre 1971, p. 75, http://hemeroteca.abc.es/nav/Navigate.exe/hemeroteca/madrid/blanco.y.negro/1971/11/13/075.html [consulté le 12 février 2014].
130. Voir Gijs van Hensbergen, *Guernica: La historia de un icono del siglo XX*, trad. de l'anglais par Francisco José Ramos Mena, Barcelone, Debate, 2005, p. 313-317 (voir aussi note 11).
131. Longhurst, « Culture and development: The impact of 1960s *desarrollismo* », p. 27.
132. *Ibid.*, p. 23 : « By the time of Franco's death in November 1975, Spain was a modern consumer society little different from others in Western Europe. »
133. La liste des artistes espagnols participants comprend le groupe Zaj, Lugán, Prada Poole, Nacho Criado, José María Yturralde, Elena Asins, Manuel Barbadillo, Soledad Sevilla, Paz Muro, Luis Muro, Isidoro Valcárcel Medina, Julio Plaza et le groupe Equipo Crónica. Pour plus de précisions sur cet événement, voir José Díaz Cuyás (dir.), *Encuentros de Pamplona 1972: Fin de fiesta del arte experimental*, cat. exp., Madrid, Museo Nacional Centro de Arte Reina Sofía, 2009.
134. Voir aussi José Díaz Cuyás, « Pamplona era una fiesta: tragicomedia del arte español », dans Jesús Carrillo et Ignacio Estella (dir.), *Desacuerdos: Sobre arte, políticas y esfera pública en el estado español; Desacuerdos 1*, Arteleku/Centro José Guerrero/Museu d'Art Contemporani de Barcelona, 2004, p. 17-74.
135. Pour un récit de l'assassinat, voir Teresa M. Vilarós, *El mono del desencanto: Una crítica cultural de la transición española (1973-1993)*, Madrid, Siglo XXI, 1998, p. 120-128.
136. Thierry Maurice, *La Transition démocratique. L'Espagne et ses ruses mémorielles (1976-1982)*, Rennes, Presses universitaires de Rennes, 2013, p. 94.
137. En 1974 et 1975, les principales forces d'opposition s'assemblèrent pour former la Junta Democrática de España et la Plataforma de Convergencia Democrática, qui finirent par fusionner pour donner naissance à la Coordinación Democrática, surnommée « Platajunta ». Voir *ibid.*, p. 104-107 et 139-140.
138. Sur le processus menant à ces élections, voir Tusell, *Dictadura franquista y democracia*, p. 289 et suiv.

Notes chapitre 3

1. Antonio Giménez Pericás à Vicente Aguilera Cerni, lettre, 14 janvier 1960 (Archives personnelles d'Andreu Alfaro, Valence) : « Si en verdad existe una crítica de arte yo pertenezco a la más comprometida y parcial de ella. »
2. Blasco Carrascosa, *Vicente Aguilera Cerni*, p. 111 : « Yo no veo la diferencia entre la potencialidad creativa de la crítica y otros géneros literarios. »
3. Michel Ragon, « De la critique considérée comme création », dans Pierre Restany, *Les Nouveaux Réalistes*, Paris, Planète, 1968, p. 9-19.
4. Mónica Núñez Laiseca, *XXV años de paz. Ventennale della resistenza. Rentabilidad y descrédito de la política artística española en Italia*, mémoire de master inédit, Universidad Complutense de Madrid, 2002, p. 21.
5. Restany gagna le Prix de la critique d'art en 1960; voir le dossier « Italie 1958-1976, Biennale di Venezia », 1960 (PREST.X.SIT33), Archives de la critique d'art, Rennes.
6. Aguilera était bien conscient de l'importance de ce prix pour sa carrière. Il déclara plus tard : « Me abrió las puertas de Italia y me dio la posibilidad de tener una actividad a nivel, no solo italiano, sino internacional. Por descontada, que esta oportunidad la aproveché también para dar a conocer a los artistas españoles [Il m'ouvrit les portes de l'Italie et me permit de mener mes activités professionnelles non seulement en Italie, mais sur un plan international. Je me saisis bien évidemment de l'occasion pour attirer l'attention sur les artistes espagnols]. » Cité par Blasco Carrascosa, *Vicente Aguilera Cerni*, p. 112. Malheureusement, l'auteur ne mentionne pas la source de cette citation – un défaut récurrent dans tout l'ouvrage.
7. D'autres destinations (comme l'Allemagne, le Royaume-Uni ou les États-Unis) étaient moins courantes chez les critiques d'art et les artistes, qui pourtant les choisissaient parfois. Pericás, par exemple, opta pour l'Allemagne afin d'échapper aux représailles du régime après qu'il eut participé au mouvement étudiant en 1956, et c'est là qu'il commença à étudier la philosophie. L'Allemagne continua à être une destination pour les artistes et les intellectuels de la seconde moitié des années 1960, dont Simón Marchán, ainsi que les artistes Elena Asins et Julio Plaza. À la fin des années 1960, les intellectuels voyagèrent plus fréquemment au Royaume-Uni. Tomàs Llorens finit même par accepter d'enseigner à l'université de Portsmouth après son renvoi de l'École d'architecture de l'Universidad Politécnica de Valence lors des purges franquistes du début des années 1970. Les Amériques attiraient également les intellectuels et les artistes : par exemple, les États-Unis pour le philosophe catalan Xavier Rubert de Ventós, Porto Rico pour les critiques d'art Ángel Crespo et Pilar Gómez Bedate, le Brésil pour l'artiste Julio Plaza. Certains des critiques que nous avons cités plus haut, comme Cirici, participèrent à des congrès et à des conférences au Canada, en Finlande ou en Israël.
8. L'expression de Moreno Galván désigne un groupe d'artistes espagnols, travaillant à Paris à partir de l'entre-deux-guerres, qui comptait parmi ses membres Juan Gris, Julio González, Francisco Bores, Manuel Ángeles Ortiz, Baltasar Lobo, Óscar Domínguez et Pablo Picasso. José María Moreno Galván, *Introducción a la pintura española*, Madrid, Publicaciones Españolas, 1960, p. 109-115. Voir aussi Mercedes Guillén, *Pintores españoles de la Escuela de París*, Madrid, Taurus, 1960.
9. Cité par Javier Angulo Barturen, *Ibarrola, ¿Un pintor maldito? (Arte vasco de postguerra, 1950-1977, de Aranzazu a la Bienal de Venecia)*, San Sebastián, L. Haranburu, 1978, p. 116 : « una conciencia de regreso a España, a luchar en España profesional y democráticamente como antifascistas ».
10. Divers intellectuels exilés de la « nouvelle gauche », issus plus particulièrement, dans le cas présent, de l'organisation politique FLP (Leguina, Eduardo G. Rico), ainsi que des communistes bannis (Fernando Claudín, Jorge Semprún) et des artistes (Juan Genovés,

Manuel Millares, Vicente Rojo), étaient réunis autour de cette entreprise éditoriale dirigée par José Martínez. En 1965, après une réunion entre Martínez, Semprún et Vincens, fut créée la revue *Cuadernos Ruedo Ibérico* (1965-1979). Ils avaient aussi des contacts en Italie, et plusieurs essais et publications furent partiellement traduits en italien par la revue *Il Ponte*. Voir Eduardo G. Rico, *Queríamos la revolución: Crónicas del FELIPE (Frente de Liberación Popular)*, Barcelone, Flor del Viento, 1998, p. 135-37; Núñez Laiseca, *Arte y política en la España del desarrollismo*, p. 103; et Albert Forment, *José Martínez: la epopeya de Ruedo Ibérico*, Barcelone, Editorial Anagrama, 2000.

11. Jean-Paul Sartre et deux futurs prix Nobel – le Guatémaltèque Miguel Ángel Asturias et le Chilien Pablo Neruda –, parmi d'autres intellectuels, participèrent aussi à ce congrès. Voir Barreiro López, « Una conversación con Vicente Aguilera Cerni », p. 149.
12. Equipo Crónica participa à plusieurs expositions, dont *Le Monde en question* (cat. exp., Paris, 1967) et *Art et contestation* (cat. exp., Bruxelles, 1968), précisément organisées par Gassiot-Talabot afin de lancer Figuration narrative. Ce mouvement attira également l'attention des collègues de Llorens, Bozal et Aguilera Cerni. Voir Jean-Paul Ameline et Bénédicte Ajac (dir.), *Figuration narrative, Paris 1960-1972*, cat. exp., Paris, Galeries nationales du Grand Palais, et Valence, Institut Valencià d'Art Modern, Paris, RMN, 2008.
13. En effet, on peut faire remonter encore plus loin les liens entre les intellectuels espagnols et italiens sous le franquisme, *via* l'Istituto Italiano di Cultura et les activités de certains intellectuels de la Phalange comme Eugeni d'Ors et Pedro Laín Entralgo. À la fin des années 1940 et 1950, d'autres liens avec l'Italie se nouèrent, notamment à travers le cercle de l'Escuela de Altamira, avec l'architecte Alberto Sartoris et son épouse, la peintre italienne Carla Prina.
14. C'est l'une des principales raisons pour lesquelles les Italiens soutenaient de nombreux événements concourant à la lutte pour la liberté et la démocratie en Espagne, par exemple des expositions ou des réunions d'intellectuels. Voir Núñez Laiseca, *XXV años de paz*.
15. Après ses études avec Lionello Venturi, Giulio Carlo Argan commença sa carrière dans la bureaucratie italienne comme inspecteur des musées, des monuments, des galeries et des sites archéologiques pour le département des Beaux-Arts. En 1938, il devint inspecteur central au Service des antiquités et des beaux-arts du ministère de l'Éducation nationale. À ce poste, il accomplit un important travail pour la conservation du patrimoine italien, créant l'Istituto Centrale per il Restauro avec Cesare Brandi (1939). Encore aujourd'hui, l'historiographie italienne est partagée sur le passé d'Argan sous le fascisme. Pour plus d'informations, voir note 92 du chap. 3. Pour un aperçu de sa biographie, voir Claudio Gamba, « Introduzione », dans Claudio Gamba et Giulio Carlo Argan, *Promozione delle arti, critica delle forme, tutela delle opere. Scritti militanti e rari (1930-1942)*, Milan, Marinotti, 2009, p. 23-31.
16. Marc Perelman et Alain Jaubert, « Interview de Giulio Carlo Argan », dans Irene Buonazia et Marc Perelman, *Giulio Carlo Argan (1909-1992). Historien de l'art et maire de Rome*, Paris, Éditions de la Passion, 1999, p. 15.
17. J'utilise le terme de « résistance » de la même manière que Dario Puccini utilisa celui de *resistenza* dans le contexte de l'Espagne franquiste. En 1963, Puccini publia une anthologie de la poésie militante reliant l'activisme antifasciste pendant la Seconde Guerre mondiale (la « Résistance ») au mouvement culturel antifranquiste. Voir Dario Puccini, *Romanzero della resistenza spagnola*, Milan, Feltrinelli, 1960.
18. Barreiro López, « Una conversación con Vicente Aguilera Cerni », p. 143 : « maestro total ».
19. Núñez Laiseca, *XXV años de paz*, p. XX. Sur l'activisme antifasciste de Lionello Venturi, voir Romy Goland, « The Critical Moment: Lionello Venturi in America », dans Christopher Benfey et Karen Remmler (dir.), *Artists, Intellectuals, and World War II.*

The Pontigny Encounters at Mount Holyoke College, 1942-1944, Amherst, University of Massachusetts Press, 2006, p. 122-135; sur la position de Venturi par rapport à l'Espagne, voir sa notice nécrologique par Vicente Aguilera Cerni, « Lionello Venturi », *Papeles de Son Armadans*, 69, 1961, p. 349.

20. Tomàs Llorens, dans un entretien avec l'auteur le 2 juillet 2011. Voir aussi Umberto Eco, « The Death of the Gruppo 63 », dans *The Open Work*, Cambridge, MA, Harvard University Press, 1989, p. 236-249; et Alexandre Cirici, « Dialegs d'"Eina". El grup 63 i l'avantguarda », *Serra d'Or*, 3, mars 1967, p. 67-69, accessible en ligne : https://arxiu.eina.cat/index.php/dialegs-deina-el-grup-63-i-lavantguarda.
21. Donald Drew Egbert, *El arte y la izquierda en Europa: De la revolución francesa a mayo de 1968*, Barcelone, Gustavo Gili, 1981, p. 631. Version originale en anglais : *Social Radicalism and the Arts, Western Europe: A Cultural History from the French Revolution to 1968*, New York, Alfred A. Knopf, 1970.
22. Le premier numéro fut présenté par Luigi Longo, à l'époque vice-secrétaire du PCI; le rédacteur en chef était Vincenzo Bianco.
23. Cette institution, qui dépendait du PCI, fut décrite par l'ambassade espagnole à Rome comme une organisation « de propagande », liée aux groupes antifranquistes, qui cherchait à accroître son influence au sein du PCE (dossier confidentiel, transmis par l'ambassade espagnole au ministère des Affaires étrangères, intitulé « Centro de Iniciativas para la Libertad de España », Rome, 30 juin 1965 - Archives du ministère des Affaires étrangères espagnoles, Madrid, catalogue numéro 40327 (45:56)-1/12). Le Centro jouissait d'un grand soutien chez les intellectuels italiens, notamment chez certains membres éminents des cercles d'histoire de l'art. Par exemple, lorsque les enseignants espagnols Aranguren, García Calvo, Montero Díaz, Tierno Galván et Aguilar Navarro furent exclus de l'université de Madrid en 1965, il demanda à Giulio Carlo Argan, en solidarité avec les Espagnols, de signer une lettre ouverte dénonçant le manque de liberté idéologique dans l'Espagne franquiste, et d'essayer de trouver d'autres signataires (lettre d'Adriana Martelli, secrétaire du Centro di Iniziative per la Libertà della Spagna, à Giulio Carlo Argan, Rome, 2 novembre 1965, Archivio Argan, Rome).
24. Alberti et León, qui étaient mariés et tous deux communistes, s'installèrent à Rome en 1963 après avoir passé plus de dix ans en Amérique latine. Ils disposaient d'un très bon réseau au sein de l'intelligentsia italienne, et leur domicile était un lieu de rendez-vous pour des personnalités comme Federico Fellini, Vittorio Gassman, Pier Paolo Pasolini, Renato Gutusso et Renzo Romero, ainsi que d'autres intellectuels venus d'Espagne, comme Gabriel Celaya, ou de Grèce, comme Mikis Theodorakis. Voir Gabriele Morelli, « Rafael Alberti: Poesía y creación durante el exilio en Roma », dans *Entre el clavel y la espada: Rafael Alberti en su siglo*, cat. exp., Madrid, Sociedad Estatal de Conmemoraciones Culturales, 2003, p. 440.
25. Pour plus d'informations, voir Simonetta Nicolini et Renzo Semprini, *53-85: Ricerche artistiche a Rimini nel secondo Novecento*, Misano Adriatico, Silver Books Edizioni, 1998.
26. Sur les conférences de Rimini, voir Luca Cesari (dir.), *Da Fontana a Yvaral: Arte gestaltica nella collezione della Pinacoteca di Verucchio*, cat. exp., Verucchio, Pazzini, 2008, et Luca Cesari, « Arganville 1963 », dans *Sessanta e dintorni. Nuovi miti et nuove figure dell'arte*, Cinisello Balsamo, Silvana Editoriale, 2010, p. 81-89.
27. Cité par Cesari, « Arganville 1963 », p. 83.
28. Voir Paula Barreiro López et Jacopo Galimberti, « Southern Networks. The San Marino Biennale and the *Convegno Internazionale Artisti, Critici e Studiosi d'Arte* of Rimini », contribution au colloque *Postwar. Art between the Pacific and the Atlantic, 1945-1965*, Munich, Haus der Kunst, 21-24 mai 2014, en ligne : https://academia.edu/7326924.
29. Vicente Aguilera Cerni eut connaissance de la conférence grâce à Umbro Apollonio, qui l'invita à l'édition de 1961. Il participa régulièrement au moins jusqu'en 1968, présidant certaines séances (en 1962 et 1967).

D'autres critiques et artistes espagnols participèrent également, comme Andreu Alfaro (1962), Alexandre Cirici (1963, 1964), Moreno Galván (1963, 1964), Jorge Oteiza (1964), Antonio Bueno (1963, 1965), Ángel Duart(e) (1965), Eduardo Arroyo (1963, 1965) et Antoni Tàpies (1966). Voir Núñez Laiseca, *XXV años de paz*, p. 43-62.

30. Sur ces concepts de Sartre, voir Adolfo Sánchez Vázquez, « La estética libertaria y comprometida de Sartre », dans *Ensayos sobre arte y marxismo*, Mexico, Grijalbo, 1984, p. 155-174.
31. Sous la présidence d'Argan, les conférences se penchèrent sur les thématiques suivantes : « art et liberté » (1963), « art et idéologie » (1964), « art et communication » (1965), « art populaire moderne » (1966) et « l'espace visuel de la ville » (1967).
32. L'art populaire moderne (*Arte popolare moderno*) doit se comprendre en dialogue avec l'art populaire national (*Arte popolare nazionale*) que le PCI soutenait en Italie pour créer une identité culturelle nationale. Voir Núñez Laiseca, *XXV años de paz*, p. 49-50 ; Giulio Carlo Argan, « Arte popolare come arte moderna », dans *15 Convegno Internazionale Artisti, Critici e Studiosi d'Arte*, 1966, n.p. (Fonds AICA, Archives de la critique d'art, Rennes) ; Francesca Fratini (dir.), *Arte popolare moderna*, Padoue, Cappelli editore, 1966.
33. Vicente Aguilera Cerni, « Axiología, crítica y vida », dans *Textos, pretextos y notas. Escritos escogidos 1953-1987*, Valence, Ajuntament de València, 1987, p. 73-84 ; son article « Arte e libertà » (1963), p. 137-142, en est un autre exemple.
34. « International Association of Art Critics, Rapport » [1961 ?] (Fonds AICA, Archives de la critique d'art, Rennes) : « [...] increase international cooperation in the world of Plastic Arts (painting, sculpture, graphic arts and architecture). Its purpose [was] to protect internationally the moral and professional interest of its members and to help international cultural exchanges. »
35. Ramón Tió Bellido, *Histoires de 50 ans de l'Association internationale des critiques d'art/AICA*, Paris, AICA Press, 2002. Sur l'AICA, voir le travail documentaire et d'analyse développé en 2016-2018 par le programme de recherche *PRISME. La critique d'art, prisme des enjeux de la société contemporaine (1948-2003)*, sous la direction d'Antje Kramer Mallordy et Nathalie Boulouch, https://aca-prisme.hypotheses.org.
36. Dans une lettre, il explique comment différents membres de l'AICA lui avaient demandé d'inciter les Espagnols à adhérer à l'association (lettre d'Aguilera Cerni à Cirici, datée du 24 février 1960, reproduite dans Narcís Selles Rigat, *Aproximació a la trajectòria intel·lectual d'Alexandre Cirici Pellicer*, thèse de doctorat inédite (sous la dir. de Vidal Jansá), Universitat Autònoma de Barcelona, 2005, p. 680).
37. Jesús Pedro Lorente, « Camón Aznar como crítico y presidente fundador de la AECA », *AACA*, 18, mars 2012, www.aacadigital.com/contenido.php?idarticulo=620&idrevista=25 [consulté le 12 février 2014].
38. Les actes de l'assemblée de Munich en 1961 montrent qu'Aguilera Cerni demanda à quitter l'AECA pour entrer à la Section libre, en raison de plusieurs « différends avec la section espagnole » – une demande qui lui fut accordée (Assemblée générale, Munich, 17 juillet 1961, p. 9, Fonds AICA, Archives de la critique d'art, Rennes).
39. Vicente Aguilera Cerni à Giulio Carlo Argan, Valence, 10 août 1961 (Archivio Argan, Rome) : « en la Sección Española dominada por fascistas ».
40. Son activisme mena, par exemple, à l'inclusion d'intellectuels qu'Aguilera définissait comme des critiques idéologiquement engagés. Ainsi, en 1966, il se porta garant pour Giménez Pericás, qui était alors emprisonné, ainsi que pour Ernesto Contreras ; tous deux furent admis comme membres de la Section libre (Fonds AICA, Archives de la critique d'art, Rennes).
41. « Renouvellement de dix membres du Bureau », 1964 (Fonds AICA, Archives de la critique d'art, Rennes).
42. Assemblée générale de Varsovie de 1960, « List of participants », 1960 ; José Camón

Aznar à Simone Gille-Delafon, n.d. (Fonds AICA, Archives de la critique d'art, Rennes); « List of attendance », 1963; « Procès-verbal », 1964 (Fonds AICA). En analysant les contributions espagnoles, on note une progression idéologique allant de l'association entre art, technologie et société au début des années 1960 vers le structuralisme et la linguistique, que l'on remarquera surtout dans les contributions de Cirici et d'Aguilera. Cirici notamment participa, lors du congrès de Tel-Aviv en 1963, à la section présidée par Argan qui s'intéressait à l'art et à la technologie : il imagina la possibilité d'intégrer les artistes dans les industries technologiques (voir « VIII International Congress of Art Critics », *Bulletin*, 3, 18 juillet 1963, Tel-Aviv). Il souligna clairement son approche structuraliste et linguistique lors de la conférence qu'il donna au congrès de Toronto en 1970. Selles Rigat, *Alexandre Cirici Pellicer*, p. 261-262; Aguilera Cerni et Giménez Pericás choisirent le thème de la liberté de la critique pour le congrès de Prague, en 1966 : « La liberté de la critique », dans *Art et critique. Actes du XIe Congrès de l'AICA en Tchécoslovaquie*, [Prague], AICA, 1966.

43. Selles Rigat, *Alexandre Cirici Pellicer*, p. 257-258. Parmi les écrits d'Alexandre Cirici, voir *Cuixart*, Rome, L'Attico, 1961 et *Arte e società*, Bari, Dedalo, 1976. Parmi ceux de Vicente Aguilera Cerni, voir « Oggi la pittura spagnola », *D'Ars Agency*, 2, 1965, p. 8-15; « Biennale di Venezia: Relazione dalla Spagna », *D'Ars Agency*, 3-4, 1962, p. 60-63; « VI Biennale di Saint-Marin: Premessa al dibattito », *D'Ars Agency*, 36-37, 1967, p. 28-37; *Vedova. Spanish Contemporary Painting and Sculpture*, Londres, Marlborough, 1962; *Laura Padoa*, Milan, Alfieri, 1966; *Mensa*, Milan, L'Agrifoglio, 1966; et *Arte dopo il 1945: Spagna*, Bologne, Cappelli, 1970.
44. Voici quelques exemples de ces publications : José María Moreno Galván, *Goya*, Rome, Compagnia edizioni internazionali, 1967; *id.*, *Millares*, Rome, Odyssia Gallery, 1962, et avec Cirici, *Spanische Kunst Heute*, Bochum, Städtische Kunstgalerie, 1967; Tomàs Llorens, « Equipo Crónica. La distanciation de la distanciation : une démarche sémiotique », *Opus international*, 50, 1974. Dans sa correspondance avec Andreu Alfaro et certains membres du Grupo Parpalló, Pericás évoque sans plus de précisions un certain nombre d'articles commandés par des éditeurs brésiliens et argentins (Archives Alfaro, Valence).
45. Grâce à de nouvelles réglementations à la Biennale de Venise en 1960, les critiques d'art obtinrent plus de latitude pour promouvoir leurs choix. Comme Aguilera Cerni avait reçu le Prix de la critique d'art à la Biennale précédente, il fut invité à se joindre au jury composé d'Argan (Italie), Jean Leymarie (France), Herbert Read (Royaume-Uni), Werner Haftmann (Allemagne), Zdzislaw Kepinsky (Pologne) et Giuseppe Marchiori (Italie). Voir Núñez Laiseca, *XXV años de paz*, p. 35.
46. Paula Barreiro López, « La Biennale de San Marino et le congrès de Rimini de 1963. Argan, Restany et Aguilera Cerni vers un art engagé », dans Richard Leeman (dir.), *Le Demi-siècle de Pierre Restany*, Paris, Éditions des Cendres, 2009, p. 375-386.
47. Selles Rigat, *Alexandre Cirici Pellicer*, p. 257-264.
48. En 1968, on proposa à Moreno Galván de participer en tant que commissaire à la coordination d'une exposition sur la peinture chilienne (*Exposición de Pintura Chilena Contemporánea*) en Espagne, en France et en Allemagne (Luis Oyarzum, lettre à Moreno Galván, Santiago, 25 septembre 1967, Fonds José María Moreno Galván, MNCARS). Il fut également le commissaire d'une exposition sur l'art contemporain espagnol au Chili au cours de l'été 1968 (voir « Credencial para Moreno Galván de Luis Oyarzún Peña », Santiago, septembre 1967). Lors de sa visite au Chili en 1971, il suggéra de créer un musée d'art moderne en soutien au gouvernement de Salvador Allende. Il finit par devenir responsable de ce projet et, en 1971, il reçut une lettre du président Allende le remerciant de son initiative et lui assurant l'appui total des ambassades chiliennes en Espagne, en Italie et en France dans cette entreprise (Salvador Allende, lettre à Moreno Galván, Santiago

du Chili, 11 août 1971; tous les documents sont disponibles au Fonds José María Moreno Galván, au Centro de Documentación Museo Reina Sofía de Madrid). Le musée ouvrit en 1971 et fut fermé après le coup d'État de 1973. Après sa fermeture, le critique d'art brésilien Mario Pedrosa, qui avait été le commissaire de la première exposition, présida un comité pour perpétuer l'idée même de musée, le transformant en Museo Internacional de la Resistencia Salvador Allende (Mario Pedrosa, lettre à Pierre Restany, Paris, 1er octobre 1976, dossier PREST.XSF US/40, Fonds Restany, Archives de la critique d'art, Rennes). À la fin de la dictature chilienne, le musée rouvrit ses portes en 1991, sous le nom de musée de la Solidarité Salvador Allende. Sur l'histoire du musée, voir Élodie Lebeau, *L'Odyssée du musée de la Solidarité Salvador Allende (1971-1991). Une histoire culturelle transnationale du Chili de l'Unité populaire au retour d'exil*, thèse de doctorat inédite (sous la dir. d'Évelyne Toussaint et Alfredo Riquelme), Université Toulouse 2 - Jean Jaurès et Pontificia Universidad Católica de Chile, 2021.

49. Voir l'épilogue.
50. Romualdo Brugheti, Palma Bucarelli, Jean Cassou, Alexandre Cirici, Ángel Crespo, Robert L. Delevoy, Juan José Estellés, Haim Gamzu, Werner Haftmann, Werner Hofmann, Hans L. C. Jaffé, Jean Leymarie, Salvador Pascual, Cesáreo Rodríguez-Aguilera, Alberto Sartoris, Walter Schönenberger, Tony Spiteris et Bruno Zevi participèrent aussi au comité de rédaction.
51. Aguilera Cerni, par exemple, écrivait régulièrement une « Lettere dalla Spagna » pour *D'Ars Agency*, et il devint la référence intellectuelle pour l'Italie en matière d'art moderne espagnol, avec la publication d'*Arte dopo 1945: Spagna* (Bologne, Cappelli, 1970). Moreno, Cirici, Llorens et Bozal écrivirent pour des revues et des catalogues italiens et français, présentant des artistes espagnols, offrant les clés esthétiques et intellectuelles nécessaires à la compréhension de ces œuvres; leurs analyses étaient acceptées et appréciées à l'étranger. Les mouvements d'avant-garde développés en Espagne et l'impact idéologique que visaient les artistes étaient ouvertement reconnus. Ce fut particulièrement le cas en Italie, comme le prouvent les nombreuses références à ces artistes, ainsi que les médailles attribuées, lors de la Biennale de Saint-Marin de 1963, aux artistes espagnols engagés Eduardo Arroyo, José García Ortega et Equipo 57; en 1966 et 1967, à Antoni Tàpies, ou encore, en 1967, à Juan Genovés. Les critiques militants soutenaient activement ces artistes et contribuèrent beaucoup à faire comprendre et à diffuser leur œuvre à l'étranger. Voir Barreiro López, *La abstracción geométrica en España*, p. 307, et Núñez Laiseca, *XXV años de paz*, p. 58-59.
52. Charles Baudelaire, « À quoi bon la critique ? », dans *Salon de 1846*, Paris, Michel Lévy frères, 1846, p. 82.
53. Lionello Venturi, *Histoire de la critique d'art*, Bruxelles, Éditions de la Connaissance, 1938.
54. Ragon, « De la critique considérée comme création », p. 9.
55. *Ibid.*, p. 10.
56. Hélène Lassalle, « Art Criticism as Strategy: The Idiom of "New Realism" from Fernand Léger to the Pierre Restany Group », dans Malcolm Gee (dir.), *Art Criticism since 1900*, Manchester, Manchester University Press, 1993, p. 212.
57. Flavio Fergonzi, « La critica militante », dans Carlo Pirovano (dir.), *La pittura en Italia: Il novecento 2, 1945-1990*, Milan, Electa, 1993, p. 569 : « Teorizzare un compito umano e sociale per il lavoro degli artisti »; « migliorare la cultura e indirettamente, quindi, la vita degli uomini ».
58. Irene Buonazia, « La méthode critique de Giulio Carlo Argan », dans Buonazia/Perelman, *Giulio Carlo Argan*, p. 53. La critique devait cependant devenir essentielle pour aborder non seulement les cercles artistiques contemporains, mais aussi ceux du passé. La distinction entre histoire de l'art et critique s'estompa, avec la conviction que transformer l'historien de l'art en critique et le critique en historien était « le seul moyen par lequel peut se constituer l'histoire de l'art ». Giulio Carlo Argan (1958), cité par Buonazia, *ibid.*, p. 50.

59. Argan devint l'un des plus importants critiques à adopter ce modèle sur la scène artistique italienne des années 1960. L'historien de l'art Roberto Longhi représentait une école différente, centrée sur l'idée d'un critique-connaisseur, qu'Argan considérait comme radicalement opposée à sa propre conception militante de la méthodologie critique. Voir Perelman/Jaubert, « Interview de Giulio Carlo Argan », p. 15.
60. Sur le développement de la critique militante en Italie, voir Fergonzi, « La critica militante », p. 569-591.
61. La Biennale de Venise de 1962 fut ironiquement qualifiée de « Biennale de l'arrière-garde » ou de « Biennale des marchands ». Voir Vicente Aguilera Cerni, « Sobre la XXXI Bienal de Venecia », *Suma y sigue del arte contemporáneo*, octobre-décembre 1962.
62. Aguilera Cerni, dans Gerardo Filiberto Dasi (dir.), *Oltre l'informale. IV Biennale di Saint-Marin*, Saint-Marin, Palais du Kursaal, 7 juillet-7 octobre 1963, p. 13 : « hallazgo de valores vivos y significados activos ».
63. En analysant la question du réalisme, Rosario Assunto distingua clairement entre deux types d'acteurs dans une division bipartite du travail : le critique militant, responsable de la première étape de sélection, et le philosophe, à qui incombait « la tâche ingrate de "justifier" de manière critique tous les schémas [créés par le critique] sans s'en approprier aucun [corresponde a la filosofía la ingrata tarea de "justificar" críticamente todos esos esquemas sin apropiarse de ninguno] ». Cité par Tomàs Llorens, « Realismo y arte comprometido », *Suma y sigue del arte contemporáneo*, juillet-septembre 1963, p. 12.
64. Les membres du jury pour le prix étaient François Mathey, le directeur du musée des Arts décoratifs de Paris ; Zoran Kržišnik, du musée d'Art moderne de Ljubljana ; Palma Bucarelli, de la Galleria Nazionale d'Arte Moderna à Rome ; et Vittorio Viale, du Museo Civico à Turin.
65. Sur la Biennale, voir Barreiro López, « La Biennale de San Marino et le congrès de Rimini de 1963 », p. 375-386.
66. Ce colloque, qui se tint du 28 au 30 septembre 1963, fut organisé par le président de l'association, Giulio Carlo Argan, et son secrétaire, Gerardo Filiberto Dasi ; parmi les participants figuraient (en plus d'Argan) Vicente Aguilera Cerni, Pierre Restany, Pierre Francastel, Franco Flarer, Ugo Spirito, Umberto Eco, Silvio Ceccato, Rosario Assunto, Giuseppe Gatt, Ponente, Filiberto Menna, Eduardo Arroyo, Renato Barilli, Antonio Bueno, Gruppo 1, Gruppo N, Gruppo T, Madrid, Gruppo Tempo, Operativo R, GRAV, Mestrovic, Frank Popper et Emilio Vedova. Voir Barreiro López, « La Biennale de San Marino et le congrès de Rimini de 1963 », p. 375-386.
67. Les actes du colloque furent publiés dans Gerardo Filiberto Dasi (dir.), *XII Convegno Internazionale Artisti, Critici e Studiosi d'Arte*, Rimini, Grafiche Gattei, 1963.
68. Cité dans « La IV Bienal de San Marino », *Suma y sigue del arte contemporáneo*, juillet-septembre 1963, p. 48 : « Tiende a forzar el curso de la realidad y a alterar la substancia y la perspectiva del arte, empleando a los artistas como instrumentos de una política personal y sin respetarles como protagonistas del proceso creativo. » Le manifeste était signé par Fazzini, Turcato, Dorazio, Arccadi, Scialoja, Perilli et Novelli. Pour le manifeste complet, voir Germano Celant (dir.), *Identité italienne. L'art en Italie depuis 1959*, cat. exp., Paris, Centre Georges Pompidou, 1989, p. 107-110. Voir aussi Pietro Consagra, « Una dichiarazione degli artisti: Un po' di umiltà signori critici! », *L'Avanti*, 2 novembre 1963.
69. Ce fut par exemple le cas en France, où l'opposition au travail de Pierre Restany prenait de l'ampleur. Voir Lassalle, « Art Criticism as Strategy », p. 212-213.
70. Giulio Carlo Argan, « Relazioni d'apertura », dans Dasi, *XII Convegno Internazionale Artisti, Critici e Studiosi d'Arte*, p. 8.
71. Ugo Spirito, dans Dasi, *XII Convegno Internazionale Artisti, Critici e Studiosi d'Arte*, p. 215 : « Che la ricerca del nuovo avvenga attraverso il pennello e gli altri strumenti del pittore, o attraverso il pensiero e l'inventività del critico d'arte, è cosa secondaria. »
72. Cité dans « Documentos: La IV Bienal de San

Marino y el XII Convegno Internazionale Artisti, Critici e Studiosi d'Arte », *Suma y sigue del arte contemporáneo*, juillet-septembre 1963, p. 48 : « Reducir la crítica a una acción notarial y publicitaria » ; « ningún crítico apunta la pistola contra ningún artista para imponerle ciertas decisiones: el artista es muy dueño de hacer un arte distinto del indicado por el crítico ».

73. Pierre Francastel, dans Dasi, *XII Convegno Internazionale Artisti, Critici e Studiosi d'Arte*, p. 212.
74. Sur la notion de liberté telle qu'elle prévalait dans le bloc occidental, voir Anselm Franke, Nida Ghouse, Paz Guevara et Antonia Majaca (dir.), *Parapolitics: Cultural Freedom and the Cold War*, Berlin, Sternberg Press, 2021.
75. Ugo Spirito, dans Dasi, *XII Convegno Internazionale Artisti, Critici e Studiosi d'Arte*, p. 215-216 : « Il diritto di libertà della critica d'arte, non soltanto sul piano del giudizio interpretativo e valutativo, ma anche nel senso di precisare programmi, direttive e previsioni circa l'ulteriore sviluppo dell'attività artistica. L'opera della critica, infatti, debe intendersi come forma di collaborazione attiva, senza possibilità di discriminazione nel processo inventivo e creativo dell'opera d'arte. »
76. *Art et critique. Actes du XIe Congrès de l'AICA en Tchécoslovaquie*, [Prague], AICA, 1966.
77. Parmi les participants aux deux événements, on pouvait retrouver Argan, Aguilera Cerni, Restany et Apollonio. D'autres participants étaient listés dans les actes du colloque, dont Herbert Read, Pamayotis Michelis, René Berger, Ullrich Kuhirt, Jindřich Chalupecký, René Solier, Juliusz Starzynski, Jaffé, Pericás, Dorfles, René Jullian et Jacques Lassaigne.
78. Argan, « L'essence de la critique », dans *Art et critique*, p. 11.
79. *Ibid.*, p. 12.
80. *Ibid.*, p. 14.
81. Umbro Apollonio, « La critique devant le nouveau », dans *Art et critique*, p. 40.
82. Ullrich Kuhirt, « La critique d'art et l'évolution sociale », dans *Art et critique*, p. 44.
83. Aguilera Cerni/Giménez Pericás, « La liberté de la critique », p. 90-99.
84. Cité par Ragon, « De la critique considérée comme création », p. 9.
85. Lassalle, « Art Criticism as Strategy », p. 213.
86. Cité par Lassalle, « Art Criticism as Strategy », p. 213.
87. Ragon, « De la critique considérée comme création », p. 11.
88. Núñez Laiseca, *XXV años de paz*, p. 21.
89. Argan, « L'essence de la critique », dans *Art et critique*, p. 15 : « Il s'agit de [...] vérifier la force d'impact de l'œuvre dans une situation bien déterminée. »
90. *Ibid.*, p. 15.
91. Perelman/Jaubert, « Interview de Giulio Carlo Argan », p. 17. Malgré cette citation et sa longue activité en lien avec la gauche italienne, il faut préciser qu'à l'âge de dix-neuf ans, en 1928, Argan rejoignit le Partito Nazionalista Fascista de Mussolini. Après des études avec Lionello Venturi, il devint en 1938 inspecteur central au Service des antiquités et des beaux-arts du ministère de l'Éducation nationale. Il créa l'Istituto Centrale per il Restauro avec Cesare Brandi en 1939 et défendit l'art moderne contre les critiques les plus virulentes du régime fasciste. Avec la radicalisation de la politique de Mussolini, son rapprochement avec l'Allemagne nazie et ses mesures racistes, et plus particulièrement en raison de son expérience de la Seconde Guerre mondiale, Argan exprima plus ouvertement des convictions antifascistes. En 1943, il adhéra au Parti socialiste et resta fidèle jusqu'à la fin de sa vie à sa position antifasciste. Seule une poignée de chercheurs s'est penchée sur le temps qu'Argan passa au Parti fasciste, et ce sujet continue à susciter la polémique. Selon Claudio Gamba, Argan est l'un des intellectuels qui suivirent les directives de Benedetto Croce, et qui choisirent de rester en Italie pour préserver la tradition culturelle italienne de l'irrationalité du fascisme. À leurs yeux, il fallait que la culture survive et se renforce après ce qu'ils supposaient être la fin prochaine du fascisme. Le travail intellectuel honnête était, pensaient-ils, une forme possible d'activisme antifasciste au sein même du système. D'ailleurs, à partir de 1931, Argan collabora à des revues dissi-

dentes, comme *La Cultura* (elle fut suspendue en 1935 et ses rédacteurs emprisonnés), ce qui lui valut d'être placé sous surveillance policière. Voir Gamba, « Introduzione », dans Gamba/Carlo Argan, *Promozione delle arti...*, p. 23-31. Mirella Serri, au contraire, estime qu'Argan était plus engagé dans le système fasciste et que la « conversion » d'Argan suivait un modèle contemporain commun à une large portion de l'intelligentsia italienne. Voir Mirella Serri, *I redenti. Gli intellettuali che vissero due volte. 1938-1948*, Milan, Corbaccio, 2005, chap. 9.

92. D'autres critiques espagnols, au-delà de ceux que nous mentionnons ici et qui sont au centre de cet ouvrage, pourraient aussi être considérés comme des critiques militants au sens où les définissait Michel Ragon. Par exemple, Ángel Crespo, Juan Antonio Aguirre, José Corredor Matheos, Cesáreo Rodríguez Aguilera et Venancio Sánchez Marín. Voir Núñez Laiseca, *XXV años de paz*, p. 27.
93. Aguilera Cerni, « Lionello Venturi », p. 363 : « oleada de brillantes figuras que dan singular valor a la crítica italiana en el ámbito de la cultura europea ».
94. Aguilera, par exemple, assista au Congrès des écrivains antifascistes à Valence en 1937 et combattit aux côtés des républicains pendant la guerre, quand il fut placé à la tête du journal de gauche *Trincheras*.
95. Barreiro López, « Una conversación con Vicente Aguilera Cerni », p. 143. Les critiques de la génération suivante, comme Bozal et Llorens, partageaient cette image de soi. Voir Bozal, « Compañero de viaje », p. 34.
96. Dans les années 1950, Moreno Galván était employé à l'Institut de culture hispanique (ICH). Il avait été actif à Madrid dès le début de la décennie et, en 1960, il était déjà le critique d'art bien établi de la revue *Artes*, après avoir fait ses premières armes à *Mundo Hispánico*, *Correo Literario*, *Papeles de Son Armadans* et *Goya*. Aguilera Cerni, lui, travaillait surtout à Valence. Après des études de droit, il avait été en relation avec l'Instituto Iberoamericano de Cultura (une branche de l'ICH) et il écrivit sur l'art et la culture. Il devint donc un promoteur majeur des activités d'avant-garde dans sa ville. Giménez Pericás travaillait à Madrid et à Valence. Après avoir terminé ses études de droit et de philosophie à l'université de Madrid, il devint journaliste pour le journal *Informaciones* et la revue de critique *Acento Cultural*, où il traitait d'expositions et de sujets artistiques. Cirici commença son activité intellectuelle avec l'histoire de l'art et la critique à Barcelone, après être rentré de son exil en France. Il travailla pour plusieurs maisons d'édition et, dans les années 1940, il collabora à diverses revues comme *Ariel*, *Voy*, *Revista* et *Revista Gran Vía*.
97. Llorens obtint en 1959 un premier diplôme de droit à l'université Complutense de Madrid, puis, en 1963, un diplôme de littérature et de philosophie à l'université de Valence, terminant les études qu'il avait commencées lorsqu'il purgeait sa peine de prison pour activisme politique. Bozal reçut son diplôme de philosophie de l'Universidad Complutense et, dès 1960, il écrivait pour plusieurs revues comme *Acento Cultural*, *Cuadernos Hispanoamericanos* et *Artes*. En même temps, il enseigna la philosophie dans différents lycées jusqu'en 1969, où il devint aussi enseignant à l'Universidad Complutense.
98. Ragon, « De la critique considérée comme création », p. 11.
99. Aguilera expliqua : « À ce moment-là, les artistes étaient désemparés. Et, comme ils avaient besoin de la critique d'art comme outil de propagande, [...] cette nécessité généra une demande pour les écrits sur l'art contemporain [Los artistas por esas fechas estaban desamparados. Y puesto que los artistas necesitan al crítico como instrumento de propaganda [...] esa necesidad generó una demanda de escritos sobre el arte contemporáneo]. » Cité par Blasco Carrascosa, *Vicente Aguilera Cerni*, p. 97.
100. Grupo Parpalló, basé à Valence, rassemblait les artistes abstraits de la ville. En 1959, après réorganisation, son noyau se composait, entre autres, des critiques Aguilera Cerni et Giménez Pericás ainsi que des artistes Eusebio Sempere, Manuel

Monjalés, Andreu Alfaro, Doro Balaguer et José Martínez Perís, qui exploraient différents genres d'abstraction (lyrique et géométrique). Voir Pablo Ramírez, *Grupo Parpalló, 1956-1961*, Valence, Edicions Alfons el Magnànim, 1991.

101. Selles Rigat, *Alexandre Cirici Pellicer*, p. 129-134.
102. Tomàs Llorens et Boye Llorens (dir.), *Equipo Crónica*, cat. exp., Bilbao, Museo de Bellas Artes, 2015.
103. Alberto Corazón (1942-2021) était artiste, graphiste et éditeur de *Comunicación*. Bozal, son ami proche, partageait avec lui des projets artistiques et éditoriaux. Outre leur collaboration au sein du groupe éditorial Comunicación, ils travaillèrent également ensemble sur certains projets artistiques, comme « Propuesta para la formalización de una iconografía popular » en 1973 (voir Fernando Gómez Aguilera, « Alberto Corazón: Los tentáculos del pulpo, la concha del caracol », dans *Alberto Corazón. Obra conceptual, pintura y escultura 1968-2008*, cat. exp., Valence, IVAM, 2008, p. 65).
104. En 1973, Marchán devint membre de l'éphémère Grupo de Madrid (composé entre autres, outre Marchán, des artistes Alberto Corazón, Esther Torrego, Juan Manuel Bonet et Manolo Gómez), qui produisit l'œuvre conceptuelle *Plaza Mayor. Análisis de un espacio*. Voir Parcerisas, *Conceptualismo(s) poéticos, políticos y periféricos*, p. 135-136.
105. Aguilera et Pericás collaborèrent à la revue d'art *Arte Vivo* (1957-1959); Aguilera et Llorens, à *Suma y sigue del arte contemporáneo* (1962-1967); Bozal et Marchán, à la série éditoriale *Comunicación* (1969-1979). Pericás travailla pour la revue *Acento Cultural*; Moreno, pour *Artes* et *Triunfo*; Cirici, pour *Serra d'Or*; Marchán, pour *Goya*. Pour de plus amples informations, voir le chap. 4.
106. El Paso, *El Paso*, Madrid, mars 1957. Il s'agissait d'une revendication très répandue parmi les mouvements d'avant-garde des années 1950. Grupo Parpalló avait un objectif similaire, comme le stipulèrent ses artistes dans le manifeste fondateur du groupe publié en 1956, « Carta abierta del Grupo Parpalló », reproduit dans Ramírez, *Grupo Parpalló, 1956-1961*, p. 24.
107. Aguilera Cerni, *Textos, pretextos y notas*, p. 69 : « Queda finalmente otro particularmente antipático: el de los que se creen investidos de poderes especiales para decir al prójimo que cosas deben hacer y como deben hacerlas: son los mentores o consejeros. » Les « Consideraciones sobre la crítica » d'Aguilera furent publiées pour la première fois en 1956 dans la revue *Revista*, à Barcelone, et parurent également la même année dans la revue *Índice de las artes y las letras*, à Madrid.
108. Aguilera Cerni, *Textos, pretextos y notas*, p. 70 : « El arte no es sino un camino dependiente del hombre, sus luchas y sus angustias »; « buscar el sentido de nuestro mundo ».
109. Au cours de l'année 1960, Aguilera Cerni avait fait l'expérience des difficultés qu'il y a à réunir un groupe et à créer une théorie. Lorsqu'il publia ce qu'il désirait être le « manifeste » d'Arte Normativo, les artistes et les critiques impliqués critiquèrent ouvertement ses propositions et remirent en question les intentions du groupe, ce qui précipita sa fin. Voir Barreiro López, *Arte normativo español*, p. 115-128.
110. Vincente Aguilera Cerni, « Axiología, crítica y vida » (1961), dans *Textos, pretextos y notas*, p. 76 : « crucificado entre la dimensión vertical de la historia y la horizontal de la sociedad ».
111. *Ibid.*, p. 75 : « establecer [...] los vínculos entre el hombre y la responsabilidad de sus actos ».
112. *Ibid.*, p. 76 : « Actividad humana que estudia, capta, explica e investiga, no sólo el significado profundo de determinadas actividades humanas, sino su condición de datos para entender el mundo en el que vivimos. Puede ir, pues, desde la pura catalogación o la descripción, hasta las zonas más arriesgadas del interpretar, el conocer y el comprometerse. »
113. Nous analyserons ces mouvements au chap. 5.
114. Certaines des qualités qui devaient définir la

critique militante, notamment son caractère participatif et créatif, avaient déjà été débattues des années auparavant. On peut aussi les retrouver dans les analyses d'Eugeni d'Ors, Santos Torroella, Camón Aznar et Juan Antonio Gaya Nuño, auxquels les nouveaux critiques militants devaient beaucoup. La participation passionnée des critiques au champ socio-politique était également devenue un sujet de débat après la guerre civile, lorsque fut instaurée la relation privilégiée entre État et culture. On exhortait alors le critique à se joindre à la cause nationale-catholique (voir par exemple José Aguiar, « Sobre un entendimiento oficial de la crítica », *El Español*, 12, 16 janvier 1943, p. 3). Mais, avec la dépolitisation du champ artistique au début des années 1950, le rôle participatif du critique perdit ses connotations politiques directes. Dès lors, le critique fut considéré comme le compagnon et le leader des artistes, comme quelqu'un qui ne combattait qu'au sein de la sphère culturelle. Rafael Santos Torroella défendit ardemment cette position en 1953 : « Le critique n'a d'autre solution que de prendre part comme *partisan* ou comme *collaborationniste* dans la guerre civile qui éclate inévitablement à chaque génération et à chaque nouvel artiste de génie qui fait irruption dans le domaine de l'art [El crítico no tiene más remedio que intervenir como partisano o como colaboracionista en la Guerra civil que estalla inevitablemente con cada generación o con cada nuevo artista de genio que irrumpe en los dominios del arte]. » Rafael Santos Torroella, « La crítica de arte y sus problemas » (1951), reproduit dans Díaz Sánchez/Llorente Hernández, *La crítica de arte en España*, p. 274.

115. L'intégration de nouveaux outils méthodologiques, dérivés de la linguistique naissante et adoptés par la jeune génération des critiques (Llorens, Bozal et Marchán), définit un nouveau cadre qui provoqua des divergences intellectuelles avec l'ancienne génération (Aguilera, Moreno, Pericás et Cirici). Mais, si elle changea de cadre théorique, la conception militante de la critique se retrouve tout au long de la dictature. Par-delà les différences, il y avait toujours en commun la volonté du critique, à des fins idéologiques, de participer et de collaborer étroitement à l'avant-garde artistique.

116. Giulio Carlo Argan, *Arte e critica d'arte*, Rome, Laterza, 1984, p. 140-143.

117. Aguilera Cerni, dans Dasi, *Oltre l'informale*, p. 13.

118. Giménez Pericás à Aguilera Cerni, lettre, 14 janvier 1960 (Archives personnelles d'Andreu Alfaro, Valence).

119. Cité par Selles Rigat, *Alexandre Cirici Pellicer*, p. 23 : « [...] la visió que volem donar no pretén ni per un instant de no ser bel.ligerant. »

120. Vicente Aguilera Cerni, *Panorama del nuevo arte español*, Madrid, Guadarrama, 1966, p. 217-218 : « Se trataba, en primer lugar, de intervenir en los procesos sociales estableciendo unos ejemplos y un método ; en segundo término, tratábase simultaneamente de infundir contenido ideológico a los trabajos dispersos [...]. En definitiva, se quería convertir el "formalismo" en "normativismo", y la "intencionalidad", más o menos imprecisa, en "ideología". » Les guillemets sont dans l'original.

121. Valeriano Bozal, *El realismo entre el desarrollo y el subdesarrollo*, Madrid, Ciencia Nueva, 1966, p. 59 : « Es obligación de todos nosotros que nos dedicamos a estos asuntos, esclarecer las condiciones de la mencionada relación y hacer conscientes a los artistas del camino más riguroso y exacto. »

122. Cette interview fut diffusée dans l'émission *Encuentros con las letras*, et on peut en visionner des extraits en ligne : www.youtube.com/watch?v=JJ-EVC4sqGQ [consulté le 12 février 2014]. Parmi les autres invités figuraient Simón Marchán et le critique Santiago Amón ; leur débat révélait l'héritage des débats idéologiques des années 1960, où le critique d'art était perçu comme l'un des acteurs de la lutte anticapitaliste.

123. Comme nous l'avons vu plus haut, cette idée de critique créative doit être considérée en lien avec la dépolitisation de la critique dans les années 1950. Voir José Camón Aznar, *El arte ante la crítica*, Madrid, Ateneo, 1955,

p. 43; Juan Antonio Gaya Nuño, « Claves íntimas de la crítica de arte », dans *Pequeñas teorías del arte*, Madrid, Taurus, 1964; et Eugeni d'Ors, *Tres lecciones de introducción a la crítica de arte en el Museo del Prado*, Madrid, Tecnos, 2010 (1942). Sur la dépolitisation de la critique et le soutien à la conception créative et militante au début des années 1950, voir Paula Barreiro López, « Altamira, "una escuela socrática de la crítica" », *Astórica*, 32, 2013, p. 27-44.

124. Aguilera Cerni/Giménez Pericás, « La liberté de la critique », p. 91. Cette déclaration, qu'ils cosignèrent, fut lue par quelqu'un d'autre, car Pericás était encore en prison et Aguilera n'avait pu obtenir du gouvernement espagnol le visa nécessaire pour se rendre à Prague (voir la lettre manuscrite d'Aguilera au bureau de l'AICA, dans « Fiche d'adhésion », AICA, Prague, 1966, Fonds AICA, Archives de la critique d'art, Rennes).
125. Vincente Aguilera Cerni, « Axiología, crítica y vida » (1961), dans *Textos, pretextos y notas*, p. 76 : « Como cualquier otra actividad "potencialmente" artística, tiene también la posibilidad de ser un arte. »
126. Voir aussi Donald Kuspit, *The Critic as Artist: The Intentionality of Art*, Ann Arbor, MI, UMI Research Press, 1984.
127. Tomàs Llorens, Arnau Puig et Ignasi de Solá Morales, « Advertencia bibliográfica a la edición castellana », dans Lionello Venturi, *Historia de la crítica de arte*, Barcelone, Debolsillo, 2004, p. 381 : « Resulta hoy difícil de concebir un estudio histórico para el que la consustancialidad entre el momento creativo y el momento crítico en la obra de arte no constituya una premisa central. » Cette édition parut pour la première fois en 1979, fondée sur une traduction en espagnol de 1949 publiée à Buenos Aires.
128. Les critiques d'art espagnols proposèrent les premières analyses historiques des arts sous la dictature. Pour une analyse générale, voir Aguilera Cerni, *Panorama del nuevo arte español*; Moreno Galván, *Introducción a la pintura española actual*; *id.*, *La última vanguardia*. Sur l'art de la période républicaine, voir Aguilera Cerni, *Julio González*, Rome, Edizioni dell'Ateneo, 1962, et Madrid, Dirección General de Bellas Artes, 1971; Bozal, *Realismo entre el desarrollo y el subdesarrollo*; *id.*, *El realismo plástico en España*; *id.*, *Historia del arte en España*, Madrid, Istmo, 1972.
129. Bozal, *El realismo entre el desarrollo y el subdesarrollo*, p. 125.
130. Tomàs Llorens, entretien avec l'auteur, 2 juillet 2011 : « El pensamiento sirve para aclarar pero no para dictar lo que tienes que hacer. La acción tiene una componente intuitiva que es el componente más estrictamente creativo y es fundamental; es la base. »
131. Paula Barreiro López, « Una conversación con Vicente Aguilera Cerni », p. 145 : « Interesaba crear una infraestructura [...] para canalizar la gente hacia la razón »; « nosotros éramos conscientes de que a los artistas no se les podía decir haz esto, haz aquello, sino que cada cual hacía lo que le daba la gana. »
132. Ce fut par exemple le cas des artistes romains qui avaient protesté pendant la Biennale de Saint-Marin en 1963 - voir la section précédente.
133. Cité par Selles Rigat, *Alexandre Cirici Pellicer*, p. 22 : « [...] les seves directrius en matèria d'art eren d'un dogmatisme absolut [...] a *Serra d'Or* imperava una dictadura contra la qual no hi havia cap possibilitat de diàleg. »
134. Moreno Galván, « Epístola moral. Carta a los artistas de la última promoción », *Artes*, 7, 8 novembre 1961 : « El juicio estético no debe deducirse de una valoración jerárquica, sino al contrario, que la jerarquía, si la hubiese, debe deducirse de un juicio estético. »
135. Moreno Galván, « Epístola moral. El ámbito geográfico de las artes », *Artes*, 20, 23 mai 1962.
136. Moreno Galván, « Epístola moral. Carta a quien proceda sobre el sentido de la crítica », *Artes*, 8, 23 novembre 1961.
137. Le mouvement conceptuel intéressait Cirici. Le Catalan en devint un fervent défenseur et contribua à sa diffusion avec l'exposition *TRA-73*, qu'il organisa en collaboration

avec José Corredor Matheos. Voir Parcerisas, *Conceptualismo(s) poéticos, políticos y periféricos*, p. 340.

138. Cirici, *La estética del franquismo.*
139. Renau, *Función social del cartel publicitario*, avec une introduction d'Aguilera Cerni.
140. De 1972 à 1975, Llorens fut chercheur associé, puis, jusqu'en 1984, enseignant dans cette même institution.
141. Entretien de l'auteur avec Valeriano Bozal, Madrid, 22 septembre 2011.
142. Voir par exemple Aguilera Cerni, *Arte y compromiso histórico.*

Notes chapitre 4

1. Alexandre Cirici, « Cap a una prospectiva », *Serra d'Or*, 2 février 1962, p. 42 : « La plastica es una superestructura d'una realitat històrica. »
2. Equipo 57, « Idea y plan », *Acento Cultural*, 8, 1960, dans *Equipo 57*, Madrid, MNCARS, 1993, p. 175 : « Es necesario antes que nada el compromiso del artista con esta realidad. »
3. Au cours des années 1960 en Espagne, *Nulla aesthetica sine ethica* était l'un des principaux postulats de la culture, des arts et de l'esthétique. Cette expression devint célèbre lorsque, en 1965, José María Valverde, avant de démissionner de son poste d'enseignant d'esthétique à l'université de Barcelone pour s'exiler, écrivit une lettre à son collègue José Luis López Aranguren où il citait cette formule latine. Par cette démission, il manifestait sa solidarité avec ses collègues Aranguren, Enrique Tierno Galván et Agustín García Calvo, qui avaient été renvoyés de l'université de Madrid par les autorités universitaires franquistes en raison de leur soutien affiché aux manifestations étudiantes réclamant une « Asamblea Libre de Estudiantes » (Assemblée libre des étudiants). L'action radicale de Valverde qui en résulta est un exemple de l'engagement politique et social qui se déploya dans le champ culturel pendant la décennie d'« ouverture » de la dictature. Tirso Bañeza Domínguez, *« No hay estética sin ética » o la biografía intelectual de José María Valverde*, thèse de doctorat inédite (sous la dir. de José Luis Molinuevo), Universidad de Salamanca, 2009.
4. Bernecker, « The Change in Mentalities during the Late Franco Regime », p. 78 : « the dominant culture of the left-wing democratic opposition ».
5. *Ibid.* : « was not always very profound or analytical ».
6. José María Castellet, « Prólogo », dans Raymond Williams, *Marxismo y literatura*, Madrid, Alianza, 1988 (1977), p. 7 : « La lectura del marxismo teórico fue, en cierto modo, un sucedáneo de la práctica política. »
7. Voir le discours d'ouverture à la Biennale hispano-américaine de 1951, par le ministre de l'Éducation, Ruiz Giménez, « Arte y política », p. 162-165. Visant à dissocier complètement le monde de l'art et la sphère sociale, l'interprétation officielle de l'art moderne mettait particulièrement l'accent sur la spiritualité et l'idéalisme comme composantes authentiques de l'expression esthétique – un point de vue que les membres espagnols de l'art informel semblaient confirmer. Cette stratégie fournit au régime l'occasion d'utiliser et de contrôler la production artistique. Sur cette question, voir l'épilogue du présent ouvrage, ainsi que Díaz Sánchez, *El triunfo del informalismo*, p. 119-170. La même argumentation avait déjà été mise en avant par l'Escuela de Altamira, un groupe d'artistes et de critiques qui, à partir de 1949, tentèrent de soutenir l'art moderne en Espagne. Voir Barreiro López, « Altamira », p. 27-43.
8. Elías Díaz, *Pensamiento español 1939-1973*, Madrid, Editorial Cuadernos para el Diálogo, 1974, p. 216.
9. Entretiens de l'auteur avec Ludolfo Paramio, José María Yturralde et Tomàs Llorens, 2011.
10. En effet, l'un des champs dans lesquels se développa cette pensée était la théorie artistique. L'importance de la réflexion esthétique dans le débat marxiste avait déjà été reconnue par Elías Díaz, soulignant les contributions d'Adolfo Sánchez Vázquez, de Vicente

Aguilera Cerni, José María Moreno Galván, Valeriano Bozal et Simón Marchán. Elías Díaz, *Pensamiento Español 1939-1973*, p. 217.

11. « Interrogatorio a Antonio Giménez Pericás », dans *Ramón Ormazábal y sus compañeros*, 1962.
12. Valeriano Bozal Fernández, « José Camón Aznar y la crítica de arte de su tiempo », *Boletín del Museo e Instituto Camón Aznar*, LXXII, 1998, p. 169.
13. Arturo Ansón *et al.*, « Entrevista con Valeriano Bozal », *Con-Ciencia Social*, 3, 1999, p. 136 : « Así una persona de formación Hegeliana [...] pues desemboca con normalidad en la lectura de Marx, como un complemento necesario para acceder al debate teórico del momento. »
14. Voir le chap. 5.
15. Tony Judt, « Elucubraciones: el marxismo de Louis Althusser », dans *Sobre el olvidado siglo* XX, Madrid, Taurus, 2008, p. 115. Le Marx humaniste s'opposait au Marx d'Althusser, que cet historien britannique critiquait fortement dans le cadre d'une approche de l'histoire du XXe siècle qui voyait avec des yeux critiques l'héritage du communisme. En revanche, il savait reconnaître la compréhension renouvelée à laquelle avaient donné lieu les écrits de Marx dans les contextes latins (Italie, Espagne et Amérique latine), surtout à travers la relecture de ses textes de jeunesse qu'Althusser méprisait.
16. Entretien de l'auteur avec Ibarrola, Oma, 2 avril 2011.
17. Par exemple, une lettre anonyme de 1965 adressée à « Santiago » informe Santiago Carrillo, le chef du PCE, d'un rendez-vous secret avec José María Moreno Galván. La rencontre avec le critique d'art avait eu lieu à Cuba, lorsque Moreno Galván avait visité La Havane, invité par la Casa de las Américas comme membre du jury du prix de gravure Premio de Litografía. La lettre rapporte une conversation sur la situation actuelle en Espagne, et montre que le critique avait une vision claire des opérations et des luttes internes du Parti. Il apparaît là comme un informateur du PCE sur la situation espagnole, du moins à ce moment-là. Lettre d'une personne inconnue à Santiago Carrillo, datée de La Havane le 6 juillet 1965, Fuerzas de la Cultura, archives du PCE.
18. On sait que Pericás adhéra au Parti en 1959. José Ángel Etxaniz et José Antonio Pérez, « Antonio Giménez Pericás », dans Gómez Alén/Vega García, *Materiales para el estudio de la abogacía antifranquista*, p. 171.
19. Emèrit Bono i Martínez, membre du comité central du PCE, cité par Lydia Frasquet Bellver, « Ética desde la resistencia: El compromiso político de Vicente Aguilera Cerni », *Archivo Español de Arte*, 89 (356), 2016, p. 409-422, https://doi.org/10.3989/aearte.2016.27 [consulté le 3 août 2021].
20. *Nuestra Bandera* fut publié pour la première fois en 1937 à Valence ; après la défaite de la République, exilée en France, elle continua partiellement ses activités (à Paris et à Toulouse). *Nuestras Ideas* parut pour la première fois en 1957 à Bruxelles.
21. Moreno Galván était un sympathisant du PCE depuis les années 1950. La date de son implication plus concrète dans le Parti est encore inconnue, mais la lettre citée dans la note 17 atteste qu'il jouait le rôle d'informateur dès 1965 (lettre anonyme à Santiago Carrillo du 6 juillet 1965, archives du PCE). Simón Marchán a expliqué en entretien qu'il avait rejoint le Parti avant la fin de la dictature. « Entrevista a Simón Marchán Fiz con Darío Corbeira y Marcelo Expósito », Madrid, juin 2004, dans Carrillo/Estella, *Desacuerdos 1*, p. 140. Valeriano Bozal adhéra au Parti après la mort de Franco, mais il n'y resta que brièvement (1975-1980). Entretien de l'auteur avec Valeriano Bozal, Madrid, 22 septembre 2011.
22. Perry Anderson, *Considerations on Western Marxism*, Londres, NLB, 1976.
23. Voici une sélection d'articles publiés : Francisco Fernández Santos, « Marxismo como filosofía » et « Trotsky nuestro contemporáneo », *Cuadernos Ruedo Ibérico*, 2, 1965 ; Adolfo Sánchez Vázquez, « El marxismo contemporáneo y el arte », *Cuadernos Ruedo Ibérico*, 3, 1965 ; Maurice Godelier, « Sistema, estructura y contradicción en "El Capital" de Marx », *Cuadernos Ruedo Ibérico*, 9, 1966 ; Fernando Claudín, « La revolución pictórica

de nuestro tiempo», *Realidad. Revista de Cultura Política*, 1, 1963; Adolfo Sánchez Vázquez, «Ideas estéticas en los manuscritos económicos-filosóficos de Marx», *Realidad*, 2, 1963; Josep Renau, «Auditur et altera pars. Sobre la problemática actual de la pintura», *Realidad*, 3, 1964; Manuel Ballestero, «Hegel, el joven Marx y el marxismo», *Realidad*, 10, 1966.

24. Hernández Sandoica *et al.*, *Estudiantes contra Franco*, p. 14.
25. Buonazia/Perelman, *Giulio Carlo Argan*, p. 96; Karl Marx, *Manuscritos económico-filosóficos*, Mexico, Fondo de Cultura Económica, 1962.
26. Sánchez Vázquez, «Ideas estéticas en los manuscritos económicos-filosóficos de Marx», p. 38-68.
27. Adolfo Sánchez Vázquez, *Estética y marxismo*, Mexico, Era, 1980, p. 11: «Derribar los obstáculos que el dogmatismo y el esquematismo habían levantado desde mediados de los años 30 empobreciendo y limitando la teoría marxista»; «ver nuevas realidades con ojos nuevos, abriendo así nuevos cauces de investigación y devolviendo al marxismo como teoría y método lo que debe constituir su médula misma, a saber: su vinculación con la praxis, y con ello, su carácter vivo y creador». Le rôle d'Adolfo Sánchez Vázquez mérite particulièrement que l'on s'y penche. Lors de son exil à Mexico, il analysa rigoureusement les fondements du marxisme. Il devint une figure marquante de l'esthétique, grâce à ses recherches dans ce domaine qui furent lues par les critiques d'art espagnols. Dès 1976, Valeriano Bozal confirma que les textes de Sánchez Vázquez avaient été importants pour les intellectuels espagnols, précisant par ailleurs qu'il avait entamé une correspondance régulière avec lui avant même de l'avoir rencontré personnellement. Voir Valeriano Bozal, «Adolfo Sánchez Vázquez: de este tiempo, de este país», *Triunfo*, 716, 1976, p. 36.
28. Gracia, *Estado y cultura*, p. 140.
29. Manuel Sacristán, cité par Carlos Lema Añón, «Manuel Sacristán y la recepción española de György Lukács», *Universitas. Revista de filosofía, derecho y política*, 7, 2008, p. 87-108: «ideas que no circulaban por razones de censura directa o indirecta».
30. Gracia, *Estado y cultura*, p. 135: «el primer Marxismo críptico español».
31. «Objetivos», *Praxis*, 1, 1960, p. 1: «una repercusión sobre el mundo de nuestros valores, las actitudes que nos son comunes y, en el fondo, las estructuras sociales que las hacen posibles».
32. *Ibid.*, p. 1: «la realización de una sociedad que fuese realmente Cristiana».
33. Gracia, *Estado y cultura*, p. 132: «alienta una ética cristiana destinada a preparar intelectualmente las condiciones de una acción revolucionaria».
34. *Ibid.*, p. 132.
35. John Picchione, «Aesthetic forms and social commitment: the debate of the Italian Neoavant-garde», conférence donnée au 6e Symposium international SANART, «Art and Social Engagement», 1er-3 mai 2002, p. 1, www.sanart.org.tr/artengaged/ArtEngagement_JohnPicchione_Paper.pdf [consulté le 7 mars 2011].
36. *Ibid.*
37. La pensée de Sartre avait été essentiellement diffusée en Espagne par des publications et des notes de lecture. Elle fut surtout discutée dans les cercles littéraires participant au renouveau de la littérature sociale et réaliste; voir Mangini González, *Rojos y rebeldes*, p. 71. Cependant, dans le contexte espagnol, ce débat sur l'engagement donnait corps à un autre débat qui avait été virulent au cours des années de guerre civile. De 1936 à 1939, on avait exigé des artistes et des intellectuels du front républicain qu'ils mettent leur art au service de la «révolution populaire», comme disaient les sections communistes. Cela comprenait les artistes et les intellectuels en exil, tel le peintre emblématique Pablo Picasso, qui prit invariablement une position éthique contre le fascisme et le franquisme. Voir Barreiro López, «Classified files: Picasso, the regime and the Avant-garde in Francoist Spain», p. 89-108.
38. Fernández Santos, «Literatura y compromiso», dans Fernández Santos, *El hombre y*

su historia, Madrid, Ediciones Arion, 1961, p. 225 : « La condenación marxista del solipsismo literario, es justa, justísima. »

39. « Nuestros intelectuales y la praxis », *Praxis*, 2, 1960, p. 3 : « Nos sobran intelectuales conformistas, instalados en una cómoda seguridad, y nos hacen falta intelectuales comprometidos en la gran área de laborar por una sociedad mejor. »
40. Óscar Barrero Pérez, « Acento Cultural: la inquieta juventud », dans Manuel José Ramos Ortega (dir.), *Revistas literarias españolas del siglo XX*, vol. 2, Madrid, Ollero y Ramos, 2005, p. 401 : « aparentemente extraño maridaje entre la rama más juvenil e iconoclasta de la Falange y la izquierda comunista ».
41. José Luis López Aranguren, cité par Javier Muñoz Soro, *Cuadernos para el Diálogo 1963-1986*, Madrid, Marcial Pons, 2005, p. 86 : « El intelectual que exige nuestra hora es un intelectual que tenga el pulso de la vida del pueblo. »
42. Gracia, *Estado y cultura*, p. 133.
43. Celaya, cité par Barrero Pérez, « Acento Cultural », p. 407 : « La poesía es un instrumento entre otros para transformar el mundo. »
44. Pour une analyse de la dialectique entre le réalisme et l'avant-garde, voir la dernière partie du chap. 5, « La nature de l'avant-garde ».
45. Horia Stamatu, « "Acento", una revista que se acentúa demasiado », *Punta Europa*, 40, 1959, p. 123 : « El "realismo socialista", doctrina estética del actual comunismo, fascina a unos inexplicablemente retrasados jóvenes de Occidente que por lo visto ponen sus genuinas esperanzas en el "materialismo dialéctico". »
46. Barrero Pérez, « Acento Cultural », p. 410.
47. Cette revue a été étudiée en profondeur par Muñoz Soro, *Cuadernos para el Diálogo*.
48. Voici une sélection de ces articles : Juan Luis Cebrián, « Introducción crítica al marxismo de Émile Baas », *Cuadernos para el Diálogo*, 4, 1964; Claude Cuenot, « Teilhard y el marxismo », *Cuadernos para el Diálogo*, 9, 1964; Rafael Ayamonte, « Marxismo y cultura en Italia », *Cuadernos para el Diálogo*, 27, 1965; José María Moredano, « Humanismo socialista. Erich Fromm y otros », *Cuadernos para el Diálogo*, 50, 1967; José Luis López Aranguren, « Marxismo y antimarxismo de Julián Besteiro », *Cuadernos para el Diálogo*, 52, 1968; Aguilera Cerni, « Marxismo y humanismo económico », *Cuadernos para el Diálogo*, 52, 1968; Elías Díaz, « La filosofía marxista en el pensamiento español actual », *Cuadernos para el Diálogo*, 63, 1968; Ricardo Cano Garivia, « La estética de Della Volpe », *Cuadernos para el Diálogo*, 70, 1969.
49. Muñoz Soro, *Cuadernos para el Diálogo*, p. 104.
50. Comme le suggère Perry Anderson, ces écoles marxistes se fondaient sur la réinterprétation des idées de Karl Marx, dissociant la pensée marxiste de l'activisme politique. Alors qu'en Russie cette articulation passait pour indéfectible depuis la période révolutionnaire, le marxisme et la révolution politique s'étaient disjoints en Occident depuis la fin de la Seconde Guerre mondiale. Ces conceptions du marxisme furent déconstruites et reconstruites dans le cadre de différentes écoles de pensée; elles étaient largement développées comme exercices théoriques dans des universités et des centres de recherche, afin de réassigner l'objet traité à l'étude plus générale de la culture. Elles gagneraient en influence au sein de la pensée méthodologique pour l'analyse des processus culturels dans le monde occidental. Pour une introduction générale à ce sujet, voir Perry Anderson, *Considerations on Western Marxism*.
51. Jean-Paul Sartre, *Qu'est-ce que la littérature?*, Paris, Gallimard, 1948. Engagement, liberté, nécessité de témoigner sont des thèmes courants dans les textes des critiques. Voir Sánchez Vázquez, « La estética libertaria y comprometida de Sartre », p. 155-174.
52. Muñoz Soro, *Cuadernos para el Diálogo*, p. 207-265.
53. Díaz, « La filosofía marxista », p. 11 : « Utilizar más o menos veladamente criterios metodológicos marxistas era, y continua siendo, más factible (desde la perspectiva de posibles conflictos personales de carácter politico-social). »
54. Aguilera Cerni travaillait à un manuscrit intitulé « Estética marxista y realismo socia-

lista », qui à ma connaissance ne fut jamais publié. Voir « Vicente Aguilera Cerni, premio internacional de la crítica de la XXIX Bienal de Venecia », *Arte Vivo*, 2, 1959.

55. Traduits à partir de 1957, ces textes furent assez largement lus par la gauche. Arnold Hauser, *Historia social de la literatura y el arte*, 3 vol., trad. Antonio Tovar et F. P. Varas Reyes, Madrid, Guadarrama, 1957 ; Frederick Antal, *El mundo florentino y su ambiente social. La república burguesa anterior a Cosme de Médicis: siglos XIV-XV*, trad. Juan Antonio Gaya Nuño, Madrid, Alianza Editorial, 1989 (1963).
56. Andrés Martínez Lorca, cité par Francisco Rojas Claros, « Una editorial para los nuevos tiempos: Ciencia Nueva (1965-1970) », *Revista Historia del Presente*, 5, 2005, www.represura.es/represura_2_enero_2007_articulo2.html [consulté le 9 mai 2010].
57. Fernandez Buey, cité dans Hernández Sandoica *et al.*, *Estudiantes contra Franco*, p. 183 : « Mirábamos hacia Argelia y Cuba más que hacia Moscú, y hacia Francia o Italia más que hacia Estados Unidos, cuando se nos pedían modelos; y nuestros marxistas, cuando eran lecturas marxistas lo que buscamos fueron por suerte Sacristán y Gorz, Lukács y Lefebvre, Brecht y Bloch, Schaff y Gramsci; seguramente no distinguíamos entre ortodoxia y heterodoxia, lo cual nos fue muy útil. »
58. Ce nom vient de Manuel Fraga, qui fut ministre de l'Information et du Tourisme de 1962 à 1969, et qui initia cette loi.
59. Richard Gunther, José Ramón Montero et José Ignacio Wert, « The Media and Politics in Spain: From Dictatorship to Democracy », dans Richard Gunther et Anthony Mughan (dir.), *Democracy and the Media: A Comparative Perspective*, Cambridge, Cambridge University Press, 2000, p. 34-35.
60. À Barcelone, Grijalbo et, à Madrid, ZYX, Edicusa, Seminarios y Ediciones SA (SESA), Ediciones Halcón SA, Equipo Editorial et Editorial Ricardo Aguilera étaient eux aussi d'importants éditeurs.
61. Galvano Della Volpe, *Crítica del gusto*, Barcelone, Seix Barral, 1966 ; *id.*, *Lo verosímil fílmico y otros ensayos de estética*, Madrid, Ciencia Nueva, 1967 ; Antonio Gramsci, *Cultura y literatura*, Barcelone, Península, 1967 ; Ernst Fischer, *Arte y coexistencia*, Barcelone, Península, 1968 ; Karl Marx et Friedrich Engels, *Escritos sobre arte*, Barcelone, Península, 1969 ; Karl Marx et Friedrich Engels, *Textos sobre la producción artística*, Madrid, Comunicación, 1972.
62. « Libros de corte marcadamente político e ideología disidente con los postulados tradicionales del régimen » ; Rojas Claros, « Una editorial para los nuevos tiempos ». Voir aussi Rojas Claros, *Dirigismo cultural y disidencia editorial en España (1962-1973)*, Alicante, Universidad de Alicante, 2013.
63. Sur le rapport entre le PCE et le PCS, ainsi que sur le schisme, voir Fernando Vera Jiménez, « La diaspora comunista en España », *HAOL*, 26, 2009, p. 35-48.
64. Manuel Sacristán, cité par Lema Añón, « Manuel Sacristán y la recepción española de György Lukács », p. 87-108 : « compensar el marxismo muy esquemático de los manuales más políticos ».
65. En 1972, par exemple, un groupe fasciste et néonazi appelé CEDADE (Círculo Español de Amigos de Europa) publia un pamphlet dénonçant un lien direct entre art moderne, marxisme et dégénérescence morale : « Tu te drogues ? Tu es un hippie ou un voyou ? [...] Tu aimes Picasso, Marcuse, Marx... ? Tu acceptes la dégénérescence ? CEDADE est contre toi ! [¿Te drogas? ¿Eres hippy o gamberro? [...] ¿Te gustan Picasso, Marcuse, Marx...? ¿Aceptas la degeneración? [...] ¡CEDADE está contra ti!] » Cité dans Hernández Sandoica *et al.*, *Estudiantes contra Franco*, p. 293.
66. Les fondateurs de Ciencia Nueva étaient María Teresa Bort León, José Esteban Gonzalo (Pepe Esteban), Valentina Fernández Vargas, Javier Gallifa Olive, Rosario de la Iglesia Ceballos, Alberto Méndez Borra, Luis Lorenzo Navarro, María Rosa de Madariaga Álvarez Prida, Jesús Munárriz Peralta, Lourdes Ortiz Sánchez, José Carlos Piera Gil et Rafael Sarró Iparraguirre. Voir Rojas Claros, « Una editorial para los nuevos tiempos ».
67. Jesús María Munárriz, cité par Rojas Claros, « Una editorial para los nuevos tiempos », p. 77 : « Ciencia Nueva fue un intento de abrir

brecha, incordiar al régimen, hacer lo que no se podía hacer, ensanchar las grietas que veíamos que existían y ver si podíamos reformar y forzar un poco la cosa. »

68. Rojas Claros, « Poder, disidencia editorial y cambio cultural en España durante los años sesenta », p. 70 : « Ejercerá una notable influencia en la recuperación de las armas ideológicas y políticas anteriores a la Guerra Civil. »
69. *Ibid.*, p. 70 : « la creación de una plataforma para la difusión de las ideas más vanguardistas procedentes de dentro y fuera de nuestras fronteras ».
70. Aguilera Cerni publia un essai sur les rôles que jouèrent José Ortega Gasset et Eugeni d'Ors dans la sphère culturelle en Espagne ; voir Vicente Aguilera Cerni, *Ortega y d'Ors en la cultura artística española*, Madrid, Ciencia Nueva, 1966. Valeriano Bozal analysa, quant à lui, le réalisme artistique en Espagne ; voir Bozal, *El realismo entre el desarrollo y el subdesarrollo*.
71. Karl Marx et Friedrich Engels, *Sobre arte y literatura*, Madrid, Ciencia Nueva, 1968.
72. Aguilera Cerni, « Marxismo y humanismo económico », p. 15-16.
73. Rojas Claros, « Una editorial para los nuevos tiempos ».
74. Entretien de l'auteur avec Alberto Corazón, Madrid, 4 octobre 2011.
75. Colectivo 1, *Alienación e ideología. Metodología y dialéctica en los "Grundrisse"*, Madrid, Comunicación, 1973, p. 9 : « frente cultural ». Ce livre était signé par le Colectivo 1, l'une des équipes de Comunicación qui comprenait E. Álvarez Vázquez, Herminia Bevia, Miguel Bilbatúa, Valeriano Bozal, Antonio Carmona, José Linaza, J. Martínez Reverte, Ludolfo Paramio et Laura Pozón.
76. Bozal, *El intelectual colectivo y el pueblo*, p. 13 ; voir aussi Juan Albarrán (dir.), *Arte y transición*, Madrid, Brumaria, 2012, p. 288-289.
77. Valeriano Bozal, « Espacios de tránsito. A propósito de Redor y Equipo Comunicación », dans Albarrán, *Arte y transición*, p. 288 : « La verdad es que en España no se conocía nada de eso, éramos un país en barbecho. Y al publicar todos estos materiales teníamos la pretensión de informar. Por eso cuando publicábamos textos básicos y no estábamos de acuerdo con ellos, lo decíamos en el prólogo. [...] Nunca criticar aquello que no se conoce. »
78. « Entrevista a Simón Marchán Fiz con Darío Corbeira y Marcelo Expósito », Madrid, juin 2004, dans Carrillo/Estella, *Desacuerdos 1*, p. 141 : « Comunicación trasladó al ámbito de las ciencias artísticas el aperturismo de Ciencia Nueva en el de las ciencias sociales. »
79. Voici quelques-unes de ces publications : Comunicación (éd.), *Ajuste de cuentas con el estructuralismo. Henri Lefebvre y Galvano Della Volpe*, Madrid, Comunicación, 1969 ; Comunicación (éd.), *Formalismo y vanguardia*, Madrid, Comunicación, 1970 ; Comunicación (éd.), *Marx-Engels. Textos sobre la producción artística*, Madrid, Comunicación, 1972 ; Comunicación (éd.), *Constructivismo*, Madrid, Comunicación, 1972 ; Comunicación (éd.), *Ideología y alienación (Metodología y dialéctica en los « Grundrisse »)*, Madrid, Comunicación, 1973.
80. Entretien de l'auteur avec Ludolfo Paramio, Madrid, 6 juin 2011.
81. Bozal, « Espacios de tránsito », p. 289 : « La idea central era que el estructuralismo marxista prescinde del sujeto revolucionario, el sujeto que tiene que hacer la historia, y nosotros pensábamos que el marxismo tenía que centrarse, no en la vieja teoría del partido ni nada por el estilo, sino en la configuración de un sujeto de su propia historia. Eso nos llevó a estudiar a los clásicos, filosofía marxista italiana. »
82. Entretien de l'auteur avec Alberto Corazón, Madrid, 4 octobre 2011.
83. L'analyse préliminaire à laquelle se livra Bozal dans son introduction didactique à l'évolution de l'esthétique marxiste reposait sur l'étude de divers auteurs (Marx, Engels, Plekhanov, Lénine, Lukács et Della Volpe), assez représentatifs des genres de marxisme qui faisaient l'objet de discussions en Espagne. Si le travail de ces auteurs était relativement bien connu dans le pays, d'autres grands penseurs marxistes, tel Walter Benjamin, furent négligés par le mouvement éditorial indé-

pendant. Évidemment, la situation socio-politique était en partie responsable de ces omissions. Voir Marx/Engels, *Sobre arte y literatura.*
84. Bozal, « Introducción », dans Comunicación (éd.), *Marx-Engels. Textos sobre la producción artística*, p. 9-40.
85. Sánchez Vázquez, *Estética y marxismo.*
86. Bozal, « Introducción », dans Comunicación (éd.), *Marx-Engels. Textos sobre la producción artística*, p. 26 : « Las últimas y más interesantes corrientes del pensamiento estético marxista se han preocupado precisamente por el lenguaje artístico y literario. »
87. *Ibid.*, p. 33.
88. Comunicación (éd.), *Roland Barthes*, Madrid, Comunicación, 1971, p. 10.
89. Bozal, « Espacios de tránsito », p. 289 : « Exigíamos una gráfica acorde a nuestros planteamientos intelectuales. »
90. Antonio Gramsci, *Cartas desde la cárcel*, Madrid, Edicusa, 1975.
91. Bozal, *El intelectual colectivo y el pueblo*. En réalité, la pensée de Gramsci était déjà présente en Espagne. D'abord dans le milieu clandestin, *via* les cercles communistes. L'artiste Agustín Ibarrola se souvient que, lorsqu'il était emprisonné avec le critique d'art Giménez Pericás de 1962 à 1965, Gramsci circulait lors de réunions clandestines, essentiellement grâce au philosophe communiste José María Laso, également condamné et responsable de la bibliothèque de la prison à ce moment-là. Il avait pris à cœur d'éduquer les prisonniers en leur fournissant des lectures « appropriées » (entretien de l'auteur avec Agustín Ibarrola, Oma, 2 avril 2011). Ensuite, après la nouvelle Loi sur la presse en 1967, une première édition des textes de Gramsci vit le jour. Un recueil d'essais de Gramsci sur l'art et la littérature fut traduit de l'italien vers le catalan et publié en 1967 par Edicions 62 (Gramsci, *Cultura y literatura*). La même année, pour le trentième anniversaire de sa mort, parurent aussi un certain nombre d'autres textes. La revue catalane *Nous Horizonts* (une publication clandestine du Partit Socialista Unificat de Catalunya, PSUC) sortit un numéro spécial sur le penseur italien, auquel contribua Cirici avec une étude de l'art du XXe siècle dans une perspective gramscienne (Alexandre Cirici, « El trentè aniversari de la mort de Gramsci », *Nous Horizonts*, 11, 1967, p. 17-19). De plus, Manuel Sacristán publia une analyse de l'interprétation gramscienne de Marx (Manuel Sacristán, « El Marxismo de Gramsci », *Realidad*, 14, 1967, p. 5-19).
92. Néanmoins, le concept d'« industrie culturelle » développé par Adorno et Horkheimer fut intégré à diverses publications de Comunicación par les critiques d'art (voir par exemple Bozal, *El intelectual colectivo y el pueblo*, ainsi que Comunicación (éd.), *Constructivismo*, Madrid, Comunicación, 1972). Comparée à celle d'Adorno, la théorie de Marcuse de l'homme unidimensionnel eut plus de succès dans la péninsule Ibérique et, si ce concept n'a pas été analysé en détail dans les publications de Comunicación, les idées de Marcuse étaient influentes au sein de cercles philosophiques et culturels, particulièrement jusqu'à la fin de la décennie.
93. Une synthèse de ces discours a été faite dans Guiducci, *Del realismo socialista al estructuralismo.*
94. Francisco Franco, cité par Muñoz Soro, *Cuadernos para el Diálogo*, p. 84 : « No debemos emplear medidas de rigor que no serían bien vistas por los países amigos nuestros de todo el mundo. »
95. Rojas Claros, « Poder, disidencia editorial y cambio cultural en España durante los años sesenta », p. 60-61.
96. Muñoz Soro, *Cuadernos para el Diálogo*, p. 231-232, et Rojas Claros, « Una editorial para los nuevos tiempos ».
97. Voir par exemple Aguilera Cerni, « Marxismo y humanismo económico ».
98. Muñoz Soro, *Cuadernos para el Diálogo*, p. 231.
99. Entretien de l'auteur avec Agustín Ibarrola et Txato Etxaniz, Oma, 2 avril 2011.
100. Entretien de l'auteur avec Agustín Ibarrola, Oma, 2 avril 2011.
101. Labanyi, « Censorship or the Fear of Mass Culture », p. 211.
102. Hernández Sandoica *et al.*, *Estudiantes contra Franco*, p. 205.

103. Antonio Giménez Pericás (1960), cité par Barreiro López, *La abstracción geométrica en España*, p. 158 : « Entre la racionalidad material de la obra y la racionalidad política de la vida existe una correspondencia lógica. »
104. Entretien avec Antonio Giménez Pericás, reproduit dans *Ramón Ormazábal y sus compañeros*, 1962, p. 30-34 : « Para mí el arte no es una cuestión etérea sino de significado político. »
105. Aguilera Cerni, « Notas bibliográficas », *Suma y sigue del arte contemporáneo*, 9-10, 1966, p. 98 : « La cultura tenía inevitablemente un sitio en la lucha política. »
106. Bozal, « Compañero de viaje », p. 40 : « Era el propio Régimen el que impedía cualquier neutralidad, pues el arte no comprometido era en realidad, y así se contemplaba, arte comprometido con el franquismo. »
107. Les rapports de la surveillance du régime sont une excellente source de renseignements sur les lettres signées, la participation aux réunions, les différents liens entretenus et les activités auxquelles participaient les critiques. Aguilera Cerni, Moreno Galván, Llorens, Bozal, Cirici, Giménez Pericás (ainsi qu'un grand nombre d'intellectuels et d'artistes) étaient surveillés par l'Oficina de Enlace et ils avaient tous un dossier secret comprenant des descriptions plus ou moins détaillées de leurs activités, citant leurs affiliations à diverses structures de gauche, et même un registre de leurs signatures apportées à des lettres de solidarité (Oficina de Enlace, Archivo General de la Administración, Alcalá de Henares).
108. Tout au long des années 1960, les critiques militants s'investirent beaucoup dans ce genre d'hommages. En 1961, par exemple, Vicente Aguilera Cerni contribua (aux côtés de Castellet, Aleixandre, Bardem, Aranguren et Tàpies) à une commémoration de Miguel Hernández, qui comprenait une demande de soutien international (lettre d'Aguilera Cerni à Umbro Apollonio, Valence, 10 août 1961, Fonds Umbro Apollonio, Archivio Storico della Biennale di Venezia). Moreno Galván participa à l'hommage à Antonio Machado, organisé par Ruedo Ibérico à Collioure (France), en 1962, à l'endroit où le poète était mort (il avait traversé la frontière en tant que réfugié en 1939). Cet événement mit en contact de nombreux intellectuels antifranquistes vivant en Espagne ou en exil. Quatre ans plus tard, en 1966, Moreno Galván prit part (aux côtés de Valeriano Bozal et d'un grand groupe d'intellectuels, d'artistes, de musiciens et d'étudiants) à une commémoration de Machado à Baeza (Espagne). Voir note 127 du chap. 2.
109. Entretien de l'auteur avec Agustín Ibarrola, Oma, 2 avril 2011.
110. Outre la peine de prison de 1962 que nous avons déjà évoquée, Moreno Galván fut arrêté à plusieurs reprises à la fin de la dictature, devenant ainsi un symbole d'intégrité morale. Son emprisonnement en 1971, aussitôt après un hommage à Picasso, suscita un mouvement de solidarité en Espagne et à l'étranger dans les cercles démocratiques et de gauche (voir Barreiro López, « Classified files: Picasso, the regime and the Avant-garde in Francoist Spain », p. 102-103).
111. « Hace falta hacer batallas y ponerles a prueba. » Cette déclaration de José María Moreno Galván est tirée de la lettre précédemment mentionnée (voir note 17), adressée par une personne anonyme à Santiago Carrillo et évoquant une conversation avec le critique d'art à La Havane. Il semble que Moreno Galván ait voulu emporter des livres marxistes dans sa valise, tout en sachant qu'ils seraient certainement saisis à la frontière lorsqu'il reviendrait en Espagne. L'auteur de la lettre lui dit que ce serait prendre un risque inutile, car les livres interdits pouvaient être envoyés en Espagne par la poste sans aucun problème. Moreno lui répondit qu'il en était bien conscient, mais que les introduire de cette manière était important pour provoquer le régime et le mettre en question. Voir la lettre d'un anonyme à Santiago Carrillo, datée de La Havane le 6 juillet 1965 (Fuerzas de la Cultura, archives du PCE).
112. Frasquet, « Ética desde la resistencia ».
113. Les expositions *España Libre* (Italie, 1964-1965) et *Espagne* (Paris, 1965), par exemple,

réclamaient la liberté pour l'Espagne et l'amnistie pour les prisonniers politiques.

114. Dès après le procès, le Parti publia à Paris un ouvrage retraçant toutes les procédures; voir *Ramón Ormazábal y sus compañeros*, 1962. Des entretiens avec Ibarrola furent publiés dans des revues étrangères, comme *Rinascita*; voir « L'interrogatorio di Agustín Ibarrola », *Rinascita*, 6 avril 1963, p. 20. Enfin, plusieurs expositions montrant des peintures réalisées en prison furent organisées au cours des années 1960 et de nombreuses lettres furent envoyées au gouvernement pour réclamer leur libération; voir Núñez Laiseca, *XXV años de paz*, p. 71-72.
115. Lettre de Moreno Galván à Giulio Carlo Argan, septembre 1962 (Archives Argan, Rome) : « Los órganos que tal vez podría disponer en Italia afines a mi ideología - *Paese Sera* y *L'Unità* - no son los que debo utilizar para lo que me propongo, porque sería darle armas al enemigo y ofrecerle gratuitamente el argumento de la "conjura comunista" y demás. »
116. Cette suppression avait été proposée afin de renforcer les sections nationales qui avaient pris du poids depuis le début de la décennie. Voir Argan, « Procès-verbal », 1964, Fonds AICA, Archives de la critique d'art, Rennes.
117. Discours de Vicente Aguilera Cerni au congrès de Venise, reproduit dans Paula Barreiro López, « *Nulla aesthetica sine ethica*: le critique d'art Vicente Aguilera Cerni », *Critique d'art*, 34, 2009, p. 118.
118. Argan, « Procès-verbal », p. 120.
119. Lors de l'assemblée, Argan aborda la requête de son ami et collègue Aguilera, se prononçant en faveur de l'adhésion de Giménez Pericás : « Nous ne sommes pas pour le moment en possession d'une demande de M. Jiménez Pericás pour être admis comme membre de l'AICA. Mais évidemment il ne peut pas envoyer cette demande, car il se trouve en prison, et il se trouve en prison, comme tout le monde le sait, pour des raisons qui n'ont aucun rapport ni avec son activité personnelle en tant que critique, ni pour des délits de droit commun : il se trouve en prison pour des motifs politiques, c'est-à-dire pour des choses qui ne nous regardent absolument pas et qui ne doivent en aucune façon l'empêcher d'être membre de l'AICA [en français dans le texte]. » Argan, « Procès-verbal », p. 119.
120. Parmi les signataires figuraient Argan, Restany, Aguilera, Arroyo, Mario de Micheli, Filiberto Menna, Roberto Jacoby, Lea Vergine, Antonio Recalcati, Moreno Galván et Maurizio Calvesi (Archives du ministère des Affaires étrangères espagnol, Madrid, LEf R 11068, dossier 21; voir aussi Núñez Laiseca, *XXV años de paz*, p. 40).
121. Núñez Laiseca, *XXV años de paz*, p. 40.
122. À un moment donné, le président de l'AECA, José Camón Aznar, se plaignit des demandes politiques continuelles de l'AICA. Dans un entretien avec María Luisa Borrás dans la revue *Destino*, en 1975, il fustigea assez amèrement le manque d'intérêt de l'AICA pour la section espagnole. Il était déçu, ne recevant « de la part de l'AICA que des communications d'ordre politique [De la AICA no recibo más que comunicaciones de tipo político] ». Reproduit dans Lorente, « Camón Aznar como crítico y presidente fundador de la AECA ».
123. « Acta de la sesión plenaria de la XIV Asamblea General de la Aica celebrada el 13 de septiembre de 1962 » (Fonds AICA, Archives de la critique d'art, Rennes), p. 5 : « un juicio militar injusto ». Elle demanda pour le moins qu'un télégramme soit envoyé au gouvernement espagnol pour réclamer un procès civil. Cette demande ne fut pas acceptée par le président James Johnson Sweeney, car Nelken n'avait pas suivi le protocole habituel, mais il accepta d'en discuter avec le président de la section espagnole (AECA).
124. La caution de Moreno Galván, s'élevant à 4804 francs et récoltée par la section italienne, est évoquée dans plusieurs rapports de l'AICA (« 14e Assemblée générale. Mexico 1962. Rapport moral », Fonds AICA, Archives de la critique d'art, Rennes).
125. « Procès-verbal », Assemblée Mexique, 1962 (Fonds AICA, Archives de la critique d'art, Rennes).
126. Aguilera Cerni avait espéré rassembler de

la documentation pour plaider en faveur de son rôle de rédacteur en chef. Mais le soutien de l'AICA ne fonctionna pas comme prévu et la réponse du gouvernement espagnol au président Lassaigne se révéla être une manière fourbe de lui retirer son autorisation. Avec la nouvelle Loi sur la presse de 1966, le régime mit au point des façons beaucoup plus subtiles de contenir l'activisme des intellectuels soupçonnés. Le président de l'AICA expliqua en assemblée que le ministère du Tourisme et de l'Information lui avait fait part de sa surprise quant au fait qu'Aguilera Cerni, qui refusait d'être membre de la section espagnole de l'AICA, demande un privilège que la loi espagnole réservait normalement aux membres de cette section, officiellement reconnue par le régime. « Séance vendredi après-midi. Commission d'admission », 1967, Fonds AICA, Archives de la critique d'art, Rennes. De toute évidence, le ministère était bien informé des activités d'Aguilera ainsi que de ses convictions idéologiques, et avait trouvé dans la nouvelle loi des moyens commodes d'empêcher ses activités. Avec cette stratégie, le régime essayait de se débarrasser d'autres intellectuels dissidents qui dirigeaient des périodiques, comme ce fut le cas pour Joaquín Ruiz Giménez, le directeur de *Cuadernos para el Diálogo*.

127. Il y eut des précédents dans ces manifestations de solidarité avec les Espagnols de la part de la gauche italienne - par exemple, le Convegno Internazionale per la Libertà del Popolo Spagnolo, qui eut lieu en avril 1962. Cet événement ne manifestait pas seulement l'engagement de la gauche italienne pour la cause antifranquiste ; il comportait aussi une exposition d'artistes italiens d'avant-garde, avec la participation de critiques d'art renommés comme Argan, Bueno, Guttuso, Tombadori et Vedova. Voir Núñez Laiseca, *XXV años de paz*, p. 65.
128. G[erardo] F[iliberto] Dasi, « Reglamento generale », dans un prospectus intitulé *España Libre*, n.d., mais probablement 1963/1964 (Centro Internacional de Documentación Artística Vicente Aguilera Cerni, Vilafamés).
129. Rimini, 15 juillet-15 septembre 1964 ; Florence, 15 octobre-15 novembre 1964 ; Ferrare, 15 décembre 1964-15 janvier 1965 ; Reggio Emilia, 15 février-15 mars 1965 ; Venise, 15 avril-15 mai 1965.
130. Voir *España Libre*, Rimini, Grafiche Gattei, 1964.
131. Núñez Laiseca, *XXV años de paz*, p. 29.
132. Mónica Núñez Laiseca, « Los caminos del arte español en Italia: una evocación de la Resistencia », dans *Congreso de Caminería hispánica*, Madrid, Ministerio de Fomento, 2004, p. 748.
133. Pour plus d'informations sur l'exposition, voir Barreiro López, *La abstracción geométrica en España*, p. 310-313.
134. Núñez Laiseca, *XXV años de paz*, p. 79. Exactement au même moment, cette série était exposée au pavillon espagnol à l'Exposition universelle de New York. Un certain nombre des peintures composant *Le Peintre et son modèle* avait été achetées *via* Gratiniano Nieto afin de représenter l'Espagne lors de l'Exposition universelle, et elles furent données au musée d'Art moderne, coïncidant avec la célébration du quatre-vingt-cinquième anniversaire de Picasso en France, pour lequel on lui offrit une grande exposition au Grand Palais, à Paris. MRGV, « Entrega de tres cuadros de Picasso al Museo Nacional de Arte Contemporáneo », *ABC*, 26 octobre 1966, p. 75.
135. Dans son essai, Moreno soutenait que la culture espagnole « était une culture libre sans liberté » ; il voyait dans cette exposition la nécessité de « parler des dangers d'une culture libre qui n'a pas encore reconnu son droit à la liberté [Nuestra cultura, la cultura de España, es, por muchas razones, una cultura libre que no está en libertad [...] es urgente hablar de los peligros de una cultura libre que no tiene reconocido su derecho a la libertad] ». José María Moreno Galván, « Significación de una cultura libre », dans *España Libre*, 1964.
136. Voir Argan, « Finalitá delle Esposizione », dans *España Libre*, 1964.
137. Giulio Carlo Argan, « Convegno Internazionale Artisti Critici e Studiosi d'Arte »,

D'Ars Agency, 5.5, 1964-1965, p. 11 : « Servono in un paese privo di libertà ideologica comme la Spagna di Franco, a condurre una coraggiosa e pericolosa lotta sul terreno ideologico. »

138. Lettre de Vicente Aguilera Cerni à Equipo 57 (datée du 30 mars 1964), citée par Barreiro López, *La abstracción geométrica en España*, p. 312 : « La selección de los participantes incluye los nombres más idóneos en estos momentos entre los no comprometidos "oficialmente" o que han declarado responsablemente su abstención. »
139. Joan Antoni Toledo, cité par José Gandía Casimiro, *Estampa Popular*, Valence, IVAM, 1996, p. 144 : « Se habló de formar un colectivo con el que remover la vida artística y participar con ella en la política. »
140. Voir le chap. 5 pour une analyse de ces liens.
141. La plupart de ces expositions avaient été organisées avec le soutien du PCF ou du PCE, par exemple *36 peintres contemporains espagnols*, qui eut lieu en 1961 à la Maison de la pensée française à Paris. Pour de plus amples informations sur ces expositions, voir le chap. 2.
142. Lettre de Luis González Robles à Giulio Carlo Argan, datée du 6 octobre 1962 (Archives Argan, Rome).
143. Peu de temps après, ils décidèrent de collaborer pour la Biennale de Venise de 1964. Naïvement, Robles n'avait aucun soupçon quant à la position d'Argan. Mais cela se retourna contre lui lorsque, deux mois plus tard, Argan inaugura l'exposition dissidente *España Libre*. Voir Núñez Laiseca, *XXV años de paz*, p. 38-39.
144. Sur l'Oficina de Enlace, voir Latorre Merino *et al.*, « El gabinete de enlace: una Oficina de control e información al servicio del estado », dans *II Encuentros de investigadores del franquismo*, Alicante, Instituto de Cultura Gil Albert, 1995, p. 7-13.
145. Par exemple, sur Llorens : entretien avec l'auteur, Dénia, 2 juillet 2011 ; sur Aguilera : entretien avec l'auteur, Valence, 2002 ; sur Alexandre Cirici, voir Selles Rigat, *Alexandre Cirici Pellicer*, p. 640 ; un certain nombre de documents concernant l'emprisonnement de Moreno sont conservés à l'Archivo José María Moreno Galván (Museo Reina Sofía) ; sur Pericás : entretien de l'auteur avec Eugenia Guezuraga, la veuve de Pericás, 19 juin 2011. Voir aussi les dossiers de surveillance ouverts par l'Oficina de Enlace, cités dans la note 107 (Oficina de Enlace, Archivo General de la Administración, Alcalá de Henares).
146. Aguilera Cerni, *Panorama del nuevo arte español*, p. 10 : « La cuestión más urgente de nuestra cultura artística se centra, hoy, en el eje constituido por la "información" y la "ideología", por el cabal de conocimiento de los problemas contemporáneos determinantes y por el contenido de las posturas adoptadas. »
147. *Ibid.*, p. 17 : « Por lo tanto, cuando se habla de "apertura" no se trata tan sólo de comunicarse con lo exterior, sino de ir hacia dentro, hacia el solar español, hacia los españoles corrientes y molientes. »
148. Voir Rocío Robles Tardío, « El Instituto Alemán, espacio de excepción en el último decenio del franquismo », dans Jesús Carrillo et Jaime Vindel (dir.), *Desacuerdos 8. Sobre arte, políticas y esfera pública en el Estado español*, Centro José Guerrero, MACBA, MNCARS y UNIA, 2014, p. 46-81.
149. La revue *Arte Vivo* fut créée en 1957. Pour son dernier numéro en 1959 (qui parut officiellement l'année suivante), elle changea son nom en *Parpalló*.
150. Après la fin de la dictature, il lança une nouvelle revue, *Cimal. Cuadernos de Cultura Artística*, publiée à Valence de 1979 à 2003 ; il y initia une collaboration avec une nouvelle génération de critiques d'art, comme Román de la Calle, José Garnería et Juan Ángel Blasco Carrascosa. Il continua néanmoins à travailler avec ses anciens collègues Dorfles, Restany et Jorge Glusberg. Voir Blasco Carrascosa, *Vicente Aguilera Cerni*, p. 133-135.
151. Parmi les auteurs étrangers, on retrouve aussi Michel Seuphor, Jean Arp, Paul Dumaz, Carl Einstein, Maurice Raynal, Daniel Henry Kahnweiler, Bachelard et Henry Moore. Voir par exemple Victor Vasarely, « Plasticidad

Cinética », *Arte Vivo*, 1, 1959 ; Henry Moore, « El escultor en la edad contemporánea », *Arte Vivo*, 2, 1959 ; les essais de Carl Einstein, Maurice Raynal et Daniel Henry Kahnweiler sur Juan Gris, dans *Arte Vivo*, 3, 1959 ; Gaston Bachelard, « El cosmos de hierro », *Parpalló*, 4, 1960.

152. *Arte Vivo* suivait surtout les débats du Congrès international d'architecture moderne (CIAM) de 1951 à Hoddesdon. Voir S. Giedion (président), E.N. Rogers (vice-président), E. Batista, A. Roth, J.B. Bakena, « Reunion of the arts at the core », dans *CIAM 8, Report of Hoddesdon Conference*, 1951. Voir aussi Eric Mumford, *The CIAM Discourse on Urbanism (1928-1960)*, Massachusetts, MIT, 2000.
153. Pour une analyse de ce mouvement, voir le chap. 5.
154. Entretien de l'auteur avec Tomàs Llorens, Dénia, 2 juillet 2011.
155. Aguilera Cerni envoya une lettre à de futurs collaborateurs potentiels en Espagne et à l'étranger pour annoncer le premier numéro. Avec cette missive, il cherchait également un soutien moral aussi bien que matériel, afin d'élargir la portée internationale de son projet. Lettre d'information d'Aguilera Cerni, Valence, n.d. [1962], Centro Internacional de Documentación Artística Vicente Aguilera Cerni, Vilafamés.
156. Voir par exemple Giulio Carlo Argan, « Salvación y caída del arte moderno », et Umbro Apollonio, « Sobre el factor cinético en el arte contemporáneo », *Suma y sigue del arte contemporáneo*, 1, 1962 ; Carola Giedion-Welcker, « Espacio, estructura y color en Antoine Pevsner », et Lewis Mumford, « Una concepción superada de la ciudad futura », *Suma y sigue del arte contemporáneo*, 3, 1963 ; Hans Platschek, « Tàpies », et François Garnier, « Vuelta a la realidad, vuelta a una mayor humanidad », *Suma y sigue del arte contemporáneo*, 4, 1963 ; Giulio Carlo Argan, « Temas y problemas del arte actual », et Silvio Ceccato, « Estética y cibernética », *Suma y sigue del arte contemporáneo*, 7-8, 1965 ; Vera Horvet Pintaric, « Espacio y cronoluminodinamismo de Nicolás Schöffer », Pierre Teilhard de Chardin, « El arte en el arco de la energía humana », et Giuseppe Gatt, « La Nueva Tendencia en Italia: integración, estética y arquitectura », *Suma y sigue del arte contemporáneo*, 1, 1967 ; Bruno Zevi, « Arte popular como arquitectura contemporánea », *Suma y sigue del arte contemporáneo*, 2, 1967.
157. Redacción, « Presentación de temas y problemas del arte actual », *Suma y sigue del arte contemporáneo*, 7-8, 1965, p. 3 : « Información básica – y al más alto nivel – sobre los planteamientos del arte de hoy, sus relaciones, sus implicaciones inevitables, su médula histórica. »
158. Pour une analyse de ce mouvement, voir le chap. 5.
159. Voir par exemple Alexandre Cirici, « Diàlegs d'Israel », *Serra d'Or*, 2-3, 1964, p. 43-45 ; « Diàlegs de Rímini », *Serra d'Or*, 12, 1964, p. 53-57 ; « La visió estructuralista », *Serra d'Or*, 2, 1967, p. 67-69 ; « Diàlegs d'"Eina". El grup 63 i l'avantguarda », *Serra d'Or*, 3, 1967, p. 67-69 ; « Converses amb Barthes », *Serra d'Or*, 113, 1969, p. 55.
160. Cirici souligna par exemple, à propos de Goldmann : « Ses explications sont si extraordinairement lucides, claires et exactes qu'il est certain qu'elles seront très utiles pour tous ceux qui s'occupent de problèmes esthétiques, et pour tous ceux qui se préoccupent de la réalité sociale [Les seves clarificacions tan extraordinàriament lúcides, netes i exactes, de segur que seran molt útils per a tots aquells qui ens ocupem de problemes estéticos, però també per a tots aquells qui, preocupats per la realitat sociològica]. » Alexandre Cirici (1968), cité par Selles Rigat, *Alexandre Cirici Pellicer*, p. 275.
161. La revue fut créée en 1954 par José Camón Aznar, avec l'aide financière de la Fundación Lázaro Galdiano. Voir Barreiro López, « Entre la France et l'Espagne : Julián Gállego et les Chroniques de Paris », *20/21 siècles*, 7, 2007, p. 62.
162. Voir par exemple Simón Marchán, « Max Ernst o la pintura de la ambigüedad », *Goya*, 81, 1967, p. 152-161 ; « Walter Gropius (1883-1969) y la arquitectura integral », *Goya*, 93, 1969, p. 160-165.

163. Aguilera et surtout Bozal et Llorens, par exemple, commentèrent énormément l'actualité éditoriale dans *Suma y sigue del arte contemporáneo*. Bozal fut aussi critique de livres pour la revue *Cuadernos Hispanoamericanos* (financée par l'Instituto de Cultura Hispánica, subordonné au ministère des Affaires étrangères). Il devait choisir les livres qui lui avaient paru intéressants pour les commenter dans le périodique (entretien de l'auteur avec Valeriano Bozal, Madrid, 22 septembre 2011).

164. Comme nous l'avons déjà indiqué, Bozal et Marchán, par exemple, avaient de nombreux liens avec Ciencia Nueva et Comunicación. À partir de la fin des années 1950, Aguilera Cerni conseillait des éditeurs valenciens. Il corrigea ainsi la traduction espagnole d'*Arte y técnica en los siglos XIX y XX* de Pierre Francastel et en rédigea la préface. L'ouvrage fut édité par Fomento de Cultura, qui avait déjà publié les trois premiers livres d'Aguilera Cerni (*Introducción a la pintura norteamericana*, 1955; *La Aventura creadora*, 1956; *Arte norteamericano del siglo XX*, 1957). À partir de 1973, il fut conseiller pour l'éditeur Fernando Torres (lequel était en fait le beau-fils d'Aguilera Cerni), qui publia des œuvres d'Aguilera Cerni ainsi que de Giulio Carlo Argan, William Morris, Gillo Dorfles et d'autres.

165. Les recensions comprenaient, par exemple, les ouvrages de Gillo Dorfles (*Ultime tendenze nell'arte d'oggi*, Milan, Feltrinelli, 1961), Filiberto Menna (*Mondrian, cultura y poesía*, Rome, Edizioni dell'Ateneo, 1962), Lea Vergine (*Undici Pittori Napoletani di Oggi*, Naples, L'Arte Tipografica, 1963), Argan (*Progetto e destino*, Milan, Saggiatore, 1965), Umbro Apollonio (*Hans Hartung*, Milan, Fratelli Fabbri, 1966) et Roger Garaudy (*D'un réalisme sans rivages. Picasso, Saint-John Perse, Kafka*, Paris, Plon, 1964).

166. Voir Tomàs Llorens, « Opera aperta », *Suma y sigue del arte contemporáneo*, 3, 1963, p. 40-45; Valeriano Bozal, « Umberto Eco: *Obra abierta*, Ed. Seix Barral, Barcelone, 1965 », *Cuadernos Hispanoamericanos*, 205, 1967, p. 179-184; Santiago Montes, « Umberto Eco. *Obra abierta*. Crítica de arte y filosofía estética », *Nueva Forma*, 23-24, 1968, p. 111-118; sur l'impact de l'« œuvre ouverte » dans le contexte de la critique d'art espagnole, voir Barreiro López, *La abstracción geométrica en España*, p. 327-334.

167. Voir Aguilera Cerni, « Michel Tapié... », *Arte Vivo*, juillet 1957, et Aguilera Cerni, « Arnold Hauser », *Arte Vivo*, 1, janvier-février 1959.

168. Garaudy, *D'un réalisme sans rivages.*

169. Pierre Francastel, *Arte y técnica en los siglos XIX y XX*, Valence, Fomento de Cultura Ediciones, 1961, p. 22 : « Hemos abordado este trabajo rechazando como hipótesis de partida la antinomia fundamental entre arte y técnica. »

170. Aguilera Cerni, « Prólogo », dans Francastel, *Arte y técnica en los siglos XIX y XX*, p. 11-12 : « Como cimentación de unas conductas que pueden orientar el futuro en campos de incalculable trascendencia social. »

171. Cet ouvrage fut traduit en espagnol en 1965 par Lumen. En 1994 parut une traduction partielle en anglais, sous le titre *Apocalypse Postponed*, chez Indiana University Press.

172. Comunicación, *La industria de la cultura*, Madrid, Comunicación, 1969.

173. Cirici avait commencé à utiliser la méthodologie de Dorfles et était devenu l'un des plus ardents défenseurs de ses idées en Espagne, rédigeant la préface de plusieurs des traductions espagnoles de ses ouvrages, comme *Simbolo, Comunicazione, Consumo* et *Il disegno industriale e la sua estetica* (Le design industriel et son esthétique); voir Selles Rigat, *Alexandre Cirici Pellicer*, p. 275; Gillo Dorfles, *Símbolo, comunicación y consumo*, Barcelone, Lumen, 1967, et *El diseño industrial y su estética*, Barcelone, Labor, 1968.

174. « Entrevista a Simón Marchán Fiz con Darío Corbeira y Marcelo Expósito », Madrid, juin 2004, dans Carrillo/Estella, *Desacuerdos 1*, p. 140 : « marxismo, estructuralismo, cibernética, nuevos movimientos ».

175. Parmi ces derniers, on citera notamment Aguilera Cerni, Barbadillo, Yturralde, Seguí de la Riva et Miguel de Prada Poole (Enrique Castaños Alés, *Los orígenes del arte cibernético en España: el seminario de Generación*

Automática de Formas Plásticas, Alicante, Biblioteca Virtual Miguel de Cervantes, 2000, p. 111 et 117).

176. Alexandre Cirici, « Tecnomorfisme i intencionalitat. Entorn de Superman » (1966), dans Alexandre Cirici, *Viure l'art, transformar la vida*, Barcelone, Alfers, 2010, p. 144 : « Va ésser incorporada al camp pedagogic de la'escola Elisava per Ràfols Casamada i el qui signa. »
177. Cette rencontre eut finalement lieu à l'école de design et d'art Eina en 1967. Les participants italiens étaient Umberto Eco, Renato Barilli, Mario Spinella, Gillo Dorfles, Enrico Filippini, Angelo Guglielmi, Antonio Porta, Valerio Riva, Furio Colombo, Giorgio Manganelli, Guido Davico Bonino, Elio Pagliarani, Fausto Curi, Alfredo Giuliani et Adriano Spatola ; les participants espagnols étaient Gabriel Ferrater, Carlos Barral, Oriol Bohigas, Josep M. Castellet, Alexandre Cirici, Cristian Cirici, Federico Correa, Domènech, Josep M. Mestres Quadreny, Romà Gubern, Ignasi Solà Morales, Ràfols Casamada, Salvador Clotas, Óscar Tusquets et Francesc Vallverdú, ainsi que Tàpies, J.V. Foix, Gil de Biedma, Guinovart et Gabriel Celaya. Voir Selles Rigat, *Alexandre Cirici Pellicer*, p. 271.
178. Selles Rigat, *Alexandre Cirici Pellicer*, p. 272-273.
179. « Entrevista a Simón Marchán Fiz con Darío Corbeira y Marcelo Expósito », Madrid, juin 2004, dans Carrillo/Estella, *Desacuerdos 1*, p. 140 : « Los cursos eran ilegales porque el decano no aceptaba ese tipo de cosas, y a todos los que nos reuníamos en estos seminarios nos veía como sospechosos de algo. Por tanto éramos conscientes de que aquello tenía un efecto político, aparte de que personalmente algunos de nosotros empezáramos a militar [fundamentalmente en el Partido Comunista]. »
180. Lettre d'Aguilera Cerni à Cirici Pellicer, datée du 24 février 1960, reproduite dans Selles Rigat, *Aproximació a la trajectòria intel·lectual d'Alexandre Cirici Pellicer*, p. 680 : « de la absurda situación de aislamiento ».

Notes chapitre 5

1. Tomàs Llorens, « El desarrollo actual de las artes visuales en Valencia », *Hogar y arquitectura*, 72, supplément, 1967 : « Los fenómenos artísticos que se producen en nuestro país no pueden ser enfocados de una manera autónoma; para ser objeto de una explicación inteligible es necesario ponerlos en relación con los fenómenos artísticos generales de la cultura occidental. »
2. Moreno Galván, « Epístola moral. Tregua: tentativa de síntesis e invitación a la perspectiva », *Artes*, 14, 23 février 1962 : « El lector habrá podido percatarse de que lo que aquí se trata es de denunciar por inoperante el viejo sistema de comprensión del arte contemporáneo. »
3. Aguilera Cerni/Giménez Pericás, « La liberté de la critique », p. 91.
4. Aguilera Cerni et Pericás rédigèrent ce texte, mais ni l'un ni l'autre ne put être présent à la conférence. Pericás était toujours en prison, et Aguilera n'obtint pas de visa pour se rendre à Prague. On peut supposer que ce visa lui fut refusé en raison de ses tendances politiques de gauche (Prague, conférence AICA, Fonds AICA, Archives de la critique d'art, Rennes).
5. Aguilera Cerni/Giménez Pericás, « La liberté de la critique », p. 98.
6. Le livre de Hauser a été traduit en espagnol en 1957 (*La Historia social de la literatura y el arte*) et celui d'Antal en 1963 (par le critique espagnol Juan Antonio Gaya Nuño, *El mundo florentino y su ambiente social. La república burguesa anterior a Cosme de Médicis: siglos XIV-XV*, 1989), tous deux chez le même éditeur (Madrid, Guadarrama) ; voir aussi note 55 du chap. 4 du présent livre.
7. Aguilera Cerni, « Los libros », *Arte Vivo*, 1, 1959 : « contribuciones fundamentales ». Il cita également Hauser dans son essai « El arte además » (*Índice de las Artes y las Letras*, 122-129, 1959), paru dans son recueil *Textos, pretextos y notas. Escritos escogidos, 1957-1987*, vol. 2, Valence, Ajuntamént de València, 1987, p. 15-41. Cirici et Bozal reconnurent eux aussi l'influence décisive de son travail. Voir

Alexandre Cirici Pellicer, *L'Escultura catalana*, Palma de Majorque, Editorial Moll, 1957; Valeriano Bozal Fernández, « La sociología del arte de A. Hauser », *Cuadernos Hispanoamericanos*, 201, septembre 1966, p. 684-704.

8. Giulio Carlo Argan, « Pròleg », dans Alexandre Cirici, *Art i societat*, Barcelone, Edicions 62, 1964, p. 5 : « punto de vista sociológico ».
9. Aguilera Cerni, *Arte y compromiso histórico*, p. 20 : « cultura artística ». Dans son livre *Un' idea di Roma*, Argan donna une base sociologique à ce terme, soutenant que l'histoire de l'art « ne peut être distinguée de celle de la société ; et, en étudiant les changements opérés par elle dans la culture artistique, sont étudiés [*sic*] en même temps l'influence de l'art sur la société ». Giulio Carlo Argan, cité par Buonazia/Perelman, *Giulio Carlo Argan*, p. 51.
10. Aguilera Cerni, *Arte y compromiso histórico*, p. 20 : « Una amplia gama que va desde las aspiraciones culturales a las más prosaicas realidades del mercado, desde la voluntad artística a las implicaciones ideológicas, desde las proposiciones de sistemas de imágenes a los condicionamientos impuestos por la política o la economía. »
11. Voir Alexandre Cirici Pellicer, « El temps de l'avantguarda », *Serra d'Or*, 6 juin 1961, p. 30-32.
12. Valeriano Bozal, « Sección bibliográfica », *Cuadernos Hispanoamericanos*, 206, février 1967, p. 372 : « Sólo entroncando el arte como producto cultural en nuestra historia, indicando – explícita o implícitamente – el marco histórico significativo. »
13. Antonio Giménez Pericás, « La estética de un arte sin objetos », *Acento Cultural*, 8, mai-juin 1960, p. 42.
14. Aguilera Cerni, « Sobre las posibilidades de comunicación de las artes visivas en las sociedades actuales », *Realidad*, 7, 1965, p. 48-63.
15. Llorens, « El desarrollo actual de las artes visuales en Valencia ».
16. Voir par exemple Llorens, « El desarrollo actual de las artes visuales en Valencia » ; Valeriano Bozal, « Para hablar de realismo no hay que hablar de realismo », dans Bozal/Llorens, *España. Vanguardia artística y realidad social*, p. 11-135 ; Aguilera Cerni, « Sobre las posibilidades de comunicación de las artes visivas en las sociedades actuales », p. 48-63.
17. Simón Marchán Fiz, *Del arte objetual al arte de concepto*, Madrid, Comunicación, 1972, p. 12 : « La innovación de las artes plásticas desde 1960 se sitúa más que nunca en el marco dialéctico de la relación estructura-superestructura del sistema social del capitalismo tardío. »
18. Cirici, cité par Selles Rigat, *Alexandre Cirici Pellicer*, p. 139 : « un mètode a partir de gairebé no res ».
19. Cirici, *Art i societat*.
20. Lettre d'Alexandre Cirici à Argan, datée de Barcelone le 21 décembre 1963 (Archives Argan, Rome).
21. Narcís Selles Rigat, « Prefacio », dans Cirici, *Viure l'art, transformar la vida*, p. 17.
22. Cirici, *Art i societat*, p. 71 : « Hasta que punto la plástica es un reflejo, una consecuencia, de las relaciones de producción establecidas en un momento y lugar dado. »
23. Llorens, « Realismo y arte comprometido », recueillis dans Díaz Sánchez/Llorente Hernández, *La crítica de arte en España*, p. 442 : « giro lingüístico de la sociología ».
24. Aguilera Cerni, « Sobre las posibilidades de comunicación de las artes visivas en las sociedades actuales », p. 47 : « posición funcional del arte en nuestra sociedad ».
25. *Ibid.*, p. 53 : « la sicología, semántica, teoría de información, fisiología, cibernética, estadística, sociología ».
26. *Ibid.*, p. 55 : « Modos "artísticos" de visualizar [...] han sido desplazados al margen de los grandes canales de visualización imperantes, tales como la publicidad, la TV, el cinematógrafo, las revistas gráficas. »
27. *Ibid.*, p. 54 : « Por todos los medios posibles la uniformidad de las reacciones y apetencias, la sensibilización hacia los estímulos que en cada momento puedan convenir a su control de las conciencias. »
28. Bozal, « La sociología del arte de A. Hauser », p. 684 : « una sociología positiva enmarcada en el pensamiento mecanicista al uso ».

29. *Ibid.*, p. 684 : « la especificidad de los lenguajes artísticos ».
30. *Ibid.*, p. 693 : « los contenidos, sino también las formas, porque como escribe Della Volpe, éstas sólo pueden entenderse prestando atención a su intrínseca significación contextual, histórica y social ».
31. Comunicación (éd.), *Formalismo y vanguardia*, p. 9 : « teoría lingüística de las artes ». Les idées de Gruppo 63 et de Bertin contribuèrent également à élaborer cette nouvelle approche.
32. Aguilera Cerni, *Arte y compromiso histórico*, p. 59 : « Il serait absurde de présupposer une relation automatique de cause à effet entre certains des principaux conditionnements politico-économiques et les résultats artistiques et culturels [Sería absurdo presuponer una automática relación de causalidad entre algunos de los principales condicionamientos políticos-económicos y los resultados artísticos-culturales]. »
33. « Entrevista a Simón Marchán Fiz con Darío Corbeira y Marcelo Expósito », Madrid, juin 2004, dans Carrillo/Estella, *Desacuerdos 1*, p. 140 : « El problema del arte no era un problema únicamente hegeliano-marxista de contenido, sino que era un problema de lenguaje. »
34. En Italie, par exemple, le Gruppo 63 joua un grand rôle dans la défense de ces idées. Voir John Picchione, *The New Avant-garde in Italy: Theoretical Debate and Poetical Practices*, Toronto/Buffalo/Londres, University of Toronto Press, 2004.
35. Cirici, cité par Selles Rigat, *Alexandre Cirici Pellicer*, p. 302 : « El més gran perill de la metodología estructural [...] consisteix a prendre les estructures com a sistemes autosuficients, sense adonar-se que llur coherencia deriva de la realitat de la base històrica que els ha donat origen. »
36. Cirici, « Diàlegs d'"Eina" », p. 67 : « [...] calia criticar la societat a traves de la critica del seu llenguatge [...] calia treballar sobre el llenguatge artístic per a lluitar contra el stablishment. »
37. Argan, *Arte e critica d'arte*, p. 141 : « Piu che alle opera, si referice alle poetiche. »
38. José María Moreno Galván et Valeriano Bozal accordaient déjà de l'importance aux questions formalistes au moment d'analyser les œuvres d'art.
39. Valeriano Bozal, *El lenguaje artístico*, Madrid, Ediciones Península, 1970, p. 307 : « nueva sociología del arte [basada] en un análisis preciso del lenguaje artístico ».
40. Cirici, *Miro llegit: una aproximació structural a la obra de Joan Miró*, Barcelone, Edicions 62, 1971; pour une analyse de cet ouvrage, voir Selles Rigat, *Alexandre Cirici Pellicer*, p. 297-304.
41. Bozal, *El lenguaje artístico*, p. 7 : « lenguaje artístico como lenguaje específico ».
42. Les origines de cet ouvrage se trouvent dans un cours sur l'avant-garde qu'il donna à la faculté de philosophie et de sciences humaines à l'université Complutense en 1970-1971. Voir Marchán, *Del arte objetual al arte de concepto*, p. 14.
43. *Ibid.*, p. 13 : « sociologismo » ; « no impide el análisis específico de sus lenguajes en el marco de su autonomía relativa ».
44. Aguilera Cerni, *Panorama del nuevo arte español*.
45. Les rapports entre Aguilera Cerni et Bozal furent difficiles à partir de la fin de l'année 1962. Cela commença sans doute avec une critique négative de l'artiste informel Lucio Muñoz par Bozal – qui était devenu le correspondant à Madrid de *Suma y sigue del arte contemporáneo* – et se poursuivit sur fond d'amples désaccords (entretien de l'auteur avec Llorens, Dénia, 2 juillet 2011). L'article de Bozal fut publié dans le premier numéro de la revue (voir Valeriano Bozal, « Crónicas. Madrid », *Suma y sigue del arte contemporáneo*, Valence, 1962).
46. Bozal, « Vicente Aguilera Cerni, *Panorama del nuevo arte español* », *Cuadernos Hispanoamericanos*, 206, février 1967, p. 371 : « no obstante ser doctrina conocida del autor la íntima relación entre arte y realidad concretos ».
47. Voir le chap. 4, section « "Élargir les failles" : *Nulla aesthetica sine ethica* ».
48. Pour plus d'informations, voir l'épilogue.
49. Giménez Pericás, « La estética de un arte sin

objetos», p. 42 : «posibilitando soluciones modificativas».

50. Cirici, *Art i societat*, p. 71 : «segunda relación» ; «aquella por la cual la sociedad se ve modificada como reflejo de la creación artística».

51. Núñez Laiseca, *Arte y política durante el desarrollismo*, p. 49 : «Era tanto como dar vía libre a la denuncia – no siempre velada – de la dictadura franquista.»

52. Barreiro López, «Una conversación con Vicente Aguilera Cerni», p. 143 : «ideologizar la actividad artística».

53. Karl Marx, *Thèses sur Feuerbach*, 1845, https://www.marxistws.org/francais/marx/works/1845/00/kmfe18450001.htm [consulté le 25 janvier 2016].

54. Barreiro López, *La abstracción geométrica en España*, p. 97-104.

55. En 1959, certains critiques militants distinguaient essentiellement entre deux types d'abstraction qui divergeaient dans leur manière de traiter du social. Dans les termes d'Aguilera Cerni, cela se traduisait par une distinction entre l'inévitable art informel et la nécessaire abstraction géométrique (Aguilera Cerni, «El problema social del arte abstracto», p. 111). Moreno décrivit la même division, mais son évaluation était moins sévère (Moreno Galván, «Equipo 57», *Acento Cultural*, 8, 1960, p. 46-49). De manière plus générale, cette distinction était largement tributaire de la catégorisation qu'Argan fit de l'art moderne dans son article «Salvezza et caduca del art moderno». Ce texte fut traduit et publié dans le premier numéro de *Suma y sigue del arte contemporáneo* (1962).

56. Lettre d'Antonio Giménez Pericás à Vicente Aguilera Cerni, non datée, mais probablement fin 1959 (Archives Andreu Alfaro, Valence) : «actitudes radicalmente comunitarias». Voir aussi la lettre signée de Moreno Galván et Giménez Pericás, 13 janvier 1960, Madrid (Archives Andreu Alfaro, Valence).

57. Malgré la critique de l'art informel comme mouvement, les critiques militants voyaient dans le travail d'artistes informels comme Tàpies, Saura et Millares un bon exemple d'engagement social ne pouvant s'inscrire dans un récit neutre.

58. Barreiro López, *Arte normativo español*, p. 69-71.

59. Antonio Giménez Pericás, «La estética lessigniana...», dans *Primera exposición conjunta de arte normativo español*, cat. exp., Valence, Ateneo Mercantil, 1960 : «Todo arte tiene una naturaleza orquestal.»

60. Vicente Aguilera Cerni, «Arte normativo español. Primera pancarta para un movimiento», *Cuadernos de arte y pensamiento*, 4, 1960, p. 53 : «Para comprender cabalmente los alcances del orbe activo del normativismo, hemos de pensar en el diseño como creador del contorno donde vive el hombre, desde las vastas planificaciones de la urbanística hasta la arquitectura, la pintura, la escultura y el diseño industrial.»

61. Giménez Pericás, «La estética de un arte sin objetos», p. 41 : «la construcción de un nuevo entorno humano».

62. Barreiro López, *Arte normativo español*, p. 82 et suiv.

63. Des années plus tard, Aguilera Cerni expliqua ainsi son travail théorique pour Arte Normativo : «J'ai essayé [...] de mettre en ordre des idées très influencées par Gropius, Giedion et Zevi, un mélange assaisonné de quelques zestes de marxisme existentialiste [Intenté [...] poner algo de orden en unas ideas entonces fuertemente influenciadas por Gropius, Giedion y Zevi, mezcla adobada con ramalazos del existencialismo marxiano].» Aguilera Cerni, «Lo que va de ayer a hoy», dans Ramírez, *Grupo Parpalló, 1956-1961*, p. 11.

64. Antonio Giménez Pericás, «Despersonalización de arte y sociedad», *Acento Cultural*, 11, avril 1961, p. 44; Barreiro López, *La abstracción geométrica en España*, p. 98 : «El pueblo pueda configurar libremente su mundo, y expresar artísticamente la aventura diaria de su existencia.»

65. Giménez Pericás, «La estética lessigniana...» : «la integración de los hombres en un mundo construido por hombres agrupados».

66. Aguilera Cerni, *Panorama del nuevo arte español*, p. 218.

67. Par exemple, une conférence donnée par Giménez Pericás fut interrompue par la police

à cause des accents sociaux de son message (Ángel Llorente Hernández, *El Equipo 57 y el arte normativo español*, mémoire de licence, Universidad de Valladolid, 1982, p. 41). Les artistes ressentaient quotidiennement la surveillance et la présence oppressantes de la police. Comme Ibarrola le mentionne dans une lettre à ses confrères artistes, ils avaient peur que leurs activités ne soient surveillées ; ils risquaient d'être désignés comme suspects et d'être « publiquement dénoncés comme communistes et personnes dangereuses [denunciado públicamente como tipo comunista o peligroso] ». Lettre d'Agustín Ibarrola aux membres d'Equipo 57, non datée, probablement fin 1958 (Archives Equipo 57, Centro Andaluz de Arte Contemporáneo, Séville).

68. Jacopo Galimberti livre une analyse intéressante de ces pratiques artistiques collectives dans son livre, issu de sa thèse de doctorat (sous la dir. de Sarah Wilson), *Individuals against Individualism. Art Collectives in Western Europe*, Liverpool University Press, 2017.

69. Aguilera Cerni, « Arte normativo español », p. 52 : « servicio al bien ». Ce texte fit l'objet de réponses de la part d'autres membres, comme Equipo 57 et José María Moreno Galván. Sur le débat qui s'ensuivit, voir Paula Barreiro López, « Contra viento y marea : arte normativo en la encrucijada », dans Pérez, *Arte normativo*.

70. Equipo 57, « Idea y plan » 1960, p. 55-61 : « virus del individualismo ».

71. Equipo 57, « Teoría de la interactividad del espacio plástico », dans *Equipo 57*, cat. exp., Madrid, Sala Negra de Madrid, 22-29 décembre 1957. La deuxième partie de cette théorie fut publiée dans *Homenaje a Velázquez*, cat. exp., Madrid, Sala Darro, 1960. Ces deux manifestes sont reproduits dans *Equipo 57*, cat. exp., Madrid, Museo Reina Sofía, 1993.

72. Voir *Manuel Calvo*, Paris, galerie Denise René, 1962.

73. Tomàs Llorens inventa cette formule pour désigner les artistes qui changèrent le système de langage (artistique), passant de l'abstraction à la figuration, afin de « se séparer d'un champ d'interprétation clairement brouillée par l'intervention du régime et des forces que le régime représentait [para despegarse del campo de las interpretaciones definitivamente enturbiadas por la intervención del Régimen o las fuerzas que el Régimen representaba] ». Llorens, « Vanguardia y política en la dictadura franquista », p. 155.

74. Par exemple, en 1967, Pepe Ortega illustra la pochette de l'album de Paco Ibáñez. En 1968, Estampa Popular Galega créa l'affiche du groupe de musique Voces Ceibes, et Estampa Popular de La Plana collabora avec Rafael Subirats pour la pochette de l'un de ses albums ; voir Haro García, *Grabadores contra el franquismo*, p. 318.

75. Estampa Popular exposa beaucoup dans les galeries et les espaces du réseau antifranquiste, particulièrement ceux du Parti communiste français. Un certain nombre d'artistes issus de cette coopérative de gravure exposèrent, par exemple, à la Maison de la pensée française et à la Maison du PCF à Rouen (*ibid.*, p. 267).

76. Ibarrola se souvint que certains artistes d'Equipo 57 avaient fait pression sur Moreno Galván, Aguilera et Pericás afin qu'ils protègent et soutiennent Estampa Popular (voir Angulo Barturen, *Ibarrola, ¿Un pintor maldito?*, p. 118).

77. Antonio Giménez Pericás, « En la sala Abril cinco grabadores », *Acento Cultural*, 13-14, 1960, p. 7.

78. Gandía Casimiro, *Estampa Popular*, p. 69.

79. Au cours de l'exposition *Norte y Sur* (Cordoue, Círculo de la Amistad, 1962), Pericás avait tenu un discours de grande envergure où il tenta de cartographier le réalisme ; voir Haro García, *Grabadores contra el franquismo*, p. 185.

80. Aguilera Cerni, *Panorama del nuevo arte español*, p. 235 : « la caducidad del informalismo », « la vinculación con lo humano ».

81. José García Ortega, « Informe del camarada Ortega al CC », 1953 (Dirigentes, box 32, dossier 11, Archivo Histórico del PCE, Madrid). Voir aussi Noemí de Haro García, *Estampa popular : un arte crítico y social en la España de los sesenta*, thèse de doctorat (sous la dir. de Miguel Cabañas Bravo), Universidad Complutense, 2010, p. 142.

82. Entretien de l'auteur avec Agustín Ibarrola, Oma, 2 avril 2011.
83. Llorens, « Realismo y arte comprometido », recueillis dans Díaz Sánchez/Llorente Hernández, *La crítica de arte en España*, p. 435-442 ; voir aussi Paula Barreiro López, « El giro sociológico de la crítica de arte durante el tardofranquismo », dans Carrillo/Vindel, *Desacuerdos 8*, p. 16-45.
84. Le groupe comprenait notamment les artistes Solbes, Valdés, Anzo, Ballester, Jarque, Gorris, Quinto, Toledo et Ana Peters. Entretien de l'auteur avec Tomàs Llorens, Dénia, 2 juillet 2011. Voir Llorens/Llorens, *Equipo Crónica*.
85. Haro García, *Grabadores contra el franquismo*, p. 233.
86. Tomàs Llorens, *Estampa Popular de Valencia*, Valence, Facultad de Medicina, décembre 1964 : « un estilo objetivizador, [...] que caracteriza las más genuinas manifestaciones del arte popular ».
87. Llorens, « Vanguardia y política en la dictadura franquista », p. 164 : « la desaparición del "sujeto hablante" ».
88. Pascual Patuel Chust et Wenceslao Rambla Zaragoza, « Provocación en el Realismo Social valenciano », *Recerca. Revista de Pensament i Anàlisis*, 5, 1995, p. 110.
89. Tomàs Llorens, « Equipo Crónica. La amistad y la palabra », dans Dalmace, *Equipo Crónica. Catálogo razonado*, p. 14.
90. Llorens, *Estampa Popular de Valencia*. Pour une explication du terme *desarrollismo*, voir note 3 du chap. 2.
91. Décret 1194/1964 accordé par Francisco Franco, *Boletín Oficial del Estado* (1er juin 1963), p. 8937.
92. Guy Debord, *La Societé du spectacle*, Paris, Buchet/Chastel, 1967. Voir Jonathan Harris, « Spectacle, Social Transformation and Utopian Globalist Art », dans *The Utopian Globalists: Artists of the Worldwide Revolution*, Oxford, Wiley-Blackwell, 2013, p. 34-78.
93. Miriam Basilio, « Equipo Crónica: Art History, Narrative Figuration, and Critical Realism », dans Jiménez-Blanco/Lubar, *Contemporary Transatlantic Dialogues*, p. 49.
94. Núñez Laiseca, *Arte y política en la España del desarrollismo*, p. 80-81.
95. Bozal, *El realismo entre el desarrollo y el subdesarrollo*, p. 202-203.
96. Llorens, *Estampa Popular de Valencia* : « Realismo intencional [...] tomar conciencia de las condiciones reales sobre las que puede construir sus propias aspiraciones, y no constituya una vía de escape, por medio de ciertas estereotipadas satisfacciones imaginarias, a la lucha que tal construcción supone. »
97. Pour une étude intéressante de ces mouvements dans le contexte théorique de la « French Theory », voir Sarah Wilson, *The Visual World of French Theory: Figurations*, New Haven, Yale University Press, 2010.
98. Voir Ameline/Ajac, *Figuration narrative*.
99. Basilio, « Equipo Crónica », p. 47.
100. Gandía Casimiro, *Estampa Popular*, et Haro García, *Grabadores contra el franquismo*.
101. Llorens, « Vanguardia y política en la dictadura franquista », p. 161-162.
102. Pour une analyse intéressante des stratégies d'Equipo Crónica, voir Basilio, « Equipo Crónica », p. 49. Voir aussi Llorens/Llorens, *Equipo Crónica*.
103. Barreiro López, « Vanguardia, cultura de masas y medios de comunicación », dans Fátima Gil et Javier Mateos-Pérez (dir.), *Qué cosas vimos con Franco... Cine, prensa y televisión de 1939 a 1975*, Madrid, Rialp, 2012, p. 238-254.
104. Triunfo, « Muertos en Santo Domingo », *Triunfo*, 194, 19 février 1966, p. 43. Sur cette peinture, voir Javier Lacruz, *Equipo Realidad (Jorge Ballester/Juan Cardells) 1966-1976*, Saragosse, Mira editores, 2006, p. 47-48.
105. Les artistes et les groupes qu'il cite parmi les participants du mouvement de la Crónica de la Realidad sont Manuel Hernández Mompó, Julián Pacheco, Carlos Mensa, Rafael Canogar, Eduardo Arroyo et Equipo Crónica (Aguilera Cerni, *Panorama del nuevo arte español*, p. 243-251). Román de la Calle mentionne la participation d'Aguilera Cerni à la rédaction du premier manifeste d'Equipo Crónica. Voir Román de la Calle, « Miradas hacia el entorno de lo cotidiano: del realismo intencional, en los años sesenta, a las poéticas posteriores indivi-

duales », dans *id.*, *El ojo y la memoria*, 2006, position 1290 dans la version Kindle.

106. Aguilera Cerni, *Panorama del nuevo arte español*, p. 27 : « coincide con el realismo social, aunque prescinde por completo de sus convencionalismos ».

107. Vicente Aguilera Cerni, « Prólogo a la Crónica de la Realidad », dans *id.* (dir.), *La postguerra. Documentos y testimonios*, vol. 2, Madrid, Servicio de Publicaciones del Ministerio de Educación y Ciencia, 1975 : « tipos y modelos » (p. 33), « metodología revolucionaria » (p. 23), « devolver a la actividad artística su rango como laboratorio constructivo y configurador de los valores visuales de la lucha hacia una cultura mejor que la actual » (p. 32).

108. Par exemple, le premier manifeste d'Equipo Crónica faisait référence au concept même de Crónica de la Realidad, et Juan Genovés fut l'un des artistes à totalement s'identifier à cette catégorie créée par Vicente Aguilera Cerni (voir « Declaraciones de Genovés » (1965), dans Aguilera Cerni, *La postguerra*, p. 42). La production du mouvement de la Crónica de la Realidad fut également exposée comme un tout en 1965, au Colegio de Arquitectos de Cataluña y Baleares. Y figuraient Artigau, Cordona Torrandell, Equipo Crónica et Carlos Mensa. Aguilera et Cesáreo Rodríguez Aguilera en étaient les théoriciens.

109. Entretien de l'auteur avec Tomàs Llorens, Dénia, 2 juillet 2011 : « demasiado elástica ».

110. Entretien de l'auteur avec Tomàs Llorens, Dénia, 2 juillet 2011; entretien de l'auteur avec Bozal, Madrid, 22 septembre 2011.

111. Aguilera Cerni, « Prólogo a la Crónica de la Realidad », p. 33

112. Tomàs Llorens, « Equipo Crónica », dans *Equipo Crónica. Exposición Antológica*, cat. exp., Séville, Centro de Arte M-11, 1975 : « la utilización del material semiótico de los mass media », « gafas para leer gafas ».

113. Llorens, « Equipo Crónica », dans *Equipo Crónica*, cat. exp., Séville, Galería La Pasarela, 1966 : « material lingüístico preexistente », « la función del signo en el contexto semiótico y cultural ».

114. Valeriano Bozal, dans *Equipo Crónica*, cat. exp., 1975.

115. *Ibid.* : « sintaxis narrativa ».

116. « Equipo Crónica » (1964), recueilli dans Aguilera Cerni, *La postguerra*, p. 12 : « un arte comprometido, un arte al servicio de los valores humanos ».

117. Bozal, *El realismo entre el desarrollo y el subdesarrollo*, p. 202 : « la alienación a que están sometidas las relaciones humanas en todos los terrenos en una estructura capitalista ».

118. Sur ce groupe, voir Barreiro López, *La abstracción geométrica en España*, p. 271 et suiv.

119. Le groupe réagissait ainsi à la dispute sur les « deux cultures » (scientifique et littéraire) qu'avait initiée Charles Pierce Snow à partir de la fin des années 1950 ; voir C.P. Snow, *The Two Cultures and the Scientific Revolution*, Cambridge, Cambridge University Press, 1961, et Paula Barreiro López, « Arte, ciencia y tecnología: Vicente Aguilera Cerni y Antes del Arte frente a "las dos culturas" », dans *Colectivos artísticos valencianos bajo el franquismo*, Valence, IVAM, 2015.

120. Aguilera Cerni, « Antes del Arte: sobre un propósito y un significado » (1968), dans Félix Bella (coord.), *Antes del Arte*, Valence, Consorci de Museus de la Comunitat Valenciana, 1997, p. 55 : « al servicio de la civilización del consumo ».

121. Le terme d'*arte gestaltica* fut utilisé par Argan afin d'associer des groupes d'artistes plus ou moins proches de la tendance cinétique, qui travaillaient collectivement et s'intéressaient aux processus perceptuels et psychologiques étudiés par le gestaltisme. Giulio Carlo Argan, « La ricerca gestaltica », *Il Messagero*, 24 août 1963, p. 3. Sur le contexte théorique d'Antes del Arte, voir Barreiro López, « Arte, ciencia y tecnología ».

122. Aguilera Cerni, « Antes del Arte », p. 55 : « ciertos comportamientos básicos [...] para comprender los fundamentos reales de la comunicación operada por las artes visuales [...] tales como la pintura, la escultura, la arquitectura y el diseño industrial ».

123. Voir Barreiro López, *La abstracción geométrica en España*, p. 271 et suiv., 328 et suiv.

124. *Ibid.*, p. 57-59.

125. *Ibid.*, p. 392-393.

126. Muestra Española de Nuevas Tendencias

(Exposition de nouvelles tendances en Espagne – ou MENTE, un acronyme qui signifie aussi « esprit »), par exemple, était originaire de Barcelone et était en contact avec Antes del Arte. Les centres d'intérêt de ces deux groupes allaient bien au-delà des arts visuels, s'étendant à la musique, au théâtre et au cinéma expérimental. Les artistes participant à ces deux groupes s'intéressèrent également aux applications pratiques de l'informatique dans la production d'œuvres d'art lors des Seminario Generación Automática de Formas Plásticas (séminaire sur la génération automatique de formes plastiques) qui se tinrent entre 1968 et 1973 à l'université de Madrid (voir Barreiro López, *La abstracción geométrica en España*, p. 270-278).

127. Comunicación est évoqué au chap. 4.
128. Le Barcelonais Alexandre Cirici, l'un des critiques d'art qui ont soutenu le mouvement en Catalogne, couvrit ses activités pour *Serra d'Or* à partir de 1969 et organisa des expositions comme *TRA-73* (Colegio de Arquitectos de Barcelona, 1973). Aguilera Cerni aborda occasionnellement les œuvres issues des tendances conceptuelles (Aguilera Cerni, « Notas sobre arte conceptual », *Qüestions d'Art*, 21, 1972, p. 7-12). Pour plus d'informations, voir Parcerisas, *Conceptualismo(s) poéticos, políticos y periféricos*, p. 339-342.
129. Voir Parcerisas, *Conceptualismo(s) poéticos, políticos y periféricos*, p. 238-239. Un an plus tard, en 1974, dans la réédition de son ouvrage *Del arte objetual al arte de concepto*, Marchán engloba les pratiques éphémères, performatives et conceptuelles sous le terme de *Nuevos Comportamientos* (nouveaux comportements). Ce nouveau concept donna son nom au symposium international Nuevos Comportamientos estéticos (nouveaux comportements esthétiques), organisé cette année-là en collaboration avec l'Institut de la culture allemande, au cours duquel les artistes espagnols (tels Grup de Treball, Calabuig, Nacho Criado et Grupo de Madrid) débattirent avec leurs homologues étrangers (tels Vostell et Merz).
130. Les figures les plus actives de Grup de Treball étaient Francesc Abad, Jordi Benito, Muntadas, Antoni Mercader, Pere Portabella et Francesc Torres. Beaucoup d'autres artistes et intellectuels participèrent à Grup de Treball, comme Jaume Carbó, Maria Costa, Alicia Fingerhut, Xavier Franquesa, Carles Hac Mor, Imma Julián, Antoni Munné, Angels Ribé, Manuel Rovira, Enric Sales, Carles Santos et Dorothée Selz, ce qui montre à quel point ces pratiques suscitaient un réel intérêt à cette époque. Voir Antoni Mercader, Pilar Parcerisas et Valentín Romà (dir.), *Grup de Treball*, cat. exp., Barcelone, Museu d'Art Contemporani, 1999.
131. Alberto Corazón (1970), cité par Parcerisas, *Conceptualismo(s) poéticos, políticos y periféricos*, p. 287 : « La imagen debe enseñarse como se enseña una lengua. »
132. Gómez Aguilera, *Alberto Corazón*, p. 47 : « una reflexión semiológica sobre la imagen icónica y su funcionamiento en el sistema de intercambios sociales, políticos y económicos ».
133. Ces convictions menèrent, par exemple, au refus du groupe de participer à une exposition à la galerie des Locataires à New York en juin 1974. Un an auparavant, ils avaient eu un violent débat avec la principale figure de l'avant-garde en Catalogne, l'artiste Antoni Tàpies. Voir Mercader/Parcerisas/Romà, *Grup de Treball*, p. 54-57.
134. Lucy Lippard, *Six Years: The Dematerialization of the Art Object from 1966 to 1972*, New York, Praeger, 1973, p. xxi.
135. Grup de Treball, « Aquest text fou elaborat pel grup com a desposta a formulacions aparegudes a la premsa sobre l'avant-guarda artistica », Barcelone, 1er mai 1973, dans Aguilera Cerni, *La postguerra*, p. 120 : « La marginació ideològica (estrategia de clase) necesita d'una política (táctica de grup) d'actuació [...] inscrita a l'avant-guarda revolucionària que des de les masses lluiten per la conquista de llurs llibertats que modifiquen qualitativament les relacions d'home amb la societat (organizació social) i de l'home amb la naturalesa. »
136. En 1972, Simón Marchán recensa les différentes directions prises par les pratiques conceptuelles, distinguant entre *tautológico-*

lingüístico et *empírico-medial* (empirique/médial), ainsi qu'entre « pur conceptuel » et « conceptuel idéologique », où il classa les pratiques conceptuelles espagnoles. Voir Marchán, *Del arte objetual al arte de concepto*, p. 269.

137. Antoni Mercader, cité par Pilar Parcerisas, *Conceptualismo(s) poéticos, políticos y periféricos*, p. 245.

138. Simón Marchán, « Sin título », *Qüestions d'Art*, 28, décembre 1974, p. 5 : « fantasma del realismo », « los problemas de la lucha ideológica de clases ».

139. Voir, par exemple, Cirici, *La estética del franquismo* ; Aguilera Cerni, *Arte y compromiso histórico*, qui était par ailleurs à l'initiative de la nouvelle édition de l'ouvrage de l'artiste communiste Josep Renau sur le rôle révolutionnaire de l'affiche (*Función social del cartel publicitario*, Valence, Fernando Torres, 1976, paru pour la première fois en 1937) ; Valeriano Bozal, *Historia del Arte en España*, Madrid, Akal, 1976. Tomàs Llorens fit revivre l'héritage des artistes républicains au cours des longues années où il fut directeur de l'Instituto Valenciano de Arte Moderno, puis du Museo Reina Sofía, avant de devenir conservateur en chef à la Fondation Thyssen-Bornemisza.

140. Luis Felipe Vivanco, « La génesis de la creación artística », dans *Segunda Semana de Arte de Santillana del Mar*, Santander, Escuela de Altamira, 1951, p. 84 : « hay que defender la autonomía de la creación artística frente a la Cultura ».

141. Aguilera Cerni, « Arte normativo español », p. 51 : « con el mundo ético ».

142. Claudín, « La revolución pictórica de nuestro tiempo », p. 28 : « una expresión de la rebeldía del arte contra una sociedad que le es esencialmente hostil ». Claudín évite d'utiliser le terme « avant-garde » (qui était tabou dans les cercles communistes), mais il se réfère explicitement à celle-ci avec l'expression « révolution visuelle de notre temps ». Examinant les mouvements artistiques dans les sociétés capitalistes (bourgeoises), il fait référence aux mouvements et aux artistes d'avant-garde depuis la fin du XIXe siècle jusqu'aux années 1960, et particulièrement à l'art abstrait.

143. Gregorio Morán, *Miseria y grandeza del Partido Comunista de España 1939-1985*, Barcelone, Planeta, 1986, p. 380.

144. Toute la polémique se développa dans les colonnes de la revue communiste *Realidad*, où Claudín avait publié son article « La revolución pictórica de nuestro tiempo » dans son premier numéro en 1963. Renau répondit par deux longs articles : « Et altera pars. Sobre la problemática actual de la pintura », en 1964 et 1965 (*Realidad*, 3, septembre-octobre 1964, p. 70-117 ; 5, mai 1965, p. 107-135). La même revue publia dans son premier numéro l'article de Jorge Semprún, « Observaciones a una discusión », où l'auteur se positionna sur la ligne plus indépendante du PCI et de Palmiro Togliatti, osant même demander la révision des activités du PCE pendant les années 1940. Sur ces polémiques, voir Díaz Sánchez, « Una polémica (frustrada) de partido », dans Miguel Cabañas Bravo, *El arte español fuera de España*, Madrid, CSIC, 2003, p. 675-681.

145. En 1963, lors de la réunion du PCE à Arrás, une confrontation décisive avait eu lieu entre la section pro-soviétique menée par Santiago Carrillo et les marxistes humanistes, qui déboucha un an plus tard sur l'exclusion de trois membres de ce deuxième groupe : Vicens, Claudín et Semprún (voir Morán, *Miseria y grandeza del Partido Comunista de España*, p. 372-380). Certes, les raisons de cette rupture n'étaient pas uniquement esthétiques, mais surtout politiques ; cependant, le désaccord esthétique joua un rôle important dans la délimitation des différents modèles communistes, et toute cette problématique prouve à quel point le lien avec l'idéologie resta fort au cours des années 1960. Les dissidents Vicens, Claudín et Semprún continuèrent à exposer ouvertement leurs opinions dans une autre publication, indépendante du PCE : *Cuadernos Ruedo Ibérico*, qui devint l'un des principaux axes du marxisme humaniste sous la dictature. Pour plus d'informations sur la polémique entre Claudín et Renau, voir Mónica

Núñez Laiseca, « El realismo español fuera de España: transmisión y lectura de una identidad estética durante la guerra fría », et Díaz Sánchez, « Una polémica (frustrada) de partido », dans Cabañas Bravo, *El arte español fuera de España*, p. 131-142 et 675-684.

146. Cette approche est, par exemple, exposée dans son article « El marxismo contemporáneo y el arte », *Cuadernos Ruedo Ibérico*, 3.

147. Garaudy, *D'un réalisme sans rivages.*

148. Roger Garaudy, « Realismo sin riberas » (1964), dans Sánchez Vázquez, *Estética y marxismo*, p. 105 : « conciencia de la responsabilidad del artista en esa realidad ». L'ouvrage de Garaudy fut débattu en Espagne par les critiques militants. Llorens, par exemple, en publia une critique approfondie dans *Suma y sigue del arte contemporáneo*, où il manifesta clairement son désaccord avec la thèse du Français : il jugeait trop superficielle son analyse artistique et lui reprochait de se livrer à un formidable étalage d'« humanisme lyrique » sans offrir une approche analytique de la culture bourgeoise en termes marxistes. Llorens lui concéda toutefois le fait d'être un « signe d'ouverture », en tant que l'un des théoriciens majeurs du PCF (Tomàs Llorens, « Libros », *Suma y sigue del arte contemporáneo*, octobre-mars 1965, p. 56-59). Sur la perspective de Garaudy et la vision ouverte du réalisme au sein de la critique d'art, voir Paula Barreiro López, « Hacia la izquierda: el acomodo de una Vanguardia "sans rivages" en la crítica marxista de los años sesenta », dans Paula Barreiro López et Fabiola Martínez Rodríguez (dir.), *Modernidad y Vanguardia. Rutas de intercambio entre España y Latinoamérica (1920-1970)*, Madrid, Museo Nacional Centro de Arte Reina Sofía, 2015, p. 297-308.

149. David Craven, *Art and Revolution in Latin America 1910-1990*, New Haven, Yale University Press, 2002, p. 107 : « disallowing (of) any "normative" style by focusing on art as a visual language with polysemic significance » ; « the old dichotomy that merely counterposes political or ideological content with aesthetic form ».

150. Cette configuration se déploya dans un processus continuel de dialogue et de négociation avec les artistes, avec un effet réciproque sur leurs discours. Un débat et un réexamen ininterrompu des notions et des catégories avaient lieu dans ces interactions, afin de réagir à la réalité socio-politique mouvante et de se conformer aux critères définis par les critiques et les artistes dans leurs programmes esthétiques. Diverses notions en concurrence, formées par les tensions et les débats que nous avons décrits dans le chapitre précédent, se développèrent *via* le travail des critiques militants dans un cadre théorique flexible. Ce cadre était néanmoins assez fort et cohérent pour donner un sens commun à l'avant-garde qui se construisit sous le franquisme tardif.

151. Bürger, *Théorie de l'avant-garde*, 2013 (1974).

152. Ansón *et al.*, « Entrevista con Valeriano Bozal », p. 134 : « Nosotros teníamos en nuestra cabeza la necesidad de, por una parte huir de lo que había sido el stalinismo, del realismo socialista mas convencional en el ámbito cultural, y por otra parte encontrar un modelo de nueva sociedad a la que la ruptura podría conducir. Y ese modelo lo buscábamos y lo encontrábamos en los orígenes, es decir, [...] en los movimientos postrevolucionarios. »

153. Comunicación publia le premier ouvrage sur le constructivisme ; voir Comunicación (éd.), *Constructivismo*, Madrid, Comunicación, 1972. Voir Paula Barreiro López, « La crítica de arte y la búsqueda de una nueva genealogía del arte moderno durante el tardofranquismo: de la *segunda* a la *primera* vanguardia », dans Miguel Cabañas Bravo et Wifredo Rincón (dir.), *El arte y la recuperación del pasado reciente*, Madrid, CSIC, 2015.

154. Vicente Aguilera Cerni, « Desestalinización de los países socialistas », dans *Textos, pretextos y notas*, p. 46 : « La actividad artística [...] pertenece a una lucha, no sólo hacia la reproducción de la realidad, sino hacia su transformación. »

155. José María Moreno Galván, « Algunas respuestas de Antonio Machado al problema de un arte "para el pueblo" », *Acento Cultural*,

5, mars 1959, p. 34 : « La realidad es un problema al margen de la representación. »

156. Après le désenchantement de la gauche occidentale, à la suite de la répression de la révolution hongroise de 1956, les processus révolutionnaires à Cuba laissèrent envisager une conception différente du communisme et une possible réconciliation entre le marxisme et les pratiques artistiques expérimentales. C'est pourquoi l'interprétation de Marx que donna Adolfo Sánchez Vázquez aida au développement du discours esthétique, non seulement à Cuba, mais aussi en Espagne. Sur Cuba, voir Craven, *Art and Revolution in Latin-America*, p. 107 ; sur l'Espagne, voir Barreiro López, « Hacia la izquierda: el acomodo de una Vanguardia "sans rivages" en la crítica marxista de los años sesenta ».

157. En 1961, par exemple, Moreno Galván avait commencé à collaborer à la revue contemporaine *Artes*, où il publia chaque semaine, jusqu'en 1962, son « Épître morale ». Cette rubrique défendait très spécifiquement l'impact idéologique de l'avant-garde. Un recueil fut publié dans *Autocrítica del arte*, Madrid, Península, 1965 ; en 2011, le texte fut réédité par Barataria.

158. Valeriano Bozal, « Función crítica de nuestra pintura reciente », *Aulas*, 64, février 1964, p. 50.

159. Giulio Carlo Argan, *Walter Gropius y el Bauhaus*, Buenos Aires, Nueva Visión, 1957, p. 29 : « la perfección de un hacer ».

160. En 1959, dans les colonnes de la revue officielle du PCE, *Nuestras Ideas*, eut lieu un débat sur la valeur et l'impact du mouvement informel au sein de la lutte antifranquiste. À la suite d'un article de Pascual Garcia mettant en doute l'impact social du mouvement, la revue, bien qu'elle se soit définie comme soutenant le réalisme, s'exprima en faveur de toute forme d'esthétique se positionnant « contre l'ennemi commun, qui est le véritable obstacle à la liberté de création à notre époque : la dictature de Franco [contra el enemigo común, el que impide verdaderamente en este periodo que en España haya libertades de creación : la dictadura franquista]. » La revue voyait les peintres abstraits comme des « combattants » (*combatientes*) contre la dictature, et estimait que leur objectif commun « de liberté, de paix et de démocratisation » (« *la libertad, la paz y la democratización* ») l'emportait sur les divergences quant aux « idéologies esthétiques » (« *ideológicas-estéticas* ») ; voir Bruno, « A propósito de una crítica », *Nuestras Ideas*, juillet 1960, p. 45.

161. Moreno Galván, *La última vanguardia de la pintura española*, p. 168 : « Un arte de vanguardia es por el hecho de serlo, "arte de la realidad" [...] todo arte con contenido real es "de Vanguardia". »

162. Barreiro López, « Una conversación con Vicente Aguilera Cerni », p. 143 : « ideologización ».

163. Bozal, *El realismo entre el desarrollo y el subdesarrollo*, p. 190-192.

164. Les principaux artistes de cette généalogie (Saura, Millares et Tapiès, ainsi que les mouvements Arte Normativo et Estampa Popular) faisaient partie de l'exposition à la Biennale de Saint-Marin, qui avait lieu au même moment que le congrès auquel participèrent Aguilera, Restany et Argan (*Oltre l'informale: Biennale di San Marino*, Saint-Marin, Palais du Kursaal, 7 juillet-7 octobre 1963).

165. Antonio Giménez Pericás, « En la sala Abril cinco grabadores » (1960), dans Díaz Sánchez/Llorente Hernández, *La crítica de arte*, p. 419 : « Nos vale como la palabra, el cine o la pluma, para denunciarla e intervenir en ella [en la vida]. »

166. Valeriano Bozal, *El realismo entre el desarrollo y el subdesarrollo*, Madrid, Ciencia Nueva, 1966.

167. Outre cet ouvrage, commandé par l'éditeur dissident Ciencia Nueva, il publia un an plus tard *El realismo plástico en España 1900-1936* (Barcelone, Península, 1967), qui reflétait son intérêt pour le mouvement, notamment avant la guerre civile (entretien de l'auteur avec Valeriano Bozal, Madrid, 22 septembre 2011).

168. Llorens, « Realismo y arte comprometido », p. 439-440 : « la decisión del artista de

"transmutar" sentimientos sociales o políticos » ; « el empeño ético del artista de nuestro tiempo no puede ser fructífero más que tomando contacto directo activo con la realidad, prescindiendo de las mediaciones o referencias a cualquier término absoluto, superior a lo real, o que esté más allá de lo real ».

169. Tomàs Llorens, « Equipo Crónica. La distanciation de la distanciation : une démarche sémiotique », dans *Equipo Crónica*, Saint-Étienne/Rennes/Pau, Maison de la Culture, 1974, p. 9.

170. Bozal, *El realismo entre el desarrollo y el subdesarrollo*, p. 59 : « El realismo tiene funciones urgentes que cumplir. »

171. Bozal, *El realismo entre el desarrollo y el subdesarrollo*, p. 116 : « cuya suprema pretensión es la eficacia ». Voir aussi Tomàs Llorens, « Estampa Popular Valencia » (1964), dans Gandía Casimiro, *Estampa Popular*, p. 24-25.

172. Llorens, « El desarrollo actual de las artes visuales en Valencia » : « La vanguardia es una actitud de rebeldía contra la trivialización burguesa del arte [...] Que constriñen la actividad artística a la condición de deleite (susceptible de valor como mercancía) de las élites de poder. »

173. En Espagne, le terme d'*arte del pueblo* avait le sens d'« art prolétaire ». On préféra cependant utiliser « *arte del pueblo* » plutôt qu'« art prolétaire », afin de ne pas s'exposer à la censure ou à la répression politique que pouvait susciter cette dernière expression à connotation manifestement marxiste. En même temps, le terme « populaire » traduisait mieux que « prolétaire » la nature polymorphe de la société espagnole, qui avait encore de fortes bases populaires et paysannes dans les années 1960. Cette double signification est évidente dans les représentations visuelles d'Estampa Popular, qui traitait tout autant de la paysannerie que du travailleur industriel ou de la classe moyenne qui avait émergé avec le consumérisme.

174. Alfonso Sastre, « Arte como construcción. Manifiesto de Alfonso Sastre », *Acento Cultural*, 2, 1958, p. 63 : « el problema social en sus distintas formas ».

175. Il les appelait *ismos*, un terme utilisé en Espagne pour désigner les mouvements d'avant-garde précédant la Seconde Guerre mondiale, les qualifiant dans son article de « hurlement esthétique démesuré [un desaforado alarido estético] ». *Ibid.*, p. 66.

176. Moreno Galván, « Algunas respuestas de Antonio Machado al problema de un arte "para el pueblo" », p. 36 : « Son pintores cuyo arte está determinado por la realidad colectiva de su tiempo y de su pueblo. »

177. *Ibid.*, p. 37 : « arte de evasión ».

178. Giménez Pericás, cité par Barreiro López, *La abstracción geométrica en España*, p. 170 : « Posiblemente el arte popular de nuestra época, "arte proletario", se definiría a sí mismo como un arte industrial, un arte eminentemente tecnológico. »

179. Equipo 57, cité par Barreiro López, *La abstracción geométrica en España*, p. 102 : « para la construcción de una estética materialista dialéctica ».

180. Llorens, *Estampa Popular de Valencia* : « Mismo estilo objetivador, escueto, con esa manera de ir directamente a lo significativo, que caracteriza las más genuinas manifestaciones de arte popular. »

181. Equipo Crónica, « Arte y clases populares » (1977), cité par Patuel/Rambla, « Provocación en el Realismo Social valenciano », p. 106 : « despertar las capacidades de creación de las masas populares », « quiere contribuir a colocar los cimientos sobre los cuales se construye el "futuro arte popular de masas", es decir, hecho por y para el pueblo ».

182. Grup de Treball, « Document resposta a Tàpies » (1973), reproduit dans Mercader/Parcerisas/Romà, *Grup de Treball*, p. 55 : « en la linia de llur avantguarda dirigent, vers la transformacio revolucionaria de totes les estructures que emanen dels sitemes capitalistes i del notre en particular ».

183. Bozal, *El realismo entre el desarrollo y el subdesarrollo*, p. 30-31 : « Que un objeto artístico es popular cuando su sentido favorece el que las clases inferiores encarnan e históricamente han de cumplir, y que no es popular si el sentido expresado es neutral o contrario al positivo desenvolvimiento de las clases » ;

« solo prestando atención a la situación histórica del pueblo podrá deducirse una acertada noción de arte popular ».
184. Sur ces œuvres, voir la partie précédente et le chap. 2.
185. Llorens, « El desarrollo actual de las artes visuales en Valencia », p. 72 : « Entiende proponer un realismo de vanguardia-recogiendo las orientaciones de toda herencia realista del arte de nuestro siglo, por una parte y de las vanguardias, por otra parte. »
186. Llorens, dans Dalmace, *Equipo Crónica*, p. 14 : « Su intención consistía, en esencia, en radicalizar la exigencia de distanciación y objetividad, y recuperar la tensión lingüística inherente al realismo como forma de vanguardia. »
187. Llorens, « Realismo y arte comprometido », p. 443 : « Me refiero a una consideración real del público al que va dirigida la actividad artística; consideración de sus convenciones lingüísticas (en su mayoría inconscientes) y de su lenguaje. Teniendo siempre en cuenta que el lenguaje en que la obra de arte toma cuerpo no debe actuar en ningún caso (ni siquiera bajo pretexto de mayor probabilidad de difusión) como adormidera de esa misma facultad crítica que el contenido de la obra trata de desarrollar. »
188. Llorens, *Equipo Crónica*.
189. Tomàs Llorens, « Problemes i tendencies de la pintura valenciana actual », *Suma y sigue del arte contemporáneo*, 9-10, 1966, p. 28 : « punto el arte puede influir en la conciencia del público ».
190. En Espagne, la critique d'art voyait une différence radicale entre le *réalisme intentionnel* de Crónica de la Realidad et le pop art américain, ainsi qu'entre l'op art et le travail cinétique développé par les artistes espagnols. Dans les deux cas, ces mouvements émanant des États-Unis étaient considérés comme les produits des politiques impérialistes et néocapitalistes du pays. Ainsi, lorsque les critiques attaquaient ces mouvements, c'était avant tout à leurs expressions états-uniennes qu'ils se référaient.
191. Llorens, « Problemes i tendencies de la pintura valenciana actual », p. 13.
192. Aguilera Cerni, *Panorama del nuevo arte español*, p. 215.
193. Bozal, « Introducción », dans Comunicación (éd.), *Marx-Engels*, p. 40.
194. Entretien de l'auteur avec Tomàs Llorens, Dénia, 2 juillet 2011.
195. Comunicación (éd.), *Formalismo y vanguardia*, p. 10.
196. Comunicación (éd.), *Constructivismo*, Madrid, Comunicación, 1972, p. 9 : « En este punto la vanguardia actual parece haber invertido los términos: brilla con luz propia la oposición estética y por su ausencia la política. »
197. Llorens, « Problemes i tendencies de la pintura valenciana actual », p. 20 : « Su participación activa en la constitución de una sociedad nueva [...] responde a una necesidad histórica. »
198. C'était l'une des positions que défendait Xavier Rubert de Ventós dans *La teoría de la sensibilidad*, Barcelone, Ediciones Península, 1969. Sur cette approche, voir Barreiro López, *La abstracción geométrica en España*, p. 321-327.
199. Valeriano Bozal, « ¿Un arte de contestación? », *Cuadernos para el Diálogo*, 61, octobre 1968, p. 43 : « Agitar y subvertir para despertar, intranquilizar y turbar, para lograr que ese mundo del respeto salte por los aires pues no es más que una forma de alienación. » Au même moment, il suivait également le phénomène de l'« art de contestation » des artistes de la Figuration narrative (Arroyo, Recalcati, Aillaud), qui joua un rôle important dans les manifestations de mai 1968, et aida à redéfinir les exigences de la gauche. Sur ce mouvement, voir Wilson, *The Visual World of French Theory*.
200. Grup de Treball, « Document-resposta a Tàpies », dans Mercader/Parcerisas/Romà, *Grup de Treball*, p. 57 : « una practica mes critica i transfomadora de la realitat ».
201. Alberto Corazón, « A favor de un arte perfectamente útil » (mars 1973), dans Simón Marchán, *Del arte objetual al arte de concepto. Epílogo sobre la sensibilidad « postmoderna »*, Madrid, Akal, 1997, p. 426 : « en la estrategia general de la lucha por la liberación del hombre ».

202. Equipo Realidad, « Práctica artística y militancia política » (1977), cité par Patuel/Rambla, *Provocación en el realismo social valenciano*, p. 117 : « Aquel arte que no está ligado a la política, o mejor dicho, a la problemática social, no es arte. Entendiendo la política como un medio que contribuye a la transformación de la sociedad. »

Notes Épilogue

1. Llorens, « Vanguardia y política en la dictadura franquista », p. 153 : « El régimen no se limita a explotar el prestigio internacional, sino que [...] utiliza también estas exposiciones para ir operando una selección discriminatoria, orientada políticamente hacia la neutralización ideológica, en el seno mismo de las vanguardias. »
2. Voir Vittoria Martini, « The evolution of an exhibition model. Venice Biennale as an entity in time », dans Federica Martini et Vittoria Martini, *Just Another Exhibition: Histories and Politics of Biennials*, Milan, Postmediabooks, 2011, p. 119-138.
3. Eduardo Arroyo, *Sardinas en aceite*, Madrid, Mondadori, 1989, p. 128 : « vivito y coleando ».
4. Rosalía Torrent, *España en la Bienal de Venecia*, Castellón, Diputación de Castellón, 1997, p. 79.
5. José Miguel Gómez, Imma Julián, Víctor Pérez Escolano et Josep Renau collaborèrent également à ce projet ; « Declaración de la comisión organizadora de la exposición: "España: vanguardia artística y realidad social 1936-1976" », Venise, 16 juillet 1976 (Archivio Storico della Biennale di Venezia, Arti Visivi, b232). Eduardo Arroyo fut aussi un personnage clé. En tant que membre du Comité d'arts visuels de la Biennale, son soutien à l'exposition fut décisif. Voir Torrent, *España en la Bienal de Venecia*, p. 218-228.
6. Pour de plus amples informations sur cette conception élaborée par les autorités, voir le chap. 2.
7. Sur cette question, voir Barreiro López, « Reinterpreting the Past: The Baroque Phantom during Francoism », p. 715-734.
8. Barreiro López, « La "invención" de la vanguardia en la España franquista », p. 247-262.
9. Le concept de *lingua franca* est emprunté à Dore Ashton, dans *À rebours: la rebelión informalista*, Madrid, Centro Atlántico de Arte Moderno, Museo Nacional Centro de Arte Reina Sofía, 1999.
10. Son succès reposait sur la standardisation des interprétations qui en étaient faites par les critiques, les artistes, les commissaires et les politiques pendant les années de l'hégémonie informelle (1957-1962), ainsi que sur sa diffusion et sa consolidation avec le soutien actif et décisif de certains acteurs officiels. Díaz Sánchez, *El triunfo del informalismo*, p. 119-184.
11. La publication en 1961 de l'ouvrage trilingue *La pintura informalista a través de los críticos* (La peinture informelle en Espagne vue par les critiques) illustre bien cette politique. L'ouvrage fut financé par le ministère des Affaires étrangères et spécialement conçu pour une diffusion internationale. Il rassemblait des essais écrits par des critiques espagnols établis et idéologiquement conservateurs, bien que non nécessairement franquistes (Carlos Antonio Areán, José de Castro Arines, Juan-Eduardo Cirlot, Juan Antonio Gaya Nuño et Cirilo Popovici). Il présentait des termes clés pour aider à comprendre l'avant-garde en Espagne et soulignait le lien entre le passé baroque et la réalisation de ses valeurs (spiritualité, *tenebrismo*, *chiaroscuro*, austérité et mysticisme) au sein d'un langage moderne, en exaltant l'individu absolu, son caractère autonome et tragique, et surtout la nature spécifiquement espagnole de cette avant-garde.
12. Antonio Saura dans Santiago Amón, « Conversación con Antonio Saura », *El País*, 15 janvier 1978 : « Quiero cuadros muy grandes, muy abstractos, muy dramáticos y muy españoles. » Bien que les documents de la Dirección General de Relaciones Culturales conservés au ministère des Affaires étrangères confirment cette lecture (qui se reflète

dans la recherche récente : voir par exemple Díaz Sánchez, *La imagen del arte abstracto en la España de Franco*, ou encore Barreiro López, « La "invención" de la vanguardia en la España franquista »), Robles nia dans une interview donnée à la fin de sa vie avoir jamais prononcé ces mots, et maintint qu'il n'avait jamais planifié une politique artistique distincte. « Entrevista con Luis González Robles », dans Marzo, *¿Puedo hablarle con libertad, excelencia?*, p. 141.

13. Le régime espagnol avait été reconnu par l'ONU en 1955, deux ans après l'avoir été par les États-Unis. Les accords tactiques, qui culminèrent par exemple dans la photographie emblématique de l'accolade fraternelle entre Eisenhower et Franco, furent très suivis par les médias en 1959. Sur cette situation et le contexte, voir les chap. 1 et 2.
14. Bozal/Llorens, *España. Vanguardia artística y realidad social*, p. XII : « Analizar y corregir la imagen de la vanguardia española que la antigua Biennale le había estado ofreciendo hasta su crisis en 1972, una imagen necesariamente ideológica – en el peor sentido – y falsa debido a su ocultación implícita del contexto político en el que el arte era producido entonces en España. »
15. « Dossier Biennale di Venezia », *Comunicación XXI*, 1976, p. 32.
16. « Artistic Avant-garde and Social Reality in the State of Spain 1936-1976 », p. 4 (Archivio Storico della Biennale di Venezia, Arti Visivi, b232). Le comité organisateur négocia sans succès avec le MoMA de New York pour faire venir *Guernica* de Picasso comme œuvre centrale. Lettre de Carlo Ripa di Meana à William Rubin, Venise, 10 janvier 1976 (Archivio Storico della Biennale di Venezia, Arti Visivi, b234).
17. Imágenes de guerra ; Pabellón de 1937 ; La derrota y el exilio ; La recuperación de la vanguardia (1939-1954) ; Entre el testimonio y la libertad (1954-1964) ; Zonas de realismo (1959-1964) ; Se estrecha el objetivo del compromiso (1964-1972) ; Pintura, crítica y significación (1967-1976) ; Hors-texte ; Torrent, *España en la Bienal de Venecia*, p. 251-266.
18. Bozal, cité par Torrent, *España en la Bienal de Venecia*, p. 270 : « más representativas ». Les artistes qui participèrent étaient Enrique Castelo, Óscar Domínguez, Luis Fernández, Julio González, Joan Miró, Pablo Picasso, Josep Renau, Alberto Sánchez, Ángel Ferrant, Andreu Alfaro, Eduardo Arroyo, Alberto Corazón, Equipo Crónica, Juan Genovés, Agustín Ibarrola, Monjalés, Lucio Muñoz, José García Ortega, Julián Pacheco, Antonio Saura, Eusebio Sempere, Antoni Tàpies, Equipo 57, Manuel Millares, Josep Guinovart, Estampa Popular, José Hernández, Modesto Roldán, Jorge Castillo, Albert Ràfols Casamada, Joan Brossa, Luis Gordillo, Broto et Jordi Teixidor.
19. « Artistic Avant-garde and Social Reality in the State of Spain, 1936-76 », Archivio Storico della Biennale di Venezia, Arti Visivi, b232, p. 1.
20. Bozal/Llorens *et al.*, *España. Vanguardia artística y realidad social*, p. xiii : « Mostrar que la vanguardia española ha sido modelada desde el interior [...] a través del proceso de lucha ideológica que era parte de la lucha de clases, y esto ha pasado dentro de la estructura de un movimiento general de la sociedad española para el modelo abstracto de una sociedad capitalista normal. » Entretiens de l'auteur avec Tomàs Llorens et Valeriano Bozal en 2011 (Llorens : Dénia, 2 juillet 2011 ; Bozal : Madrid, 22 septembre 2011).
21. Pour une analyse plus détaillée de la scénographie de l'exposition, voir Paula Barreiro López, « España. Vanguardia artística y realidad social », dans Juan Albarrán (dir.), *Art/nsición, tra/nsición. Arte y transición*, Madrid, Brumaria, 2018, p. 517-546.
22. Grâce aux prix obtenus en 1957 à la Biennale de São Paulo, et en 1958 et 1960 à la Biennale de Venise, et au bénéfice engrangé pour l'image internationale et le prestige de l'Espagne, une série d'expositions d'artistes d'avant-garde reconnus furent organisées au sein d'institutions prestigieuses dans différents pays, avec pour résultat la diffusion du discours construit par le régime. Quelques exemples d'expositions : *13 peintres espagnols actuels*, Paris, musée des Arts décoratifs, 1959 ; *New Spanish Painting and Sculpture*, New York, MoMA, 1960 ; *Before Picasso, After*

Miró, New York, musée Guggenheim, 1960; *Modern Spanish Painting*, Londres, Tate Gallery, 1962. Pour plus d'informations, voir Tusell García, « The Internationalisation of Spanish Abstract Art », p. 241-249; Lubar, « Millares y la pintura vanguardista española en América », p. 49-72. On peut lire une version anglaise de ce dernier article dans Jiménez-Blanco/Lubar, *Contemporary Transatlantic Dialogues*, p. 13-33.

23. Si l'on prend par exemple les expositions à Paris et à New York (*13 peintres espagnols actuels*, Paris, musée des Arts décoratifs, 1959; *New Spanish Painting and Sculpture*, New York, MoMA, 1960; *Before Picasso, After Miró*, New York, musée Guggenheim, 1960), la réception critique jouait clairement sur l'altérité et le passé nostalgique que le régime cherchait à mettre en valeur, sans mentionner l'idéologie. L'ambiguïté des articles, qui évitaient toute référence aux liens entre art et politique, ou même au contexte socio-politique, faisait à l'évidence le jeu du régime, qui prenait bien soin dans toutes ses démarches de séparer l'art du spectre politique. Cependant, tous les critiques étrangers n'étaient pas dupes des leurres du régime. Ainsi l'Américaine Natalie Edgar, pendant la période de l'hégémonie de l'art informel, mit-elle en lumière les connotations politiques découlant du soutien officiel du gouvernement à l'avant-garde (Natalie Edgar, « Is there a new Spanish School? », *Art News*, 59, septembre 1960, p. 44-45).
24. Bozal, « Para hablar de realismo no hay que hablar de realismo », p. 124.
25. Voir le chap. 4, p. 208-214
26. González Robles, cité par Núñez Laiseca, *XXV años de paz*, p. 31 : « saludable inconformismo ».
27. Lettre d'Enrique Suárez de Puga à José Miguel Ruiz Morales, 11 décembre 1959 (Archives du ministère des Affaires étrangères espagnol, Madrid, Leg R 11152, dossier 22), dans Tusell García, « The Internationalisation of Spanish Abstract Art » : « a ridiculous, dissident, and ungrateful reaction from painters introduced to the world thanks to Spain and who are now giving themselves airs of artistic independence ».
28. Lettre d'Enrique Suárez de Puga à José Miguel Ruiz Morales, Washington, 19 mars 1960, cité par Julián Díaz Sánchez, « 1960: Arte español en Nueva York. Un modelo de promoción institucional de la vanguardia », dans *Anuario del Departamento de Historia y Teoría del Arte de la Universidad Autónoma de Madrid*, vol. XII, 2000, p. 157 : « Habíamos eludido el peligro de que algunos artistas no se quieran presentar en una exposición en la que colabore el Gobierno español. »
29. Marzo, « Arte moderno y franquismo: Los orígenes conservadores de la vanguardia », p. 31-141.
30. Ansón *et al.*, « Entrevista con Valeriano Bozal », p. 142 : « Siempre ejercías un cierto equilibrismo, estabas en el filo de la navaja: hasta que punto te manipulan y hasta que punto lo que tú haces al margen de la manipulación puede tener incidencia. »
31. Pour de plus amples explications, voir le chap. 5.
32. Bozal, « Para hablar de realismo no hay que hablar de realismo », p. 122-123 : « crítica eficaz ».
33. Simón Marchán lors de sa participation à l'émission télévisée *Encuentros con las Artes y las Letras* (1976), à voir sur www.youtube.com/watch?v=JJ-EVC4sqGQ [consulté le 4 septembre 2014].
34. Pour un récit des échanges entre les deux groupes, voir Torrent, *España en la Bienal de Venecia*.
35. Le projet comptait plus de cent noms : ceux qui étaient déjà présents dans le projet initial ainsi que d'autres figures venues d'horizons idéologiques divers, dans une sélection qui ne mettait pas l'accent sur des pratiques uniquement avant-gardistes. Cette liste comprenait par exemple Sáenz de Tejada, José Gutiérez Solana, Daniel Vázquez Díaz, Pancho Cossío, Benjamín Palencia, Manuel Ángeles Ortiz, Joaquín Vaquero Palacios, Pablo Palazuelo, José María de Labra, José María Yturralde, Jordi Pericot, Gerardo Rueda, Carlos Mensa, Antonio López et Salvador Dalí (« Proyecto provisional para las manifestaciones españolas », Archivio Storico della Biennale di Venezia, Arti Visivi, b234).

36. Lettre d'Aguilera Cerni à Ripa di Meana, Milan, 12 janvier 1976 (Archivio Storico della Biennale di Venezia, Arti Visivi, b234) : « la possibilità di cooperare per l'avanzamento democrático nel mio Paese ».
37. Bozal, cité par Torrent, *España en la Bienal de Venecia*, p. 271 : « recoger las apportaciones globales de dichos movimientos ».
38. Pour plus d'informations, voir le chap. 5.
39. En février 1976, le projet de l'équipe de Llorens et Bozal était déjà beaucoup plus développé que la proposition concurrente, et l'exposition devait ouvrir en juin de la même année. Aussi la logistique ne plaidait-elle pas en faveur d'un changement de plan lorsqu'on demanda à Aguilera et Moreno de concevoir un projet alternatif.
40. Aguilera et Moreno furent offensés par ce refus et adressèrent plusieurs lettres ouvertes à Carlo Ripa di Meana, le président de la Biennale de Venise. Elles furent toutes publiées dans un numéro spécial de *Comunicación XXI*, 31-32, 1976.
41. Lettre de Moreno Galván à Ripa di Meana, 19 janvier 1976 (Archivio Storico della Biennale di Venezia, Arti Visivi, b234) : « Españoles que, sin vivir en carne propia los problemas de su país, se erigen en jueces de todos ellos ».
42. Lettre de Moreno Galván à Ripa di Meana, 19 janvier 1976 (Archivio Storico della Biennale di Venezia, Arti Visivi, b234) : « Reedificando nuestra convivencia y no podemos transigir con equívocos. »
43. Lettre de Bozal à Francisco Fernández Buey, datée du 4 février 1975 (Archives Francisco Fernández Buey, Barcelone) : « dentro de un marxismo que sea capaz de contribuir a elaborar una alternativa teórico-política y cultural a lo establecido ».
44. « Declaración de la comisión organizadora de la exposición "España: vanguardia artística-realidad social. 1936-1976" », 16 juillet 1976, Venise (Archivio Storico della Biennale di Venezia, Arti Visivi, b232) : « Creemos que ninguna propuesta a este debate puede ser realmente constructiva si ignora el pasado histórico. El análisis de las relaciones entre la cultura y la realidad socio-política a lo largo de cuarenta años de franquismo es premisa necesaria para el establecimiento de cualquier alternativa cultural y política. »
45. Juan Antonio Ramírez, « La sobriedad crítica de Bozal », *Revista de Libros de la Fundación Caja Madrid*, 135, mars 2008, www.revistadelibros.com/articulos/la-sobriedad-critica-de-bozal [consulté le 15 juillet 2014] ; p. 23 : « un olvido programado ».
46. Juan Manuel Bonet, Ángel González et Francisco Rivas, *1980. Madrid*, Madrid, Galería Juana Mordó, 1979. La position militante était attaquée de la façon la plus virulente par ceux qui devinrent les critiques hégémoniques de la transition démocratique (Juan Manuel Bonet, Ángel González et Francisco Calvo Serraller). Les polémiques et les processus de transformation des récits et des méthodes sont analysés dans le recueil *Arte y transición*, édité par Albarrán en 2012 et réédité avec plus de textes en 2018.

Sources et bibliographie

Archives consultées

Archives de la critique d'art (Rennes, France).
Archives privées d'Andreu ALFARO (Valence, Espagne).
Archives privées de Giulio Carlo ARGAN (Rome, Italie).
Archives privées de Francisco FERNÁNDEZ BUEY (Barcelone, Espagne).
Archives privées d'EQUIPO 57 (Cordoue, Espagne).
Archivio Storico delle Arti Contemporanee, La Biennale di Venezia (Venise, Italie).
Archivo del Ministerio de Asuntos Exteriores (Madrid, Espagne).
Archivo Histórico del Partido Comunista de España (Madrid, Espagne).
Archivo General de la Administración (Alcalá de Henares, Espagne).
Centro de Documentación del Museo Reina Sofía (Madrid, Espagne).
Centro Internacional de Documentación Artística – Archivo de Vicente Aguilera Cerni (Vilafamés, Espagne).

Entretiens

Entretien avec Agustín Ibarrola et Txato Etxaniz, Oma, 2 avril 2011.
Entretien avec Ludolfo Paramio, Madrid, 6 juin 2011.
Entretien avec Eugenia Guezuraga (veuve d'Antonio Giménez Pericás), au téléphone, 19 juin 2011.
Entretien avec Tomàs Llorens, Dénia, 2 juillet 2011.
Entretien avec Francisco Fernández Buey, Barcelone, 28 juillet 2011.
Entretien avec Valeriano Bozal, Madrid, 22 septembre 2011.
Entretien avec Alberto Corazón, Madrid, 4 octobre 2011.
Entretien avec Daniel de Labra, Madrid, 21 mars 2013.

Ouvrages et articles à caractère de sources

Les articles anonymes (et/ou collectifs sans directeur ou éditeur indiqué) sont classés au nom de la revue (indiqué entre crochets) et par date de parution. Les ouvrages collectifs sans directeur indiqué sont classés à leur titre.

[*ABC*], « Más violencia tras el discurso del presidente De Gaulle », *ABC*, 26 mai 1968, p. 1.

[*ABC*], « De Gaulle, dispuesto a luchar contra la insurrección: Un millón de manifestantes en apoyo de la política del presidente », *ABC*, 31 mai 1968, p. 63.

[*ABC*], « Cuatro comunistas, detenidos: Uno se suicidió arrojándose desde un séptimo piso », *ABC*, 21 janvier 1969, p. 13.

[*ABC*], « Bochornoso y estúpido », *ABC Blanco y Negro*, 13 novembre 1971, p. 75.

AGUILERA CERNI, Vicente (dir.), *La postguerra. Documentos y testimonios*, 2 vol., Madrid, Servicio de Publicaciones del Ministerio de Educación y Ciencia, 1975.

AGUILERA CERNI, Vicente, « Arte normativo español. Primera pancarta para un movimiento », *Cuadernos de arte y pensamiento*, 4, 1960, p. 43-55.

AGUILERA CERNI, Vicente, « Biennale di Venezia: Relazione dalla Spagna », *D'Ars Agency*, 3-4, 1962, p. 60-63.

AGUILERA CERNI, Vicente, « El problema social del arte abstracto », *Papeles de Son Armadans*, 37, avril 1959, p. 98-111.

AGUILERA CERNI, Vicente, « Lionello Venturi », *Papeles de Son Armadans*, 69, 1961, p. 349-358.

AGUILERA CERNI, Vicente, « Los libros », *Arte Vivo*, 1, 1959, n.p.

AGUILERA CERNI, Vicente, « Marxismo y humanismo económico », *Cuadernos para el Diálogo*, numéro spécial 52, 1968, p. 15-16.

AGUILERA CERNI, Vicente, « Notas bibliográficas », *Suma y sigue del arte contemporáneo*, 9-10, 1966, p. 98.

AGUILERA CERNI, Vicente, « Notas sobre arte conceptual », *Qüestions d'Art*, 21, 1972, p. 7-12.

AGUILERA CERNI, Vicente, « Oggi la pittura spagnola », *D'Ars Agency*, 2, 1965, p. 8-15.

AGUILERA CERNI, Vicente, « Sobre la XXXI Bienal de Venecia », *Suma y sigue del arte contemporáneo*, octobre-décembre 1962, n.p.

AGUILERA CERNI, Vicente, « Sobre las posibilidades de comunicación de las artes visivas en las sociedades actuales », *Realidad*, 7, 1965, p. 48-63.

AGUILERA CERNI, Vicente, « Un testimonio más bien vulgar », dans Manuel Aznar (dir.), *València: Capital cultural de la República*, Valence, Consell Valencià de Cultura, 2007, p. 770-771.

AGUILERA CERNI, Vicente, « VI Biennale di San Marino: Premessa al dibattito », *D'Ars Agency*, 36-37, 1967, p. 28-37.

AGUILERA CERNI, Vicente, *Arte dopo il 1945: Spagna*, Bologne, Cappelli, 1970.

AGUILERA CERNI, Vicente, *Arte norteamericano del siglo XX*, Valence, Fomento de Cultura, 1957.

AGUILERA CERNI, Vicente, *Arte y compromiso histórico: El caso Español*, Valence, Fernando Torres, 1976.

AGUILERA CERNI, Vicente, *Introducción a la pintura norteamericana*, Valence, Fomento de Cultura, 1955.

AGUILERA CERNI, Vicente, *Julio González*, Madrid, Servicio de Publicaciones del Ministerio de Educación y Ciencia, 1971.

AGUILERA CERNI, Vicente, *Julio González*, Rome, Edizioni dell'Ateneo, 1962.

AGUILERA CERNI, Vicente, *La Aventura creadora*, Valence, Fomento de Cultura, 1956.

AGUILERA CERNI, Vicente, *Laura Padoa*, Milan, Alfieri, 1966.

AGUILERA CERNI, Vicente, *Mensa*, Milan, L'Agrifoglio, 1966.

AGUILERA CERNI, Vicente, *Ortega y d'Ors en la cultura artística española*, Madrid, Ciencia Nueva, 1966.

AGUILERA CERNI, Vicente, *Panorama del nuevo arte español*, Madrid, Guadarrama, 1966.

AGUILERA CERNI, Vicente, *Textos, pretextos y notas. Escritos escogidos 1953-1987*, 3 vol., Valence, Ajuntament de València, 1987.

AGUILERA CERNI, Vicente, *Vedova. Spanish Contemporary Painting and Sculpture*, Londres, Marlborough, 1962.
AMÓN, Santiago, « Conversación con Antonio Saura », *El País*, 15 janvier 1978.
ANTAL, Frederick, *El mundo florentino y su ambiente social. La república burguesa anterior a Cosme de Médicis: siglos XIV-XV*, Madrid, Alianza Editorial, 1989 [1963].
APOLLONIO, Umbro, « Sobre el factor cinético en el arte contemporáneo », *Suma y sigue del arte contemporáneo*, 1, 1962, n.p.
ARANGUREN, José Luis LÓPEZ, « El arte de la España Nueva », *Vértice*, 5, septembre-octobre 1937, n.p.
ARANGUREN, José Luis LÓPEZ, « Marxismo y antimarxismo de Julián Besteiro », *Cuadernos para el Diálogo*, 52, 1968, p. 36.
ARGAN, Giulio Carlo, « Arte popolare come arte moderna », dans *15 Convegno Internazionale Artisti, Critici e Studiosi d'Arte*, AICA, 1966, n.p.
ARGAN, Giulio Carlo, « Convegno Internazionale Artisti, Critici e Studiosi d'Arte », *D'Ars Agency*, V-5, 1964-1965, p. 8-11.
ARGAN, Giulio Carlo, « La ricerca gestaltica », *Il Messagero*, 24 août 1963, p. 3.
ARGAN, Giulio Carlo, « Salvación y caída del arte moderno », *Suma y sigue del arte contemporáneo*, 1, 1962, n.p.
ARGAN, Giulio Carlo, « Temas y problemas del arte actual », *Suma y sigue del arte contemporáneo*, 7-8, 1965, p. 3-10.
ARGAN, Giulio Carlo, *Arte e critica d'arte*, Rome, Laterza, 1984.
ARGAN, Giulio Carlo, *Walter Gropius y el Bauhaus*, Buenos Aires, Nueva Visión, 1957.
ARROYO, Eduardo, *Sardinas en aceite*, Madrid, Mondadori, 1989.
Art et critique. Actes du XIe Congrès de l'AICA en Tchécoslovaquie, [Prague], AICA, 1966.
Arte de América y España: Catálogo general, cat. exp., Madrid, Instituto de Cultura Hispánica, 1963.
[*Arte Vivo*], « Vicente Aguilera Cerni, premio internacional de la crítica de la XXIX Bienal de Venecia », *Arte Vivo*, 2, 1959, n.p.
Asturias, Paris, Cercle d'art, 1964.
AYAMONTE, Rafael, « Marxismo y cultura en Italia », *Cuadernos para el Diálogo*, 27, 1965.
AZCOAGA, Enrique, « La Academia Breve de Crítica de Arte y el Salón de los Once », *Destino*, 17 juillet 1943, n.p.
BACHELARD, Gaston, « El cosmos de hierro », *Parpalló*, 4, 1960, n.p.
BALLESTERO, Manuel, « Hegel, el joven Marx y el marxismo », *Realidad. Revista de Cultura Política*, 10, 1966, p. 73-92.
BAUDELAIRE, Charles, « À quoi bon la critique ? », dans *Salon de 1846*, Paris, Michel Lévy frères, 1846, p. 82.
[*Boletín de Información*], « Declaración del Partido Comunista de España: Por la reconciliación nacional; por una solución democrática y pacífica del problema español », *Boletín de Información*, 6e année, numéro spécial, 1er juillet 1956, n.p.
[*Boletín Oficial del Estado*], « Ley 14/1966, de 18 de marzo, de Prensa e Imprenta », *Boletín Oficial del Estado*, 67, 19 mars 1966, p. 3310-3315.
[*Boletín Oficial del Estado*], « Ley Orgánica del Estado, número 1/1967, de 10 de enero », *Boletín Oficial del Estado*, 9, 11 janvier 1967, p. 466-477.
[*Boletín Oficial del Estado*], « Decreto-ley 1/1969, de 24 de enero, por el que se declara el estado de excepción en todo el territorio nacional », *Boletín Oficial del Estado*, 25 janvier 1969, p. 1175.
BONET, Juan Manuel, GONZÁLEZ, Ángel et RIVAS, Francisco, *1980. Madrid*, Madrid, Galería Juana Mordó, 1979.

BOZAL FERNÁNDEZ, Valeriano, *El intelectual colectivo y el pueblo*, Madrid, Comunicación, 1976.

BOZAL FERNÁNDEZ, Valeriano, « ¿Un arte de contestación? », *Cuadernos para el Diálogo*, 61, octobre 1968, p. 42-43.

BOZAL FERNÁNDEZ, Valeriano, « Adolfo Sánchez Vázquez: de este tiempo, de este país », *Triunfo*, 716, 1976, p. 36-39.

BOZAL FERNÁNDEZ, Valeriano, « Compañero de viaje », *La Balsa de la Medusa*, 50, 1999, p. 23-84.

BOZAL FERNÁNDEZ, Valeriano, « Crónicas. Madrid », *Suma y sigue del arte contemporáneo*, octobre-décembre, 1962, n.p.

BOZAL FERNÁNDEZ, Valeriano, « Función crítica de nuestra pintura reciente », *Aulas*, 64, février 1964, p. 50.

BOZAL FERNÁNDEZ, Valeriano, « Introducción », dans *Marx-Engels. Textos sobre la producción artística*, Madrid, Comunicación, 1972.

BOZAL FERNÁNDEZ, Valeriano, « La sociología del arte de A. Hauser », *Cuadernos Hispanoamericanos*, 201, septembre 1966, p. 684-704.

BOZAL FERNÁNDEZ, Valeriano, « Sección bibliográfica », *Cuadernos Hispanoamericanos*, 206, 1967, p. 372.

BOZAL FERNÁNDEZ, Valeriano, « Umberto Eco: *Obra abierta*, Ed. Seix Barral, Barcelona, 1965 », *Cuadernos Hispanoamericanos*, 205, 1967, p. 179-184.

BOZAL FERNÁNDEZ, Valeriano, « Vicente Aguilera Cerni, *Panorama del nuevo arte español* », *Cuadernos Hispanoamericanos*, 206, 1967, p. 371.

BOZAL FERNÁNDEZ, Valeriano, *El lenguaje artístico*, Madrid, Ediciones Península, 1970.

BOZAL FERNÁNDEZ, Valeriano, *El realismo entre el desarrollo y el subdesarrollo*, Madrid, Ciencia Nueva, 1966.

BOZAL FERNÁNDEZ, Valeriano, *El realismo plástico en España, de 1900 a 1936*, Madrid, Península, 1967.

BOZAL FERNÁNDEZ, Valeriano, *Historia del arte en España*, Madrid, Istmo, 1972.

BOZAL FERNÁNDEZ, Valeriano, *Historia del arte en España*, Madrid, Akal, 1976.

BOZAL FERNÁNDEZ, Valeriano, LLORENS, Tomàs *et al.*, *España. Vanguardia artística y realidad social*, Barcelone, Gustavo Gili, 1976.

BRUNO, « A propósito de una crítica », *Nuestras Ideas*, juillet 1960, p. 45-47.

CAMÓN AZNAR, José, *El arte ante la crítica*, Madrid, Ateneo, 1955.

CANO GARIVIA, Ricardo, « La estética de Della Volpe », *Cuadernos para el Diálogo*, 70, 1969.

CASTELLET, José María, « Prólogo », dans Raymond Williams, *Marxismo y literatura*, Madrid, Alianza, 1988 [1977], p. 7.

CASTILLA DEL PINO, Carlos, *Casa del Olivo*, Barcelone, Tusquets, 2004.

CEBRIÁN, Juan Luis, « Introducción crítica al marxismo de Émile Baas », *Cuadernos para el Diálogo*, 4, 1964.

CECCATO, Silvio, « Estética y cibernética », *Suma y sigue del arte contemporáneo*, 7-8, 1965, p. 11-16.

CIRICI PELLICER, Alexandre, « Cap a una prospectiva », *Serra d'Or*, 2 février 1962, p. 42.

CIRICI PELLICER, Alexandre, « Converses amb Barthes », *Serra d'Or*, 113, 1969, p. 55.

CIRICI PELLICER, Alexandre, « Diàlegs d'"Eina". El grup 63 i l'avantguarda », *Serra d'Or*, 3, 1967, p. 67-69, accessible en ligne : https://arxiu.eina.cat/index.php/dialegs-deina-el-grup-63-i-lavantguarda.

CIRICI PELLICER, Alexandre, « Diàlegs d'Israel », *Serra d'Or*, 2-3, 1964, p. 43-45.

CIRICI PELLICER, Alexandre, « Diàlegs de Rímini », *Serra d'Or*, 12, 1964, p. 53-57.

CIRICI PELLICER, Alexandre, « El trentè aniversari de la mort de Gramsci », *Nous Horizonts*, 11, 1967, p. 17-19.

CIRICI PELLICER, Alexandre, « La visió estructuralista », *Serra d'Or*, 2, 1967, p. 67-69.
CIRICI PELLICER, Alexandre, *Art i societat*, Barcelone, Edicions 62, 1964.
CIRICI PELLICER, Alexandre, *Arte e società*, Bari, Dedalo, 1976.
CIRICI PELLICER, Alexandre, *Cuixart*, Rome, L'Attico, 1961.
CIRICI PELLICER, Alexandre et MORENO GALVÁN, José María, *Spanische Kunst Heute*, Bochum, Städtische Kunstgalerie, 1967.
CIRICI PELLICER, Alexandre, *L'escultura catalana*, Palma de Majorque, Editorial Moll, 1957.
CIRICI PELLICER, Alexandre, *La estética del franquismo*, Barcelone, Gustavo Gili, 1976.
CIRICI PELLICER, Alexandre, *Miro llegit: una aproximació structural a la obra de Joan Miró*, Barcelone, Edicions 62, 1971.
CIRICI PELLICER, Alexandre, *Viure l'art, transformar la vida*, Barcelone, Alfers, 2010.
CLAUDÍN, Fernando, « La revolución pictórica de nuestro tiempo », *Realidad. Revista de Cultura Política*, 1, 1963, p. 21-49.
COLECTIVO 1, *Alienación e ideología. Metodología y dialéctica en los "Grundrisse"*, Madrid, Comunicación, 1973.
COMBALÍA, Victoria, *La poética de lo neutro*, Barcelone, Anagrama, 1975.
COMUNICACIÓN (éd.), *Ajuste de cuentas con el estructuralismo. Henry Lefebvre y Galvano Della Volpe*, Madrid, Comunicación, 1969.
COMUNICACIÓN (éd.), *La industria de la cultura*, Madrid, Comunicación, 1969.
COMUNICACIÓN (éd.), *Formalismo y vanguardia*, Madrid, Comunicación, 1970.
COMUNICACIÓN (éd.), *Roland Barthes*, Madrid, Comunicación, 1971.
COMUNICACIÓN (éd.), *Constructivismo*, Madrid, Comunicación, 1972.
COMUNICACIÓN (éd.), *Marx-Engels. Textos sobre la producción artística*, Madrid, Comunicación, 1972.
[*Comunicación XXI*], « Dossier Biennale di Venezia », *Comunicación XXI*, 1976.
CONSAGRA, Pietro, « Una dichiarazione degli artisti: Un po' di umiltà signori critici! », *L'Avanti*, 2 novembre 1963, n.p.
CUENOT, Claude, « Teilhard y el marxismo », *Cuadernos para el Diálogo*, 9, 1964.
DASI, Gerardo Filiberto (dir.), *Oltre l'informale. IV Biennale di San Marino*, cat. exp., Saint-Marin, Palais du Kursaal, 1963.
DASI, Gerardo Filiberto (dir.), *XII Convegno Internazionale Artisti, Critici e Studiosi d'Arte*, Rimini, Grafiche Gattei, 1963.
DEBORD, Guy, *La Société du spectacle*, Paris, Buchet-Chastel, 1967.
DELLA VOLPE, Galvano, *Crítica del gusto*, Barcelone, Seix Barral, 1966.
DELLA VOLPE, Galvano, *Lo verosímil fílmico y otros ensayos de estética*, Madrid, Ciencia Nueva, 1967.
DÍAZ, Elías, « La filosofía marxista en el pensamiento español actual », *Cuadernos para el Diálogo*, 63, 1968.
DÍAZ, Elías, *Pensamiento español 1939-1973*, Madrid, Editorial Cuadernos para el Diálogo, 1974.
DORFLES, Gillo, *El diseño industrial y su estética*, Barcelone, Labor, 1968.
DORFLES, Gillo, *Símbolo, comunicación y consumo*, Barcelone, Lumen, 1967.
DORFLES, Gillo, *Ultime tendenze nell'arte d'oggi*, Milan, Feltrinelli, 1961.
ECO, Umberto, « The Death of the Gruppo 63 », dans *The Open Work*, Cambridge, MA, Harvard University Press, 1989 [1962], p. 236-249.
EDGAR, Natalie, « Is there a new Spanish School? », *Art News*, 59, septembre 1960, p. 44-45.
[*El País*], « En libertad los presuntos autores del atentado contra la librería Alberti », *El País*, 12 novembre 1976, http://elpais.com/diario/1976/11/12/madrid/216649460_850215.html [consulté le 12 février 2014].

EQUIPO 57, « Idea y plan », *Acento Cultural*, 8, mai-juin 1960, p. 55-61.

EQUIPO 57, « Teoría de la interactividad del espacio plástico », dans *Equipo 57*, cat. exp., Madrid, Sala Negra, 1957.

España hoy, Paris, Editorial Ruedo Ibérico, 1962.

España Libre, Rimini, Grafiche Gattei, 1964.

Exposición de Arte español contemporáneo: Pintura y escultura, cat. exp., Buenos Aires, Museo de Bellas Artes, 1947.

Exposición de Arte español en El Cairo, cat. exp., Madrid, Dirección General de Relaciones Culturales, 1950.

FERNÁNDEZ SANTOS, Francisco, « Marxismo como filosofía », *Cuadernos Ruedo Ibérico*, 2, 1965, p. 17-32.

FERNÁNDEZ SANTOS, Francisco, « Trotski nuestro contemporáneo », *Cuadernos Ruedo Ibérico*, 2, 1965, p. 125-128.

FERNÁNDEZ SANTOS, Francisco, *El hombre y su historia*, Madrid, Ediciones Arion, 1961.

FISCHER, Ernst, *Arte y coexistencia*, Barcelone, Península, 1968.

FRANCASTEL, Pierre, *Arte y técnica en los siglos XIX y XX*, Valence, Fomento de Cultura Ediciones, 1961.

FRANCO, Francisco, « Decreto de 1 de Abril de 1940, disponiendo se alcen Basílica, Monasterio y Cuartel de Juventudes, en la finca situada en las vertientes de la Sierra de Guadarrama (El Escorial), conocida por Cuelgamuros, para perpetuar la memoria de los caídos de nuestra gloriosa Cruzada », *Boletín Oficial del Estado*, 2 avril 1940, p. 2240.

FRATINI, Francesca (dir.), *Arte popolare moderna*, Padoue, Cappelli editore, 1966.

GARAUDY, Roger, *D'un réalisme sans rivages. Picasso, Saint-John Perse, Kafka*, Paris, Plon, 1964.

GARNIER, François, « Vuelta a la realidad, vuelta a una mayor humanidad », *Suma y sigue del arte contemporáneo*, 4, 1963, p. 24-29.

GASSIOT-TALABOT, Gérald (dir.), *Le Monde en question*, cat. exp., Paris, musée d'Art moderne de la Ville de Paris, 1967.

GASSIOT-TALABOT, Gérald, *Art et contestation*, cat. exp., Bruxelles, La Connaissance, 1968.

GATT, Giuseppe, « La Nueva Tendencia en Italia: integración, estética y arquitectura », *Suma y sigue del arte contemporáneo*, 1, 1967, p. 36-37.

GAYA NUÑO, Juan Antonio, « Claves íntimas de la crítica de arte », dans *Pequeñas teorías del arte*, Madrid, Taurus, 1964.

GIEDION-WELCKER, Carola, « Espacio, estructura y color en Antoine Pevsner », *Suma y sigue del arte contemporáneo*, 3, 1963, p. 2-8.

GIEDION, S., ROGERS, E.N., BATISTA, E., ROTH, A. et BAKENA, J.B., « Reunion of the arts at the core », dans *CIAM 8. The Festival Congress. Report circulated to the council & delegates of the Hoddesdon Conference*, [s.l., 1951], n.p.

GIMÉNEZ CABALLERO, Ernesto, *Arte y estado*, Madrid, Gráfica Universal, 1935.

GIMÉNEZ PERICÁS, Antonio, « Despersonalización de arte y sociedad », *Acento Cultural*, 11, avril 1961, p. 37-44.

GIMÉNEZ PERICÁS, Antonio, « En la sala Abril cinco grabadores », *Acento Cultural*, 13-14, 1960, p. 7.

GIMÉNEZ PERICÁS, Antonio, « La estética de un arte sin objetos », *Acento Cultural*, 8, mai-juin 1960, p. 38-42.

GIMÉNEZ PERICÁS, Antonio, « La estética lessigniana... », dans *Primera exposición conjunta de arte normativo español*, cat. exp., Valence, Ateneo Mercantil, 1960, n.p.

GODELIER, Maurice, « Sistema, estructura y contradicción en "El Capital" de Marx », *Cuadernos Ruedo Ibérico*, 9, 1966, p. 67-88.

GRAMSCI, Antonio, *Lettere dal carcere*, Turin, Einaudi, 1947; trad. française : *Lettres de la prison*, trad. Jean Noaro, Paris, Éditions Sociales, 1953; trad. espagnole : *Cartas desde la cárcel*, trad. Esther Benítez, Madrid, Edicusa, 1975.

GRAMSCI, Antonio, *Cultura y literatura*, Barcelone, Península, 1967.

GREENBERG, Clement, « Modernist painting » [1960], dans Francis Frascina et Jonathan Harris, *Art in Modern Culture*, Londres, Phaidon, 1992, p. 308-314; trad. française : « La peinture moderniste », trad. Pascal Krajewski, dans *Appareil*, 17, 2016, en ligne : https://journals.openedition.org/appareil/2302, https://doi.org/10.4000/appareil.2302.

GUIDUCCI, Amanda, *Dallo zdanovismo allo strutturalismo*, Milan, Feltrinelli, 1967.

GUIDUCCI, Amanda, *Del realismo socialista al estructuralismo*, Madrid, Comunicación, 1976.

GUILLÉN, Mercedes, *Pintores españoles de la Escuela de París*, Madrid, Taurus, 1960.

HAUSER, Arnold, *Historia social de la literatura y el arte*, 3 vol., trad. Antonio Tovar et F.P. Varas Reyes, Madrid, Guadarrama, 1957; édition originale : *Sozialgeschichte der Kunst und Literatur*, 3 vol., Munich, C.H. Beck, 1953; trad. française : *Histoire sociale de l'art et de la littérature*, Paris, Le Sycomore, 1982.

HORVAT PINTARIC, Vera, « Espacio y cronoluminodinamismo de Nicolás Schöffer », *Suma y sigue del arte contemporáneo*, 1, 1967, p. 3-7.

JIMÉNEZ, Martin, « Préface », dans *Peintres contemporains d'Espagne*, cat. exp., Paris, Maison de la pensée française, 1961.

KANDINSKY, Vassily, *De lo espiritual en el arte*, [Barcelone], Barral, 1973; édition originale : *Über das Geistige in der Kunst, insbesondere in der Malerei*, Munich, Piper, 1912; trad. française : *Du spirituel dans l'art, et dans la peinture en particulier*, trad. M. et Mme de Man [alias Pierre Volboodt ?], Paris, Galerie R. Drouin, 1949.

LAÍN ENTRALGO, Pedro, *España como problema*, Madrid, Seminario de Problemas Hispanoamericanos, 1949.

[*La Voz*], « Manifiesto de la Alianza de Escritores Antifascistas para la Defensa de la Cultura », *La Voz*, 30 juillet 1936.

LIPPARD, Lucy, *Six Years: The Dematerialization of the Art Object from 1966 to 1972*, New York, Praeger, 1973.

LLORENS, Tomàs, « El desarrollo actual de las artes visuales en valencia », *Hogar y arquitectura*, 72, supplément, 1967, p. 49-76.

LLORENS, Tomàs, « Equipo Crónica », dans *Equipo Crónica*, cat. exp., Séville, Galería La Pasarela, 1966.

LLORENS, Tomàs, « Equipo Crónica. La distanciation de la distanciation : une démarche sémiotique », dans *Equipo Crónica*, cat. exp., Saint-Étienne/Rennes/Pau, Maison de la culture, 1974.

LLORENS, Tomàs, « Equipo Crónica. La distanciation de la distanciation : une démarche sémiotique », *Opus international*, 50, 1974, p. 78-89.

LLORENS, Tomàs, « Libros », *Suma y sigue del arte contemporáneo*, octobre-mars 1965, p. 56-59.

LLORENS, Tomàs, « Opera aperta », *Suma y sigue del arte contemporáneo*, 3, 1963, p. 40-45.

LLORENS, Tomàs, « Problemes i tendencies de la pintura valenciana actual », *Suma y sigue del arte contemporáneo*, 9-10, 1966, p. 16-32.

LLORENS, Tomàs, « Realismo y arte comprometido », *Suma y sigue del arte contemporáneo*, juillet-septembre 1963, p. 12-16.

LLORENS, Tomàs, *Equipo Crónica. Exposición Antológica*, cat. exp., Séville, Centro de Arte M-11, 1975.

LLORENS, Tomàs, *Estampa Popular de Valencia*, Valence, Facultad de Medicina, décembre 1964.

Manuel Calvo. Circles, Paris, galerie Denise René, 1962.

MARCHÁN FIZ, Simón, « Max Ernst o la pintura de la ambigüedad », *Goya*, 81, 1967, p. 152-161.

MARCHÁN FIZ, Simón, « Sin título », *Qüestions d'Art*, 28, décembre 1974, p. 5.

MARCHÁN FIZ, Simón, « Walter Gropius (1883-1969) y la arquitectura integral », *Goya*, 93, 1969, p. 160-165.

MARCHÁN FIZ, Simón, *Del arte objetual al arte de concepto. Epílogo sobre la sensibilidad « postmoderna »*, Madrid, Akal, 1997.

MARCHÁN FIZ, Simón, *Del arte objetual al arte de concepto*, Madrid, Comunicación, 1972.

MARTÍN SANTOS, Luis, *Tiempo de Silencio*, Barcelone, Seix Barral, 1962.

MARX, Karl, *Manuscritos económico-filosóficos*, Mexico, Fondo de Cultura Económica, 1962.

MARX, Karl et ENGELS, Friedrich, *Escritos sobre arte*, Barcelone, Península, 1969.

MARX, Karl et ENGELS, Friedrich, *Sobre arte y literatura*, Madrid, Ciencia Nueva, 1968.

MARX, Karl et ENGELS, Friedrich, *Textos sobre la producción artística*, Madrid, Comunicación, 1972.

MICHELI, Mario DE, *Las vanguardias artísticas del siglo XX*, Madrid, Alianza Forma, 1995 [1966].

MINISTERIO FISCAL, *La dominación roja en España: Causa General*, Madrid, Dirección General de Información, Publicaciones Españolas, 1961.

MONTES, Santiago, « Umberto Eco. *Obra abierta*. Crítica de arte y filosofía estética », *Nueva Forma*, 23-24, 1968, p. 111-118.

MOORE, Henry, « El escultor en la edad contemporánea », *Arte Vivo*, 2, 1959, n.p.

MOREDANO, José María, « Humanismo socialista. Erich Fromm y otros », *Cuadernos para el Diálogo*, 50, 1967.

MORENO GALVÁN, José María, « Algunas respuestas de Antonio Machado al problema de un arte "para el pueblo" », *Acento Cultural*, 5, mars 1959, p. 33-35.

MORENO GALVÁN, José María, « Epístola moral. Carta a los artistas de la última promoción », *Artes*, 7, 8 novembre 1961, n.p.

MORENO GALVÁN, José María, « Epístola moral. Carta a quien proceda sobre el sentido de la crítica », *Artes*, 8, 23 novembre 1961, n.p.

MORENO GALVÁN, José María, « Epístola moral. El ámbito geográfico de las artes », *Artes*, 20, 23 mai 1962, n.p.

MORENO GALVÁN, José María, « Epístola moral. Tregua: tentativa de síntesis e invitación a la perspectiva », *Artes*, 14, 23 février 1962, n.p.

MORENO GALVÁN, José María, « Equipo 57 », *Acento Cultural*, 8, 1960, p. 46-49.

MORENO GALVÁN, José María, *Autocrítica del arte*, Madrid, Península, 1965.

MORENO GALVÁN, José María, *Goya*, Rome, Compagnia edizioni internazionali, 1967.

MORENO GALVÁN, José María, *Introducción a la pintura española*, Madrid, Publicaciones Españolas, 1960.

MORENO GALVÁN, José María, *La última vanguardia de la pintura española*, Madrid, Magius, 1969.

MORENO GALVÁN, José María, *Millares*, Rome, Odyssia Gallery, 1962.

MRGV, « Entrega de tres cuadros de Picasso al Museo Nacional de Arte Contemporáneo », *ABC*, 26 octobre 1966, p. 75.

MUMFORD, Lewis, « Una concepción superada de la ciudad futura », *Suma y sigue del arte contemporáneo*, 3, 1963, p. 17-25.

ORS, Eugeni D', *Tres lecciones de introducción a la crítica de arte en el Museo del Prado*, Madrid, Tecnos, 2010 [1942].

PEYRÉ, Joseph, BERNARD, Marc *et al.*, *L'Espagne que j'aime*, Paris, Sun, 1961.

Pintura informalista en España a través de los críticos (La), Madrid, Dirección General de Relaciones Culturales, 1961.
PLATSCHEK, Hans, « Tàpies », *Suma y sigue del arte contemporáneo*, 4, 1963, p. 2-5.
[*Praxis*], « Objetivos », *Praxis*, 1, 1960, p. 1.
[*Praxis*], « Nuestros intelectuales y la praxis », *Praxis*, 2, 1960, p. 3.
RAGON, Michel, « De la critique considérée comme création », dans Pierre Restany, *Les Nouveaux Réalistes*, Paris, Planète, 1968, p. 9-19.
Ramón Ormazábal y sus compañeros, Paris, Comité national de défense des victimes du franquisme, 1962.
RENAU, Josep, « Auditur et altera pars. Sobre la problemática actual de la pintura », *Realidad. Revista de Cultura Política*, 3, septembre-octobre 1964, p. 70-117.
RENAU, Josep, « Auditur et altera pars. Sobre la problemática actual de la pintura », *Realidad. Revista de Cultura Política*, 5, mai 1965, p. 107-135.
RENAU, Josep, *La función social del cartel publicitario*, Valence, Fernando Torres, 1976 [1937].
RIDRUEJO, Dionisio, *Casi unas memorias*, Barcelone, Península, 2007.
[*Rinascita*], « L'interrogatorio di Agustín Ibarrola », *Rinascita*, 6 avril 1963, p. 20.
RUBERT DE VENTÓS, Xavier, *La teoría de la sensibilidad*, Barcelone, Ediciones Península, 1969.
RUIZ GIMÉNEZ, Joaquín, « Arte y política », *Cuadernos Hispanoamericanos*, 26, 1952, p. 162-165.
SACRISTÁN, Manuel, « El marxismo de Gramsci », *Realidad*, 14, 1967, p. 5-19.
SÁNCHEZ CAMARGO, Manuel, « La pintura de ayer, de hoy y de mañana », *El Alcázar*, 16 novembre 1939, n.p.
SÁNCHEZ VÁZQUEZ, Adolfo, « El marxismo contemporáneo y el arte », *Cuadernos Ruedo Ibérico*, 3, 1965, p. 23-34.
SÁNCHEZ VÁZQUEZ, Adolfo, « Ideas estéticas en los manuscritos económicos filosóficos de Marx », *Realidad. Revista de Cultura Política*, 2, 1963, p. 38-67.
SÁNCHEZ VÁZQUEZ, Adolfo, *Estética y marxismo*, Mexico, Era, 1980.
SASTRE, Alfonso, « Arte como construcción. Manifiesto de Alfonso Sastre », *Acento Cultural*, 2, 1958, p. 63-67.
SNOW, Charles Pierce, *The Two Cultures and the Scientific Revolution*, Cambridge, Cambridge University Press, 1961.
STAMATU, Horia, « "Acento", una revista que se acentúa demasiado », *Punta Europa*, 40, 1959, p. 122 126.
[*Suma y sigue del arte contemporáneo*], « Documentos: La IV Bienal de San Marino y el XII Convegno Internazionale Artisti, Critici e Studiosi d'Arte », *Suma y sigue del arte contemporáneo*, juillet-septembre 1963, p. 48.
[*Suma y sigue del arte contemporáneo*], « Presentación de temas y problemas del arte actual », *Suma y sigue del arte contemporáneo*, 7-8, 1965, p. 3.
SZULC, Tad, « Cloister Invaded by Spanish Police. They Rout Barcelona Sit-In by Students and Backers », *The New York Times*, 12 mars 1966, p. 8.
TEILHARD DE CHARDIN, Pierre, « El arte en el arco de la energía humana », *Suma y sigue del arte contemporáneo*, 1, 1967, p. 22.
TRIGUERO, Juan (José María Moreno Galván), « La generación Fraga y su destino », *Cuadernos de Ruedo Ibérico*, 1, 1965, p. 5-16.
[*Triunfo*], « Muertos en Santo Domingo », *Triunfo*, 194, 19 février 1966, p. 43.
UN GENERAL ASSEMBLY, Resolution 386 (V), « Relations of state members and specialized agencies with Spain », 4 novembre 1950, www.un.org/documents/ga/res/5/ares5.htm [consulté le 12 février 2014].

UN GENERAL ASSEMBLY, Resolution 39 (I), « Relations of members of the United Nations with Spain », 12 décembre 1946, www.un.org/documents/ga/res/1/ares1.htm [consulté le 12 février 2014].

VASARELY, Victor, « Plasticidad Cinética », *Arte Vivo*, 1, 1959, n.p.

VÁZQUEZ MONTALBÁN, Manuel, « Sobre la memoria de la oposición antifranquista », *El País*, 26 octobre 1988, n.p.

VENTURI, Lionello, *Histoire de la critique d'art*, Bruxelles, Éditions de la Connaissance, 1938.

VIVANCO, Luis Felipe, « La génesis de la creación artística », dans *Segunda Semana de Arte de Santillana del Mar*, Santander, Escuela de Altamira, 1951, p. 73-109.

ZEVI, Bruno, « Arte popular como arquitectura contemporánea », *Suma y sigue del arte contemporáneo*, 2, 1967, p. 2-8.

ZÓBEL, Fernando, *Colección de arte abstracto español: Casas Colgadas, Museo, Cuenca*, Madrid, 1966.

Bibliographie générale

ALBARRÁN DIEGO, Juan, « Entre el viejo arte político y las nuevas políticas artísticas: la desactivación del arte español durante la transición democrática », *Trasdós. Revista del Museo de Bellas Artes de Santander*, 11, 2009, p. 42-57.

ALBARRÁN DIEGO, Juan (dir.), *Arte y transición*, Madrid, Brumaria, 2012.

ALBARRÁN DIEGO, Juan, « Sentir el cuerpo: performance, tortura y masoquismo en el entorno de los nuevos comportamientos », *Arte, individuo y sociedad*, 25.2, 2013, p. 303-318.

AMELINE, Jean-Paul et AJAC, Bénédicte (dir.), *Figuration narrative, Paris 1960-1972*, cat. exp., Paris, Galeries nationales du Grand Palais / Valence, Institut Valencià d'art modern, Paris, RMN, 2008.

ANDERSON, Perry, *Considerations on Western Marxism*, Londres, NLB, 1976.

ANDERSON, Perry, « Modernity and revolution », *New Left Review*, 144, mars-avril 1984, p. 96-113.

ANGULO BARTUREN, Javier, *Ibarrola. ¿Un pintor maldito? (Arte vasco de postguerra, 1950-1977, de Aranzazu a la Bienal de Venecia)*, [Saint-Sébastien], L. Haranburu, 1978.

ANSÓN, Arturo *et al.*, « Entrevista con Valeriano Bozal », *Con-Ciencia Social*, 3, 1999, p. 119-149.

ARCO BLANCO, Miguel Ángel DEL, « Morir de hambre: Autarquía, escasez y enfermedad en la España del primer franquismo », *Pasado y memoria: Revista de historia contemporánea*, 5, 2006, p. 241-258.

ARROYO, Francesc, « La "Capuchinada", 20 años después: 500 universitarios aprobaron en 1966 los estatutos de una organización democrática », *El País*, 9 mars 1986, http://elpais.com/diario/1986/03/09/espana/510706819_850215.html [consulté le 24 novembre 2013].

ASHTON, Dore (dir.), *À rebours : la rebelión informalista*, Las Palmas/Madrid, Centro Atlántico de Arte Moderno, Museo Nacional Centro de Arte Reina Sofía (MNCARS), 1999.

AZCÁRATE, Manuel, « La política de reconciliación nacional », dans *Contribuciones a la historia del PCE*, Madrid, Fundación de Investigaciones Marxistas, 2004, p. 315-330.

AZNAR SOLER, Manuel, « El Segon Congrés Internacional d'Escriptors per la Defensa de la Cultura (València-Madrid-Barcelona-París, julio de 1937) », dans Manuel Aznar Soler (dir.), *València: Capital cultural de la República*, Valence, Consell Valencià de Cultura, 2007, p. 587-610.

AZNAR SOLER, Manuel (dir.), *València, capital cultural de la República, 1936-1937: Congrés internacional*, Valence, Universidad de Valencia, 2008, p. 737-885.

BAÑEZA DOMÍNGUEZ, Tirso, *« No hay estética sin ética » o la biografía intelectual de José María Valverde*, thèse de doctorat, Universidad de Salamanca, 2009.

BARCIELA LÓPEZ, Carlos Fernando, *Autarquía y mercado negro: El fracaso económico del primer franquismo, 1939-1959*, Barcelone, Crítica, 2003.

BARRACHINA, Marie-Aline, *Propagande et culture dans l'Espagne franquiste (1936-1945)*, Grenoble, Ellug, 1998.

BARREIRO LÓPEZ, Paula, *Arte normativo español. Procesos y principios para la creación de un movimiento*, Madrid, CSIC, 2006.

BARREIRO LÓPEZ, Paula, « Entre la France et l'Espagne. Julián Gállego et la *Chronique de Paris* », *20/21 siècles. Cahiers du Centre Pierre Francastel*, 7, 2007, p. 59-70.

BARREIRO LÓPEZ, Paula, « Juan Puig Manera: Dibujos de luz en el horizonte geométrico », dans *Geometría y movimiento: Juan Puig Manera (1955-1960), un pintor cinético en París*, Madrid, Galería José de la Mano, 2007, p. 7-22.

BARREIRO LÓPEZ, Paula, *La abstracción geométrica en España 1957-1969*, Madrid, CSIC, 2009.

BARREIRO LÓPEZ, Paula, « La Biennale de San Marino et le Congrès de Rimini de 1963. Argan, Restany et Aguilera Cerni vers un art engagé », dans Richard Leeman (dir.), *Le Demi-siècle de Pierre Restany*, Paris, Éditions des Cendres, 2009, p. 375-386.

BARREIRO LÓPEZ, Paula, « La invención de la vanguardia en la España franquista: estrategias políticas y realidades aparentes », dans Víctor Bergasa, Miguel Cabañas, Manuel Lucena et Idoia Murga (dir.), *¿Verdades cansadas? Imágenes y estereotipos acerca del mundo hispánico en Europa*, Madrid, CSIC, 2009, p. 247-262.

BARREIRO LÓPEZ, Paula, « *Nulla aesthetica sine ethica*. Le critique d'art Vicente Aguilera Cerni », *Critique d'art*, 34, 2009, p. 116-119.

BARREIRO LÓPEZ, Paula, « Una conversación con Vicente Aguilera Cerni », dans Isabel Pérez (dir.), *Arte normativo: 50 aniversari de la Primera exposició conjunta d'art normatiu espanyol*, cat. exp., Valence, Consorcio de Museos, 2010, p. 139-155.

BARREIRO LÓPEZ, Paula, « Vanguardia, cultura de masas y medios de comunicación », dans Fátima Gil et Javier Mateos-Pérez (dir.), *Qué cosas que vimos con Franco... Cine, prensa y televisión de 1939 a 1975*, Madrid, Rialp, 2012, p. 238-254.

BARREIRO LÓPEZ, Paula, « Classified files: Picasso, the regime and the Avant-garde in Francoist Spain », dans Jonathan Harris et Richard Koech (dir.), *Picasso and the Politics of Visual Representation: War and Peace in the Era of the Cold War and Since*, Liverpool, Liverpool University Press, 2013, p. 89-107.

BARREIRO LÓPEZ, Paula, « Altamira, "una escuela socrática de la crítica" », *Astórica*, 32, 2013, p. 27-44.

BARREIRO LÓPEZ, Paula, « La sombra de Marx: vanguardia, ideología y sociedad en la crítica española del segundo franquismo », dans Paula Barreiro López et Julián Díaz (dir.), *Crítica(s) de arte: discrepancias e hibridaciones de la Guerra Fría a la globalización*, Murcie, CENDEAC, 2014, p. 253-274.

BARREIRO LÓPEZ, Paula, « Hacia la izquierda: el acomodo de una Vanguardia "sans rivages" en la crítica marxista de los años sesenta », dans Paula Barreiro López et Fabiola Martínez Rodríguez (dir.), *Modernidad y Vanguardia. Rutas de intercambio entre España y Latinoamérica (1920-1970)*, Madrid, Museo Nacional Centro de Arte Reina Sofía, 2015, p. 297-308.

BARREIRO LÓPEZ, Paula, « Arte, ciencia y tecnología: Vicente Aguilera Cerni y Antes del Arte frente a "las dos culturas" », dans *Col·lectius Artístics a València sota le Franquisme, 1964-1976*, cat. exp., Valence, IVAM, 2015, p. 234-244.

BARRERO LÓPEZ, Paula, « La crítica de arte y la búsqueda de una nueva genealogía del arte moderno durante el tardofranquismo: de la *segunda* a la *primera* vanguardia », dans Miguel Cabañas et Wifredo Rincón (dir.), *El arte y la recuperación del pasado reciente*, Madrid, CSIC, 2015.

BARREIRO LÓPEZ, Paula, KASTEN, Carey et LOCKER, Tobias (dir.), « The Baroque in the Construction of a National Culture in Francoist Spain », numéro spécial du *Bulletin of Spanish Studies. Hispanic Studies and Researches on Spain, Portugal and Latin America*, 91.5, 2014.

BARREIRO LÓPEZ, Paula et GALIMBERTI, Jacopo, « Southern Networks. The San Marino Biennale and the Convegno Internazionale Artisti, Critici e Studiosi d'Arte of Rimini », contribution au colloque *Postwar. Art between the Pacific and the Atlantic, 1945-1965*, Munich, Haus der Kunst, 21-24 mai 2014, inédit; texte disponible en ligne : www.academia.edu/7326924.

BARRERO PÉREZ, Óscar, « Acento Cultural: la inquieta juventud », dans Ramos Ortega et Manuel José (dir.), *Revistas literarias españolas del siglo XX*, 3 vol., Madrid, Ollero y Ramos, 2005, vol. 2, p. 399-462.

BASILIO, Miriam, « Genealogies for a New State: Painting and Propaganda in Franco's Spain 1936-1940 », *Discourse*, 24, automne 2002, p. 67-94.

BASILIO, Miriam, « The Alcazar of Toledo: Ritual, Tourism and Propaganda in Franco's Spain, 1936-1940 », dans Medina Lasansky et Brian McLaren (dir.), *Architecture and Tourism: Spectacle, Performance and Space*, Oxford, Berg, 2004, p. 93-110.

BASILIO, Miriam, « Catalans! Catalonia! Catalan Nationalism and Spanish Civil War Propaganda Posters », dans William H. Robinson, Jordi Falgàs et Carmen Belen Lord (dir.), *Barcelona and Modernity. Picasso, Gaudí, Miró, and Dalí*, cat. exp., Cleveland, Cleveland Museum of Art, New Haven, Yale University Press, 2006, p. 436-449.

BASILIO, Miriam, *Visual Propaganda, Exhibitions, and the Spanish Civil War*, Surrey, UK / Burlington, NY, Ashgate, 2014.

BEEVOR, Antony, *La guerra civil española*, Barcelone, Crítica, 2009.

BELLA, Félix (dir.), *Antes del Arte*, cat. exp., Valence, Consorci de Museus de la Comunitat Valenciana, 1997.

BERMAN, Marshall, *All That Is Solid Melts into the Air*, New York, Simon & Schuster, 1982.

BERTHIER, Nancy, *Le Franquisme et son image. Cinéma et propagande*, Toulouse, Presses universitaires du Mirail, 1998.

BLASCO, Juan Ángel, *Vicente Aguilera Cerni*, Valence, Consell València de Cultura, 2011.

BONET SOLVES, Victoria E. et GALDÓN I CASANOVES, Edelmir, « El compromiso en el arte: El Pabellón de la República en la Exposición Internacional de París, 1937 », dans Manuel Aznar (dir.), *València: Capital cultural de la República, 1936-1937*, Valence, Consell Valencià de Cultura, 2007, p. 469-497.

BOUVARD, Émilie et MERCIER, Géraldine (dir.), *Guernica*, cat. exp., Paris, musée Picasso-Paris, Paris, Gallimard, 2019.

BOZAL FERNÁNDEZ, Valeriano, « José Camón Aznar y la crítica de arte de su tiempo », *Boletín del Museo e Instituto Camón Aznar*, LXXII, 1998, p. 163-171.

BRIHUEGA, Jaime (dir.), *Josep Renau. 1907-1982. Compromís i cultura*, cat. exp., Valence, Universidad de Valencia, 2007.

BUONAZIA, Irene et PERELMAN, Marc, *Giulio Carlo Argan (1909-1992). Historien de l'art et maire de Rome*, Paris, Éditions de la Passion, 1999.

BÜRGER, Peter, *Theorie der Avantgarde*, Francfort, Suhrkamp, 1974; trad. française : *Théorie de l'avant-garde*, trad. Jean-Pierre Cometti, Paris, Questions théoriques, 2013.

CABAÑAS BRAVO, Miguel, *La primera Bienal Hispanoamericana de Arte: Arte, política y polémica en un certamen internacional de los años cincuenta*, thèse de doctorat inédite, Universidad Complutense de Madrid, 1991.

CABAÑAS BRAVO, Miguel, « El ideal del Siglo de Oro en la política artística de postguerra y su crisis hacia 1950 », dans *Velázquez y el arte de su tiempo*, Madrid, Alpuerto/CSIC, 1991, p. 441-449.

CABAÑAS BRAVO, Miguel, *El ocaso de la política americanista del franquismo: La imposible continuidad de las Bienales Hispanoamericanas de arte*, Mexico, Instituto Mexiquense de Cultura, 1995.

CABAÑAS BRAVO, Miguel, *La política artística del franquismo. El hito de la Primera Bienal Hispanoamericana de Arte*, Madrid, CSIC, 1996.

CABAÑAS BRAVO, Miguel, *Josep Renau. Arte y propaganda en guerra*, Madrid, Ministerio de Cultura, 2007.

CABAÑAS BRAVO, Miguel et BARREIRO LÓPEZ, Paula (dir.), « Ricardo Gullón y la Escuela de Altamira », numéro spécial d'*Astórica*, 32, 2013.

CABRERO BLANCO, Claudia, « Asturias: Las mujeres y las huelgas », dans José Babiano (dir.), *Del hogar a la huelga: Trabajo, género y movimiento obrero durante el franquismo*, Madrid, Catarata, 2007, p. 189-243.

CALDUCH CERVERA, Rafael, *Dinámica de la sociedad internacional*, Madrid, Ceura, 1993.

CALLE, Romàn DE LA, *El ojo y la memoria: materiales para una historia del arte valenciano*, Valence, PUV, 2006.

CALVO SERRALLER, Francisco (dir.), *España: Medio siglo de arte de vanguardia (1939-1985)*, Madrid, Fundación Santillana / Ministerio de Cultura, 1985.

CALVO SERRALLER, Francisco, *Del futuro al pasado. Vanguardia y tradición en el arte español contemporáneo*, Madrid, Alianza Editorial, 1988.

CARRILLO, Jesús et ESTELLA NORIEGA, Ignacio (dir.), *Desacuerdos 1. Sobre arte, políticas y esfera pública en el Estado español*, Gipuzkoa/Grenade/Barcelone/Séville, Arteleku/Centro José Guerrero/MACBA/UNIA, 2004, https:/img.macba.cat/public/uploads/publicacions/desacuerdos/desacuerdos_01.pdf [consulté le 3 août 2021].

CARRILLO, Jesús, ESTELLA NORIEGA, Ignacio et GARCÍA-MERÁS, Lidia (dir.), *Desacuerdos 3. Sobre arte, políticas y esfera pública en el Estado español*, Gipuzkoa/Grenade/Barcelone/Séville, Arteleku/Centro José Guerrero/MACBA/UNIA, 2005, https:/img.macba.cat/public/uploads/publicacions/desacuerdos/desacuerdos_03.pdf [consulté le 3 août 2021].

CARRILLO, Jesús, « Amnesia y Desacuerdos. Notas acerca de los lugares de la memoria de las prácticas artístico-críticas del tardofranquismo », dans *Arte y política de identidad*, 1, décembre 2009, p. 1-22.

CARRILLO, Jesús et VINDEL, Jaime (dir.), *Desacuerdos 8. Sobre arte, políticas y esfera pública en el Estado español*, Gipuzkoa/Grenade/Barcelone/Séville, Arteleku/Centro José Guerrero/MACBA/UNIA, 2014, https:/img.macba.cat/public/uploads/publicacions/desacuerdos/desacuerdos_08.pdf [consulté le 3 août 2021].

CASTAÑOS ALÉS, Enrique, *Los orígenes del arte cibernético en España: el seminario de Generación Automática de Formas Plásticas*, Alicante, Biblioteca Virtual Miguel de Cervantes, 2000.

CAUTE, David, *The Dancer Defects: The Struggle for Cultural Supremacy during the Cold War*, Oxford, Oxford University Press, 2003.

CAZORLA SÁNCHEZ, Antonio, *Fear and Progress. Ordinary Lives in Franco's Spain, 1939-1975*, Chichester, Malden, Wiley-Blackwell, 2010.

CELANT, Germano (dir.), *Identité italienne. L'art en Italie depuis 1959*, cat. exp., Paris, Centre Georges Pompidou, 1989.

CERÓN, Juan Francisco, « El cine de Bardem y las conversaciones de Salamanca », dans Antonio Lastra, *Estudios sobre cine*, Madrid, Editorial Verbum, 2004, p. 17-38.

CESARI, Luca (dir.), *Da Fontana a Yvaral: Arte gestaltica nella collezione della Pinacoteca di Verucchio*, Verucchio (Rimini), Pazzini, 2008.

CESARI, Luca, « Arganville 1963 », dans *Sessanta e dintorni. Nuovi miti e nuove figure dell'arte*, cat. exp., Riccione, Cinisello Balsamo, Silvana Editoriale, 2010, p. 81-89.

COLORADO CASTELLARY, Arturo (dir.), *Arte Salvado: 70 Aniversario del salvamento del patrimonio artístico español y de la intervención internacional*, cat. exp., Valence, Centre Cultural La Nau, Madrid, SEACEX, 2010.

CRAVEN, David, *Art and Revolution in Latin America 1910-1990*, New Haven, Yale University Press, 2002.

CRAVEN, David, « The Latin American origins of alternative modernism », dans Rasheed Araeen, Sean Cubitt et Sardar Ziauddin (dir.), *The Third Text Reader: On Art, Culture and Theory*, Londres/New York, Continuum, 2002, p. 24-34.

CRAVEN, David, « A Legacy for the Latin American Left: Abstract Expressionism as Anti-Imperialist Art », dans Joan Marter (dir.), *Abstract Expressionism. The International Context*, New Brunswick/New Jersey/Londres, Rutgers University Press, 2007, p. 67-81.

CRESPO MACLENNAN, Julio, *España en Europa, 1945-2000: Del ostracismo a la modernidad*, Madrid, Marcial Pons, 2004.

DACOSTA KAUFMANN, Thomas, DOSSIN, Catherine et JOYEUX-PRUNEL, Béatrice (dir.), *Circulations in the Global History of Art*, Farnham, UK, Ashgate, 2015.

DALMACE, Michèle, *Equipo Crónica, Catálogo razonado*, Valence, Ediciones del IVAM, 2001.

DALMACE, Michèle, « Equipo Crónica. Citation, citation, tout "n'est que" citation ! », dans *Emprunts et citations dans le champ artistique*, Paris, L'Harmattan, 2004, p. 75-97.

DALMACE, Michèle, « Equipo Crónica. Pim-Pam-Pop ou la réception du Pop Art nord-américain en Espagne », dans *Échanges intellectuels, littéraires et artistiques dans le monde transatlantique*, Bordeaux, Maison des sciences de l'homme d'Aquitaine, 2005, p. 193-205.

DANIEL, Marko et GALE, Matthew (dir.), *Joan Miró: The Ladder of Escape*, cat. exp., Londres, Tate, 2011.

DELGADO GÓMEZ-ESCALONILLA, Lorenzo, « Las relaciones culturales entre España y Estados Unidos: De la guerra mundial a los pactos de 1953 », *Cuadernos de Historia Contemporánea*, 25, 2003, p. 35-59.

DÍAZ, Elías, *Pensamiento español 1939-1973*, Madrid, Editorial Cuadernos para el Diálogo, 1974.

DÍAZ CUYÁS, José (dir.), *Encuentros de Pamplona 1972: Fin de fiesta del arte experimental*, cat. exp., Madrid, MNCARS, 2010.

DÍAZ CUYÁS, José, « The Furor of the Festival/Los Encuentros de Pamplona (1972) », dans Christian Höller (dir.), *L'Internationale. Post-War Avant-Gardes between 1957 and 1986*, Zurich, JRP, 2012, p. 261-267.

DÍAZ SÁNCHEZ, Julián, *El triunfo del informalismo. La consideración de la pintura abstracta en la época de Franco*, Madrid, Universidad Autónoma, 2000.

DÍAZ SÁNCHEZ, Julián, « 1960: Arte español en Nueva York. Un modelo de promoción institucional de la vanguardia », dans *Anuario del Departamento de Historia y Teoría del Arte de la Universidad Autónoma de Madrid*, XII, 2000, p. 155-166.

DÍAZ SÁNCHEZ, Julián, « Una polémica (frustrada) de partido », dans Miguel Cabañas (dir.), *El arte español fuera de España*, Madrid, CSIC, 2003, p. 675-684.

DÍAZ SÁNCHEZ, Julián, *La idea del arte abstracto en la España de Franco*, Madrid, Cátedra, 2013.

DÍAZ SÁNCHEZ, Julián et LLORENTE, Ángel, *La crítica de arte en España (1939-1975)*, Madrid, Istmo, 2004.

DÍAZ SÁNCHEZ, Julián et REYERO, Carlos (dir.), *La historia del arte y sus enemigos. Estudios sobre Juan Antonio Ramírez*, Madrid, UAM/Ediciones de la Universidad de Castilla-La Mancha, 2010.

DOMÍNGUEZ RAMA, Ana, *Enrique Ruano: Memoria viva de la impunidad del franquismo*, Madrid, Editorial Complutense, 2011.

DOUZINAS, Costas et ŽIŽEK, Slavoj (dir.), *The Idea of Communism*, Londres/New York, Verso, 2010.

DREW, Edgert, *Social Radicalism and the Arts. Western Europe: A Cultural History from the French Revolution to 1968*, New York, Alfred A. Knopf, 1970.

ECHEVERRIA PLAZAOLA, Jon et MENNEKES, Friedhelm, *Intrusos en la Casa. Arte Moderno, espacio sagrado. Arantzazu, Assy, Audincourt, Rothko Chapel, Vence, 1950-1971*, Alzuza, Fundación Oteiza, 2011.

ENJUANES PUYOL, Soledad, *Joan Ponç. Aproximació crítica al seu imaginari pictòric*, thèse de doctorat, Universitat Autónoma de Barcelona, 2015.

ESCUDERO, María A., *El Instituto de Cultura Hispánica*, Madrid, Mapfre, 1994.

ESPAGNE, Michel et WERNER, Michael, « La construction d'une référence allemande en France. Genèse et histoire culturelle », *Annales ESC*, 4, juillet-août 1987, p. 969-992.

ESPAGNE, Michel et WERNER, Michael (dir.), *Transferts. Relations interculturelles dans l'espace franco-allemand (XVIIIe-XIXe siècles)*, Paris, Éditions Recherches sur les civilisations, 1988.

ESPAGNE, Michel et WERNER, Michael, *Les Transferts culturels franco-allemands*, Paris, PUF, 1999.

ESPINÓS, Sonsoles et GALLEGO, Ruth (dir.), *¿La guerra ha terminado? Arte en un mundo dividido*, Madrid, MNCARS, 2010.

ESPINÓS, Sonsoles et GALLEGO, Ruth (dir.), *De la revuelta a la posmodernidad (1962-1982)*, Madrid, MNCARS, 2011.

FERGONZI, Flavio, « La critica militante », dans Carlo Pirovano (dir.), *La pittura en Italia. Il novecento 2, 1945-1990*, Milan, Electa, 1993, p. 569-591.

FERNÁNDEZ BUEY, Francisco, « Veinte años de marxismo en España », *Sistema*, 100, janvier 1991, p. 129-142.

FERNÁNDEZ POLANCO, Aurora, « Las galerías de arte en el Madrid de postguerra. Su labor en la transformación del panorama artístico nacional », *Villa de Madrid*, 97-98, 1988, p. 5-26.

FORMENT, Albert, *José Martínez: la epopeya de Ruedo Ibérico*, Barcelone, Editorial Anagrama, 2000.

FRANCO DOMÍNGUEZ, Antonio, « Recuperación de un escultor », dans *Ángel Duarte*, cat. exp., Cáceres, Junta de Extremadura, 1992, p. 11-23.

FRASCINA, Francis (dir.), *Pollock and after. The Critical Debate*, New York, Harper & Row Publishers, 1985, p. 125-134.

FRASQUET BELLVER, Lydia, « Ética desde la resistencia: El compromiso político de Vicente Aguilera Cerni », *Archivo Español de Arte*, 89 (356), 2016, p. 409-422, https://doi.org/10.3989/aearte.2016.27 [consulté le 3 août 2021].

FUENTES VEGA, Alicia, « Franquismo y exportación cultural. El caso de la exposición de arte Español en Buenos Aires », *Iberoamericana (2001-)*, 44, décembre 2011, p. 25-45.

FUENTES VEGA, Alicia, « Franquismo y exportación cultural: El papel de lo "español" en el apadrinamiento de la vanguardia », *Anales de Historia del Arte*, 21 (numéro spécial « Saberes artísticos bajo signo y designios del "Urbinate" »), 2011, p. 183-196.

FUSI, Juan Pablo, *Un siglo de España. La cultura*, Madrid, Marcial Pons, 1999.

FUSI, Juan Pablo et PALAFOX, Jordi, *España, 1808-1996: El desafío de la modernidad*, Madrid, Espasa Calpe, 1997.

GALIMBERTI, Jacopo, *Collective Art: Politics and Authorship in 1960s Western European Art*, thèse de doctorat (sous la dir. de Sarah Wilson), Londres, Courtauld Institute, 2013.

GALIMBERTI, Jacopo, *Individuals against Individualism. Art Collectives in Western Europe*, Liverpool University Press, 2017.

GAMBA, Claudio, « Introduzione », dans Giulio Carlo Argan, *Promozione delle arti, critica delle forme, tutela delle opere. Scritti militanti e rari (1930-1942)*, éd. par Claudio Gamba, Milan, Marinotti, 2009, p. 23-31.

GANDÍA CASIMIRO, José, *Estampa Popular*, Valence, IVAM, 1996.

GARCÍA ALCALÁ, Julio Antonio, *Historia del FELIPE: De Julio Cerón a la Liga comunista revolucionaria*, Madrid, Centro de Estudios Políticos Constitucionales, 2001.

GARCÍA CANCLINI, Julio Antonio, « ¿Modernismo sin modernización? », *Revista Mexicana de Sociología*, 51.3, 1989, p. 163-189.

GARCÍA JUILLARD, Mayte, « L'été espagnol du Musée d'art et d'histoire de Genève », *Revue d'histoire de l'art et archéologie*, vol. LI, 2003, p. 203-232.

GEIST, Anthony L. et MONLÉON, José B., *Modernism and Its Margins. Reinscribing Cultural Modernity from Spain and Latin America*, New York, Garland Publishing, 1999.

GIES, David T., *Modern Spanish Culture*, Cambridge, Cambridge University Press, 2006.

GIUSTINIANI, Eve, « El exilio del 36 y la tercera España. Ortega y Gasset y los blancos de París, entre franquismo y liberalismo », *Circunstancia*, 19, 2009, www.ortegaygasset.edu/publicaciones/circunstancia/ano-vii---n--19---mayo-2009/articulos/el-exilio-de-1936-y-la-tercera-espana--ortega-y-gasset-y-los-blancos-de-paris--entre-franquismo-y-liberalismo [consulté le 9 août 2013].

GOLAND, Romy, « The Critical Moment: Lionello Venturi in America », dans Christopher Benfey et Karen Remmler (dir.), *Artists, Intellectuals, and World War II. The Pontigny Encounters at Mount Holyoke College, 1942-1944*, Amherst, University of Massachusetts Press, 2006, p. 122-135.

GOLDMAN, Shifra M., *Dimensions of the Americas: Art and Social Change in Latin America and the United States*, Chicago, University of Chicago Press, 1994.

GÓMEZ AGUILERA, Fernando, « Alberto Corazón: Los tentáculos del pulpo, la concha del caracol », dans *Alberto Corazón. Obra conceptual, pintura y escultura 1968-2008*, cat. exp., Valence, IVAM, 2008, p. 27-91.

GÓMEZ ALÉN, José et VEGA GARCÍA, Rubén (dir.), *Materiales para el estudio de la abogacía antifranquista*, Madrid, Ediciones GPS, 2010.

GÓMEZ PÉREZ, Rafael, *El franquismo y la Iglesia*, Madrid, Rialp, 1986.

GÓMEZ RODA, Alberto, *Comisiones obreras y represión franquista*, Valence, Universidad de Valencia, 2004.

GRACIA, Jordi, *Estado y cultura. El despertar de una conciencia crítica bajo el franquismo (1940-1962)*, Toulouse, Presses universitaires du Mirail, 1996.

GRACIA, Jordi, *La Resistencia silenciosa. Fascismo y cultura en España*, Barcelone, Anagrama, 2004.

GRAHAM, Helen et LABANYI, Jo, *Spanish Cultural Studies. An Introduction*, Oxford, Oxford University Press, 1996.

GRAHAM, Helen, *Spanish Civil War. A Very Short Introduction*, Oxford, Oxford University Press, 2005.

GRANDAS, Teresa, « Is Spain Really Different? », dans Christian Höller (dir.), *L'Internationale. Post-War Avant-Gardes between 1957 and 1986*, Zurich, JRP, 2012, p. 170-178.

GROSSMAN, Johannes, « "Baroque Spain" as a Metaphor: *Hispanidad*, Europeanism and Cold War Anti-Communism in Francoist Spain », dans Paula Barreiro López, Carey Kasten et Tobias Locker (dir.), « The Baroque in the Construction of a National Culture in Francoist Spain », numéro spécial du *Bulletin of Spanish Studies. Hispanic Studies and Researches on Spain, Portugal and Latin America*, 91.5, 2014, p. 755-771.

GRUNENBERG, Christoph et HARRIS, Jonathan, *Summer of Love. Psychedelic Art, Social Crisis, Counterculture in the 1960's*, Liverpool, Liverpool University Press / Tate Liverpool, 2005.

GRUNENBERG, Christoph et MORRIS, Linda, *Picasso. Peace and Freedom*, cat. exp., Londres, Tate, 2010.

GUASCH, Anna María, *Arte e ideología en el País Vasco: 1940-1980*, Madrid, Akal, 1985.

GUILBAUT, Serge, *How New York Stole the Idea of Modern Art. Abstract Expressionism, Freedom and Cold War*, Chicago, University of Chicago Press, 1985; trad. française : *Comment New York vola l'idée d'art moderne. Expressionnisme abstrait, liberté et guerre froide*, Nîmes, J. Chambon, 1988.

GUILBAUT, Serge (dir.), *Reconstructing Modernism: Art in New York, Paris and Montreal 1945-1964*, Cambridge, MA, MIT Press, 1990.

GUIRAO, Fernando, « The Origins and Nature of the First Spanish Application to the European Economic Community », dans *L'Union européenne à l'aube d'un nouveau siècle*, Madrid, Euroius, 1997, p. 31-45.

GUNTHER, Richard, MONTERO, José Ramón et WERT, José Ignacio, « The Media and Politics in Spain: From Dictatorship to Democracy », dans Richard Gunther et Anthony Mughan (dir.), *Democracy and the Media: A Comparative Perspective*, Cambridge, Cambridge University Press, 2000, p. 34-35.

HADDEN, Gerry, « Palomares Bombs: Spain Waits for US to Finish Nuclear Clean-Up », *BBC News Magazine*, 21 octobre 2012, www.bbc.com/news/magazine-18689132 [consulté le 12 août 2013].

HARO GARCÍA, Noemí DE, « Contra "XXV años de paz": Los grabados que se opusieron a los medios de masas del franquismo », dans Miguel Cabañas Bravo, Amelia López-Yarto Elizalde et Wifredo Rincón García (dir.), *Arte en tiempos de guerra*, Madrid, CSIC, 2009, p. 367-378.

HARO GARCÍA, Noemí DE, *Estampa popular: un arte crítico y social en la España de los sesenta*, thèse de doctorat (sous la dir. de Miguel Cabañas Bravo), Universidad Complutense de Madrid, 2010.

HARO GARCÍA, Noemí DE, *Grabadores contra el franquismo*, Madrid, CSIC, 2010.

HARO GARCÍA, Noemi DE, « Culture Will Set You Free. Art and Politics in Cold War Spain, 1951-1964 », *Konsthistorisk tidskrift/Journal of Art History*, 82, 2013, p. 287-303.

HARRIS, Jonathan, *Writing Back to Modern Art: After Greenberg, Fried and Clark*, Oxford/New York, Routledge, 2005.

HARRIS, Jonathan, *New Art History: The Key Concepts*, Oxford/New York, Routledge, 2006.

HARRIS, Jonathan (dir.), *Globalization and Contemporary Art*, Malden/Oxford, Wiley-Blackwell, 2011.

HARRIS Jonathan, *The Utopian Globalists: Artists of the Worldwide Revolution*, Malden/Oxford, Wiley-Blackwell, 2013.

HARRIS, Jonathan et KOECH, Richard (dir.), *Picasso and the Politics of Representation*, Liverpool, Liverpool University Press, 2014.

HENSBERGEN, Gijs VAN, *Guernica. The Biography of a Twentieth Century Icon*, Londres, Bloomsbury Publishing, 2005 ; trad. espagnole : *Guernica: La historia de un icono del siglo XX*, trad. Francisco José Ramos Mena, Barcelone, Debate, 2005.

HERNÁNDEZ SANDOICA, Elena, RUIZ CARNICER, Miguel Ángel et BALDÓ LACOMBA, Marc (dir.), *Estudiantes contra Franco (1939-1975): Oposición política y movilización juvenil*, Madrid, La Esfera de los Libros, 2007.

HEROLD-MARNE, Amanda, *L'Identité artistique à l'épreuve. Les artistes espagnols à Paris et l'engagement à partir de la guerre civile (1936-1956)*, thèse de doctorat (sous la dir. de Laurence Bertrand Dorléac), Institut d'études politiques Paris, 2017.

JIMÉNEZ-BLANCO, María Dolores, *Arte y estado en la España del siglo XX*, Madrid, Alianza, 1989.

JIMÉNEZ-BLANCO, María Dolores, *José Luis Fernández del Amo: Un proyecto de museo de arte contemporáneo*, Madrid, MNCARS, 1995.

JIMÉNEZ-BLANCO, María Dolores et LUBAR, Robert S., *Contemporary Transatlantic Dialogues: Art History, Criticism and Exhibition Practices in Spain and the United States*, New York, Center for Spain in America, 2013.

JONES, Amelia (dir.), *A Companion to Contemporary Art since 1945*, Malden/Oxford, Blackwell Publishing, 2006.

JORDAN, Barry et MORGAN-TAMOSUNAS, Rikki, *Contemporary Spanish Cultural Studies*, New York, Arnold Publishers, 2000.

JUDT, Tony, *Sobre el olvidado siglo XX*, Madrid, Taurus, 2008.

KELLY, Dorothy, « Selling Spanish "Otherness" since the 1960s », dans Barry Jordan et Rikki Morgan-Tamosunas (dir.), *Contemporary Spanish Cultural Studies*, New York, Arnold, 2000, p. 29-37.

KÖSSLER, Till, « Erziehung als Mission. Katholische Sozialisation und Gesellschaft im frühen Franquismus (1936-1950) », dans Klaus Tenfelde (dir.), *Religiöse Sozialisation im 20. Jahrhundert*, Essen, Klartext, 2010, p. 193-217.

KUSPIT, Donald, *The Critic as Artist. The Intentionality of Art*, Michigan, UMI Research Press, 1984.

LABANYI, Jo, « Censorship or the Fear of Mass Culture », dans Helen Graham et Jo Labanyi (dir.), *Spanish Cultural Studies*, Oxford, Oxford University Press, 1996, p. 207-214.

LABANYI, Jo, *Constructing Identity in Contemporary Spain: Theoretical Debates and Cultural Practice*, Oxford, Oxford University Press, 2002.

LACRUZ, Javier, *Equipo Realidad (Jorge Ballester/Juan Cardells) 1966-1976*, Saragosse, Mira editores, 2006.

LASSALLE, Hélène, « Art criticism as strategy: The idiom of Nouveau Réalisme from Fernand Léger to Pierre Restany », dans Malcolm Gee (dir.), *Art Criticism Since 1900*, Manchester, Manchester University Press, 1993, p. 199-218.

LA TORRE MERINO, José Luis, MUÑOZ GONZALO, Rocío et VILLANUEVA TOLEDO, María Josefa, « El gabinete de enlace: una oficina de control e información al servicio del Estado », dans *II Encuentros de Investigadores del Franquismo*, Alicante, Instituto de Cultura Gil Albert, 1995, p. 7-13.

LEBEAU, Élodie, *L'Odyssée du Musée de la Solidarité Salvador Allende (1971-1991). Une histoire culturelle transnationale du Chili de l'Unité populaire au retour d'exil*, thèse de doctorat inédite (sous la dir. d'Évelyne Toussaint et Alfredo Riquelme), Université Toulouse 2 – Jean Jaurès et Pontificia Universidad Católica de Chile, 2021.

LEMA AÑÓN, Carlos, « Manuel Sacristán y la recepción española de György Lukács », *Universitas. Revista de filosofía, derecho y política*, 7, 2008, p. 87-108.

LLEONART, Alberto J., *España y ONU-V (1951)*, Madrid, CSIC, 1996.

LLORENS, Tomàs, « Equipo Crónica. La amistad y la palabra », dans Michele Dalmace (dir.), *Equipo Crónica. Catálogo razonado*, Valence, IVAM, 2000, p. 13-23.

LLORENS, Tomàs et LLORENS, Boye (dir.), *Equipo Crónica*, cat. exp., Bilbao, Museo de Bellas Artes, 2015.

LLORENTE HERNÁNDEZ, Ángel, *El Equipo 57 y el arte normativo español*, mémoire de licence, Universidad de Valladolid, 1982.

LLORENTE HERNÁNDEZ, Ángel, *Arte e ideología en la España de la postguerra (1939-1951)*, thèse de doctorat (sous la dir. d'Antonio Bonet Correa), Universidad Complutense de Madrid, 1991.

LLORENTE HERNÁNDEZ, Ángel, *Arte e ideología en el Franquismo (1936-1951)*, Madrid, Visor, 1995.

LLORENTE HERNÁNDEZ, Ángel, *Equipo 57*, Cordoue, Diputación de Córdoba, 2003.

LOCKER, Tobias, « The Baroque in the Construction of a National Culture in Francoist Spain: An Introduction », dans Paula Barreiro López, Carey Kasten et Tobias Locker (dir.), « The Baroque in the Construction of a National Culture in Francoist Spain », numéro spécial du *Bulletin of Spanish Studies. Hispanic Studies and Researches on Spain, Portugal and Latin America*, 91.5, 2014, p. 663-669.

LONGHURST, Alex, « Culture and development: The impact of 1960s *desarrollismo* », dans Barry Jordan et Rikki Morgan-Tamosunas, *Contemporary Spanish Cultural Studies*, New York, Arnold, 2000, p. 17-28.

LÓPEZ SOBRADO, Esther, « Ama la paz y odia la guerra: Los frescos de Luis Quintanilla sobre la guerra civil », dans *Los frescos de Luis Quintanilla sobre la Guerra*, Santander, Universidad de Cantabria, 2007, p. 13-30.

LORENTE, Jesús Pedro, « Los nuevos museos de arte moderno y contemporáneo bajo el franquismo », *Artigrama*, 13, 1998, p. 295-313.

LORENTE, Jesús Pedro, « Camón Aznar como crítico y presidente fundador de la AECA », *AACA Digital: Revista de la Asociación Aragonesa de Críticos de Arte*, 18, 2012, www.aacadigital.com/contenido.php?idarticulo=620&idrevista=25 [consulté le 16 février 2014].

LUBAR, Robert S., « Millares y la pintura vanguardista española en América », *La Balsa de la Medusa*, 22, 1992, p. 49-72.

LUBAR, Robert S., « Ortega y Greenberg frente al arte moderno y la cultura de masas », *Revista de Occidente*, Madrid, 168, mai 1995, p. 23-41.

LUBAR, Robert S., « Antoni Tàpies », *Burlington Magazine*, 1105, 1995, p. 271-273.

MANGINI GONZÁLEZ, Shirley, *Rojos y rebeldes. La cultura de la disidencia durante el franquismo*, Barcelone, Anthropos, 1987.

MARCHÁN FIZ, Simón, LLORENTE HERNÁNDEZ, Ángel et GONZÁLEZ ORBEGOZO, Marta (dir.), *Equipo 57*, cat. exp., Madrid, MNCARS, 1993.

MARTÍN, Fernando, *El pabellón español en la Exposición Universal de París de 1937*, Séville, Universidad de Sevilla, 1987.

MARTINI, Vittoria, « The evolution of an exhibition model. Venice Biennale as an entity in time », dans Federica Martini et Vittoria Martini, *Just Another Exhibition: Histories and Politics of Biennials*, Milan, Postmediabooks, 2011, p. 119-138.

MARZO, Jorge Luis, *Arte moderno y franquismo. Los orígenes conservadores de la vanguardia y de la política artística en España*, Gérone, 2006, n.p., www.soymenos.net/arte_franquismo.pdf [consulté le 12 mai 2009].

MARZO, Jorge Luis, *¿Puedo hablarle con libertad, excelencia? Arte y poder en España desde 1950*, Murcie, CENDEAC, 2010.

MARZO, Jorge Luis et MAYAYO, Patricia, *Arte en España. Ideas, prácticas, políticas (1939-2015)*, Madrid, Cátedra, 2015.

MATEOS, Abdón, « La guerra continúa: Ayuda a los refugiados de la guerra civil y acción política republicana », conférence, Seminario de Historia Contemporánea, Universidad Complutense de Madrid, 22 mars 2007, www.ucm.es/dep-historiapensamiento/sesiones-2006-2007 [consulté le 12 mai 2014].

MAURICE, Thierry, *La Transition démocratique. L'Espagne et ses ruses mémorielles (1976-1982)*, Rennes, Presses universitaires de Rennes, 2013.

MAYAYO, Patricia, *Historias de mujeres, historias del arte*, Madrid, Cátedra, 2011 [2003].

MENDELSON, Jordana, *Documenting Spain. Artists, Exhibition Culture and Modern Nation (1929-1939)*, University Park, PA, Pennsylvania State University Press, 2005.

MENDELSON, Jordana, *Revistas y guerra 1936-1939*, cat. exp., Madrid, MNCARS, 2007.

MENDELSON, Jordana, *Revistas, modernidad y guerra*, Madrid, MNCARS, 2008.

MENDELSON, Jordana, *El pabellón español. París. 1937*, Madrid, Ediciones La Central, 2009.

MENDELSON, Jordana et DIEGO, Estrella DE, « Political Practice and the Arts in Spain, 1927-1936 », dans Virginia Hagelstein Marquardt (dir.), *Art and Journals on the Political Front, 1910-1940*, Gainesville, University of Florida Press, 1997, p. 183-214.

MERCADER, Antoni, PARCERISAS, Pilar et ROMA, Valentín, *Grup de Treball*, cat. exp., Barcelone, MACBA, 1999.

MERCER, Kobena (dir.), *Cosmopolitan Modernism*, Cambridge, MA, MIT Press, 2005.

MESA, Roberto, *Jaraneros y alborotadores: Documentos sobre los sucesos estudiantiles de febrero de 1956 en la Universidad Complutense de Madrid*, 2e éd., Madrid, Universidad Complutense, 2006.

MOLINERO, Carmen et YSÀS, Pere, *Productores disciplinados y minorías subversivas. Clase obrera y conflictividad laboral en la España franquista*, Madrid, Siglo XXI, 1998.

MOLINERO, Carmen et YSÀS, Pere, *La anatomía del franquismo: De la supervivencia a la agonía, 1945-1977*, Barcelone, Crítica, 2008.

MONTERO, Feliciano, *La Iglesia: De la colaboración a la disidencia (1956-1975); la oposición al franquismo*, Madrid, Encuentro, 2009.

MORADIELLOS, Enrique, *La España de Franco (1939-1975). Política y sociedad*, Madrid, Síntesis, 2000.

MORÁN, Gregorio, *Miseria y grandeza del Partido Comunista de España 1939-1985*, Barcelone, Planeta, 1986.

MORELLI, Gabriele, « Rafael Alberti: Poesía y creación durante el exilio en Roma », dans *Entre el clavel y la espada: Rafael Alberti en su siglo*, cat. exp., Madrid, Sociedad Estatal de Conmemoraciones Culturales, 2003, p. 421-486.

MUMFORD, Eric, *The CIAM Discourse on Urbanism (1928-1960)*, Cambridge, MA, MIT Press, 2000.

MUÑOZ AUNIÓN, Marta, « "INTER ARMA, SILENT ARTES": la intervención nazi en la configuración mediática y política del alzamiento », *Archivos de la filmoteca: Revista de estudios históricos sobre la imagen*, 66, 2010, p. 106-129.

MUÑOZ SORO, Javier, *Cuadernos para el Diálogo (1963-1976). Una historia cultural del franquismo*, Madrid, Marcial Pons, 2005.

MURGA CASTRO, Idoia, « El pabellón español de 1939: un proyecto frustrado para la exposición internacional de Nueva York », *Archivo Español de Arte*, 331, juillet-septembre 2010, p. 213-234.

MURGA CASTRO, Idoia, *Artistas españoles en la danza. De la Edad de Plata al exilio (1916-1962)*, thèse de doctorat (sous la dir. de Miguel Cabañas Bravo), Universidad Complutense de Madrid, 2011.

MURGA CASTRO, Idoia, *Pintura en danza. Los artistas españoles y el ballet (1916-1962)*, Madrid, CSIC, 2012.

NEIRA, Marián, *La memoria no es nostalgia: José Caballero*, thèse de doctorat (sous la dir. de Lucía García de Carpi), Universidad Complutense de Madrid, 2004.

NICOLINI, Simonetta et SEMPRINI, Renzo, *53-85: Ricerche artistiche a Rimini nel secondo Novecento*, Misano Adriatico, Silver Books Edizioni, 1998.

NÚÑEZ LAISECA, Mónica, *XXV años de paz. Ventennale della resistenza. Rentabilidad y descrédito de la política artística española en Italia*, mémoire de master inédit (sous la dir. de María Dolores Jiménez-Blanco), Universidad Complutense de Madrid, 2002.

NÚÑEZ LAISECA, Mónica, « El realismo español fuera de España: transmisión y lectura de una identidad estética durante la guerra fría », dans Miguel Cabañas (dir.), *El arte español fuera de España*, Madrid, CSIC, 2003, p. 131-142.

NÚÑEZ LAISECA, Mónica, « Los caminos del arte español en Italia: una evocación de la Resistencia », dans *Congreso de Caminería hispánica*, Madrid, Ministerio de Fomento, 2004, p. 737-754.

NÚÑEZ LAISECA, Mónica, *Arte y política durante el desarrollismo (1962-1968)*, Madrid, CSIC, 2006.

ORTIZ-ECHAGÜE, Javier et MONTERO DÍAZ, Julio, « Documentary Uses of Artistic Photography: Spain. Types and Costumes by José Ortiz Echagüe », *History of Photography*, 35.4, 2011, p. 394-415.

PADILLA CRISOL, Fabián, *Wirtschaftliche Entwicklung in Spanien von 1940 bis 1959*, Norderstedt, Grin, 2003.

PARAMIO, Ludolfo, *Tras el diluvio. La izquierda ante el fin de siglo*, Madrid, Siglo XXI, 1988.

PARCERISAS, Pilar, *Conceptualismo(s), poéticos, políticos y periféricos; en torno al arte conceptual en España, 1964-1980*, Madrid, Akal, 2007.

PATUEL CHUST, Pascual et RAMBLA ZARAGOZA, Wenceslao, « Provocación en el Realismo Social valenciano », *Recerca. Revista de Pensament i Anàlisis*, 5, 1995, p. 99-132.

PAVLOVIĆ, Tatjana, *Despotic Bodies and Transgressive Bodies: Spanish Culture from Francisco Franco to Jesús Franco*, Albany, NY, SUNY Press, 2003.

PAYNE, Stanley et CONTRERAS, Delia, *España y la Segunda Guerra Mundial*, Madrid, Editorial Complutense, 1996.

PELTA RESANO, Raquel, « Entre las musas y la espada: La imagen del artista durante el primer franquismo », *Espacio, tiempo y forma*, 7, 1997, p. 265-286.

PÉREZ, Isabel (dir.), *Arte normativo*, cat. exp., Valence, Consorcio de Museos de Valencia, 2010.

PÉREZ GARCÍA, Carlos et BONET, Juan Manuel (dir.), *España años 50: Una década de creación*, cat. exp., Museo Municipal de Málaga / Mücsarnok Kunsthalle, Budapest / Národní Galerie, Prague, Madrid, SEACEX, 2004.

PICCHIONE, John, « Aesthetic forms and social commitment: the debate of the Italian Neoavant-garde », conférence, 6th International SANART Symposium « Art and Social Engagement », 1er-3 mai 2002, p. 1-20, www.sanart.org.tr/artengaged/ArtEngagement_JohnPicchione_Paper.pdf [consulté le 7 mars 2011].

PICCHIONE, John, *The New Avant-garde in Italy: Theoretical Debate and Poetical Practices*, Toronto/Buffalo/Londres, University of Toronto Press, 2004.

PIOTROWSKI, Piotr, « Du tournant spatial ou une histoire horizontale de l'art », dans Kantuta Quiros et Aliocha Imhoff (dir.), *Géo-esthétique*, Paris, B42, 2014, p. 123-131.

POGGIOLI, Renato, *Teoria dell'arte d'avanguardia*, Bologne, Il Mulino, 1962 ; trad. anglaise : *Theory of the Avant-garde*, trad. Gerald Fitzgerald, Cambridge, MA, Harvard University Press, 1974.

PRESTON, Paul, *Franco: A Biography*, Londres, Harper Collins, 1993.

PRESTON, Paul, *The Spanish Holocaust: Inquisition and Extermination in Twentieth-Century Spain*, New York, W.W. Norton, 2012.

PUCCINI, Dario, *Romanzero della resistenza spagnola*, Milan, Feltrinelli, 1960.

RAMÍREZ, Juan Antonio, « La sobriedad crítica de Bozal », *Revista de Libros de la Fundación Caja Madrid*, 135, mars 2008, p. 23-24.

RAMÍREZ, Pablo, *Grupo Parpalló, 1956-1961*, Valence, Edicions Alfons el Magnànim, 1991.

RAMÍREZ, Pablo, *El grupo Parpalló: La construcción de una vanguardia*, Valence, Institució Alfons el Magnànim, 2000.

REIG TAPIA, Alberto, « La depuración intelectual del nuevo estado franquista », *Revista de Estudios Políticos*, N.S. 88, avril-juin 1995, p. 175-198.

REIN, Raanan, *La salvación de una dictadura: Alianza Franco-Perón, 1946-1955*, Madrid, CSIC, 1995.

REQUENA GALLEGO, Manuel et SEPÚLVEDA LOSA, Rosa María, *Las Brigadas Internacionales: El contexto internacional, los medios de propaganda, literatura y memorias*, Cuenca, Ediciones de la Universidad de Castilla-La Mancha, 2003.

RICHARDSON, John, « How political was Picasso? », *The New York Review of Books*, 57, 18, novembre 2010, p. 27-30.

RICO, Eduardo G., *Queríamos la revolución: Crónicas del FELIPE (Frente de Liberación Popular)*, Barcelone, Flor del Viento, 1998.

ROCKLAND, Michael Aaron, *Un diplomático americano en la España de Franco*, Valence, Universidad de Valencia, 2011.

RODRÍGUEZ JIMÉNEZ, José Luis, *Reaccionarios y golpistas: La extrema derecha en España; del tardofranquismo a la consolidación de la democracia (1967-1982)*, Madrid, CSIC, 1994.

RODRÍGUEZ PUÉRTOLAS, Julio, « Fascismo y poesía en España », dans *Actas del séptimo congreso de la Asociación Internacional de Hispanistas*, Rome, Bulzoni, 1982, p. 883-891.

RODRÍGUEZ TEJADA, Sergio, *Zonas de libertad: Dictadura franquista y movimiento estudiantil en la Universidad de Valencia*, vol. 2 : *1965-1975*, Valence, Universidad de Valencia, 2009.

ROJAS CLAROS, Francisco, « Una editorial para los nuevos tiempos: Ciencia Nueva (1965-1970) », *Revista Historia del Presente*, Departamento de Historia Contemporánea de la UNED, 5, 2005, p. 103-120 ; et *Represura*, 2, janvier 2007, www.represura.es/represura_2_enero_2007_articulo2.html [consulté le 12 février 2014].

ROJAS CLAROS, Francisco, « Poder, disidencia editorial y cambio cultural en España durante los años 60 », *Pasado y Memoria*, 5, 2006, p. 59-80.

ROJAS CLAROS, Francisco, *Dirigismo cultural y disidencia editorial en España (1962-1973)*, Alicante, Universidad de Alicante, 2013.

SÁNCHEZ VÁZQUEZ, Adolfo, « La estética libertaria y comprometida de Sartre », dans Adolfo Sánchez Vázquez, *Ensayos sobre arte y marxismo*, Mexico, Grijalbo, 1984, p. 155-174.

SANTOS, Julià, « ¿Falange liberal o intelectuales fascistas? », *Claves de Razón Práctica*, 121, avril 2002, p. 4-13.

SELLES RIGAT, Narcís, *Aproximació a la trajectòria intel·lectual d'Alexandre Cirici Pellicer*, thèse de doctorat (sous la dir. de Mercè Vidal Jansà et Teresa Camps Miró), Universitat Autònoma de Barcelona, 2005.

SELLES RIGAT, Narcís, *Alexandre Cirici Pellicer. Una biografía intel·lectual*, Catarroja/Barcelone, Alfers, 2007.

SERRI, Mirella, *I redenti. Gli intellettuali che vissero due volte. 1938-1948*, Milan, Corbaccio, 2005.

STONOR SAUNDERS, Frances, *Who Paid the Piper? CIA and the Cultural Cold War*, Londres, Granta, 1999.

STONOR SAUNDERS, Frances, *The Cultural Cold War: The CIA and the World of Arts and Letters*, New York, New Press, 2000.

SUEIRO, Daniel, *El Valle de los Caídos: Los secretos de la cripta franquista*, Madrid, La Esfera de los Libros, 2006.

TEJEDOR, Concha, « El pintor valenciano Juan Genovés expone sus obras inéditas en homenaje a Salvador Victoria », dans *Levante*, www.levante-emv.com/portada/3732/pintor-valenciano-juan-genoves-expone-obras-ineditas-homenaje-salvador-victoria/374780.html [consulté le 27 novembre 2015].

TIÓ BELLIDO, Ramón (dir.), *Histoires de 50 ans de l'Association internationale des critiques d'art/AICA*, Paris, AICA Press, 2002.

TIÓ BELLIDO, Ramón, *L'Art et les expositions en Espagne pendant le franquisme*, Paris, Isthme éditions, 2005.

TIÓ BELLIDO, Ramón, *L'art a toujours vingt ans*, Marseille, Mediterrane Éditions/AICA Press, 2009.

TORRENT, Rosalía, *España en la Bienal de Venecia*, Castellón, Diputación de Castellón, 1997.

TOUSSAINT, Laurence, *El Paso y el arte abstracto en España*, Madrid, Cátedra, 1983.

TOWNSON, Nigel (dir.), *Spain Transformed. The Late Franco Dictatorship, 1959-1975*, Hampshire/New York, Palgrave, 2007.

TOWNSON, Nigel, « Cuando Eisenhower visitó a Franco », *El País*, 21 décembre 2009, http://elpais.com/diario/2009/12/21/opinion/1261350010_850215.html [consulté le 14 septembre 2012].

TRAPIELLO, Andrés, *Las armas y las letras: Literatura y guerra civil, 1936-1939*, Barcelone, Planeta, 1994.

TREGLOWN, Jeremy, *Franco's Crypt: Spanish Culture and Memory since 1936*, New York, Farrar, Straus & Giroux, 2013.

TUDELILLA, Chus (dir.), *El Paso a la moderna intensidad*, cat. exp., Castilla-La Mancha, Junta de comunidades, 2008.

TUDELILLA, Chus, *Mathias Goeritz. Recuerdos de España, 1940-1953*, Saragosse, Prensas Universitarias de Zaragoza, 2014.

TUSELL, Genoveva, « The Internationalisation of Spanish Abstract Art », *Third Text*, numéro spécial « Europe: The Fifties Legacy », 20, 2, 20 mars 2006, p. 241-249.

TUSELL, Genoveva, « González Robles, comisario español en São Paulo », dans *España en la Bienal de São Paulo bajo el comisariado de Luis González Robles*, Alcalá de Henares, Museo Luis González Robles, 2008, p. 11-22.

TUSELL, Javier, *Dictadura franquista y democracia*, Barcelone, Crítica, 2005.

TUSELL GARCÍA, Genoveva, « La internacionalización del arte abstracto español. Exposiciones oficiales en el exterior (1955-1964) », dans Miguel Cabañas Bravo (dir.), *El arte español fuera de España*, Madrid, CSIC, 2003, p. 121-130.

VÁZQUEZ DE PARGA, Ana (dir.), *Del Surrealismo al Informalismo: Arte de los años 50 en Madrid*, cat. exp., Madrid, Sala de Exposiciones de la Comunidad de Madrid, 1991.

VEGA, Pedro et JAÚREGUI, Fernando, *Crónica del antifranquismo: 1939-1975: todos los que lucharon por devolver la democracia a España*, Madrid, Planeta, 2007.

VERA JIMÉNEZ, Fernando, « La diaspora comunista en España », *HAOL*, 26, 2009, p. 35-48.

VERNIOLLE DELALLE, Michelle, *Peinture et opposition sous le franquisme. La parole en silence*, Paris, L'Harmattan, 2004.

VILARÓS, Teresa M., *El mono del desencanto: Una crítica cultural de la transición española (1973-1993)*, Madrid, Siglo XXI, 1998.

VILLAESPESA, Mar (dir.), *Desacuerdos 7. Sobre arte, políticas y esfera pública en el Estado español. Feminismos*, Gipuzkoa/Grenade/Barcelone/Séville, Arteleku/Centro José Guerrero/MACBA/UNIA, 2012, https://img.macba.cat/public/uploads/publicacions/desacuerdos/desacuerdos_07.pdf [consulté le 3 août 2021].

VIÑAS, Ángel, *En las garras del águila: Los pactos con Estados Unidos, de Francisco Franco a Felipe González, 1945-1995*, Barcelone, Crítica, 2003.

VIÑAS, Ángel, *La soledad de la república: El abandono de las democracias y el viraje hacia la Unión Soviética*, Barcelone, Crítica, 2006.

VIÑAS, Ángel, *La conspiración del general Franco y otras revelaciones acerca de una guerra civil desfigurada*, Barcelone, Crítica, 2011.

VINDEL, Jaime, « Adolfo Sánchez Vázquez y la crítica de arte marxista del tardofranquismo y la Transición: debates estéticos e intelectualidad orgánica durante los años setenta en el Partido Comunista de España », dans *Historia del arte y estética, nudos y tramas. XXXIX Coloquio Internacional de Historia del Arte* (2015), Mexico, Universidad Nacional Autónoma de México, Instituto de Investigaciones Estéticas, 2019, www.ebooks.esteticas.unam.mx/items/show/56 [consulté le 3 août 2021].

WERCKMEISTER, Otto Karl, *Icons of the Left: Benjamin and Eisenstein, Picasso and Kafka after the Fall of Communism*, Chicago, Chicago University Press, 1999.

WERNER, Michael, « Zum theoretischen Rahmen und historischen Ort der Kulturtransferforschung », dans Michael North (dir.), *Kultureller Austausch. Bilanz und Perspektiven der Frühneuzeitforschung*, Cologne/Weimar/Vienne, Böhlau, 2009, p. 15-23.

WILSON, Sarah, *The Visual World of French Theory. Figurations*, New Haven, Yale University Press, 2010.

WOOD, Paul, FRASCINA, Francis, HARRIS, Jonathan et HARRISON, Charles, *La modernidad a debate (El arte desde los cuarenta)*, Madrid, Akal, 1999 [1993].

WOOD, Paul, « Art of the 20th century », dans Jason Gaiger (dir.), *Frameworks for Modern Art*, Londres, Yale University Press, 2003, p. 5-56.

YSÁS, Pere, *Disidencia y subversión. La lucha del régimen franquista por su supervivencia 1960-1975*, Barcelone, Crítica, 2004.

IV Bienal del Museo de Arte Moderno: 1957, São Paulo, Brésil, cat. exp., Alzuza, Fundación Museo Jorge Oteiza, 2007.

Index

Groupes et notions artistiques

Partis, groupes, institutions politiques

Lieux d'exposition et manifestations culturelles

Maisons d'édition

Revues, magazines, journaux

Personnes

Remerciements

Cette recherche a bénéficié de toutes les discussions passionnantes et productives que j'ai eues avec collègues et amis. Elles ont contribué à donner forme au présent ouvrage et, pour leurs idées et critiques constructives, je suis très reconnaissante envers Philippe Dagen, Jonathan Harris, David Craven, Jean-Marc Poinsot, Laurence Bertrand Dorléac, Béatrice Joyeux-Prunel, Mathilde Arnoux, Julián Díaz, Miguel Cabañas, Narcís Selles, Antonio Cazorla-Sánchez, Carey Kasten, Jorge Luis Marzo, Román de la Calle, Miriam Basilio, Jo Labanyi, Jordana Mendelson, Arnauld Pierre, Évelyne Toussaint, Nigel Townson, Michael Agnew et Jacopo Galimberti. Extrêmement utiles m'ont aussi été les réunions du groupe de lecture de l'université de Liverpool avec Judith Walsh, Antoinette McKane et Jane Clayton, au cours de l'été 2010, qui m'ont permis d'exposer sous plusieurs angles mon travail sur le(s) modernisme(s).

Au cours de mes recherches, j'ai également reçu beaucoup de soutien de la part de Lola Jiménez-Blanco, Carmen Bernárdez, Leida Fernández, Fabiola Martínez, Kevin Ingram, Anna María Guasch, Joan Sureda, Joan Ramón Triadó, Rosa María Subirana, Consuelo Naranjo, Nieves Rupérez, Loles González-Ripoll, Wifredo Rincón, et des membres du département d'histoire de l'art de l'Universitat de Barcelona.

Je suis particulièrement reconnaissante envers Tomàs Llorens et Ana Peters, Valeriano Bozal, Agustín Ibarrola et son épouse Mari Luz Bellido, Txato Etxaniz, Ludolfo Paramio, Eugenia Guezuraga Careaga, Francisco Fernández Buey, José María Yturralde, Dore Ashton et Carola Moreno, Daniel de Labra, Paola Argan et Claudio Gamba. Leur générosité, leur empressement à me faire part de leurs souvenirs et de leurs documents personnels, ainsi qu'à discuter de mon travail, m'ont offert une perspective saisissante sur la vie culturelle sous le franquisme tardif, donnant aux sources d'archives cette couleur qui leur manque si souvent. J'espère que le présent ouvrage en témoignera.

Depuis 2011, ma recherche a bénéficié du soutien du Consejo Superior de Investigaciones Científicas (CSIC) et du Ministerio de Economía y de Competitividad espagnol, ce qui m'a permis de poursuivre la rédaction de mon manuscrit en relation avec les projets de recherche de mon actuel contrat

Ramón y Cajal (RYC 2012-11702) et de « Modernités décentralisées. Art, politique et contre-cultures dans l'axe transatlantique pendant la guerre froide » (HAR 2014-53834-P et HAR 2017-82755-P). Je remercie aussi chaleureusement Phoebe Hadjimarkos Clarke, Noa Buffavand, Clara Padovani et l'équipe du Centre allemand d'histoire de l'art Paris pour son efficacité au long de la correction du manuscrit.

Mes grands amis Laura, María, Cecilia, Aurélia, Marie, Sara, Tomoko, Oscar, Toni, Lourdes; Olga, ma mère, Javier, mon frère, et nos *Petits Pirates* (Gustavo, Pauli, Elmo, José-Louis et Flopsi) ont pris soin de moi depuis le début. À vous tous : un grand merci !

Enfin, il y a une personne sans laquelle ce livre n'aurait pu voir le jour : Tobias Locker, un véritable « compagnon de lutte », un lecteur et critique dévoué ; son esprit vif, brillant, analytique, m'a aidée à approfondir ma réflexion, et surtout à toujours ensoleiller nos vies, même aux jours les plus sombres. À toi, mon adorable époux, je dédie ce livre : *siempre y nunca será bastante*.

Crédits photographiques

Archives de l'auteur, Paula BARREIRO LÓPEZ : ill. 4 (Successió Miró / Adagp), 27, 28, 37 (Tobias Locker), 38, 54, 58, 71, 83-84 (Adagp), 86, 96, 100, 107-109
Archives de Francisco ALBEROLA : ill. 45 (Adagp)
Archives de Miriam BASILIO : ill. 12
Archives de Miguel CABAÑAS : ill. 29
Archives d'Alfonso DE LA TORRE : ill. 36 (Adagp) et 42 (Adagp / Courtesy Famille Millares)
Archives d'Agustín IBARROLA : ill. 78 (et après le sommaire) (Adagp)
Archives de Manuel GARCÍA : ill. 95, 97-99, 101-106, 110
Archives de Rafael MARTÍ QUINTO : ill. 80 (et en-tête du chap. 5)
Archives de José María YTURRALDE : ill. 85
Archives des héritiers de Vicente AGUILERA CERNI : ill. 50 (Courtesy Lydia Frasquet Bellver)
Archives des héritiers d'Andreu ALFARO : ill. 81
Archives des héritiers de José María DE LABRA : ill. 74
Archives des héritiers d'Antonio GIMÉNEZ PERICÁS : ill. 65
Archives des héritiers d'Ana PETERS : ill. 82

Alicante, Museo de Arte Contemporáneo de Alicante : ill. 24 (Adagp)
Alzuza (Navarre), Fundación Museo Jorge Oteiza : ill. 23, 33, 35
Barcelone, Associació Joan Ponç : ill. 25 (Adagp / Courtesy Sol Enjuanes Puyol)
Barcelone, Arxiu Històric del Col·legi d'Arquitectes de Catalunya : ill. 3, 8
Barcelone, EINA Centre Universitari de Disseny i Art de Barcelona, Archives : ill. 72
Barcelone, Familia Malagrida Matons : ill. 15
Barcelone, Museo de Arte Contemporáneo de Barcelona (MACBA), Depósito de la Generalitat de Cataluña, Colección Nacional de Arte y Donación Grup de Treball : ill. 87 (FotoGasull), 89 (Rocco Ricci)
Barcelone/Madrid, VEGAP Image Bank : ill. 48 (Adagp)
Charenton-le-Pont, Médiathèque du patrimoine et de la photographie – Ministère de la Culture (Dist. RMN-Grand Palais / François Kollar) : ill. 7
Cordoue, collection Francisco Arroyo Ceballos (Courtesy Francisco Arenas) : ill. 77
Gérone, Archivo y Biblioteca Rafael y María Teresa Santos Torroella : ill. 31
Madrid, Archivo Regional de la Comunidad de Madrid : ill. 17
Madrid, Biblioteca Nacional de España : ill. 9-10, 11 (Luis Vidal), 20, 30, 41 (et en-tête du chap. 2), 59-60, 62, 73, 92
Madrid, Galería José de la Mano, Archives : ill. 43
Madrid, Museo Nacional Centro de Arte Reina Sofía : ill. 6, 8 (Succession Picasso), 88
Madrid, Museo Nacional Centro de Arte Reina Sofía, Centro de Documentación : ill. 1, 5, 13, 49, 51, 61 (et en-tête de l'Épilogue), 63, 90 (et en-tête du chap. 4)

Madrid/Alcalá de Henares, Ministerio de Cultura y Deporte, Archivo General de la Administración (AGA) : ill. 66 (et en-tête de l'Introduction) (Fondo Ministerio de Asuntos Exteriores), 68-69 (Fondo Ministerio de Información y Turismo, Gabinete de Enlace)
Madrid/Heras, Archivo Lafuente, Fondó Darío Corbeira : ill. 46 (Adagp)
Meinier/Genève, Fondation Archives Antonio Saura : ill. 79 (Succession Antonio Saura / A+V Agencia de Creadores Visuales)
New York, Museum of Modern Art, Archives : ill. 34
Paris, Bibliothèque nationale de France : ill. 26, 44 (Succession Picasso)
Paris, musée national Picasso-Paris (Dist. RMN-Grand Palais) : ill. 32 et 67 (Succession Picasso)
Rennes, INHA-Collection Archives de la critique d'art : ill. 53, 55, 56-57 (et en-tête du chap. 3), 93-94
Sabadell, Museo d'Art de Sabadell : ill. 47
Salamanque, Ministerio de Cultura, Centro Documental de la Memoria Histórica : ill. 2 (Adagp) (et en-tête du chap. 1)
Séville, Galería Rafael Ortiz, Archives : ill. 76
Sion, Musée d'art du Valais, Archives Ángel Duarte : ill. 40
Tanger, Instituto Cervantes de Tánger, Biblioteca Juan Goytisolo : ill. 39 (Succession Antonio Saura), 91
Tolède, Museo del Ejército : ill. 18
Valence, Universitat de València : ill. 19 (Adagp)
Valladolid, Museo Patio Herreriano, Asociación Colección Arte Contemporáneo : ill. 14 (Adagp)
Vilafamés, Centro Internacional de Documentación Artística (CIDA) V. Aguilera Cerni : ill. 52, 64, 70, 75
World History Archive / Alamy Stock Photo : ill. 16

Responsable des éditions en langue française du DFK *Paris :* Mathilde Arnoux
Suivi éditorial : Sira Luthardt, avec le soutien de Hannah Goetze et Gordon Prager

Traduction : Phoebe Hadjimarkos Clarke
Relecture : Olivier Grussi et Guillaume d'Estève de Pradel
Conception graphique : ulli neutzling designbuero, Hambourg
Mise en pages : Jacques-Antoine Bresch, Paris
Impression et brochage : Chirat imprimeur-relieur, Saint-Just-la-Pendue

Édition électronique
books.openedition.org/editionsmsh/7428

Diffusion/Distribution
FMSH-Diffusion, www.fmsh.fr/diffusion-des-savoirs
DIAPHANES, www.diaphanes.net (hors de France)
Le comptoir des presses d'universités, www.lcdpu.fr (vente en ligne)

Achevé d'imprimer en décembre 2022
Dépôt légal : janvier 2023
N° 202211.0301

Imprimé en France